Di-Ershiliu Jie Quanguo Qiaoliang Xueshu Huiyi Lunwenji
第二十六届全国桥梁学术会议论文集

（上册）

中国土木工程学会桥梁及结构工程分会　编

2024·广州

人民交通出版社

北　京

内容提要

《第二十六届全国桥梁学术会议论文集》分上、中、下三册，由中国土木工程学会桥梁及结构工程分会精选的 220 余篇优秀论文汇编而成。本论文集包括大会报告、深中通道专题、狮子洋通道专题、智能化与可持续发展、创新设计与工程实践、桥梁施工技术与创新、结构性能与优化分析、桥梁灾害防护与应对、桥梁综合管理与维护 9 个部分，全面、系统地展示了近一时期我国桥梁工程建设的新动态、新理念、新成果和新经验。本分册为上册，主要包括大会报告、深中通道专题、狮子洋通道专题 3 个部分。

本书可供从事桥梁工程设计、施工、检测、管理等相关工作的技术人员参考使用，也可供高等院校相关专业师生阅读学习。

图书在版编目（CIP）数据

第二十六届全国桥梁学术会议论文集. 上册／中国土木工程学会桥梁及结构工程分会编. — 北京：人民交通出版社股份有限公司, 2024.5
　　ISBN 978-7-114-19531-0

Ⅰ.①第… Ⅱ.①中… Ⅲ.①桥梁工程—学术会议—文集 Ⅳ.①U44-53

中国国家版本馆 CIP 数据核字(2024)第 090796 号

书　　名：	第二十六届全国桥梁学术会议论文集（上册）
著　作　者：	中国土木工程学会桥梁及结构工程分会
责任编辑：	郭红蕊　王景景　周　凯
责任校对：	赵媛媛
责任印制：	刘高彤
出版发行：	人民交通出版社
地　　址：	(100011)北京市朝阳区安定门外外馆斜街 3 号
网　　址：	http://www.ccpcl.com.cn
销售电话：	(010)59757973
总 经 销：	人民交通出版社发行部
经　　销：	各地新华书店
印　　刷：	北京市密东印刷有限公司
开　　本：	787×1092　1/16
印　　张：	33.5
字　　数：	850 千
版　　次：	2024 年 5 月　第 1 版
印　　次：	2024 年 5 月　第 1 次印刷
书　　号：	ISBN 978-7-114-19531-0
定　　价：	160.00 元

(有印刷、装订质量问题的图书，由本社负责调换)

第二十六届全国桥梁学术会议

学术委员会

名誉主任　项海帆
主　　任　葛耀君
委　　员　(以姓氏笔画为序)
　　　　　　马芹纲　王应良　邓小华　朱乐东　刘晓东　闫兴非　孙利民
　　　　　　孙　斌　严爱国　苏永华　苏权科　李万恒　李卫民　李永乐
　　　　　　肖从真　肖汝诚　肖海珠　吴玉刚　张连振　陆新征　陈伟乐
　　　　　　邵长宇　赵　林　徐　召　龚维明　蒋振雄　游新鹏　樊健生

组织委员会

名誉主任　尚春明
主　　任　肖汝诚
副 主 任　邓小华　王康臣　洪显诚
委　　员　(以姓氏笔画为序)
　　　　　　毛浓平　王甲辰　王金超　王　强　申　峰　任华焘　农兴中
　　　　　　庄冬利　朱　军　阮家顺　吴江波　吴　聪　李方元　李　剑
　　　　　　杨志刚　杨　勇　杨　雪　谷　文　陈冠雄　陈剑波　罗人昆
　　　　　　罗政军　罗海生　范传斌　倪　雅　聂　军　高继领　曹　磊
　　　　　　盛建军　黄厚卿　廖林冲

编辑委员会

主　　编　肖汝诚
副 主 编　孙　斌　代希华　张太科　姚志安　杨志刚
委　　员　(以姓氏笔画为序)
　　　　　　于抒霞　马　超　马增琦　卢靖宇　吴玲正　沈大为　宋超林
　　　　　　张鑫敏　陈焕勇　罗　锐　金志坚　童俊豪　蔡　敏　鲜　荣
　　　　　　廖　玲

主办单位

中国土木工程学会桥梁及结构工程分会
广东省交通集团有限公司
广东省公路学会

支持单位

广东省公路建设有限公司
深中通道管理中心
广东湾区交通建设投资有限公司

协办单位

中交第二航务工程局有限公司
保利长大工程有限公司
中交第二公路工程局有限公司
中铁大桥局集团有限公司
武船重型工程股份有限公司
中铁宝桥集团有限公司
中铁山桥集团有限公司
江苏沪宁钢机股份有限公司
中铁九桥工程有限公司
上海振华重工(集团)股份有限公司
广州地铁设计研究院股份有限公司
广州市市政工程设计研究总院有限公司
镇江蓝舶科技股份有限公司
江苏中矿大正表面工程技术有限公司
苏交科集团股份有限公司
广东华路交通科技有限公司
同济大学《Prestress Technology》期刊

承办单位

《桥梁》杂志社

目录

大会报告

1. 天峨龙滩特大桥设计施工关键技术 ……………………… 郑皆连 涂 兵 商从晋 罗小斌(3)
2. 粤港澳大湾区跨海通道建设管理与创新 ………………………………………… 陈伟乐(9)
3. 悬索桥全寿命气候变化和性能演化抗风可持续性
   ……………………………………………… 葛耀君 初晓雷 卫苗苗 方根深(18)
4. 钢-UHPC 轻型组合桥面新体系 ………………………………………………… 邵旭东(35)
5. 珠江出海口特大型悬索桥建设关键技术研究 ……………………… 宋神友 陈焕勇(46)
6. 狮子洋大桥关键技术及创新 …………………………………………………… 李 剑(51)
7. 悬索桥新型锚碇基础案例分析 ……………………………… 龚维明 姜建雄 姜开渝(60)

深中通道专题

8. 桥梁缆索抗火设防范围研究及其工程应用
   ……………………………………… 宋神友 倪 雅 陈焕勇 李 瑞 葛绍坤(71)
9. 基于结构健康监测技术的深中通道110m钢箱梁风振动力特性研究
   ……………………………………………… 范传斌 陈焕勇 何明利 童俊豪(79)
10. 界面剂及氟碳在伶仃洋大桥缠包带表面的应用 ……………… 姚志安 陶 静 陈焕勇(86)
11. 深中通道桥梁结构耐久性保障关键技术 ……………………………… 陈焕勇 姚志安(91)
12. 深中通道伶仃洋大桥钢箱梁安装关键技术 …… 盛建军 李 冕 李思吟 陈焕勇(98)
13. 海中超大跨径全飘浮体系悬索桥钢箱梁吊装施工关键技术
    ……………………… 吴 聪 姚志安 吴育剑 谢翚翰 王晓佳 陈焕勇(106)
14. 深中通道伶仃洋大桥不锈钢塔冠结构设计与制造安装
    ……………………………………………………………… 王云鹏 王 迪 徐 军(114)

1

15. 多跨连续加劲梁悬索桥限位拉索安装时机研究 ············ 董江华　甘林雄　邹　勇(122)
16. 桥梁缆索用锌铝镁合金镀层钢丝索股制造技术研究
　　············ 张海良　汤　亮　何旭初　金　芳　黄冬芳　余建勇　张　栓　陈焕勇(129)
17. 深中通道伶仃洋大桥钢箱梁制造技术 ············ 秦　磊　陈焕勇(135)
18. 深中通道主缆检修车软性承载轮性能研究 ············ 陈焕勇　邱廷绮(142)
19. 深中通道伶仃洋大桥主缆除湿系统盲区优化措施
　　············ 盛建军　张玉杰　刘庆洪　赵　森　李建军　刘　俊　高　飞(152)
20. 深中通道伶仃洋大桥西锚碇上方钢箱梁顶推架设合龙关键技术 ············ 阎翔宇(160)
21. 钢桥面喷砂除锈及环氧富锌漆喷涂施工技术研究
　　············ 程　凯　古世煌　黄　雷　陈焕勇(168)
22. 中山大桥超宽柔性钢箱梁横向接缝高差调整技术研究 ············ 毛　奎　李立坤　谢颖昱(175)
23. 深圳至中山跨江通道浅滩区非通航孔桥曲线超高变宽钢箱梁制造工艺方法研究
　　············ 刘　昊　邢　扬(184)
24. 缆索体系防火耐高温防护技术开发及应用
　　············ 张海良　汤　亮　何旭初　金　芳　黄冬芳　余建勇　张　栓(192)
25. 深中通道60m混凝土箱梁陆上运输关键技术 ············ 周　雨　金志坚(202)
26. 浅谈深中通道钢箱梁智能化涂装设备的应用 ············ 李建军(208)
27. 深中通道大节段钢箱梁侧向滚装上船关键技术 ············ 陶建山(215)

狮子洋通道专题

28. 狮子洋大桥总体设计 ············ 徐　军　崔　冰　张太科(225)
29. 狮子洋大桥钢板-混凝土组合索塔设计 ············ 王云鹏　徐　军　崔　冰　吴玲正(233)
30. 软岩地质悬索桥锚碇地基承载力研究 ············ 汪　威　黄祺元　张　州　王忠彬(244)
31. 狮子洋大桥西索塔承台基坑施工关键技术研究 ············ 李培育　刘　双　付文宣(251)
32. 狮子洋大桥西索塔首节段足尺模型试验研究 ············ 张　峰　刘星星　田　飞(258)
33. 基于狮子洋大桥组合桥塔的脱空检测深度学习方法研究
　　············ 袁　航　田　飞　李桂花(266)
34. 狮子洋大桥东锚碇基坑支护施工控制技术研究
　　············ 罗人昆　匡一成　贺　炜　尹平保　李　超　曹寅策(273)
35. 索塔钢壳C80高强大体积混凝土控裂技术研究
　　············ 匡一成　罗人昆　朱玉飞　丁庆军　李进辉　徐　伟(283)
36. 狮子洋大桥东索塔足尺模型工艺试验方案设计
　　············ 匡一成　陈　木　李业驰　黄志涵　王　磊　刘　辉(290)
37. 临海富水区超大尺寸锚碇地下连续墙施工关键技术 ············ 刘永亮　张小龙(299)
38. 狮子洋大桥西锚碇基坑开挖工程实践 ············ 张小龙　刘永亮　禹金银(306)
39. 超大型锚碇基坑自动化监测技术及结构形变应力分析
　　············ 魏君龙　刘永亮　张小龙(313)

40. 狮子洋大桥主塔钢壳制造及拼装
　　……………………… 赵玉娇　李　峰　高　松　马国英　潘丽婷　刘俊青(324)
41. 狮子洋大桥超高索塔钢壳制造关键技术 ……… 张文才　吴小兵　张颖雯　贾　骁(330)
42. 狮子洋钢壳混凝土组合塔的建造与现场安装几何控制技术
　　…………………………………………………………… 唐　亮　蒋云锋　崔　冰(336)
43. 大直径桩基斜面岩钻孔倾斜度控制 ………………………………… 哈西巴特(341)
44. 狮子洋通道西锚碇地下连续墙施工关键技术及质量控制要点
　　……………………………………………… 叶建良　柴　佳　威政伟　钟　鸣(348)
45. 软土地层大直径圆形锚碇深基坑开挖模拟与实测对比研究
　　…………………………………………………………… 翁远林　刘晓锋　胡纵宇(357)
46. 狮子洋通道高墩区引桥总体设计 ………………… 李　烨　冯金强　徐　军(367)
47. 狮子洋通道虎门港互通特殊地质条件下桩基施工 ……………………… 叶　迁(375)
48. 狮子洋通道沙仔沥水道桥设计方案研究 ………… 周健鸿　罗　扣　王忠彬(384)
49. 狮子洋通道跨大岗沥主桥总体设计及桥面系方案研究
　　……………………………………………………… 欧阳泽卉　袁　勤　朱　玉(389)
50. 大跨度桁架梁整体式节点构造与设计要点 ……… 冯金强　李　烨　徐　军(396)
51. 狮子洋通道主跨145m钢桁梁结构选型研究 …… 彭凌风　罗　扣　王忠彬(403)
52. 新沙高架双层连续钢桁梁主桥设计 ……………… 余佳干　朱　玉　张　维(408)
53. 狮子洋通道双层连续钢桁梁桥抗震设计研究
　　……………………………………………… 王　洁　刘　涛　吴铭淳　魏朝柱(414)
54. 蕉门水道桥钢桁梁施工方法比选 …… 肖　旭　温　杰　李宇炜　陈元曦　陈小龙(420)
55. 狮子洋通道黄阁东互通段施工组织设计关键问题研究
　　……………………… 郑超南　韩　荔　黄拓宇　马凯凯　黄智桓　谈　颋(427)
56. 墩高及桥宽对双层三柱框架墩的影响研究 ……… 王　昊　徐　军　梁　力(434)
57. 城市复杂道路环境双层门式墩盖梁施工技术研究 ……… 程耀东　高　博　王　念(439)
58. 跨江通道双层门式桥墩盖梁支架设计与应用
　　……………………………………… 王春冉　刘永祥　王洋浩瀚　宋　澎　张君帅(447)
59. 超大预应力盖梁施工技术 ……………………………………………… 叶　迁(457)
60. 挤扩支盘桩在桥梁施工中的应用及质量控制要点
　　——挤扩支盘桩在珠江三角洲平原地貌施工中的应用
　　……………………………………………… 张劲伟　何延龙　周云华　程霞童　杨惠媚(466)
61. 混凝土智能生产管理系统研究与应用
　　……………………… 刘永祥　王洋浩瀚　何伟松　杨　磊　李　泽　毕玉双(472)
62. 基于工业摄影测量的预制小箱梁精准架设研究 ……………… 彭焱森　郭彦兵(479)
63. 钢-混组合箱梁桥顶推施工受力性能分析 …………………………… 王　剑(485)
64. 公路小箱梁自动化环形生产线论述 ………………………………… 李云飞(492)
65. 超大型跨海通道混凝土预制梁工业化建造技术研究 …… 叶振业　曾　锋　肖龙飞(501)
66. 预制箱梁智能化蒸汽养护技术研究 ………………………………… 宋　雄(507)

67. 多层复合通道交通标志指引体系研究
  ——以狮子洋通道工程为例 ……………………… 李婉燚 贾庆荣 黄焕林(512)
68. 狮子洋通道JC1智能化试验室的策划与思考 ……………………………… 吴海泳(518)
69. 粗集料及纤维掺量对CA-UHPC新拌及硬化性能影响研究
  …………………… 丁平祥 黄昌华 范志宏 邓 桥 顾维广 唐博文(522)

大会报告

1. 天峨龙滩特大桥设计施工关键技术

郑皆连[1] 涂 兵[1] 商从晋[2] 罗小斌[3]

(1.广西大学土木建筑工程学院；2.广西交通设计集团有限公司；
3.广西路桥工程集团有限公司)

摘 要：本文主要介绍最近建成的世界最大跨度拱桥——天峨龙滩特大桥的设计施工要点，重点介绍了该桥为应对跨径跳跃式增长引发的显著工程难度和风险所开展的系列技术创新及其成效，包括劲性拱骨架强劲度选择、外包混凝土浇筑、外包混凝土材料性能调控、降低混凝土应力水平和拱肋配筋优化，相关技术经验可供今后同类桥梁参考。

关键词：天峨龙滩特大桥 劲性拱骨架强劲度选择 外包混凝土浇筑 外包混凝土材料 拱肋配筋优化

1 引言

四种基本桥型中，拱桥受力最为合理，且刚度大、造型美观，在适宜的条件下如用于铁路桥梁和跨越山区峡谷时表现出显著的技术经济性[1]。因此，近年来，随着世界范围内特别是我国高速铁路和山区高速公路的大规模建设，对拱桥的建设需求与日俱增。天峨龙滩特大桥是我国最近建成的一座特大桥，位于广西壮族自治区河池市天峨县，其主桥为上承式劲性骨架混凝土拱桥，计算跨径600m，居世界各类拱桥之首。大桥于2020年6月10日开工建设，2024年2月2日建成通车，通车后实景照片见图1。

图1 天峨龙滩特大桥通车后实景照片

天峨龙滩特大桥的成功建成，不仅刷新了拱桥跨径世界纪录，更是将现代拱桥重要分支——耐久性好、综合造价低的混凝土拱桥的最大跨径一次性提高了155m。如果按过去30

年的平均增长速度计算,提高的这155m相当于世界范围内混凝土拱桥跨径100年的增长量,大幅扩宽了拱桥的跨径适用范围。但与此同时,跨径的跳跃式增长,也给大桥建设带来了较大的不确定性、难度和风险。对此,参建各方在天峨龙滩特大桥的设计、施工、材料等方面开展了一系列针对性的技术创新,并在该桥上取得了显著的技术经济效益,对于今后同类桥梁建设也具有一定的借鉴意义。

2 桥梁概况

天峨龙滩特大桥是广西南丹至下老高速公路的控制性工程,位于龙滩电站水库库区内,距大坝6km。

大桥全长2 488.55m,全宽24.5m,双向四车道。主桥为计算跨径600m的上承式劲性骨架混凝土双肋无铰拱桥,拱轴线采用悬链线,拱轴系数为1.9,矢跨比为1/4.8,见图2。主拱横向平行设置两片拱肋,中心间距16.5m。单侧拱肋采用等宽变高的混凝土箱拱,拱脚、拱顶箱高分别为12m、8m,宽度为6.5m,如图3所示;为提高主拱横向稳定性,在上、下游拱肋间设置13道混凝土箱形横联。主拱肋及横联均采用C60高性能混凝土。主拱肋采用劲性骨架法施工。

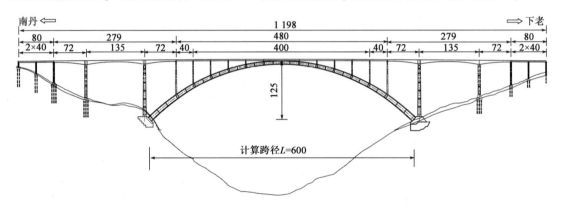

图2 桥型布置图(尺寸单位:m)

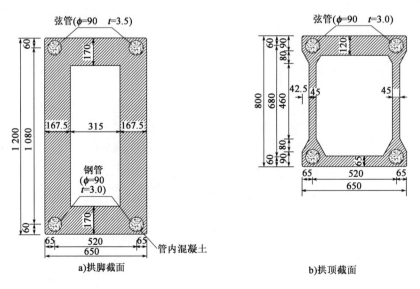

图3 主拱截面尺寸(尺寸单位:cm)

每片拱肋的劲性骨架均为四管式钢管混凝土桁架,桁架上、下弦管均采用管径900mm、壁厚30~35mm的Q420qD钢管,内灌C80自密实微膨胀混凝土,见图4。拱桁弦管空中接头,采用先外法兰接头栓接固定,再管外焊接的组合接头[2]。腹杆和平联杆均为角钢焊接组合杆,以节点板的形式与弦管连接。

劲性骨架钢管拱桁共重8 150t,分48个安装单元,采用缆索吊运斜拉扣挂工艺安装,单个安装单元最大吊重169t(附带外包混凝土底模)。管内混凝土采用真空辅助多级压力灌注。外包混凝土采用分环分段方式浇筑。

桥道梁由预应力混凝土连续刚构及预应力混凝土连续T梁组成,分别采用挂篮悬臂浇筑法和缆索吊装法施工。

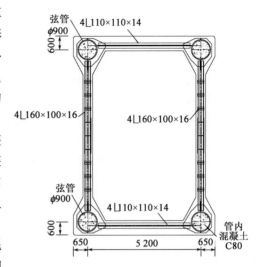

图4 骨架尺寸(尺寸单位:mm)

3 重要技术创新

3.1 劲性拱骨架强劲度选择

劲性骨架混凝土拱桥的拱圈是在钢管混凝土劲性拱骨架上挂模板浇筑外包混凝土形成的,拱骨架在拱圈施工过程中起拱架作用,因此选择恰当强劲度的劲性拱骨架对于确保施工安全和工程经济性至关重要[3]。

目前,一般以骨架钢桁质量与外包混凝土质量之比来表征骨架强弱。经精细分析和设计,天峨龙滩特大桥拱肋劲性拱骨架钢桁重8 150t,外包混凝土共28 100m³,二者质量比1/8.6,远高于已建成同类桥梁,见表1;但即便如此,该桥在灌注管内混凝土及浇筑底板混凝土两个阶段主拱跨中挠度增量之和已占外包混凝土浇筑完成后总挠度的60%,且在外包混凝土包裹上弦钢管时,钢管应力已接近容许值,说明骨架刚度不宜减弱了。因此,该桥劲性骨架强劲度的选择是恰当的。

已建成跨径300m以上劲性骨架混凝土拱桥主要材料用量表　　表1

序号	桥名	跨度(m)	劲性骨架用钢量(t)	混凝土方量(m³)	混凝土与钢骨架质量比	建成时间
1	沪昆铁路北盘江大桥	445	4 709	26 500	14.2	2016年
2	云桂铁路南盘江大桥	416	4 011	24 000	15.0	2016年
3	渝黔铁路夜郎河大桥	370	5 531	29 370	13.2	2017年
4	郑万铁路梅溪河大桥	340	2 545	14 210	13.9	2019年
5	昭化嘉陵江特大桥	350	1 866	11 130	14.9	2012年
6	万县长江大桥	420	2 091	11 000	13.2	1997年
7	邕宁邕江大桥	312	852	4 816	14.7	1996年
8	天峨龙滩特大桥	600	8 150	28 100	8.6	2024年

3.2 外包混凝土浇筑

劲性骨架混凝土拱桥拱圈的形成是一个自架设过程,即首先架设钢管混凝土劲性拱骨架,然后分环浇筑外包混凝土,逐步提高拱圈承载能力和刚度,直至完成混凝土拱圈施工。然而,外包混凝土质量通常达劲性骨架钢管拱桁质量的9～15倍,浇筑外包混凝土因而成为劲性骨架混凝土拱桥施工的最危险阶段。此外,浇筑外包混凝土过程中产生的混凝土时程应力可能会超过材料强度,要靠合理分环和合理设置多工作面同时浇筑来对其进行控制[4-5]。

天峨龙滩特大桥拱肋28 100m³外包混凝土分3环(底板环、腹板环、顶板环)、8工作面,每次4个工作面同时浇筑,共完成36次拱肋外包混凝土浇筑,见图5。每次浇筑由8台泵同时向4工作面输送混凝土,其中2个工作面设置在拱脚至L/4间、另2个工作面设置L/4至拱顶间。分析和监测结果表明,外包混凝土浇筑过程中,无需斜拉索调载,骨架管内混凝土无拉应力出现,外包混凝土时程拉应力小于1MPa,时程压应力处于较低水平。

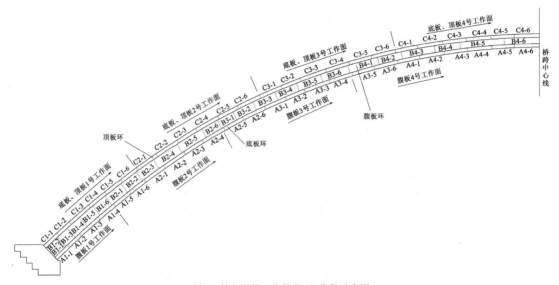

图5 外包混凝土浇筑分环、分段示意图

3.3 外包混凝土材料性能调控

劲性骨架混凝土拱桥拱圈外包混凝土从浇筑到硬化过程中一直处于劲性骨架的多方向强约束,因此开裂风险很高。

为此,选用适用于外包混凝土的膨胀剂,实现前期补偿收缩,后期不发生体积变形,见图6。在工作性能控制层面,对原材料进行均化,尽可能避免原材料差异导致的混凝土工作性能不稳定的问题,并在泵送现场实时调控混凝土工作性能,保障入模混凝土的稳定性、均匀性。

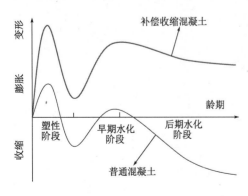

图6 补偿收缩混凝土变形发展历程示意图

施工过程中,严格控制混凝土制备、运输、泵送和入模温度。在养护阶段采取外界覆膜保温措施,同步降低内外温差,并对混凝土表面进行持续性喷水、喷雾保湿,以减少混凝土表面的干缩[6]。

通过以上技术措施,实现了天峨龙滩特大桥全部外包混凝土的良好浇筑质量及抗裂效果,表面光滑密实无裂缝。此外,得益于对模板进行了精细化设计,工厂化加工,半机械化安装,实现了国内外包混凝土浇筑最短周期记录——4d,从而最大限度减少了混凝土块间龄期差。

3.4 降低混凝土应力水平

根据统计分析,大跨劲性骨架混凝土拱桥拱圈恒载应力占恒、活载应力之和的92%~96%,其中外包混凝土自重又占恒载的近50%。因此,降低主拱混凝土应力水平的关键在于减少外包混凝土体量。

对此,将天峨龙滩特大桥拱圈断面由3室整体式单箱改为单室分离式双箱肋,取消中室顶、底板,把外包混凝土由36 000 m^3减到28 100 m^3;将拱顶桥道梁直接置于肋间横梁上,使全部拱上立柱降低3.5m,最大限度减少恒载;双箱肋底板、腹板、骨架弦管根据应力需要改变厚度,使应力趋于均匀。

以上技术措施实现了天峨龙滩特大桥成桥应力水平与已建成400m级混凝土拱桥持平,见表2。拱脚顶板混凝土恒载压应力最小为-3.49MPa,标准组合应力为-0.88MPa。最大混凝土压应力在底板,标准组合下不超过21MPa,拱圈处于低应力状态下的小偏心受压,说明继续增大跨径是可能的。

天峨龙滩特大桥与云桂铁路南盘江大桥成桥阶段外包混凝土应力对比　　表2

位置	恒载 N/L	恒载+活载 L	标准组合 L
底板	18/17.5	18.5	20.7
腹板	16/13.0	14.0	15.8
顶板	8.7/9.2	10.9	12.6

注:N-云桂铁路南盘江大桥,L-天峨龙滩特大桥。

3.5 拱肋配筋优化

现阶段,劲性骨架混凝土拱桥暂无设计施工的行业规范和国家标准,拱圈纵向配筋仅能参照相近规范。

首先,鉴于骨架弦管对劲性骨架混凝土拱圈截面承载能力及韧性的贡献远大于纵向普通钢筋,提出计算截面纵向配筋率时应计入劲性骨架的纵向弦管。

同时,针对现有基于等效梁柱法的混凝土拱截面极限承载能力计算方法中弯矩增大系数计算理论存在明显缺陷,提出采用李国豪教授《桥梁结构稳定与振动》一书推荐公式计算拱肋各控制截面弯矩增大系数[7],按此弯矩增大系数计算截面承载能力,拱肋纵向只需配构造钢筋即可,见图7。

此外,建议拱肋横向宜加强配筋,必要时张拉横向预应力防止混凝土纵向有害裂缝发生。

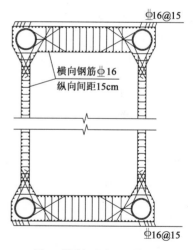

图7　拱肋标准断面配筋图

4 结语

混凝土拱桥拱圈受力合理,耐久性好,但是重量大,且呈曲线形,架设困难,费用高,因此跨径增长难度很大。天峨龙滩特大桥在跨度上的突破,一方面有赖于我国近30年来在混凝土拱桥建造技术上的积累,另一方面则得益于面对跨径增长带来新的技术挑战时所开展的一系列针对性创新。

强骨架设计突破了现有骨架强劲度设计通用经验,是降低拱圈施工风险、提高成桥结构韧性的最有效手段;分3环8工作面,每次4个工作面同时浇筑,同时兼顾了结构时程应力抑制和现场施工时效,实现了拱肋外包混凝土安全、快速施工;全过程收缩补偿精细设计和工作性能调控并重,抓住了外包混凝土开裂控制的关键;降低成桥混凝土应力的系列结构优化技术减小了混凝土徐变,提高了拱的安全储备;拱肋纵向配筋优化方法使纵向配筋显著减少15/16,在降低材料费用的同时,显著提高了外包混凝土可施工性。

以上创新技术不仅保障了天峨龙滩特大桥的快速、经济、安全建成,也有效解决了混凝土拱桥在跨度发展过程中遇到的普遍性技术瓶颈,可供今后同类桥梁设计施工时参考。

参 考 文 献

[1] 陈宝春,刘君平.世界拱桥建设与技术发展综述[J].交通运输工程学报,2020,20(1):27-41.

[2] 于鹏,云惟经,郑皆连,等.大跨钢管混凝土拱桥拱肋新型栓焊节点偏压力学性能研究[J].土木工程学报,2023,56(12):122-131+155.

[3] 郑皆连.我国大跨径混凝土拱桥的发展新趋势[J].重庆交通大学学报(自然科学版),2016,35(S1):8-11.

[4] 郑皆连.在劲性拱骨架上实现混凝土连续浇注的探讨[J].重庆交通大学学报(自然科学版),2011,30(S2):1099-1105+1158.

[5] 林春姣,郑皆连.劲性骨架拱桥主拱圈混凝土四工作面浇筑法[J].交通运输工程学报,2020,20(6):82-89.

[6] 陈正,陈犇,吴昌杰,等.天峨龙滩特大桥外包混凝土全过程性能设计与施工质量控制[J/OL].中国公路学报,1-19.http://kns.cnki.net/kcms/detail/61.1313.U.20231109.1437.002.html.

[7] 李国豪.桥梁结构稳定与振动[M].北京:中国铁道出版社,1992:163-166.

2. 粤港澳大湾区跨海通道建设管理与创新

陈伟乐

(广东省公路建设有限公司)

摘　要：跨海通道被誉为土木工程领域"皇冠上的明珠"，包括跨海大桥、海底隧道及桥岛隧集群工程等形式。近15年来，粤港澳大湾区的跨(江)海通道建设如火如荼，先后建成了港珠澳大桥和南沙大桥，正在建设深中通道、黄茅海跨海通道和狮子洋通道，以及规划建设莲花山通道和伶仃洋通道等工程。本文分析了粤港澳大湾区跨海通道建设中的主要管理举措，从前期工作、设计管理、至臻建设三个维度，阐明了跨海通道高效推进与高质量建设的管理要点，梳理了粤港澳大湾区跨海通道建造技术的演进脉络，在超高强主缆钢丝、索塔一体化筑塔机、钢壳混凝土沉管隧道、海中锚碇、浮运沉放一体船、强台风频发区超大跨桥梁抗风、超2 000m双层钢桁梁悬索桥等技术方面，形成了引领我国乃至世界的重大技术创新，探索了坚持问题导向、需求引领、因地制宜、充分集成、继承发展、重视试验、升级创新的创新实施路径，为未来跨海通道工程的建设与管养提供了借鉴和参考。

关键词：粤港澳大湾区　跨海通道　建设管理　技术创新　发展展望

1　引言

在土木工程领域，跨海通道被誉为"皇冠上的明珠"，包括跨海大桥、海底隧道及桥岛隧集群工程等[1]。世界上最早的跨海大桥是1826年通车的英国梅奈海峡桥(主跨176.6m悬索桥)，距今已有近200年历史[2]。世界上最早的桥隧组合工程是1936年通车的旧金山奥克兰海湾大桥，最早的海底隧道是1942年通车的日本关门隧道[3]。20世纪30年代到60年代，跨海通道的建设主要在美国，1964年建成的总长25.4km的切萨匹克海湾桥隧工程，位居世界最长跨海通道超过半个世纪[4]。20世纪70年代到90年代，随着欧洲和日本经济的崛起，跨海通道建设重心逐步转到日本和欧洲，先后建成了日本本四联络通道、丹麦大贝尔特通道、连接丹麦和瑞典的厄勒海峡通道，推动了世界悬索桥、斜拉桥、盾构隧道和沉管隧道技术的发展[4]。进入21世纪以后，我国逐渐成为跨海通道建设的重心，2005年我国建成了第一座真正意义上的跨海大桥——上海东海大桥。2006年，"跨海湾通道建设与养护技术及装备"被列入《国家中长期科技发展规划纲要(2006—2020年)》，其后陆续建成了杭州湾跨海大桥、上海长江桥隧工程、舟山大陆连岛工程、青岛海湾大桥等，跨海大桥建设技术日臻成熟[5]。进入2010年以后，随着港珠澳大桥、南沙大桥、深中通道、黄茅海跨海通道、狮子洋通道的建设

(图1),粤港澳大湾区逐步成为世界跨海通道建设版图的最前沿。

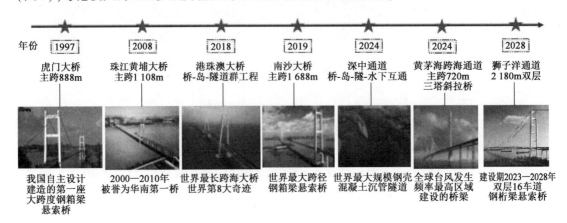

图1 粤港澳大湾区跨海通道建设历程

回顾粤港澳大湾区跨海通道建设历程可知,粤港澳大湾区跨海通道建设呈现出:技术难度不断攀升、建设理念更加科学先进、建设效率越来越高、建设品质越来越好的特点[6-7]。

(1)技术难度越来越高:缆索体系桥梁的跨径不断增大,从单一桥梁工程发展到桥-岛-隧跨海集群工程,从单层6车道悬索桥发展到双层16车道悬索桥,推动了立体复合通道的出现;

(2)建设理念更加科学先进:从早期跟踪学习和追赶国外技术,到完全自主设计建造,再到组织国际方案竞赛,发挥众智优势优选设计方案,建设理念和管理思想不断丰富发展,更加科学先进;

(3)建设效率越来越高:适应工业化、数字化、智能化发展趋势,建立了钢结构智能制造体系,打造了混凝土梁智慧梁场,首创了系列先进智能装备,引领了部品化技术发展,推动了建设效率提升;

(4)建设品质越来越好:践行平安百年品质工程理念,从精细管理、精心设计、精益建造要求出发,研制高性能缆索材料,创新钢混组合结构(组合沉管、组合索塔等),跨海通道建设品质不断提升。

本文围绕近年来建设的粤港澳大湾区跨海通道工程,总结提炼建设管理和技术创新方面的有益做法和经验,为类似通道建设提供参考和借鉴。

2 建设管理与技术创新

2.1 建设管理

南沙大桥、深中通道、黄茅海跨海通道、狮子洋通道等超级工程深度践行交通运输部提出的"五化(发展理念人本化、项目管理专业化、工程施工标准化、管理手段信息化、日常管理精细化)""平安百年品质工程"及"交通强国"建设要求,不断总结提炼项目成果,吸取类似工程建设经验,形成了涵盖前期工作、设计管理、至臻建设等内容的跨江跨海通道工程成套建设管理体系[6](图2)。

2.1.1 前期工作

通过长期的管理实践,逐步形成了确定建设目标与理念、编制建设管理纲要、策划总体施组、强化行业调研、明确招标要求在内的前期工作要点。建设管理纲要做到高屋建瓴、纲举目张,统领技术、进度、质量、安全、造价、征拆、环保等板块规划,明确建设理念、建设目标、管理措施和保障体系,推动项目建设管理标准化、精细化,并建立强有力的组织机构,确保重大问题能快速协调和解决。以狮子洋通道为例,建设理念充分吸收和借鉴平安百年品质工程与交通强国建设的要求,确立了建世界桥梁臻品、树湾区交通典范的建设目标,形成了坚持创新驱动、系统工程观、可持续发展、本质安全、以人为本的建设理念,打造精品工程、样板工程、平安工程、廉洁工程,建设世界一流的超级工程(表1)。

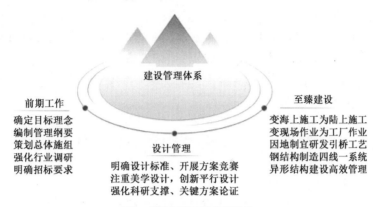

图2 跨海通道建设管理体系

粤港澳大湾区跨海通道建设目标与建设理念　　　表1

桥名	南沙大桥	深中通道	黄茅海跨海通道	狮子洋通道
建设目标	打造安全耐久、环保节约、科技创新、至臻建设的精品工程,创鲁班奖和詹天佑工程奖两项大奖,创平安工程	建世界一流可持续跨海通道,创大湾区百年门户工程	建世界一流跨海大桥,创平安百年品质工程	建世界桥梁臻品,树湾区交通典范
建设理念	理念创新实现科学高效,追求广义全寿命周期成本;管理创新提升工作效能;工艺创新彰显精细管理;技术创新提高工程水准	坚持系统工程观、价值工程理念;坚持建筑与结构融合,工程与自然、人和谐共生;坚持创新驱动,提升安全及耐久保障水平;推行工业化建造、智能建造,提质增效	坚持以人为本、本质安全、全寿命周期、价值工程的建设理念,实现力学和美学的统一,内在质量和外在品位的统一	坚持创新驱动、系统工程观、可持续发展、本质安全、以人为本的建设理念,打造精品工程、样板工程、平安工程、廉洁工程,建设成为世界一流的超级工程

跨海通道建设条件复杂,技术难度大,影响要素多,审批难度高,因此要求项目前期工作必须达到足够的深度,择优选取工可编制单位和专题论证单位以使工程方案及规模在实施阶段保持稳定。并且,要借鉴、消化和吸收国内外已建成和在建通道经验,对这些项目的参建单位进行调研,清楚了解各施工单位的技术能力和大型设施设备,深入类似项目工地,借鉴其施工工法和实施方案。

在项目招标阶段,要根据计划开工时间倒排各项招标的实施计划,并尽快完成勘察设计招标,减少对初步设计、施工图设计等后续报批工作的影响,同时在招标文件编制过程中,对有实力施工企业的业绩开展深入调查,根据项目特点,合理设置招标业绩,从而达到选择优质实施单位的目的。鉴于跨海通道结构复杂且自然环境恶劣,对标段进行合理划分,减少不必要的交叉施工和临建设施的重复建设。例如,深中通道通过一个运架标完成全线引桥主梁的架设,狮子洋通道充分梳理全线预制构件规模,全面推行集中预制,统筹建设的施工作业模式,为项目的顺利推进和降低施工成本创造有利的先决条件,有效提升建设管理质量。

2.1.2 设计管理

设计是工程的"灵魂",好的工程离不开优秀的设计。优秀的跨江跨海通道设计应该包括:对建筑美学、工程结构安全、舒适耐久以及施工、管养便捷等多个维度的考量。

(1)开展方案竞赛,优选设计方案

通过方案竞赛来倡导设计创作、提升设计水平,将竞赛优胜方案作为设计基础参考方案。例如,深中通道项目在国际范围内公开组织方案设计国际竞赛,通过集思广益、博采众长,充分借鉴国内外跨海通道先进的设计理念及建设经验,力求选择最优秀的通道设计方案。竞赛分为两个阶段进行,第一阶段竞赛主要关注通道总体布置和谐性和美学性、技术方案可行性;第二阶段竞赛主要关注通道总体设计方案及重要结构物关键构造的科学合理性。

(2)引入建筑美学设计,提升工程品位

引入建筑师事务所,开展专业化建筑美学设计,体现结构与建筑美学深度融合的设计理念,不同的结构物,采用相同的建筑元素,统一建筑风格,识别性强,与周边环境协调。重视房屋、交通安全、机电、绿化工程等配套工程的一体化美学设计,与主体工程相协调。

(3)开展平行设计,优化工程方案

组织国内外多家顶级设计单位在总体设计阶段平行开展方案研究,从源头上控制方案的安全性、适用性及经济性,确定工程总体方案。深中通道的沉管隧道采用两家设计单位实施联合设计,到狮子洋通道主桥设计进一步发展为"321"的工作模式,方案设计阶段引入国内外三家设计院开展方案研究(图3),初步设计阶段采用两家设计单位同步推进、互为咨询的工作模式,过程中充分发挥设计单位各自的优势,做足方案的平行研究和校验,通过优中选优、不断收敛聚焦,最终获得了最适宜的主桥设计方案,使得主桥从估算100亿元降低至概算75亿元。

图3 狮子洋通道平行设计方案

(4)推行标准化设计

以设计标准化、模数化来推动装配化施工和工业化建造,提高施工效率和质量,减少资源浪费和环境影响。

(5)强化科研支撑,加强关键方案论证

在设计阶段,提前开展相关科研工作。从设计标准、新结构新材料、技术装备、防灾减灾及工程耐久及施工工艺等关键核心技术和行业共性技术问题上开展研究,支撑设计工作。

以狮子洋通道为例,针对设计过程遇到的技术难点,组织开展了主跨超2 000m钢桁梁悬索桥结构性能研究、并置双缆抗风性能试验研究、索塔结构试验及受力性能研究、双层钢桁梁悬索桥火灾防控与应急处置技术研究、全寿命周期耐久性建养关键技术研究,同时超前组织开展C80混凝土、大吨位跨缆吊机、大直径主缆紧缆缠丝一体化装备等施工技术及装备研究工作。建设全过程抓好科技项目管理,严格落实五同步机制,保证工程建设与科技创新"同步规划、同步审查、同步推进、同步监管、同步验收",发挥科技创新对工程的支撑引领作用,推动交通基础设施建设高质量发展。

2.1.3 至臻建设

创新是加快形成新质生产力,推动高质量发展、绿色建造的要求,跨海通道工程蓝图实现离不开创新超越的"至臻建设"理念。近年来,粤港澳大湾区跨海通道在新材料、新结构、新装备、新工艺、新管理等方面持续提升,相互借鉴,实现创新发展。

(1) 变海上施工为陆上施工

通过搭设全海中标准化长栈桥及作业平台(图4),将海上桩基、承台的施工转变为陆上施工,实现跨海工程的"人、机、料"陆域化施工组织,有效提升工程质量与施工效率。同时,高度关注栈桥临建结构,由设计单位负责栈桥设计,并单独招标实施,确保栈桥的施工质量,缩短施工准备时间。类似的实践还包括,在海中锚碇施工中创新研发柔性筑岛技术,变海中锚碇为陆上锚碇施工。

图4 海中标准化长栈桥及作业平台

(2) 变现场作业为工厂作业

践行高度集约化建设理念,将同一个项目的混凝土梁集中在1~2个预制场制造,减少大型梁场建设,全面贯彻工业化施工理念,创新装配式施工方法及装备(钢筋部品化、一体化智能筑塔机、大型浮式起重机吊装等),将大量的现场作业转变为工厂作业。同时,结合BIM信息技术及智能化设备,实现预制结构物"工厂化生产、流水化作业、智能化控制、信息化管理、装配化施工",全面提升了智能建造水平。

(3) 因地制宜创新引桥建造工艺

根据不同跨海通道项目特点,研究采用最适宜的引桥建造工艺,在南沙大桥引桥施工中,为了减少对周围交通的影响,加快施工进度,采用装配式节段梁施工工艺,工期缩短七个月。在深中通道引桥施工中,考虑到桥位处于桥台风频发的开阔水域,水深满足浮运要求,因此采用整孔架设的施工工艺,结合"一套装备"的一体化施工概念,高效高质量完成了全线引桥的架设。在黄茅海跨海通道引桥施工中,借鉴南沙大桥和深中通道工程经验,采用海中桥梁整孔架设、陆上桥梁节段梁拼装结合的方式,并进一步优化施工工艺,将节段梁匹配台座空间位置的调节方式由手动调整为自动,预制与安装精度得到大幅提升。

(4) 钢结构制造四线一系统

基于跨海通道钢结构用量大,工程建设质量要求高,工期紧的特点,推行钢结构智能制造理念,深中通道率先引入先进的智能化制造设备和信息管理系统,将自动化生产线、焊接、装配、涂装机器人等数字化制造装备有机地集成在一起,形成以板材智能下料切割生产线、板单元智能焊接生产线、节段智能总拼生产线、钢箱梁智能涂装生产线以及车间制造执行智能管控系统为核心的钢结构"智能制造四线一系统",实现了沉管钢壳和钢箱梁的高效建造。

(5) 异形结构数字化建造

针对造型特点突出、施工难度较大的异形索塔结构,实现了复杂结构全过程数字化高效管理。黄茅海跨海通道采用基于异形索塔 BIM 模型技术,开展索塔模板三维设计,实现了异形索塔模板高精度设计与加工,并优化索塔钢筋布设,实现内部钢筋排布随索塔线形、截面变化的精细化控制。同时,研究了空间曲面模板配置以及模架爬升方法,提出了基于 BIM 的空间曲面索塔爬模系统设计方案,保障了结构的建造质量。

2.2 技术创新

粤港澳大湾区跨海通道的技术创新坚持问题导向、需求引领、因地制宜、充分集成、继承发展、重视试验、升级创新的创新实施路径,以项目的技术挑战和问题需求为出发点,充分借鉴国内外尤其是湾区已经完成的项目成果,在此基础上开展创新工作。具有较高代表性的技术创新集中在超大跨径悬索桥与沉管隧道上,在充分集成与继承发展的基础上,持续实现突破性进展。粤港澳大湾区悬索桥技术的创新与发展如图 5 所示,粤港澳大湾区沉管隧道技术的创新与发展如图 6 所示。

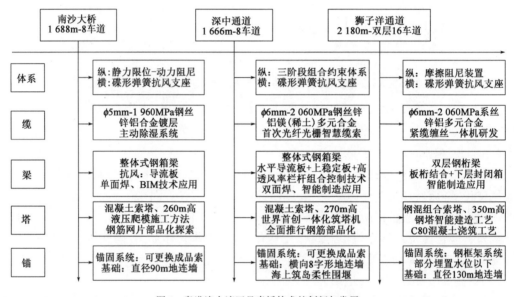

图 5 粤港澳大湾区悬索桥技术的创新与发展

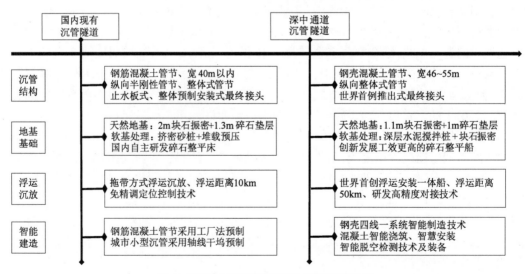

图 6 粤港澳大湾区沉管隧道技术的创新与发展

主要的技术创新包括：

(1)缆索系统:南沙大桥率先自主开展了超大直径高强主缆钢丝研发(ϕ5mm-1 960MPa锌铝合金镀层钢丝)，在此基础上，深中通道迭代升级研制了ϕ6mm-2 060MPa锌铝镁(稀土)多元合金镀层钢丝[8]，狮子洋通道以ϕ6.1mm-2 060MPa锌铝镁(稀土)多元合金镀层钢丝为基础，继续实施技术升级，不断提升了主缆力学性能和耐久性，填补了国际桥梁缆索用钢丝标准空白。此外，针对2 000m悬索桥的超大直径主缆架设的难题，立足以装备保工艺、以工艺保质量，提出了超长索股减(抑)振和多次紧缆技术，并研发相关装备。针对复杂风环境下待架索股振动明显问题，研发定位器、抑振架等装置，保证索股架设进度和精度。由于传统紧缆机和缠丝机在空间上单独工作，紧缆和缠丝工作不同步，缠丝力损失较大，因此着手研发智能紧缆缠丝一体机来降低缠丝导入力损失，提高运营期主缆钢丝排列的相对稳定性。

(2)组合索塔:狮子洋通道首次在超高索塔上研发应用钢板-C80高性能混凝土组合结构(图7)，突破了C80专用混凝土性能要求高、钢塔线形控制难度大、钢壳塔柱焊接难度大和大型设备需专项设计等技术难题，拓展了钢混组合结构设计理论与方法，正在逐步形成整套设计、制造、施工指南与标准。

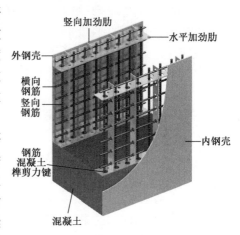

图7 钢混组合索塔的结构图

(3)抗火技术:狮子洋通道通过开展抗火风险评估、材料研发、结构创新、装备研制等研究，形成了桥梁抗火成套技术体系，推动建立大跨钢结构桥梁抗火理论与火灾防控技术标准;南沙大桥在运维阶段针对缆索支承体系钢桥所面临的火灾损伤现状，开展桥梁缆索火灾损伤破坏风险分析和火灾防护对策研究，形成设防指标-防护一体化技术体系-设计与施工-灾后评估的成套关键技术。

(4)抗风技术:南沙大桥通过系统研究钢箱梁断面气动外形流线型，采用整体扁平钢箱＋导流板，解决了整体扁平箱梁17级风速颤振稳定性和常态低风速涡振控制两大难题;深中通道继续演进，通过开展伶仃洋大桥全桥气弹模型试验，研发了"整体钢箱梁＋水平导流板＋上下稳定板＋高透风率栏杆"组合的新型气动控制技术，将整体钢箱梁的颤振临界风速从70m/s提高到88m/s，有效地提升了强台风频发区桥梁的抗风安全性和行车舒适性[9];狮子洋通道首次开展大尺度缆索抗风试验，证明了边跨无吊杆并置双缆存在尾流驰振风险，在此基础上提出了1.5m超大直径主缆方案，并持续深化研究确保技术实施的安全性与可靠性。

(5)钢壳混凝土沉管建造技术:国内首次建立了钢壳混凝土沉管隧道的结构设计方法，揭示了受力机理，研发了新型连接件构造，在100年耐久性保障、自密实混凝土制备、浇筑、管节移运、高精度对接、脱空检测技术及装备方面取得一系列自主产权成果;世界首次研制了沉管隧道浮运安装一体船，具有DP动力定位和循迹功能，具有5节的浮运航速行驶，同时能抵抗1.6节的横流;采用充气止水带＋M止水带双重施工临时止水系统，提出了双向受力端封门、临时压载水箱及水平钢剪力键等新型构造，首次研发了水下推出式最终接头。

3 发展挑战与技术展望

粤港澳大湾区经济的繁荣促进了汽车保有量与过江交通量的增加。到2035年，珠江口过江交通量将超过100万pcu/d。未来还要新建68个车道的跨海通道方能满足需求，跨海通道总规模将达17座。2020年5月,广东省交通运输厅印发了《广东省高速公路网规划(2020—2035)》,为2035年之前的跨海通道建设指明了方向。未来,莲花山通道、伶仃洋通道、海鸥通道等规划将逐步实施,持续引领跨海通道技术的发展[10]。

目前,全世界范围内也还有不少大型跨海通道有待建设。这些跨海工程的工程规模将更大,海洋环境建设条件也更严酷而复杂,对工程建设的技术、安全、耐久、运维等的挑战也更巨大[11]。

在高性能材料与结构方面,未来要突破2 200～2 400MPa高强主缆钢丝技术,研发主缆用高性能碳纤维索股材料,要建立绿色低碳高性能混凝土材料设计理论体系并实现规模化制备,构建高性能混凝土材料-结构-功能一体化基础理论和设计方法,突破桥隧结构低碳长寿命保障技术;要突破主跨2 500～4 000m超大跨度悬索桥、协作体系桥的关键结构设计技术,研发水深60～100m的深水基础结构形式,突破直径超过20m的盾构隧道、宽度超过60m的沉管隧道关键技术,完善基于性能的桥梁全寿命设计理论与方法,创新多灾害作用下桥梁韧性设计理论与评价方法,提出设计寿命150～200年的桥梁设计体系,建立基于构件、结构和体系可靠性的桥梁长寿命设计理论与方法,并研发桥梁约束装置用高承载、高耐磨复合材料与结构。

在装备研发及施工技术开发方面,需要研发吨位更大、智能化程度更高、效率更高的水下作业装备、大型浮式起重机装备、超大直径盾构机和更大规模的沉放浮运安装一体船;为实现对跨海通道工程的智能质量检测,需研发更加便捷、智能、精准、快速的检测设备,如水下检测机器人、缆索及主梁检修机器人等。

在长寿命运维技术开发方面,需要加强对海洋灾害规律以及对结构工程损害的认识与研究,加大对多灾害作用的现场采集和原型观测;研发结构内部/隐蔽部位的智能检/监测技术,突破空-天-地协同集群化智能感知及全域应变智能感知技术,研究大幅降低系统复杂度及建设运维成本的轻量化监测技术,研发监测设备原位校准与数据接力技术;提出突发状况下跨海通道状态即时评定及应急处置技术;开发跨海通道全生命周期智能建养一体化平台,打造基于建养全过程数字孪生的"数字跨海通道"。

参 考 文 献

[1] 陈能诵,李林萍.超级工程背后的超级设备——盘点港珠澳大桥建设中的工程建设机械[J].建设机械技术与管理,2016,29(10):13+15-21.

[2] 王晓岩.现代悬索桥的发展[J].交通世界(建养.机械),2009(10):197-198.

[3] 葛耀君,袁勇.桥岛隧组合跨海通道的最新建设技术[J].Engineering,2019,5(1):35-49.

[4] 刘良忠,柳新华.国内外跨海通道的比较及启示[J].科技导报,2016,34(21):16-26.

[5] 沈旺,郭健,李广丰.舟山大陆连岛工程跨海大桥建设综述[C]//中国公路学会.第五届全国公路科技创新高层论坛论文集(下卷).北京:人民交通出版社,2010.

[6] 冯庆想,徐海波.粤港澳大湾区建设面临的机遇、挑战及应对策略[J].决策与信息,2023(12):39-45.

[7] 李小瑛,陈嘉玲.粤港澳大湾区建设科技创新中心的现状及对策[J].长安大学学报(社会科学版),2023,25(5):92-101.

[8] 宋神友,陈伟乐.深中通道工程关键技术及挑战[J].隧道建设,2020,2:143-152.

[9] 赵林,王骑.深中通道伶仃洋大桥(主跨1 666m)抗风性能研究[J].中国公路学报,2019(10):57-66.
[10] 刘晓东,刘明虎,金秀男.我国大型跨海通道工程技术发展与展望[J].东南大学学报(自然科学版),2023,53(6):988-996.
[11] 葛耀君,袁勇.桥岛隧组合跨海通道的最新建设技术[J].Engineering,2019,5(1):35-49.

3. 悬索桥全寿命气候变化和性能演化抗风可持续性

葛耀君[1,2] 初晓雷[1] 卫苗苗[1] 方根深[1]

（1. 同济大学土木工程防灾减灾全国重点实验室；2. 桥梁结构抗风技术交通行业重点实验室）

摘 要：悬索桥全寿命抗风性能主要受到气候变化和性能演化的影响，全寿命抗风可持续性主要涉及气候变暖台风预测、动力特性演化估计和全寿命颤振和涡振可靠性分析。本文以我国东南沿海及长江下游受台风影响城市的10座悬索桥为背景，提出了气候变暖台风设计风速时变概率模型及预测方法，建立了气候变暖台风悬索桥全寿命颤振和涡振可靠性分析方法，分析计算了10座悬索桥全寿命颤振和涡振失效概率；基于虎门大桥现场实测离散测试数据和西堠门大桥健康监测连续记录数据统计分析，提出了悬索桥动力特性自振频率和振动阻尼演化时变概率模型与估计方法，建立了结构性能衰变悬索桥全寿命颤振和涡振可靠性分析方法，分析计算了两座悬索桥全寿命颤振和涡振失效概率；基于气候变暖台风和结构性能衰变独立分析模型和方法，建立了气候变化和性能演化双重影响的全寿命颤振和涡振可靠性分析方法。悬索桥全寿命抗风可持续性分析结果表明：气候变化影响较大，导致颤振和涡振失效概率分别增加1~3个数量级和0.5~9倍；自振频率衰变稍有利于涡振，但不利于颤振，振动阻尼衰变主要影响涡振；气候变化和性能演化双重影响下，颤振和涡振失效概率分别增加3~4个数量级和0.5~1个数量级。

关键词：悬索桥 全寿命 气候变化 性能演化 抗风可持续性

1 引言

悬索桥建设和运行必然面对各种强风、强震和强流等自然灾害，全球气候变化引起了海平面温度升高，导致了台风或飓风风速增长。21世纪以来，世界各国政府和非政府组织陆续报告了全球气候变化的发展趋势[1]，并且已经达成共识，气候变暖已经来临，更温暖的气候对全球范围内各大洋海水的温度有着重要的影响[2]。海平面温度是热带气旋的能量来源，海平面温度的升高会对台风或飓风生成的频度和强度产生严重影响，全球气候变暖趋势可能导致台风或飓风极端风速增大，影响悬索桥建设和运行抗风安全性，特别是全寿命抗风可持续性。

悬索桥全寿命结构性能伴随着服役龄期增长而演化，耐久性失效和疲劳累积损伤是悬索

国家自然科学基金项目：特大跨桥梁多灾害效应分析及全寿命性能控制研究，52278520

桥长期性能退化的主要原因。悬索桥钢结构的耐久性失效主要是环境中的氯离子侵蚀导致钢构件锈蚀产生的,而氯离子在钢筋混凝土或预应力混凝土结构中的渗透和扩散引起钢筋或预应力筋锈蚀,同样导致了耐久性问题[3]。悬索桥疲劳累积损伤是由疲劳荷载反复作用引起的,严重影响到钢结构桥梁的疲劳强度,会导致疲劳裂缝甚至疲劳强度破坏。悬索桥耐久和疲劳会引发结构强度、刚度和阻尼的下降,不仅影响到静力作用安全,而且关系到结构动力特性自振频率和结构阻尼演化,自振频率的异常降低通常被认为是结构完整性缺失的一个指标[4],自振频率和振动阻尼衰变已经影响到悬索桥抗风可持续性[5]。

悬索桥全寿命气候变化和性能演化抗风可持续性,关系到悬索桥的安全建设和长期运行,是我国重大战略需求。悬索桥设计使用寿命都在100年以上,全世界第一座跨度超过1 000m的悬索桥——美国乔治·华盛顿大桥已经使用了近百年,随着服役年限的持续增长,悬索桥结构性能衰变导致的抗风性能下降,需要采用全寿命概率性评价和可靠性分析。悬索桥全寿命可靠性涉及寿命期设计风速和抗风能力的随机性和时变性[6],全寿命设计风速已经受到了全球气候变化的影响,台风或飓风极值风速控制的设计风速将会增大[7-8];全寿命抗风能力正在受到结构性能演化的影响,动力特性自振频率和振动阻尼衰变会导致抗风能力减小[5-8]。在全球气候变暖和全寿命性能衰变的双重影响下,悬索桥寿命期抗风性能的可持续性受到了严峻的挑战。

2 全寿命气候变暖台风颤振可持续性

2.1 悬索桥颤振临界风速及概率模型

2.1.1 台风影响地区悬索桥

全球气候变暖主要影响台风极端风速,受台风影响地区的大跨度悬索桥颤振可靠性将会由于气候变暖台风而趋于降低。我国东南沿海从南到北受台风影响的主要城市的悬索桥有:香港的青马大桥,广州的虎门大桥、黄埔大桥和南沙大桥,汕头的汕头海湾大桥,厦门的厦门海仓大桥,温州的瓯江北口大桥和舟山的西堠门大桥,此外,还有长江下游地区的江阴长江大桥和润扬长江大桥。本研究选取具有代表性的这10座悬索桥进行全寿命颤振可靠性分析。

10座悬索桥按照跨度从大到小排序,主要参数如表1所示。其中,6座悬索桥跨度超过1 000m,最大跨度为1 688m;4座悬索桥跨度小于1 000m,最小跨度为452m。悬索桥加劲梁形式有西堠门大桥的分体钢箱梁、香港青马大桥的钢桁梁外包钢板、瓯江北口大桥的双层钢桁梁、汕头海湾大桥的混凝土梁,其余6座悬索桥加劲梁都采用整体钢箱梁。表1中列出了加劲梁的梁宽和梁高,整体钢箱梁宽高比在11.9～12.9之间。表1中同时列出了悬索桥加劲梁的等效质量和等效质量惯矩,钢箱梁等效质量在$23.1 \times 10^3 kg/m \sim 47.2 \times 10^3 kg/m$之间,等效质量惯矩在$3.69 \times 10^6 kg/m \sim 11.1 \times 10^6 kg/m$之间;两座钢桁梁悬索桥等效质量分别为香港青马大桥$44.4 \times 10^3 kg/m$和瓯江北口大桥$60.0 \times 10^3 kg/m$,等效质量惯矩分别为$8.68 \times 10^6 kg/m$和$16.7 \times 10^6 kg/m$[8]。

台风影响地区悬索桥主要参数　　表1

序号	桥名	主跨(m)	建成年份	加劲梁形式	梁宽(m)	梁高(m)	高宽比	等效质量 $\times 10^3 kg/m$	等效质量惯矩 $\times 10^6 kg/m$
1	南沙大桥	1 688	2019	整体箱梁	49.7	4.0	12.4	47.2	11.1
2	西堠门大桥	1 650	2009	分体箱梁	36.0	3.5	10.3	27.5	4.00
3	润扬长江大桥	1 490	2005	整体箱梁	38.7	3.0	12.9	29.3	5.34

续上表

序号	桥名	主跨(m)	建成年份	加劲梁形式	梁宽(m)	梁高(m)	高宽比	等效质量 ×10³ kg/m	等效质量惯矩 ×10⁶ kg/m
4	江阴长江大桥	1 385	1999	整体箱梁	36.9	3.0	12.3	26.7	3.69
5	香港青马大桥	1 377	1997	钢桁外包	41.0	7.6	5.4	44.4	8.68
6	黄埔大桥	1 108	2008	整体箱梁	41.7	3.5	11.9	28.9	4.89
7	虎门大桥	888	1997	整体箱梁	35.6	3.0	11.9	23.1	5.55
8	瓯江北口大桥	2×800	2022	双层钢桁	36.2	12.5	2.9	60.0	16.7
9	厦门海沧大桥	648	1999	整体箱梁	36.6	3.0	12.2	21.6	5.01
10	汕头海湾大桥	452	1994	混凝土梁	24.2	2.2	11.0	33.8	1.86

2.1.2 悬索桥颤振临界风速

作为悬索桥颤振设计抗力的颤振临界风速,主要采用物理风洞试验方法确定,包括二维节段刚性模型风洞试验和三维全桥气弹模型风洞试验。对于严格按照相似原理设计和制作的理想状态的二维节段刚性模型和三维全桥气弹模型,均匀流场风洞试验直接测得的颤振临界风速重复性较好,几乎没有随机误差,因而是确定的。但是,紊流风场风洞试验直接测得的颤振临界风速重复性较差,具有一定随机误差。为了设计和制作二维节段模型或三维全桥模型,需要采用有限元计算模型分析计算悬索桥结构动力特性,特别是第一阶竖弯振型频率(竖弯基频)、第一阶扭转振型频率(扭转基频)。表2列出了10座悬索桥竖弯和扭转基频,其中,竖弯基频在0.1001Hz~0.2096Hz之间,扭转基频在0.2201Hz~0.6120Hz之间,扭弯频率比为1.85~2.98。10座悬索桥颤振临界风速均采用三维全桥气弹模型风洞试验方法,颤振临界风速在55.1~135m/s之间[8]。

10座悬索桥竖弯和扭转基频以及颤振临界风速　　　表2

序号	桥名	跨径(m)	竖弯基频(Hz)	扭转基频(Hz)	扭弯频率比	临界风速(m/s)	位置参数 a_R (m/s)	尺度参数 b_R (m/s)
1	南沙大桥	1 688	0.101 8	0.220 1	2.16	70.7	70.6	0.187 3
2	西堠门大桥	1 650	0.100 1	0.232 3	2.32	91.2	91.1	0.241 7
3	润扬长江大桥	1 490	0.124 1	0.230 8	1.86	55.1	55.0	0.146 0
4	江阴长江大桥	1 385	0.141 8	0.262 5	1.85	61.0	60.9	0.161 6
5	香港青马大桥	1 377	0.105 0	0.268 0	2.55	99.0	98.8	0.262 3
6	黄埔大桥	1 108	0.150 0	0.318 0	2.12	87.2	87.1	0.231 0
7	虎门大桥	888	0.171 5	0.361 2	2.11	79.3	79.2	0.210 1
8	瓯江北口大桥	2×800	0.209 0	0.612 0	2.93	>127	126.8	0.336 4
9	厦门海沧大桥	648	0.168 0	0.457 0	2.72	95.0	94.9	0.251 7
10	汕头海湾大桥	452	0.199 1	0.592 9	2.98	135	134.8	0.357 6

2.1.3 颤振临界风速概率分布

悬索桥颤振临界风速一般采用节段模型或全桥模型风洞试验确定,但是,风洞试验确定的颤振临界风速也具有一定的随机性。通过对西堠门大桥全桥气弹模型风洞试验确定的颤振临界风速的随机性进行了统计分析[9],可以将其拟合成服从极值I型或Gumbel分布:

$$F(x \leq X) = \exp\left[-\exp\left(-\frac{x-a_R}{b_R}\right)\right] \quad (1)$$

式中：x——颤振临界风速；

a_R 和 b_R——Gumbel 分布的位置参数和尺度参数。

根据统计分析得到的西堠门大桥颤振临界风速概率分布模型中的两个参数 a_R 和 b_R 分别为 91.1m/s 和 0.2417m/s。如表 2 所示，考虑到其他 9 座桥梁没有类似统计分析结果，为了简化和统一，其余 9 座桥梁均采用与西堠门大桥相同的颤振临界风速概率分布模型，其中，颤振临界风速的均值 μ_x 分别采用各自全桥气弹模型风洞试验结果，保持这几座桥的协方差系数 $CoV = \sigma_x/\mu_x$ 不变，则可以推算得到其标准差 σ_x。对于 Gumbel 分布，位置参数 a_R 和尺度参数 b_R 可以由均值 μ_x 和标准差 σ_x 推算得到，即：

$$a_R = \mu_x - 0.5772 \times b_R \quad (2)$$

$$b_R = \sqrt{\frac{6\sigma_x^2}{\pi^2}} \quad (3)$$

$$CoV = \frac{\sigma_x}{\mu_x} = \frac{\pi b_R}{\sqrt{6}(a_R + 0.5772 \times b_R)} \quad (4)$$

2.2 气候变暖台风颤振检验风速及概率模型

2.2.1 容许应力法颤振检验风速

作为悬索桥颤振设计荷载的颤振检验风速，在容许应力法中，主要采用百年一遇风速期望值，即根据桥位所在地区的设计基本风速（10m 离地高度、10 分钟平均、100 年一遇），按照指数率风速剖面，推算出主梁高度处颤振检验风速，并采用安全系数 1.2 作为保证率[10]。表 3 列出了根据桥位附近气象台站按照容许应力法确定的颤振检验风速——期望风速[11]，将桥梁抗风设计规范中定义的颤振检验风速除以了 1.2。将表 2 中颤振临界风速除以表 3 中相应的颤振期望风速，可以得到按照容许应力法验算颤振稳定性的安全系数 K，如表 3 所示，10 座悬索桥颤振安全系数 K 的取值在 1.22~2.35 之间[8]。

10 座悬索桥颤振检验风速参数 表3

序号	桥名	跨径（m）	期望风速（m/s）	安全系数 K	超越概率 F_t（%）	重现期 T_0（y）	位置参数 a_L（m/s）	尺度参数 b_L（m/s）
1	南沙大桥	1688	52.8	1.34	0.0020	502	14.63	5.37
2	西堠门大桥	1650	65.6	1.45	0.0017	583	15.13	5.37
3	润扬长江大桥	1490	45.0	1.22	0.0008	1240	13.08	5.21
4	江阴长江大桥	1385	43.3	1.41	0.0007	1426	12.77	5.13
5	香港青马大桥	1377	79.2	1.25	0.0001	14981	14.63	5.37
6	黄埔大桥	1108	56.5	1.54	0.0020	502	14.31	5.72
7	虎门大桥	888	57.2	1.39	0.0021	482	14.63	5.37
8	瓯江北口大桥	2×800	70.5	>1.80	<0.0015	657	11.06	5.89
9	厦门海沧大桥	648	61.3	1.55	0.0019	534	16.19	5.51
10	汕头海湾大桥	452	57.5	2.35	0.0019	527	12.66	5.24

2.2.2 超越概率法颤振检验风速

悬索桥颤振检验风速一般服从 Gumbel 分布,如式(1)所示。在超越概率法中,使用年限为容许应力法中的重现期 100 年,其超越概率将高达 63.3%,而容许应力法中引用了 1.2 倍的安全系数。为了计算不同超越概率下的重现期,可以采用如下换算公式:

$$T_0 = -\frac{t}{\ln(1-F_t)} \tag{5}$$

式中:T_0——重现期;
$\quad\quad t$——使用年限;
$\quad\quad F_t$——超越概率。

悬索桥使用年限为 $t=100$ 年,当超越概率 F_t 为 10% 时,相当于 $T_0=949$ 年重现期;当超越概率 F_t 为 2% 时,相当于 $T_0=4\,950$ 年重现期;当超越概率 F_t 为 1% 时,相当于 $T_0=9\,950$ 年重现期。

根据颤振检验风速 Gumbel 分布式(1)和超越概率和重现期关系式(5),可以计算确定 10 座悬索桥的超越概率和重现期如表 3 所示,10 座悬索桥年超越概率 F_t 在 0.01% ~ 0.21% 之间,抵抗颤振检验风速的重现期 T_0 在 482 ~ 14 981 年之间[8]。

2.2.3 气候变暖台风颤振检验风速

气候变暖对台风的影响,采用代表性浓度路径中的 RCP2.6、RCP4.5 和 RCP8.5 三种气候变暖模式[11],可以发现在极端气候变暖假设下,海平面温度(SST)会显著升高,对台风活动的影响不可忽略。海平面温度是热带气旋的能量来源,相关研究表明,海平面温度的改变会对台风生成频度和强度产生重要影响[12]。本文台风模型考虑了 SST 对未来台风活动的影响,但不考虑其他环境因素,例如风切变、湿度等。

图 1 是 IBTrACS 台风路径数据库[13]展示的西北太平洋台风和北大西洋飓风发生频次历史观测值,可以发现在 1884—1970 年间西北太平洋台风发生频次总体上是逐渐增加的,但 1970—2020 年间又逐渐减小。增加的可能原因有很多,如气候变暖影响导致海平面温度增高,也可能是更多更先进的观测设备(例如卫星等)。然而,1970 年之后减少的原因尚不清楚,这与北大西洋飓风发生频次的规律恰恰相反[14]。因此,气候变暖台风年生成频率概率密度分布(PDF)是时变的。

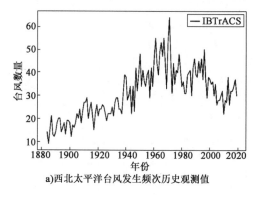
a)西北太平洋台风发生频次历史观测值

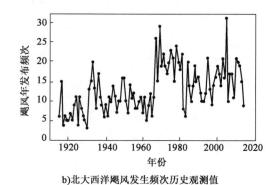
b)北大西洋飓风发生频次历史观测值

图 1　台风和飓风路径数据库

Vickery 经验路径模型是常用的全路径台风模拟模型[15-16],模拟了台风移动速度、前进方向以及相对强度:

$$\Delta\ln c = a_1 + a_2\psi + a_3\lambda + a_4\ln c_i + a_5\theta_i + \epsilon_c \tag{6}$$

$$\Delta\theta = b_1 + b_2\psi + b_3\lambda + b_4\ln b_i + b_5\theta_i + b_6\theta_{i-1} + \epsilon_\theta \tag{7}$$

$$\ln(I_{i+1}) = c_0 + c_1\ln(I_i) + c_2\ln(I_{i-1}) + c_3\ln(I_{i-2}) + c_4 T_s + c_5(\Delta T_s) + \epsilon_I \tag{8}$$

式中：$a_i(i=1,2,\cdots,5)$ 和 $b_i(i=1,2,\cdots,6)$——分别是通过历史数据回归分析得到的参数；

ψ 和 λ——分别是台风风眼处的纬度和经度；

c_i——时间步 i 处的台风平移速度；

θ_i——时间步 i 处的台风风眼平移风向，范围为 $-180°\sim 180°$，$\theta=0$ 时代表台风向北移动；

I——台风相对强度 i 是一个无量纲量，用来联系实际的台风压差 Δp 和最大的可能中心压差；

T_s——在时间步 $i+1$ 时海平面温度，$\Delta T_s = T_{s_{i+1}} - T_{s_i}$；

ϵ_c，ϵ_θ 和 ϵ_I——线性回归的残差，服从特定的概率分布。台风梯度风速采用梯度风场模型[9]。

气候变暖背景下，台风年极值风速时变 PDF 可用 Gumbel 分布拟合[9]：

$$f(v|a_L(t),b_L(t)) = \left[\frac{1}{b_L(t)}\right]\exp\left\{-\exp\left[-\frac{v-a_L(t)}{b_L(t)}\right] - \frac{v-a_L(t)}{b_L(t)}\right\} \tag{9}$$

式中：$a_L(t)$——时变位置参数；

$b_L(t)$——时变形状参数；

t——时间，单位年。

偏于安全地选取每年台风最大风速各个方向上台风风速的最大值，利用 Gumbel 分布对年台风极值风速进行拟合。图 2 展示了 10 座悬索桥所在位置处台风时变 Gumbel 分布位置参数和形状参数在 RCP2.6、RCP4.5 和 RCP8.5 气候变暖模式下随时间的演化规律[8]。可以发现，仅考虑海平面温度上升的气候变暖场景的影响，台风年极值风速的变化具有地域性，我国南部沿海地区影响较大（例如深圳），而东部沿海地区影响较小（例如舟山）。

2.3 气候变暖台风悬索桥颤振可靠性

2.3.1 颤振概率极限状态方程

悬索桥颤振可靠性分析和概率性评价的极限状态方程，可以用颤振临界风速 U_R 减去颤振检验风速 U_L 来表示[17]：

$$f(U_R, U_L) = U_R - U_L \tag{10}$$

式中：U_R——颤振临界风速，是时不变的随机变量；

U_L——颤振检验风速，是时变的随机变量。

悬索桥颤振安全域度 M 可以定义为颤振极限状态方程中两个随机变量的随机函数[17]：

$$M = f(X) = f[a_R, b_R, a_L(t), b_L(t)] \tag{11}$$

由此可以得到悬索桥颤振失效概率 P_F 计算公式：

$$P_F = P\{M \leq 0\} = \int_{M \leq 0} f_x(x)\mathrm{d}x \tag{12}$$

式中：$f_x(x)$——所有随机变量的联合概率密度函数。

由于公式(12)中间的随机变量数量多、概率分布形式复杂，因此，很难直接通过公式(12)的积分求得颤振失效概率，为此，采用准精确方法——蒙特卡罗数值模拟方法计算颤振失效概率[18]。

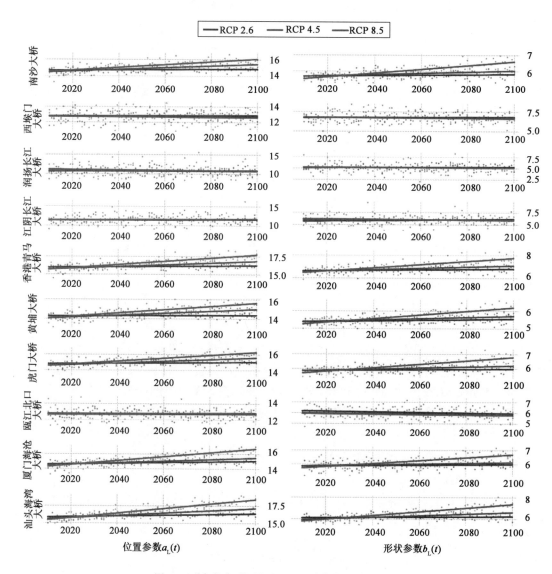

图2 三种气候变暖假设下 Gumbel 分布参数的时变特性

2.3.2 颤振失效概率和可靠指标

采用蒙特卡罗数值模拟方法，计算确定10座悬索桥气候变暖前以及在2100年的不同 RCP 场景下的颤振失效概率和可靠指标，如表4所示[8]。值得注意的是，除了西堠门大桥、润扬长江大桥、江阴长江大桥、瓯江北口大桥外，其他桥址处都显现出 RCP8.5 情境下的可靠度指标小于 RCP4.5，且小于 RCP2.6。而这四座桥所显示出的异常 RCP8.5 情境下的可靠度指标更大，可能是由于随机误差造成的。

10座悬索桥2100年在三种RCP模式下的颤振失效概率和可靠指标　　　　表4

序号	桥名	气候变暖前		RCP2.6		RCP4.5		RCP8.5	
		失效概率	可靠指标	失效概率	可靠指标	失效概率	可靠指标	失效概率	可靠指标
1	南沙大桥	1.28×10^{-7}	5.15	7.63×10^{-5}	3.79	1.18×10^{-4}	3.68	3.14×10^{-4}	3.42
2	西堠门大桥	2.56×10^{-9}	5.84	1.44×10^{-5}	4.18	1.11×10^{-5}	4.24	8.96×10^{-7}	4.78
3	润扬长江大桥	2.11×10^{-6}	4.60	9.02×10^{-4}	3.12	2.91×10^{-5}	4.02	4.93×10^{-6}	4.42
4	江阴长江大桥	5.80×10^{-7}	4.86	2.91×10^{-4}	3.44	3.93×10^{-5}	3.95	1.56×10^{-5}	4.16
5	香港青马大桥	6.71×10^{-10}	6.06	5.72×10^{-6}	4.39	9.30×10^{-6}	4.28	4.12×10^{-5}	3.94
6	黄埔大桥	2.00×10^{-8}	5.49	1.97×10^{-6}	4.61	3.25×10^{-6}	4.51	1.45×10^{-5}	4.18
7	虎门大桥	2.58×10^{-8}	5.45	2.40×10^{-5}	4.07	4.12×10^{-5}	3.94	1.38×10^{-4}	3.64
8	瓯江北口大桥	6.84×10^{-11}	6.42	1.59×10^{-9}	5.92	4.34×10^{-8}	5.35	3.26×10^{-9}	5.80
9	厦门海沧大桥	1.75×10^{-9}	5.91	9.58×10^{-7}	4.76	1.30×10^{-6}	4.70	9.93×10^{-6}	4.27
10	汕头海湾大桥	6.00×10^{-13}	7.11	3.08×10^{-9}	5.81	1.23×10^{-8}	5.58	1.76×10^{-7}	5.09

3 全寿命结构性能衰变颤振和涡振可持续性

3.1 全寿命结构动力特性演化

悬索桥颤振和涡振与结构动力特性和主梁气动外形相关,其中,寿命期内气动外形一般很少改变,并且也不允许改变,所以,可以忽略全寿命气动外形变化;但是,寿命期内结构动力特性包括自振频率和振动阻尼会随着桥梁服役性能衰变而衰变,导致全寿命自振频率和振动阻尼下降,从而影响悬索桥全寿命抗风性能,特别是颤振临界风速和涡振锁定风速。悬索桥结构动力特性演化统计分析主要采用健康监测连续观测纪录或现场实测离散测试数据。

3.1.1 自振频率演化及时变规律

悬索桥自振频率演化分析基于健康监测连续观测纪录,并以西堠门大桥为例。西堠门大桥是主跨1 650m的双跨吊悬索桥,2009年12月26日建成通车,已经运行了14年。西堠门大桥安装有完备的健康监测系统,收集了建成以来全部健康监测连续观测纪录,根据2012年1月至2021年10月近10年的桥梁自振频率监测数据,第二、四、八阶竖弯振型和第一阶扭转振型的自振频率实测纪录数据和统计回归数据如图3所示[5],呈现出了明显的周期性波动和趋势性衰减的倾向。

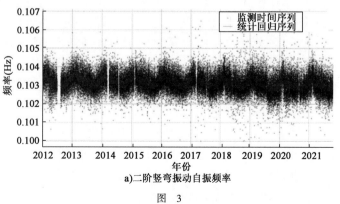

a)二阶竖弯振动自振频率

图 3

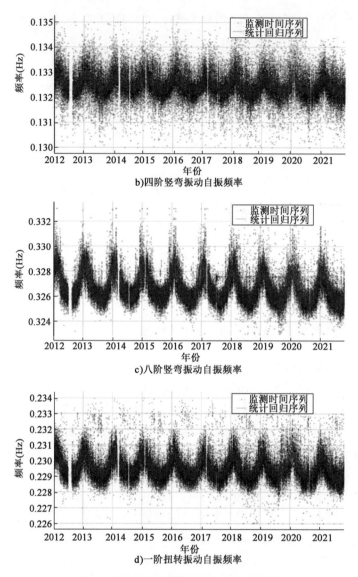

图 3 西堠门大桥四阶振型自振频率监测结果

悬索桥自振频率周期性波动主要体现在,一年四季大周期中温度最低的冬季频率值最大,温度最高的夏季频率值最小,春秋两季次之;一天 24h 小周期中车流量最小的凌晨频率值最大,车流量最大的下午频率值最小,其他时间次之。悬索桥自振频率趋势性衰减倾向比较明显,采用线性拟合的方法可以得到第二、四、八阶竖向弯曲振动振型自振频率和第一阶扭转振动振型自振频率的时变规律如图 4 和式(13)至式(16)所示,据此推算到 2100 年,第二、四和八阶竖向弯曲振动振型自振频率分别下降了 2.4%、1.4% 和 1.8%,第一阶扭转振动振型自振频率将降低到 0.227 0Hz,下降了 1.2%。

$$f_{2v}(t) = -2.81(t-2\,012) \times 10^{-5} + 0.103\,3 \tag{13}$$

$$f_{4v}(t) = -2.14(t-2\,012) \times 10^{-5} + 0.132\,6 \tag{14}$$

$$f_{8v}(t) = -6.82(t-2\,012) \times 10^{-5} + 0.327\,1 \tag{15}$$

$$f_{1t}(t) = -3.03(t-2\,012) \times 10^{-5} + 0.229\,7 \tag{16}$$

a) 二阶正对称竖弯振动自振频率

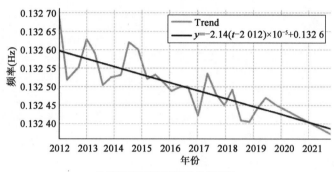

b) 四阶正对称竖弯振动自振频率

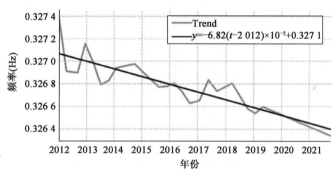

c) 八阶正对称竖弯振动自振频率

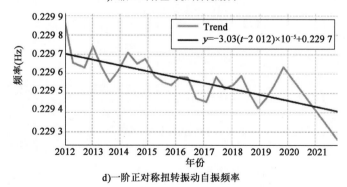

d) 一阶正对称扭转振动自振频率

图 4　西堠门大桥四阶振型自振频率线性拟合

3.1.2　振动阻尼衰变及其时变规律

悬索桥振动阻尼演化分析基于现场实测离散测试数据,并以虎门大桥主航道桥为例。虎门大桥主航道桥是一座主跨888m的单跨吊悬索桥,1997年6月9日建成通车,在正常运行了近23年后于2020年5月5日突发第五阶竖弯振动振型的涡激共振,移除桥面临时护栏的水马之后,该振型涡激共振迅速消除。但是,由于结构阻尼比明显下降,继发了第三阶或第四阶竖弯振动振型的涡激共振。为此,对虎门大桥自振频率、振动阻尼和涡振特性进行了现场实测,主要结果如表5所示[19]。

虎门大桥自振频率、振动阻尼和涡振响应现场实测结果　　表5

序号	加劲梁振型描述	自振频率(Hz)		振动阻尼比(%)		加速度(m/s²)	位移(m)	锁定风速(m/s)	风向角(°)
		竣工时	涡振后	竣工时	涡振后				
1	一阶竖向弯曲	0.134	0.134	1.32	0.52				
2	二阶竖向弯曲	0.171	0.169	0.88	0.37				
3	三阶竖向弯曲	0.232	0.230	0.70	0.25	6.3~8.5	0.230	6.3~8.5	120~150 300~330
4	四阶竖向弯曲	0.277	0.276	0.63	0.28	8.3~9.6	0.278	8.3~9.6	
5	五阶竖向弯曲	0.369	0.367	0.50	0.26	10.7~12.8	0.310	10.7~12.8	
6	一阶扭转振动	0.375	0.373	—	0.50				

由于虎门大桥没有安装健康监测系统,所以无法准确监测自振频率和振动阻尼随时间的变化规律。为了估计悬索桥自振频率和振动阻尼的时变特性,在表5中比较了1997年6月大桥竣工验收时自振频率和振动阻尼的实测结果,并与2020年5月大桥涡振发生后自振频率和振动阻尼的实测结果进行了比较。其中,悬索桥自振频率两次实测结果表明,前五阶竖弯振型和一阶扭转振型的频率误差在1.2%以下,可以忽略自振频率的时变特性;悬索桥振动阻尼两次实测结果表明,前五阶竖弯振型的阻尼比下降明显,最小下降了48%、最大下降了64%,必须考虑振动阻尼的时变特性。

为了建立振动阻尼时变衰减模型,基于1997年6月竣工时阻尼比和2020年5月涡振后阻尼比两次实测结果[18],采用指数率衰减模型进行拟合,可以得到一阶至五阶竖弯振动振型阻尼比和一阶扭转振动振型阻尼比的时变公式如式(17)~式(22)所示,其中,一阶扭转振动阻尼比由于缺乏竣工时的实测值,按照前五阶竖弯振型两次阻尼比的比值2∶1计算。据此推算到2100年,一阶至五阶竖弯曲振动振型阻尼比下降了88%至91%,一阶扭转振动振型自振频率将降低到0.00112Hz,下降了89%。

$$\xi_{1v}(t) = 0.0132\exp\left(-\frac{t-1997}{24.63}\right) \quad (17)$$

$$\xi_{2v}(t) = 0.0088\exp\left(-\frac{t-1997}{26.27}\right) \quad (18)$$

$$\xi_{3v}(t) = 0.0070\exp\left(-\frac{t-1997}{22.33}\right) \quad (19)$$

$$\xi_{4v}(t) = 0.063\exp\left(-\frac{t-1997}{27.79}\right) \quad (20)$$

$$\xi_{5v}(t) = 0.0050\exp\left(-\frac{t-1997}{32.51}\right) \quad (21)$$

$$\xi_{1t}(t) = 0.0100\exp\left(-\frac{t-1997}{31.26}\right) \quad (22)$$

3.2 全寿命结构性能衰变颤振可持续性

悬索桥结构性能衰变前,虎门大桥的颤振临界风速服从Gumbel分布,其均值$\mu_x = 79.3$m/s,

位置参数 $a_R=79.2$m/s、尺度参数 $b_R=0.210$ 1m/s，可以计算得到颤振失效概率 $P_F=2.58\times 10^{-8}$、可靠指标 $\beta_F=5.45$；西堠门大桥的颤振临界风速服从极值I型分布，其均值 $\mu_x=91.2$m/s，位置参数 $a_R=91.1$m/s、尺度参数 $b_R=0.2417$m/s，可以计算得到颤振失效概率 $P_F=2.56\times 10^{-9}$、可靠指标 $\beta_F=5.84$，如表6所示。

虎门大桥和西堠门大桥的全寿命颤振失效概率和可靠指标　　表6

桥名	跨径（m）	性能衰变前				性能衰变后			
		a_R(m/s)	b_R(m/s)	P_F	β_F	a_R(m/s)	b_R(m/s)	P_F	β_F
虎门大桥	888	79.2	0.210 1	2.58×10^{-8}	5.45	79.2	0.210 1	2.58×10^{-8}	5.45
西堠门大桥	1 650	91.1	0.241 7	2.56×10^{-9}	5.84	90.0	0.238 8	3.09×10^{-9}	5.81

悬索桥结构性能衰变后，自振频率和振动阻尼会发生变化，从而影响颤振临界风速。根据Selberg 悬索桥颤振临界风速计算公式[6]：

$$U_{cr}=\kappa B f_\alpha \cdot \sqrt{\frac{m\gamma}{\rho B^3}} \cdot \sqrt{1-\left(\frac{\omega_h}{\omega_\alpha}\right)^2} \quad (23)$$

式中：κ——非平板断面的修正系数；

f_α——扭转振动频率；

γ——加劲梁回转半径。

从 Selberg 公式中不难发现，阻尼比对颤振临界风速没有影响，全桥气弹模型和节段刚性模型风洞试验表明这种情况适合于临界风速附近突发的"硬颤振"。虎门大桥自振频率没有下降，主要是振动阻尼比下降，因此可以认为性能衰变后颤振失效概率和可靠指标并没有变化；西堠门大桥振动阻尼没有下降，主要是自振频率有所下降，特别是第一阶扭转振动振型频率，按照 Selberg 公式仅考虑扭转振动频率 f_α 的影响，可以推算得到服从 Gumbel 分布的颤振临界风速均值 $\mu_x=90.1$m/s，位置参数 $a_R=90.0$m/s、尺度参数 $b_R=0.238$ 8m/s，计算得到颤振失效概率 $P_F=3.09\times 10^{-9}$、可靠指标 $\beta_F=5.81$，如表6所示。由此可见，性能演化对悬索桥全寿命颤振失效概率影响不大。

3.3 全寿命结构性能衰变涡振可持续性

悬索桥全寿命涡振概率性评价的极限状态方程，虽然也可以像颤振一样，采用全寿命涡振设计抗力——涡振锁定风速减去全寿命涡振设计荷载——涡振设计风速来表示。但是，由于涡振锁定风速是一个区间，而且是确定的；对应的涡振设计风速也是一个区间，但是随机的。为了简化计算，可以采用直接计算涡振锁定风速发生的概率作为全寿命涡振失效概率 P_V[20]：

$$P_V=\eta P\{U_{lib}\leq x\leq U_{lit}\}=F\{U_{lib}\leq x\leq U_{lit}\} \quad (24)$$

式中：η——涡振锁定风速风偏角修正系数，即发生涡振的风偏角范围发生概率或与360°的比值；

U_{lib} 和 U_{lit}——分别表示涡振锁定风速的下限值和上限值，其中，下限值 U_{lib} 对应于最低阶曾经发生过涡振的锁定风速起点，上限值 U_{lit} 对应于最高阶曾经发生过涡振的锁定风速终点；

F——全寿命涡振设计风速的超越概率，可由位置参数 a 和尺度参数 b 决定的 Gumbel 分布函数计算得到；

P_V 或 P——每年发生涡振锁定风速或涡振失效的概率，所以每年涡振持续时间可以表示为[20]：

$$T_V = 365 \times P_V \tag{25}$$

悬索桥结构性能衰变前,虎门大桥的涡振锁定风速可以确定为 $U_{lib} = 6.3$ m/s 和 $U_{lit} = 9.6$ m/s,根据气候变暖前涡振设计风速极值Ⅰ型分布,取风偏角修正系数 $\eta = 60/360 = 0.1667$,按照式(24)和式(25)可以计算得到涡振失效概率 $P_V = 0.0115$ 和年涡振持续时间 $T_V = 4.2$ d;西堠门大桥涡振频率、加速度和锁定风速健康监测结果如表7所示,七阶竖弯振动振型的涡振锁定风速可以汇总为 $U_{lib} = 5.0$ m/s 和 $U_{lit} = 12.2$ m/s,根据气候变暖前涡振设计风速极值Ⅰ型分布,取风偏角修正系数 $\eta = 60/360 = 0.1667$,按照式(24)和式(25)可以计算得到涡振失效概率 $P_V = 0.0295$ 和年涡振持续时间 $T_V = 10.8$。

西堠门大桥涡振频率、加速度和锁定风速健康监测结果　　表7

序号	加劲梁振型描述	涡振频率(Hz)	加速度(m/s²)	位移(m)	发生次数(次)	锁定风速(m/s)	风向角(°)
1	四阶竖向弯曲	0.133	0.045	0.064	1	5.0~7.0	130~160 310~340
2	五阶竖向弯曲	0.183	0.150	0.113	8	5.0~7.9	
3	六阶竖向弯曲	0.230	0.194	0.091	11	5.1~8.0	
4	七阶竖向弯曲	0.275	0.179	0.060	4	5.2~9.0	
5	八阶竖向弯曲	0.325	0.426	0.102	243	5.2~10.3	
6	九阶竖向弯曲	0.379	0.094	0.017	2	6.8~11.9	
7	十阶竖向弯曲	0.436	0.373	0.050	12	9.8~12.2	

悬索桥结构性能衰变后,自振频率下降会影响涡振锁定风速区间。根据Strouhal数的定义[6]:

$$S_t = \frac{nD}{U} \tag{26}$$

式中:n——漩涡脱落频率;
　　　U——相应风速。

悬索桥自振频率变化相当于漩涡脱落频率 n 发生了变化,由此会引起涡振锁定风速 U 的变化,即:

$$U_2 = U_1 \frac{n_2}{n_1} \tag{27}$$

式中:U_1 和 n_1——性能衰变前的涡振锁定风速和频率;
　　　U_2 和 n_2——性能衰变后的涡振锁定风速和频率。

因此,西堠门大桥的性能衰变后涡振锁定风速可以确定为 $U_{lib} = 4.9$ m/s 和 $U_{lit} = 12.0$ m/s,根据气候变暖前涡振设计风速极值Ⅰ型分布,可以计算得到涡振失效概率 $P_V = 0.0276$ 和年涡振持续时间 $T_V = 10.1$。

悬索桥结构性能衰变后,振动阻尼下降也会影响涡振锁定风速区间。根据Scruton数的定义[6]:

$$S_c = \frac{4\pi m \zeta}{\rho D^2} \tag{28}$$

式中:ζ——振动阻尼比。

S_c 数越小,涡激共振的振幅越大,涡振锁定风速的范围越大,但是,涡振锁定风速区间随 S_c 变化规律无法通过实测获得,必须通过小阻尼节段模型风洞试验确定。为了简化起见,虎门大桥涡振锁定风速区间,假定涡振起始风速不低于前一阶(第二阶)竖弯振动振型的涡振锁定风速,即 $6.3 \times 0.171/0.232 = 4.6 \text{m/s}$,涡振终止风速不高于后一阶(第五阶)竖弯振动振型的涡振锁定风速,即 $9.6 \times 0.369/0.277 = 12.8 \text{m/s}$。根据气候变暖前涡振设计风速极值I型分布,可以计算得到涡振失效概率 $P_V = 0.0406$ 和年涡振持续时间 $T_V = 14.8 \text{d}$。表8给出了性能衰变前后虎门大桥和西堠门大桥全寿命涡振失效概率和持续时间。

虎门大桥和西堠门大桥全寿命涡振失效概率和持续时间 表8

桥名	跨径(m)	性能衰变前				性能衰变后			
		U_{lib}(m/s)	U_{lit}(m/s)	P_V	T_V(d)	U_{lib}(m/s)	U_{lit}(m/s)	P_V	T_V(d)
虎门大桥	888	6.3	9.6	0.0115	4.2	4.6	12.8	0.0406	14.8
西堠门大桥	1650	5.0	12.2	0.0295	10.8	4.9	12.0	0.0276	10.1

4 全寿命气候变暖和性能衰变颤振和涡振可持续性

4.1 气候变暖台风颤振和涡振设计风速

悬索桥抗风设计风速一般是指加劲梁高度处的设计风速,根据我国现有抗风设计规范的规定[10],取用百年一遇风速期望值,可以根据桥位所在地区的设计基本风速,按照指数率风速剖面进行推算。作为随机变量的设计风速服从 Gumbel 分布,其分布函数可以表达为:

$$F(v \leq V) = \exp\left[-\exp\left(-\frac{x - a_L}{b_L}\right)\right] \quad (29)$$

式中:v——设计风速,是超越概率 F 的随机函数;

a_L 和 b_L——分别表示 Gumbel 分布的位置参数和尺度参数,一般根据年极值风速样本统计分析。

虎门大桥和西堠门大桥桥面高度设计风速 v、Gumbel 分布位置参数 a_L 和尺度参数 b_L,如表9所示。

虎门大桥和西堠门大桥颤振和涡振设计风速参数 表9

桥名	建成年份	跨径(m)	气候变暖前			气候变暖 RCP2.6		
			v(m/s)	a_L(m/s)	b_L(m/s)	$v(t)$(m/s)	$a_L(t)$(m/s)	$b_L(t)$(m/s)
虎门大桥	1997	888	57.2	14.63	5.37	60.1	15.15	6.05
西堠门大桥	2009	1650	65.6	15.13	5.37	66.2	12.99	7.01

4.2 全寿命气候变暖和性能衰变颤振失效概率

全寿命气候变暖和性能衰变共同影响下的悬索桥,全寿命颤振设计荷载——颤振设计风速和全寿命颤振设计抗力——颤振临界风速都是时变的和随机的,都需要采用时变概率分布模型表示,采用蒙特卡罗数值模拟方法,可以计算确定虎门大桥和西堠门大桥全寿命气候变暖和性能衰变共同影响下的颤振失效概率和可靠指标如表10所示,共分四种状态。其中,初始状态是指传统意义下的成桥状态,虎门大桥的颤振失效概率在 10^{-8} 量级、西堠门大桥的颤振失效概率更是高达 10^{-9} 量级;基于性能衰变影响,虎门大桥的颤振失效概率还是 10^{-8} 量级、西堠门大桥的颤振失效概率也是 10^{-9} 量级;基于气候变暖最低等级模式 RCP2.6,虎门大桥和西堠门大桥的颤振失效概率双双降低到了 10^{-5} 量级,显然气候变暖影响远大于性能衰变影响;基于气候变暖和性能衰变双重影响,虎门大桥和西堠门大桥的颤振失效概率都维持在 10^{-5} 量级。如果颤振失效概率以 10^{-6} 作为控制值,基于气候变暖影响的两座悬索桥颤振可持续性都无法满足要求。

虎门大桥和西堠门大桥全寿命气候变暖和性能衰变颤振失效概率和可靠指标 表10

桥名	跨径(m)	初始状态		性能衰变		气候变暖 RCP2.6		气候变暖+性能衰变	
		P_F	β_F	P_F	β_F	P_F	β_F	P_F	β_F
虎门大桥	888	2.58×10^{-8}	5.45	2.58×10^{-8}	5.45	2.40×10^{-5}	4.07	2.40×10^{-5}	4.07
西堠门大桥	1650	2.56×10^{-9}	5.84	3.09×10^{-9}	5.81	1.44×10^{-5}	4.18	1.81×10^{-5}	4.13

4.3 全寿命气候变暖和性能衰变涡振失效概率

全寿命气候变暖和性能衰变共同影响下的悬索桥,全寿命涡振设计荷载——涡振设计风速和全寿命涡振设计抗力——涡振锁定风速都是时变的和随机的,都需要采用时变概率分布模型表示,同样采用蒙特卡罗数值模拟方法,可以计算确定虎门大桥和西堠门大桥全寿命气候变暖和性能衰变共同影响下的涡振失效概率和持续时间如表11所示,也分四种状态。其中,初始状态是指传统意义下的成桥状态,虎门大桥和西堠门大桥的涡振失效概率在10^{-2}量级,分别为0.0115和0.0295;基于性能衰变影响,虎门大桥的涡振失效概率增加到0.0406,而西堠门大桥的涡振失效概率下降到0.0276;基于气候变暖最低等级模式RCP2.6,虎门大桥和西堠门大桥的涡振失效概率分别上升到0.0187和0.2969;基于气候变暖和性能衰变双重影响,虎门大桥和西堠门大桥的涡振失效概率分别为0.0564和0.2862。如果涡振失效概率以10^{-2}作为控制值,基于气候变暖影响以及气候变暖和性能衰变双重影响的两座桥梁涡振可持续性都无法满足要求。

虎门大桥和西堠门大桥全寿命气候变暖和性能衰变涡振失效概率和持续时间 表11

桥名	跨径(m)	初始状态		性能衰变		气候变暖 RCP2.6		气候变暖+性能衰变	
		P_V	$T_V(d)$	P_V	$T_V(d)$	P_V	$T_V(d)$	P_V	$T_V(d)$
虎门大桥	888	0.0115	4.2	0.0406	14.8	0.0187	6.8	0.0564	20.6
西堠门大桥	1650	0.0295	10.8	0.0276	10.1	0.2969	108	0.2862	104

5 结语

悬索桥全寿命抗风可持续性主要是指悬索桥全寿命颤振和涡振可靠性,涉及全寿命结构荷载、全寿命结构抗力和全寿命抗风安全等三个方面。其中,全寿命结构荷载主要关注全球气候变暖台风或飓风的未来极值风速,全寿命结构抗力主要聚焦桥梁结构动力特性频率和阻尼的未来性能演化,由于未来极值风速和性能演化都具有随机性和时变性,因此,全寿命抗风安全性是随机的和时变的,需要采用概率性评价或可靠性分析。本文首先提出了气候变暖台风设计风速时变概率模型及预测方法,建立了气候变暖台风悬索桥全寿命颤振和涡振可靠性分析方法,10座悬索桥全寿命分析结果表明,气候变化导致颤振和涡振失效概率分别增加1~3个数量级和0.5~9倍;然后,提出了悬索桥动力特性自振频率和振动阻尼演化时变概率模型与估计方法,建立了结构性能衰变悬索桥全寿命颤振和涡振可靠性分析方法,虎门大桥和西堠门大桥全寿命分析结构表明,自振频率衰变影响稍有利于涡振,但不利于颤振,振动阻尼衰变影响颤振较小,但影响涡振较大;最后,基于气候变暖台风和结构性能衰变独立分析模型和方法,建立了同时考虑气候变化和性能演化的全寿命颤振和涡振可靠性分析方法,气候变化和性能演化双重影响下,虎门大桥和西堠门大桥颤振和涡振失效概率分别增加3~4个数量级和0.5~1个数量级。

值得注意的是,气候变暖台风涡振设计风速可能不适合用于涡振概率性评价,因为涡振锁定风速一般不是由极值风速控制的;自振频率衰变对涡振失效概率的有利影响有待验证,振动阻尼衰变对颤振失效概率没有影响,不适用于缓慢发散的"软颤振"。

参 考 文 献

[1] Intergovernmental Panel on Climate Change (IPCC). Fifth Assessment Report of the Intergovernmental Panel on Climate Change[M]. Cambridge & New York:Cambridge University Press,2013.

[2] EMANUEL K A. The dependence of hurricane intensity on climate[J]. Nature, 1987, 326(6112):483-485.

[3] NOWAK A S THOFT-CHRISTENSEN P. International Contribution to the Highways Agency's Bridge Related Research[OL]. http://www.civil.auc.dk/ib/publ/,2002.

[4] SALAWU O. Detection of structural damage through changes in frequency:a review[J]. Engineering structures,1997,19(9):718-723.

[5] 初晓雷.大跨度悬索桥全寿命动力特性演化和气候变暖台风颤振可靠度[D].上海:同济大学,2022.

[6] 葛耀君.大跨度悬索桥抗风[M].北京:人民交通出版社,2011.

[7] CHU X L,CUI W,XU S Y,et al. Multiscale time series decomposition for structural dynamic properties:long-term trend and ambient interference[J]. Structural Control & Health Monitoring,2023,6485040.

[8] 葛耀君,初晓雷,赵林,等.气候变暖影响下大跨度悬索桥颤振可靠性[C]//第二十一届全国结构风工程学术会议论文集,2023.

[9] CHU X,CUI W,ZHAO L,et al. Probabilistic flutter analysis of a long-span bridge in typhoon-prone regions considering climate change and structural deterioration[J]. Journal of Wind Engineering and Industrial Aerodynamics,2021,215:104701.

[10] 中华人民共和国交通运输部.公路桥梁抗风设计规范:JTG/T 3360-01—2018[S].北京:人民交通出版社,2018.

[11] FANG G,PANG W,ZHAO L,et al. Extreme typhoon wind speed mapping for coastal region of China:Geographically weighted regression-based circular subregion algorithm[J]. Journal of Structural Engineering,2021,147(10):04021146.

[12] MCFARLANE N. Canadian Centre for Climate Modelling and Analysis[J]. Numerical Modeling of the Global Atmosphere in the Climate System,2000,550:221.

[13] KNAPP K R,KRUK M C,LEVINSON D H,et al. The international best track archive for climate stewardship (IBTrACS) unifying tropical cyclone data[J]. Bulletin of the American Meteorological Society,2010,91(3):363-376.

[14] CUI W,CARACOGLIA L. Exploring hurricane wind speed along US Atlantic coast in warming climate and effects on predictions of structural damage and intervention costs[J]. Engineering Structures,2016,122:209-225.

[15] VICKERY P J,SKERLJ P,TWISDALE L. Simulation of hurricane risk in the US using empirical

track model[J]. Journal of structural engineering,2000,126(10):1222-1237.

[16] VICKERY P J,SKERLJ P,STECKLEY A,et al. Hurricane wind field model for use in hurricane simulations[J]. Journal of Structural Engineering,2000,126(10):1203-1221.

[17] GE Y J,XIANG H F,TANAKA H. Application of a reliability analysis model to bridge flutter under extreme winds[J]. Journal of Wind Engineering & Industrial Aerodynamics,2020,86(2):155-167.

[18] FANG G S,PANG W,ZHAO L,et al. Tropical-cyclone-wind-induced flutter failure analysis of long-span bridges[J]. Engineering Failure Analysis,2022,132:105933.

[19] G,Y J,ZHAO L,CAO J X. Case study of vortex-induced vibration and mitigation mechanism for a long-span suspension bridge [J]. Journal of Wind Engineering and Industrial Aerodynamics,2022,220,104866.

[20] 葛耀君. 大跨度拱式桥抗风[M]. 北京:人民交通出版社,2015.

4. 钢-UHPC 轻型组合桥面新体系

邵旭东[1,2]

(1. 桥梁工程安全与韧性全国重点实验室;2. 湖南大学土木工程学院)

摘 要:正交异性钢桥面板自重轻、强度高、安装方便,因而在钢桥中应用广泛,但钢桥面普遍面临疲劳开裂、沥青铺装破损两大病害难题,常规对策难以治本。笔者团队另辟蹊径,以高强、高韧、高耐久的超高性能混凝土(UHPC)为基础,率先研发了钢-薄层 UHPC 轻型组合桥面结构。与传统正交异性钢桥面+沥青铺装体系相比,新的组合桥面结构的局部抗弯刚度提高 20 倍以上,钢桥面疲劳应力幅降低 30%~80%,可显著延长钢桥面的疲劳寿命;同时,无须采用昂贵的钢桥面专用铺装,铺装运维成本可降低 80%。本文介绍了两类应用场景(新建或基本完好钢桥面、长期服役受损钢桥面)对应的两种轻型组合桥面结构,包括结构性能、关键问题及解决对策、工程应用等方面,最后介绍了轻型组合桥面结构相关技术标准编制情况。

关键词:正交异性钢桥面板 疲劳开裂 铺装破损 超高性能混凝土(UHPC) 钢-UHPC 轻型组合桥面结构 技术标准 工程应用

1 引言

正交异性钢桥由钢面板、纵肋和横隔板相互焊接组成,顶面多铺设沥青铺装,这种桥面结构具有自重轻、承载能力高、施工便捷等优点,在国内外钢桥中应用广泛。但工程实践表明,传统正交异性钢桥面系在运营中极易出现以下两大病害问题(图1):①正交异性钢桥面板疲劳开裂,严重时甚至危及桥梁安全;②钢桥面沥青铺装频繁破损,导致桥面铺装维护成本高企。上述两大病害问题已成为钢桥领域公认的难题,常规对策难以治本。

研究表明,引起传统钢桥面系上述两大病害难题的主要原因之一是:正交异性钢桥面板局部抗弯刚度较低,在局部车轮荷载作用下,钢桥面和沥青铺装层均处于复杂受力状态。因此,提高钢桥面的局部抗弯刚度是解决上述问题的根本。基于该核心思路,笔者团队于 2010 年率先研发成功钢-薄层超高性能混凝土(Ultra-High Performance Concrete,UHPC)轻型组合桥面结构,以显著提高钢桥面的局部抗弯刚度,为根治传统钢桥面系的上述难题提供了切实可行的方法[1]。

在前期研究中,笔者团队对钢-薄层 UHPC 轻型组合桥面结构进行了系统深入研究,涵盖了 UHPC 材料性能、钢-UHPC 界面抗剪、轻型组合桥面抗裂和抗疲劳、强化接缝等方面,攻克了钢桥面 UHPC 抗裂、界面抗剪、组合桥面抗疲劳等关键问题。编制并颁布地方标准 3 部、团体标准1部,在编交通运输部行业标准1部(已提交报批稿)。到目前,钢-薄层UHPC轻型组合桥面结构已推广应用于国内外200余座实桥,包括沪苏通长江大桥、杭瑞洞庭大桥、海文跨海大桥、宜昌长江公路大桥、马尔代夫中马友谊大桥、越南河内升龙大桥等国内外大型钢桥,产生了显著的社会经济效益。

图1 正交异性钢桥面系两大病害难题

本文对钢-薄层UHPC轻型组合桥面新体系进行介绍,具体包括两类应用场景,即:适用于新建或基本完好钢桥面的轻型组合桥面结构,以及长期服役损伤钢桥面的UHPC加固延寿新技术。

2 适用于新建或基本完好钢桥面的轻型组合桥面结构

2.1 结构特点及性能优势

对于新建钢桥面或在役钢桥面疲劳裂缝经处理后能够修复至基本完好,此时钢面板能够有效协助UHPC底面抵抗纵横向正弯矩,因此,无须考虑在UHPC层底面进行专门的配筋或强化。因此,该场景适合于采用如图2所示的轻型组合桥面结构。

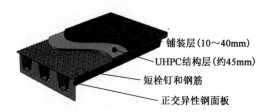

图2 适用于新建或轻微疲劳损伤钢桥面的轻型组合桥面结构

轻型组合桥面结构由正交异性钢桥面板和薄层UHPC通过短栓钉等矮剪力键组合而成。UHPC层厚一般为45mm,上铺10~40mm厚的磨耗层;其中薄层UHPC中密配钢筋,以提高UHPC层的抗疲劳开裂性能,钢筋间距多为37.5mm,且横桥向钢筋位于上层。

与具有沥青铺装的传统钢桥面系相比,轻型组合桥面结构具有以下显著优势(图3):①由于薄层UHPC与钢桥面板形成了组合结构,桥面的局部抗弯刚度提高20倍以上,使得钢桥面疲劳应力幅断崖式下降,基本消除钢桥面疲劳开裂风险;②新体系将钢桥面铺装转化为混凝土(UHPC)桥面铺装,进而降低巨额的钢桥面沥青铺装翻修成本。因此,该组合结构通过提高桥面系的局部抗弯刚度,一体化解决了传统钢桥面系普遍面临的两大病害难题。

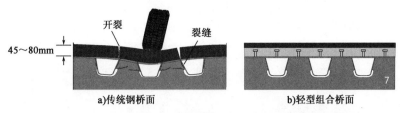

图3 轻型组合桥面结构特点及性能优势

2.2 关键问题及解决措施

对于轻型组合桥面,其关键问题包括以下三个方面:①由于水胶比低、水泥用量大,UHPC的收缩应变较大,可达600~800με,而收缩变形受到钢板的强力约束,将UHPC层收缩开裂,因此,如何避免钢桥面UHPC收缩开裂是需要解决的首要问题;②UHPC虽然具有高强度,但其抗裂强度一般为7~10MPa,而钢桥面UHPC层在车载作用下的拉应力可达10~15MPa,因此,另一个关键问题是如何提高UHPC的抗裂性能;③由于UHPC层很薄,如何实现组合结构内部各种界面的连接可靠性非常重要,包括界面抗剪、接缝抗裂、梁端连接等方面。

笔者团队对上述问题进行了系统深入的研究。如图4所示,通过在UHPC中掺入纳米组分,提高基体的致密性并形成钉扎效应,进而提高UHPC基体的抗裂性及其与钢纤维的黏结性能;同时,在UHPC中密配钢筋,强力约束UHPC的收缩变形;此外,对现浇UHPC进行高温蒸汽养护,使得UHPC的收缩在养护期间基本完成,实测UHPC残余应变在20~100微应变之间。通过以上多重举措,消除了钢桥面UHPC的收缩开裂风险,并将UHPC的抗裂强度由7~10MPa提高到30MPa以上,满足了钢桥面UHPC层的高拉应力受力要求。

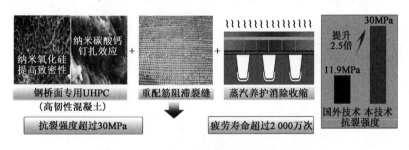

图4 钢桥面UHPC收缩、抗裂问题解决措施

对轻型组合桥面结构开展了抗弯疲劳试验(图5),根据试验结果,当UHPC的疲劳拉应力幅为21.3MPa,组合试件经历310万次疲劳循环后,UHPC层未出现任何开裂,而钢结构已疲劳破坏,试验终止。因此,试验结果验证了轻型组合桥面结构具有优异的抗裂/抗疲劳性能。

图5 轻型组合桥面结构抗弯疲劳试验

为解决薄层 UHPC 与钢桥面板间的可靠连接问题,提出了短栓钉、焊接钢筋网等矮剪力键,满足了层间抗剪受力要求;提出了异性钢板连接构造,成功避免先-后浇筑 UHPC 界面因钢纤维分布不连续而成为薄弱环节;研发了梁端桥面连续新技术,满足了高烈度区抗震的应用需求(图6)。

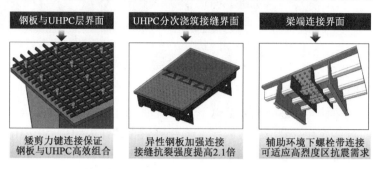

图6 薄层 UHPC 与钢桥面可靠连接问题解决措施

2.3 工程应用

2011 年,轻型组合桥面结构首次应用于实桥工程——广东肇庆马房大桥第11 跨(图7)。该桥为简支钢箱梁桥,共14 跨,每跨64m。大桥修建于1984 年,采用了开口肋正交异性钢桥面板,由于桥面刚度低,大桥钢桥面沥青铺装平均每三年大修一次。2011 年,在新一轮钢桥面沥青铺装翻修施工中,第11 跨采用了钢-薄层 UHPC 轻型组合桥面结构。运营至今,业主单位已委托第三方检测单位对实桥开展了4 轮检测。结果表明:实桥实施轻型组合桥面结构后,钢桥面在车载作用下的应力降低 80%~92%,表明新结构显著提升了钢桥面系的局部抗弯刚度,大幅降低了钢桥面的疲劳应力,能够大幅延长其疲劳寿命,且大桥新型桥面的运营状态良好,受力改善效果稳定。

图7 轻型组合桥面结构首次应用于广东肇庆马房大桥第11 跨

到目前,钢-薄层 UHPC 轻型组合桥面结构应用于国内外 200 多座实桥。典型应用工程(图8)包括:沪苏通长江大桥、杭瑞高速洞庭大桥、海文跨海大桥、马尔代夫中马友谊大桥、越南河内升龙大桥等国内外大型钢桥,应用效果优异。

图8 轻型组合桥面结构典型应用

3 长期服役疲劳受损钢桥面的UHPC加固改造新技术

3.1 结构特点及性能优势

我国钢桥的规模化建设始于20世纪90年代。随着运营时间的推移和交通量的增长,钢桥面已进入疲劳开裂病害多发期。一些早期大跨径钢桥甚至出现了较为严重的钢桥面疲劳开裂病害(图9),如某长江大桥桥面检出16 000条裂缝,如不能修补,大桥存在严重安全隐患。

图9 早期大跨径钢桥钢桥面疲劳开裂照片

目前多采用裂纹焊合、钻止裂孔、栓接钢板、冲击闭合、黏贴复合材料等方法进行钢桥面疲劳裂纹修复,但由于钢桥面疲劳裂纹位置隐蔽,且位于钢梁顶面位置,加固施工十分困难,修复效果不甚理想,往往修复后很快复裂。此外,某桥调研发现,对于正交异性钢桥面板中的各类细节疲劳裂纹,绝大多数疲劳裂纹均位于纵肋-面板连接焊缝处,如图10所示。

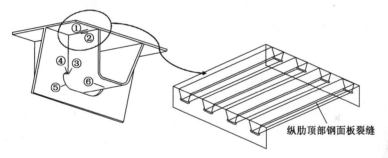

图10 钢桥面典型疲劳开裂位置示意

在此情形下,前文介绍的钢-薄层UHPC轻型组合桥面结构不能直接用于加固长期服役受损钢桥面,原因为:由于长期服役受损钢桥面板中的疲劳裂纹难以修补至完好,导致原钢桥面板难以有效协助UHPC层底面抵抗横向拉应力,因此,UHPC底面的拉应力较高,存在开裂高风险,如图11所示。

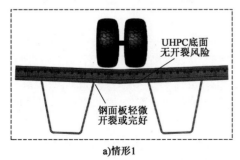

a)情形1　　　　　　　　　　b)情形2

图11 钢桥面板重度疲劳开裂对UHPC层底面横向受力的影响

面对长期服役疲劳受损钢桥面加固的上述难题,笔者团队提出了加固目标:①自重基本不增加;②加固后原钢桥面裂缝不发展;③UHPC层不开裂。为此,提出了如图12所示的长期服役疲劳受损钢桥面的UHPC加固改造新技术。与现有轻型组合桥面结构相比,该技术的核心特点为:在原钢桥面板顶面沿横桥向布设了钢板条,以代替原钢面板协助UHPC层底面抵抗横向拉应力,进而显著提升UHPC底面的横向抗裂强度,满足实桥加固受力要求。由于增设了钢板条,该技术UHPC层的总厚为55mm。

类型一(刚桥面无裂缝)　　　　类型二(刚桥面裂缝可不修复)

图12　长期服役疲劳受损钢桥面的UHPC加固改造新技术

该加固技术能够大幅提高长期服役疲劳受损钢桥面的局部抗弯刚度,降低钢桥面的疲劳应力幅,不仅能够有效抑制钢桥面既有疲劳裂纹的扩展风险,还能避免钢桥面新疲劳裂纹的萌生,为我国早期在役大跨径钢桥桥面疲劳加固提供了有效方法。

3.2　关键问题及解决措施

如前文所述,由于原钢桥面板已严重疲劳受损,导致原钢面板难以有效协助薄层UHPC底面抗裂,因此,如何在不显著增加UHPC层自重的前提下,有效提高UHPC层底面的抗裂性能是本项目需解决的关键问题。

研究中,提出在原钢桥面板顶面布设横向钢板条的思路:钢板条与UHPC层形成组合受力,相当于薄层UHPC底面的体外配筋。该构造既能显著提高UHPC底面的抗裂强度(约提高3倍,图13),又避免在UHPC层底面增设横向钢筋,大大简化了施工。

　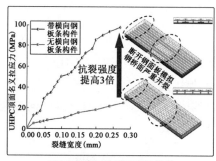

a)钢桥面加固施工过程　　　　　b)UHPC底面抗裂强度的提升

图13　钢板条对UHPC层底面抗裂性能的提升效果

对不同参数钢板条-UHPC组合板开展了抗弯试验,探明了UHPC层底面的裂缝萌生和发展规律,提出了考虑钢板条-UHPC协同受力的裂缝宽度计算公式,与试验结果吻合良好(图14)。

同时,开展了钢板条-UHPC组合板抗弯疲劳试验。试验中UHPC底面的疲劳拉应力幅18.8MPa,经历700万次循环后,试件未出现任何开裂现象。基于疲劳寿命换算准则,可得在设计拉应力幅(12.93MPa)下,UHPC的疲劳寿命将超过2 150万次。基于试验结果,得到了以UHPC最大裂缝宽度(0.05mm)为控制目标的抗弯疲劳S-N曲线(图15)。

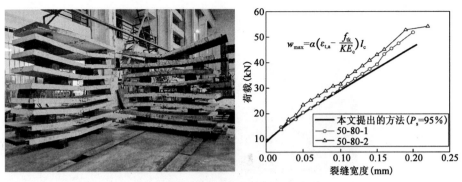

图14 模型试验及正弯矩裂缝宽度计算公式

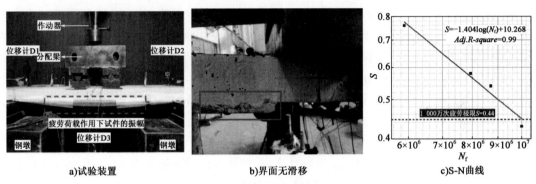

a)试验装置　　　　b)界面无滑移　　　　c)S-N曲线

图15 钢板条-UHPC组合板抗弯疲劳S-N曲线

此外,为确保在役桥梁的安全性,因严格控制加固方案的自重,因此,研发了UHPC顶面铺设TPO(Thin Polymer Overlay,超薄磨耗层)的方案。TPO是一种以改性环氧树脂为胶结剂,以坚硬耐磨玄武岩为集料的高性能超薄铺面结构。10mm厚TPO有效减轻了铺装自重,同时具有高抗剪强度和抗拉拔强度,能够提供长久的抗滑能力,服役寿命预计可达20年。为探明TPO与UHPC层间的黏结性能,开展了界面抗剪和抗拔性能试验(图16),明确了界面性能,为实桥应用奠定了基础。

图16 TPO-UHPC界面抗剪和抗拔试验

3.3 实桥应用

3.3.1 实桥工程简介

2021年,该加固技术应用于宜昌长江公路大桥。宜昌长江公路大桥是沪渝高速公路(G50)在湖北省宜昌市境内跨越长江的一座特大型桥梁,为双塔单跨悬索桥(图17),跨径960m。2001年9月建成通车。

图17 宜昌长江公路大桥

大桥加劲梁采用扁平流线型钢箱梁,桥面全宽30.0m,中心梁高3m。桥面为正交异性钢桥面板,顶板厚12mm;行车道区桥面板采用U形加劲肋,U肋厚6mm、中心间距590mm;钢箱梁横隔板间距4.02m,无吊索横隔板厚10mm,有吊索横隔板厚12mm,每两道横隔板梁之间设有一道高450mm、板厚16mm的横向加劲肋。原沥青铺装为7cm厚双层SMA。

由于重载交通量大,2009年起,宜昌长江公路大桥的钢桥面系陆续出现了两类病害问题。一方面,钢桥面沥青铺装出现了开裂、拥包、车辙、剥离等破损现象,导致行车安全性和舒适性降低。2010年,宜昌长江公路大桥的钢桥面沥青铺装进行了翻修,翻修后的铺装方案经过约10年的运营,再次出现了病害问题。另一方面,正交异性钢桥面板于2014年发现疲劳开裂现象,根据第三方2016年检测结果,大桥整体状况较好,但钢桥面疲劳裂纹发展迅速,导致钢箱梁评分最低,亟须进行裂缝病害处治。钢桥面疲劳裂纹主要集中在以下位置:横隔板(横肋)顶部过焊孔周边开裂、U肋与钢面板纵向焊缝开裂、横隔板弧形开口处开裂、横隔板与钢面板横向焊缝开裂。

通过系统的理论分析和试验论证,最终确定的实桥加固方案为55mmUHPC+10mmTPO(图18),其中UHPC层底面沿横桥向设有钢板条,以提高UHPC层底面的横向抗裂强度。

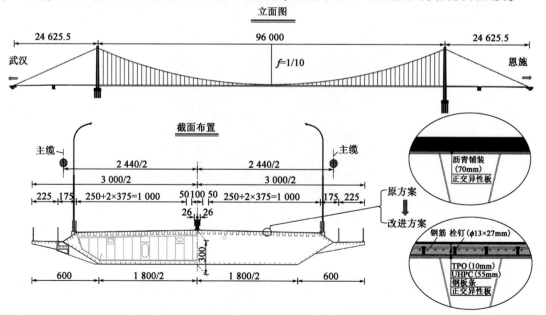

图18 宜昌长江公路大桥及钢桥面加固前后构造示意图(尺寸单位:cm)

3.3.2 实桥加固施工

宜昌大桥维修加固工程于2021年8月5日开始,12月4日结束并开放交通。分两次分别浇筑上、下游幅桥面,在开始浇筑UHPC至蒸养结束的时段内封闭全桥交通(约7d),其他工序时保持半幅桥面交通的正常通行。桥面的工艺如图19所示。UHPC从跨中往两端对称浇筑,首次实现了约20h单次浇筑10 250m²的高效施工新纪录。

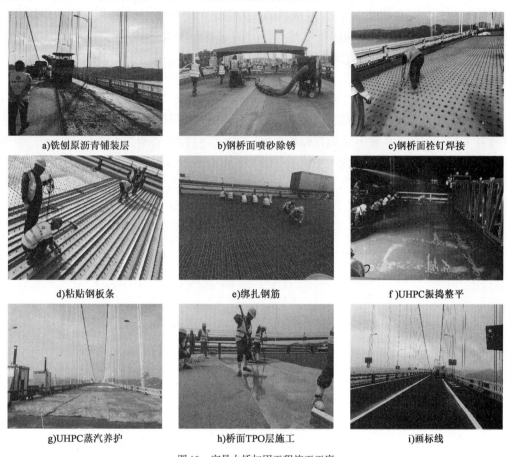

a)铣刨原沥青铺装层　　b)钢桥面喷砂除锈　　c)钢桥面栓钉焊接

d)粘贴钢板条　　e)绑扎钢筋　　f)UHPC振捣整平

g)UHPC蒸汽养护　　h)桥面TPO层施工　　i)画标线

图19　宜昌大桥加固工程施工工序

在TPO施工前,需先对UHPC表面抛丸糙化处理,随后分两次摊铺胶结剂和集料(图20),即首先在UHPC层上刷涂第一层树脂,撒布第一层集料,然后重复进行第二层树脂和集料的铺筑。TPO施工工艺严格控制,平整度良好,保证了TPO首次用作UHPC上罩面层的成功。

a)刷涂黏结料、撒布集料　　b)施工完成

图20　TPO层施工

3.3.3 实桥应用效果

有限元计算结果表明,采用钢-薄层 UHPC 轻型组合桥面加固技术后,大桥钢桥面各疲劳细节的应力幅均显著降低,降幅达 39%~89%,表明该加固结构能够显著提高在役钢桥桥面的局部抗弯刚度,进而大幅降低钢桥面的疲劳开裂风险。

其间,大桥业主单位委托第三方单位对钢桥面疲劳裂缝进行了跟踪监测。结果表明,在轻型组合桥面结构加固实施前三年,大桥钢箱梁疲劳裂纹年均新增 341 条,而实施后年新增裂纹仅 24 条,降幅达 93%,表明该加固技术具有优异的实桥应用效果,有效抑制了钢桥面疲劳裂纹的扩展,可大幅度延长钢桥面使用寿命。

4 技术标准

到目前,笔者团队已在轻型组合桥面结构领域编制了多部技术标准(图21),包括:广东省地方标准 1 部(2015 年)、湖南省地方标准 1 部(2016 年)、海南省地方标准(2022 年)、中国公路学会团体标准(2021 年)。此外,主编的交通运输部行业标准已提交报批稿,预计今年颁布。上述标准的编制和版本形成了完整的技术标准体系,为轻型组合桥面结构的推广应用提供了理论依据和科学支撑。

a)广东省地方标准　　b)湖南省地方标准　　c)海南省地方标准

d)中国公路学会团体标准　　e)交通运输部行业标准(已提交报批稿)

图21　笔者团队编写的轻型组合桥面结构技术标准

5 结语

本文介绍了适用于不同应用场景的两类轻型组合桥面结构。与传统沥青铺装钢桥面系相比,新组合结构提高桥面局部抗弯刚度 20 倍以上,降低钢桥面疲劳应力 30%~80%,大大降低了钢桥面的疲劳开裂风险,降低了钢桥面沥青铺装巨额翻修成本。新体系已推广应用于国内外200多座实桥,为根治传统钢桥面系的两大病害难题提供了切实可行的解决方法。

参 考 文 献

[1] 邵旭东,曹君辉,易笃韬,等.正交异性钢板-薄层RPC组合桥面基本性能研究[J].中国公路学报,2012,25(2):40-45.

[2] SHAO X D,YI D T,HUANG Z Y,et al. Basic performance of the composite deck system composed of orthotropic steel deck and ultrathin RPC layer[J]. Journal of Bridge Engineering, 2013,18(5):417-428.

[3] CAO J H,SHAO X D,ZHANG Z,et al. Retrofit of an orthotropic steel deck with compact reinforced reactive powder concrete[J]. Structure and Infrastructure Engineering,2016,12(3):411-429.

[4] 丁楠,邵旭东.轻型组合桥面板的疲劳性能研究[J].土木工程学报,2015,48(1):74-81.

[5] CAO J H,SHAO X D,DENG L,et al. Static and fatigue behavior of short headed studs embedded in thin UHPC layer[J]. Journal of Bridge Engineering,2017,22(5).

[6] LUO J,SHAO X D,FAN W,et al. Flexural cracking behavior and crack width predictions of composite (steel + UHPC) lightweight deck system[J]. Engineering Structures,2019,194:120-137.

[7] 邵旭东,曹君辉,李嘉.钢-STC轻型组合桥面:设计原理与工程实例[M].北京:科学出版社,2021

[8] 王洋,邵旭东,陈杰,等.重度疲劳开裂钢桥桥面的UHPC加固技术[J].土木工程学报,2020(11):92-101,115.

5. 珠江出海口特大型悬索桥建设关键技术研究

宋神友　陈焕勇

(深中通道管理中心)

摘　要：深中通道跨越中国珠江出海口，是集桥、岛、隧、水下互通于一体的世界级集群工程。项目控制性工程伶仃洋大桥为主跨1 666m的特大型悬索桥，创五项世界纪录，包括离岸海中悬索桥跨径最大、通航净高最高、海中锚碇体量最大、主缆钢丝强度最高、颤振检验风速最高，面临世界级的技术挑战。项目在整体式钢箱梁抗风技术、钢桥面U肋焊接接头细节构造、高耐久主缆钢丝、海相软基地区锚碇建造、混凝土索塔工业化建造等方面进行了技术创新。

关键词：珠江出海口　深中通道　伶仃洋大桥　特大型悬索桥　建设　关键技术

1　引言

深中通道位于粤港澳大湾区几何中心，跨越中国第三大河流珠江的出海口，北距虎门大桥约30km，南距港珠澳大桥约31km。深中通道是世界级"桥、岛、隧、水下互通"跨海集群工程，是珠江东西两岸核心直连通道，路线全长24km，双向八车道，设计速度100km/h，批复概算446.9亿元[1]。

伶仃洋大桥是深中通道控制性工程之一，为580m＋1 666m＋580m全飘浮体系双塔钢箱梁悬索桥(图1)，通航净高76.5m，桥塔采用门式造型，塔顶高程270m[2]。本桥规模宏大，建设条件极其复杂，桥位处于强台风频发区，锚碇处海相淤泥厚度超过20m，全桥处于高温、高湿、高盐雾海洋腐蚀环境。

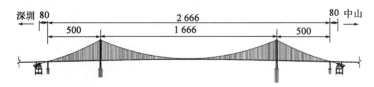

图1　伶仃洋大桥立面布置(尺寸单位：m)

本桥创五项世界之最，分别为世界最大跨径全离岸海中悬索桥、最高通航净高、最大体量海中锚碇、最高强度主缆钢丝索股、最高颤振检验风速。本项目秉持"安全、适用、美观、耐久"的建设理念，开展了设计和施工方面关键技术研究，取得了一系列创新成果。

2 技术创新

2.1 强台风频发区整体式钢箱梁抗风设计

伶仃洋大桥中跨中桥面高度达91m,且位于强台风频发的开阔海域,颤振检验风速高达83.7m/s。考虑到大跨径悬索桥的涡振性能并兼顾经济性和交通组织方便性,推荐采用整体式钢箱断面,整体式较分体式钢箱梁可节省18%的用钢量(约1.2万t)。为提升台风频发区整体钢箱梁抗风性能,经过超300组气动外形设计及风洞试验,研发了"水平导流板+上中央稳定板+高透风率栏杆"的综合气动控制措施(图2),将颤振稳定临界风速提升26%,大幅提升了颤振稳定性。

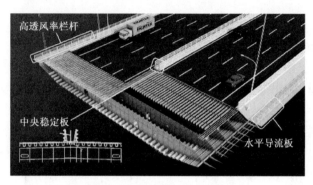

图2 伶仃洋大桥新型气动外形

2.2 正交异性钢桥面板U肋双面埋弧全熔透焊接接头

项目预计交通量超过10万pcu/d,且货车比例超过40%,钢箱梁疲劳问题突出。闭口纵肋与顶板焊接构造细节是控制钢桥面板疲劳性能的关键构造细节[3],传统单面焊构造细节疲劳性能差,在深中通道重载条件下存在服役期过早出现开裂的高风险。为提高构造细节的疲劳性能,开展了几十组足尺模型试验,研制了U肋与顶板双面埋弧全熔透焊接接头。该项技术将平均焊接缺欠尺度从300μm降低到20μm,缺欠发生率降低60%,该焊接构造细节的疲劳寿命较传统方法提高5倍以上。通过内焊装备研发、焊接工艺优化、质量检测技术和适用标准研究,首次提出了U肋与顶板双面埋弧全熔透全自动化焊接技术,实现了28万t钢箱梁工业化生产。如图3、图4所示。

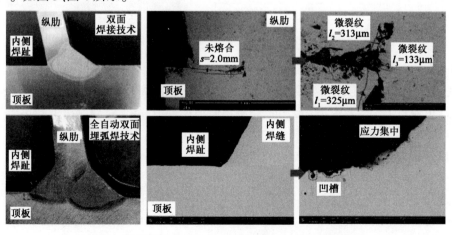

图3 单面焊接(A)和全自动双面埋弧焊(B)技术效果对比

图4 全自动双面埋弧焊生产线

2.3 φ6mm-2 060MPa 锌铝多元合金镀层耐久型钢丝及索股

作为全离岸海中悬索桥,伶仃洋大桥主缆全部处于"高温、高湿、高盐"环境,还承受风和汽车等交变荷载作用,腐蚀、疲劳问题突出[4]。本项目研究了平行钢丝主缆的腐蚀类型、腐蚀原因,并模拟海洋环境,通过高温加速盐雾试验(图5)和腐蚀疲劳耦合试验,分析了应力作用下不同直径、不同镀层的主缆钢丝抗应力腐蚀情况,得出了增大钢丝直径、采用新型锌-10%铝-镁(稀土)合金镀层可提高钢丝抗应力腐蚀能力的结论。基于以上研究,研制并应用了34 000t高耐蚀锌-10%铝-镁(稀土)合金镀层钢丝索股,主缆钢材用量与1 960MPa钢丝相比节约5%用钢量。锌铝镁(稀土)合金镀层抗腐蚀性能达到热镀锌镀层的3倍、热镀锌铝镀层的1.5倍以上,锌-铝-稀土(镁)合金镀层实现了从二元合金镀层到三元合金镀层的升级换代。

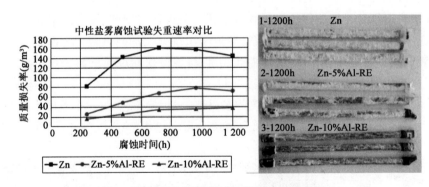

图5 锌铝多元合金镀层钢丝中性盐雾试验对比情况

2.4 海相深厚软基地区大型锚碇快速建造技术

锚碇是悬索桥的重要结构部件之一,国内外尚无在深厚海相淤泥层中建造巨型锚碇的经验,而珠江出海口阻水率要求严(≤10%)、海相淤泥层深厚(≥20m)、基岩起伏大等因素,给海中锚碇建设带来了极大的困难,传统的沉箱基础、沉井基础和地连墙重力式基础均不适宜。因此,开展了超大跨径悬索桥海中锚碇关键技术研究,首次创新了"锁扣钢管桩+钢丝索围箍围堰筑岛"+"横向8字形地连墙"基坑支护的新型离岸海中巨型锚碇快速建造技术(图6、图7),降低了阻水率(降幅28%),控制了地连墙结构累计水平位移(开挖46m深,基坑水平位移≤9.6mm,远小于预警值25mm),实现了45d快速成岛、300d完成地连墙施工的建造目标。此外,58万 m^3 筑岛材料,实现再生利用,将生态环境影响降到了最低。

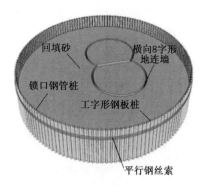 

图6 柔性筑岛结构(围堰直径150m,地连墙平面尺寸长107.1m、宽65m)

图7 锚碇快速筑岛围堰

2.5 超高混凝土主塔工业化建造技术

为解决传统混凝土桥塔建造过程存在的作业风险大、施工效率低、作业人员多、质量控制难等问题,开展桥塔建造工业化与智能化升级,以"工厂化生产、装配化施工、智能化控制"为总体思路,提出了桥塔竖向移动工厂式建造方法;研发了集钢筋部品划分、自动生产、组装成型、快速调位、精确控制的桥塔钢筋工业化建造技术,钢筋机械化成型率达70%,大幅缩短了钢筋工程现场高空作业时间至1d。研制了集架体自爬升、混凝土智能浇筑振捣、智能养护和应急逃生等功能的一体化智能筑塔机,显著提升了桥塔工程品质与施工效率,塔柱施工速度最高可达1.2m/d,减少高空作业人员60%[5]。该成套技术整体实现了桥塔现浇混凝土传统建造技术向工业化建造技术的升级,仅用一年时间,270m高的主塔便已建成。如图8、图9所示。

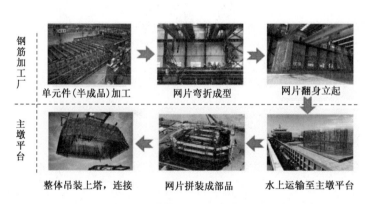 

图8 钢筋部品工业化建造流程

图9 桥塔工业化建造

3 结语

伶仃洋大桥全桥已于2023年4月28日贯通,将于2024年6月通车,为粤港澳大湾区提供重要交通支撑。作为世界最大跨径全离岸海中悬索桥,本桥建设过程中研究并解决了强台风频发区风致灾变控制、海中巨型锚碇建设、主塔工业化建造及海洋环境结构耐久性保障等世界性难题,为未来更大跨径跨海峡桥梁建设提供了技术支撑。

参 考 文 献

[1] 宋神友,陈伟乐,金文良,等.深中通道工程关键技术及挑战[J].隧道建设(中英文),2020,40(1):143.
[2] 宋神友,陈伟乐.深中通道桥梁工程方案及主要创新技术[J].桥梁建设,2021,51(5):1.
[3] 徐军,朱金柱,陈焕勇.正交异性钢桥面板纵肋与横隔板的主导开裂模式研究[J].桥梁建设,2023,53(6):55.
[4] 陈焕勇,宋神友,张海良,等.伶仃洋大桥锌铝镁多元合金镀层钢丝索股制作关键技术[J].桥梁建设,2022,52(5):21.
[5] 邹威,宋神友,陈焕勇.深中通道伶仃洋大桥超高混凝土桥塔施工关键技术[J].桥梁建设,2020,50(6):97.

6. 狮子洋大桥关键技术及创新

李 剑

(广东湾区交通建设投资有限公司)

摘 要：狮子洋通道是《粤港澳大湾区基础设施互联互通规划》确立的新珠江口过江通道，是该地区首条双层复合跨海公路通道。项目关键性工程狮子洋大桥采用主跨2 180m单跨吊双层钢桁梁悬索桥，建成后将是世界上跨度最大的双层悬索桥，工程规模宏大、建设条件复杂、技术难度高。本文介绍了狮子洋大桥的技术特点和难点，论述了解决这些技术难题的多项创新性关键技术研究成果，为我国超2 000m级双层大跨悬索桥的建设提供示范和借鉴。

关键词：狮子洋通道 狮子洋大桥 超大跨悬索桥 关键技术

1 工程概况

狮子洋通道位于粤港澳大湾区核心区域，距上游南沙大桥3.6km，下游虎门大桥7.7km，西接广中江高速，经广州市南沙区大岗镇、东涌镇和黄阁镇，跨越珠江口，向东经东莞沙田镇和虎门镇，接常虎高速，全长约35km。项目的建设是贯彻落实粤港澳大湾区发展规划纲要，构建"一核一带一区"区域发展格局的重要举措，对促进大湾区基础设施互联互通、加强珠江口城市群交通经济联系、辐射粤东西北地区经济发展具有重要意义。

项目控制性工程狮子洋大桥采用主跨2 180m单跨吊双层钢桁梁悬索桥方案，具有"超大跨径、超重荷载、超宽桥面"的特点，建成后将创造双层桥梁主跨跨径、索塔高度、锚碇直径、主缆缆径、车道数5个世界第一（图1）。大桥工程规模宏大，国内外均未有先例，面临突破现有规范标准、材料和装备要求严格、耐久性和安全问题突出等诸多技术难题，大桥建设面临艰巨挑战。

图1 狮子洋大桥效果图

2 狮子洋大桥设计方案

受珠江口通航、防洪、锚地等因素制约,狮子洋大桥采用2 180m跨径单跨吊悬索桥,一孔跨越珠江口。大桥主缆分跨为672m+2 180m+710m,矢跨比为1:9,采用设计速度100km/h的双层8+8车道高速公路技术标准,桥梁宽度为41.5m,汽车荷载等级为公路-Ⅰ级,设计使用年限100年,设计基本风速34.9m/s,设计洪水频率为1/300,桥型布置如图2所示。

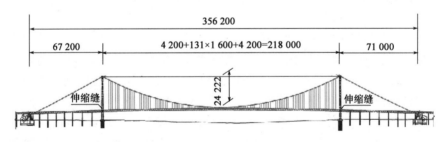

图2 桥型布置立面图(尺寸单位:cm)

2.1 锚碇

东、西锚碇基础采用圆形地下连续墙加环形钢筋混凝土内衬支护结构,外径分别为127m和130m,壁厚1.5m,内衬均按2.5m和3.0m厚度两级设计。东、西锚碇基础分别深33.5m和36.0m锚固系统采用钢框架方案。

2.2 索塔

索塔采用六横梁门式塔,塔高342m,主塔自下而上共分为64个节段,包含下塔柱、上塔柱两大部分。塔柱为钢混组合结构,采用"目字形"截面,其中塔柱混凝土部分采用C80混凝土,塔柱外壳及其加劲肋、横梁及其加劲肋部分采用Q355D钢材。索塔基础采用2×33根直径为3.0m的钻孔灌注桩,其中西塔桩长70m,东塔桩长50m。承台高9.5m,单侧承台平面形状为圆形,直径为40m。索塔及锚碇构造如图3所示。

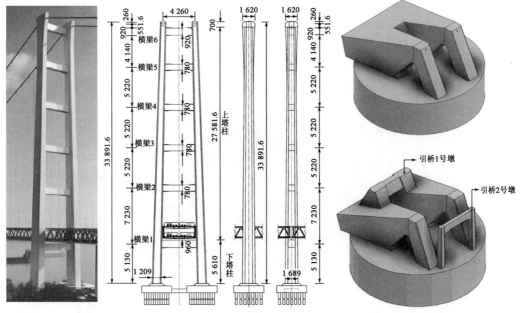

图3 索塔及锚碇构造(尺寸单位:cm)

2.3 缆索系统

主缆预制平行钢丝索股(PPWS)由127根直径为6.10mm、公称抗拉强度为2 060MPa的锌铝合金镀层高强度钢丝组成(图4)。每根主缆由374根通长索股组成,另于边跨侧设置6根背索。吊索按布置位置分为塔旁吊索和普通吊索两类。每根主缆临近塔旁10个吊点的吊索,下端采用承压式可张拉锚头,其余吊索的下端采用销接式锚头。索夹采用ZG20Mn低合金钢铸的左右对合销轴式索夹。主索鞍采用铸焊结合式轻量化索鞍结构,仅承缆槽底部采用铸件,其余板件均采用厚钢板。散索鞍采用摆轴式,鞍槽侧壁采用纵向变厚设计。

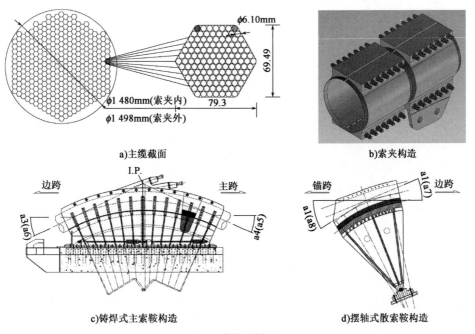

图4 缆索系统构造

2.4 加劲梁

加劲梁采用宽幅双层板桁结合钢桁梁,标准段全宽43.6m,为世界上横向跨距最大的双榀桁架梁(图5)。主桁架采用华伦式桁架(V型),桁高13.5m,节间距16m,标准节段长32m,桥面系横梁间距3.2m。上层桥面系采用"密横梁+正交异性板"的板桁组合方案,下层桥面系采用封闭箱梁方案,横梁采用鱼腹式,顺桥向间距为3.2m。

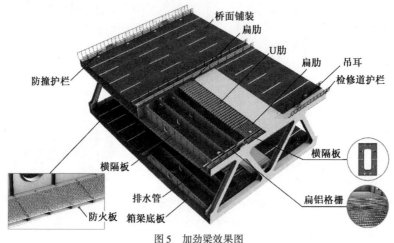

图5 加劲梁效果图

3 主要技术难点及挑战

作为一座超大跨径、超宽桥面、超高荷载等级双层悬索桥,狮子洋大桥的工程规模宏大,国内外没有先例可循,大桥的建设面临着诸多前所未有的挑战。主要包括:

3.1 超2000m级双层悬索桥结构体系及技术标准

狮子洋大桥的主跨跨径超过2000m,采用双层16车道技术标准,均超出了国内现行的《公路悬索桥设计规范》(JTG/T D65-05—2015)和《公路桥梁抗风设计规范》(JTG/T 3360-61—2018)等标准适用范围,对设计工作提出了极高的挑战。

3.2 新结构、新材料

狮子洋大桥索塔高达342m,在桥梁建造和运营过程中将承受巨大的压、弯荷载。为提高索塔的整体结构性能和耐久性,项目拟选用结构性能优、工业化程度高、建造速度快的钢板-混凝土组合结构,并首次将C80混凝土应用在索塔结构中。大桥加劲梁为宽幅双层板桁结合钢桁梁方案,采用密横梁体系桥面布置和桁架节段整体节点拼接设计。索塔及加劲梁尺度超出以往工程实践经验,且集多种新型结构与构造于一体,缺少可供参考的工程实践经验案例。

3.3 防灾减灾与耐久性要求高

狮子洋大桥作为国内交通环境最复杂、跨度最长的双层悬索桥,位于珠江口强台风频发区的开阔水域,处于高温、高湿、高盐度的海洋环境。大桥火灾风险显著,风致响应性能和结构耐久性对于大桥运营期间的安全性均有较大影响。

3.4 超长索股、超大直径主缆架设

狮子洋大桥特殊的地理环境和恶劣的气候条件对缆索系统的架设提出了极大的挑战,对施工工艺和装备的安全性和可靠性提出了更高的标准。同时,大桥超长的索股和超大直径主缆,远超出现有的主缆架设施工工艺和装备的适用范围,国内外未有同等规模的工程案例可参考,主缆架设施工对工艺研究和施工装备提出了极高的要求。

4 关键技术与创新

4.1 技术标准突破与结构体系创新

4.1.1 技术标准突破

项目聚焦大跨径双层悬索桥车辆-环境多变量荷载精细化模拟理论,形成符合双层桥梁全过程建设和运维的车辆荷载模式和取值标准。采用全寿命评估和可靠度分析的方法,研究了2 000m+超大跨度悬索桥主缆系统的设计参数(包括设计荷载、与设计荷载对应的荷载系数、考虑时变影响和材料随机性的材料抗力系数等),提出了1.5m主缆可靠度指标,为主缆的设计提供了支撑,验证了直径1.5m级主缆在技术上的可行性。

为了确定狮子洋大桥的刚度标准,项目通过车-桥/风-车-桥耦合振动分析模型,开展风致行车安全性及舒适性分析等,提出大跨度悬索桥刚度的代表性指标,确定超2 000m双层悬索桥竖向刚度最佳指标和限值。

4.1.2 结构体系的创新和优化

项目针对斜拉-悬索协作桥、空间缆悬索桥体系、平行缆悬索桥体系三种结构体系进行了综合比选,在充分考虑建设条件、结构受力特性、经济性等多重因素的基础上,最终确定了平行缆单跨吊双层悬索桥方案,并提出了纵向设置限位挡块、摩擦阻尼器、速度锁定软钢阻尼器的功能分离型组合韧性约束体系,成功将伸缩缝的伸缩量降为1.6m,显著提高了桥梁的结构性能和行车舒适性。此外,还研制了FD1500/±840阻尼器(图6)、智能监测系统以及新型智能测力型竖向支座等关键装置。

图6 新型摩擦阻尼器

4.2 防灾减灾与工程耐久性研究

4.2.1 抗风性能研究

在前期方案比选阶段,提出在两榀两主缆、两榀四主缆两种形式中进行比选考虑,其中两榀四主缆方案两根缆索相互干扰以及是否会发生尾流驰振现象是该方案存在的关键问题。为了验证两榀四主缆方案的可行性和合理性,项目组织多家高校,平行开展了风洞试验研究。通过气弹模型风洞试验和节段模型风洞试验相结合的方法(图7、图8),对两榀四主缆方案进行了缆索系统的风致振动特性研究,验证了单侧并置双缆方案在边跨存在风致振动的风险且难以处理,因此最终采用了单侧单缆方案。

图7 主缆气弹模型风洞试验

图8 加劲梁节段模型风洞试验

为解决加劲梁的颤振稳定性问题,项目委托高校开展了钢桁梁节段模型试验,对上板下板、上板下箱、上箱下箱、上箱下板四种梁型方案进行了比选(图9),并进一步进行气动性能优化设计,通过实验筛选出梁型断面(不额外设置抗风措施)。相比于同跨径悬索桥,扭转频率从0.15Hz提高到0.24Hz,颤振临界风速达到了72.6m/s,显著提高了结构颤振稳定性。

图9 上下层四种桥面结构组合

4.2.2 双层钢桁梁抗火研究

项目首次从钢桁梁火灾热释放模型、温度场演化、结构响应与破坏及烟气毒害威胁四个层面,系统性开展双层桥火灾风险评估与防控研究,通过极限火灾规模、关键构件受火灾变机理的研究以及结构火灾试验(图10)的结果,对狮子洋通道的通行设计策略提供建议,提出相应的抗火与消防标准,建立桥梁关键构件的抗火技术体系,并结合消防及应急技术与装备研究,形成新型桥梁消防技术体系。

4.2.3 锚碇耐久性设计研究

狮子洋大桥主缆缆力超过20万t,导致锚碇、锚体及锚固系统的规模尺寸巨大,从确保景观角度出发需要减小出露锚体的规模,尽量将锚体压入泥面以下。地勘报告显示持力层中风化岩层由于受古海水影响,地下水具有很强的腐蚀性。为确保锚固系统的耐久性,项目通过对临海富水大体积深埋锚碇结构长寿命多级防护技术进行研究,提出了"四道防线"式锚碇耐久性设计方案(图11),系统解决了锚碇及锚固系统耐久性问题,确保狮子洋大桥锚碇及锚固系统满足150年耐久性目标。

图10 火灾温度场分布大尺寸真火试验

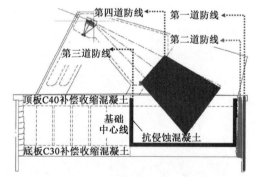

图11 锚碇耐久性设计四道防线示意图

4.3 新结构新材料研发和应用

4.3.1 钢板-混凝土组合索塔结构受力机理研究

针对钢板-C80高性能混凝土组合结构,项目开展足尺桥塔塔壁纯弯、压弯试验、钢板-钢筋混凝土榫连接件抗剪性能试验及抗剪连接件群推出试验(图12、图13),建立钢板-混凝土组合结构承载力机理模型和计算分析方法,完善钢板-混凝土组合索塔的设计理论,并探明了不同连接件的受力性能、机理和破坏模式。

图12 索塔抗弯试验

图13 压弯试件浇筑

4.3.2 索塔专用C80混凝土关键技术研究

项目结合施工浇筑工艺测试坍落扩展度、含气量、离析率等工作性能指标，基于"水化-温度-湿度-约束"多场耦合模型，提出了钢板-混凝土组合索塔专用混凝土工作、力学与体积稳定性能控制指标以及混凝土原材料优选建议和配合比设计建议。

4.3.3 索塔节段足尺模型试验

针对钢板-混凝土组合索塔的构造特点以及施工所面临的技术难题，项目组织开展了主塔节段足尺模型试验研究(图14、图15)，选取了两节段钢壳，内部分别采用低热硅酸盐水泥和硅酸盐水泥。目前已完成第一节段混凝土的浇筑以及第二节段钢壳拼装，验证了附筋钢壳制造以及钢壳吊装运输、钢壳定位对接等关键工序方案的可行性以及混凝土性能的稳定性。后续将进一步开展第二节段的混凝土浇筑工作，总结和明确专用混凝土浇筑及振捣工艺及关键参数，为后续钢板-混凝土组合索塔的施工提供支撑和依据。

图14 足尺模型吊装

图15 足尺模型混凝土浇筑

4.3.4 宽幅双层板桁结合钢桁梁研究

针对狮子洋大桥采用的宽幅双层板桁结合钢桁梁结构体系，为探明该类加劲梁的传力机理，解决结构高效承载以及装配施工等一系列关键且复杂的技术问题，项目拟开展宽幅双层板桁结合钢桁梁结构性能与关键技术研究，通过密横梁桥面系、钢桁梁节段、关键连接节点力学性能试验及节段与节点的拼接试验(图16、图17)，探明加劲梁的刚度储备及影响因素，建立该类加劲梁的简化计算方法，优化加劲梁标准节段吊装拼接连接构造及加劲梁构件的加工制作与构件组拼工艺。

图16 加劲梁节段足尺模型试验　　　　图17 加劲梁节段缩尺模型试验

4.4 新装备新工艺研发

4.4.1 大直径主缆快速架设关键技术

项目开展了基于图像识别的索股无人跟随牵引机器人,提出牵引机器人与拽拉器一体化结构设计形式,并通过基于机器视觉的索股动态测量技术及算法研究,实现索股高差在有风条件下的高精度预测,实现全天候调索。同时,项目开展了基准索股采用标记法架设方法研究,以实现高效、精准的架设基准索。为保证索股架设过程中的精准定位,减少索股架设过程中的扭转和位移,项目创新性地提出设置定位器和抑位器的方案,并通过机器视觉检查,在施工过程中进一步进行线形校准,保证缆索系统的施工精度。

4.4.2 紧缆缠丝设备研发

考虑缆索断面孔隙率及不圆度直接影响索夹抗滑移及主缆整体受力性能,项目开展大直径主缆多次紧缆工艺研究,确定辅助紧缆时机,掌握不同紧缆阶段,主缆形状变化趋势,并同步开展适应大直径主缆的紧缆、缠丝的一体化装备研究(图18、图19),进行紧缆的同时能满足大吨位缠丝导入力缠丝的需要。

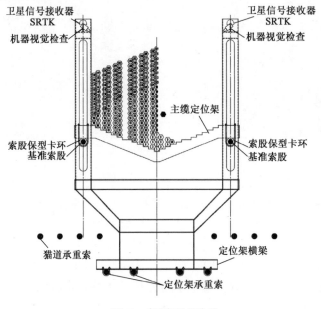

图18 索股架设抑位器

图19 紧缆缠丝一体机

5 结语

本文在分析狮子洋通道狮子洋大桥建设挑战的基础上,对狮子洋大桥面临的关键技术问题进行了系统凝练分析,为提高大桥的安全性和耐久性,确保大桥顺利建成,项目积极组织各方技术资源,开展了多项创新性关键技术研究,提出了超2 000m悬索桥合理刚度指标和限值,提出了新型约束体系设置方案;首次系统性开展双层桥火灾风险评估与防控研究,构建双层悬索桥成套火灾防控技术体系;提出了"四道防线"式锚碇耐久性设计方案,实现结构全寿命周期的高效服役;首次研发应用了钢板-C80高性能混凝土组合结构,拓展了钢混组合结构设计理论与方法;首次探索大直径主缆紧缆机、紧缆缠丝一体机、大吨位缆载吊机等关键设备的研发。

7. 悬索桥新型锚碇基础案例分析

龚维明[1]　姜建雄[1]　姜开渝[2]
(1.东南大学土木工程学院；2.重庆三峡学院土木工程学院)

摘　要：本文以四川卡哈洛金沙江大桥等8个工程案例为基础，从浅埋重力式基础、临时群桩基础、复合地连墙基础、岩锚角度出发，探讨了不同地理、不同地质条件下悬索桥锚碇基础承载机理、设计原则，为悬索桥锚碇基础的研究和实践提供参考。

关键词：悬索桥　锚碇基础　临时群桩基础　复合地连墙基础　岩锚

1　引言

悬索桥在千米级的桥梁中应用广泛[1-2]。锚碇基础作为桥梁整个受力系统的关键结构，其竖向沉降或滑移变位，都会影响整个桥梁体系的受力。因此，锚碇基础的合理设计对于悬索桥结构体系至关重要[3-4]。

常见的锚碇基础形式有重力式锚碇[5-6]、隧道式锚碇[7-8]、岩石锚碇[9-10]等。重力式锚碇基础依靠自重平衡主缆拉力，有扩大基础、沉井基础、地连墙基础、复合基础等形式。隧道式锚碇将混凝土锚碇板或锚碇块置于隧道底部，与岩体形成整体来抵抗主缆拉力。岩石锚碇将主缆索股直接锚固于山体。随着悬索桥跨径、通行载荷的增加，锚碇基础承受缆索拉力的要求越来越高，提出新型锚碇基础及其相关理论具有重要意义[11-12]。

本文以四川卡哈洛金沙江大桥等8座锚碇基础为分析案例，阐述其特色与创新，以期为悬索桥领域的研究和实践提供参考。

2　工程案例分析

2.1　浅埋重力式锚碇基础

案例1　宜昌伍家岗大桥变刚度协调浅埋式锚碇基础

为严格控制重力式锚碇基础的竖向沉降和水平变位，工程中通常将锚碇基础置于高承载力和低压缩性的深层岩石上。然而，深埋往往导致基坑支护和废土处理等问题，造成施工工期加长、环境破坏、施工成本增加。相比之下，浅埋式锚碇基础更具有优势[13]。

伍家岗长江大桥江南侧锚碇原设计持力层为中风化岩层，其上分布有一定厚度卵砾石层。为减少开挖深度及减小渗透风险，抬高锚碇高程15m至卵石层。工程采用外径85.0m，高15.0m的重力式圆形浅埋锚碇基础。根据基础不均匀受力特性，基底分3个区域进行注浆加固,前趾区注浆孔间距1.5m,中间区注浆孔间距2m,后趾区注浆孔间距3m,实现3个变刚度调平设计以解决持力层不均匀沉降和稳定性问题,如图1所示[14-15]。为验证该设计方案的可行性,现场开展平板载荷试验和现场直剪试验,获得地基的承载力和摩阻系数,采用数值模拟分析了锚碇基础施工期和运营期的变位。该方案不仅节约了工期、降低了基础造价,而且将锚碇基底置于长江水位之上,减小了运营期长江水位变化对锚碇基础的影响。

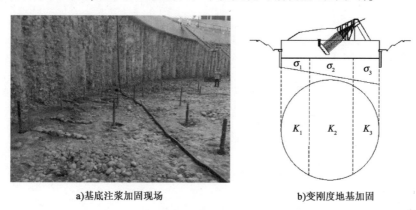

a)基底注浆加固现场 b)变刚度地基加固

图1 伍家岗大桥变刚度协调锚碇基础

案例2 云南元江大桥岩-土-桩组合锚碇基础

山区普遍有陡坡现象,传统重力式锚碇基础开挖量巨大,弃土处理困难,严重污染环境。因此,有必要提出一种浅埋式锚碇基础方案,适应山区复杂地质环境。

云南省元阳县元江特大桥建水侧锚碇原设计持力层为中风化岩层,导致开挖量巨大。经研究确定将基础上抬15m,基础平面尺寸69.5m×48m,平均埋深约15m,如图2所示。采用钻孔灌注桩对前趾区域进行地基处理,呈矩形布置,桩径$d=1.2$m,桩间距$s=4.5$m。桩长l随中风化板岩埋深而变化,9排桩的桩长分别为2.7m、5.2m、7.3m、8.6m、9.0m、9.2m、9.3m、9.4m、9.4m,最终形成了浅埋重力式锚碇基础+非等长刚性桩复合地基这一新型组合型地基基础。为保证锚碇基础在施工和运营期的不均匀沉降和抗倾覆稳定性,对两根基桩开展单桩载荷试验,对岩石及土体开展直剪试验和平板载荷试验,得到了各种力学指标。利用积分方程法系统研究了倾斜基岩面上非等长桩组合地基的竖向和水平承载特性,建立了可考虑基岩-非等长刚性桩复合地基的锚碇基础理论模型,得到了各基桩的桩顶刚度,并结合现场试验参数开展了锚碇基础变位分析。结果表明,经过非等长刚性桩复合地基加固后的锚碇基础满足工程要求。

案例3 湖北燕矶长江大桥台阶型锚碇基础

传统岩基只考虑了锚碇基础底面与地基之间的摩阻力,虽然工程中常设置抗滑台阶以增强水平抗力,但对被动区抗力机理研究不足,设计时忽略该部分抗力造成大量工程浪费。

燕矶长江大桥鄂州侧锚碇基底处于中风化泥质粉砂岩,岩质较硬,遇水易软化,基坑开挖较容易,设计采用了台阶型重力式基础,如图3所示。

基于数值模拟、弹性理论和规范法,探究了锚碇基础在自重应力作用和施加缆索力工况下的承载特性,明确了整体抗滑力,有限元计算如图4所示。结果表明,基础前方水平抗力和侧面水平抗力两部分之和占基础水平向总抗力的58.9%,对于长宽比、宽高比更小的基础,这部分贡献会更加明显。

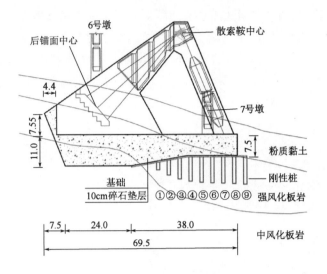

图 2 元江特大桥建水侧浅埋重力式锚碇基础(尺寸单位:m)

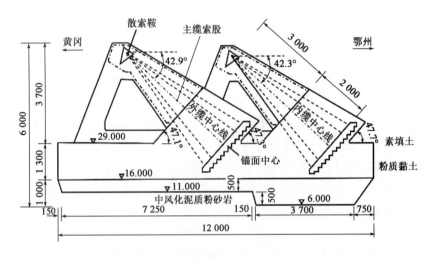

图 3 燕矶长江大桥南锚碇基础侧立面(尺寸单位:cm)

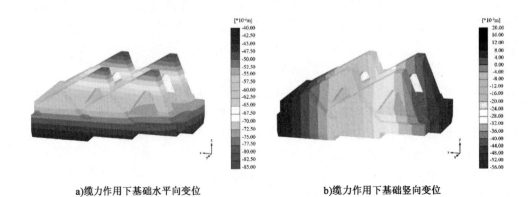

a)缆力作用下基础水平向变位   b)缆力作用下基础竖向变位

图 4 有限元计算结果

案例4 南京龙潭长江大桥北锚碇基础

多数桥梁工程锚碇基础均以岩层为地基持力层。现行《建筑地基基础设计规范》(GB 50007—2011)[16]和《公路桥涵地基与基础设计规范》(JTG 3363—2019)[17]等对岩石地基承载力已有相关规定，正常情况岩石不能深度修正。但勘察部门提供岩基承载力过于保守，导致众多现场载荷试验结果却远大于规范确定值，从而导致基础尺寸过大，工程成本大幅增加。因此，有必要对部分软质岩石地基承载力进行深度修正，降低工程成本。

南京龙潭长江大桥地下水位较高，主要包含6个地层，如图5所示。基于软质岩承载力深度修正系数计算方法，李忠伟等[18]对25m埋深的弱胶结砂岩持力层开展基岩深层和浅层平板载荷试验。结果表明，深层地基承载力有较大提升，对弱胶结砂岩承载力进行深度修正是有必要的，并提出深度修正计算公式见下。

$$[f_a] = [f_{a0}] + k_2 \gamma_2 (h - 3)$$

式中：$[f_a]$——修正后的地基承载力特征值；

$[f_{a0}]$——地基承载力特征值；

k_2——深度修正系数；

γ_2——基底以上土层的加权平均重度（kN/m^3）；

h——基底埋置深度（m）。

最终大桥北锚碇采用重力式锚碇基础，基坑外径由90m优化到72m，以成岩作用较差的弱胶结砂岩为持力层，基础埋深25m（图5）。此成果为类似地质条件下的桥梁工程借鉴参考。

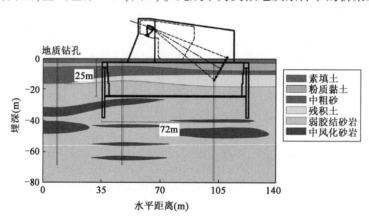

图5 现场地质地层分布

2.2 临时群桩锚碇基础

案例5 广东东江南支流港湾大桥临时群桩锚碇基础

自锚式悬索桥在某些特殊情况施工需要设置临时地锚（图6），合龙后转换受力体系，临时地锚不参与使用过程受力，造成极大浪费。

广东东江南支流港湾大桥为国内最大跨径"先缆后梁"自锚式悬索桥，首次采用了"永临结合地锚转自锚"的新技术，地锚到自锚体系转换是建设过程的关键点。工程充分利用引桥20号、21号、28号、29号4个墩原有16根直径1.5m钻孔桩，增加16根临时桩通过承台及拉梁连成整体，通过16根临时拉索传递水平力，实现自锚式悬索桥"地锚式"施工，临时锚碇布置见图6。有限元计算结果表明桩顶最大水平位移为13.5mm，见图7。该工程顺利完工，临时群桩锚碇基础经受了考验。

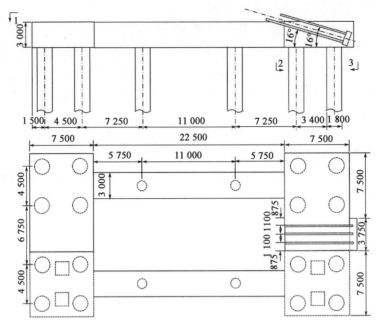

图6 临时锚碇布置图(尺寸单位:cm)

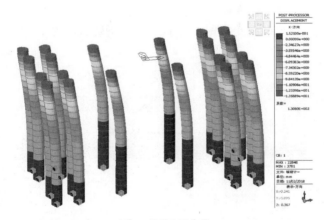

图7 桩顶水平位移

2.3 复合地连墙锚碇基础

案例6 江苏张靖皋长江大桥复合地连墙锚碇基础

1997年虎门大桥首次将地连墙应用于锚碇基础后,地连墙多次在大跨桥梁中应用[19]。虽然地连墙均为封闭式,施工时内部仍需大体积开挖和大体积浇筑混凝土隔舱,其主要以摩擦力承担拉力,未能充分发挥墙侧阻力作用。

张靖皋长江大桥紧邻长江,位于深厚软土地区,140m深度范围内无坚硬持力层,承压水头高,缆索拉力14万t,锚碇基础选型、变位控制以及施工均面临巨大挑战[20]。项目最终采用一种全新格栅式复合地连墙锚碇基础形式,该形式采用双层地连墙+填芯复合结构,对基础分隔舱进行水下施工,基础底部粉质黏土关键持力层进行地基加固处理,通过结构技术将地连墙由临时构筑物转化为永久构筑物,如图8所示。该方案充分利用了地连墙与原状土体的相互作用,截面布置形式灵活,有效发挥了地连墙的阻力作用,提高了施工效率,降低了造价,具有较好的社会效益和经济效益。

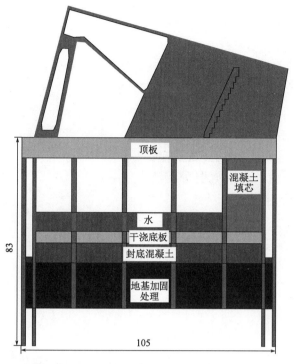

图 8 张靖皋长江大桥复合地连墙锚碇基础(尺寸单位:m)

案例 7 四川卡哈洛金沙江大桥分体多筒室锚碇基础

井筒式地连墙受力机理较为复杂,既要考虑外部土体的抗力和摩阻力,也要考虑内部土芯作用。国内外对于井筒式地连墙水平承载特性的研究尚未形成统一结论,尤其是对于内部土芯所发挥的作用认知不够,有关工程实践经验有待进一步发展[21]。

卡哈洛金沙江大桥锚碇采用了一种适应山区复杂地形的分体多筒地连墙锚碇基础,如图9所示。该基础整体平面尺寸为 64.8m×57.04m,分为前后两排,均由 6 个井筒构成,单筒平面尺寸为 11.8m×18m。工程采用有限元模拟、理论计算、现场试验等方法研究了考虑土芯作用的分体井筒式地连墙水平承载特性。结果表明,分体多筒地连墙锚碇基础能充分利用井筒与周围土体的相互作用,筒前及筒侧土体承担了大部分荷载。该项目地连墙基础对悬索桥锚碇基础具有重要参考意义。

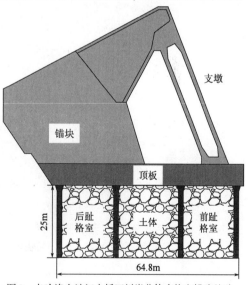

图 9 卡哈洛金沙江大桥四川岸分体多格室锚碇基础

2.4 岩石锚碇基础

案例 8 舟山西堠门公铁两用大桥岩锚锚碇基础

目前山区地形合适时隧道锚是个不错的选择,与重力锚相比开挖量大幅减少。当岩石完整较好时,可对岩石进行钻孔和固定,将悬索桥的钢索固定在岩石中,以实现锚碇的功能。岩锚能充分发挥岩石的力学性能,具有良好的稳定性和承载能力,具有工程量小、投资省、环保等优点。

西堠门公铁两用大桥册子岛侧锚碇采用岩锚,如图10所示。为掌握该桥岩锚锚碇的稳定性、承载特性,严爱国等[22]基于地质概化模型、岩体力学参数,构建了岩锚锚碇结构与岩体互相作用的三维弹塑性数值模型,研究了岩锚锚碇系统在预应力加载后和运营2种状态下围岩变形特征与塑性区分布规律,并通过超载试验研究岩锚锚碇结构破坏模式和围岩稳定安全系数。结果表明,在承受主缆荷载时,岩锚锚碇系统工作性能良好,带动了较大范围的深层岩体参与承担主缆荷载。该桥对岩锚在悬索桥中的应用与推广具有重要的指导和借鉴意义。

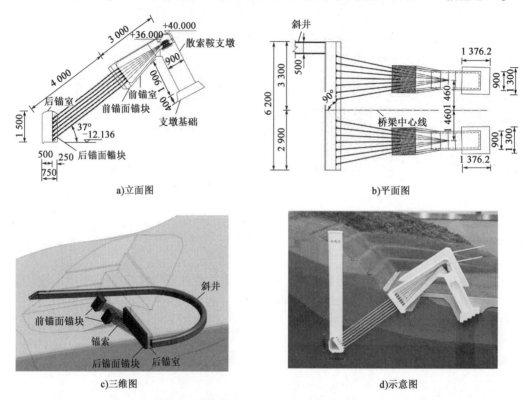

图10 西堠门大桥岩锚锚碇基础(尺寸单位:cm)

3 结语

悬索桥锚碇基础在选型设计过程中,已越来越多考虑可持续性和环保因素,在满足工程要求的同时尽量减少对生态环境的影响。实践证明:可采取地基处理提高锚碇前趾部分竖向承载力,适当考虑岩基台阶水平抗力,部分岩石可进行承载力深度修正,井筒式地连墙可采用被动区土抗力承担拉力。这些理念可在锚碇设计中推广应用,可有效缩短工期、降低造价。

参 考 文 献

[1] 严国敏.现代悬索桥[M].北京:人民交通出版社,2002.
[2] Gong W M,Wang Z Z,Dai G L,et al. Foundations of Yangtze River mainstream bridges in China[J]. Proceedings of the Institution of Civil Engineers-Forensic Engineering,2020,173(1):13-24.

[3] 姜开渝.土岩组合地基上锚碇基础位移控制研究[D].南京:东南大学,2023.
[4] 罗晓光.悬索桥根式锚碇基础承载特性理论与试验研究[D].合肥:合肥工业大学,2021.
[5] 杜宇翔,付晓东,盛谦,等.悬索桥重力式锚碇-地基系统承载机理研究[J].工程地质学报,2023:1-15.
[6] 罗勇,姜炜,易龙,等.宜都长江大桥南岸重力式锚碇基础方案比选[J].桥梁建设,2023,53(S1):127-133.
[7] 杨国俊,田骐玮,吕明航,等.大跨度悬索桥隧道式锚碇力学特性研究综述[J].吉林大学学报(工学版),2022,52(06):1245-1263.
[8] 杨国俊,田骐玮,伏一多,等.隧道式锚碇的承载机理及夹持效应指标[J].哈尔滨工程大学学报,2024(05):1-9.
[9] 汤庆超,张隆顺,廖贵彩,等.锚索假定失效状态下的悬索桥岩锚安全储备研究[J].公路,2022,67(10):175-178.
[10] 于得安,周范武,高海涛.丹江口水库特大桥地锚式桥台CFRP预应力岩锚施工技术[J].桥梁建设,2023,53(3):120-126.
[11] 《中国公路学报》编辑部.中国桥梁工程学术研究综述·2021[J].中国公路学报,2021,34(2):1-97.
[12] ZHAO X Q,GONG X N,DUAN Y L,et al. Load-bearing performance of caisson-bored pile composite anchorage foundation for long-span suspension bridge:1-g model tests[J]. Acta Geotechnica,2023,18(7):3743-3763.
[13] 陈浩.悬索桥浅埋式重力锚碇基础的承载特性研究[D].南京:东南大学,2020.
[14] 周昌栋,代明净,王晟磊,等.伍家岗长江大桥浅埋式锚碇基础承载力原位试验研究[J].特种结构,2020,37(4):96-101.
[15] 黄楚彬,张后登,胡可宁,等.土岩组合地基注浆加固方案研究[J].特种结构,2020,37(2):40-45.
[16] 中国建筑科学研究院.建筑地基基础设计规范:GB 50007—2011[S].北京:国家质检总局,2011.
[17] 中交公路规划设计院有限公司.公路桥涵地基与基础设计规范:JTG 3363—2019[S].北京:中华人民共和国交通运输部,2019.
[18] 李忠伟,龚维明,胡尧,等.弱胶结砂岩地基承载力深度修正系数k_2试验研究[J].岩土工程学报(已录用),2023,39(1).
[19] 林碧华,马晓轩.虎门大桥桥塔地基基础类型及锚碇区稳定性分析[J].地质灾害与环境保护,1997(2):32-39.
[20] 夏欢,王通,朱其敏,等.张靖皋长江大桥南航道桥南锚碇刚性接头地下连续墙施工工艺试验研究[J].桥梁建设,2023,53(5):1-8.
[21] 王昱仁.分体井筒式地下连续墙锚碇基础水平承载特性研究[D].南京:东南大学,2022.
[22] 严爱国,樊少彻,王鹏宇,等.西堠门公铁两用大桥岩锚锚碇承载特性研究[J].桥梁建设,2023,53(3):33-39.

深中通道专题

8. 桥梁缆索抗火设防范围研究及其工程应用

宋神友[1]　倪　雅[2,3]　陈焕勇[1]　李　瑞[3]　葛绍坤[4]

(1. 深中通道管理中心；2. 低碳能源和动力工程学院；
3. 江苏大正智安科技有限公司；4. 中国矿业大学安全工程学院)

摘　要：缆索桥梁的主缆、斜拉索、吊索极易暴露于桥梁车辆火灾的高温，威胁桥梁结构稳定。然而，与桥梁缆索抗火有关的规范标准尚少，抗火技术体系和方法不完善。基于此，本文提出了一种桥梁缆索抗火防护高度的分区方法，基于桥梁车辆火灾中缆索体系的温度响应和缆索钢丝在高温状态下的折损系数，明确缆索抗火防护的目标温度、最大温度、分区温度，划分合理的缆索抗火分区。具体包括四个步骤：①明确缆索抗火防护的目标温度和分区温度；②获取车辆火灾下缆索表面响应温度；③分析缆索表面响应温度的特征参数；④设置缆索抗火防护分区高度。研究结果可为桥梁火灾评估和桥梁缆索抗火防护提供参考。

关键词：桥梁火灾　缆索抗火　分区防护　火灾安全

1　引言

近年来，我国的桥梁建设取得了瞩目的成就，尤其是一些跨越江河湖海的特大跨度的缆索桥梁，如虎门大桥、苏通长江大桥、南沙大桥、西堠门大桥、杭州湾大桥等。与此同时，统计数据表明，截至2022年6月底，我国各类汽车的数量累计超过4.06亿辆，而且呈现逐年递增的趋势。研究表明，汽车发生火灾的概率为0.01%～0.02%，这使得车辆火灾事故被频繁报道。大跨径缆索桥梁的数量和车辆火灾事故的同步增加使得近年来缆索桥梁车辆火灾经常被报道[1-2]。

对于车辆火灾而言，尤其是一些大型危化品车辆火灾，例如油罐车流淌火灾，具有升温快、温度高、时间长三个特征[3]。一旦缆索结构的关键结构持续暴露于这类火灾高温场中，高温将造成结构材性发生变化，甚至破坏失效[4-5]。例如，作为缆索桥梁"生命线"的主缆、斜拉索、吊索长时间遭受火灾高温作用后，将导致缆索钢丝抗拉强度等下降，甚至难以满足荷载要求，导致桥梁体系应力重新分布，进而引起钢丝破坏失效和桥梁结构破坏，严重威胁桥梁结构稳定[6-7]。一旦受到破坏，不仅会威胁人们的生命和财产安全，造成直接经济损失，而且还会使城市交通处于瘫痪状态，损失不可估量。因此，对于缆索桥梁进行缆索抗火防护是桥梁抗火减灾的重要举措。

然而，与桥梁缆索抗火有关的规范标准尚少，抗火技术体系和方法不完善[8-9]。具体而言，目前桥梁缆索抗火有三个亟待解决的关键问题：①缆索抗火防护的范围？②缆索抗火防护的温度？③如何经济科学地开展缆索抗火防护？针对第一个问题，需要明确缆索（主缆、斜拉索、吊索）的防护高度[10]；针对第二个问题，需要明确缆索抗火防护的目标温度、最大温度、分区温度（如适用）[11]；针对第三个问题，需要科学地对划分合理的抗火分区，以减少抗火隔热材料的成本投入[12]。

基于此，本文研究目的是提出一种桥梁缆索抗火防护高度的分区方法，并结合一个典型的悬索桥案例阐述该方法的科学原理和实施应用。该方法基于桥梁车辆火灾中缆索体系的温度响应和缆索钢丝在高温状态下的折损系数，明确缆索抗火防护的目标温度、最大温度、分区温度，划分合理的缆索抗火分区。通过本文提供的方法可以探究得到缆索桥梁最不利的车辆火灾场景，对于缆索桥梁抗火防护设计具有重要的参考价值。

2 分区程序

对于桥梁缆索结构的抗火防护，需要关注科学性和经济性。缆索内部钢丝的材性（高温物理性能）和车辆火灾中缆索体系的响应温度决定了防护高度，同时，这也是分区防护的参数支撑。而具体的分区策略则需要综合考虑抗火工程费用、业主需求、施工便捷性等因素。缆索钢丝材性决定于钢丝的出厂性能，这是一个确定性参数，具体包括高温下钢丝的强度演化。而缆索温度响应则与车辆类型、发生位置、环境风速、风向等控制变量相关。一般来说，桥梁缆索抗火防护高度的分区方法可以遵循以下四个步骤：①明确缆索抗火防护的目标温度和分区温度；②获取车辆火灾下缆索表面响应温度；③分析缆索表面响应温度的特征参数；④设置缆索抗火防护分区高度（图1）。

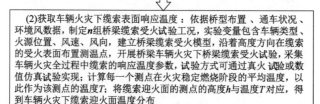

图1 桥梁缆索抗火设防范围的分区流程

3 典型案例

为了说明桥梁缆索抗火防护高度的分区方法的技术原理,以一个典型的实施案例进行说明。本案例中仅以主缆的抗火防护高度确定为例进行说明,吊索的抗火防护高度确定方法是一样的,只是吊索的强度和高温状态的强度折减可能会和主缆的不同,仅仅体现在参数上的差异,方法上是一样的。另外,本实施案例中以主缆的强度 f_T 的考量参数是主缆的抗拉强度 σ。

3.1 工程背景

某悬索桥的桥型布置如图2所示,主塔之间水平距离是1 200m,从桥梁外侧到中心线依次是应急车道、2条慢车道、2条快车道。通行在该桥梁的车辆包括家用小轿车、小型货车、公交车、中巴车、大客车、大中小型油罐车。该桥梁主缆的形式如图3所示,主缆直径1.2m,内部钢丝的抗拉强度为1 820MPa。查询桥梁缆索设计资料,得到常温下缆索钢丝的强度值 f 为1 820MPa,即常温下缆索钢丝的强度值 f 具体指缆索钢丝的抗拉强度为1 820MPa,缆索钢丝的荷载比 R 的设计值为0.25。

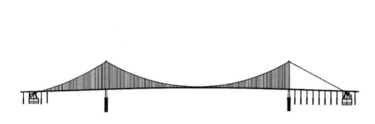

图2 某悬索桥的桥型布置

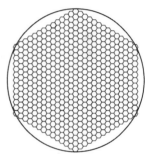

图3 主缆钢丝组成形式

3.2 明确缆索抗火防护的目标温度和分区温度

选取与主缆同批次的钢丝,开展高温状态下缆索钢丝力学试验,试验包含8个高温工况,即100℃、200℃、300℃、400℃、500℃、600℃、700℃和800℃,试验在高温MTS试验系统上开展。

首先,将缆索钢丝夹持在高温MTS试验系统上,保持缆索钢丝不松弛,钢丝内部无拉力。其次,使用高温MTS试验系统的电加热装置对钢丝试件进行加热,加热升温速率为20℃/min,升温至指定温度后保持温度不变。然后,以1.5mm/min的速率进行拉力加载,试验过程中高温MTS试验系统实时记录拉应力值和形变值,并实时绘制和显示应力应变曲线,如图4所示。最后,以拉应力值快速下降为高温钢丝破坏失效的判据,观察应力应变曲线图,至高温钢丝破坏后,停止试验。每一组试验结束后,提取应力应变曲线中最大的拉应力值为高温缆索钢丝的抗拉强度 σ_T,这样就得到了主缆的强度 f_T。

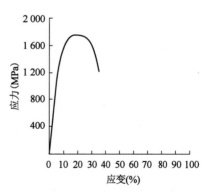

图4 主缆钢丝应力-应变曲线

以400℃高温状态下的缆索钢丝力学试验为例。首先,将缆索钢丝夹持在高温MTS试验系统上,保持缆索钢丝不松弛,钢丝内部无拉力;其次,使用高温MTS试验系统的电加热装置对钢丝试件进行加热,加热升温速率为20℃/min,加热至400℃后保持温度不变;然后,以1.5mm/min的速率进行拉力加载;最后,以拉应力值快速下降为高温钢丝破坏失效的判据,观察应力应变曲线图,至高温钢丝破坏后,停止试验。试验结束后,提取应力应变曲线中最大的拉应力值为高温缆索钢丝的抗拉强度 σ_T,这样就得到主缆的强度 f_T。做完 8 个试验后,提取 8 组试验中应力应变曲线中最大的拉应力值为高温缆索钢丝的抗拉强度 σ_T,得到了 8 个高温状态下主缆的强度 f_T,见表 1 和图 5。

高温状态下主缆钢丝抗拉强度折减情况　　　　　　　　　　表 1

温度(℃)	100	200	300	400	500	600	700	800
抗拉强度 σ_T(MPa)	1 825	1 823	1 820	1 600	1 084	720	484	307

计算将高温缆索钢丝的抗拉强度 σ_T 除以常温下缆索钢丝的设计抗拉强度 1 820MPa,即计算高温状态下缆索钢丝的 f_T/f 值,得到高温下钢丝的屈服强度折减系数 η_T,见表 2,且绘制的高温下钢丝的屈服强度折减系数 η_T,如图 6 所示。

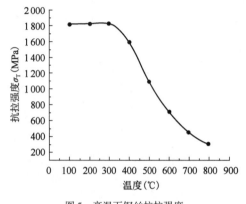 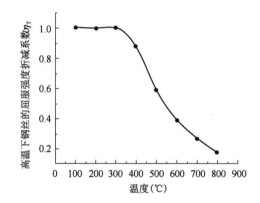

图 5　高温下钢丝抗拉强度　　　　　　　　图 6　高温钢丝强度折减规律

高温状态下主缆钢丝强度折减系数　　　　　　　　表 2

温度(℃)	100	200	300	400	500	600	700	800
折减系数 η_T	1.00	1.00	1.00	0.88	0.60	0.40	0.27	0.17

由表 2 可知,该悬索桥主缆的抗火防护目标温度 T_1 为 300℃,实施抗火防护措施后,需要保证缆索钢丝的温度不能高于 300℃。分区温度 T_2 在 700～800℃之间,在 700℃高温状态下,$\eta_T = 0.27$,考虑到保守的抗火策略,本实施例将分区温度 T_2 设置为 700℃。

3.3　获得车辆火灾下缆索表面响应温度

考虑到火灾安全和试验的可操作性,选择适当的缩尺比,通过缩尺试验研究"车辆火灾下缆索表面响应温度"是合理的。因此应遵循以下顺序:

(1)确定试验工况。由于该桥梁所处的环境风速为 0～10m/s,常年平均风速在 2m/s,当风速较大时,火焰倾斜角度较大,对于探索目标温度 T_1 的最大高度没有意义,本次考虑的环境风速为 0～3m/s。考虑的风向为外向风,即风从应急车道吹向缆索,将火焰吹到缆索上。以油罐车流淌火灾为例火灾场景,设置火源功率为 50MW、100MW、200MW(火源功率 200MW 是火灾领域对于油罐车火灾最大规模的广泛应用的参考值),即考虑 50MW 油罐车流淌火灾、100MW 油罐车流淌火灾、200MW 油罐车流淌火灾。考虑的火灾发生位置包括慢车道火灾和应急车道火灾。需要说明的是,该桥梁缆索中心线到应急车道外侧的水平距离为 0.8m,由于设置的火灾场景是流淌火,因此在火灾试验中,火源外侧距离缆索中心的距离应于此保持一致。应急车道宽 3m,本实施例中考虑的慢车道流淌火火源外侧距离缆索中心的距离为 4.8m

(4m+0.8m)。试验工况见表3。

缩尺试验工况　　　　　　　　　　　　　　　表3

工况	火灾类型	火源位置	风向	风速(m/s)
1~5	50MW 油罐车流淌火灾	应急车道、慢车道	外向	0,1,1.5,2,3
6~10	100MW 油罐车流淌火灾	应急车道、慢车道	外向	0,1,1.5,2,3
11~15	200MW 油罐车流淌火灾	应急车道、慢车道	外向	0,1,1.5,2,3

(2)确定合适的缩尺比。本实验选择1∶4的缩尺比,依据Froude相似准则的对应关系见表4,确定的1∶4大型缩尺试验的工况表见表5。

Froude相似准则及其参数对应关系　　　　　　　表4

序号	物理量	符号	Froude 相似准则	对应项目
1	几何尺寸	L	$L_{全尺}/L_{缩尺}=4$	缆索高度、火源位置
2	火源功率	Q	$Q_{全尺}/Q_{缩尺}=4^{5/2}$	油罐车流淌火灾
3	风速	u	$u_{全尺}/u_{缩尺}=4^{1/2}$	桥梁环境风速
4	温度	T	$T_{全尺}/T_{缩尺}=1$	缆索温度

缩尺试验工况　　　　　　　　　　　　　　　表5

工况	火源功率(MW)	火源位置	风向	风速(m/s)
1~5	1.56	应急车道、慢车道	外向	0,0.5,0.75,1,1.5
6~10	3.13	应急车道、慢车道	外向	0,0.5,0.75,1,1.5
11~15	6.25	应急车道、慢车道	外向	0,0.5,0.75,1,1.5

(3)搭建桥梁缆索受火实验台。如图7所示,搭建:实验台包括风洞、油池盘(模拟油罐车流淌火)、用以捕捉应急车道火灾中的主缆温度响应的第一热电偶束及用以捕捉慢车道火灾中的主缆温度响应的第二热电偶束,燃料采用汽油。由于是要探索主缆沿着高度方向上温度分布,因此只需要在缆索高度上布置测温点,通过温度传感器测得沿着高度上的温度即可,同时,在同一个试验中可以通过不同布置两束热电偶来试验同时捕捉应急车道火灾中和慢车道火灾中缆索的温度响应,仅需要保持两束热电偶的水平距离是1m即可。因此,应急车道火灾和慢车道火灾可以在同一个试验中完成。本试验中考察在6m高度内,反映主缆24m高度内受火时的温度响应。第一热电偶束与油池外边缘的水平距离是0.2m,第二热电偶束与油池外边缘的水平距离是1.2m。每束热电偶包含15根热电偶,自下向上间距0.4m,第一根热电偶距离热电偶束的底端0.4m。风洞提供的环境风速为0~1.5m/s,用以模拟实际风速为0~3m/s。

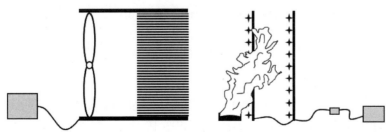

图7　桥梁缆索受火实验台

(4)根据设定的试验工况,开展桥梁车辆火灾下桥梁缆索受火试验。①调试并开启风洞,使风洞提供的风速为试验工况设定的风速,例如,试验中设定的风速是1m/s,调整风洞内风机转速,使得试验系统中的风速为1m/s。②调试并开启温度采集系统,检查热电偶、采集卡、电脑的连接情况,确保温度采集系统正常,能够在试验整个过程中捕捉到受火缆索的响应温度。③点燃汽油池,开启试验。④汽油燃尽后,关闭温度采集系统、风洞,整理所有试验仪器,结束试验。

(5)温度数据处理。以试验工况7为例,(应急车道)第一热电偶束试验过程中监测的温度数据如图8所示,(慢车道)第二热电偶束试验过程中监测的温度数据如图9所示。计算每一个测点在火灾稳定燃烧阶段的平均温度,以此作为该测点的温度T;将缆索迎火面的测点的高度h与温度T对应,得到车辆火灾下缆索迎火面温度分布。以第二热电偶束下部第10个热电偶所测的温度数据为例,稳定燃烧阶段为100~400s,则计算100~400s之间的温度平均值为160℃,则该测点的温度为160,该测点距离地面的垂直高度为4m,在1:4缩尺下,对应真实缆索高度为16m,记录该测点的高度和温度信息。

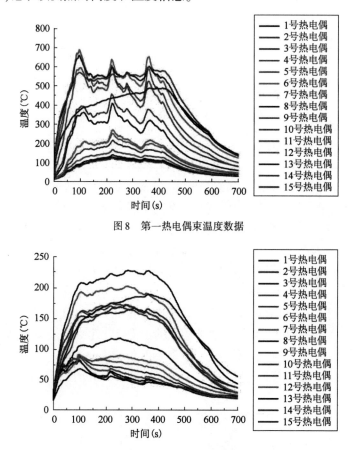

图8 第一热电偶束温度数据

图9 第二热电偶束温度数据

3.4 分析缆索表面响应温度的特征参数

在步骤(2)中,计算并统计所有试验中所有测点的高度和温度参数后,可以绘制试验中应急车道火灾中响应温度在缆索高度上的分布图,如图10所示,绘制试验中应急车道火灾中响应温度在缆索高度上的分布图,如图11所示。从图10和图11中可以看出,本试验中300℃目

标温度 T_1 分布的最大高度 H_1 为 5.2m,对应真实主缆高度为20.8m,出现在工况 13 中。700℃ 分区温度 T_2 的分布的最大高度 H_2 为 3.2m,对应真实主缆高度为 12.8m,出现在工况 13 中。最大温度为946℃,且分布在 H_2 内,出现在工况 15 中。

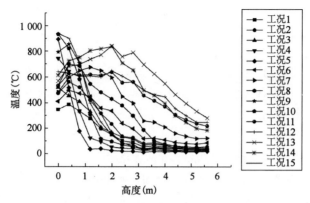

图10 应急车道火灾中缆索温度分布图

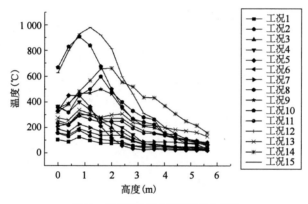

图11 慢车道火灾中缆索温度分布图

3.5 设置缆索抗火防护分区高度

依据缆索表面响应温度的特征参数,设置 H_1 和 H_2 之间的高度范围为一级缆索抗火防护区;设置 H_2 高度范围为二级缆索抗火防护区;设置一级缆索抗火防护区的隔热温度范围为 $T_1 \sim T_2$,设置二级缆索抗火防护区的隔热温度范围为 $T_2 \sim T_{max}$。因此,设置 20.8m 和 12.8m 之间的高度范围(12.8~20.8m)为一级缆索抗火防护区。设置 12.8m 高度范围为二级缆索抗火防护区。设置一级缆索抗火防护区的隔热温度范围为 300~700℃。设置二级缆索抗火防护区的隔热温度范围为 700~946℃。通过以上步骤,完成分区抗火设置。

4 结语

本文提出了一种桥梁缆索抗火防护高度的分区方法,在实施的过程中需要考虑缆索钢丝材性、荷载比设计值以及车辆火灾中缆索(主缆、吊索、斜拉索)的温度分布。具体包括:缆索钢丝强度设计值、荷载比设计值、车辆类型、环境风、起火位置等关键因素。该方法主要包括四个步骤:①明确缆索抗火防护的目标温度和分区温度;②获取车辆火灾下缆索表面响应温度;③分析缆索表面响应温度的特征参数;④设置缆索抗火防护分区高度。最后,结合某典型桥梁缆索的抗火防护高度分区过程进一步阐述了该技术方法的技术原理。通过本文提供的方法可以探究得到缆索桥梁最不利的车辆火灾场景,明确缆索抗火防护的目标温度、最大温度、分区温度,划分合理的缆索抗火分区,对于缆索桥梁抗火防护设计具有重要的参考价值。

参 考 文 献

［1］ GE S,et al. A passive fire protection method for main cables and slings of suspension bridges utilizing fiber felt/aerogel composites［J］. Construction and Building Materials,2023,408.

［2］ HU J Y,CARVEL R,USMANI A. Bridge fires in the 21st century：A literature review［J］. Fire Safety Journal,2021. 126.

［3］ KODUR V,GIL A. Fire hazard in concrete bridges：review,assessment and mitigation strategies ［J］. Structure and Infrastructure Engineering,2022.

［4］ CUI C,CHEN A,Ma R. Stability assessment of a suspension bridge considering the tanker fire nearby steel-pylon［J］. Journal of Constructional Steel Research,2020,172.

［5］ 陈齐风,等.斜拉桥斜拉索热分析温度场模拟方法研究［J］.西部交通科技,2016(9):5.

［6］ MA R J,et al. Performance-based design of bridge structures under vehicle-induced fire accidents：Basic framework and a case study［J］. Engineering Structures,2019,197.

［7］ 李艳,汪剑,周国华.大跨径悬索桥缆索体系抗火设计研究［J］.公路,2018,63(5):8.

［8］ 张岗,贺拴海,宋超杰,等.钢结构桥梁火灾研究综述［J］.中国公路学报,2021,34:1-11.

［9］ 张岗,等.燃油火灾下预应力混凝土梁耐火试验［J］.中国公路学报,2022,35(1):12.

［10］ KIM M O,et al. Fire risk assessment of cable bridges for installation of firefighting facilities ［J］. Fire Safety Journal,2020,115:103146.

［11］ ZHANG Z,et al. Experimental study on post-fire properties of steel wires of bridge suspender ［J］. Structures,2021,33(21):1252-1262.

［12］ LIU Z,et al. Designing a Two-Level Steel Cable-stayed Bridge against Fires［J］. Structural Engineering International,2023.

9. 基于结构健康监测技术的深中通道110m钢箱梁风振动力特性研究

范传斌[1]　陈焕勇[1]　何明利[2]　童俊豪[1]

(1.深中通道管理中心；2.广东交科检测有限公司)

摘　要：为分析深中通道110m钢箱梁风振动力特性，本文先对桥址区边界层风特性进行分析，随后借助有限元方法，确定结构动力特征，并结合有限元计算结果，设计了深中通道110m钢箱梁风振监测方案，最后基于结构监测系统采集的风速及主梁关键截面振动数据对结构风致异常振动进行评定。结果表明：基于结构健康监测技术的双幅钢箱梁桥异常振动评估方法，综合考量了风洞试验和有限元计算结果，实现了实时、准确的桥梁异常振动评定，满足实际工程的要求。

关键词：深中通道　110m跨钢箱梁　桥梁工程　风振动力特性　有限元　结构健康监测钢箱梁

1　引言

近十几年，强、特异风(季风、台风、龙卷风、山区风和下击暴流等)对重要建筑和设施造成的严重破坏和人员财产损失，凸显风工程研究的重要性。随着我国经济的快速发展，桥梁呈现超大跨径、纤细化和低阻尼的发展趋势，在桥梁结构全寿命期正常工作状态，强台风作用、车辆运行、局部扰动风环境之间具有强烈的耦合性，已成为沿海桥梁的主要控制性荷载。大跨度双幅钢箱梁桥是连接主桥与浅滩区标准跨径连续梁的常见解决方案之一，可在提高交通运行效率的同时减少单跨吊装成本，目前已大量运用于高速公路路网中。但是通常在大跨度双幅钢箱梁中存在间距变化、气动干扰复杂、基频较低和频率密集等诱发涡振的问题。而且此类桥梁多位于沿海经济发展较快地区，亦为强风频袭地区，评价此类气候环境条件下双幅桥气动干扰及风振效应变得非常紧迫。全球变暖趋势催生我国沿海台风灾害的持续频繁发生，根据对已有的强台风实测数据进行系统分析，总结出以台风为代表的特异风非常态(涉及紊流度、攻角/偏角、均匀性、高阶矩及非平稳风速特性等)效应的物理模型或统计模型以及特异风过程风况的三维时空分布特点，结合以桥梁工程为代表的重大土木工程设施结构往往具有柔性大、质量小、阻尼低、风敏感性强等特点，从而使对强特异风边界层风场时空特性及其效应模拟和预测精度和可靠性的要求随之显著提高。以强台风为代表的特异风边界层风场的非常态时空特性及其效应模拟和预测模型是风致灾变研究面临的主要挑战和迫切需要解决的关键问题[1-3]。《公路桥梁抗风设计规范》（JTG/T 3360-01—2018）[4]中的风参数基于长期的实测统计结果进行评估，同时包括了良态风和台风等多种风速结果，未明确区分台风与良态风气候模式的差异，用于评估重现期内的设计风速存在较大的不确定性。

双幅钢箱梁桥是工程实践中一种常用的大跨度连续梁桥形式，气流流经并列双箱会产生复杂的旋涡脱落和交互作用[5-6]。前期测试表明，双幅钢箱梁在风作用下，在两幅桥之间存在显著的压力脉动。同时，双幅桥涡激振动的振幅、锁定区间、流场、表面压力分布与单箱有明显的区别，且涡振性能与双幅桥间距也具有相关性，如不采取有效的抑振措施，可能引发显著的涡激振动现象[7]，影响结构的疲劳性能、行车舒适性，并可能造成社会恐慌。目前，对于双幅箱梁结构特性及力学行为等的研究还处于不断深化阶段，双幅箱梁涡激振动的研究依旧是桥梁抗风问题中的难点。由此，本文提出一套适用于实际工程中双幅钢箱梁桥风振异常振动评估的结构健康监测技术工作流程。即通过桥址区风场调查和有限元计算结果确定确实可行的结构健康监测测点布设方案，形成高频率、高精度、高耐久的适配系统；辅以风洞试验的专项计算结果和相关规范的通用性要求，给出适用于该桥的专属报警限值；最后根据实测结构响应和计算的预警值评判结构在风荷载的作用下是否发生异常振动。

2 工程背景

深中通道位于虎门大桥和港珠澳大桥之间，东接深圳机荷高速公路，跨越珠江口，西至中山马鞍岛，与中开高速公路对接，中间通过万顷沙互通连接广州南沙。项目全长约24km，桥梁全长17km，其中110m跨径钢桥全长6.05km，采用分幅等截面船形钢箱连续梁，包括伶仃洋大桥和中山大桥两侧非通航孔桥。伶仃洋东泄洪区跨径布置为4×(6×110)m，处于分离式路基断面和整体式路基断面过渡区域，分隔带宽度由0.5m（27号墩）变化至6.7m（5号墩）；伶仃洋大桥西泄洪区跨径布置为2×(6×110)m+2×(5×110)m，中山大桥东、西泄洪区非通航孔桥跨径布置分别为(5×110)m、(4×110)m，分隔带宽度均为0.5m。

2.1 风速取值

根据《公路桥梁抗风设计规范》（JTG/T 3360-01—2018）[4]中全国基本风速分布图和全国各气象台站的基本风速值，基本风速为38.40m/s。深中通道桥梁位于珠江口开阔水面之上，桥位场地地表类别为A类，平均风风剖面幂指数为$\alpha=0.12$，大气边界层厚度为$\delta=300$m，地表等效粗糙高度$z=0.01$m。按照梯度风速相等的原理可以推算出主桥桥位处的设计基本风速为45.09m/s。

深中通道110m非通航孔桥最高高程为68.784m。主桥下设计水位为3.600m，主梁桥面高度设计基准风速为56.47m/s，桥面高度静阵风风速为68.33m/s。

2.2 动力特性分析

桥梁结构动力特性分析是研究桥梁振动问题的基础，为了进行风荷载作用下的结构动力响应分析，采用ANSYS有限元分析软件对深中通道项目110m非通航孔桥的动力特性进行分析计算。结构动力特性的求解采用子空间迭代法。110m方案动力特性采用ANSYS有限元软件计算得到，建立单幅桥梁单主梁模型。采用Beam188单元模拟主梁。材料信息如表1所示，有限元模型如图1所示。结构动力特性的求解主要采用子空间迭代法，计算得到典型振型的频率如图2所示。计算得到的竖弯扭转频率和等效质量如表2所示。

材料信息表　　　　　　　　　　　　　　　　　表1

编号	材料名称	弹性模量(Pa)	泊松比	密度(kg/m³)	备注
1	Q420qD	2.06×10^{11}	0.31	7 850	钢箱
2	—	2.06×10^{11}	0.31	0	虚拟刚臂

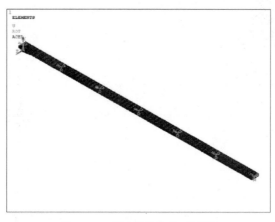

图1　110m梁有限元模型三维视图

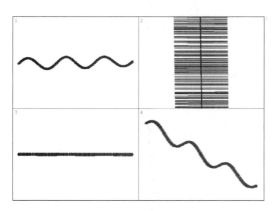
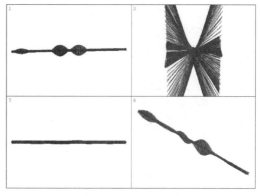

a) 一阶单跨正对称竖弯　　　　　　　　　b) 一阶单跨正对称扭转

图2　110m梁关键振型图

竖弯扭转频率和等效质量计算结果　　　　　表2

阶次	频率(Hz)	振型描述	等效质量(t/m)
1	0.826	一阶单跨正对称竖弯	15.05
2	5.369	一阶单跨正对称扭转	400.44

3　结构健康监测技术

3.1　建设方案

在伶仃洋大桥东泄洪区第二联距中山侧伸缩缝10m处桥面下游安装1台三向超声波风速仪,测点布置图如图3所示,在第二联各跨跨中安装1个竖向加速度计,全桥总共安装了12个振动加速计,测点布置图如图4所示。

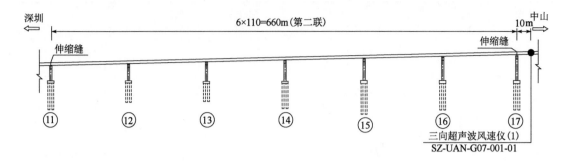

图 3　风速风向测点布置方案

注：本联双幅间距 11 号~17 号依次为 6.7m、6.7m、6.4m、5.97m、5.54m、5.11m、4.67m。

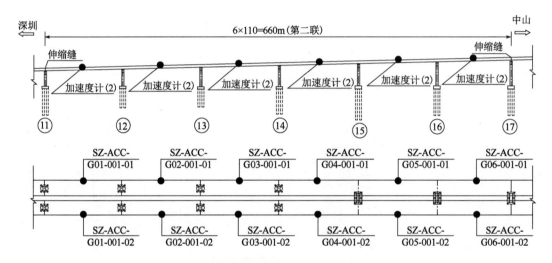

图 4　结构振动测点布置方案

注：本联双幅间距 11 号~17 号依次为 6.7m、6.7m、6.4m、5.97m、5.54m、5.11m、4.67m。

3.2　结构预警值设定

根据该桥钢箱梁风洞试验结果：原始断面窄间距(0.5m、2.9m)工况在 3°攻角下存在大幅涡振，宽间距工况(6m、6.7m)在 0°和 3°下均存在涡振，3°攻角为最不利，振幅均为规范限值 5 倍以上，涡振起风速均在 25m/s 以上，且当风速达到 28m/s 时，各工况下梁体相对振幅明显超过规范限值，如图 5 所示。

《公路桥梁结构监测技术规范》(JT/T 1037—2022)[8] 涡振报警是以 10min 振动加速度均方根值和能量比因子两个参数为基准的协调报警，其报警阈值和报警级别如表 3 所示。

《公路桥梁结构监测技术规范》(JT/T 1037—2022)涡振阈值　　　表 3

预警级别	超限阈值设置
一级预警	10min 振动加速度均方根值达到 31.5cm/s^2，能量比因子大于 10
二级预警	10min 振动加速度均方根值达到 50cm/s^2，能量比因子大于 10
三级预警	10min 振动加速度均方根值达到 80cm/s^2，能量比因子大于 10

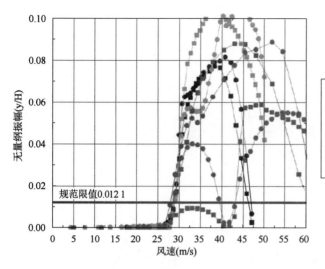

图5 不同间距下原始断面最不利工况竖弯涡振振幅(风洞试验)

3.3 主梁涡振监测评定结果

为有效评定主梁涡振情况,选取该桥监测数据进行统计分析。根据往期涡振事件的经验,发生涡振的风荷载条件为:风速持续稳定地接近于单一风速值,风向垂直于桥的轴线,本桥桥梁轴线为北偏东69.3°,可知易引起桥梁涡振的风向为北偏东339.3°和北偏东159.3°。图6~图8为监测期间内桥面风速风向监测情况,可见监测期间桥面风速并未超过25m/s(起振风速),风向以南风为主,不满足涡振触发条件。

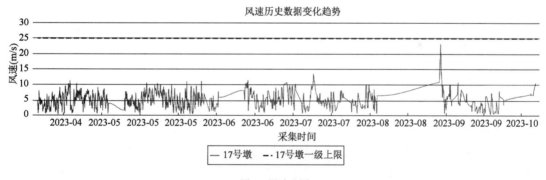

图6 风速监测

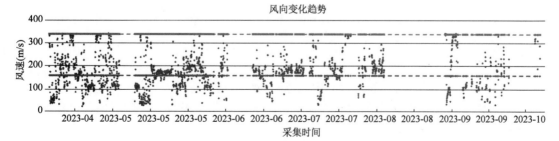

图7 水平风向监测

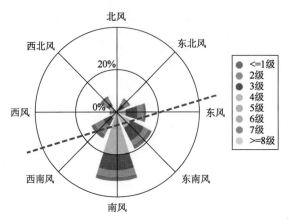

图8 风玫瑰图(虚线为桥梁轴线方向)

结构振动是表现桥梁涡振现象的最直观的动力参数。对主梁振动进行实时监测,并根据振动频谱对构件的风致振动进行监测及报警,获取涡振期间振动频率、振动加速度均方根值等特征参数,为涡振应急处置提供数据依据。由于该桥振动测点较多,仅选取其关键截面SZ-ACC-G03-001-01进行分析。图9为SZ-ACC-G03-001-01测点处双参数监测结果,可见监测期间内主梁振动加速度均方根值始终在报警值界限内,并不符合双参数报警的要求,结构主梁并未发生涡振现象。

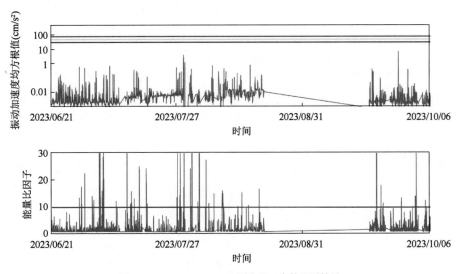

图9 SZ-ACC-G03-001-01测点处双参数监测结果

4 结语

本文通过桥址区边界层风特性和有限元得到的结构动力特性设计了深中通道110m钢箱梁风振监测的结构健康监测系统,并根据海量监测数据及相关报警方法对结构风致异常振动进行分析,得出如下结论:

(1)监测期间内,桥面风速并未超过风速报警值,结构主梁的10min振动加速度均方根及能量比因子并未同时发生报警,结构未发生涡振。

(2)基于结构健康监测技术的双幅钢箱梁桥异常振动评估方法,既能保证结构真实服役环境的需要,又能保持长时间、高频率的实时在线监测,满足深中通道110m钢箱梁的涡振监测需要。

参 考 文 献

[1] Ge Y J,Zhao,L. Wind-excited stochastic vibration of long-span bridge considering wind field parameters during typhoon landfall[J]. Wind and Structures,2014,19:421-441.

[2] 赵林,潘晶晶,梁旭东,等.台风边缘/中心区域经历平坦地貌时平均风剖面特性[J].土木工程学报,2016,49(8):45-52.

[3] 赵林,杨绪南,方根深,等.超强台风山竹(Mangkhut 1822)近地层外围风速剖面演变特性现场实测[J].空气动力学学报,2019,37(1):43-54.

[4] 中华人民共和国交通运输部.公路桥梁抗风设计规范:JTG/T 3360-01—2018[S].北京:人民交通出版社股份有限公司,2019.

[5] KIMURA K,SHIMA K,SANO K,et al. Effects of separation distance on wind-induced response of parallel box girders[J]. J Wind Eng Ind Aerodyn,2008,96:954.

[6] 陈政清,牛华伟,刘志文.双幅桥面桥梁主梁气动干扰效应研究[J].桥梁建设,2007,37(6):9-12.

[7] HU C X,ZHAO,et al. Mechanism of suppression of vortex-induced vibrations of a streamlined closed-box girder using additional small-scale components[J]. J Wind Eng Ind Aerodyn,2019,189:314-331.

[8] 中华人民共和国交通运输部.公路桥梁结构监测技术规范:JT/T 1037—2022[S].北京:人民交通出版社股份有限公司,2022.

10. 界面剂及氟碳在伶仃洋大桥缠包带表面的应用

姚志安[1] 陶 静[2] 陈焕勇[1]

(1.深中通道管理中心;2.镇江蓝舶科技股份有限公司)

摘 要:为延长桥梁缠包带使用寿命和美观功能性,本论文提供两种方式:一种缠包带材料改性,具有研发耗时久性能难稳定的特点;一种缠包带使用后涂覆改性。提供了一种界面剂材料用于提升缠包带和氟碳涂覆后的附着力,为缠包带使用后延长寿命以及改变颜色、抗结冰、防火等特性提供了便捷的解决方法,并且在深中通道率先试点涂覆界面剂和氟碳于已硫化缠包带表面。

关键词:伶仃洋大桥 缠包带 CSM 氟碳 界面剂 附着力

1 引言

在桥梁建设中,目前缆索上主要采用缠包带的方式对主缆进行缠绕,以保护主缆钢丝,延长使用寿命,不受外界光热氧等自然老化的影响。目前,缠包带使用较多的则为类弹性体橡胶材料,尤其以氯磺化聚乙烯(CSM)为主。CSM 为美国 Dupont 公司与 1952 年首先实现工业化,具有优异的耐臭氧、耐化学腐蚀、耐高低温、耐绝缘等特性。

应用中通过橡胶材料硫化后形成较为密闭的三维网络结构来阻隔和保护主缆,但 CSM 缠包带为橡胶材质即拥有了橡胶老化[1-3]的不可逆特性,在光热氧氨气振动盐雾等作用下,缠包带中三维网络结构和内部分子链会发生微观不可逆断链分解[4],表观显示为裂纹粉化甚至于剥落等现象(图1),导致 CSM 的力学性能大幅下降[5],如抗撕裂能力、抗冲击能力、变形、蠕变、变色等。

图1 缠包带橡胶材料自然老化露出加强层

为解决以上缠包带的不足及兼顾功能性和美观性,研究者们提出使用老化性能较缠包带优异的氟碳[6]或聚氨酯材料涂覆于缠包带表面,不但能减缓缠包带老化还能带来其他功能性辅助(改变颜色、防火、抗结冰等),以达到增加缠包带使用寿命和功能性颜色美观性的要求。

2 缠包带表面改性方法

缠包带表面改性可以分为两种,一种是缠包带材料改性,另一种是缠包带在生产或使用中表面涂覆改性。

2.1 缠包带改性

缠包带材料改性可以分为本征性能改性即改性氯磺化聚乙烯分子链以及配方工艺改性。两者需要通过工艺生产、其他相引入、接枝嫁接嵌断、形貌制作、表面包裹、配方优化等多种方法,该方法可从本征方向改变氯磺化聚乙烯样品的性能,但存在研发周期长、放大工艺难、性能稳定性差、实验测试周期长等缺点。

2.2 缠包带表面涂覆改性

缠包带表面涂覆存在缠包带制作中表面预涂覆和使用后表面涂覆两种。由于缠包带在使用中需要加热后交联再使用,在制作过程中表面预涂覆氟碳材料,在加热中可能会出现氯磺化聚乙烯交联后三维网络收缩、CSM和氟碳因膨胀系数不一出现剥离孔洞等现象,影响后期使用寿命及性能。

目前,大多数研究者首选,待CSM交联后再在表面涂覆一层氟碳材料,既能保证性能,又能为项目提供施工便捷度(尤其是已经交联完成的缠包带桥梁)。由于CSM在加热交联后形成三维网络结构,为达到平衡状态,表面强极性基团在热作用下将不断向内部运动,部分进行交联,部分冷却后固定在内部,使得在缠包带表面形成稳定结构,表面能下降,但这大大降低了CSM交联后的再涂覆性。为此,本试验针对提高缠包带表面能展开研究,研发一种既能与缠包带紧密结合、提高表面能,又能涂覆其他功能性涂料的界面剂材料。

2.2.1 界面剂在缠包带上的涂覆及性能

预先对缠包带(厂家1和厂家2)进行硫化处理,而后裁剪硫化和未硫化样品进行表面去污处理(乙醇擦拭),选取样品预先刷涂界面黏结剂KK-4样品,待24h和7d后进行附着力划格测试。

两个厂家硫化和未硫化缠包带涂覆界面剂KK-4的24h和7d划格测试等级如表1所示,其样品附着力实物图如图2所示。观察分析可得:无论是厂家1还是厂家2,硫化和未硫化缠包带涂覆界面剂KK-4的24h和7d的划格测试样品等级均为0级,匹配性较为优异。

不同厂家硫化和未硫化缠包带涂覆界面剂KK-4的24h和7d划格测试等级   表1

序号	类型	厂家	涂覆种类	划格附着力(24h)	划格附着力(7d)
1	硫化	厂家2	KK-4	0级	0级
2		厂家1	KK-4	0级	0级
3	未硫化	厂家2	KK-4	0级	0级
4		厂家1	KK-4	0级	0级

2.2.2 界面剂和氟碳在缠包带上的涂覆及性能

采用不同极性样品对缠包带表面分别进行处理,涂刷样品分别为乙醇、二甲苯、乙酸丁酯、环己烷、水性涂料底漆、XB-7(自主研发界面剂),涂刷待晾干后,使用氟碳(蓝色)分别进行涂刷,待干燥固化后进行附着力划格测试。

刷涂的缠包带采用划格法测试附着力,其样品附着力实物图如图3所示。从图3中观察分析可得表2中附着力等级,前期预备实验中二甲苯对缠包带溶胀作用最强,涂覆氟碳后附着力等级为3级,较其他溶剂高,由于缠包带表面未进行打磨处理水性底漆涂覆后附着力较差为5级,自主研发的XB-7界面剂样品在涂覆氟碳后表现最为优异,附着力等级达到1级,划格中仅有边缘翘曲未脱落,为后期研发方向提供强有力支撑。

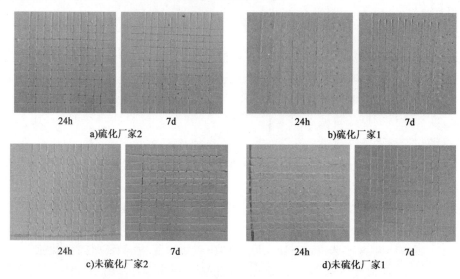

图2 不同厂家硫化和未硫化缠包带涂覆界面剂KK-4的24h和7d样品附着力划格实物图

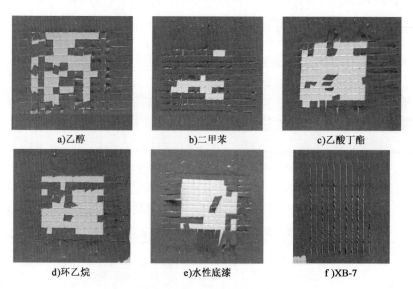

图3 不同极性样品缠包带附着力划格测试实物图

不同极性样品缠包带附着力测试级别 表2

序号	样品名称	附着力划格测试
1	乙醇	4级(缺失39格)
2	二甲苯	3级(缺失19格)
3	乙酸丁酯	5级(缺失76格)
4	环己烷	5级(缺失71格)
5	水性底漆	5级(缺失83格)
6	XB-7	1级(边缘翘曲)

3 界面剂和氟碳在缠包带表面的应用

针对现有桥梁建设寿命和美观性需求,2023年深中通道已经率先试点采用界面剂和氟碳(灰白色)涂覆已硫化缠包带表面,以达到延长缠包带使用寿命和颜色美观性的要求。图4~图6为深中通道使用界面剂和氟碳涂覆已硫化缠包带的实物图以及涂刷后整体实物图。

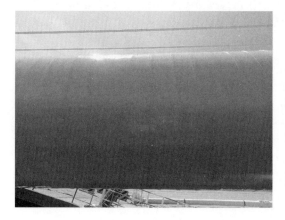 

图4 界面剂(透明)涂覆已硫化缠包带局部实物图　　图5 氟碳(灰白色)涂覆已硫化缠包带和界面剂局部涂刷实物图

图6 深中通道缠包带涂覆界面剂和氟碳整体实物图

4 结语

针对氯磺化聚乙烯材料的老化不可逆特性,为延长桥梁中缠包带的使用寿命以及赋予其美观功能性(颜色、抗结冰、防火等),目前研发较为快速便捷的途径是在缠包带使用后再涂覆功能性涂层材料(氟碳等),尤其对于已建设完成的桥梁优势明显。

本试验中给出的自主研发界面剂材料,对于缠包带附着力较为优异为0级,并且能有效提高氟碳与缠包带之间的附着黏结力,在提升缠包带表面能的同时,为氟碳涂料在缠包带上涂覆提供较为优异的基材,为后续研发提供了明确的方向。

深中通道率先试点采用界面剂和氟碳涂覆与已硫化缠包带表面,达到延长缠包带使用寿命以及颜色美观性的应用需求。

参 考 文 献

[1] 詹特 A N.橡胶工程[M].2版.北京:化学工业出版社,2002.
[2] 刘安华,游长江.现代橡胶技术丛书[M].北京:化学工业出版社,2013.
[3] AKOVALI G. Toxicity of building materials[J]. Woodhead Publishing Series in Civil and Structural Engineering,2012.
[4] 倪宏哲,张会轩,张明耀,等.氯磺化聚乙烯的降解动力学[J].高分子材料科学与工程,2010,(2).
[5] CHAILAN J F, BOITEUX G, CHAUCHARD J, et al. Effects of thermal degradation on the viscoelastic and dielectric properties of chlorosulfonated polyethylene (CSPE) compounds[J]. Polymer Degradation and Stability,1995,48(1).
[6] 杨振波,周军辉,冯雍,等.悬索桥主缆缠包带技术分析及其柔性氟碳涂料应用研究[J].涂料技术与文摘,2017,38(4).

11. 深中通道桥梁结构耐久性保障关键技术

陈焕勇　姚志安

(深中通道管理中心)

摘　要：深中通道是世界级"桥、岛、隧、水下互通"跨海集群工程,是国家重大工程,主要结构物包括17km海中长桥及6.8km海底隧道。作为粤东西直连交通要道,项目通车后将面临特重交通量考验,汽车及风(浪、流)等交变荷载带来的疲劳问题突出,且结构长期处于"高温、高湿、高盐"海洋环境,腐蚀问题严重。鉴于腐蚀、疲劳及其耦合作用均严重影响结构耐久性,本文将对深中通道结构耐久性保障关键技术展开研究,重点关注海工混凝土、钢箱梁及主缆三个方面。

关键词：深中通道　桥梁结构　耐久性　海工混凝土　钢箱梁　主缆

1 引言

1.1 项目概况

深中通道全长24km,双向八车道,设计速度100km/h,批复概算446.9亿元[1]。项目位于粤港澳大湾区9+2城市群核心区域;采用"单Y"连接深圳、广州南沙和中山。

项目主要结构物包括17km海中长桥及6.8km海底隧道(图1),其中伶仃洋大桥主跨1 666m,为世界最大跨径全离岸海中悬索桥[2]。

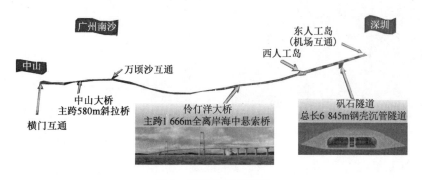

图1　主要结构物分布图

1.2 面临的挑战

1.2.1 高温高湿高盐环境,腐蚀问题突出

工程所在区域为亚热带海洋环境,具有高温、高湿、高盐(雾)三大特点,结构腐蚀问题

突出。

区域最高气温38.9℃,年平均气温22.3~23℃;最高湿度100%,年平均湿度达78%~80%。桥位海水中Cl^-浓度高,特别是枯水期,达到16 734.2mg/L。

1.2.2 交变荷载大,结构疲劳问题突出

交变荷载包括汽车及风(浪、流)等,特别是汽车和风荷载,直接影响结构疲劳寿命。

深中通道是粤港澳大湾区核心战略通道,通车后面临交通量特别大(10万辆级)、货车比例特别高(超过40%)的通行考验,各路段远景交通量(工可预测)见表1。

深中通道交通量预测表(pcu/d)　　　　表1

路段	2025年	2032年	2037年	2042年
机场互通—万顷沙互通	59 553	69 119	81 596	93 006
万顷沙互通—横门互通	57 407	66 632	78 739	89 829
平均	59 211	68 724	81 142	92 501

项目位于强台风频发区,风荷载大,控制性工程伶仃洋大桥基本风速和颤振检验风速分别达到38.4m/s和83.7m/s,交变风作用对结构疲劳影响较大。

2 混凝土结构耐久性保障

2.1 服役性能时变规律

通过室内外试验,研究了交变荷载对混凝土内氯离子渗透的影响。室内试验设备包括海水模拟试验箱(图2)和交变荷载试验机,研究了不同交变频率和应力水平下氯离子扩散系数(图3)。结果表明:①交变荷载情况下,氯离子扩散系数与应力水平、交变频率均有关系(正相关);②交变频率可显著提高氯离子扩散系数(数量级增长)。

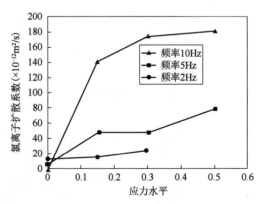

图2　海水模拟试验箱　　　　图3　不同交变频率和应力水平下氯离子扩散系数

通过室外暴露试验(图4)进一步研究了混凝土结构服役性能时变规律。结果表明,交变荷载频率与混凝土氯离子扩散系数比之间的关系曲线为指数函数:$D_L/D_0 = 1.06e^{0.33f}$(D_L、D_0分别为同条件下加载混凝土氯离子扩散系数和未加载的混凝土氯离子扩散系数),如图5所示。

图4 暴露试验站

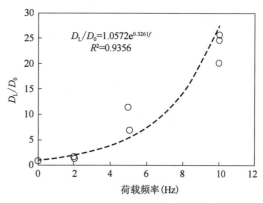

图5 不同交变荷载频率下氯离子扩散系数比

2.2 混凝土耐久性保障新技术

深中通道对混凝土耐久性进行了专题设计研究,除常规耐久性技术,如适当提高混凝土保护层厚度、附加措施硅烷浸渍+环氧钢筋、优化高性能混凝土配合比和施工工艺等外,还研发并应用了三项新技术,包括微胶囊自修复材料、抗侵蚀纳米材料及寿命自感知监测技术[3]。

2.2.1 微胶囊自修复材料

微胶囊技术是一种以修复剂为核心,聚合物为外壳,制备核壳结构微胶囊的技术,已广泛应用于制药、食品和印刷行业。在混凝土结构中,微胶囊自修复混凝土过程如图6所示:当基体中出现微裂纹时,在针尖的力作用下,微胶囊的囊壁破裂,释放出愈合剂,防止内部微裂纹在结构中扩展。

研究结果表明:①强度修复方面:微胶囊自修复混凝土在自然环境中有较好的自修复效率,强度修复率最高达16%。②抗氯离子渗透性能修复方面:自然养护和养护箱高温养护均能够提高高性能混凝土的抗氯离子渗透性能,且在自然养护环境时的修复效果更好;7d修复率最高约50%(图7)。

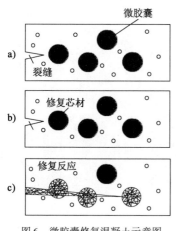

图6 微胶囊修复混凝土示意图

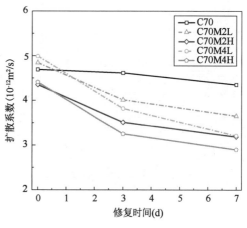

图7 抗氯离子渗透性能修复

2.2.2 抗侵蚀纳米材料

抗侵蚀纳米材料是一种新型的基于水化响应机制的纳米材料,具有较强的疏水性能和抗介质传输性能,可有效抑制水分和侵蚀性离子在混凝土内部的传输扩散,实现混凝土高耐久性能的要求。研究结果表明:抗侵蚀纳米材料对混凝土抗压强度无负面效应,但有效提升了桥梁混凝土密实性,混凝土的3d吸水率满足小于1.0%的耐久性设计指标,提升了混凝土的耐久性(表2、表3)。

C45 混凝土配合比（kg/m³）　　表2

P·O52.5水泥	粉煤灰	矿粉	砂	石	水	减水剂	抗侵蚀纳米材料
248	101	101	759	1 048	123	15	30

力学和耐久性检测结果　　表3

项目	基准组混凝土	掺有抗侵蚀纳米材料的混凝土
28d 混凝土抗压强度(MPa)	61.6	63.3
混凝土 3d 吸水率(%)	1.49	0.63

3　钢箱梁耐久性保障技术

深中通道桥梁总长17km,两座主桥(伶仃洋大桥、中山大桥)和大部分引桥均为钢箱梁结构,桥梁用钢量约28万t,正交异性钢桥面板约38万m²,面临疲劳开裂易发这一世界性难题。究其原因,车辆反复作用引起关键疲劳易损部位的累积损伤,是为外因,这一点在深中通道饱和交通量与特重交通荷载作用下将尤为突出。内因方面,不合理结构体系、构造细节和制造方式等造成初始缺陷,降低了疲劳设计强度。

本项目针对U肋与桥面板连接焊缝这一最主要疲劳易损部位,通过9个板单元足尺试验,建立了微观短裂纹成核及扩展、宏观长裂纹扩展的全过程理论分析模型,研发了U肋全熔透高品质焊接接头及焊接技术(图8),将初始微裂纹尺度从300μm大幅降至小于20μm(图9),纵肋与顶板焊接构造细节的疲劳设计强度由80MPa大幅提升至125MPa,实现全熔透、可检测,最大限度消除初始缺陷,提高正交异性钢桥面板疲劳耐久性。

图8　U肋埋弧全熔透焊接

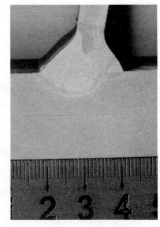
图9　全熔透与单面焊切片图

4　主缆耐久性保障技术

伶仃洋大桥共设2根主缆,索夹内缆径1 053mm,索夹外缆径1 066mm;单缆股数为199股,每股由127丝直径为6mm、公称抗拉强度为2 060MPa的高强钢丝组成。为适应高温、高湿和高盐的伶仃洋海域环境,主缆钢丝采用锌铝多元合金镀层,其外又采用三重防护体系:"Z型钢丝+缠包带+除湿系统"。

4.1 主缆钢丝

主缆是悬索桥生命线,100年设计使用年限内不可更换。作为世界最大跨径全离岸海中悬索桥,深中通道伶仃洋大桥主缆所处环境更为恶劣,耐久性保障要求更高。因此项目开展了海洋环境下主缆钢丝的腐蚀疲劳破坏机理研究,研发了超高强度 ϕ6mm-2060MPa 主缆钢丝及相应的锌铝多元合金镀层防护技术,钢丝耐久性寿命在镀锌铝的基础上再提升50%。干湿交替腐蚀-疲劳循环耦合试验结果表明(表4):应力变幅为360MPa时,ϕ6mm-2060MPa 锌-10%合金镀层钢丝应力循环次数为197万次,接近200万次,满足规范要求。

干湿交替腐蚀-疲劳循环耦合试验应力循环次数　　表4

编号	疲劳应力条件			疲劳应力循环总次数 N（次）	常温盐分沉降物干腐蚀时间（h）	高温盐雾湿腐蚀时间（h）
	最大应力 σ_{max} (MPa)	最小应力 σ_{min} (MPa)	应力变幅 σ_a (MPa)			
1	927	467	460	1.29×10^6	96	1440
	927	467	460	1.32×10^6	96	1440
	927	467	460	1.33×10^6	96	1440
2	927	517	410	1.36×10^6	96	1440
	927	517	410	1.37×10^6	96	1440
	927	517	410	1.37×10^6	96	1440
3	927	567	360	1.96×10^6	144	2160
	927	567	360	1.96×10^6	144	2160
	927	567	360	1.97×10^6	144	2160

4.2 索夹气密

针对索夹容易漏气问题,在直缝、环缝和螺杆采用三道气密结构[4](图10)。直缝处,研发一种可适应半索夹间15~35mm密封间隙的橡胶弹簧密封条(图11);环缝处,提出索夹端部与主缆结合部位采用多锯齿延长型密封结构,提高密封质量(图12)。

图10　索夹三道气密结构

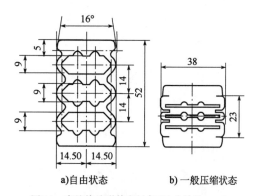

图11　直缝橡胶弹簧密封条(尺寸单位:mm)

 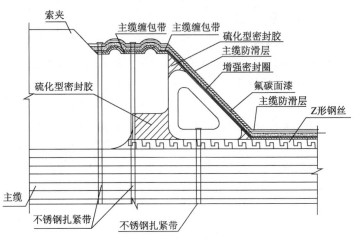

图 12　索夹环缝密封大样

4.3　智能感知、调节主缆除湿系统

为感知主缆内温湿度,深中通道世界首次在主缆内设置了 4 根智慧索股,即在主缆中心 100 号索股和周边 38 号、42 号、175 号索股各选择一根钢丝,全长设置了光纤光栅温湿度传感器,利用光纤光栅传感器与超长索股组合封装技术,世界首次研制 3 000m 级超长智慧索股,为科学除湿提供基础数据,如图 13 所示。

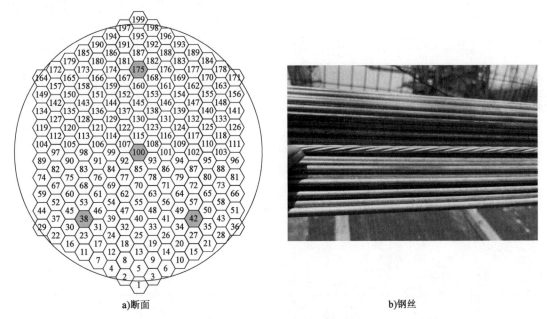

图 13　智慧索股断面及钢丝

如图 14 所示,将上述温湿度监测、主缆腐蚀速率监测等数据进行预处理(滤波处理)后,输入数据智能分析系统,经腐蚀与湿度相关性、除湿与环境相关性分析后,输出控制参数命令至干空气智能调节系统,实现主缆湿度的智能调节,确保空气制备站出口及进气夹处湿度不大于 40% RH,排气夹处湿度不大于 50% RH。

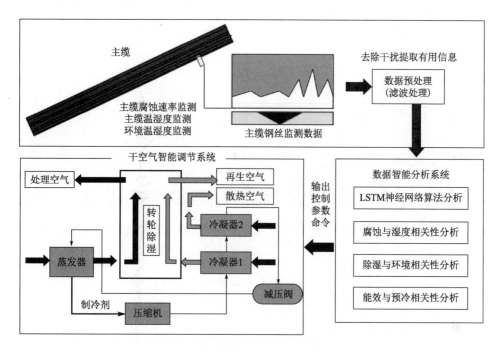

图 14 智能感知、调节主缆除湿系统

5 结语

深中通道跨越珠江入海口,通车后日交通量最大将超过 10 万 pcu/d,结构物面临强腐蚀和高疲劳双重挑战,耐久性问题突出。项目历经多年技术攻关,在混凝土结构和钢结构(钢箱梁和主缆)耐久性保障关键技术方面取得了系列成果,确保项目通车后低碳运行。

参 考 文 献

[1] 宋神友,陈伟乐,金文良,等.深中通道工程关键技术及挑战[J].隧道建设(中英文),2020,40(1):143.
[2] 陈焕勇,宋神友,张海良,等.伶仃洋大桥锌铝镁多元合金镀层钢丝索股制作关键技术[J].桥梁建设,2022,52(5):21.
[3] 王康臣,苏志东,宋神友,等.海洋环境下大体积混凝土裂缝控制及耐久性保障关键技术[M].北京:人民交通出版社股份有限公司,2023.
[4] 陈焕勇,徐军,李鹏.深中通道伶仃洋大桥主缆除湿防腐性能优化[J].桥梁建设,2023,53(4):1.

12. 深中通道伶仃洋大桥钢箱梁安装关键技术

盛建军[1] 李晃[2,3,4] 李思吟[2] 陈焕勇[1]

(1. 广东省公路建设有限公司;2. 中交第二航务工程局有限公司;
3. 长大桥梁建设施工技术交通行业重点实验室;
4. 中交公路长大桥建设国家工程研究中心有限公司)

摘 要:深中通道伶仃洋大桥为跨度580m+1666m+580m的海中三跨全飘浮体系钢箱梁悬索桥,共计213片钢箱梁,在主塔下方和过渡墩位置分别存在3片、2片无索区梁段,受全桥主缆线形影响,过渡墩盖梁位置设置有限位拉索,钢箱梁架设顺序对主缆线形影响大,合理的架设顺序能够有效地降低施工难度;同时,受通航净空影响,钢箱梁距离水面高度超90m,钢箱梁存梁支架用量大,存放风险较高;在锚碇上方的曲线梁段,受筑岛围堰及水深影响,大型设备无法进入,钢箱梁安装困难。针对以上难点,优化了钢箱梁吊装顺序,采用牵引预偏先合龙塔区,在合龙过渡墩处钢箱梁的方案,解决了主缆线形导致的钢箱梁吊装问题;提出了"矮支架存梁+整体抬吊"42m长、1227t超大节段无索区钢箱梁施工工艺,降低了存梁风险,节约钢材用量近1000t;采用了大节段顶推+荷载转换工艺,实现了锚碇上方钢箱梁顶推横移,顶推速度20m/d。

关键词:悬索桥 限位拉索 大节段吊装 牵引合龙 大节段顶推

1 引言

伶仃洋大桥为主跨1666m海中三跨全飘浮体系钢箱梁悬索桥,通航等级为10万t,主缆跨径组成为80m+500m+1666m+500m+80m。主缆在成桥状态下的中跨垂跨比为1:9.65,两根主缆中心距为42.1m[1-3],钢箱梁全宽44.7m(不含检修道、导流板),顶板宽40.5m,风嘴宽2.1m,平底板宽31.3m,斜底板宽6.7m,吊索锚固在风嘴上,风嘴外侧设置1.5m宽检修道和1m导流板,伶仃洋大桥总体布置如图1所示。主梁共10种类型(A~J),全桥共213个梁段,其中A梁段2段、B梁段(标准梁段)184段、C梁段4段、D梁段4段、E梁段2段、F梁段4段、G梁段8段、H梁段2段、I梁段2段、J梁段1段。其中A梁段为跨端部梁段,H梁段为梁端附近无吊索梁段,C、D、E、F、G梁段为索塔塔附近梁段,D、E梁段位于塔柱中间,未设置吊索,J梁段为跨中位置对称梁段,B为标准梁段。

受通航净空影响,钢箱梁距离水面高度超90m[4],无索区存梁支架设计难度大;对于海中悬索桥钢箱梁标准节段施工,受风荷载影响,施工过程钢箱梁受力的均衡性和倾斜度的控制难度更大;针对锚碇区域的高墩曲线钢箱梁架设,钢箱梁高度约64m,受到水深及筑岛围堰的影响,常规工艺无法满足施工要求[5-6]。

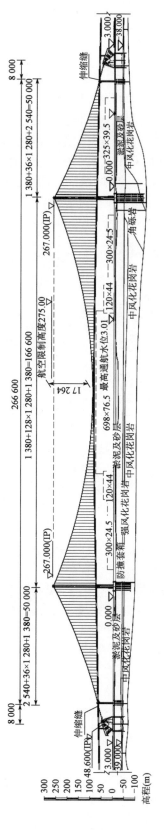

图 1 桥型布置图 (尺寸单位: cm)

2 总体工艺

伶仃洋大桥为全海上施工,船运方便,标准梁段采用缆载吊机从水上垂直吊装即可,此处不再赘述,如图2a)所示。塔下和过渡墩存在无索区梁段,因此分别采用存梁支架进行存梁,在塔下跨中区设置中边跨各设置1个合龙口,由于受到跨中梁段自重的影响,主缆跨中线形空缆与成桥状态高差9m以上,在跨中梁段未吊装完成之前,过渡墩B3梁段正上方主缆高程较低,导致B3梁段无法正常吊装,因此将B3梁段为最终合龙梁段[7]。当钢箱梁由跨中Z66梁段吊装至Z50梁段时,中边跨同步吊装至塔区,整体抬吊塔区下方5片预拼的大节段梁,随后连接塔区跨中合龙口,同时对边跨钢箱梁进行牵引预偏40cm后,连接塔区边跨侧合龙口[8],如图2b)所示,随后缆载吊机下移至过渡墩附近,吊装B3号合龙梁段,如图2c)所示。

a)普通梁段吊装

b)塔区合龙段

c)边跨合龙段

图2 钢箱梁总体吊装工艺

3 无索区钢箱梁架设

3.1 存梁支架设计

伶仃洋大桥塔区梁段共计2片有索梁段和3片无索梁段,其中C梁段长12.8m、重397.1t,D梁段长5m、重117.8t,E梁段长6.4m、重195.2t,如图3所示。考虑现场风速较大,采用高墩支架直接将梁段存在90余米的高空,支架稳定性不足,因此,采用矮支架+5片梁整体抬吊方案,塔下无索区存梁时间较长,支架只需考虑存梁阶段台风工况下的受力情况,计算表明最大应力136MPa,最大横向位移65mm,如图4所示。

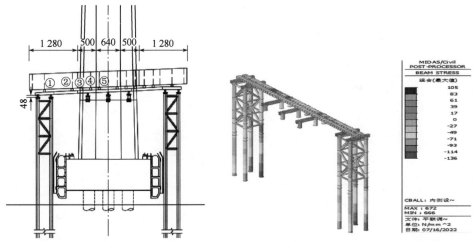

图3 塔区存梁支架结构图(尺寸单位:mm)　　图4 塔区存梁支架应力云图(尺寸单位:MPa)

在过渡墩位置存在 B1、B2 两片无索梁段,长度分别为 8m、9m,重量分别为 275.8t 和 209.5t,需要在钢箱梁吊装前提前搭设存梁支架[9],钢箱梁合龙采用牵引预偏方案,存梁位置需向边跨预偏40cm,如图5 所示。过渡墩无索区存梁支架共需计算3类工况。工况一为正常风速下支架存放 B1、B2 两个梁段;工况二为 B1、B2 两个梁段拼接完成,进行纵向滑移40cm,滑移阻力20t;工况三为还未存梁时经历43m/s台风工况。其中工况二结构受力最不利,最大应力181.4MPa,最大竖向位移2.24mm,最大横向位移22mm,如图6 所示。

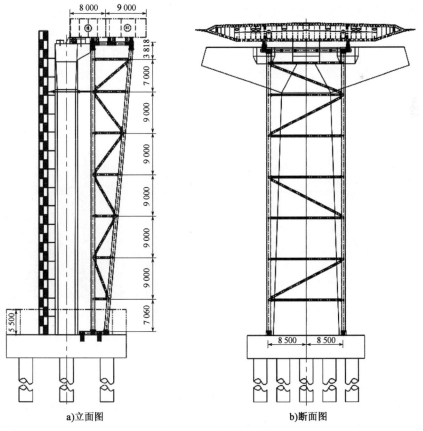

a)立面图　　　　　　　　　b)断面图

图5 存梁支架结构图(尺寸单位:mm)

101

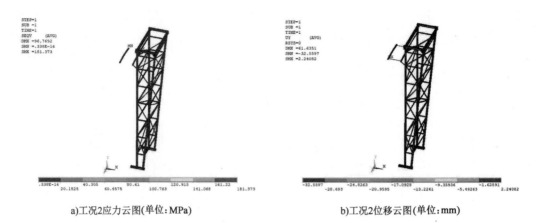

a) 工况2应力云图(单位:MPa)　　　　　　b) 工况2位移云图(单位:mm)

图6　存梁支架受力云图

3.2　分段存放、调位与吊装

塔下五片箱梁采用1 000t浮式起重机分段吊装、分段调位拼装的方式,将5个小节段预先存放在存梁支架上,首先吊装中间E梁段,再依次吊装边跨C、D梁段,最后依次吊装中跨C、D梁段。箱梁箱梁调位采用4套150t的三向千斤顶,以E梁段为基础,通过依次调整边跨D梁段与C梁段进行匹配焊接,然后调整中跨C梁段与D梁段,最后进行(C+D)梁段与(E+D+C)梁段匹配焊接,完成所有节段的位置调整和焊接,如图7所示。最后采用2台1 000t缆载吊机将长度42m、重量1 227t的超大节段钢箱梁抬吊至设计高程[10],如图8所示。塔区大节段钢箱梁吊装调位过程中,难以保证支撑点正好位于横隔板位置,因此在支撑处钢箱梁底板位置25cm范围内贴12mm钢板,同时在内侧U肋位置单侧设置4道16mm厚竖向加劲板,加固后钢箱梁局部最大应力降低至178MPa,整体变形控制在4.2mm,如图9所示。

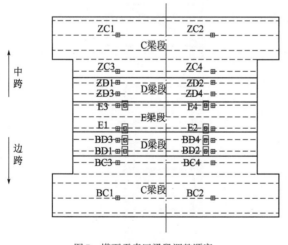

图7　塔下无索区梁段调整顺序　　　　　图8　大节段梁段整体抬吊

过渡墩B1和B2梁段采用600t浮式起重机吊装,同样采用150t千斤顶调位,最终采用牵引方案,过渡墩处的伸缩缝先不施工,将B1和B2梁段焊接后,往边跨顶推40cm,同时由于过渡墩处主缆高程的影响,单侧设置有3根限位拉索,锚固点在过渡墩盖梁正下方,张拉控制力为400t,如图10所示。

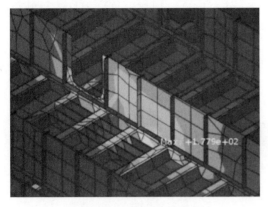

图9 大节段梁段局部应力云图(单位:MPa)

图10 过渡墩限位拉索施工

4 锚碇上方两孔钢箱梁架设

4.1 大节段顶推方案

东锚碇采用圆形筑岛围堰+地连墙施工工艺,筑岛围堰直径150m,且锚碇附近100m水域的水深较浅,仅为5~6m,锚碇上方梁段受到筑岛围堰尺寸及潮位影响,无法使用海上架梁船或浮式起重机进行吊装[11]。最终采用大节段顶推方案,共计搭设4个60m高临时墩,钢材投入约4000t,上梁点选在25号~26号水深较深处,墩顶均设置2套1200t步履式顶推设备,如图11所示。该区域梁段为引桥部分,为大曲线梁段,因此钢梁在直线顶推过程中,为适应平曲线线型存在最大418mm的横移量,考虑到钢箱梁顶推支撑点均在腹板正下方,横移后钢箱梁局部受力较大,通过在顶推设备顶口设置荷载转换反力座和横向分配梁,以满足钢箱梁顶推横移的需要,采用大节段顶推总体工期可控,平均顶推工效达到20m/d,同时避免了新设备的投入,综合经济性最优[12-13]。

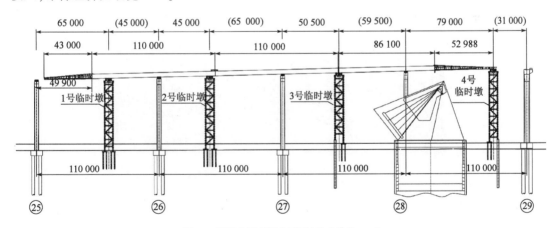

图11 顶推支架布置立面图(尺寸单位:mm)

4.2 顶推过程施工仿真模拟

采用有限元软件对顶推过程中结构强度和支点反力进行计算分析,主要钢结构箱梁及导梁结构均采用SHELL单元模拟,导梁桁架采用BEAM模拟,各装配处采用共节点固结、节点耦合及接触分析等方式模拟,如图12所示。计算表明,在前导梁即将到达4号临时墩时,其最大悬臂长度达到79m,为钢箱梁受力最不利工况,其最大应为109MPa;前导梁顶推至29号顶时,为导梁受力最不利工况,最大应力为178.2MPa;在后导梁尾端顶推越过1号临时墩位置时,单点支点反力最大为615.2t,出现在28号墩位置;在前导梁完全跨过29号墩时,28号~29号墩的钢箱梁荷载全部由两个永久墩和4号临时墩承受,此时4号临时墩顶单台设备的支反力最大,为529.9t[14-15]。

a)导梁模型　　　　　　b)钢箱梁模型　　　　　　c)整体有限元模型

图12　大节段顶推有限元模型

5　结语

针对海中超高桥面悬索桥主梁吊装的难题,提出了"矮支架存梁+整体抬吊"42m长、1 227t超大节段无索区钢箱梁施工工艺,降低了存梁风险,改善了支架受力;同时通过优化合龙口位置,消除了由于过渡墩主缆线形影响导致的钢箱梁吊装问题;对于锚碇上方曲线段钢箱梁架设,通过大节段顶推解决了受水深等影响大型起重吊装设备无法站位的问题,在顶推设备顶口设置荷载转换反力座和横向分配梁,满足了钢箱梁顶推横移的需要。如图13所示,截至2023年4月28日,深中通道伶仃洋大桥全线钢箱梁吊装完成,其施工关键技术可为后续类似工程提供一定的参考和借鉴。

图13　伶仃洋大桥钢箱梁架设完成

参 考 文 献

[1] 徐国平,黄清飞.深圳至中山跨江通道工程总体设计[J].隧道建设(中文),2018,38(4):627-639.

[2] 宋神友,陈伟乐,金文良,等.深中通道工程关键技术及挑战[J].隧道建设(中英文),2020,40(1):143-152.

[3] 徐军,吴明远.考虑特殊桥位的深中通道伶仃洋大桥总体设计[J].交通科技,2020(3):6-

10,25.

[4] 范传斌,李冕,田浩.深中通道伶仃洋大桥猫道计算方法研究[J].公路交通科技,2023,40(02):121-126.

[5] 宋神友,陈伟乐.深中通道桥梁工程方案及主要创新技术[J].桥梁建设,2021,51(5):1-7.

[6] 郭万中,李冕,万猛.伶仃洋大桥东锚碇筑岛围堰冲刷试验研究[J].水道港口,2023,44(4):579-585.

[7] 熊敬刚.海上全断面超宽钢箱梁吊装施工技术[J].世界桥梁,2023,51(5):41-46.

[8] 张勇.重庆长寿长江二桥钢箱梁吊装关键技术[J].世界桥梁,2023,51(2):34-38.

[9] 章斌,左翼,王昌喜,等.嘉鱼长江公路大桥钢箱梁施工关键技术研究[J].中外公路,2021,41(3):165-170.

[10] 吴小斌,刘浪.襄阳庞公大桥主桥加劲梁架设施工技术[J].公路,2021,66(8):142-147.

[11] 黄厚卿,李冕,刘建波.深中通道伶仃洋大桥东锚碇筑岛围堰施工方案优化[J].桥梁建设,2020,50(6):104-109.

[12] 薛志武,梁丰.深中通道海中锚碇上方钢箱梁架设方案比选[J].桥梁建设,2023,53(2):142-148.

[13] 郭欣,袁浩允,武尚伟,等.大跨径刚性悬索加劲连续钢桁梁施工方案比选[J].公路,2023,68(4):191-197.

[14] 田浩亮,钱克训,孙宁.基于顶推施工的变截面钢箱梁设计[J].公路,2023,68(7):163-167.

[15] 王达,张志勇,黄伟,等.宽幅钢箱梁顶推局部受力分析与控制[J].浙江工业大学学报,2023,51(3):248-254.

13. 海中超大跨径全飘浮体系悬索桥钢箱梁吊装施工关键技术

吴 聪[1]　姚志安[2]　吴育剑[1]　谢禀翰[1]　王晓佳[1]　陈焕勇[2]

（1.保利长大工程有限公司；2.深中通道管理中心）

摘　要：深中通道伶仃洋大桥为580m+1666m+580m三跨连续全飘浮体系钢箱梁悬索桥，是世界最大跨径全离岸海中悬索桥。大桥桥面最高处达到91m，是世界最高桥面海中大桥。大桥上部结构主梁由213片钢箱梁组合而成，钢箱梁全宽49.7m、高4m，单节最大起吊重量约400t。项目施工为全海上作业，吊装区域横跨伶仃洋航道及龙穴南航道，钢箱梁吊装期间需根据不同施工阶段及通航环境，实行不同的水上交通组织方式，同时，单侧塔区及过渡墩区域共有5片梁段为无吊索梁段，给吊装施工带来极大挑战。针对塔区的无吊索梁段，创新采用"缆载吊机起吊+卷扬机牵引荡移+中横梁支架临时悬吊调整"的吊装方法，解决了悬索桥近塔区无索梁段吊装的施工技术难题。同时，为了避开台风季，确保大桥抗风安全，创新采用钢箱梁吊焊结合的施工工艺，打破了悬索桥钢箱梁全部吊装完成后才能焊接的传统工序，大大提高了悬索桥钢箱梁焊接工期，确保了台风季来临前完成全部焊接工作，保障了施工安全。

关键词：深中通道　悬索桥　全飘浮体系　钢箱梁　吊装　抗风　吊焊结合

1　工程概况

伶仃洋大桥为全飘浮体系的三跨连续钢箱梁悬索桥，跨径布置为580m+1666m+580m，矢跨比为1:9.65。主缆横桥向中心间距为42.1m，吊索顺桥向标准间距为12.8m（图1）。

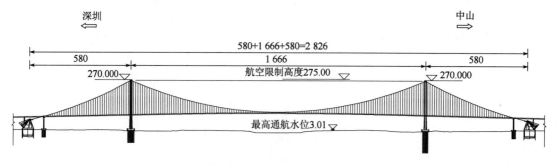

图1　伶仃洋大桥总体示意图（尺寸单位：m）

伶仃洋大桥钢箱梁全宽49.7m(含检修道、导流板),高4m,顶板宽40.5m,风嘴宽2.1m,平底板宽31.3m,斜底板宽6.7m,风嘴外侧设置宽1.5m检修道和1m导流板。平底板两边设置检查车轨道及轨道导风板(图2)。

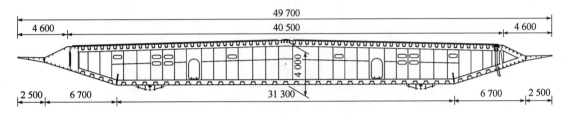

图2 钢箱梁标准横断面图(尺寸单位:mm)

全桥钢箱梁共10种类型(A～J),总计213片。其中A梁段为跨端部梁段,C、D、E、F、G梁段为西塔附近梁段,H梁段为梁端附近无吊索梁段,J梁段为跨中位置对称梁段,B为标准梁段。本桥吊索顺桥向标准间距为12.8m,B、C、F、G、I梁段均为12.8m标准梁长。

塔区无吊索梁段共有3个节段,类型分别为D、E、D。过渡墩无吊索梁段共有2个节段,类型分别为A(因与猫道冲突,切割为1片A1与2片A2)和H。钢箱梁梁段类型见表1。

钢箱梁梁段类型一览表　　　表1

梁段类型	A	B	C	D	E	F	G	H	I	J
梁段宽度(m)	40.5	49.7	49.7	40.5	40.5	49.7	49.7	49.7	49.7	49.7
梁段长度(m)	8	12.8	12.8	5	6.4	12.8	12.8	9	12.8	11.2
吊装重量(t)	275.8	264.2	397.1	117.8	195.2	352.6	278.3	209.5	302.1	225.8
全桥数量	2	182	4	4	2	4	8	2	4	1
备注	过渡墩无索梁段	标准梁段	加强梁段	塔区无索梁段	塔区无索梁段	加强梁段	加强梁段	过渡墩无索梁段	加强梁段	跨中梁段

2 钢箱梁吊装整体方案

钢箱梁吊装整体方案为:采用缆载吊机由远塔端向近塔端行进吊装。

首先搭设过渡墩墩旁存梁支架,使用浮式起重机将过渡墩两片无索梁段B1、B2吊运上支架临时存放。然后开始吊装中跨钢箱梁,由位于桥跨中心线的Z66梁段开始,向两边行进,对称吊装。根据监控计算结果,在中跨吊装完31个梁段(跨中Z66及左右Z65-Z51)后,边跨开始吊装远塔端第一片有索梁段B3,之后中跨、边跨遵照监控指令,同步向塔区行进吊装,吊装完塔区无索梁段之后在塔区附近进行合龙。

3 钢箱梁吊装关键技术

3.1 缆载吊机

本项目中跨西侧及西边跨分别设置一台500t吊机,配备DL-P40中央计算机控制系统,用以控制和监视吊梁用千斤顶、荷载传递动力缸和移机千斤顶。该缆载吊机动力模块采用发电机自发电方式。

缆载吊机在主缆上的行走采用"滚轮式",无法直接通过伶仃洋大桥采用的骑跨式索夹。创新采用一种组拼式尼龙垫板作为缆载吊机的爬坡轨道,该垫板通过不同模块的组合,实现缆载吊机在主缆与各类索夹交接位置的平顺过渡(图3)。

图3 组拼式尼龙垫板

3.2 一般钢箱梁吊装

桥位深水区一般钢箱梁满足运梁船的通航要求,采用缆载吊机缆上就位,驳船水上就位后垂直吊装,属于悬索桥钢箱梁吊装的常规工艺,施工流程图见图4,不做详细介绍。

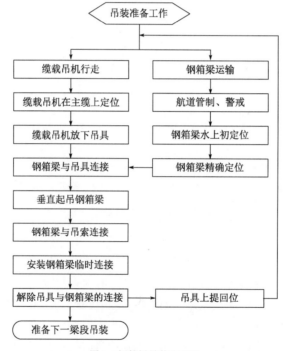

图4 钢箱梁吊装流程图

3.3 过渡墩无索梁段吊装

西过渡墩无索区有B1和B2两片梁段,搭设存梁支架临时存放,吊装采用600t浮式起重机(图5)。

过渡墩无索区梁段吊装前,需在存梁支架纵梁上及过渡墩墩顶布置临时支点及后续梁段顶推合龙使用的三向千斤顶。每片箱梁设置4个支点,共计8个支点,其中B1梁段西侧支点位于过渡墩墩顶。

全部梁段吊装完成后,顶推B1、B2梁段就位,调整高程。张拉临时吊索,将B3梁段与B1、B2梁段连接,完成B1、B2梁段体系转换,全桥环焊后拆除B3、B4备用吊索,完成边跨无索梁段安装。

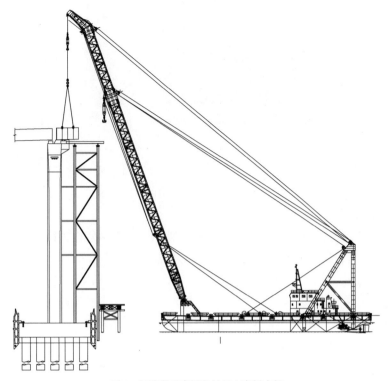

图 5 过渡墩无索梁段吊运上存梁支架

3.4 塔区无索梁段吊装

西塔无索区梁段包括西主塔处的T1(E类梁段,设计吊重约200t)及其两端的B40、Z1(均为D类梁段,设计吊重约120t)。针对这三片没有永久吊索的梁段,创新采用"缆载吊机起吊+卷扬机牵引荡移+中横梁支架临时悬吊调整"的方法进行吊装。

3.4.1 中横梁临时固定支架

临时固定支架布置在中横梁上,主要由2HW400×408(Q345)型钢扁担梁、φ630×8mm钢管、2I36b辅助梁2HM588顶梁及平联斜撑组成(图6)。

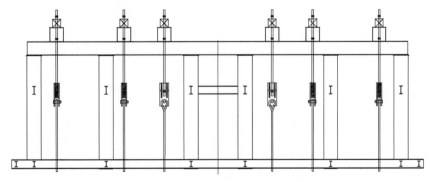

图 6 中横梁临时固定支架

临时固定支架下放钢丝绳作为临时吊索吊挂无索梁段,T1梁段采用φ68mm钢丝绳,Z1、B40梁段采用φ60mm钢丝绳,钢丝绳上部绳头采用现场浇筑索节的形式。需在施工中横梁的时候提前预留穿过钢丝绳的孔洞。临时固定支架组件如图7所示。

图7 临时固定支架组件

B40、T1、Z1 三个梁段调节高程均采用千斤顶提升、下放 $\phi75mm$ 预应力高强螺纹钢筋完成,需用钢板焊接而成的专用连接器来进行螺纹钢和钢丝绳之间的转换连接。连接器钢板开孔直径 102mm,钢丝绳索节头悬挂在穿过连接器的 $\phi100mm$ 销轴上。

3.4.2 无索梁段起吊荡移

近塔 B40、T1、Z1 三个梁段吊装时,由于缆载吊机不能垂直起吊并且需要就位前荡移,其布置要特殊考虑。缆载吊机的布置要利用到永久索夹(41B 和 129Z)作为限位。考虑到近塔处主缆斜度较大,缆载吊机在主缆上的最大坡度为 28°,缆载吊机靠近塔处最近只能布置在主塔附近第二个有吊索的永久索夹上。

箱梁荡移采用布置在塔顶门架上的 12t 卷扬机拽拉,利用对侧已吊装梁段的吊耳作为转向机构。近塔区梁段整体吊装流程如图8所示。

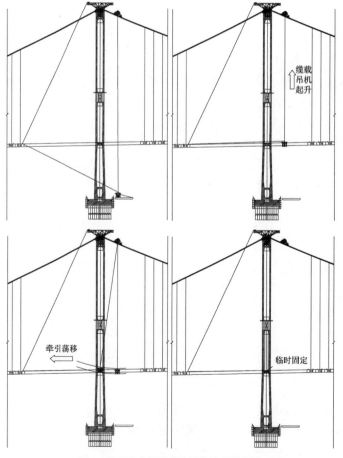

图8 塔区无索梁段荡移吊装流程示意图

（1）利用梁顶临时吊耳设置转向滑轮，从塔顶卷扬机放绳下来，绕过转向滑轮，与待吊装梁段连接。下放缆载吊机钢丝绳至垂直状态，将缆载吊机所在桁架主梁调竖直，将缆载吊机钢丝绳与待吊装梁段吊具相连。

（2）垂直起吊梁段至比设计高程高1m左右的位置。

（3）塔顶2台卷扬机拽拉钢箱梁向塔内荡移。

（4）从中横梁预留预埋的位置下放钢丝绳与钢箱梁加设临时吊点相连，并解除其与缆载吊机相连的钢丝绳。放松缆载吊机至吊具松弛，箱梁受力转换到临时吊索上。放松荡移卷扬机，吊具复位，解除荡移卷扬机的连接。通过调整临时固定支架上的千斤顶调节梁段高程至设计位置（图9）。

图9 塔区无索梁段荡移

3.5 钢箱梁吊焊结合施工

目前悬索桥的钢箱梁均采用全部吊装后再焊接的方式进行施工，该方法所需焊接时间较长。伶仃洋大桥共有213片钢箱梁节段需要焊接，预计焊接工期3个月。鉴于伶仃洋大桥工期紧、任务重的情况，同时考虑到台风期在海上高空进行钢箱梁焊接作业存在较大安全风险，创新采用了吊焊结合的新技术（图10），极大地缩短了钢箱梁施工工期，确保在台风期到来之前完成全桥焊接。

图10 悬索桥钢箱梁吊焊结合施工

吊焊结合施工的重点在于线形控制，每片梁段起升就位后需精确调整位置后方可进行焊接，调梁难度较大。吊梁期间需严格遵照监控指令把控线形，对测控要求较高。

在钢箱梁焊接工作开始前，相邻梁段焊缝开口处采用齿轮打磨机打磨均匀并除锈。为满足焊接要求，需要对相邻梁段间的开口距离和错台进行调整。首先，对梁段间的错台进行调整,对于梁段间高差的调节,一般在相邻梁段顶板的上游或下游处(钢箱梁上下游的腹板上方附近)焊接"7"字形码板,采用千斤顶顶推"7"字形码板和钢箱梁顶板的方式进行高差的调平。相邻梁段间的左右错动采用手拉葫芦等方式进行调整(图11)。

图11 吊焊结合施工线形控制措施

吊焊结合施工技术措施:

(1)移走梁上临时荷载:全部纵坡数据精准,同时使得调梁更容易。

(2)调整相对纵坡:松紧临时拉杆+手拉葫芦、千斤顶配合调整缝宽直至满足纵坡要求。

(3)及时打码保形:调好后及时打码稳定线性。

(4)调缝避开吊梁加载期:加劲梁从开始起吊到重量完全转换到主缆这段时间,主缆线形在变化,不能调梁作业。

(5)焊接时机:环缝两侧梁段不得少于6片。

(6)关键指标:两侧梁段纵坡差容许误差不得超过0.03%(高差约3mm)。

4 结语

(1)针对伶仃洋大桥钢箱梁吊装施工工期压力大的问题,创新采用"吊焊结合"的施工工艺,通过科学合理组织、吊装过程精准管控等措施,施工过程中分别于梁段焊接前、焊接过程中、完成后均采集了焊接前后钢箱梁纵坡差数据,环缝变化值较小,最终的成桥线形及内力与传统施工方法无差异,精度满足规范要求。伶仃洋大桥主桥于2023年4月18日完成213片钢箱梁吊装顺利合龙,于5月31日完成全桥焊接,即合龙后43d后完成全桥焊接,相较于传统的吊装全部完成后再进行焊接的工艺,节省工期约45d。

(2)根据海上大跨径悬索桥的施工环境及结构特点,针对塔区无索梁段施工难题,提出了"缆载吊机起吊+卷扬机牵引荡移+中横梁支架临时悬吊调整"的全新施工方法。设计了一种布置在索塔中横梁上的无索梁段临时固定支架,在梁段荡移到位后通过钢丝绳临时悬挂,使用千斤顶进行钢箱梁的高程调整。相较于传统的落地支架,该方案节约钢材约315t,节约支架搭设工期约0.5个月。

综上所述,伶仃洋大桥钢箱梁吊装施工顺利实现了设计目标,取得了较好的经济与社会效益,具有创新推广价值。

参 考 文 献

[1] 王晓佳,陈凡,张瀚钊.虎门二桥坭洲水道桥钢箱梁架设关键技术分析[J].黑龙江交通科技,2021,334.

[2] 朱小金,武尚伟,王博,等.虎门二桥悬索桥浅滩区钢箱梁吊装施工关键技术[J].中外公路,2019,39.

[3] 李兴华,潘东发.武汉杨泗港长江大桥主桥施工关键技术[J].桥梁建设,2020,50(4).

[4] 周云岗,肖汝诚,张杨永,等.广州珠江黄埔大桥悬索桥钢箱梁焊接线形控制技术[J].重庆交通大学学报,2009,28(2).

[5] 谭立心,李传习.虎门二桥坭洲水道桥近塔区无吊索钢箱梁临时支承体系设计[J].世界桥梁,2019,47.

14. 深中通道伶仃洋大桥不锈钢塔冠结构设计与制造安装

王云鹏 王 迪 徐 军

(中交公路规划设计院有限公司)

摘 要:随着结构设计与建筑设计深度融合理念的发展,塔冠由于其丰富的造型可塑性,成为悬索桥索塔设计中不可忽视的一部分。塔冠位于索塔最顶端,主要由形成主索鞍鞍室的鞍罩组成,其功能是为了保护主索鞍不受风雨等外界因素的影响,使主缆非缠丝段在主索鞍位置处保持密封。鞍室内设置除湿设备对主索鞍和主缆进行防护。目前,塔冠设计主要面临以下几个问题:①悬索桥跨径的增大使得索塔高度随之增高,塔冠作为全桥位置最高的构件,对风荷载比较敏感,尤其在台风主导的地区,如何在构造设计上兼顾造型的同时,又保证高风压下的受力合理性;②塔冠位于高空,维养条件复杂,塔冠材料对耐久性要求较高,同时,为了更好地表达桥梁建筑设计的美学理念,材料的选择还需考虑丰富多变的造型需求;③塔冠区域的检修通道设计如何与索塔检修通道合理衔接,以提高营运期间检修人员的维养效率;④塔冠安装可能会面临现场部分塔式起重机拆除、塔式起重机吊重有限等施工限制因素,要在尽量减少对外观影响的情况下,进行合理分块。综上所述,塔冠设计需综合考虑功能性、景观性、施工条件及后期维养的便捷性。本文以深中通道伶仃洋大桥不锈钢塔冠结构设计为切入点,介绍了塔顶鞍罩及横向连接平台设计、塔冠区维养通道设计及塔冠的材质选择和制造安装。

关键词:悬索桥塔冠 不锈钢 鞍罩 横向平台 焊接

1 概况

深中通道伶仃洋大桥跨越珠江口伶仃洋海域,主跨1 666m,为世界最大跨径海中全离岸三跨全飘浮体系悬索桥。索塔采用门式造型,设置下横梁、中横梁、上横梁及塔冠。塔柱截面为八边形,柱底截面高程+0m,塔顶高程+270m,总高度270m,塔顶塔柱中心间距42.1m。塔冠底高程+262.5m。

伶仃洋大桥索塔塔冠处于伶仃洋海域天际线的最高点,造型设计采用多面晶体切割的几何外形,体现了全桥统一的建筑设计元素。塔冠鞍罩构造为塔柱构造的向上延伸,连接两侧鞍罩的横向平台走道与上横梁领结型设计造型元素和谐统一。

伶仃洋大桥设计使用年限100年,所处水域气候条件复杂多变,强台风等极端天气频发,桥梁构件长期处于高温、高湿、高盐雾环境下,因此需采用高耐久性材料。如采用普通钢材,需进行重防腐涂装,涂层每隔15~20年需重新补涂一次,增加了后期维养难度。因此,塔冠材料采用不锈钢材质,保证耐久性的同时打造了晶体切面的光泽和质感。索塔塔冠效果图及三维图如图1和图2所示。

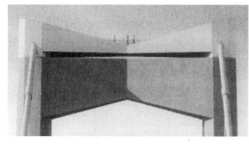

图1 塔冠效果图　　　　图2 塔冠三维图

2 塔冠结构设计

2.1 塔冠构造

塔冠由鞍罩和连接两侧鞍罩的横向钢平台走道组成。鞍罩高6.261~7.5m,截面为八边形,由围板、顶盖板和加劲肋组成。不锈钢围板厚度8mm,内侧设置6mm加劲肋。竖向加劲肋及L形竖向加劲肋肋板间距8cm,从上到下设置6道间隔1m的环肋。不锈钢顶盖板厚6mm,加劲肋厚6mm。顶盖板加劲肋与围板加劲肋采用高强螺栓连接。鞍罩底部与混凝土塔柱通过预埋钢筋及后浇1m高、C55微膨胀混凝土连接,剪力连接件采用直径16mm的304不锈钢剪力钉,细部连接构造如图3、图4所示。

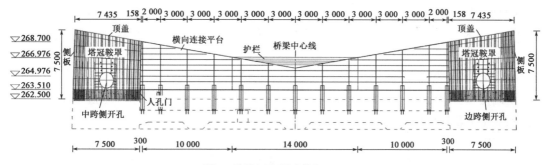

图3 塔冠立面(尺寸单位:mm)

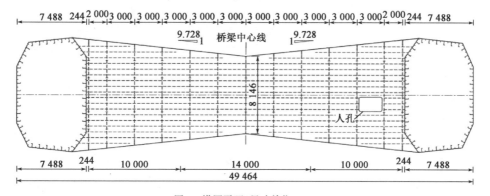

图4 塔冠平面(尺寸单位:mm)

塔冠横向钢平台由面板、侧板及加劲肋组成，面板、侧板和肋板厚6mm。面板设置1%横坡，并设置排水构造。钢平台走道靠近鞍罩端部设置挡水板，平台与鞍罩之间设1cm间隙。钢平台底部通过26个钢立柱与上横梁连接。钢立柱采用工字形截面，板件厚度10mm，如图5、图6所示。

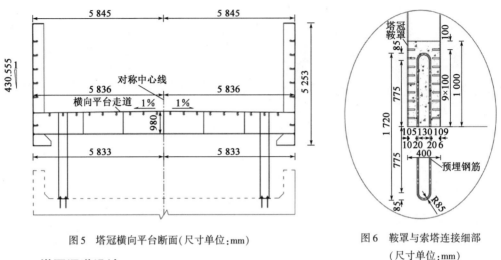

图5　塔冠横向平台断面(尺寸单位:mm)

图6　鞍罩与索塔连接细部
(尺寸单位:mm)

2.2 塔冠通道设计

塔冠通道设计为索塔通道设计的一部分，为方便营运期检修人员在上横梁与鞍罩之间、上横梁与横向平台之间及两个鞍罩之间通行(图7、图8)。通道主要组成包括：

(1)防护栏杆：鞍罩顶部周圈及横向钢平台走道的顺桥向中线两侧侧板低于1.2m范围内均设置防护栏杆。

(2)爬梯及平台：检修人员乘坐塔柱内电梯到达顶站后，通过上横梁内旋梯到达上横梁顶部，可经由爬梯上到横向平台，鞍罩外设置由横向平台到鞍罩顶部的爬梯及平台，由鞍罩顶部可通过爬梯下到主缆检修道；也可通过鞍罩人孔进入鞍罩内对主索鞍进行检修，鞍罩内设置主索鞍检修爬梯及平台。

塔冠爬梯、平台及防护栏杆均为装配式结构，便于营运期间的更换。与塔冠本体焊接的预埋件均采用不锈钢材质。

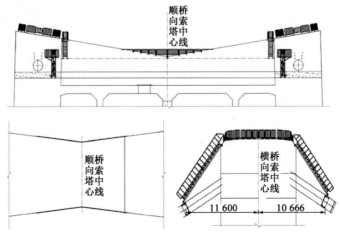

图7　塔冠检修通道总图(尺寸单位:mm)

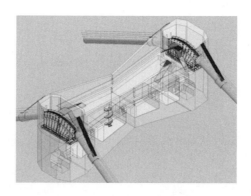

图 8 塔冠检修通道三维图

2.3 塔冠受力性能分析

塔冠结构采用 ANSYS 有限元软件进行模拟,单元选用 Shell63。鞍罩及横向钢平台底部约束三个方向位移。荷载考虑自重 + 人群荷载 + 风荷载 + 温度荷载。平台和鞍罩顶部人群荷载取 $1kN/m^2$;风荷载按顺桥向百年风加载,荷载值为 $5.6kN/m^2$;温度取整体升温 27℃。线膨胀系数取钢与混凝土材料参数差值 0.2×10^{-5}。应力结果为基本组合值,位移结果为标准组合值。有限元模型如图 9、图 10 所示。

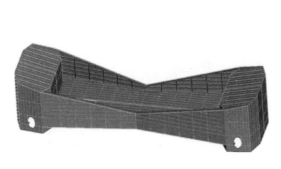

图 9 塔冠有限元模型

图 10 塔冠有限元模型单元划分

2.3.1 应力分析

结构的等效应力计算结果如图 11 所示,从图中可以看出结构整体受力良好。最大等效应力为 84.4MPa,位于腹板与鞍罩交界处。

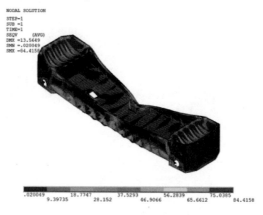

图 11 塔冠等效应力图

2.3.2 位移分析

结构的位移计算结果如图 12～图 14 所示,根据计算结果,塔冠横桥向最大位移 1.8mm,竖向最大位移 11.0mm,顺桥向最大位移 5.0mm。

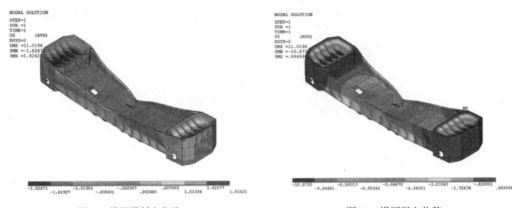

图 12　塔冠横桥向位移　　　　　　　　图 13　塔冠竖向位移

2.3.3 稳定性分析

塔冠前三阶失稳模态如图 15～图 17 所示,可以看出塔冠最小稳定性系数为 4.56,满足规范要求。前三阶皆为腹板下翼缘失稳。

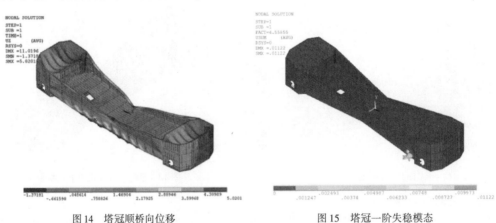

图 14　塔冠顺桥向位移　　　　　　　　图 15　塔冠一阶失稳模态

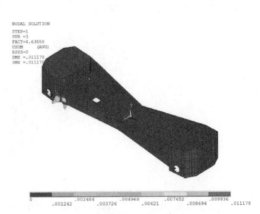

图 16　塔冠二阶失稳模态　　　　　　　　图 17　塔冠三阶失稳模态

3 塔冠材料及制造安装

3.1 塔冠材料

由于塔冠长期处于海洋强腐蚀环境中,对耐久性要求较高。塔冠位于索塔顶部,如采用普通钢材+涂装防腐涂层的方式,运营期间高空作业维养难度高。塔冠所处位置的景观需求又要求材质呈现出金属质感,同时,表面需具有一定的粗糙度来进行漫反射,并能够有良好的焊接性能,因此塔冠材质选用了双相不锈钢。

双相不锈钢材质(022Cr23Ni5Mo3N)综合了奥氏体不锈钢和铁素体不锈钢的优点,焊接性能较好,与奥氏体型不锈钢相比,具有良好的韧性和塑性、较高的强度。不锈钢力学性能对比见表1。

不锈钢力学性能对比 表1

种类	统一数字代号	牌号	伸长率$A(\%)$	硬度HBW	不锈钢强度标准值(N/mm^2)	
					名义屈服强度	抗拉强度
奥氏体型	S30408	06Cr19Ni10	40	201	205	515
	S31608	06Cr17Ni12Mo2	40	217	205	515
双相型	S22053	022Cr23NiMo3N	25	293	450	655

3.2 制造工艺

由于景观需求对构件外观质量要求较高,塔冠在制造过程中,不锈钢焊接成为控制性制造工艺。为得到适合的外观效果,在两种不同板厚的试件上进行了一系列对接焊缝及角焊缝的焊接试验,以获得高质量表面。根据结构计算及焊接试验结果,最终鞍罩围板厚度由8mm优化至10mm,肋板厚度由8mm优化至6mm。

通过对不锈钢焊接技术方案的全面研究,并经过焊接工艺评定,确定了氩弧焊打底填充,二氧化碳气体保护焊盖面的焊接工艺。用小直径S2209不锈钢焊接材料多次焊接的方式,有效减小焊接热输入,在控制结构变形方面起到了关键性作用。焊接过程中通过对构件的固定和预先反变形等控制措施,控制结构变形。焊接完成后,对不锈钢表面进行钝化处理。各部位焊缝见表2。

各部位焊缝一览表 表2

序号	适用位置	焊接方法	焊接材料	焊缝图
1	围板对接	氩弧焊打底 二氧化碳气体保护焊盖面	φ1.2药芯焊丝 φ2.0实心焊丝	
2	竖肋与围板 L肋与围板 环肋与围板 顶板加劲与顶板	二氧化碳气体保护	φ2.0实心焊丝	

续上表

序号	适用位置	焊接方法	焊接材料	焊缝图
3	围板与顶板	氩弧焊打底 二氧化碳气体保护焊盖面	φ1.2 药芯焊丝 φ2.0 实心焊丝	（130°/50°，1~2）

3.3 施工安装

为减少塔冠安装时高空作业时间，优化塔冠现场施工，同时考虑到运输情况，需对鞍罩和横向平台进行合理分块。现场有两台塔式起重机，分别为 M125/75 和 K40/21 塔式起重机。分块重量需在现场可使用塔式起重机的吊重范围内，考虑到对构件外观的要求，分块不宜过多，以控制焊缝数量。塔冠在工厂完成焊接后分块运输至桥位后场并完成试拼装。

3.3.1 塔冠分块

（1）鞍罩分块

单个鞍罩总重35.54t，其中顶棚重量为6.22t，围板重量为27.93t。综合考虑鞍罩结构特点、塔式起重机的安装位置、起重吊装能力等因素，将鞍罩围板分为 4 个块体进行安装。鞍罩围板分块示意图如图18所示。

鞍罩安装时采用塔式起重机吊装，下游侧鞍罩采用 M125/75 塔式起重机直接吊装，上游侧鞍罩由 M125/75 塔式起重机吊装至上横梁后通过 K40/21 塔式起重机吊装。

（2）横向平台分块

横向平台总重约69.6t，综合考虑横向平台结构特点、塔式起重机的安装位置、起重吊装能力等因素，将横向平台横桥向分为 8 个块体进行安装。横向平台分块示意图如图19所示。

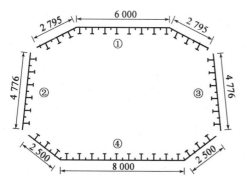

图18 塔冠分块示意(尺寸单位:mm)

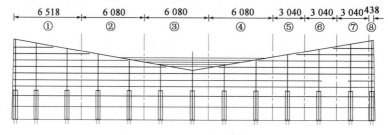

图19 横向平台分块示意(尺寸单位:mm)

3.3.2 检修通道安装

（1）栏杆安装

鞍罩顶棚安装完成后，顶棚加工制造时安装栏杆基座，塔式起重机吊装栏杆到位后与基座焊接固定。横向平台加工制造时安装栏杆基座，塔式起重机吊装栏杆到位后与基座焊接固定。

（2）爬梯及平台安装

鞍罩加工制造时安装预留槽，鞍罩混凝土浇筑完成后且顶棚吊装前安装主索鞍平台和爬梯。鞍罩及横向平台施工完成后安装横向平台至鞍罩顶平台及爬梯。缆套安装完成后安装主缆至索塔爬梯。

3.3.3 横向平台安装

首先将所有立柱安装到位,并将斜梯吊装至上横梁顶面设计位置水平放置,然后安装平台①走道,走道两侧预先设置临时护栏,待走道吊装到位且与立柱焊接完成后,再进行护栏的吊装及焊接。随后,按照平台②→平台⑧的顺序依次安装剩余块体,每安装一块后焊接一块,直至所有块体安装完成。

塔冠安装流程图如图20所示。

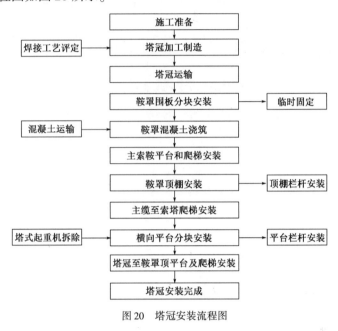

图20 塔冠安装流程图

4 结语

(1)伶仃洋大桥塔冠鞍罩外形与索塔的整体外形协调统一,横向连接平台走道和索塔横梁采用了相同的造型元素,保证了结构设计合理的同时,传递出和谐、简洁的美感。

(2)塔冠采用双相不锈钢材质,在海洋腐蚀环境下,提高了构件寿命,减少了后期维养的工作量,同时保证了景观要求。

(3)塔冠通道的多回路设计保证了检修人员工作的便利和高效。

(4)塔冠采用的不锈钢焊接工艺对构件外观有一定的改善作用,安装过程的合理分块控制了工地焊缝的数量,提高了焊接质量和安装效率。

参 考 文 献

[1] 中交公路规划设计院有限公司.深圳至中山跨江通道施工图设计[R].2017.
[2] 陈伟乐,宋神友,周兴林.深中通道建筑及结构设计[M].北京.人民交通出版社股份有限公司,2022.
[3] 徐军,吴明远.考虑特殊桥位的深中通道伶仃洋大桥总体设计[J].交通科技,2020(3):6-10+25.
[4] 张俊丰.2205双相不锈钢焊接工艺及质量控制分析[J].中国机械,2023:41-44.

15. 多跨连续加劲梁悬索桥限位拉索安装时机研究

董江华[1,2] 甘林雄[1,2] 邹勇[1,2]

(1. 成都西南交大技术转移中心有限公司；2. 成都林立宇坤勘察设计有限公司)

摘 要：限位拉索是协调多跨连续加劲梁悬索桥过渡墩处加劲梁和主缆竖向位移的重要构件，以深中通道伶仃洋大桥为工程背景，利用桥梁非线性分析软件BNLAS建立仿真分析模型，通过对施工期结构位移、内力及施工可操作性等进行分析，对比吊梁前和吊梁后两种安装时机方案，给出多跨连续加劲梁悬索桥推荐的限位拉索安装时机，针对同类结构限位拉索安装时可能出现的问题从设计方面提出解决建议，为今后同类桥梁施工和设计提供参考。

关键词：多跨连续加劲梁悬索桥 限位拉索 安装时机

1 引言

随着科技的进步和经济的发展，跨越江海、峡谷的大跨度桥梁建设需求日益高涨，悬索桥作为跨越能力最为出色的桥型，是千米级及以上跨度桥梁的首选[1-4]。近年来，悬索桥跨度突破了2 000m[5]，主跨3 300m的墨西拿海峡大桥即将开工建设。相比于单跨悬索桥，多跨连续加劲梁悬索桥具有结构整体性较好、刚度较大、抗风性能较好、行车舒适等优点[6-7]。国外的瑞典高海岸桥、丹麦大贝尔特桥和土耳其1915恰纳卡莱大桥以及我国的厦门海沧大桥、南京栖霞山长江大桥、南沙大桥坭洲水道桥、深中通道伶仃洋大桥、张靖皋长江大桥南航道桥均采用了多跨连续加劲梁悬索桥。

受桥址地形条件的限制，同时也为减小加劲梁边跨跨度以节约资金，在总体布置上部分悬索桥的边跨加劲梁未完全覆盖边跨主缆区域。为适应总体布置，结构上需要对主缆采取竖向限位措施以协调过渡墩区域主缆和加劲梁的竖向变形。目前，较多的主缆竖向限位措施是在过渡墩处设置限位拉索，如土耳其1915恰纳卡莱大桥、南京栖霞山长江大桥、南沙大桥坭洲水道桥、深中通道伶仃洋大桥等。除1915恰纳卡莱大桥在加劲梁吊装前进行限位拉索安装外，国内多跨连续加劲梁悬索桥的限位拉索均在加劲梁吊装完毕后进行安装张拉。在加劲梁吊装完毕后进行限位拉索安装，存在张力大、过程烦琐、控制难度大等问题。

本文以深中通道伶仃洋大桥为工程背景，利用桥梁非线性分析软件BNLAS建立空间仿真分析模型，通过对施工期结构变形、内力及施工可操作性等进行分析，对比吊梁前和吊梁后两种安装时机方案的优缺点,给出推荐的多跨连续加劲梁悬索桥限位拉索安装时机。另外,针对伶仃洋大桥限位拉索安装过程中存在的困难,从设计方面提出解决建议。

2 工程背景

伶仃洋大桥为500m+1666m+500m的双塔三跨连续飘浮体系悬索桥[8],锚碇IP点距离索塔中心580m。主缆在成桥状态下的中跨垂跨比为1:9.65,2根主缆中心间距为42.1m。

受地形限制,边跨加劲梁端部仅布置至离散索鞍IP点80m处,由此需在过渡墩处设置限位拉索,限位拉索下端锚固于过渡墩盖梁底面,全桥共4组限位拉索,每组限位拉索由3根平行钢丝成品索组成,每根成品索内含499根直径7mm的1670MPa级钢丝,成品索长度约8.7m。

根据设计推荐方案,伶仃洋大桥的限位拉索在加劲梁吊装完成后安装。上部结构总体施工步骤如下:①主缆架设;②索夹吊索安装;③加劲梁吊装(中跨自跨中向索塔方向吊装,边跨自过渡墩向索塔方向吊装);④塔区、边跨梁段先后合龙;⑤限位拉索安装;⑥加劲梁焊接;⑦桥面系及附属结构施工。桥型布置如图1所示,限位拉索如图2所示。

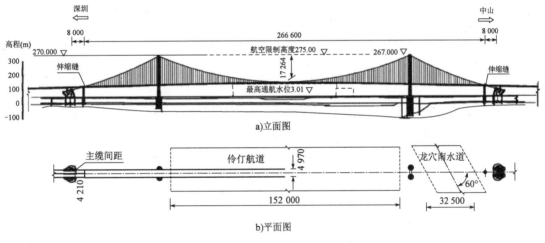

图1 桥型布置图(尺寸单位:cm;高程单位:m)

3 安装时机对比分析

柔性限位拉索的安装时机方案主要有两种:一种方案是加劲梁吊装完成或仅剩合龙段未吊装时,也是国内的常规做法;另一种是索夹安装完成后、加劲梁吊装前,土耳其1915恰纳卡莱大桥采用的此种方案。

伶仃洋大桥与南沙大桥坭洲水道桥的限位拉索结构相同,设计提出的安装、张拉时机也基本相同,均在加劲梁吊装完成后进行。由于限位拉索中的三根索纵向中心间距仅750mm,现场不能满足三根吊索同步张拉的条件,由此导致坭洲水道桥限位拉索(3根成品索,每根由337根直径7mm钢丝组成,成品索长度约19.6m)张拉过程的千斤顶拉力最大值达到了4300kN,且需反复交替张拉,张拉步骤达19步之多。伶仃洋大桥限位拉索长度仅为坭洲水道桥的44%,索体截面面积为坭洲水道桥的1.48倍,由此可判断刚度更大的伶仃洋大桥限位拉索张拉过程将更为复杂和困难。为此,对加劲梁吊装完成后张拉限位拉索和加劲梁吊装前张拉限位拉索进行了对比分析。

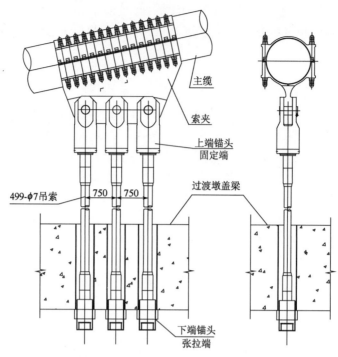

图2 限位拉索(尺寸单位:mm)

3.1 有限元模型

采用 BNLAS[9]建立深中通道伶仃洋大桥空间有限元模型,如图3所示。主缆、吊索、限位拉索均采用索单元进行模拟;桥塔、加劲梁采用空间梁单元进行离散。桥塔与主梁的连接及索鞍顶推装置均采用无质量刚性单元和刚臂模拟。桥塔承台底部以及主缆索股在锚碇处固结约束;散索鞍释放绕转轴的转动自由度,其他均约束;加劲梁为全纵飘体系,在加劲梁端部设置竖向支座,在加劲梁端部及桥塔处设置横向抗风支座。

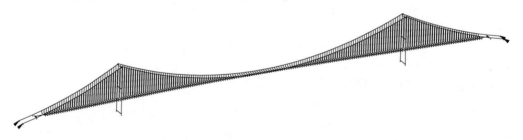

图3 伶仃洋大桥有限元模型

3.2 主缆线形变化及张拉接长杆长度

从主缆架设完成至成桥过程中,主缆线形不断变化。不同的安装时机,限位拉索处的主缆及索夹位置不同,限位拉索的安装难易程度也不相同。限位拉索上端点相对于成桥设计位置差异越大,限位拉索安装需要的接长杆越长。为分析限位拉索各时机安装的接长杆长度,提取限位拉索未安装时各阶段的限位拉索处主缆线形变化,结果如图4、图5所示。

由图4、图5可知,在空缆阶段,限位拉索上端点相对于成桥纵向位置偏离约0.4m,竖向位置较成桥高0.5m。随着中跨梁段的吊装,上端点位置逐渐向锚碇侧移动且升高,边跨梁段开始吊装后上端点的位置逐渐向成桥位置靠近。加劲梁合龙后的纵向位置与空缆状态相比基本一致,但加劲梁合龙后的竖向位置(较成桥高出1.3m)相比空缆状态抬高了0.8m,这意味着加劲梁合龙后进行限位拉索安装所需的接长杆更长。

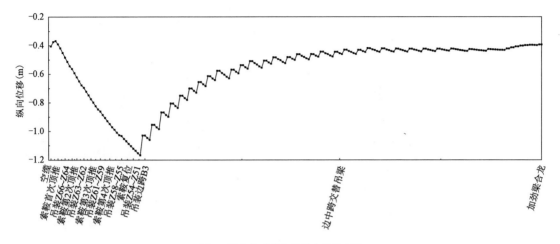

图4　限位拉索处主缆纵向位移变化

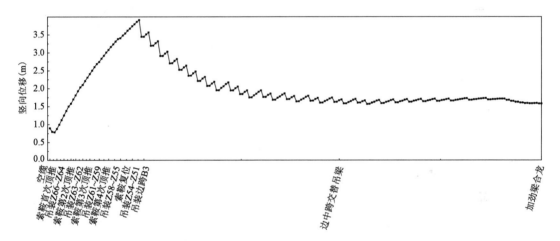

图5　限位拉索处主缆竖向位移变化

针对在吊梁前安装限位拉索和加劲梁合龙后(吊梁完成后)安装限位拉索两种方案进行详细分析,限位拉索安装前后的上端点纵向位移和竖向位移如图6所示。吊梁前安装限位拉索过程中,上端点纵向位置变化约14cm,竖向位置变化约55cm,即距离变化约57cm,考虑一定的张拉工作长度,接长杆至少需2.37m;而吊梁完成后安装限位拉索过程中,上端点纵向位置变化约34cm,竖向变化约134cm,距离变化约138cm,接长杆至少需3.18m。由此可知,吊梁前较吊梁完成后安装限位拉索所需的接长杆长度可短0.81m。在过渡墩盖梁底部有限的操作空间内,接长杆长度短0.81m能给施工带来较大的便利。

3.3　安装完成后的轴力

限位拉索安装完成后的轴力大小会直接影响安装张力的大小,控制着张拉千斤顶的规格和张拉操作难易程度。成桥状态限位拉索总张力为10 368kN,根据计算,两种方案限位拉索的张拉力如表1所示。由表1可知,对于吊梁前安装限位拉索方案,限位拉索安装完成后的总张力为1 446kN,仅为加劲梁吊装完成后安装限位拉索方案张力的18.9%,为成桥张力的13.9%。

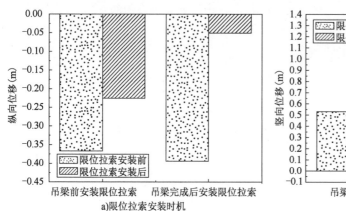
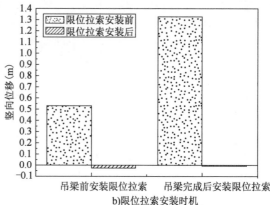

图6 限位拉索安装前后上端点位移变化

限位拉索张拉完成后的轴力和成桥轴力(kN)　　　　表1

状态	限位拉索安装时机		成桥状态
	吊梁前	吊梁完成后	
限位拉索总张力	1 446	7 668	10 368
单根张力	482	2 556	3 456

3.4 安装控制方案

3.4.1 吊梁前安装限位拉索

由3.3节可知,吊梁前安装限位拉索完成后的拉索总张力为1 446kN。此张力较小,可选用吨位为200t的千斤顶逐根张拉3根限位拉索,张拉按锚头露出量进行控制。在张拉第一根拉索时,张拉力最大,但不会超过1 446kN,张拉第二、三根的张力逐渐减小,第三根张力为482kN。

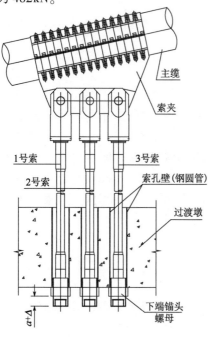

图7 限位拉索索号

3.4.2 吊梁完成后安装限位拉索

吊梁完成后安装限位拉索,限位拉索最终的总轴力为7 668kN,若采用逐根张拉的方案,第一根索安装张力将接近7 668kN,索力将达到成桥状态的2倍以上,且千斤顶吨位将接近1 000t。3根拉索间的间距有限,很难满足如此大吨位的千斤顶安装和张拉作业,盖梁底部作业困难。

为此,先安装两侧的1号、3号索,控制张力按4 000kN,千斤顶按600t配备。两侧索体安装完成后再安装中间的2号索(图7)。具体过程如下:

(1)安装3号索并张拉,控制张拉力为4 000kN。
(2)安装1号索并张拉,控制张拉力为4 000kN。
(3)3号索退张,调整下端锚头,使锚头位于索孔中心。
(4)再次张拉3号索,控制张拉力为4 000kN。
(5)再次张拉1号索至张拉力为4 000kN。
(6)重复(4)~(5)至1号索和3号索张拉完成,张拉完成的标准为锚环(锚固螺母)下露出的下端锚头长度为 $a+\Delta$,a 为设计值,Δ 为制造误差修正值,各索不同。

(7)张拉 2 号索至锚环(锚固螺母)下露出的下端锚头长度为 $a+\Delta$。

3.5 小结

通过以上分析,对两种安装时机从接长杆长度、张拉力、安装方案等方面进行对比,结果见表2。经对比分析,推荐在加劲梁吊装前进行限位拉索的安装。吊梁前进行限位拉索安装需尽早安排拉索制造和运输,避免占用关键线路工期。

两种安装时机方案的对比 表2

项目	限位拉索安装时机	
	吊梁前	吊梁完成后
接长杆长度(m)	2.37	3.18
拉索总张力(kN)	1 446	7 668
安装流程	逐根张拉,流程简单,易操作	交替反复张拉,较烦琐
张拉千斤顶吨位(t)	200	600
工期影响	需首批制造,尽早运输至现场,可能占用关键工期	制造运输不占用关键工期
是否推荐	推荐	不推荐

4 对限位拉索设计的建议

伶仃洋大桥限位拉索索体截面尺寸大,索体长度短,导致索体刚度相比其他桥梁大,索在成桥状态的弹性伸长量仅约 8mm。采用无应力长度的思路来控制索体张拉时,锚环下露出的锚头长度误差每1mm导致的索力误差约为12.5%,这对张拉控制精度要求非常严格。因此,建议减小限位拉索的抗拉刚度,将限位拉索下端锚固于过渡墩承台顶部,下端可采用销铰式连接。

另外,坭洲水道桥和伶仃洋大桥索体间距均为750mm,张拉作业均位于盖梁下方,作业空间有限,不具备 3 根索同时张拉的条件。若需在索力较大的情况下进行张拉,建议增加各根限位拉索之间的纵向间距,使之能够满足多顶同步张拉的需求,从而降低单顶的顶撑力。

5 结语

本文以深中通道伶仃洋大桥为背景,采用有限元法对限位拉索安装时机进行了研究,得到如下主要结论和建议:

(1)对于多跨连续加劲梁悬索桥的限位拉索,在吊梁前安装比在吊梁完成后安装所需的接长杆长度短,张拉流程清晰简洁,无须反复多次张拉,安装张力小,控制精度容易保证。建议今后同类桥梁均可考虑在加劲梁吊装前进行限位拉索的安装,同时应根据现场安装需求尽早安排限位拉索的制造和运输,避免增加工期。

(2)建议选取合理的限位拉索抗拉刚度,降低索体张拉控制的精度要求,从而保证成桥索力精度。

(3)对于张拉端为承压式的限位拉索且张拉索力较大的情况,建议加大限位拉索纵向间距,使张拉空间足够满足所有索体同步张拉的条件,从而降低千斤顶张力,减小控制难度。

参 考 文 献

[1] 孟凡超,王仁贵,徐国平.悬索桥[M].北京:人民交通出版社,2011.
[2] 严国敏.现代悬索桥[M].北京:人民交通出版社,2002.
[3] 强士中.桥梁工程(下册)[M].北京:高等教育出版社,2004.
[4] 项海帆.21世纪世界桥梁工程的展望[J].土木工程学报,2000,33(3):1-6.
[5] 李则均.2 000m级悬索桥主缆系统架设控制因素研究[D].成都:西南交通大学,2022.
[6] 孟凡超.厦门海沧大桥悬索桥设计[C]//中国公路学会2001学术交流论文集,2001:12.
[7] 戚兆臣,唐茂林,崔冰,等.三跨连续加劲梁悬索桥无索区梁段线形调整方法研究[J].中国工程科学,2013,15(8):37-41.
[8] 徐军,吴明远.考虑特殊桥位的深中通道伶仃洋大桥总体设计[J].交通科技,2020(3):6-10+25.
[9] 唐茂林.大跨度悬索桥空间几何非线性分析与软件开发[D].成都:西南交通大学,2003.

16. 桥梁缆索用锌铝镁合金镀层钢丝索股制造技术研究

张海良[1]　汤　亮[1]　何旭初[1]　金　芳[1]　黄冬芳[1]　余建勇[1]　张　栓[1]　陈焕勇[2]

（1. 上海浦江缆索股份有限公司；2. 深中通道管理中心）

摘　要：随着桥梁建设的发展，对于大型跨江、跨海桥梁用缆索产品的耐腐蚀性能提出了更高的需求，根据需求开发了 φ6mm-2 060MPa 锌铝镁合金镀层钢丝索股，基于钢丝的防腐性能和索股的生产工艺，分别开展了钢丝的盐雾试验、电化学腐蚀试验、镀层自修复性能研究，索股制造的预成型研究及抗滑移性能研究，开发的锌铝镁合金镀层钢丝索股具有优异的耐腐蚀性能和锚固性能，成功应用于深中通道伶仃洋大桥项目，为桥梁缆索耐腐蚀研究提供经验。

关键词：锌铝镁合金　耐腐蚀　锚固技术　抗滑移　预成型技术　深中通道　伶仃洋大桥

1 引言

本文依托的项目伶仃洋大桥采用 500m+1 666m+500m 三跨全飘浮体系钢箱梁地锚式悬索桥，主缆采用预制平行钢丝索股（PPWS）结构，每根主缆由 199 根通长索股组成。上游侧索股由 127 根直径为 6mm 的锌铝镁合金镀层高强度钢丝组成，钢丝的抗拉强度达到了 2 060MPa，通长主缆索夹外直径达到了 1 066mm。

深中通道项目地处珠江口浩瀚的伶仃洋海域，空气中水汽及盐雾的含量均较高，将加速材料的腐蚀进程[1-2]。为使深中通道伶仃洋大桥主缆在海洋环境中具有较好的耐腐蚀性能，以满足 100 年设计使用寿命的要求，基于原有镀锌和镀锌铝合金钢丝索股的生产工艺，开发了锌铝镁多元合金镀层钢丝索股。

20 世纪 90 年代初，为了保护光伏电池组，对于支架的耐腐蚀性提出了非常严苛的要求，日新制钢公司率先开发出 Zn-6% Al-3% Mg 合金镀层，命名为 ZAM，其合金镀层的耐蚀性远超纯锌镀层。随后蒂森克虏伯、韩国浦项、奥钢联等钢厂纷纷开发出了自己的锌铝镁镀层产品，在建筑行业、机电行业、高速公路防护栏、汽车行业、电力行业等得到了广泛应用。

2014 年后，国内多家钢厂陆续自主研发了各自体系的锌铝镁产品，产品形式以钢板为主，用于光热、光伏、机械和建筑等行业。2019 年开始宝钢率先开始研发桥梁缆索用锌铝镁合金镀层钢丝产品，并与 2022 年完成批量生产和项目应用。

2 锌铝镁镀层钢丝的耐腐蚀性能研究

由于锌铝镁合金镀层钢丝的镀层中有 Zn-Al-Fe-Mg 合金过渡层，其耐腐蚀性能与锌铝镁合金存在差距，如果采用镀层失重法，仅能评估锌铝镁合金的耐腐蚀性能，不能准确评估包括过渡层在内的整体的锌铝镁合金镀层的耐腐蚀性能。针对锌铝镁合金镀层厚度为 50μm 以上，采用 GB/T 10125 人造气氛腐蚀试验-盐雾试验/乙酸盐雾试验(AASS 试验)的规定进行腐蚀试验。

乙酸盐雾试验是盐雾试验是利用盐雾试验设备所创造的人工模拟盐雾环境，验证金属材料或镀层耐腐蚀性能的一种环境试验。判定方法为腐蚀物出现判定法。

腐蚀物出现判定法是一种定性的判定法，它以盐雾腐蚀试验后产品是否产生腐蚀现象来对样品进行判定。为确保数据的准确性，所有试件的盐雾试验分别在同等环境、相同位置的盐雾试验箱中进行。

以锌铝镁合金镀层和锌镀层钢丝单丝通过乙酸盐雾试验后腐蚀物出现判定法，对比两种镀层钢丝的耐腐蚀性能，见表1、表2。

耐腐蚀性能对比试验结果 表1

钢丝镀层分类	样品数量	检测结果
纯锌	6	试验91h时，钢丝表面镀锌层局部腐蚀，已看见腐蚀区黑色底材； 试验115h时，钢丝表面的腐蚀区，局部出现白锈； 试验165h时，钢丝表面出现大量白锈； 试验230h时，钢丝表面局部出现红锈
锌铝镁合金	6	试验91h时，钢丝表面镀锌层局部腐蚀，腐蚀区呈现黑色； 试验115h时，钢丝表面的腐蚀区，局部出现白锈； 试验311h时，钢丝表面局部白锈明显； 试验720h时，钢丝表面有大量白锈，没有出现红锈

乙酸盐雾试验钢丝锈蚀照片 表2

文字描述	照片
纯锌230h，出现红锈	
锌铝镁720h，未出现红锈	

两种镀层钢丝经乙酸盐雾试验对比发现，锌铝镁合金镀层钢丝的耐腐蚀性能是纯锌镀层钢丝的3倍以上。

3 索股生产工艺研究

3.1 锚固工艺研究

悬索桥是柔性大变形结构，其高强钢丝主缆自重占恒载的比例达30%以上，随着跨径不断增大,其材料利用率及经济性不断降低[3],为满足大跨度的要求,对钢丝的强度处理有越来越高的要求,从早期的1 570MPa到目前的2 060MPa钢丝,取得了长足的进步,但常规的锚具结构和锚固工艺已无法满足钢丝锚固的要求了。

主缆锚具一般采用热铸锚,通过铁丝或分丝板将锚固段的钢丝分开,然后浇铸锌铜合金进行锚固,其锚固力由两部分组成:①锌铜合金对钢丝的黏结力;②钢丝带动锌铜合金铸体,铸体受到锥形锚腔挤压,作用到钢丝上的握裹力。随着钢丝的强度增加试验中已经出现了索股中心位置的钢丝无法完全锚固的情况,对此问题开展了一些钢丝锚固性格能的研究。

(1)2 060MPa钢丝和1 860MPa钢丝的单丝锚固对比试验

该试验采用的是圆柱形锚杯,用于模拟索股中心位置受到铸体握裹力不大的位置,对比单靠锌铜合金的黏结力2 060MPa钢丝和1 860MPa钢丝失效荷载的差别,试验数据如图1所示。

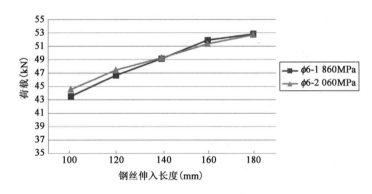

图1 2 060MPa钢丝和1 860MPa钢丝的锚固对比试验

同样6mm钢丝,2 060MPa钢丝比1 860MPa钢丝多了10.8%的强度,两种钢丝的弹性模量基本都在200GPa左右,泊松比基本在0.3左右,在以上两个数据相同的前提下,钢丝在同样破断百分比下,2 060MPa钢丝会比1 860MPa钢丝多约10.8%的横向截面收缩变形,当锌铜合金无法跟随这个变形后钢丝就会出现失效,特别到了屈服点之后,这个现象更加显现出来。所以在屈服点(47.3kN和52.4kN)之后,随着锚固长度的增加,曲线斜率变小,单位面积黏结强度逐渐减小。

(2)锥形锚杯钢丝有无墩头的对比试验

为研究锥形锚杯有握裹力影响下的结构,没墩头钢丝和有墩头钢丝锚固性能的差别,进行了5组6mm 2 060MPa锌铝镁合金镀层钢丝的对比试验,锚固长度选择了180mm,试验数据见表3。

锥形锚杯钢丝有无墩头的锚固性能对比试验　　　　表3

组号		理论破断荷载(kN)	失效荷载(kN)	平均失效荷载(kN)	失效形式(拔出/拉断)
锥形锚杯不墩头	A-1	58.2	58.15	59.17	拔出
	A-2		59.30		拉断
	A-3		60.10		拉断
	A-4		60.55		拉断
	A-5		57.75		拔出

续上表

组号		理论破断荷载（kN）	失效荷载（kN）	平均失效荷载（kN）	失效形式（拔出/拉断）
锥形锚杯镦头	B-1	58.2	60.45	60.48	拉断
	B-2		61.00		拉断
	B-3		59.85		拉断
	B-4		60.70		拉断
	B-5		60.40		拉断

锥形锚杯对提升钢丝的锚固性能有明显作用,但也不能保证100%拉断,通过对钢丝进行镦头,用镦头的作用对锌铜合金的压力使锌铜合金产生更大的压缩力,从而锚固住钢丝,在试验中产生了很好的效果。根据以上试验结果,伶仃洋大桥的主缆索股的钢丝均进行了镦头处理,随后的静载和疲劳试验过程中均未发现锚固失效的问题。

3.2 预成型及防鼓丝工艺研究

主缆索股由于结构需要,通常索股为六边形结构,而在索鞍位置为保证钢丝在鞍槽内形成最密堆积以达到主缆钢丝和鞍槽内壁有更好的摩擦力,防止运营过程中主缆在鞍槽内滑移,需要在现场整形成四边形结构与鞍槽的结构形状匹配。现场整形入鞍过程需要人工散开索股、重新编丝、整方、入鞍等操作,整形过程中的反复敲击、刮擦、锤击对钢丝及其镀层都有严重破坏,会降低其防腐性能以及耐久性,甚至可能造成个别钢丝过早失效[4]。

图2 索股钢丝鼓丝

在放索施工过程中,索股钢丝鼓丝问题也一直是困扰施工单位和缆索制造单位的难题,随着悬索桥的跨度越来越大,该问题也更加凸显。索股钢丝鼓丝主要受到定型绑扎带的松紧度、放索托轮的水平度、边跨及锚跨处的线型坡度等影响,鼓丝问题常出现在放索末端的锚跨处,如图2所示。

伶仃洋大桥主跨达到了1 666m,通长索股数量达到了199根,出现鼓丝的风险及索股整形对工期的影响都需要进行工艺优化来改善。

针对索股整形问题,采用了在工厂内预成型工艺(图3),在索股生产过程中,在主索鞍就散索鞍位置的索股直接整形成四边形结构,并用夹具固定,保证四边形结构在生产、运输及放索过程中的结构稳定。整形工艺的增加需要考虑和原有生产线设备的合理衔接,保证其便捷、有效、操作方便,包括编索设备、收紧设备、绕包设备以及一系列夹具及固定设备等。锌铝镁合金镀层钢丝表面较滑,为保证索股成型性,通过增加约束控制预成型段索股的形状,采用多道双层卡箍定型。在预成型工艺的帮助下,现场施工时仅需顺着入鞍方向逐个拆除夹具并进行下放入鞍操作即可,既方便又高效(图4)。

对于鼓丝主要从三方面入手解决,首先,适当增加定型绑扎带的张紧力,同时增加绑扎带的层数,使成型位置的索股截面更加稳定(图5),其次,对索鞍及散索鞍两侧,放索末端等易产生鼓丝及放索坡度较大的增加绑扎铁丝工艺,避免个别钢丝产生相对滑动而产生鼓丝;最后,在施工现场协调施工单位,尽量放低索鞍及散索鞍处托辊的高度,有利于避免鼓丝,还能减少绑扎带崩裂的现象。

图3 索股预成型

图4 索股入鞍

图5 绑扎铁丝

以上工艺的调整使伶仃洋大桥主缆索股在放索过程中不仅加快了进度,而且提升了放索质量,从而降低了建设成本,具有显著的经济效益和社会效益。

3.3 抗滑移性能研究

目前桥梁缆索广泛应用的高强度钢丝为镀锌钢丝和锌铝合金镀层钢丝,相关的测试数据显示镀锌钢丝、锌铝合金镀层钢丝和索夹的抗滑移摩擦系数在0.2~0.3之间,根据《公路悬索桥设计规范》(JTGT D65-05—2015)的要求,索夹和主缆的摩擦系数≥0.15,且索夹的抗滑安全系数≥3.0。

本项目采用的钢丝为锌铝镁合金镀层钢丝,镀层中增加了0.5%~3%的镁,相比于镀锌和镀锌铝钢丝,锌铝镁镀层的硬度稍有提升,为确保锌铝镁合金镀层钢丝的抗滑移性能,需要进行验证性试验,索夹抗滑移力计算公式为:

$$F_{fc} = k\mu P_{tot}$$

式中:k——压力分布不均匀系数,取2.8;

μ——摩擦系数,设计时取0.15;

P_{tot}——索夹上螺杆总的设计夹紧力[5]。

基于试验的可操作性及摩擦系数与索股规格相关性不大的原则,进行了3组缩比例的抗滑移试验,试验结果见表4。

试件规格清单表　　　　　　　　　　　　　表4

项目		组别		
		第一组	第二组	
		试件1	试件2	试件3
试验主缆	规格	φ6.0×127×50股	φ6.0×127×22股	φ6.0×127×22股
	数量	1根	1根	1根
	钢丝镀层	锌铝镁合金	锌铝镁合金	锌铝合金
索夹螺栓	螺栓数量	10个	8个	8个
	螺栓规格	M42,10.9级	M30,10.9级	M30,10.9级
	螺栓安装夹紧力	556kN	368kN	368kN
摩擦系数		0.26	0.23	0.24

由表可知,3组试验主缆钢丝和索夹的摩擦系数均大于《公路悬索桥设计规范》(JTG/T D65-05—2015)中要求的理论值0.15,两种镀层钢丝的抗滑移性能基本一致。

4 结语

通过对锌铝镁合金镀层钢丝的耐腐蚀性能研究及对锌铝镁合金镀层钢丝索股的生产工艺研究,开发了 φ6mm-2 060MPa 锌铝镁合金镀层钢丝索股,并取得了在深中通道伶仃洋大桥上的成功应用,研究得到以下结论:

(1)采用人造气氛腐蚀试验-盐雾试验/乙酸盐雾试验,锌铝镁合金镀层钢丝的耐腐蚀性能是纯锌镀层钢丝的3倍以上。

(2)完成了高强度锌铝镁合金镀层钢丝索股制造工艺的研究,通过增加墩头工艺提升了索股的锚固性能,通过索股预成型技术及防鼓丝工艺的实施,使索股放索效率和质量均得到提升。

参 考 文 献

[1] 张强先,赵华伟,方园,等.悬索桥主缆钢丝腐蚀与防护的应用进展[J].南京工业大学学报(自然科学版),2020,42(3):278-283.

[2] 秦搏聪,李鹏,李煦阳,等.悬索桥平行钢丝主缆强度模型研究及承载力评估[J].世界桥梁,2022,50(4):95-101.

[3] 诸葛萍,章子华,汪思聪,等.大跨悬索桥CFRP主缆-索夹界面抗滑移性能[J].西南交通大学学报,2014,49(2):208-212.

[4] 何旭初,张海良,顾庆华,等.主缆索股预成型及入鞍技术研究和应用[J].金属制品,2019,45(2):31-34.

[5] 胡璠,徐巍,王林烽,等.桥梁缆索钢丝热浸镀Zn-Al-Mg镀层的组织与耐蚀性能研究[J].表面技术,2021,50(11):279-286.

17. 深中通道伶仃洋大桥钢箱梁制造技术

秦 磊[1] 陈焕勇[2]

(1. 中铁宝桥(扬州)有限公司;2. 深中通道管理中心)

摘 要:通过对深中通道伶仃洋大桥钢箱梁结构的特点及难点进行分析,本文系统介绍钢箱梁总体制造方案,重点对钢箱梁制造过程中采用的智能制造技术、单元件制作、整体组焊及预拼装等制作工艺进行了阐述。通过工艺优化及控制措施,保证钢箱梁制造精度和质量,为同类结构钢箱梁制造提供借鉴。

关键词:深中通道 伶仃洋大桥 钢箱梁 制造技术 工艺优化 控制措施

1 工程概况

深中通道是集"桥、岛、隧、水下互通"于一体的世界级跨海通道工程。伶仃洋大桥主桥采用跨径组合500m+1 666m+500m的双塔三跨钢箱梁悬索桥。伶仃洋大桥总体布置见图1。

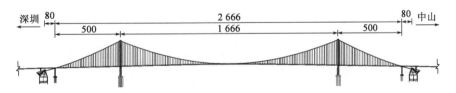

图1 伶仃洋大桥总体布置图(尺寸单位:m)

伶仃洋大桥采用流线型整体钢箱梁,梁宽49.7m,梁高4m。标准梁段长12.8m,设置实腹式横隔板,间距3.2m。钢箱梁梁段接口之间除顶板U肋间采用拴接外,其他部位均采用焊接连接。钢箱梁通过风嘴处锚箱单元的锚固耳板与主缆吊索连接。最大吊装重量约393.2t。伶仃洋大桥标准钢箱梁断面见图2。

2 制造特点及难点

2.1 超宽钢箱梁节段组焊制作

伶仃洋大桥钢箱梁宽度达49.7m(含检修道),单元构件数量多,焊缝密集,断面尺寸大,如何在保证节段整体几何精度的条件下,实现无码、少码组焊有一定的难度。

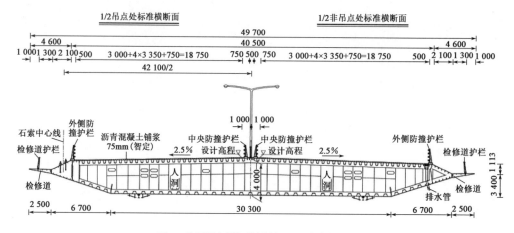

图 2　伶仃洋大桥钢箱梁断面(尺寸单位:mm)

2.2　锚箱单元精度控制

锚箱吊耳单元是直接承受吊索力的重要构件,位于风嘴处,且熔透焊缝多。如何保证吊耳板垂直度、锚索孔间距等组装精度,同时控制焊接变形是制作过程中的一个难点。

2.3　钢箱梁智能制造技术应用

深中通道项目要求钢箱梁制造过程全面推广"数字化、智能化"的技术,伶仃洋大桥钢箱梁制造过程中采用的智能制造技术对于推动桥梁制造模式的变革意义重大。

3　钢箱梁制造工艺

3.1　总体制造流程及技术

伶仃洋大桥钢箱梁节段结构复杂,焊缝多,所发生的焊接变形和残余应力较大,为控制箱体结构变形,保证产品质量,加快制造进度,钢箱梁制造采用"零件→板单元→两拼板单元→梁段→预拼装→桥位连接"的方式生产。

总体制造流程见图3。

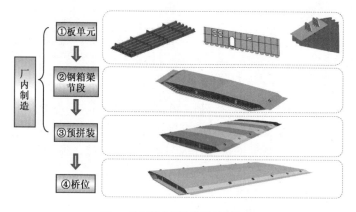

图 3　伶仃洋大桥钢箱梁制造流程

伶仃洋大桥按照上述钢箱梁制造总体工艺流程,构建以板材智能下料切割生产线、板单元智能焊接生产线、节段智能总拼生产线、钢箱梁智能涂装生产线以及车间制造执行智能管控系统为核心的"四线一系统"(图4),全面推行智能制造技术,实现了钢箱梁"智能化"制造。

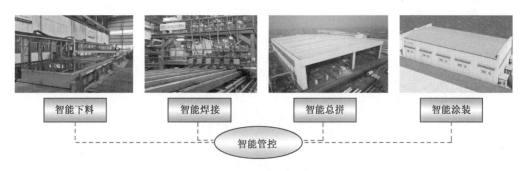

图 4 智能制造"四线一系统"示意图

3.2 顶、底板单元制作

制作过程中,顶、底板单元各零件在板单元智能焊接生产线上形成流水作业,实现从零件划线、打磨、组焊、矫正、流转等环节的智能化制造和无码组焊,提高了施工效率,保证了顶、底板单元制作质量。

顶板单元使用一体化组焊设备实现 U 肋无码组装及自动化内焊(图5),使用 U 肋船位埋弧焊进行外焊从而实现 U 肋与顶板焊缝全熔透,U 肋外焊采用"门式多电极焊接专机+液压反变形胎架"完成,通过液压反变形胎架控制焊接变形(图6)。

图 5 U 肋无码组装及自动化内焊

图 6 U 肋外焊及反变形控制

底板单元使用 U 肋自动打磨机、面板自动打磨机完成 U 肋和面板除锈,使用 U 肋组装机完成 U 肋的自动化无码组装(图7),使用"龙门式焊接专机+液压反变形胎架"完成板单元的焊接(图8),通过液压反变形胎架控制焊接变形,有效提高了底板单元制作质量。

图 7 U 肋自动化无码组装

图 8 U 肋焊接及反变形控制

3.3 隔板单元制作

横隔板单元作为钢箱梁组装的内胎,制造精度要求很高,它的制作质量直接影响到钢箱梁的断面精度。伶仃洋大桥隔板单元采用一次焰切成型技术,具体制作工艺如下:

(1)钢板滚平预处理后在数控火焰切割机上一次性下出横隔板、U形肋槽口、隔板人孔等,周边预留焊接收缩量。

(2)在专用地平台划出隔板水平基线及竖基线,并以其为基准划周边坡口加工线,采用小车焰切对接边坡口。

(3)以水平基线及竖基线为基准划线组装隔板纵横向加劲肋、人孔加强圈及水平板。

(4)由于横隔板板厚较薄,极易产生焊接变形,因此在刚性平台上周圈使用卡兰丝杆(图9)固定,同时采取对称、分散、同方向的焊接方法,以减小焊接变形。隔板单元采用横隔板焊接机器人进行焊接(图10),实现板单元智能化加工制造。

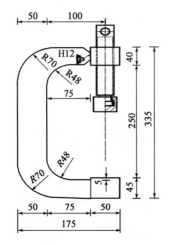 

图9 隔板单元固定工装(尺寸单位:mm)　　图10 隔板单元机器人焊接

3.4 锚箱单元制作

锚箱单元主要由斜顶板、锚腹板、锚固耳板等零部件组成,其构造见图11。

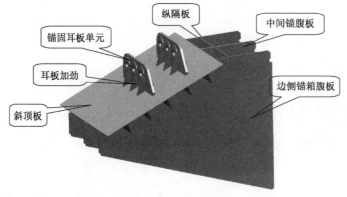

图11 锚箱单元构造

吊索锚固耳板与钢箱梁顶板、锚腹板板焊缝均为重要传力焊缝,为减小焊接变形,确保焊接质量及组装精度,锚箱单元采用单元组装块体总拼组焊的方式,即:将锚箱单元拆分为锚固耳板单元、斜顶板单元、边(中间)侧锚腹板单元、纵隔板分别组焊,依次由内而外、先主(锚固耳板与锚腹板)后次(隔板与锚腹板),先熔透后坡口的原则组焊完成锚箱块体,最后总拼时整体组焊锚箱块体与边侧风嘴单元,总体工艺流程见图12。

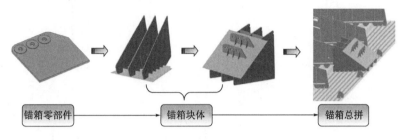

图12 锚箱单元总体工艺流程

3.5 检修道单元制作

伶仃洋大桥检修道单元板厚较薄,主要由腹板、面板、纵向加劲、横肋单元等零部件组成。根据其结构特点,采用"倒装法"在专用地平胎上制作:先划顶板纵横基准线,并以基线为基准划加劲肋组装位置线,按线组装、焊接腹板、加劲和横肋单元,然后进行矫正、修正纵横基准线。

3.6 钢箱梁整体组焊及预拼装

节段的几何精度及线形是钢箱梁制造的关键控制点之一,为保证钢箱梁的外轮廓尺寸及各部件装位置正确,针对其结构特征以钢箱梁的底板和斜底板外轮廓为基准,确定胎架截面形状,设计钢架式专用总拼胎架。在胎架上设置横向预拱度,斜底板预设横向收缩量和竖向反弹量,有效抵消了节段解马后箱梁横向变形。

节段采用总拼与预拼装同步进行,标准段采用"10+1"预拼装,按设计要求每轮预拼装后保留1个复位段参与下轮预拼装,提高预拼装精度。

节段整体组装采用立体、阶梯推进方式进行。在总拼胎架上采取"正装法"依次组焊钢箱梁,即以总拼胎架为外胎,横隔板为内胎,将各节段的底板单元、斜底板单元、横隔板单元、锚箱单元、顶板单元、检修道单元及其他零部件在胎架上组焊成箱体梁段整体。

箱梁组装通过测量塔和横向基准点即"三纵一横法"控制单元块、板单元就位,在尽可能少的马板约束位置条件下施焊。各项预拼装尺寸检测合格后,组焊桥位定位匹配件。

4 制造工艺优化及控制措施

伶仃洋大桥钢箱梁制造难度大、质量要求高,为稳固提升钢箱梁整体质量,在充分借鉴以往项目的制造经验的基础上,结合自身结构特点,采取必要措施,在制造工艺方面进行了优化和改进。

4.1 顶板单元反变形优化

在常规横向反变形胎架上,调整月牙板高程,在长度方向增设纵向预变形,有效减少板单元纵向变形量,在焊前对板单元设置预变形并使用液压夹具下压,减小夹具卸力后的热变形量(图13~图15)。

采用此措施进行顶板单元生产时,有效减少外焊后的角变形,从而减少板单元的修整时间,提高生产效率。

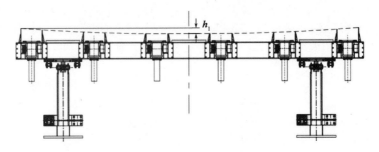

图 13　纵向预变形示意图

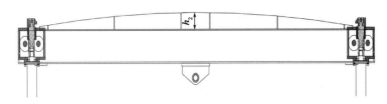

图 14　横向预变形示意图

图 15　双向反变形胎架

4.2　检修道单元加劲制作工艺优化

检修道焊接加劲改为折弯一体成型,避免了坡口开设,取消了熔透焊缝,减少了打磨及焊后矫正工作,极大地提高了检修道制作质量(图 16、图 17)。

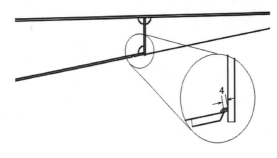

图 16　原焊接加劲

图 17　折弯一体成型加劲

4.3　两拼单元质量控制措施

使用多组磁铁实现两拼单元无码组焊技术,有效减少了底板与胎架的马固数量,提高了板单元外观质量(图 18)。两拼板单元焊接前采用卡兰固定,可有效控制焊后反弹变形(图 19)。

图18 两拼无码组焊

图19 两拼胎架卡兰

5 结语

通过对钢箱梁总体制作流程的过程控制配合制造工艺优化,有效保证了伶仃洋大桥钢箱梁节段的制造质量,各主要项点的检测结果均满足标准要求,表明伶仃洋大桥钢箱梁总体制造方案合理可行,施工质量、几何精度及线形等控制措施得当,为以后类似桥梁的制造积累了宝贵经验。

参 考 文 献

[1] 徐亮,李军平,成宇海.南京长江第四大桥钢箱梁制作技术[J].钢结构,2013(10):55-59,82.

[2] 权红烈.深中通道伶仃洋大桥钢锚箱制造技术[J].中文科技期刊数据库(全文版)工程技术,2021(2):46-47.

[3] 中国铁路总公司.铁路钢桥制造规范:Q/CR 9211—2015[S].北京:中国铁道出版社,2015.

18. 深中通道主缆检修车软性承载轮性能研究

陈焕勇[1] 邱廷绮[2]

(1.深中通道管理中心;2.成都市新筑交通科技有限公司)

摘 要:深中通道伶仃洋大桥设置主缆检查车,为防止主缆检修车工作过程中损坏主缆保护层,需减小主缆检修车承载轮与主缆接触面压应力,研制了一种软性承载轮,使之可以在工作受力时有较大变形,增大接触面积。为保证该软性承载轮的可用性、经济性、安全性,对该承载轮进行了多项研究。首先根据运载要求及工作面空间,初步确定了承载轮的轮廓尺寸;接着对承载轮进行了仿真分析计算,确定了软性材料、轮辋厚度最优参数组合;根据最优参数试制了软性承载轮样件,并对样件进行了试验研究,验证了其变形能力、承载能力。结果表明,所设计的承载轮在承受最大荷载时有足够变形,使接触面积足够大,能有效保护主缆缠包带。

关键词:深中通道 伶仃洋大桥 主缆检修车 软性承载轮 大变形 试验 仿真

1 引言

伶仃洋大桥是深中通道桥梁控制性工程,桥址处于高温高湿高盐雾腐蚀环境,对结构巡检维护有较高要求[1-2]。传统悬索桥主缆的检修、维养存在效率低、耗时长、人工耗费大、巡检作业规范性差等问题[3-4]。综合性检修设备能提供稳定可靠的检修作业平台,智能化潜力大,近年来受到关注[5-6],缆上行走主缆检修车因承载上限大,是可行的主缆巡检设备方案[7]。缆上行走主缆检修车需解决主缆保护层缠包带保护问题。主缆保护层主要包括钢丝层、密封层以及最外层缠包带[8],根据缠包带供应商数据,当平均接触应力小于0.150MPa、最大接触应力小于0.350MPa时,可有效保护缠包带[9]。因此,研制了一款接触面积足够大的承载轮,以尽可能降低承载轮与缠包带的接触应力。考虑到主缆检修车需要适应主缆附属的扶绳、锁夹、气夹等附属构件[1],同时为保证检修车稳定性,承载轮外轮廓尺寸受到限制,故需要承载轮具备较大变形能力以满足大接触面积的需求。低硬度的橡胶或聚氨酯等高分子弹性体材料可用于制作满足大变形条件的承载轮[10-11]。由于高分子弹性体材料的复杂性,所使用材料的力学性能参数需要通过特别研究确定[12-13],并通过工艺配方调整,研制符合所得参数的弹性体材料,还需通过试验验证所得软性承载轮各项性能是否在设计允许范围[14-15]。承载轮变形越大,滚动阻力越大、耐用性,因此,还需尽可能控制滚动阻力的增量,以保证主缆检修车的动力负荷、提高承载轮耐用性。

2 软性承载轮仿真计算及优化

深中通道伶仃洋大桥主缆外径1 053mm,轮廓接近正圆形,为尽可能增大承载轮与主缆接触面积,将承载轮外轮廓设计为腰鼓形。为适应防护栏立柱,承载轮宽度设为570mm较为合适,如图1所示。

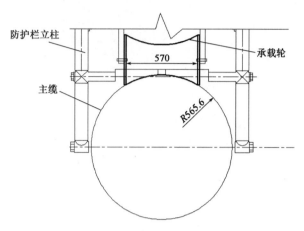

图1 承载轮外部条件(尺寸单位:mm)

确定基本的外形尺寸后,需要确定材料的弹性参数、细部结构几何尺寸,并验证承载轮的变形能力和承载能力,因此,建立有限元仿真模型,进行仿真计算,再通过结果修正设计。承载轮几何结构如图2所示。

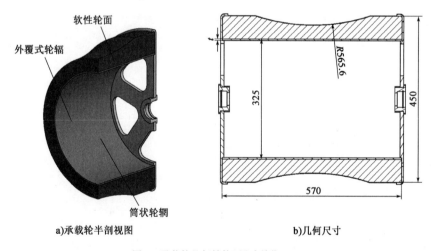

a)承载轮半剖视图　　　　　　　　b)几何尺寸

图2 承载轮几何结构(尺寸单位:mm)

考虑到承载轮两端边缘相对中部受力较小,将腰鼓型承载轮的边缘削平,以减小承载轮的高度;主缆检修车运行时,承载轮会行驶至索夹上平面,因此将轮辐设计为外覆式,保证在索夹上平面行驶时由轮辐直接承载;轮辋设计为薄壁筒状,以减小重量,壁厚t根据仿真计算取优选值。

2.1 仿真计算的几何模型

建立仿真计算模型如图3所示。模拟检修车承受最大荷载时承载轮的状态,此时,承载轮位于主缆正上方,受到竖直向下的作用力,因此荷载与结构均对称分布,可取1/4模型进行分析。

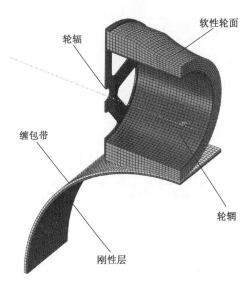

图3 仿真计算模型

分析模型中所有单元均为3D实体单元,其中主缆内部钢索相对刚度较大,可认为在受检修车荷载时几乎不变形,故采用刚体单元模拟,如图3中所示刚性层所示。其他部分则采用弹性变形单元。为减小模型规模、提升计算效率,去掉了模型中不重要的倒角、细小台阶等细节。

2.2 材料特性

分析模型中缠包带、轮辐、轮辋采用理想弹性材料本构,其参数如表1所示。

材料参数 表1

部件	材料类型	弹性模量(MPa)	泊松比
轮辐	铝材	6.9×10^4	0.33
轮辋	钢材	2.1×10^5	0.30
缠包带	塑料	2	0.25

软性轮面选用橡胶、聚氨酯等高分子材料,这类材料需采用超弹性本构模型模拟其力学行为。Mooney-Rivlin本构模型在较小的变形(0~100%)范围内具有良好的精度,Mooney-Rivlin本构模型的应变能W可表示为:

$$\left.\begin{aligned}W &= C_{10}(I_1-3)+C_{20}(I_2-3)+\frac{1}{D_1}(J-1)^2\\ I_1 &= \text{tr}(\boldsymbol{b})\\ I_2 &= \frac{1}{2}[I_1^2-\text{tr}(\boldsymbol{b}\cdot\boldsymbol{b})]\\ J &= \det(\boldsymbol{F})\end{aligned}\right\} \quad (1)$$

式中:C_{10}、C_{20}、D_1——材料参数,应变梯度;

$\boldsymbol{b}$——修改的左柯西-格林应变张量,由下式计算:

$$\boldsymbol{b} = J^{-\frac{2}{3}}\boldsymbol{F}\boldsymbol{F}^{\text{T}} \quad (2)$$

将式(1)、式(2)代入不同硬度聚氨酯材料的单轴拉伸试验数据,可拟合出相应的超弹性本构模型参数C_{10}、C_{20}、D_1,各硬度聚氨酯材料拟合参数如表2所示,不同硬度聚氨酯单轴拉伸试验应力-应变曲线及拟合材料应力-应变曲线对比如图4所示。

Mooney-Rivlin 本构模型拟合参数 表 2

软性轮面材料	C_{10}	C_{20}	D_1
IRHD12	-2.00×10^{-2}	7.35×10^{-2}	3.74×10^{-2}
IRHD15	-1.93×10^{-2}	9.10×10^{-2}	2.79×10^{-2}
IRHD20	-4.99×10^{-2}	$0.143\,971$	2.13×10^{-2}
IRHD25	-7.32×10^{-2}	$0.197\,629$	1.61×10^{-2}

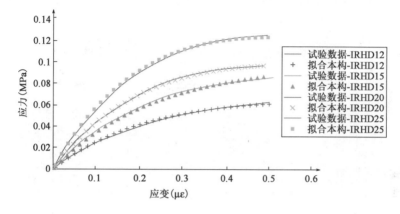

图 4　不同硬度聚氨酯单轴拉伸试验应力-应变曲线及拟合材料应力-应变曲线

2.3　边界条件及荷载施加

分析模型边界条件如图 5 所示,在两个对称面处分别施加与对称面垂直的对称约束,取中心点为控制点,与轮辐轴孔耦合,模拟轮轴的作用,并在耦合控制点施加横向平动约束;主缆缠包带与软性轮面采用自动接触搜索,保证单元相互之间无侵彻;主缆刚性层施加刚性约束,使之在整个分析过程无变形。

荷载施加于耦合控制点,方向竖直向下,荷载大小为承载轮可能承受的最大荷载,由于是 1/4 模型,故极限荷载为 $600\mathrm{kg} \times 9.8/4 = 1\,470\mathrm{N}$,加载方式如图 6 所示。

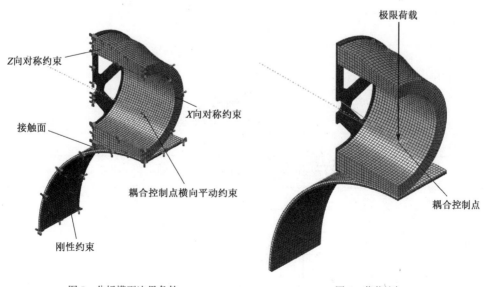

图 5　分析模型边界条件　　　　　图 6　荷载施加

2.4 参数优选

轮辋筒厚度 t 及软性轮面材料硬度为一组待优选参数,目标是在承载轮整体重量尽可能小的前提下获得尽可能小的接触应力,同时要保证承载轮受力时变形尽量小以获得更好的滚动能力。考虑实际制造条件,轮辋筒壁厚度 t 可选范围为 5～10mm。为简化计算过程,选取 5mm、6mm、8mm、10mm 作为离散参数集合,故共有 $4 \times 4 = 16$ 种参数组合。将全部 16 种参数组合应用到模型进行计算。

当软性轮面材料取 IRHD25、轮辋筒厚 t 取四种参数时,承载轮与主缆表面接触应力如图 7 所示。

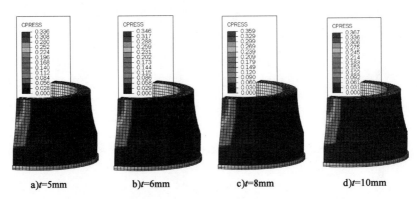

a) t=5mm   b) t=6mm   c) t=8mm   d) t=10mm

图 7 轮面材料取 IRHD25 不同轮辋筒厚模型接触应力(单位:MPa)

所有参数组合下接触面面积、平均接触应力、最大接触应力如表 3 ~ 表 5 所示。

所有参数组合接触面总接触面积(mm^2) 表 3

材料	t=5mm	t=6mm	t=8mm	t=10mm
IRHD12	10 685.2	10 564.3	10 504.1	10 504.1
IRHD15	10 144.8	10 027.9	9 972.88	9 972.88
IRHD20	9 683.81	9 570.86	9 519.72	9 519.72
IRHD25	8 727.65	8 605.14	8 579.76	8 579.76

所有参数组合平均接触应力(MPa) 表 4

材料	t=5mm	t=6mm	t=8mm	t=10mm
IRHD12	0.140 381	0.141 988	0.142 801	0.142 801
IRHD15	0.147 859	0.149 583	0.150 408	0.150 408
IRHD20	0.154 898	0.156 726	0.157 568	0.157 568
IRHD25	0.171 868	0.174 314	0.174 83	0.174 83

所有参数组合最大接触应力(MPa) 表 5

材料	t=5mm	t=6mm	t=8mm	t=10mm
IRHD12	0.306	0.313	0.322	0.328
IRHD15	0.315	0.323	0.333	0.340
IRHD20	0.326	0.335	0.346	0.354
IRHD25	0.336	0.346	0.359	0.367

由表3～表5可知:轮辋筒壁越厚、轮面材料硬度越高,接触接触面积越小、平均接触应力越大同时最大应力也越大。

当软性轮面材料取IRHD20、轮辋筒厚t取四种参数时,承载轮竖向变形如图8所示。

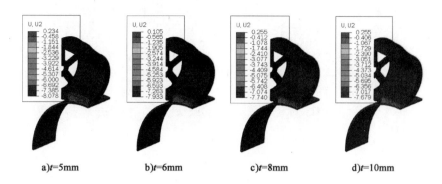

图8 轮面材料取IRHD20不同轮辋筒厚模型竖向变形(单位:mm)

所有参数组合下承载轮最大竖向位移如表6所示。

所有参数组合承载轮最大竖向位移(mm) 表6

材料	$t=5$mm	$t=6$mm	$t=8$mm	$t=10$mm
IRHD12	-9.927	-9.853	-9.813	-9.795
IRHD15	-8.824	-8.729	-8.663	-8.638
IRHD20	-8.078	-7.933	-7.074	-7.679
IRHD25	-7.331	-7.136	-6.98	-6.906

由表6中数据可知,随着轮面材料硬度增高以及轮辋筒厚度增加,承载轮最大竖向变形是减小的,结合图8可知,最大竖向变形可表征承载轮整体的变形情况。

综合承载轮接触应力以及竖向变形的情况,保证最大接触应力小于0.350MPa、平均接触应力小于0.150MPa的前提下使承载轮变形尽可能小、重量尽可能轻,取轮辋筒厚度$t=6$mm、轮面材料硬度IRHD15最为经济高效。

3 软性承载轮承载性能试验研究

根据仿真计算结果,制造了轮辋筒厚度$t=6$mm、轮面材料硬度IRHD15的承载轮样件,对其进行加载试验,通过竖向变形、接触面积以及平均接触应力等试验结果,验证其承载、变形能力。

3.1 试验条件

制造了试验工装,通过工装固定承载轮,保证荷载施加时整个试验系统的稳定,如图9所示。工装前后设置两个立柱,立柱与底板通过高强螺栓牢固连接;立柱之间居中放置弧形支撑箱,支撑箱顶部圆弧面直径与主缆直径相同;承载轮上部架设加载板,用以堆放砝码;承载轮及加载板整体放置于支撑箱上,立柱可保证承载轮前后方向稳定。安装前,在承载轮上敷涂显示剂,圆弧面上侧铺设白纸板,用以记录压痕,如图10所示。

a)工装正面　　　　　　　　b)工装侧面

图9　加载试验工装

a)显示剂　　　　　　　　b)白纸板

图10　接触面显示记录装置

3.2　加载试验

加载砝码前,记录加载板竖向高度作为初始状态,竖向位移记为0mm,记录此时压印面积。加载时,将砝码堆放于加载板,每100kg为一级,加载至最大荷载600kg。砝码及安装方式如图11所示。每级荷载加载后稳定至少30s,记录竖向位移,取出白纸,记录压印面积,如图12所示,之后再安装承载轮更换白纸加载、记录。

  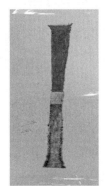 

a)加载用砝码　　　　b)吊装加载　　　　a)荷载200kg时压印　b)荷载600kg时压印

图11　砝码及安装方式　　　　　　图12　接触面拓印

3.3 结果验证

各级荷载下竖向位移及接触面面积、平均接触应力如表7所示。

各级荷载下竖向位移、接触面积、平均接触应力　　表7

砝码质量(kg)	总荷载(N)	竖向位移(mm)	总接触面积(mm²)	平均接触应力(MPa)
0	500	0	13 892	0.036
100	1 480	4	27 489	0.054
200	2 460	4.5	30 489	0.081
300	3 440	7	37 179	0.093
400	4 420	7.5	37 680	0.117
500	5 400	8	39 956	0.135
600	6 380	9	43 589	0.146

就加载至最大荷载时的结果来看,承载轮的总接触面积达到43 589 mm²,平均接触应力为0.146 MPa,相对于仿真计算结果更小,可以有效保护主缆缠包带。

试验结果与仿真计算结果对比如图13~图15所示。

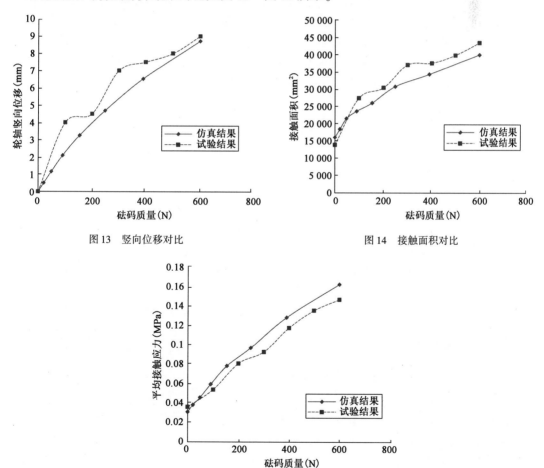

图13 竖向位移对比　　　　　　图14 接触面积对比

图15 竖向位移对比

可以看到,试验结果中竖向位移、接触面积相对于仿真计算结果更大,而平均接触应力更小,这说明试验所用的承载轮整体刚度比仿真结果更小。总体来说,仿真结果与试验结果比较接近,竖向位移、接触面积、平均接触应力相对于荷载等级的增长趋势较为一致。但可以看到试验结果相对于仿真结果各个趋势曲线有更大的波动。可能的原因是利用 Mooney-Rivlin 拟合的本构模型与实际存在一定偏差,或试验所用的工装会引入摩擦力、尺寸偏差等系统误差等。更精准的结果有待进一步研究。

4 结语

为防止主缆检修车工作过程中损坏主缆保护层,减小承载轮与主缆接触面压应力,本文研制了一种有足够变形能力的软性承载轮。

(1)根据运载要求及工作面空间确定了承载轮的轮廓尺寸。建立仿真分析模型,对承载轮软性材料弹性参数、轮辋厚度进行了仿真计算,得出了最大荷载作用下所有可能的参数组合模型的竖向位移、接触面积、最大接触应力等设计指标,确定了最优参数组,使承载轮在满足最大接触应力小于 0.350MPa、平均接触应力小于 0.150MPa 的前提下尽可能节省材料、自重最轻。

(2)根据最优参数试制了软性承载轮样件,并制造了试验工装,对样件进行了试验研究,验证了其变形能力。结果表明,所设计的承载轮在承受最大荷载时有足够变形,使接触面积足够大,能有效保护主缆缠包带。试验结果中竖向位移、接触面积相对于仿真计算结果更大,而平均接触应力较小;竖向位移、接触面积、平均接触应力相对于荷载等级的增长趋势较为一致,但试验结果相对于仿真结果各个曲线有较大的波动。可能的原因是利用 Mooney-Rivlin 拟合的本构模型与实际存在一定偏差,试验所用的工装会引入摩擦力、尺寸偏差等系统误差等,更精准的结果有待进一步研究。

参 考 文 献

[1] 陈焕勇,徐军,李鹏,等.深中通道伶仃洋大桥主缆除湿防腐性能优化[J].桥梁建设,2023,53(4):1-7.

[2] 姚志安,陈炳耀.深中通道伶仃洋大桥东锚碇基坑支护施工关键技术[J].桥梁建设,2020,50(3):105-110.

[3] 白山云,陈开利,陈杰,等.公路悬索桥预防性养护技术[J].桥梁建设,2014,44(2):101-106.

[4] 唐国林.桥梁养护中的检查盲区及检查策略研究[J].西部交通科技,2020(7):121-124.

[5] 常志军,林道锦,熊劲松,等.嘉绍大桥钢箱梁梁外专用检查车设计[J].公路,2013(7):308-312.

[6] 张万泽,张聪正,徐源庆,等.大跨悬索桥全覆盖巡检维养设备研究及布局分析[J].科学技术创新,2022(32):141-144.

[7] 衡亚霖.自行走悬索桥主缆检修车研究与设计[D].成都:西南交通大学,2016.

[8] ZHANG M,HUANG S,LI P,et al. Application of dehumidification as anti-corrosion technology on suspension bridges:A review[J]. Applied Thermal Engineering,2021.

[9] 韦庆冬,冯传宝,刘汉顺,等.悬索桥主缆自牵引式检修车研究[J].城市道桥与防洪,2020(4):134-136,19.

[10] 孙珉堂,李梁京,赵峰强,等.胶轮导轨电车走行部结构强度评定方法研究[J].铁道机车

车辆,2018,38(6):115-119.

[11] 单颖春,刘旺浩,刘献栋,等.汽车车轮胎唇-胎圈座间接触压力分布模型的构建[J].汽车工程,2016,38(4):482-487.

[12] 魏志刚,陈海波,罗仲龙,等.橡胶材料弹性的一种新的螺旋管模型[J].力学学报,2023,55(2):417-432.

[13] 魏志刚,陈海波.一种新的橡胶材料弹性本构模型[J].力学学报,2019,51(2):473-483.

[14] 吴爱芹,李夕鑫,陈文森,等.实验室摩擦和磨耗试验胶轮与路面间静态接触压强测试方法的开发[J].橡胶科技,2022,20(6):304-308.

[15] 李浩,赵池航.基于线性分割的车辆对地平均压强实时监测系统[J].公路交通科技,2018,35(6):80-86.

19. 深中通道伶仃洋大桥主缆除湿系统盲区优化措施

盛建军[1] 张玉杰[2] 刘庆洪[2] 赵 森[2] 李建军[2] 刘 俊[2] 高 飞[2]

(1. 深中通道管理中心;2. 江苏中矿大正表面工程技术有限公司)

摘 要:为提高深中伶仃洋大桥主缆除湿系统的防腐蚀能力,确保干燥空气能够覆盖主缆的整个长度并有效除湿,以防止潮湿对主缆材料的腐蚀或损害,从而延长主缆的使用寿命和保证桥梁结构的安全性。目前伶仃洋大桥主缆除湿系统共布设20个进气夹,26个排气夹,进气夹和排气夹交替布置。靠近主缆缆套附近的排气夹,距离散索鞍或是主索鞍入口约20m的距离。由于排气夹的排气压力通常只有30~50Pa,而干空气继续沿着主缆经过不规则段的阻力较高,初步估算需200Pa左右,且需要干空气排除的通道,理论上干空气不能够到达20m长度的区域。因此在鞍室或锚室内墙与鞍座之间的主缆不规则段安装缆套气夹,满足干空气长距离全覆盖除湿区域,同时预留干空气排除通道。

关键词:深中通道伶仃洋大桥 主缆除湿系统 除湿盲区 缆套气夹 优化措施

1 引言

悬索桥的主缆连接主塔与锚碇,通过连接悬索承载桥面,是悬索桥最核心的承力构件之一。主缆作为悬索桥主要承力结构,由于主缆属于不能更换的部件,又被称为悬索桥的"生命线",对工程的畅通和保桥梁的持续、稳定运行起着重要作用[1]。主缆内部钢丝的腐蚀状态对桥梁运行的安全性和可靠性起决定性作用(图1)。目前,悬索桥主缆的结构设计理论已比较成熟,运营的安全性问题基本已被解决。随着人们对结构耐久性问题的认识不断加深,在主缆防腐性能方面的设计十分必要[2]。

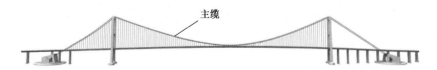

图1 大跨度悬索桥主缆系统

主缆架设完成后,其内部可看作是一个有间隙的封闭整体。在悬索桥主缆施工初期,内部残留大量的施工期间的雨水;同时在运营期间,经过长期日晒雨淋和自然环境的暴露,外防护层出现老化裂纹,严峻的甚至开裂、破损。水分、湿空气等通过空隙裂缝渗入主缆内,都会使内部积水,且很难排出,加快了主缆钢丝腐蚀的进行,形成腐蚀缺陷,尤其在破损部位,腐蚀介质的浓度高,该部位钢丝腐蚀会更为严重[3]。并且主缆内部钢丝长期受到高强度的承重拉力,外部风力,车辆行驶的作用下还会受到交变力和振动的影响[4],这种高强荷载或振动都会使腐蚀缺陷进一步发展。悬索桥的承重基本由主缆负责,一旦主缆损坏,则会酿成重大事故。因此,主缆防护技术一直是悬索桥建设的关键技术之一。

2 概述

2.1 工程概况

深中通道伶仃洋大桥[5]总体布置为 580m + 1 666m + 580m 三跨全飘浮体系悬索桥,上、下游共有 2 根主缆,每根主缆索股数量为 199 股,每股索股钢丝数量为 127 根,钢丝为直径 6mm、标准抗拉强度 2 060MPa 的镀锌铝多元合金涂层钢丝[6]。主缆索夹内直径为 1 053mm、外直径为 1 066mm(表1)。

深中伶仃洋大桥主缆主要参数   表1

项目		单位	边跨	中跨
单束直径		mm	\multicolumn{2}{c}{6}
单股丝束		丝	\multicolumn{2}{c}{127}
单缆股数		股	\multicolumn{2}{c}{199}
孔隙率	索夹内	%	\multicolumn{2}{c}{15}
	索夹外		\multicolumn{2}{c}{20}
直径	索夹内	mm	\multicolumn{2}{c}{1 053}
	索夹外		\multicolumn{2}{c}{1 066}
空气平均流速		m/s	\multicolumn{2}{c}{0.125}

主缆内部潮湿空气一般由两种原因造成,一种是没有除湿系统时,主缆长期运行过程中,雨水和湿空气的进入;另一种是除湿系统运转对主缆内的空气进行干燥时,外部新进入的湿气。

2.2 主缆除湿系统设计

深中伶仃洋大桥主缆除湿系统包括 10 套空气制备站,负责钢箱梁、锚室、鞍室、主缆的全部除湿任务。其中 1#~2# 空气制备站负责钢箱梁、主缆除湿,3#~6# 空气制备站负责 4 个锚碇的前后锚室除湿,7#~10# 空气制备站负责 4 个鞍室除湿。各空气制备站具体工作情况如下所述:

1#、2# 空气制备站:每套系统包含 4 台 ML1100 钢箱梁除湿机,10 台钢箱梁循环风机;1 台 ML1100 主缆除湿机,包含过滤段、除湿段、风机段、表冷段和冷凝段的主缆除湿设备;钢箱梁共划分 20 个除湿区域,分别为 0~9 区和 0'~9'区。除湿机与循环风机均位于 B4 梁段,每个分区由一台循环风机利用 2 根底板 U 肋送风。0 和 0'分区 U 肋各设置 8 个风孔电控阀;9 和 9'分区 U 肋各设置 14 个风孔电控阀,其他分区 U 肋各设置 10 个风孔电控阀。每个分区设置 1 个温湿度传感器;3#、6# 空气制备站:每套系统包含 2 台 ML1100 除湿机,2 台锚室循环风机,负责前后锚室;锚室除湿分为前锚室和后锚室,独立除湿与循环风,每个锚室设置 20 个智能风口,5 个温湿度传感器;7#~10# 空气制备站:每套系统包含 1 台鞍室除湿机;鞍室设置独立除湿机,每个鞍室设置 5 个智能风口,2 个温湿度传感器。

除湿系统采用380V、三相五线制电源,1#、2#空气制备站位于钢箱梁两端,3#~6#空气制备站位于锚锭前锚室,7#~10#空气制备站位于鞍室。

主缆除湿技术指标:

(1)空气相对湿度控制标准:≤45%,即主缆排气口长期稳定控制相对湿度<40%+5%,且全年逐时排气相对湿度合格率高于99%但首次主缆除湿需达到主缆排气口控制相对湿度<35%+5%;

(2)空气温度控制标准:进入主缆处≤50℃并且与室外温度差<15℃;

(3)空气洁净度控制标准:进入主缆处达到IS05级,且不含污染物及盐分;

(4)空气压力控制标准:进入主缆处≤5kPa;

正压技术指标:

全桥除湿空间全部采用正压设计,即送入空间的风量略大于排出空间的风量,确保除湿空间内没有外部湿空气进入的可能性。正压的实现主要通过排出空间的单向阀门调节,根据不同的保压要求,设定不同的单向阀开启压力,实现空间内长期存在一个低水平正气压。

2.3 主缆盲区存在问题

深中伶仃洋大桥主缆除湿共设计20个进气夹和26个排气夹,进排气采用相同的气夹结构和传感器设置,均包含温度、湿度、压力、流量传感器。并设置比例调节阀门,调节进排气参数。进气夹和排气夹交替布置。伶仃洋大桥进排气夹立面布置如图2所示、伶仃洋大桥进排气夹平面布置如图3所示。

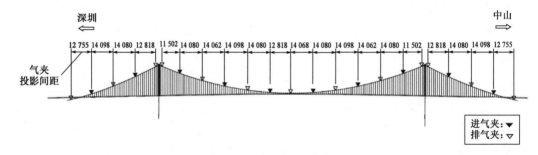

图2 伶仃洋大桥进排气夹立面布置(尺寸单位:cm)

图3 伶仃洋大桥进排气夹平面布置

由图可知,靠近主缆缆套附近的排气夹PX1E、PS1E、PX3E、PS3E、PX3M、PS3M、PX3M+、PS3M+、PX3W、PS3W、PX1W和PS1W共计12个排气夹距离散索鞍或是主索鞍入口有20m左右的距离。由于排气夹的排气压力比较低通常只有30~50Pa,而空气继续沿着主缆经过不规则段的阻力初步估算有200Pa左右,且需要空气排除的通道,因此理论上干空气几乎无法到达这20m长度的区域。

3 主缆缆套盲区除湿优化方案

为提高深中通道伶仃洋大桥主桥深度除湿效果,根据国内外研究成果,通过分析除湿过程,提出主缆缆套位置盲区除湿方案。对于干空气制备方法和外部气夹封闭进行优化,确保气夹密封增强深度除湿效果。深中通道伶仃洋大桥主缆送排气夹构造结构如图4所示。

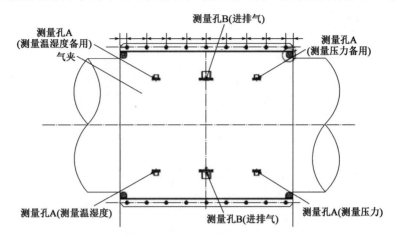

图4 深中通道伶仃洋大桥主缆送排气夹构造结构

从图中可知,进排气夹有4个测量孔A(安装传感器),2个测量B(进排气)。目前使用3个测量孔A分别安装温湿度传感器、压力传感器和腐蚀监测传感器;使用1个测量孔B用作排气。

为了消除主缆不规则段的除湿盲区,采取如下措施:

将PX1E、PS1E、PX3E、PS3E、PX3M、PS3M、PX3M+、PS3M+、PX3W、PS3W、PX1W和PS1W排气夹改为进气排气两用。使用其中剩余的一个测量孔B用作进气,使用现有鞍室或锚室的除湿机的部分干空气,并在进气管上安装电磁阀和模拟调节阀,如图5所示。

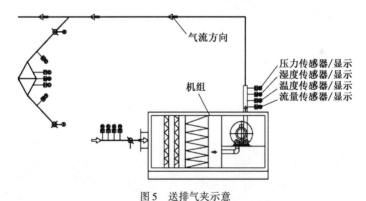

图5 送排气夹示意

在鞍室或锚室内墙与鞍座之间的主缆不规则段安装缆套气夹,给干空气预留排除通道,缆套气夹内需要去除掉主缆防护层。在鞍室内部的主缆不规则段设计缆套气夹(图6),利用鞍室除湿系统的干空气制造能力盈余。

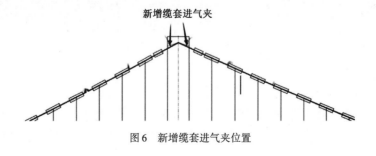

图6 新增缆套进气夹位置

155

设置风机从缆套气夹向主缆送气,将鞍室部分干燥空气引入排气夹,鞍室设备根据排气夹和鞍室内上限参数控制除湿机启动。鞍室除湿系统布置如图7所示,鞍室缆套气夹及排气示意如图8所示,锚室缆套气夹及排气示意如图9所示。

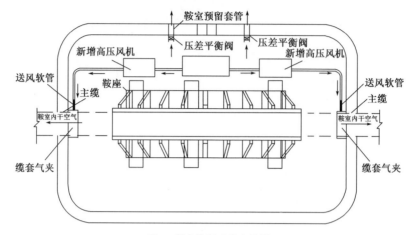

图7 鞍室除湿系统布置图

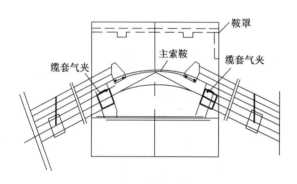

图8 主索鞍缆套气夹及排气示意

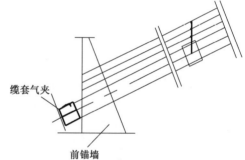

图9 锚室缆套气夹及排气示意

鞍室内部不规则段安装缆套气夹见图10,主索鞍缆套气夹安装见图11。

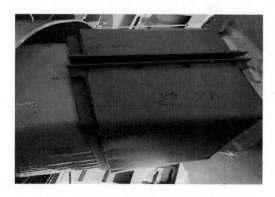

图10 鞍室内部不规则段安装缆套气夹示意

图11 主索鞍缆套气夹安装示意

4 除湿计算

通常在悬索桥中主缆采用内部湿度环境控制的方法,该方法主要是通过进行主缆除湿,从外部输送预先制备干燥空气,经过除湿机的空气再通过输送管道气夹进入主缆内,其原理是利用主缆钢丝的表面粗糙度和纵向孔隙,将干燥洁净的空气与桥梁主缆内部潮湿或污染的空气进行置换,干燥空气将湿度大的湿空气通过主缆排气夹处带出主缆外,使得主缆内部在除湿机送风的状态下,持续保持通风,保持主缆内部钢丝干燥。主缆除湿系统原理如图12所示。

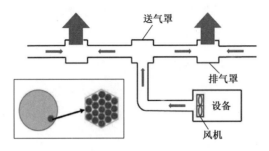

图12 主缆除湿系统原理

转轮除湿机中的干燥转轮为蜂窝状且持续转动,是吸取水分的主要构件,干燥转轮机由抗热材料组成,附有除湿剂,当湿空气与除湿剂接触充分,提高除湿机的工作率。

主缆的长度比较大,干燥空气在主缆内部的流动阻力大,因此对主缆除湿通常采取的是分段送气、排气的方法进行除湿,主缆除湿系统分段送气如图13所示。

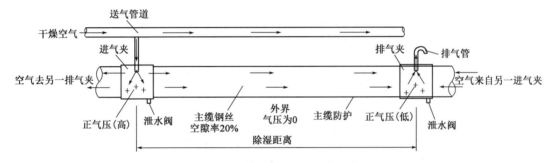

图13 主缆除湿系统分段送气设计

由于PX1E、PS1E、PX3E、PS3E、PX3M、PS3M、PX3M+、PS3M+、PX3W、PS3W、PX1W和PS1W气夹当作进气夹时,左右空气流通距离相差甚远,因此主要空气通过主缆除湿盲区流入鞍室或锚室,因此送气流量为单侧流量。

结合国内国外已进行主缆除湿的大桥除湿系统运行数据分析,主缆内的空气流速0.125m/s计算;一般新安装主缆空隙率为20%,所以主缆孔隙率取20%;深中通道伶仃洋大桥主缆内部含水量相关理论公式为:

$$W = D^2 \times \frac{\pi}{4} \times \phi \times V \tag{1}$$

式中:W——主缆含湿量(m^3/h);

D——主缆直径(mm),深中通道伶仃洋大桥主缆索夹外直径1 066mm;

ϕ——主缆孔隙率,深中通道伶仃洋大桥主缆按照索夹外孔隙率20%计算;

V——空气流速(m/s),按照0.125m/s计算:

$$W = \frac{\pi d^2}{4} \phi \times V = \frac{\pi \times 1.06^2}{4} \times 0.20 \times 0.125 \approx 0.022\ 1(m^3/s) \approx 79.4 m^3/h \tag{2}$$

当前鞍室除湿机处理空气为1 100m^3/h,锚室除湿机处理空气为2 200m^3/h。

锚室剩余空气量为:

$$V_\mathrm{m} = 2200 - 79.4 = 2120.6\,(\mathrm{m^3/h}) \tag{3}$$

鞍室剩余空气量为：

$$V_\mathrm{a} = 1100 - 79.4 \times 2 = 941.2\,(\mathrm{m^3/h}) \tag{4}$$

由此可知，剩余干空气完全不影响锚室鞍室原有除湿情况。鞍室除湿机技术参数见表2。

鞍室除湿机技术参数 表2

项目	单位	参数
出口相对湿度	%	≤45%
除湿量(32℃,相对湿度80%)	kg/h	≥12kg/h
额定风量	m³/h	1 100
余压	Pa	≥200
空气过滤	两级过滤	
控制模式	支持基本控制、本地手动、本地自动、远程干预四种控制模式	
供电要求	TN-S(三相五线制)、30kW	
远程控制接口	工业以太网	

送气管道采用DN65,管道长度40m左右,因此采用软件计算管道阻力为393Pa。气夹进气压力≤4kPa。风机选型为格之凌 G2RB 310H06,其风机性能曲线如图14所示。

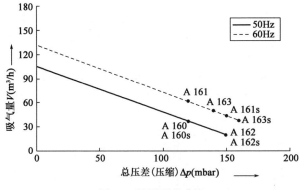

图14 送风机性能曲线

预冷器分为两级启动,根据温湿度传感器对应温度和湿度计算冷区到12～17℃所需功率,开启预冷器的级数。制冷功率如图15所示。

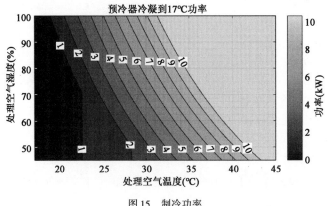

图15 制冷功率

温湿度、流量、腐蚀率、压力等重要监测数据也可用于评估除湿设备的运行状态。同时锚室和鞍室须增加三级过滤和送风风机,锚室增加的高压风机接入锚室 PLC 控制系统;鞍室增加高压风机接入鞍室 PLC 控制系统。除湿送气逻辑如图 16 所示。

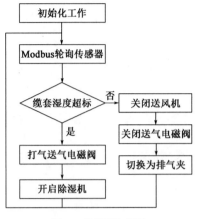

图 16 除湿送气逻辑

除湿机通过 ModbusTCP 与主控 PLC 通信;主缆通信箱通过 ModbusRTU 和 ModbusTCP 与主控 PLC 冗余通信;设备处传感器通过 I/O 模块连接;箱梁传感器和阀门通过连接。

5 结语

本文结合深中通道伶仃洋大桥的主桥除湿系统状况,在原有主缆除湿防护基础上设计缆套除湿优化方案:

(1)靠近主缆鞍室距离散索鞍或是主索鞍入口约 20m 的距离为除湿盲区;
(2)在鞍室或锚室内墙与鞍座之间的主缆不规则段设置缆套气夹;
(3)增加缆套气夹所用干燥空气量不影响剩余原有鞍室锚室的所需除湿量。

增强主缆除湿系统盲区的深度除湿效果,这对于加强全桥主缆除湿防腐十分重要。

参 考 文 献

[1] 彭关中,缪小平,范良凯,等.悬索桥主缆腐蚀防护技术的研究进展[J].腐蚀科学与防护技术,2011,23(01):99-102.
[2] 许晴爽,陈焕勇,刘健,等.悬索桥主缆防护技术与趋势[J].建筑技术开发,2023,50(02):123-125.
[3] 倪雅,陈焕勇,康壮苏,等.腐蚀监测在悬索桥主缆中的应用设计[J].流体测量与控制,2022,3(06):83-86.
[4] 宋神友,陈焕勇,程潜,等.悬索桥主缆除湿过程中钢丝尺度流动特性研究[J].桥梁建设,2023,53(03):25-32.
[5] 宋神友,陈伟乐.深中通道桥梁工程方案及主要创新技术[J].桥梁建设,2021,51(05):1-7.
[6] 陈焕勇,徐军,李鹏,等.深中通道伶仃洋大桥主缆除湿防腐性能优化[J].桥梁建设,2023,53(04):1-7.

20. 深中通道伶仃洋大桥西锚碇上方钢箱梁顶推架设合龙关键技术

阎翔宇[1,2]

(1. 桥梁智能与绿色建造全国重点实验室;2. 武汉桥梁建筑工程监理有限公司)

摘 要:深中通道伶仃洋大桥西锚碇上方6×110m钢箱连续梁中的三跨采用顶推架设施工工艺,为实现吊装段和顶推段钢箱梁合龙精度要求,在合龙前再次根据现场实际进行分析并制定了高精度合龙施工步骤,最终实现了高质量合龙。通过总结该方案中的技术重难点,积累宝贵经验。

关键词:顶推施工 合龙方案 钢箱连续梁

1 引言

伶仃洋大桥西泄洪区非通航孔桥采用连续钢箱梁体系,为6×110m=660m六跨钢箱连续梁桥(图1)。西泄洪区共计分为4联,每联六跨,其中32~34号墩上部钢箱梁位于西锚碇上方,为西泄洪区第四联的第四至第六跨。主梁在西泄洪区采用分幅式钢箱梁,单幅钢箱梁总体宽度为20m,整跨梁宽40.5m,单幅纵坡为2.11%,单幅钢箱梁横坡为2.5%,梁高为4m,单跨110m。

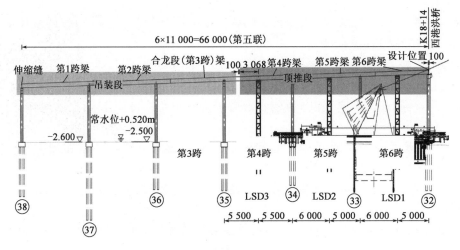

图1 顶推合龙立面图布置图(高程单位:m;尺寸单位:cm)

2 合龙重难点

(1)西泄洪区钢箱梁采用顶推架设施工工艺,单孔跨径大、钢箱梁自重大,导致临时墩单幅支反力达到近800t,设备布置多要求高,总体施工控制难度大。

(2)钢箱梁顶推施工位于宽阔海域且为水上高空作业,临时墩支架设置最高高度达60多米,在水平荷载及竖向荷载的组合作用下对于高支架结构的稳定性要求高。

(3)钢箱连续梁连续顶推,单幅需要12个顶推支点,为保证顶推施工中钢箱梁线形匀顺、支座位置准确、各支点反力满足结构要求,因此精度控制要求高,难度大,对顶推装置同步性要求高。

(4)梁体预拱度的设置(考虑了顶推全过程中的体系转换过程与相应的变形),使理论状态下合龙口两侧平齐。因此,钢箱梁分吊装段(第一跨至第三跨)和顶推段(第四跨至第六跨)两部分分别实施,架梁顺序为第一跨→第六跨→第五跨→第四跨→第二跨→第三跨。吊装段3跨完成体系转换并锁定支座,顶推段是逐段吊装→调整、焊接环缝→整体顶推→后续段吊装,完成体系转换后再反顶退回与吊装段合龙,此时实际施工中产生的误差导致高精度合龙难度增大。

3 合龙方案

3.1 准备工作

首先完成吊装合龙段(第3跨)梁体的精调位,并安装永久支座,使吊装段梁体不再发生姿态变动,然后提前对顶推合龙段梁体轴线进行调整,并落梁至理论高程。

3.2 精调位工作

(1)吊装段和顶推段合龙当晚,待梁体温度降至均匀时观察合龙口宽度,通过各墩墩顶千斤顶对顶推段里程进行精确调整。

(2)在安全范围内顶升LSD3墩顶千斤顶设备对顶推段合龙口高程进行调整,消除环缝高差,使环缝两侧平齐。

(3)通过临时马板(或LSD3墩顶千斤顶)对环缝两侧的腹板等板件横向偏位进行调整,微调局部高差及偏位后,对合龙口环缝进行焊接作业。

顶推合龙口及各墩位置效果图见图2。

图2 顶推合龙口及各墩位置效果图

4 实际合龙情况说明

4.1 合龙前线形实测情况

合龙前实测梁面高程数据与设计理论值对比见表1。

合龙前实测梁面高程数据与设计理论值对比   表1

点位		2023年1月15日梁面实测数据与理论值/16℃/阴						
		实测高程(m)		设计高程(m)	当前工况预拱度	理论高程(m)	左幅中实测-理论	右幅中实测-理论
—	里程	左幅中心	右幅中心					
35号	8 474.100	61.408	61.411	61.386	0.005	61.391	0.017	0.020
吊装段悬臂端	18 450.700	62.021	62.024	61.880	0.122	62.002	0.019	0.022
顶推端悬臂端	18 450.300	61.972	61.869	61.889	0.123	62.012	−0.040	0.143
LSD3	18 419.090	62.811	62.696	62.547	0.195	62.742	0.069	−0.046
34号	18 364.090	63.896	63.740	63.708	0.005	63.713	0.183	0.027
LSD2	18 304.090	65.211	65.057	64.974	0.070	65.044	0.167	0.013
33号	18 254.090	66.177	66.031	66.029	0.005	66.034	0.143	−0.003
LSD1	18 194.090	67.653	67.510	67.295	0.250	67.545	0.108	−0.035
32号	18 145.517	68.472	68.326	68.319	0.003	68.323	0.149	0.003

合龙前梁面高差见图3。

图3 合龙前梁面高差

合龙前线形实测情况如下：

(1)测量结果数据真实可靠。

(2)当前合龙口处出现高差,两幅均为吊装段悬臂端高出顶推段悬臂端。

(3)右幅吊装段各墩处已落梁至设计高程,LSD3墩处尚未顶升至理论高度,合龙口高差约16cm。

(4)左幅顶推尚未落梁至设计高程,合龙口高差约6cm。

4.2 右幅试调情况

(1)通过顶升LSD3处千斤顶(同时适当顶升34号墩千斤顶,落顶LSD2千斤顶),使顶推段合龙口侧大悬臂上挠从而消除合龙口高差。

(2)实际操作时,LSD3千斤顶顶升力过大,接近LSD3的支反力安全阈值(为800t),但未能实现消除合龙口高差。

(3)顶升过程中顶升位移与顶升力的比例关系与理论状态有较大偏离(图4),因此合龙口高差难以消除。

4.3 临时墩承载力简介

根据《深中通道S05合同段西锚碇区域钢箱梁安装顶推施工计算书(2021年6月)》对临时墩(LSD1~3)进行强度验算。

图4 LSD3墩墩顶千斤顶及顶推设备

4.3.1 单幅箱梁底支反力荷载

7 447kN≈760t。

4.3.2 荷载组合

(1)永久荷载:临时墩材料自重×1.2。
(2)可变荷载:箱梁底支反力荷载×1.4+顶推水平反力×1.4+风荷载×1.4。

4.3.3 强度验算结果

(1)承重梁组合最大应力281.9MPa<295MPa,满足规范要求。
(2)钢管临时支墩组合最大应力123.3MPa<215MPa,满足规范要求。

4.4 合龙重点分析

(1)临时墩强度验算采用的箱梁支反力荷载最大值为760t,荷载组合所考虑的支反力荷载为:760×1.4=1 064t。

(2)目前现场实际反馈LSD3左右幅支反力荷载在760~800t之间(各墩总反力为约4000t,远大于理论梁重3 500t)。

(3)合龙调梁的LSD3墩支反力不应超过800t,以免出现临时墩失稳的安全隐患。

(4)理论计算(图5中曲线)通过增加LSD3墩顶千斤顶顶升力可使顶推合龙口悬臂端大幅上挠,但实际反馈数据在顶升后期出现偏离,且总支反力超出允许的安全阈值(800t),故导致合龙口高差难以调平。

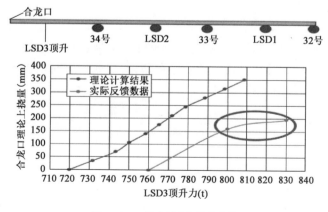

图5 LSD3墩支反力与挠度曲线

5 合龙误差识别分析

(1)原合龙方案计算中未考虑此单幅3跨钢箱梁因连续顶推施工增加的钢箱梁加劲约500t,根据实际梁重、刚度,以成桥线形为控制目标再次分析计算后发现,个别支反力超出安全阈值,已无法按照原合龙方案施工。

(2)根据实际测量结果,LSD3墩处高程因安全考虑,未顶至理论高程,高差约5.5cm,同时合龙口处与理论高程高差约14.3cm,在模型中识别并考虑该因素的影响(详见表2)。

误差识别前后各墩支反力数据对比　　　　表2

位置	LSD3	34号	LSD2	33号	LSD1	32号
支反力(t)	合计	合计	合计	合计	合计	合计
误差识别前	682.2	649.8	582.4	706.6	678.2	210.4
误差识别后	781.9	830.9	594.6	813.3	771.3	242.0

6 合龙方案调整

6.1 合龙步骤

(1)各永久墩处落梁至理论高程。

(2)尽可能清除不必要的桥面临时荷载。

(3)LSD2墩顶千斤顶与梁底脱空,取消该处对梁体的支承(此步骤可减小LSD3的支反力)且保证至少留出5cm的空隙。

(4)在安全范围内顶升LSD3墩顶千斤顶,直至合龙口调平。

(5)通过马板微调局部高差及偏位后,对环缝进行焊接作业。

6.2 补充说明

(1)LSD2墩顶千斤顶在落顶过程中,会引起34号及33号永久墩盖梁的支反力增加,从而引起盖梁上缘拉应力的增大(表3)。方案实施前,需对该处盖梁进行预应力二次张拉。

33号及34号永久墩盖梁二次张拉后的支反力情况　　　　表3

位置	允许支反力极值(t)	一张后	二张后
33号	最大支反力	620	1 300
	最小支反力	0	350
34号	最大支反力	550	1 100
	最小支反力	0	300

(2)落顶LSD2千斤顶的方法已经作为辅助动作在前期试调位中考虑,实际对LSD3的减载效果及LSD3对箱梁的顶升效果均与理论存在差异,因此计算时取更大的冗余量并在落实时考虑如下备用措施(表4、图6)。

备用压重措施理论效果计算数据　　　　表4

LSD2处压重(t)	LSD3同步配合项升(保持支反力恒定)(cm)	合龙口悬臂端上挠(cm)
50	2.6	4.1
100	5.1	8.2
150	7.7	12.3
200	10.2	16.4

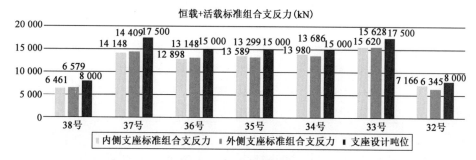

图6 调整方案后各墩状态参数情况

6.3 合龙方案调整后钢箱梁变形、线性、应力情况

合龙方案调整后,钢箱梁变形、线形、应力情况如图7~图10所示,环缝八字口情况如表5所示。

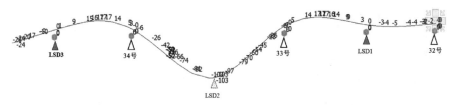

图7 LSD2落顶至脱空,箱梁挠度(单位:mm)

图8 LSD3顶升16cm,箱梁挠度(单位:mm)

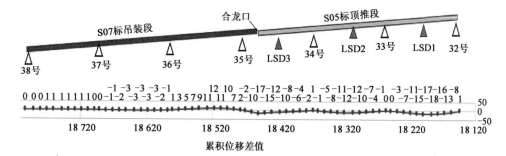

图9 线形情况(单位:mm)

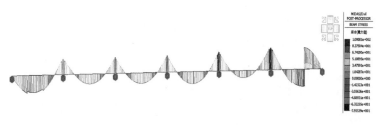

图10 应力情况(单位:MPa)

环缝八字口情况　　　　　　　　　表5

节点	阶段	RY（[rad]）	相比原理论状态环缝宽度变化量(mm)	
顶推段合龙口悬臂端	误差识别	0.002 248		
	LSD2 落顶	0.000 814		
	LSD3 顶升 16cm	−0.003 48	顶板	1
	合计	−0.000 47	底板	−1

合龙方案调整后,安装线形与原方案稍有差别,对环缝八字口情况产生少量影响,基本不会产生八字缝口的情况,可实现环口的匹配焊接。综上所知,调整后合龙方案总体可行。落实时需考虑34号、33号墩等处盖梁应力情况,并根据盖梁应力情况确认预应力张拉批次及张拉时机,经设计确认后实施。

7 合龙后技术参数及实测数据

7.1 合龙后技术参数

（1）纵向里程控制:以第三跨大节段深圳端为目标,使第四跨大节段中山端与之形成的环缝宽度满足对环缝宽度焊接要求。

（2）支座偏位(以支座上摆偏向小里程方向为正,参考温度:20℃):32号支座:−34mm;33号支座:−9mm;34号支座:−12mm(注:合龙时根据数据对支座下摆位置进行提前标记,作为后续灌浆参考)。

（3）支座顶梁面中坐标[里程(m),高程(m)]:32号[18 145.498,68.320];33号[18 254.083,66.029];34号[18 364.084,63.708]。

（4）墩顶支反力详见表6。

合龙后各墩墩顶支反力情况　　　　　　　　　表6

位置	LSD3	34号	LSD2	33号	LSD1	32号
施工阶段	合计	合计	合计	合计	合计	合计
合龙前	782	831	595	813	771	242
LSD2 落顶	679	1 190		1 306	578	280
LSD3 顶升	733	1 066		1 388	537	289
合龙后	733	1 066		1 388	537	289

7.2 实测数据

实测数据见表7。

实测数据　　　　　　　　　表7

序号	监测项目		允许偏差	检测方法	检测值
1	钢箱梁纵、横坡	纵向	满足监控指令要求	全站仪、水准仪	33号,−1mm 34号,−5mm
		横向	满足监控指令要求		32号,+7mm
2	钢箱梁纵向里程		满足监控指令要求		满足指令要求
3	钢箱梁轴线编位		满足监控指令要求		4,10
4	支承反力		满足监控指令要求	步履式千斤顶	5%以内
5	相邻钢箱梁环焊拼缝尺寸		满足焊接工艺要求	尺量	满足焊接要求

7.3 合龙施工成果

按照调整后合龙方案实施后,根据实测数据,钢箱梁桥轴线、高程满足成桥线形要求、线形匀顺,合龙口顶底口缝宽基本均匀且与生产预拼阶段线形基本一致,各支座反力满足设计要求,最终实现了高精度合龙。

8 结语

通过再次分析调整合龙方案,实现了成桥线形满足设计、规范、验标要求,钢箱梁合龙口姿态平顺,最终实现了深中通道伶仃洋大桥西锚碇上方钢箱连续梁顶推架梁高精度合龙施工。该合龙方案可为同类桥梁顶推施工提供借鉴。

21. 钢桥面喷砂除锈及环氧富锌漆喷涂施工技术研究

程 凯[1] 古世煌[2] 黄 雷[2] 陈焕勇[2]

(1. 保利长大工程有限公司;2. 深中通道管理中心)

摘 要:钢桥面铺装层容易出现脱层、推移、鼓包等病害,为提高钢桥面铺装层的使用耐久性,减少后期养护次数,降低维修成本,现对深中通道钢桥面前期喷砂除锈及环氧富锌漆喷涂的施工技术进行研究,首先运用正交设计法对比优选出喷砂除锈和环氧富锌漆喷涂的最佳工艺,其中,喷砂除锈过程中通过目测法对比 GB 8923—2011 标准图片,观察行车道洁净度是否达到 Sa3.0,然后采用塑胶贴纸法检测行车道粗糙度是否满足要求;环氧富锌漆施工后需要在常温下挥发一段时间,第二天通过磁性干膜测厚仪检测其漆膜厚度,最后在空气中暴露 7d 达到实干后采用拉开法附着力试验检测其与钢桥面的拉拔强度。试验结果如下:①钢桥面喷砂除锈最佳施工工艺为砂丸比 1:2 + 初抛速度 2m/min + 复抛速度 5m/min,环氧富锌漆自动化喷涂施工工艺为喷涂速度 24m/min + 喷涂压力 1.0MPa + 喷嘴距离 34cm + 喷嘴高度 48cm;②最佳喷砂除锈组合施工后的钢桥面粗糙度均为 Sa3.0,粗糙度均在 110～150μm 的范围内;③最佳环氧富锌漆自动化喷涂组合施工后的漆膜厚度均在 80～120μm 范围内,7d 拉拔强度均大于 10MPa。

关键词:喷砂除锈 环氧富锌漆 粗糙度 漆膜厚度 拉拔强度

1 引言

随着我国基建领域的快速发展,社会对大跨径桥梁的需求日益增长,钢桥梁因其具有强度高,耐久性好,结构整体性强、桥型美观、宏伟,跨越能力大等优点而被广泛应用,但其存在着高盐分海域环境中易受腐蚀、生锈等特点,在重载交通的持续作用下,会导致钢桥面铺装层出现脱层、推移、鼓包等病害,增加路面养护费用,减少路面使用寿命。钢桥面铺装尤其是大跨径正交异性钢桥面的铺装技术[1],在国际上一直是一个难点和热点。主要体现在行车荷载、风载、温度变化及地震等因素影响下,钢桥面铺装的应力及变形复杂;防水黏结层铺装体系不能完善;沥青铺装层结构设计和材料技术参数不够合理;铺装层材料的测试和评价方法不够科学。由于存在这些问题,沥青铺装层受到行车荷载和气候环境因素的综合、重复作用,易于过早发生损坏和破坏,影响到钢桥的整体受力功能和交通运输的正常运行。因此,钢桥面铺装层其除了要满足抗变形和其他路用性能的一般要求外,还必须具有与桥面板良好的黏结性、对桥面板的防水防腐作用以及适应桥面板变形的抗疲劳性等。因此合理和可靠的桥面铺装体系,不仅能为桥梁提供行驶性能良好且耐久的桥面,还能作为桥面板的有效防护体系,防止水分的渗透,保证桥梁结构的耐久性。目前的钢桥面铺装主要采用"环氧富锌漆防腐层"+"环氧树脂防水黏结层"+"EA-10环氧沥青下面层"+"环氧树脂黏层"+"EA-10环氧沥青上面层"的结构体系,环氧富锌漆防腐层作为钢桥面施工的首层结构层[2],其性能的优劣直接影响钢桥梁路面铺装层的耐久性,本文通过对钢桥面前期的喷砂除锈及环氧富锌漆喷涂施工技术的研究,总结出一套自动化程度大、施工效率高、能连续作业以缩短施工工期,成品满足设计要求且质量稳定的施工工艺。

2 原材料

环氧富锌底漆是以环氧树脂、锌粉为主要原料,增稠剂、填料、助剂、溶剂等组成的特种涂料产品,防腐性能优异,附着力强,漆膜中锌粉含量高,具有阴极保护作用,耐水性能优异。该产品防腐性能优异、机械性能好、附着力强,具有导电性和阴极保护作用。试验采用某油漆厂家生产的环氧富锌底漆,基本技术指标见表1。

环氧富锌底漆的基本技术指标　　　表1

技术指标	A漆	B漆	C漆	技术要求
容器中的状态	符合	符合	符合	搅拌后无硬块,呈均匀状态
不挥发物(%)	85.2	88.3	88.5	≥80
黏度(ISO6号杯,s)	68	36	>100	≥6
干燥时间(25℃)	<15	<15	<15	≤15
	<2	<2	<2	≤2
完全固化时间(25℃,h)	156	145	155	≤168
耐冲击性(cm)	50	50	50	50
附着力(拉开法,与钢板,25℃,MPa)	18.8	10.5	13.6	≥6
耐盐水性(3%NaCl,h)	无泡无锈	无泡无锈	无泡无锈	≥240,无泡无锈
耐热性	漆膜完整	漆膜完整	漆膜完整	250℃/h漆膜完整,允许变色

3 钢桥面喷砂除锈施工技术研究

正交试验设计法[3]可以根据正交表独特的正交性,从大量的总体试验中选取少量部分具有代表性的试验技术方案进行实验研究,可以有效地达到一套最小的试验量和最全面的试验等效结果。为确定钢桥面喷砂除锈和环氧富锌漆喷涂的最佳施工工艺,通过查阅文献,对相关影响因子进行确定,进而得到不同组合的施工方案,最后通过清洁度、粗糙度、漆膜厚度和拉拔强度试验的测试结果,运用极差分析法优选出最佳施工工艺。

3.1 试验概况

3.1.1 喷砂除锈试验研究

本次喷砂除锈[4]研究中共三个影响因素,分别为A砂丸比、B初抛速度、C复抛速度,每个影响因素均确定两个水平,A砂丸比确定的水平分别为1:2、2:3;B初抛速度确定的水平分别为2m/min、3m/min;C复抛速度确定的水平分别为5m/min、6m/min;故本次试验的正交因素水平见表2。

正交试验因素水平表 表2

水平	试验因素		
	砂丸比	初抛速度(m/min)	复抛速度(m/min)
	A	B	C
1	1:2	2	5
2	2:3	3	6

根据表2正交试验因素水平表,制作本次试验的正交设计表$L_4(2^3)$,如表3所示。

钢桥面喷砂除锈正交设计表 表3

试验号	砂丸比	初抛速度(m/min)	复抛速度(m/min)
1	1:2	2	5
2	1:2	3	6
3	2:3	2	6
4	2:3	3	5

3.1.2 正交试验结果分析

按照正交试验设计的4种不同方案分别进行喷砂除锈施工,通过清洁度和粗糙度试验进行检测,试验结果为3组平行试验取平均值,如表4所示。

正交试验结果 表4

试验号	评价指标	
	清洁度	粗糙度(μm)
1	Sa3.0	116
2	Sa3.0	112
3	Sa2.5	90
4	Sa2.0	88

对各组试验的清洁度结果通过正交设计软件进行计算,结果如表5所示。

清洁度结果计算表 表5

因素	砂丸比	初抛速度(m/min)	复抛速度(m/min)
均值1	3.000	2.750	2.500
均值2	2.250	2.500	2.750
极差	0.750	0.250	0.250

由表5可知,A(砂丸比)的极差值最高,表明其对钢板清洁度的影响最大,对于清洁度而言,应选择其最大值对应的水平为最优施工方式,即组合为$A_1B_1C_2$时的性能最好。此时砂丸比、初抛速度、复抛速度分别为1:2、2m/min、6m/min。

对各组试验的粗糙度结果通过正交设计软件进行计算,结果如表6所示。

粗糙度结果计算表 表6

因素	砂丸比	初抛速度(m/min)	复抛速度(m/min)
均值1	114.000	103.000	102.000
均值2	89.000	100.000	101.000
极差	25.000	3.000	1.000

由表6可知,A(砂丸比)的极差值最高,表明其对钢板粗糙度的影响最大,对于粗糙度而言,应选择其较大值对应的水平为最优施工方式,即组合为 $A_1B_1C_1$ 时的性能最好。此时砂丸比、初抛速度、复抛速度分别为1:2、2m/min、5m/min。

最后对两种方案进行对比,为保证施工质量采用综合性能平衡法进行分析,确定钢桥面喷砂除锈的最佳施工工艺为 $A_1B_1C_1$,即砂丸比1:2+初抛速度2m/min+复抛速度5m/min。

3.1.3 环氧富锌漆喷涂试验研究

本次环氧富锌漆[5]喷涂试验中为防止风速对喷涂质量的影响,所有喷涂均在移动式防风设施中进行,环氧富锌漆使用前采用搅拌器搅拌均匀,研究确定四个影响因素,分别为A喷涂速度、B喷涂压力、C喷嘴距离、D喷嘴高度,每个影响因素均确定三个水平,A喷涂速度确定的水平分别为20m/min、22m/min、24m/min;B喷涂压力确定的水平分别为0.8MPa、1.0MPa、1.2MPa;C喷嘴距离确定的水平分别为32cm、34cm、36cm;D喷嘴高度确定的水平分别为46cm、48cm、50cm;故本次试验的正交因素水平见表7。

正交试验因素水平表　　　表7

水平	试验因素			
	喷涂速度(m/min)	喷涂压力(MPa)	喷嘴距离(cm)	喷嘴高度(cm)
	A	B	C	D
1	20	0.8	32	46
2	22	1.0	34	48
3	24	1.2	36	50

根据表3-1正交试验因素水平表,制作本次试验的正交设计表 $L_9(3^4)$,如表8所示。

环氧富锌漆喷涂正交设计表　　　表8

试验号	喷涂速度(m/min)	喷涂压力(MPa)	喷嘴距离(cm)	喷嘴高度(cm)
1	20	0.8	32	46
2	20	1.0	34	48
3	20	1.2	36	50
4	22	0.8	34	50
5	22	1.0	36	46
6	22	1.2	32	48
7	24	0.8	36	48
8	24	1.0	32	50
9	24	1.2	34	46

3.1.4 正交试验结果分析

按照正交试验设计的9种不同方案分别进行环氧富锌漆喷涂施工,通过漆膜厚度和拉开法附着力试验进行检测,试验结果为3组平行试验取平均值,如表9所示。

正交试验结果　　　表9

试验号	评价指标	
	漆膜厚度(μm)	拉拔强度(MPa)
1	80	10.5
2	123	20.8

续上表

试验号	评价指标	
	漆膜厚度(μm)	拉拔强度(MPa)
3	108	9.8
4	102	13.3
5	95	18.9
6	108	8.8
7	111	16.5
8	126	18.6
9	78	16.6

对各组试验的漆膜厚度结果通过正交设计软件进行计算,结果如表10所示。

漆膜厚度结果计算表　　　　　　　　表10

因素	喷涂速度(m/min)	喷涂压力(MPa)	喷嘴距离(cm)	喷嘴高度(cm)
均值1	103.667	97.667	104.667	84.333
均值2	101.667	114.667	101.000	114.000
均值3	105.000	98.000	104.667	112.000
极差	3.333	17.000	3.667	29.667

由表10可知,B(喷涂压力)的极差值最高,表明其对漆膜厚度的影响最大,对于漆膜厚度而言,应选择其最大值对应的水平为最优施工方式,即组合为 $A_3B_2C_3D_2$ 时的性能最好。此时喷涂速度、喷涂压力、喷嘴距离、喷嘴高度分别为24m/min、1.0MPa、36cm、48cm。

油漆固化7d后检测漆膜与钢板的黏结强度[6],对各组试验的拉拔强度结果通过正交设计软件进行计算,结果如表11所示。

拉拔强度结果计算表　　　　　　　　表11

因素	喷涂速度(m/min)	喷涂压力(MPa)	喷嘴距离(cm)	喷嘴高度(cm)
均值1	13.700	13.433	12.633	15.333
均值2	13.667	19.433	16.900	15.367
均值3	17.233	11.733	15.067	13.900
极差	3.566	7.700	4.267	1.467

由表11可知,A(喷涂压力)的极差值最高,表明其对拉拔强度的影响最大,对于拉拔强度而言,应选择其较大值对应的水平为最优施工方式,即组合为 $A_3B_2C_2D_2$ 时的性能最好。此时喷涂速度、喷涂压力、喷嘴距离、喷嘴高度分别为24m/min、1.0MPa、34cm、48cm。

最后对两种方案进行对比,为保证施工质量采用综合性能平衡法进行分析,确定钢桥面喷砂除锈的最佳施工工艺为 $A_3B_2C_2D_2$,即喷涂速度24m/min+喷涂压力1.0MPa+喷嘴距离34cm+喷嘴高度48cm。

对最优喷砂除锈及环氧富锌漆喷涂工艺下施工的路段进行相应指标试验,结果如表12所示。

喷砂除锈及环氧富锌漆喷涂基本指标　　　　　　表12

试验参数	单位	试验结果	技术要求
清洁度	—	Sa3.0	Sa3.0
粗糙度	μm	116	80~150
漆膜厚度	μm	108	80~120
拉拔强度	MPa	16.6	≥7.0

由表12可知,喷砂除锈为砂丸比1:2+初抛速度2m/min+复抛速度5m/min的条件下施工的钢桥面清洁度和粗糙度均满足要求,其中钢砂主要提供清洁度,钢丸提供粗糙度,合理的比例和较慢的速度较大程度上保证了施工质量;环氧富锌漆的喷涂速度24m/min+喷涂压力1.0MPa+喷嘴距离34cm+喷嘴高度48cm条件下施工的漆膜厚度和拉拔强度均满足要求,其中漆膜厚度要求较高,因为较薄的漆膜厚度对钢桥面不能起到有效防腐的作用,漆膜厚度较厚又会在铺装层中形成夹层,影响沥青混合料与钢板的黏结效果;试验结果显示该拉拔强度远大于技术要求,证明环氧富锌漆防腐层与钢板的黏结性能优异。综上所述,该工艺下的施工质量优良,可为后续相似工程提供借鉴。

4 结语

(1)通过正交试验法科学缩小试验范围并对喷砂除锈及环氧富锌漆喷涂施工进行相关性能指标测试,确定喷砂除锈三个影响因素分别为A砂丸比、B初抛速度、C复抛速度,每个影响因素均确定两个水平,制作出4组试验进行方案的优选。确定环氧富锌漆喷涂四个影响因素分别为A喷涂速度、B喷涂压力、C喷嘴距离、D喷嘴高度,每个影响因素均确定三个水平,制作出9组试验进行方案的优选。

(2)利用极差分析法分别对试验数据进行系统分析,根据影响因素的主次顺序确定钢桥面喷砂除锈最佳施工工艺为砂丸比1:2+初抛速度2m/min+复抛速度5m/min,环氧富锌漆自动化喷涂施工工艺为喷涂速度24m/min+喷涂压力1.0MPa+喷嘴距离34cm+喷嘴高度48cm。

(3)喷砂除锈检验合格后,即可开展环氧富锌漆喷涂。为防止风速对喷涂质量的影响,所有喷涂均在移动式防风设施中进行,环氧富锌漆使用前采用搅拌器搅拌均匀,第2天检测干膜厚度,固化7d后检测漆膜与钢板的黏结强度,得到最佳环氧富锌漆自动化喷涂组合施工后的漆膜厚度均在80~120μm范围内,拉拔强度均大于10MPa。

参 考 文 献

[1] 许颖.钢桥面铺装使用情况调查及病害分析[D].重庆:重庆交通大学,2014.
[2] 钟文健.钢桥面铺装防腐层环氧富锌漆缺陷机理分析及控制[J].武汉理工大学学报(交通科学与工程版),2022(046-001).
[3] 王柏文,唐焱,刘扬,等.基于正交试验设计的正交异性钢桥面系多因素优化研究[J].西安建筑科技大学学报(自然科学版),2018,50(6):9.
[4] 江胜文,陈威,刘广云,等.钢桥面喷砂除锈工艺研究[J].城市建设理论研究(电子版),2017(26):109-111.

[5] 曾嘉科.环氧沥青钢桥面铺装环氧富锌漆及防腐体系试验研究[D].广州:华南理工大学,2019.

[6] 黄雷,马林,李伟雄,等.钢桥面环氧沥青铺装环氧富锌漆防腐功能研究[J].桥梁建设,2020,50(1):5.

22. 中山大桥超宽柔性钢箱梁横向接缝高差调整技术研究

毛 奎 李立坤 谢颖昱

(中交二公局第一工程有限公司)

摘 要：近年来，随着交通量的增加，设计车道数也在相应增加，桥面更宽、节段自重更大的钢箱梁逐渐应用在斜拉桥的设计中，这也给钢箱梁安装施工过程中横向接缝高差的调整和控制带来了新的挑战。本文以深中通道中山大桥钢箱梁安装施工为例，重点介绍超宽柔性钢箱梁安装过程中横向高差调整方案和实际实施效果，为今后类似工程的钢箱梁安装施工提供借鉴。

关键词：超宽柔性钢箱梁 横向接缝高差调整 斜拉索索力部分张拉

1 引言

中山大桥主桥为 110m+185m+580m+185m+110m 双塔双索面钢箱梁斜拉桥。主梁采用流线型扁平钢箱梁断面，索塔采用门形主塔，斜拉索采用扇形布置，在外侧通过锚拉板锚固。全桥钢箱梁共 69 个节段，梁段标准长度为 18m，标准梁段最大吊重约 495t，采用桥面吊机安装。

中山大桥的钢箱梁安装施工具有节段自重大、梁段横向宽度大、梁段刚度较小、桥面吊机前支点反力大等特点，对梁段横向高差的控制提出了更高的要求。因此，研究出一种切实可行、安全高效的梁段横向高差调整方案对中山大桥的钢箱梁安装施工具有重要意义，且对后续类似的工程有较好的借鉴意义。

2 钢箱梁标准梁段概况

钢箱梁梁高 4m，桥梁全宽 46m(含风嘴)，桥面宽度 43.5m。拉索横向间距 41.5m，拉索之间为行车道范围，拉索外侧为检修道范围，桥面横向设 2.5% 双向排水坡。南、北主塔主跨侧各有 15 对斜拉索，斜拉索索距 18m。

钢箱梁采用正交异性桥面板流线型扁平钢箱梁结构，双边腹板构造，中间不设纵隔板。

标准梁段的横隔板均为空腹桁架式结构，标准间距为 3m，桁架横隔板开孔镶边规格为 300mm×12mm，桁架杆件采用热轧 H 型钢，型钢规格为 HW250mm×250mm。普通横隔板厚度为 12mm，拉索横隔板中间厚 12mm，在与腹板连接端部(桥面吊机站位范围)加厚到 24mm，隔板实腹范围设有两道隔板水平肋和若干竖向加劲肋。吊机站位处，竖向加劲肋过渡为吊机支点支撑结构。

钢箱梁横断面图如图 1 所示。

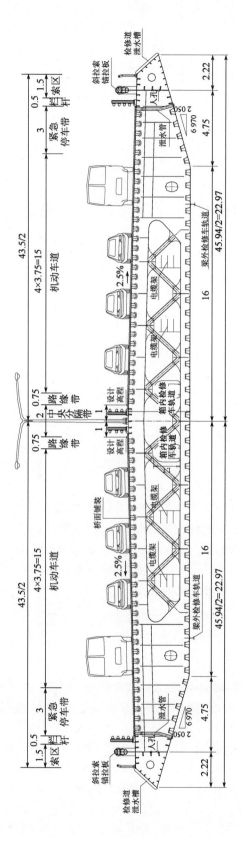

图 1 中山大桥钢箱梁标准横断面图（尺寸单位：m）

3 钢箱梁节段间横向高差产生的主要原因

经过对钢箱梁节段的模拟计算分析,钢箱梁节段间横向高差产生的主要原因如下:

(1)标准梁段长18m,最大吊重495t,梁段自重较大,对桥面吊机的安装能力提出了更高的要求,导致桥面吊机自重也会相应增加,相应梁段安装时桥面吊机前支点产生较大反压力(单点150t,共8个前支点)。桥面吊机站位示意图如图2所示。

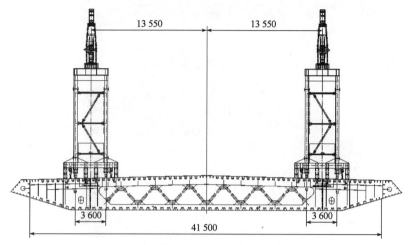

图2 桥面吊机站位示意图(尺寸单位:mm)

(2)钢箱梁采用双边腹板构造,边腹板间距41.5m,中间不设纵隔板,横隔板均为空腹桁架式结构,整个梁段横向刚度较小,桥面吊机前支点反压力产生的梁段变形较大。

经分析,钢箱梁横向变形主要原因是由于钢箱梁纵隔板靠近外侧风嘴,斜拉索锚点作为边界条件,桥面吊机前支点作为荷载引起的横向变形近似简支梁变形。按照施工顺序进行施工阶段计算。计算过程如下:

(1)吊机自重工况,吊机前支点总反力3 052kN,单个前支点反力381.5kN;后支点总反力348kN,单个后支点反力87kN。采用MIDAS建立有限元模型,斜拉索作为简支梁的边界条件,计算桥面吊机自重工况下,梁段悬臂端部顶板最大相对竖向变形为12.51mm(图3)。

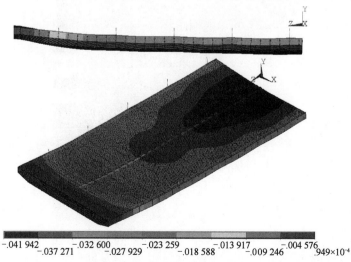

图3 悬臂端部顶板最大相对竖向变形12.51mm

(2)梁段安装工况,桥面吊机前支点总反力12 000kN,单个前支点反力1 500kN;后支点总反力为-4 000kN,单个后支点反力-1 000kN。同样采用MIDAS建立有限元模型,斜拉索作为简支梁的边界条件,计算桥面吊机梁段安装工况下,梁段悬臂端部顶板最大相对竖向变形为61.04mm(图4)。

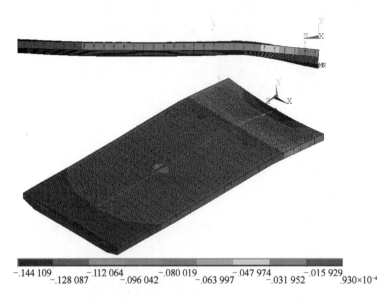

图4 悬臂端部顶板最大相对竖向变形61.04mm

(3)安装梁段变形情况,根据吊点位置,采用简支梁模拟,以4个吊点作为简支梁的支点,经过计算,安装梁段拼接端部顶板相对竖向变形为4.32mm(图5)。

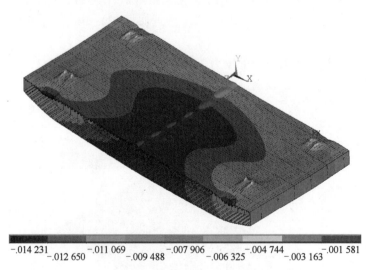

图5 拼接端部顶板相对竖向变形4.32mm

综合以上计算结果汇总整理如下:
(1)顶板匹配高差。
悬臂起吊时,已拼梁段端部顶板最大变形为61.04mm,安装预拼梁,拼接位置处顶板最大变形为4.32mm,拼接截面端部对齐时,中心顶板最大高差为55.7mm(图6)。

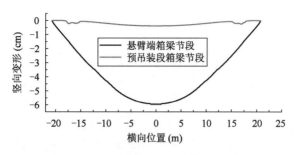

图6 梁段相对横向最大变形(顶板)

(2)底板匹配高差。

悬臂起吊时,已拼梁段底板端部最大变形为38.32mm,安装预拼梁,拼接位置处底板最大变形为3.32mm,拼接截面端部对齐时,底板中心最大高差为35mm(图7)。

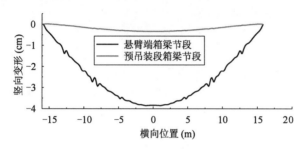

图7 梁段相对横向最大变形(底板)

4 钢箱梁横向高差调整方案比选

针对悬臂段两片梁段之间最大高差近60mm的变形,采用常规马板配合千斤顶顶压的方式,很难消除近60mm高差变形,同时,即使能够消除,焊接后,焊缝中也会出现较大的残余应力。经过数次的专家研讨论证,最终提出以下横向高差调整方案,见表1。

高差调整方案比选表

表1

序号	方案	优点	缺点	备注
方案一	待安装梁段上提前设置反力架和体外预应力束,通过预张拉,将待安装梁段预压成"弓形",使其与已安装梁段高差匹配	(1)通过提前施加体外束预张力的方式可以较好地使安装梁段和已安装梁段的高差匹配; (2)不会造成变形残余应力留存在箱梁环缝中	(1)反力架和体外束实施较为困难,且安全风险较高; (2)待吊梁段吊重将增加800kN左右,造成了桥面吊机前支点荷载增大,进一步造成已安装梁段横向变形增大; (3)体外束需设置4束,单束张拉力为3 000kN左右,安全风险较高	不推荐
方案二	在桥面吊机前支点下设置跨越整个箱梁横断面的承重钢梁,将前支点的荷载通过承重钢梁传递至钢箱梁的边腹板上,减小已安装梁段的横向变形,使其与待安装梁段高差匹配	(1)通过承重钢梁可有效地减小已安装梁段的横向变形; (2)钢梁设置在已安装梁段上,不会造成桥面吊机吊重增加	(1)承重钢梁长度达41.5m以上,高度超过1.8m,自重约100t,移动困难; (2)对桥面吊机改动较大,需将桥面吊机整体抬高1.8m以上,破坏了桥面吊机现有结构的稳定性和机动能力,安全风险较大	不推荐

续上表

序号	方案	优点	缺点	备注
方案三	梁段就位后以边腹板为匹配点,完成边腹板高差精调。采取"C形焊缝+部分索力张拉"的方式,将待安装梁段荷载自桥面吊机转移至斜拉索上,降低桥面吊机前支点反力,从而减小已安装梁段的横向变形,便于节段间横向高差调整	(1)对现有桥面吊机和钢箱梁结构改动最小,保障了结构的稳定性和安全性; (2)通过"C形焊缝+部分索力张拉"的方式,可以实现将待安装梁段荷载自桥面吊机转移至斜拉索上,有效地减小已安装梁段的横向变形; (3)避免了增加待安装梁段的吊重	(1)增加了C形焊缝和部分索力张拉两道工序,延长了单个梁段的施工时间; (2)由于C形焊缝的提前焊接,会有部分残余应力留存在焊缝中(约20MPa,在设计和规范允许范围内)	推荐

5 钢箱梁横向高差调整关键技术

通过以上方案比选,最终采用方案三进行梁段高差调整,即先焊接钢箱梁两端边腹板C形焊缝,再挂索,张拉部分索力后桥面吊机卸载。具体步骤如下:

(1)梁段整体定位,梁段整体定位以监控指令要求的基准点为控制点,通过桥面吊机实现梁段整体姿态调整,完成梁段轴线偏位及高程的定位,确保梁段整体定位满足监控要求。

(2)已安装梁段和待安装梁段整体定位后,箱梁端部两侧各采用2道"一字梁"锁定("一字梁"为两根HN600×200型工字钢焊接而成的组合箱梁,用于临时提高匹配面的刚度),锁定位置为边腹板附近的顶板,焊接位置示意如图8所示。

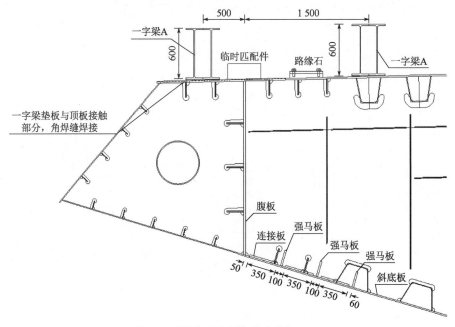

图8 一字梁位置示意图(尺寸单位:mm)

(3)焊接边腹板和部分顶板(顶板焊接1m长焊缝);斜底板采用马板+贴板的方案临时连接。C形焊缝示意图如图9所示。

"一字梁"锁定后,进行C形焊缝焊接,焊接完成后,进行斜拉索初张拉,如图10所示。

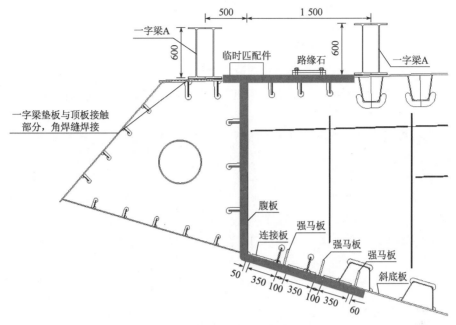

图9 C形焊缝示意图(尺寸单位:mm)

图10 一字梁及C形焊缝焊接完成后现场效果

(4)挂索,张拉斜拉索,以最远端斜拉索为例,提供每根斜拉索1 200kN的竖向力。

(5)桥面吊机前支点荷载相应减小。桥面吊机的钢丝绳始终处于紧绷但不继续收紧的状态,实现局部卸载并保障梁段安装的安全性,桥面吊机上自带吊重监测设备,可实时反馈桥面吊机卸载情况。

(6)根据监控和设计计算结果,桥面吊机卸载后待吊梁段和已安装梁段的高差不足7mm,现场实际情况和计算相近,桥面吊机卸载前实际高差65mm,卸载后,前支点反力减小,大部分梁段高差小于10mm,直接调整马板即可,若局部存在高差超过10mm的情况,可采用型钢反力牛腿进行高差调整。

(7)梁段高差调整完成后,实施环缝焊接(环缝焊接采用马板辅助,马板进行适当加密、加强,以达到提高局部刚度、限制扭转的效果),环缝焊接完成后解除一字梁和马板,对焊接造成的涂层损伤进行修复。

(8)斜拉索二次张拉,桥面吊机前移,进行下一梁段施工。

6　钢箱梁安装过程注意事项

(1)钢箱梁已安装与待安装梁段之间定位高差按照不大于20mm控制。

(2)钢箱梁安装过程中对桥面吊机吊重进行实时监测,验证斜拉索张拉后桥面吊机的卸载比例。

(3)对底板焊缝位置马板应进行适当加密、加强(马板间距暂按25cm控制)。施工中应对底板焊缝应力进行监测,验证调整方案以及拉索张拉过程中局部受力情况。

(4)首节段钢箱梁安装需对梁段实际匹配高差变化过程、索力张拉值、吊机吊点力卸载情况等关键控制参数进行跟踪监测,尤其是对桥面吊机吊重的实时监测,以评估实际调控效果,为后续梁段安装匹配提供参考。加强对应力集中点的应力应变监测,并实时监测桥面吊机卸载情况,验证计算结果和实际情况的偏差,并及时进行修正。

(5)钢箱梁高差调整阶段斜拉索张拉力,应根据监控指令确定。

(6)顶底板焊缝起熄弧须避开U肋和板肋端部,马板应在环缝焊接完成后去除。

7　现场实际调整效果

中山大桥目前已经完成钢箱梁安装施工,现场实测2号至9号梁段安装过程中梁段间横向高差数据见表2,调整前梁段高差如图11所示。

梁段高差调整前后实测数据统计表　　表2

梁段编号	梁段安装时匹配高差（mm）	高差调整完成后梁段高差（mm）	调整的高差（mm）
Z2	51	12	39
Z3	71	19	52
Z4	65	16	49
Z5	62	14	48
Z6	65	18	47
Z7	60	13	47
Z8	70	20	50
Z9	64	15	49
S2	70	19	51
S3	75	20	55
S4	60	12	48
S5	67	15	52
S6	75	18	57
S7	64	11	53
S8	82	19	63
S9	67	17	50

图 11 调整前梁段高差

8 结语

通过对上述数据统计分析,可以得出以下结论:

(1)梁段安装时的匹配高差实测结果和计算结果相近,部分梁段由于梁段自身刚度原因,甚至有高差比计算结果还大的情况出现。

(2)采用"C形焊缝+部分索力张拉"的方式,将待安装梁段荷载自桥面吊机转移至斜拉索上,可以有效地减小已安装梁段的横向变形,对于高差的调整能力为40~60mm。

本文依托中山大桥的钢箱梁安装的工程实际情况,详细阐述了针对具有节段自重大、梁段横向宽度大、梁段刚度较小、桥面吊机前支点反力大等特点的梁段横向高差调整方案,验证了"C形焊缝+部分索力张拉"高差调整方案的可行性,希望为类似工程的主梁施工提供借鉴经验。

参 考 文 献

[1] 中华人民共和国交通运输部.公路桥涵施工技术规范:JTG/T 3650—2020[S].北京:人民交通出版社股份有限公司,2020.

[2] 中华人民共和国住房和城乡建设部.钢结构设计标准:GB 50017—2017[S].北京:中国建筑工业出版社,2017.

[3] 中华人民共和国住房和城乡建设部.钢结构工程施工质量验收标准:GB 50205—2020[S].北京:中国计划出版社,2020.

23. 深圳至中山跨江通道浅滩区非通航孔桥曲线超高变宽钢箱梁制造工艺方法研究

刘 昊 邢 扬

(中铁山桥集团有限公司)

摘 要：随着国内钢桥事业的迅速发展，曲线形钢箱梁造型美观、制作架设速度快、对地域的适应性强等优点，使其在公路桥梁中被大量采用。而具有平曲线线形的超高变宽钢箱梁结构复杂，工厂制作以及拼装难度较大，为了更加全面地了解该类桥梁的制作工艺，提高产品质量，本文以深圳至中山跨江通道浅滩区非通航孔桥为工程背景，对具有平曲线线形的超高变宽钢箱梁制造工艺及质量控制方法进行了系统研究与论述。首先，对深中通道浅滩区非通航孔桥的结构形式进行介绍；然后，根据该类桥型的制造特点和难点，采取相应的解决方案，应用长线法进行钢箱梁拼装和预拼装，有效地解决了具有平曲线线形的超高变宽钢箱梁在厂内制作及拼装过程中的各项技术难题，为今后类似工程积累了经验。

关键词：曲线形钢箱梁 制造工艺 节段拼装

1 工程概况

深圳至中山跨江通道工程是连接珠江口东、西两岸深圳和中山两市的一条跨越珠江口内伶仃洋的通道，项目全长约24.03km，跨海段长22.39km，钢结构桥梁合计27.99万t，包括伶仃洋大桥东泄洪区24×110m钢梁、主跨1 666m伶仃洋大桥主桥、伶仃洋大桥西泄洪区22×110m钢梁、主跨580m中山大桥主桥、9×110m引桥以及23×60m浅滩区非通航孔桥和万顷沙互通立交匝道桥等，是世界级集"桥梁、隧道、人工岛和水下互通"于一体的超大型跨海集群工程。

浅滩区60m非通航孔桥采用连续梁体系，与匝道桥相接的为变宽连续钢箱梁，共5联23跨。浅滩区60m非通航孔桥位于纵坡0.52%直线$+ R = 50\ 000$m凹形竖曲线上，变宽钢箱连续梁具体为：左幅第五联位于纵坡0.52%直线上，右幅第六联位于纵坡0.52%直线$+ R = 50\ 000$m凹形竖曲线上；左幅第七联与右幅第八联位于$R = 50\ 000$m凹形竖曲线上。

主梁采用变截面钢箱连续梁，桥面变宽通过调整中箱宽度来实现，保持挑臂及边箱尺寸不变；左幅第五联钢箱梁梁宽24.000～33.895m，左幅第七联钢箱梁梁宽20.096～30.668m；右幅第六联钢箱梁梁宽23.995～32.142m，右幅第八联钢箱梁梁宽24.000～33.321m。顶板采用正交异性板,桥面横坡2.5%,通过顶板倾斜形成,超高及曲线段顶板绕线路设计线旋转,底板水平,距线路中心线10.250m处主梁高3.500m保持不变,中腹板采用直腹板,边腹板采用斜腹板,斜率为1.6∶1。跟匝道相接区域桥面横坡逐步过渡到与匝道一致。

浅滩区60m非通航孔桥钢箱梁小节段直观图如图1所示。

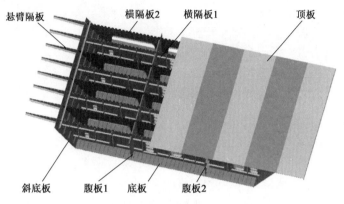

图1 浅滩区非通航孔桥钢箱梁小节段直观图

2 制作难点

由于同时具有竖曲线和平曲线,曲线形钢箱梁的桥梁中线为空间三维曲线[1-2],在实际生产及组装过程中会遇到如下困难:

(1)由于桥梁纵坡及箱体变宽,曲线段内板单元横隔板外形需精确放样才可确认;

(2)变截面、小半径曲线钢箱梁拼装精度要求极高,要在专用胎架上采用长线法进行拼装和预拼装,通过牙板高程控制,实现竖向和水平线形[3]。

3 板单元制造关键工艺

板单元制造按照"钢板赶平及预处理→数控精切(三面铣削)下料(含加工坡口)→零件加工→自动组装机床+焊接专机→板单元数控矫正"的顺序进行,其关键工艺如下:

(1)预处理:钢板采用预处理自动生产线进行赶平、抛丸、喷漆、烘干,严格控制平面度。

(2)下料:面板坡口采用三面铣边机加工,改变传统热切割的加工方式。切割下料的零件采用世界顶级的套料软件SigmaNEST(西格玛软件)实现3D模型数据与加工数据准确协同,满足项目加工质量与效率要求。顶板一端留配切量。横隔板接板数控精切下料,U形肋下料后经过矫正、机加工、钻孔、压制成型。板件采用空气等离子及火焰数控切割机(图2)下料,切割设备同时完成自动划线和标识喷写。

(3)板单元组装:顶板U形肋板单元组装、焊接一体式机床解决了定位焊对后续熔透焊缝的不利影响,为U肋与面板焊缝达到全熔透奠定了基础。顶板U肋板单元采用内外埋弧焊+自动液压双向反变形胎船位焊接技术,有效保证U形肋与面板角焊缝达到熔透效果。板式加劲肋、T肋板单元采用自动组装定位焊机床(图3)组装,采用液压自动夹持定位、压紧功能的定位系统,加劲肋的直线度及与面板的垂直度能够控制在1mm以内,机床配有6套自动组装、定位机头,可以一次完成6条板式加劲肋的组装定位,定位焊质量稳定、可靠。机床还具备焊缝区域自动打磨、除尘功能,使作业效率和生产环境得到很大改善。

图2 高精度空气等离子切割机

图3 板式加劲肋、T肋组装定位机床

(4)板单元焊接:通过板单元焊接专机,将自动埋弧焊接技术与反变形船位焊接技术结合。焊接完成后用数控矫正机床进行焊接变形的矫正。严格按照"焊接工艺规程"施焊。

(5)横隔板焊接:每道横隔板接板均以横基线为基准组装,避免误差累积,确保梁段组装时与横隔板在同一平面内。并采用横隔板焊接机器人系统(图4)应用电弧跟踪技术,实现横隔板接板与桥面板的自动化焊接,并自动包角焊接。提高了焊接质量的稳定性和生产效率。

(6)板单元数控矫正:采用专用数控矫正机床(图5),通过图像识别,智能感知,检测板单元焊后平整度,进行自动化机械矫正。

图4 隔板自动化焊接设备

图5 板单元数控矫正机床

(7)自由边棱角打磨:板单元焊接后,采用自动倒棱设备对自由边棱角进行打磨,解决以往人工砂轮打磨效率低、质量差的问题。

(8)信息化管理:使用先进的信息化管理系统,实现焊接参数实时采集、存储和施焊过程用计算机远程监控,焊接质量更有保证。

4 钢箱梁整体节段组拼

为方便厂内转运和涂装作业,将大节段分成若干个小节段制作,小节段拼装在钢箱梁小节段拼装胎架上完成。为提高梁段间的匹配精度、制造线形精度、减少大节段拼装环缝工作,加快工期进度,采用胎上小节段组分段方式,即在胎架上进行两或三个小节段焊接环缝组成分段。

主要拼装工艺流程及控制要点:

(1)组焊底板单元

横向定位以标志塔上的标志线为基准,从每轮次的基准节段开始,将中心底板单元置于胎架上(图6),使其纵基线(或从纵基线返固定距离的纵向定位基准线)与标志塔上的定位线精确对齐定位。然后按梁段间底板纵向定位间距,以及横向定位基准线,依次完成中心线上全部底板单元的定位。

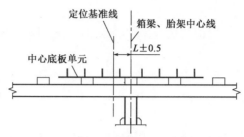

图6 中心底板单元横向定位(尺寸单位:mm)

桥梁中心处底板单元定位检验合格后,依次对称组焊两侧平底板板块(图7)。横向定位以中心底板单元上的桥梁中心线为基准,控制桥梁中心线与外底板单元纵基线间距,预留焊接收缩量;纵向定位以中心底板单元横基线为基准,控制相邻小节段纵向间距和端口板边直线度及与桥梁中心线垂直度。

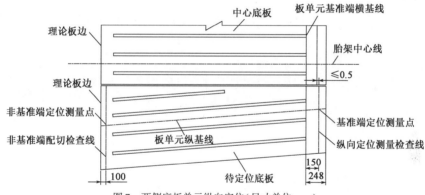

图7 两侧底板单元纵向定位(尺寸单位:mm)

(2)组焊横隔板、中腹板、横肋单元

按划好的组装位置线,从基准端开始依次组装横隔板(横肋)单元。首先组装腹板加劲肋侧横隔板及横肋板,然后组装中腹板,最后组装中腹板无加劲肋侧横隔及横肋。组装中腹板前,要检查中心隔板位置的中腹板间距,不能随意切割中心隔板。

定位横隔板(横肋)时着重控制横隔板(横肋)直线度、纵向间距、横隔板(横肋)与底板的垂直度、上缘高程符合横向坡度要求。横隔板组装合格后,用组装拉杆固定。先焊接横隔板(横肋)与底板的焊缝,再焊接各处立位对接焊缝。横隔板(横肋)与底板焊接时按照由中心向两侧、由下向上的焊接顺序依次施焊,以便有效的控制焊接变形和减小焊接残余应力。

在每个支墩处的梁段设有支座加劲构造,此时需首先确定支座中心线,然后以支座中心线为基准向外依次组装支座加劲构造和支座处横隔板。

中腹板组装定位应在箱口底板修平之后进行以保证中腹板的高度,总拼定位中腹板时横向定位以桥中线为基准,控制中腹板组装基线(板厚中心线及板厚边缘线)与桥中线的距离;纵向以端口横基线为基准,保证中腹板横基线与端口横基线的偏差控制在±1mm内,过程中使用水准仪控制腹板上边缘高程,检查合格后对称施焊。

(3)组焊斜腹板单元

斜腹板单元的定位横向以横隔板(横肋)为内胎,沿斜腹板斜向预留 2.5mm 焊接收缩量;纵向以小节段端口横基线为基准,同时考虑线形倾斜量影响。检查合格后完成斜腹板与平底板间对接焊缝。

(4)组焊顶板单元、悬臂块体

以靠近线路中心线侧中腹板位置顶板为中心顶板,首先组装中心顶板,然后对称向两侧组装的顺序组焊顶板单元。

首先将中心顶板单元置于隔板上,使其纵基线(或从纵基线返固定距离的纵向定位基准线)与标志塔上的定位线精确对齐定位。纵向采用吊铅垂的方法进行块体纵向定位,确定顶、底板单元端口的相对位置。

其余梁段中心顶板纵向定位根据相邻梁段间的纵向定位检查线间距进行定位,并复核顶、底板单元的端口垂直度,检验纵向定位的准确性。全部中心顶板定位焊接完成后,重新放顶板端口的检查线,用经纬仪确保直线度,并打好样冲眼,作为其余顶板定位时的基准。

其余顶板单元定位时,横向以中心顶板纵基线为基准,控制纵基线与中心顶板单元纵基线间距,纵向定位以中心顶板横基线为基准,控制板单元横基线与中心顶板单元横基线重合,并复核顶、底板单元的端口垂直度,检验纵向定位的准确性。

悬臂块体定位方式与其余顶板单元相同,需要重点控制箱梁整体宽度、横向坡度、悬臂腹板位置顶板高度。

(5)小节段组分段环缝、嵌补段焊接

各梁段完成所有焊接工作后在总拼胎上进行分段内部环缝连接,首先复核纵向间距满足公差要求,然后修平顶、底板、腹板对接口。环缝焊接时基准节段与胎架横纵向均刚性连接,非基准节段与胎架横向刚性连接,纵向柔性连接。

(6)预拼装

分段拼接完成后对桥梁中心线、线形、端口尺寸、梁段间距进行检测测量。根据预拼装检测记录表中规定的测量项目逐项进行检测,并详细记录各个数据。测量时要避开温度的影响。预拼装时应将底板与胎架连接的码板全部解开,在无约束状态下进行。

(7)分段环缝配切、组焊临时匹配件

完成预拼装和线形检测后,测量梁段间基线纵距,确定梁段配切量,划环缝配切检查线完成环缝配切和完成组焊临时连接件。对于两轮衔接的匹配梁段的配切量,待大节段整体组装时,将与大节段连接的小节段转运、调整到位后(桥梁中心线和线形高程均符合验收规范的要求),完成以上相邻梁段测量数据、环缝配切、临时连接件安装。考虑到整体组装时大节段间预留工艺间隙,临时匹配件组装时应该添加相应厚度的工艺板,用冲钉定位并用临时螺栓栓接,确保临时连接件钉孔的重合率。

(8)分段安装附属设施、解体下胎

根据桥梁中心线和环口检查线等对附属设施定位安装。完成以上步骤并标识好梁段基准方向等信息后方可分段解体下胎,采用运梁模块车转运分段至存梁场地的支墩上,对分段钢箱梁进行整体外观的打磨和修补。外观报验合格后,进行钢箱梁的涂装,喷涂钢箱梁的标识。并完成嵌补段等单发件涂装、标识,转运至相应分段完成后续大节段拼装工作。

钢箱梁小节段拼装流程图如图 8 所示。

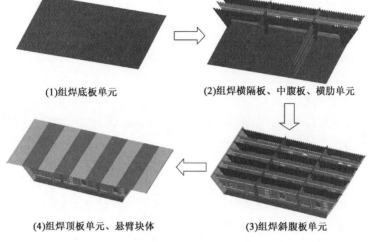

图 8　钢箱梁小节段拼装流程图

5　大节段拼装

浅滩区非通航孔桥分段在其拼装胎架上完成拼装出胎涂装后，转至大节段拼装厂房，在大节段拼接专用胎型上完成大节段拼接。

主要拼装工艺流程及控制要点：

（1）准备工作

预先在大节段拼装场地进行桥中线和各小节段支墩点位放样。支墩必须布置在有横隔板或横肋截面，横向布置在中腹板或斜腹板位置（图9）。各支墩顶面高程按拼装线形设置，须符合线形公差要求。并准备足够数量的调梁支墩（图10）和千斤顶（图11），各种支墩及支撑位置地面应满足承载力要求，千斤顶在使用前应检查无误满足使用要求。

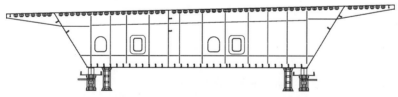

图 9　小节段千斤顶支墩及梁段支撑支墩横向布置图

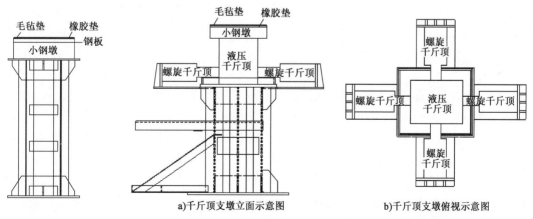

图 10　支撑支墩示意图　　　　　　图 11　千斤顶支墩示意图

（2）梁段运输

运输小节段或者分段时，首先检查节段编号和方向，确认无误后按拼装顺序利用平板运输车将基准节段运至指定位置，就位时按照提前在梁段和支墩上画好的线对位下落。基准段就位后，按拼装顺序依次向两侧开始对称拼接其他小节段。

（3）梁段调整

首先按照地样基准和线形高程调整中间基准节段，然后以基准节段上的基准线为基准对称调整相邻小节段，调整过程应反复测量桥梁中心线直线度、小节段间纵向间距和顶板顶面线形高程，调整全程使用全站仪监测小节段上的监控点，使分段位置最大限度拟合设计线形。

（4）环缝施工

钢箱梁节段间环缝组装前，必须先调平环缝两侧板单元，保证焊缝两侧板单元错边量满足工艺要求。环缝调平时面板重点控制部位包括：中腹板位置、边腹板位置、结构交点位置。尽量减少马板的使用量，马板间距平均不小于1m。

（5）支座间距控制

大节段拼装过程中要对支座间距进行监控、测量、统计。用吊线锤的方法将支座中心垂到地面上，架设全站仪和棱镜，测量水平距离，并根据图12的方法计算的得出支座间距离。

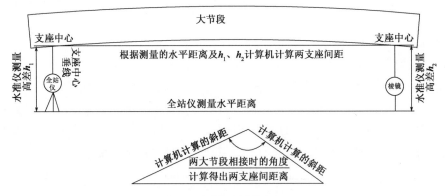

图12　支座间距计算方法

（6）线形测量

环缝焊接完毕后对节段间纵距、线形、桥梁中心线等所有项点进行检测，作为下一个大节段拼装过程中节段调整时的参考依据。在线形测量前应对支撑进行一次全面检查，如有松动应采用塞钢板的方式处理，处理完毕后再进行测量，因大节段拼装在厂房内进行，高程测量可选择温度较恒定时进行，减弱温度对整体线形的影响，同时按照设计基准温度对梁长进行调整。

6　结语

本文结合深中通道浅滩区非通航孔桥钢箱梁制作的工程实例，从钢箱梁板单元制作工艺、整体节段组拼、大节段拼装等方面，对具有平曲线线形的超高变宽钢箱梁的制造工艺及质量控制方法进行系统研究。从整个制作、拼装过程和检测结果看来，本文所阐述的制造方案合理，制造工艺可行，拼装精度准确，有效地解决了具有平曲线线形的超高变宽钢箱梁在厂内制作及拼装过程中的各项技术难题，使U肋与顶板全熔透高品质焊接接头满足项目验收要求，通过智能化关键设备的研制及实施、智能制造工艺的优化，实现钢箱梁智能制造技术的应用，为今后类似工程积累了经验。

参 考 文 献

[1] 邵天吉.深圳湾大桥平曲线钢箱梁制作技术[J].钢结构,2008,23(4):52-56.
[2] 郭志刚.平曲线钢箱梁拼装线型放样工艺[J].钢结构,2014,29(4):50-53.
[3] 邢扬,杨翠屏.大连市南部滨海大道西延伸线工程曲线形钢箱梁分段分块制作工艺研究[J].钢结构,2018,14(6):42-49.

24. 缆索体系防火耐高温防护技术开发及应用

张海良 汤 亮 何旭初 金 芳 黄冬芳 余建勇 张 栓
（上海浦江缆索股份有限公司）

摘 要：随着桥梁建造技术的发展，大跨径缆索承重桥梁对缆索体系的防火耐高温防护技术提出了新的需求，该论文针缆索体系桥梁火灾特点，开发了一套悬索桥主缆、斜拉索及吊索的耐高温防护体系，并开展了耐高温防护试验，为桥梁缆索抗灾防灾提供了一定的支撑。

关键词：缆索火灾 耐高温防护 一体化 试验验证

1 引言

随着桥梁交通流量增多，桥梁上运输易燃易爆物品的车辆也不断增多，所导致的桥梁火灾问题日渐突出，而桥梁耐火问题也逐渐受到重视。对于缆索体系承重桥梁，缆索体系为桥梁主要承重构件，一旦在火灾中受到损伤，将使得交通受阻，造成巨大的经济损失，同时对桥梁安全构成很大威胁。同时，桥梁上发生火灾事故的种类是多种多样的，其中包括桥梁运营阶段油罐车及其他车辆着火、施工阶段电焊作业引起拉索火灾、索上灯饰线路等着火、恐怖袭击、自然灾害，如雷击等。桥梁火灾给人们的生命和财产带来的损失是巨大的，尤其一些作为交通咽喉的大型悬索桥、斜拉桥、拱桥，一旦火灾发生，势必会在一定的时间内停止使用，对桥梁进行检查、检测和安全评估。开发适应桥梁火灾特点的缆索体系防火耐高温防护技术对于桥梁防灾抗灾事业的发展具有十分重要的意义，可为今后的缆索承重结构耐高温设计和工程实践提供更广泛的选择。

近年国内外发生的典型缆索体系火灾事故见表1，典型缆索火灾事故照片如图1所示。

近几年国内外发生的典型桥梁、建筑缆索火灾事故统计表　　　表1

序号	桥梁名称	火灾原因	事故时间
1	希腊 Rion-Antirrio 大桥	雷击着火	2005年1月
2	麦克阿瑟梅兹立交桥	油罐车爆炸	2007年4月
3	广东鹤洞大桥	景观灯起火	2008年12月
4	芜湖长江大桥	客车起火	2009年4月
5	G15(沈海)高速公路温州大桥	小轿车自燃	2011年1月
6	南京长江第二大桥南汊斜拉桥	货车自燃	2011年10月
7	哈尔滨四方台大桥	交通事故	2011年11月

续上表

序号	桥梁名称	火灾原因	事故时间
8	赤石特大桥	原因不明	2014年10月
9	韩国西海大桥	雷击着火	2015年12月
10	虹口体育场	施工不当	2017年3月
11	滹沱河大桥	景观灯短路起火	2023年11月

图1　典型缆索火灾事故

1.1 缆索耐高温防护的必要性

缆索采用的主要受力部件为预应力钢丝,盘条冷拔后经过高速旋转的矫直辊筒矫直,经过回火(350~400℃)处理的钢丝,消除了钢丝冷拔中产生的残余应力,常温强度大幅度提高。当温度升高到300℃以后,热处理所造成的金属晶体框架的畸变逐渐被解除,温度升高到400℃以后,热处理的作用会基本消失,同时钢丝的弹性模量也会随之改变,缆索的承载力大大降低,对整个桥梁的结构稳定造成极大的影响。

缆索系统索的锚固方式主要有冷铸锚、热铸锚、夹片锚等,缆索各部件及锚固材料高温失效温度见表2。

缆索各部件及锚固材料高温失效温度　　　表2

构件	材料	火损判据(℃)	破坏形式
高强钢丝	高碳钢	400	承载力失效
锚具	合金钢、铸钢	500~600	强度降低,出现变形
拉(吊)索护套	HDPE	150	开始软化,随着温度升高出现燃烧
热铸锚	锌铜合金	300	钢丝出现滑移
冷铸锚	环氧铁砂或Wirelock	100~200	环氧软化,钢丝带动分丝板回缩
夹片锚	高强度渗碳钢	300~400	夹片咬合力降低,出现滑移

1.2 国内外桥梁缆索耐高温现状及发展趋势要求

目前,国内外还没有关于缆索防火相关的标准或规范,结合国内外相关工程对缆索防火、建筑结构防火规定要求,综合高速公路桥梁防火、消防规定,参考PTI Recommendation for Stay Cable Design,Testing,and Installation(PTI DC45.1-18)[1]中相关防火规定,对拉索耐高温性能试验提出两点要求:

(1)在1 100℃环境下,30min时间内索体表面钢丝温度不超过300℃。

(2)锚具温度达到300℃,在45%P_b应力状态下持荷30min以上。

美国George Washington Bridge更换吊索的技术要求中对吊索锚固材料提出耐高温要求:在1 200华氏度(649℃)环境下使用90min不失效。

国内对于桥梁用缆索防火的研究极少,尤其是缆索火致损伤情况下的拉索持荷时间以及缆索包裹隔热材料后的耐火性能研究。随着行业对缆索防火性能的越发重视,针对桥梁缆索行业对缆索耐火性能提出的要求,急需针对各种问题开展一系列相关试验研究,开发出相应的耐高温防护缆索产品。

2 耐高温防护方案设计

2.1 项目背景

项目一:涛源金沙江大桥为主跨636m的单跨钢箱悬索桥。全桥共2根主缆,每根主缆中含91股平行钢丝索股,索股规格 $\phi 5.0 \times 91$;吊索为平行钢丝索(PWS),挤塑双层HDPE护套(黑色内层彩色外层),规格为 $\phi 5.0 \times 67$,全桥共计204根。该项目地处干热河谷地区,且周边多植被,易发生自然火灾,研究决定对8m以下的主缆和吊索进行耐高温防护。

项目二:洪奇门特大桥为南中高速公路项目控制性工程,大桥全长1 126m,采用主跨520m双塔双索面半飘浮体系钢箱梁斜拉桥,全桥共计128根斜拉索。该项目地处粤港澳大湾区,交通流量大,桥面火灾的发生概率较高,斜拉索采用的一体化的耐高温防护结构。

2.2 耐高温防护方案

2.2.1 涛源金沙江大桥

(1)主缆中心线距桥面高度不大于8m的主缆、吊索索体、锚具及索夹进行全部耐高温防护。

(2)在主缆氯磺化聚乙烯缠包带内缠绕一层新型陶瓷化复合隔热包带,主缆耐高温防护段主缆结构,如图2所示。

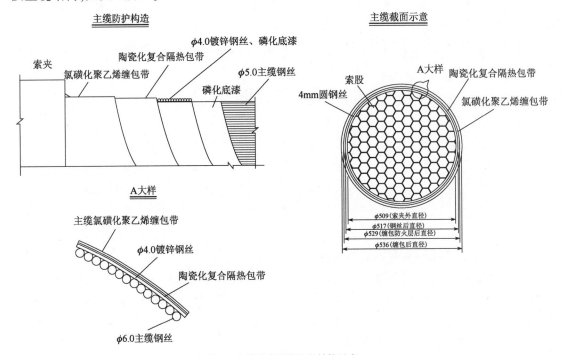

图2 主缆耐高温防护段结构示意

(3)吊索索体表面整体缠绕陶瓷化复合隔热包带,能有效地隔绝热量传递到钢丝上,确保吊索的使用安全,外表面整体包覆不锈钢管并在顶部做好防水密封。吊索整体耐高温防护示意如图3所示,索体耐高温防护截面如图4所示。

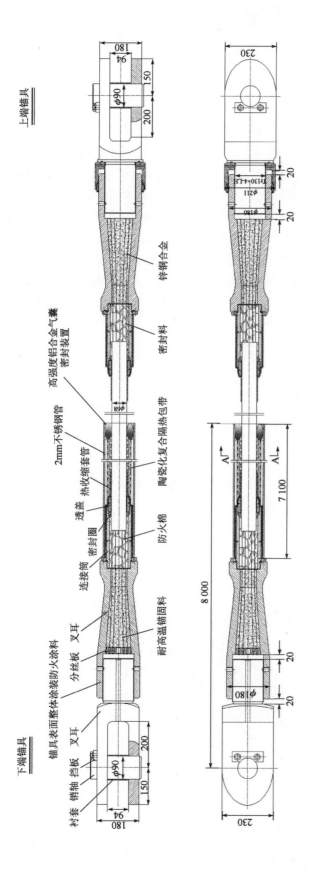

图 3 吊索整体耐高温防护示意(尺寸单位:mm)

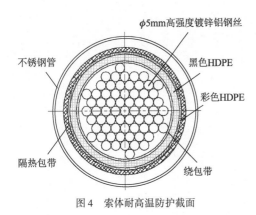

图4 索体耐高温防护截面

(4)吊索下端锚具的锚固材料采用耐高温锚固材料。

(5)垂直高度8m范围内的索夹、吊索锚具及索夹表面涂刷防火涂料,对索夹接缝、高强螺栓进行耐高温防护。

2.2.2 洪奇门特大桥

(1)该项目有危化品车辆通行,通过分析200MW油罐车的火焰高度及吊索失效的临界高度,结合防护条件、经济性等因素,将耐高温的设防高度定为12m。

(2)根据《广州市城市消防规划(2011—2020)》的通告,桥址位置附近有规划建设消防站,预计消防车赶往桥址区域的时间约30min,保守考虑将耐高温防护时间设定为60min。

(3)耐高温防护部分索体在绕包带和黑色HDPE之间增加一道复合纤维耐火隔热带,外层HDPE通长一次性挤塑。一体化耐高温防护结构见图5。

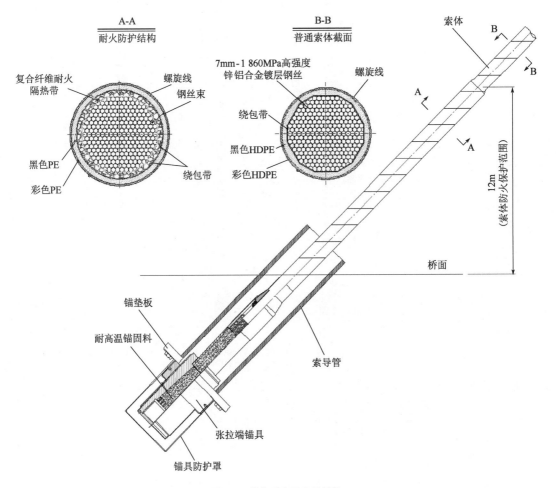

图5 一体化耐高温防护结构

(4)梁端锚具采用耐高温锚固料。

3 耐高温防护体系试验验证

3.1 主缆及吊索耐高温防护试验

耐高温材料能阻滞热流传递的材料,又称热绝缘材料。传统耐高温材料,如玻璃纤维、石棉、硅酸盐等;新型绝热材料,如气凝胶毡、高硅氧布等。综合考虑施工条件、构件形态,宜选择具有一定抗拉强度的多孔带状材料,利用材料本身所含的孔隙隔热。经过筛选对比,设计开发了满足使用条件的新型陶瓷化复合隔热包带。

对包裹新型陶瓷化复合隔热包带的吊索和主缆索体进行 PTI 规定的烃类火灾升温环境下的试验,确定设计的新型陶瓷化复合隔热包带的绝热效果能否满足设计的要求(图6)。

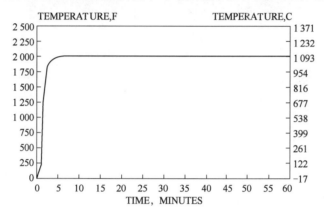

图6 UL1709 烃类火灾升温曲线

试件:本试验的试件共2个,一种规格为 $\phi7.0 \times 241$ 索股,长 1.5m,此试件用来模拟吊索的索体;另一种规格为 $\phi5.0 \times 91-31$ 主缆索股,长 1.5m,此试件用来模拟主缆。试验结果:炉温达到 1 100℃后,持续 30min 后吊索和主缆索股表面钢丝温度均没有超过 300℃,满足设计要求。试验装置及试验数据如图7~图10所示。

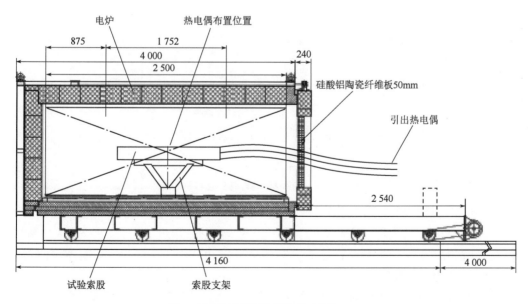

图7 试验装置总装示意图(尺寸单位:mm)

图8 试件装炉

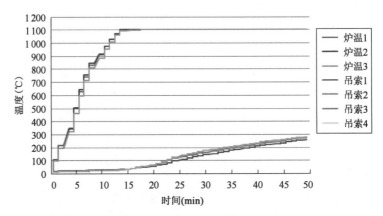

图9 炉温及试验索表面热电偶升温曲线(吊索)

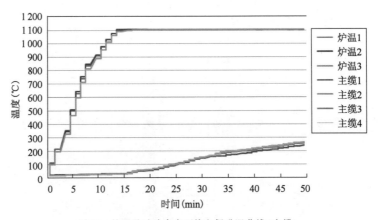

图10 炉温及试验索表面热电偶升温曲线(主缆)

3.2 一体化防护斜拉索耐高温防护试验

为了确定洪奇门特大桥理论计算的复合纤维耐火隔热带厚度能否满足拉索索体的耐火防护需求,开展PES7-139规格索体在烃类火灾环境下"1 100℃"的防护试验,索体表面钢丝在60min内升温不超过300℃。

试验采用的是高功率电热炉,进行烃类火灾升温试验,试验过程中,记录电热炉3个点的炉温及索体表面钢丝3个K型热电偶的温度(图11)。

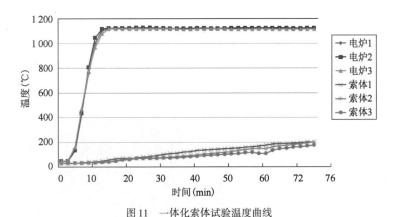

图11 一体化索体试验温度曲线

试验在第13min炉温达到1 100℃以上,总试验时间为76min,持续的有效试验时间(炉温1 100℃以上)为63min,截止试验结束试验索体的钢丝表面温度都没有超过300℃,最高温度为12号热电偶的203.3℃(表3)。

有效平均炉温及钢丝表面温度 表3

有效平均炉温	温度(℃)	钢丝表面最高温度	温度(℃)
电炉1号	1 119.7	索体1号	203.3
电炉2号	1 124.6	索体2号	200.8
电炉3号	1 116.5	索体3号	175.6

试验结束后取出试验索,观察到表面HDPE已经碳化成粉末,在热电偶布置位置逐层剖开,外层复合纤维耐火隔热带颜色从褐色变为深黑色,从原始较为蓬松的结构变为密实的块状结构,内层复合纤维耐火隔热带仍旧保持原有的结构和颜色,基本没有变化(图12、图13)。

图12 炉口冒火

图13 外层复合纤维耐火隔热带

3.3 耐高温锚固性能试验

为验证耐高温锚固料的静载、疲劳和高温锚固性能,对完成了疲劳及疲劳后静载的试验索进行耐高温锚固试验。

试验索为一根φ5-355规格平行钢丝索,抗拉强度为1 770MPa,公称破断索力为12 338kN,

首先按照《斜拉桥热挤聚乙烯高强钢丝拉索技术条件》(GB/T 18365—2018)的要求完成了疲劳及疲劳后静载:应力上限 $0.45\sigma_b$,应力上限 $0.28\sigma_b$,应力幅200MPa,2×10^6 次脉冲载荷,疲劳加载完成后进行静载试验,静载断丝率≤2%。

然后采用该试验索进行耐高温锚固性能试验:锚具达到300℃,在 $45\%P_b$ 应力状态下持荷30min以上(图14)。

图14 试验过程照片

结论:锚具达到300℃,在 $45\%P_b$ 应力状态下持荷达到30min,锚具及索体均没有损坏,如图15、图16所示,从图表中可以看出在190min的时候锚具温度达到了300℃,到230min时超过了30min的要求。

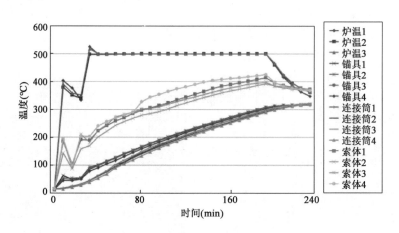

图15 炉温和热电偶升温曲线

3.4 验证试验小结

通过对主缆及吊索耐高温防护试,验证了新型陶瓷化复合隔热包带适合主缆和吊索的外缠包耐高温防护。对一体化防护斜拉索进行耐高温防护试验,验证了复合纤维耐火隔热带适用于斜拉索一体化缠包结构,耐高温性能满足PTI要求。对采用耐高温锚固料的试验索先进行疲劳、静载试验验证,后进行耐高温锚固试验,说明开发的一整套缆索耐高温防护体系设计方案可以满足现有相关规范的要求。

图 16　试验验证后试验索

4　结语

通过多次试验验证,开发了一套适用于悬索桥主缆和[斜拉桥、拱桥拉(吊)索]的体外耐高温防护体系,并成功应用于涛源金沙江大桥和金鸡达旦河大桥。

基于洪奇门特大桥对于斜拉索一体化耐高温防护的要求,开发了具有一定强度的复合纤维耐火隔热带,实现了工厂内一体化缠包和挤塑工艺,该结构完成了成品制作和实桥应用。

对于缆索防火耐高温防护体系,从原材料、过程控制、产品质量、施工标准等方面,系统构建了相关技术标准、试验检测方法和验收标准,为防火耐高温缆索的制作安装提供了全方位的技术保障。

参 考 文 献

[1] Recommendation for Stay Cable Design[J]. Testing, and Installation(PTI DC45.1-18).
[2] 陈礼刚,袁建东,李晓东,等.高温下预应力钢丝的应力应变关系[J].重庆建筑大学学报,2006.
[3] 王莹,刘沐宇.大跨径悬索桥缆索抗火模拟方法[J].中南大学学报,2016.
[4] 崔启,朱美春,张海良,等.钢绞线锚固系统抗火性能试验研究[J].建筑钢结构进展,2019.
[5] 朱美春,孟凡钦,张海良,等.预应力拉索锚头抗火性能试验[J].中国公路学报,2020.

25. 深中通道60m混凝土箱梁陆上运输关键技术

周 雨[1] 金志坚[2]

(1.广东华路交通科技有限公司;2.深中通道管理中心)

摘 要:随着跨海、跨江桥梁不断建设,大型混凝土箱梁使用越来越广泛,而大型混凝土箱梁因体积大、重量重等特点导致其陆上运输成为难题。深中通道智慧梁场通过综合考虑布局,设计合理移动轨道,研发重载滑移台车,结合智能化技术,解决了超宽变幅大型混凝土箱梁运输过程中的扭曲开裂问题,成功将目前国内最重的混凝土箱梁运输出海,并安全高效地完成了全部155片大型60m混凝土箱梁陆上运输任务,可为后续类似工程提供参考。

关键词:梁场 大型箱梁 滑移 运输 台车

1 引言

随着大型跨江跨海工程建设,混凝土箱梁大型化预制已经成趋势,杭州湾大桥、青海湾大桥、广深沿江高速公路等都采用60m以上大型混凝土箱梁,而大型箱梁因重量大,大部分已超过2 000t,导致其陆上运输安全质量成为首要解决难题。

2 工程概况

深中通道是继港珠澳大桥之后,我国的又一世界级跨海通道集群工程,深中通道地处珠江中游核心区域,位于虎门大桥与港珠澳大桥之间,连接深圳与中山市、江门市等地,全长约24km,由桥、岛、隧、水下互通组成[1]。

2.1 结构概况

深中通道浅滩区非通航孔桥总长5 344m,上部结构有多联3×60m、4×60m、5×60m、6×60m、7×60m的60m混凝土箱梁连续箱梁,共计155片60m箱梁,单幅主梁采用单箱双室等高度箱梁结构,距线路中心线10.25m处梁高3.5m,桥面横坡通过调整腹板高度形成,中腹板采用直腹板,边腹板采用斜腹板,斜率为1.6/1,底板水平。跨中顶板厚28cm,支点处加厚为60cm;跨中底板厚25cm,在支点处加厚为60cm;跨中腹板厚40cm,支点处加厚为70cm,箱梁顶板宽20~24m,底板宽9.578~13.641m,箱梁质量2 800~3 180t,如图1所示。

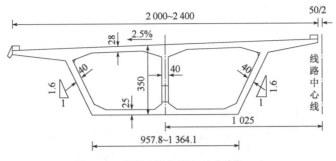

图1 60m混凝土梁断面图(尺寸单位:cm)

2.2 梁场布局

大型混凝土箱梁预制梁场前期布局设计至关重要,制梁、存梁、运梁等过程中一道工序出现问题将影响整个箱梁预制进度,甚至导致梁场停工。深中通道60m混凝土箱梁预制场布置在中山马鞍岛,由在港珠澳预制梁场基础上升级改造而成,占地约234亩。场区共设置6个制梁台座,1号~4号每个制梁台座配备3个存梁台座,5号、6号制梁台座分别配备2个存梁台座,每个制梁台座设置1组(2条)箱梁横移滑道,总共6组,以及1组纵移滑道。横移滑道组间间距29m,组内间距57m,单条横移滑道长107.5m,如图2所示。

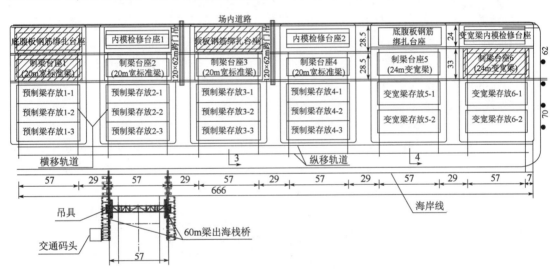

图2 梁场平面布置图(尺寸单位:m)

3 箱梁运输总体施工方案及施工难点

深中通道浅滩区非通航60m混凝土箱梁陆上运输主要通过纵横移滑道进行,混凝土箱梁在预制台座完成预制和纵向预应力张拉,通过横移台车滑移运输至存梁台座,在存梁台座进行端隔墙施工,端隔墙施工完成后,再通过横向台车运输至横移滑道端头时,直接上纵移台车,通过纵移台车移动至栈桥处的横移滑道处对中,然后继续横移顶至靠海测栈桥,通过"天一号"运架一体船运输出海架设。

该项目60m混凝土梁为目前国内最宽最重的混凝土梁,陆上运输主要有以下难点:①对运输设备和运输基础承载力要求高;②超宽混凝土箱梁在运输过程对平稳性要求极高,运输过程支撑点高程偏差必须控制在5mm以内,否则容易造成箱梁开裂[2-3];③箱梁底板宽度变化范围大,对运输设备支撑位置匹配适应性要求高;④箱梁宽度变化、边跨箱梁两端结构设计不一致等因素,导致箱梁重心难以确定,容易造成运输设备偏载[4-5]。

4 箱梁运输施工关键技术

4.1 运输轨道基础施工

大型混凝土箱梁因其体积大、重量重、允许变形小特点,对运输基础要求非常高,局部不均匀沉降将会导致混凝土箱梁运输过程中开裂。深中通道梁场运输基础采用PHC桩+横梁结构,横移滑道基础为A600AB型PHC管桩,桩距4.5m;横梁尺寸为1.4m×1.8m。为确保滑道平整度,在横梁顶滑道设32mm厚焊接成整体的钢板,钢板上通长铺3mm厚不锈钢滑道板,二者通过侧面焊接在一起,滑道控制要点为滑道的水平度和平整度,平整度偏差范围≤1mm。纵移滑道基础为A600AB型PHC管桩,桩距3.5m,桩长约55m;横梁尺寸为1.4m×2.5m,间距9.5m,梁长495m。每条纵移滑道梁上设2条QU80钢轨,轨道间距80cm,施工控制要点为两条轨道高差≤2mm,轨道平整度≤1mm。运输过程中需对基础进行监控测量,发现沉降和位移立即停止运输,检查维护。

4.2 横移台车设计

深中通道60m箱梁为底板最宽24m,底板宽最宽13.641m,单箱双室结构,远远大于东海大桥、杭州湾跨海大桥、青岛海湾大桥等箱梁宽度,传统的机械油压调整的四点支撑运输台车无法满足超宽混凝土箱梁运输过程中的抗扭问题。为解决该问题,本项目创新提出智能平衡+六点支撑方式,研发出新型智能平衡台车,该运输台车智能平衡系统采用被动平衡+主动平衡方式,滑移支撑系统采用支撑滑移车+分配梁+中部辅助恒力支撑结构。滑移支撑系统由4台滑移车和2个分配梁构成,单侧2台滑移车通过两台主千斤顶支撑一个分配梁,分配梁上三点支撑预制箱梁,如图3所示。主千斤顶顶盘为球面结构,支撑分配梁,为保持分配梁放置的稳定性,在滑移车和分配梁之间安装导向机构,只允许上下动作,降低运输过程中箱梁转动对台车造成的损伤,采用分配梁设置三点支撑方式较灵活适应变宽箱梁,又增加台车整体稳定性。

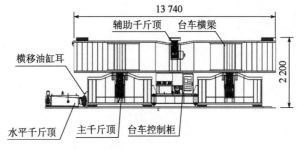

图3 横移台车机构(尺寸单位:mm)

为防止箱梁运输过程中因支点高差导致扭曲开裂,横移采用以下抗扭措施:

(1)采用6点支撑体系,分配梁两侧为主支撑采用20cm厚橡胶支座支垫缓解高差影响,中腹板位置设置辅助顶升油缸起动态调整作用,使中点支撑力恒定,恒力取值为箱梁存在自然状态下中腹板位置90%支反力,该措施较好地解决了箱梁运输过程中扭曲变形。

(2)每个滑移车底部设置的两道MGB高分子滑板与滑轨不锈钢钢板构成摩擦面,MGB高分子滑板既有较高承载力,又有较好的塑性[6],较好缓解滑道局部高差影响。

(3)支撑分配梁主千斤顶配1 000t高压油缸,确保顶升过程控制在80%额定荷载内;主千斤顶配备机械锁,在横移和纵移过程中,机械锁调至离千斤顶下座板5mm间隙,防止运输过程中千斤顶突然漏油失压。

智能平衡系统采用位移/压力传感器和智慧电脑系统构成的智能控制系统[7],达到主千斤顶位移同步,辅助千斤顶超压自动卸压,低压自动补压的恒定效果,为箱梁中部提供恒定支撑力以确保移运过程中梁体截面中部的安全,同时行走过程中记录轨道施工和后期沉降导数据,指导后续主动纠偏。

4.3 纵移台车设计

预制梁场将配置1台纵移台车,由行走支撑系统和顶升系统组成。行走支撑系统由主/被动车、平衡梁、大梁组件、固定牛腿等构成,如图4所示。单列纵移台车总车轮数量48个,通过平衡梁等将大梁组件上的负载均布到每个车轮上,轨道为双边双轨共四条QU80重轨支撑行走。纵移台车大梁上面为横移车顶推滑道,配有不锈钢板,与地面上滑道保持相同的尺寸。单列台车配备12个竖向千斤顶,确保横移台车上纵移台车时大梁与横移滑道齐平,不产生较大下沉变形。

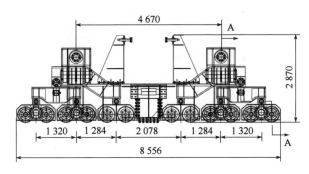

图4 纵移台车机构(尺寸单位:mm)

4.4 横移台车移梁施工

横移台车取梁前,台车横向中心线与60m梁中轴线对位重合;横移台车进行试运行,检查竖向千斤顶的受力性能、6个支撑点顶升和收缩是否同步、检查油压管接头处是否漏油等,同时检查预制区至存梁区之间是否有障碍物将影响箱梁横移,若有影响立马进行清除。顶升时,4台主千斤顶以行程和油压双控,行程高差超过3mm进行预警调整,辅助千斤顶的顶升力恒定4 500kN左右。当横移车竖向千斤顶顶升至要求高程后,将横移车上主千斤顶的机械锁旋转上升到位,保证机械锁与支撑底座钢筒间距为5mm。60m箱梁被横移车顶起时,横移台车水平千斤顶配合两侧设置的抓钩,利用台车底部Q345钢板上的反力键槽往前顶推横移。移运过程中,横移台车纵向轴线与底部横移滑道轴线吻合,台车底座横向限位钢板不剐蹭铺设的钢板。横移过程中需注意:

(1)箱梁端头两侧横移台车行走速度同步,该项目台车内部装有自动纠偏装置,一侧台车行走距离超过另一侧台车距离的3cm,速度快的一侧将进行短暂的停顿,等待另一侧行走,这样始终可以保证两侧横移台车行走距离同步,以保证箱梁移梁施工安全。

(2)横台车行走过程中的需监控6千斤顶受力情况,一旦发现异常情况,立马停止横移施工,问题解决后,才能继续进行移梁。

(3)移梁时应有专人检查抓钩是否抓满扣,当抓钩不满扣时应检查原因,不得损坏抓钩。

4.5 纵移台车移梁施工

箱梁横移到与纵移轨道相交处时,纵移台车的中心线与横移轨道中心线重合对位,台车大梁钢板与横移滑道钢板平齐,并保证错台控制 2mm 内,如图 5 所示。同时,在液压悬架支撑千斤顶下部安装支撑钢凳,确保竖向顶推力满足要求。纵向台车横向个水平千斤顶顶住横移滑道端头和支墩结构,临时将纵移台车固定到位,横移滑道端头与纵移台车横梁相交处缝隙将控制在 3cm 以内,横移台车上纵移台车时,可铺设楔形钢板将纵移台车顶板与横移滑道面板平滑过渡确保箱梁顺利移运。横移台车上纵移台车后需与其中心线重合,避免偏载。纵移台车与横移台车通过支撑杆临时连接固定,负载运行速度不超过 6m/min,如图 6 所示。

图 5 纵移台车对位

图 6 混凝土箱梁纵移

横移台车上、下纵移台车最关键点是纵移车平稳性,纵移车平稳系统主要分为上下过程平稳和重载高压顶升下降平稳。主要措施为:

(1)横移台车上下前,纵移台车利用轨道两侧的 8 个油缸逐步顶升到纵移车大梁与轨道面平齐,锁定两端的机械锁。横移台车的第一个支撑滑移座接近纵移台车的中部时,顶升中间的 4 个千斤顶并锁定机械锁,确保横移台车上移动过程,纵移台车大梁稳定不变形。

(2)纵移台车重载同步顶升下降过程,两端的 8 个油缸以位移传感器位移监控为主,中间的 4 个油缸以压力传感器的压力监控为主,超过此值时应程序要对控制动作作适度调整,确保纵移台车平稳落至轨道上或升至于横移轨道面平齐。

4.6 智能化移梁

60m 混凝土箱陆上梁运输是一项高精度烦琐的工程,该项目通过智能化设计,整套设计融于了智慧电脑设计模块,确保施工运梁过程同步性、平稳性,从设备源头保证施工作业安全。

(1)纵横移台车模块化设计,对每台纵横移车分别配置一套独立智慧电控系统,运梁时选择联机模式,在空载时可选择联机模式也可选择单机模式,操作灵活;配备操作手柄、控制面板两套操作装置。电控系统触摸屏可以提供状态及参数图表、参数设置、预警故障显示,便于观察、比较,使操作者清晰地掌握设备实时工作状态,以便出现故障时及时处理。

(2)纵横移台车千斤顶均都配置了位移传感器和压力传感器。移梁施工时通过压力和位移传感器的反馈,经智慧电脑控制模块计算实现支撑系统升降的同步和同压,在横移和纵移过程中则利用机械锁支撑负载,辅助顶升油缸起动态调整作用,使中点支撑力恒定。同时,移动过程中记录轨道时程曲线和油压时程曲线,通过不同拟合优化纠偏,达到最佳平衡状态。移运过程中油缸压力和位移一旦超出了系统设置界面设置的数值以后,系统将自动出现故障报警,待问题解决和故障修复后,台车才可进行正常工作,从而避免了作业人员和机械设备带故障作业的风险,确保现场移运施工安全。

5　结语

深中通道智慧梁场通过合理布局，设计六横一纵移动轨道，快速高效转运大型混凝土箱梁；通过计算机技术、电子感应技术、机械技术等有机结合，创新研发了智能平衡运输台车，成功解决了大型超宽混凝土箱梁运输过程中受力不均而扭曲开裂的问题。同时，该台车对行走偏差、轨道高差、上下台车等工况纠偏能力强，满足大型变幅宽度混凝土箱梁运输。该项目于2022年11月平顺安全地完成全部155片60m混凝土箱梁陆上运输工作，可为以后类似超大型混凝土结构运输提供参考。

参 考 文 献

[1] 宋神友,陈伟乐,金文良,等.深中通道工程关键技术及挑战[J].隧道建设(中英文),2020(1):143-152.

[2] 宁晓东.超大型箱梁陆上运输关键技术探讨[J].中国高新技术企业,2016(3):90-92.

[3] 罗翊,王衍鑫,于文太,等.大型结构物滑移装船运输时驳船强度分析[J].中国海洋平台,2013(5):21-24.

[4] 冯德飞,卢文良,张树国.东海大桥70m箱梁预应力施工技术[J].铁道建筑技术,2006(2):47-50.

[5] 阮裕和,李洪斌.SPMT转运大型预制混凝土箱梁施工技术[J].港工技术,2020(3):69-74.

[6] 宋治臣,吴志辉,陈洁.自升式钻井平台悬臂梁运输滑移方案研究[J].中国高新技术企业,2018(8):11-13.

[7] 王文菁.装载车液压千斤顶电控系统设计[J].液压气动与密封,2022(5):49-52.

26. 浅谈深中通道钢箱梁智能化涂装设备的应用

李建军

(江苏中矿大正表面工程技术有限公司)

摘　要：为推进智能制造，降低资源能源消耗，《"十四五"智能制造发展规划》指出，智能制造是基于新一代信息通信技术与先进制造技术深度融合，贯穿于设计、生产、管理、服务等制造活动的各个环节，具有自感知、自学习、自决策、自执行、自适应等功能的新型生产方式。大型钢结构耐久性保障是桥梁整体寿命设计的重要考量因素，其防护施工方式对过程控制、涂膜质量、能源耗损和工作效率等方面举足轻重。深中通道项目为进一步响应交通运输部"平安百年品质工程"建设要求，钢箱梁涂装采用智能化涂装的方式。

关键词：钢结构　智能化涂装　防腐涂装

1 项目概况

1.1 项目简介

深中通道项目起于广深沿江高速公路机场互通立交，在深圳机场南侧跨越珠江口，西至中山马鞍岛，终于横门互通立交；通过连接线实现在深圳、中山及广州南沙登陆，主体工程全长约24.03km。其中海中隧道起于深圳侧东人工岛，下穿沿江高速公路、机场支航道、矾石水道，在伶仃航道和矾石水道之间的西人工岛结束。

伶仃洋西泄洪区非通航孔桥全长2 420m，设计为110m×20m等截面钢箱梁，左右幅梁段数量共计44节，西泄洪大桥钢箱梁计划涂装22轮，每轮2个110m大节段，即8个小节段分段，伶仃洋大桥设计为钢箱梁悬索桥，标准梁段截面12.8m×49.7m×4m，本标段涂装梁段数量106节，计划涂装11轮，每轮9~10个段(图1、图2)。

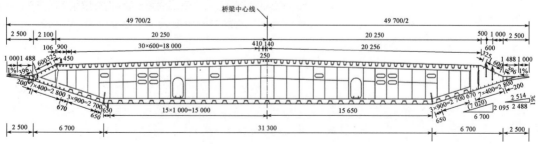

图1　伶仃洋大桥梁段的标准截面图(尺寸单位：mm)

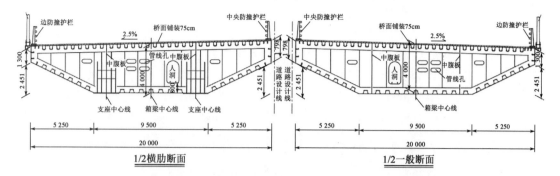

图2 西泄洪区梁段的标准截面图(尺寸单位:mm)

1.2 涂装目前技术现状及难点

目前,我国大型桥梁钢结构涂装基本均由技术工人完成。以人为主的涂装方式,存在许多不可控因素:

(1)物料管控。

从物料进场到物料配比,人工依赖性较强,难以较好满足工艺规范要求。

(2)生产作业。

施工人员技术素质、工艺执行力、工序安排合理性、现场设备拖拽对涂层的二次损坏等因素难以保障大型桥梁大面积一次性涂装质量。

(3)运行控制问题。

关键技术参数,受作业环境扰动大,相互间不能自主协同优化匹配,人工手持喷枪或部分机械化作业方式,智能化程度较低。

(4)施工人员缺乏。

桥梁钢结构涂装施工要求严格,对技术工种的专业性需求较为特殊,现阶段成熟的涂装技术工人工龄较大,未来的5~10年,该类工种人员将会极缺。

(5)安全与环境友好型。

施工人员长时间置于粉尘浓度高、有机挥发物多的环境内作业,且大部分涂装设备未能采取安全预警防护措施,作业安全及职业健康难以较好保障。

2 钢箱梁智能化涂装设备的应用

2.1 智能涂装设备的选用

智能涂装施工内容包括:钢箱梁底板、斜底板的智能喷砂、喷涂、喷漆和钢箱梁钢桥面的智能喷砂、喷漆施工,各施工工序施工的设备配置情况以及车间内的设备配置及选用如表1所示。

施工设备配置计划 表1

序号	设备名称	数量	备注
1	轮载式喷砂设备	2台	钢箱梁底板、斜底板喷砂施工
2	轮载式喷涂设备	4台	钢箱梁底板、斜底板喷涂施工
3	轮载式喷漆设备	1台	钢箱梁底板、斜底板喷漆
4	爬壁式喷砂设备	1台	钢桥面喷砂
5	爬壁式喷漆设备	1台	钢桥面喷漆
6	总控室	1间	监控工作状态,数据整体及上传

2.2 钢箱梁外表面喷砂

钢箱梁底板的喷砂设备采用以 AGV 小车为搭载平台,搭载喷砂枪系统的喷砂设备进行钢箱梁的底板、斜底板的喷砂施工,设备整体设计适用重金属粉尘环境,行走机构采用四轮伺服电力驱动,喷枪系统采用气动驱动(图3)。喷砂设备可通过自动或半自动的方式(人工遥控)完成钢箱梁底面、斜底面自动喷砂除锈施工(支墩部位除外),轨迹自设(直线行走),喷砂效率 $60m^2/h$ (Sa3.0 级),设备工作行进速度:0.5~2m/min,非工作行进速度:<2km/h,喷砂幅度可达 1.2m。

图 3 钢箱梁在喷砂车间内布置

本系统主要为完成钢箱梁类工件底面和斜底面的喷砂施工,底面和斜底面的喷砂设备由 AGV 小车(X/Y 轴移动)、升降平台(斜底面喷砂机器人)、喷枪系统、电控操作系统、AI 控制系统组成(图4)。

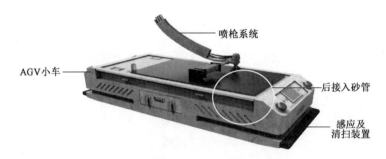

图 4 底面喷砂系统结构展开示意图

2.2.1 喷枪系统

喷砂枪体采用4把砂枪并排布置,形成单道 30cm 的喷砂宽度,可大大增大出砂量,枪体采用 SC80-25 型气缸驱动,以定轴做扇形摆幅运动,同时通过限位传感器控制摆动幅度,气缸上安装有气压调节阀和对应的气压传感器,可通过调整气压控制活塞运动速度。

在整个运动过程中,喷枪一直做加速—减速—加速—减速的摆幅运动,喷枪系统安装有枪体运动缓冲装置,减少枪体运动过程中产生的惯性对车体稳定性的影响。

2.2.2 AGV 轮载式搭载平台系统

采用定制背负式 AGV 小车,AGV 小车按照重度金属粉尘环境设计。车体采用四轮驱动伺服电机驱动,陀螺平台惯性导航系统定向,以实现 AGV 小车能够完成接近直线的运动轨迹,AGV 小车在行进过程中出现偏差可通过遥控的方式人工纠偏,同时 AGV 小车可完成左右横移运动,在一个作业面完成后,只需一键操作即可进入下一个作业面进行作业。

在钢箱梁底面和斜底面分别铺设磁导轨,磁导轨为 5cm×5cm 铝制方管,方管表面粘贴磁性胶带,单根导轨长度 2.5m,2 根导轨采用插接接头连接可实现快速安装的需要,设备运行过程中通过感应磁道轨的位置行进,通过激光测距导航实现变轨。

第一道作业轨迹施工完成后,设备通过激光测距导航自动横向移动 1.1m 进入第二道行走轨迹,喷枪开启,完成第二道行走轨迹的喷砂作业,小车在钢箱梁底部行走轨迹为Z字形,每道轨迹的间距为1.1m,纵向搭接宽度为10cm(图5)。

图5 喷砂施工示意图

AGV小车采用磁导航和激光测距导航,同时可以通过遥控的方式进行人为干预;斜底面喷砂机器人可通过升级平台抬高工位,完成喷砂施工;电机驱动轮安装有刹车系统和传感器,保证相应的精度,并且防止出现碰撞等事故。

整个系统从喷砂起始点进行相应的喷砂工作,行走的方向根据钢箱梁位置确定。配合喷枪系统的运动姿态,完成整个钢箱梁底面的喷砂的工作,移动速度初定1.8m、喷砂幅宽1.0m,搭接宽度10~20cm。

2.3 钢箱梁外表面电弧喷涂

2.3.1 电弧喷涂功能介绍

喷涂设备以轮载式搭载平台(AGV小车)为基础,搭载电弧喷涂设备、喷枪往复直线运动系统的智能喷涂设备,用于钢箱梁的底板、斜底板的喷涂锌铝合金施工。设备整体采用四轮伺服电机驱动,喷枪系统采用气动驱动。

喷涂设备可通过自动或半自动的方式(人工遥控)完成钢箱梁底面、斜底面自动喷涂施工(支墩部位除外),轨迹自设(直线行走),喷砂效率18m^2/h(锌铝合金150μm),设备工作行进速度:0.5~2m/min,非工作行进速度:<2km/h,喷砂幅度可达0.6m,喷枪往复直线运动系统搭载电弧喷枪在垂直于AGV小车行进方向做往复匀速直线运动姿态,速度可控形成Z形喷涂工作面。

2.3.2 设备组成及规格

本系统主要为完成钢箱梁类工件底面和斜底面的喷涂施工,底面和斜底面的喷涂机器人由AGV小车(X/Y轴移动)、升降平台(斜底面喷砂机器人)、电弧喷涂机、喷枪往复直线运动系统、电控操作系统、AI控制系统组成(图6)。

图6 斜底面电弧喷涂统结构示意图(底面不含升降系统)

(1)喷枪直线往复运动系统。

喷枪直线往复运动系统由气动直线圆柱导轨、气缸、电源驱动器、限位器、喷枪等组成,能够确保在高浓度金属粉尘环境下使用的稳定性,同时通过控制喷枪往复运动的速度可以控制锌铝合金涂层厚度。

(2)AGV小车磁导航铺设(施工前临时铺设,轨迹可灵活布置)。

导航系统采用磁导航传感器,导引可靠、导引纠偏瞬时反应灵敏度高,如因异常引起脱离轨道会自动报警,抗振动、抗干扰、经久耐用、质量可靠,方便安装与维修。

AGV的减速停车依靠地标传感器。在地面上,地标是各个站点的标志,AGV通过其车体上安装的地标传感器采集地标信号来控制AGV运行、停止及加、减速变换等。

本项目用的导航磁条为自制,将橡胶材质的磁条(高2mm)嵌入到铝板上(宽5cm,高5mm),同时用防护带进行防护,铝板单面磁性,可吸附到地面钢板上,每根铝板设计长度6m,铺设前采用红外线和钢尺控制其铺设的偏差,整体对偏差要求较低,2根行进轨迹间距偏差<5cm即可,同时设备上安装有红外定位装置备用,磁条距钢箱梁边缘0.2m,距支墩1.0m,施工过程中通过磁条铺设轨迹的设计,合理避开支墩的影响。

在钢箱梁底面和斜底面分别铺设磁导轨,磁导轨为5cm×5cm铝制方管,方管表面粘贴磁性胶带,单根导轨长度2.5m,2根导轨采用插接接头连接可实现快速安装的需要,设备运行过程中通过感应磁道轨的位置行进,通过激光测距导航实现变轨(图7)。

图7 智能电弧喷涂示意图

2.4 钢箱梁外表面喷漆

2.4.1 设备功能描述

喷漆设备轮载搭载平台(AGV小车)为基础,搭载喷漆系统的自动喷漆设备,用于钢箱梁的底面漆喷涂作业,设备采用舵轮驱动,喷枪系统采用气动驱动。

设备可通过人工遥控和激光导航的方式行进,搭载机械手臂和和高压无气喷涂机,每次喷漆过程中,AGV车体做匀速直线运动,同时机械手臂搭载喷枪做左右往复直线运动,形成Z形喷涂工作面,喷漆效率>200m^2/h。

2.4.2 设备组成及规格

本系统主要为完成钢箱梁类工件底面和斜底面的喷漆施工,底面喷漆系统由AGV小车、油漆供给配系统、机器人系统、控制系统、工装等组成(图8)。

车体安装铅酸蓄电池作为动力源,蓄电池重约1t,安装于AGV小车车头部分,占用大约676.5mm的位置,便于更换;小车与机器人的电气控制部分安装于小车中部的防爆电箱内。防爆电箱尺寸为$L1\,530mm \times W700mm \times H690mm$,防爆电箱左右两侧均可开门。电箱和车体底座固定后(可焊接,可以拧螺钉),以后基本不再拆卸,电箱内部电气底板与电箱连接处作为可滑动的(配滑轨或滑轮),电气元器件维修或者更换时,电箱不用移动,只需打开电箱门,抽出电气底板即可。

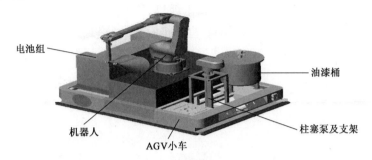

图8 智能喷漆设备示意图

机器人直接固定于防爆电箱外侧,安装处加焊厚度20mm铁板,供机器人锁螺钉固定。由于电箱与小车底盘已连接固定,所以机器人运行时的稳定性,得到了保证。

AGV小车尾部700mm多的位置,放置油漆桶、柱塞泵、配重块。柱塞泵及支架总高约1 370mm,不能直接放置于小车上部,配重块的作用为平衡小车前部蓄电池的重量。

机器人保持固定喷涂姿态,AGV小车搭载机械手左右直线运行带动喷枪压枪喷涂,喷涂轨迹预先设定,定位精度与行走轨迹通过地面反光板和小车激光发射器来确定。

喷涂箱梁底板时候机器人保持固定喷涂姿态来回往复喷涂,喷涂两侧斜底板时AGV小车每更换一次行进路线,机器人喷涂姿态便下降或者举升一定高度使得喷枪距离箱梁表面距离一直是等距(图9)。

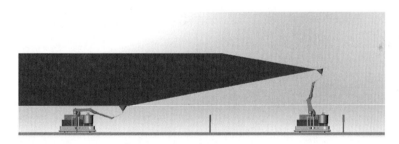

图9 喷涂位置示意图

钢箱梁外表面采用1台智能喷漆设备进行中间漆、面漆喷涂,施工效率>250m²/h,钢桥采用1台爬壁式喷漆设备进行磷化底漆的喷涂,可在3h内完成钢箱梁单道外壁、桥面的喷漆施工。

反光板安装于固定立柱上,等间距布置于支墩旁边和工件周围,并配合安装于AGV小车上的激光扫描系统,测量周围的环境。

3 智能设备的创新性及先进性分析

本项目智能设备基于钢结构形式及防护方案,结合现代设计理论与方法,开展钢箱梁外表面智能化涂装技术研究及应用,形成大表面自动化涂装装备设计理论与方法,实现生产智能信息化状态监测,推动桥梁钢结构涂装业精细化生产,提升大型钢结构大表面涂装技术在国际示范引领的能力,填补钢结构大表面涂装装备的国际空白。

（1）大型桥梁钢结构以箱梁为例，存在制作及定位误差，且分段式涂装工件异相性较大，大距离物料补给及压降难以保障防腐效果及涂层质量。因此轨道自动化喷漆设备行程、速度、喷幅、压力等关键技术参数确定，发现物料输送管路、配比器内二相流场分布规律，避免交联反应对管路结构损耗，提高工件表面涂层质量，是本项目采用智能设备的先进之处。

（2）工艺现场高度复杂，工装移动与控制、进度指示、环境控制、洁净度测试及临时防护等交叉作业时刻影响涂装质量。多工序交叉离散型动态数据采集与集成，实现智能化生产量化管理，提出智能协同管理系统集成框架，智能化设备使用的创新之处。

（3）转变传统粗放式涂装形式，实现钢结构大表面涂装技术，强有力保障涂层质量，推动桥梁钢结构涂装业精细化、模块化生产。

（4）实现工艺需求信息分析与控制，涂装程序预存及现场实际反馈，整套工作网络，多设备具备数据处理与执行能力，可视化显示，协调数字化网络运行效率，实现总体控制，实时全局监控状态。

4 智能设备的局限性分析

（1）技术条件不成熟。

目前桥梁施工方面的智能化软件和硬件还不够成熟，部分设备需要进口，并且钢箱梁内仓作业的技术条件还无法完全满足施工需要。

（2）施工企业投入过大。

目前部分项目业主对涂装不够重视，智能化方面没有专项资金保障，施工企业一次性投入过大，资金回笼过慢，给施工企业造成一定的资金压力。

（3）环保政策的落实。

目前粗放式作业生产一直在持续，智能化涂装的优势难以完全体现。

（4）技术人员的水平参差不齐。

智能化涂装设备的研发、安装、操作、维护等工作，都需要具有一定文化和技术水平的人员，但人员的技术熟练度需要长期的相关工作来完成，但智能化的推广还需要一定的时间，所以变成了一个死循环。

5 结语

智能涂装是一种应用智能技术的涂装工艺，它结合了自动化、机器人技术、机器视觉、大数据和人工智能等先进技术，实现了涂装工艺的智能化和自动化。通过智能涂装，可以大幅提高涂装效率，降低涂装成本，并提高涂装质量。总之智能涂装是未来涂装行业的发展趋势，它可以提高涂装的效率和质量，降低涂装成本和环保压力，为企业的发展提供有力支持。

27. 深中通道大节段钢箱梁侧向滚装上船关键技术

陶建山

(中铁大桥局深中通道 S07 合同段项目部)

摘　要：深中通道泄洪区非通航孔桥为 110m 跨的连续钢箱梁桥，主梁采用分幅式单箱三室钢箱梁，梁高 4m、底宽 9.5m，首孔、中孔和末孔大节段钢箱梁制造长度分别为 133.1m、110m、86.1m，吊装质量分别为 1 780t、1 627t、1 357t。钢箱梁在船厂制造成大节段，采用驳船运输到工地，需要装船和卸船。为了解决大节段钢箱梁装船难题，提出采用侧向滚装上船方案。通过对码头港池岸线、陆地运输工具、海上运输驳船及其滚装调载能力的综合分析，选择了模块车(4 台并车)和驳船(宽 33m、满载排水量 22 777t)进行侧向滚装上船试验，验证了侧向滚装上船方案的可行性。在大节段钢箱梁侧向滚装上船过程中，通过钢箱梁装船布置、码头岸线布置、SPMT 模块车布置、侧向滚装上船调载控制、侧向滚装上船、装载系固及近海运输关键技术，解决了侧向滚装上船的安全、稳定难题，达到了大节段钢箱梁侧向滚装平稳上船和下船的目的。

关键词：跨海桥梁　连续箱梁桥　大节段钢箱梁　侧向滚装上船　驳船调载　模块车横向载梁运输　钢箱梁近海运输　施工技术

1　引言

深中通道位于珠江口伶仃洋，连接深圳市机荷高速公路与中山市中开高速公路，通道包括岛隧和桥梁工程，桥梁工程长 17.034km，自东向西分别为伶仃洋航道桥、万顷沙互通、中山航道桥及航道桥两端的泄洪区非通航孔桥和横门互通桥组成[1-4]。深中通道泄洪区非通航孔桥共有 6 联 6×110m、3 联 5×110m 和 1 联 4×110m 连续钢箱梁，每联由 1 个首孔、4～6 个中孔和 1 个末孔大节段钢箱梁组成。桥面为双向 8 车道，左、右幅分离式，共 110 片钢箱梁，单幅梁宽 20m；下部结构为 T 形盖梁整体式桥墩。泄洪区非通航孔桥主梁采用分幅式单箱三室钢箱梁，梁高 4m、底宽 9.5m，两中纵腹板间距 7.4m。首孔、中孔和末孔大节段钢箱梁制造长度分别为 133.1m、110m、86.1m，吊装质量分别为 1 780t、1 627t、1 357t。

深中通道有 92 片大节段钢箱梁需要采用大型驳船运输。从船厂装梁并运输到工地，将钢箱梁卸船到出海转存平台转存，且驳船离开后，由"天一号"运架一体船进港取梁、运输和架梁。根据"天一号"运架一体船的取梁净高和浮托法转存的需要，钢箱梁梁底高程需

达 +6.8m 以上。

大节段钢箱梁一般采用后艉纵滚装船[5-7],该方法调载少,安全可靠。深中通道大节段钢箱梁需要采用浮托法转存,因驳船上带有2根大型钢托梁,阻碍了后艉纵滚装船,船厂又没有大型起重设备装船,因此,提出采用侧向滚装上船方案。侧向滚装上船是驳船侧停靠在码头前沿,系缆牢靠(确保在风浪及潮汐流水作用下其位置固定不动),采用分组并车的模块车横向载运大节段钢箱梁,沿码头坡道及跳板慢速运行,纵、横移到设计位置;然后将大节段钢箱梁降落到驳船钢托梁上进行支承转换,最后模块车卸车下船。为验证侧向滚装,根据潮汐规律、码头和船坞港池岸线结构、运输驳船的性能及其调载能力、模块车的性能等侧向滚装条件,进行侧向滚装上船试验,以证明侧向滚装上船方案的可行性。针对侧向滚装上船行程短、驳船横摇大、风险性高,故从钢箱梁装船布置、码头岸线布置、SPMT模块车布置、侧向滚装上船调载控制及上船操作分析侧向滚装上船关键施工技术。

2 侧向滚装条件与侧向滚装上船试验

2.1 侧向滚装条件

2.1.1 潮汐

中机建码头位于横门东水道的南岸,附近有广东中山市横门东水道横门潮汐站。潮高基准1.23m,最高潮高2.69m,最低潮高-0.15m,高低潮差2.84m,全年平均1.2m,平均高潮1.83m,平均低潮0.58m,平均潮差1.25m。最久涨潮910min,最久落潮614min,平均涨潮335min,平均落潮412min,高平潮时间短,低平潮时间也短。常水位高程+0.52m;风暴潮时最大波高1.39~1.76m,一般风浪高0.3~0.5m,高速轮船经过时波浪高0.1~0.3m;落潮水位下降速度0.3~0.5m/h,大潮时表层最大流速1.1m/s,涨落潮流速0~0.6m/s。

2.1.2 码头和船坞港池岸线

中机建码头岸线长148m,配有8m深水码头配套设施、7个45t系缆桩,侧面有护舷。码头顶面高程+3.5m,前沿池底高程-7.4m,曾用于港珠澳大桥大节段钢箱梁艉滚装船。

江门银星船厂的船坞码头,船坞长320m、宽41.8m、水深7.0~10.3m,横向运梁泊位长196m;坞口有闸门,配有500t龙门起重机。关闭坞门后,坞内水位不高于坞外水位;若坞内水位高,可采用坞内水泵进行相应调整。

2.1.3 运输驳船

由于海上风电工程全面开工,导致长期可用的大型驳船资源少,运梁船采用"灏锟发展"号自航驳船(以下简称驳船)。该驳船总长152.42m,甲板长129m,水线长140.5m,船宽33m,方形系数$C_B = 0.81$,型深8.6m;空载排水量5 502 t,空载吃水4.28m,船尾推进器最小吃水3.28m;满载排水量22 777t,满载吃水深度5.9m,载货量17 166 t,甲板承载力150kN/m^2。纵向重心位置距船艉69.362m,重心高度9.641m。驳船两侧各有6个边压载水舱和底压载水舱,两侧各2个艄压载水舱、2个冷却水舱、1个首尖舱兼压载水舱。两侧边压载水舱可供横倾和涨落潮调载使用,每个边舱舱容有686~889m^3,所有边舱最大可压载至90%,最小可排至5%。

2.1.4 模块车

SPMT(Self-Propelled Modular Trailers)是一种模块化生产及组装的自行式模块运输车,可以根据装载货物的不同需求被配置成各种结构、尺寸和载重量。SPMT需要PPU(Power Pack Unit)动力头静液压驱动,可实现多模式独立转向和平台升降功能,遥控控制,可根据运输货物特征对运输车组进行任意组合并车,从而可实现超大吨位物件运输。SPMT每轴线允许载重30t,轮压7.5t,比压15t/m²,压实后的地面承载力即可满足要求,载梁行驶速度0~8m/min,爬坡能力达5%。

2.2 侧向滚装上船试验

通过对船厂码头港池岸线、SPMT模块车运输、海上运输驳船及其滚装调载能力的综合研究,选择了模块车和驳船进行侧向滚装上船试验(图1),模块车采用2台4轴线和2台6轴线并车,以1台PPU动力头驱动。见图1。4轴线模块车长5.6m,6轴线模块车长8.4m、宽2.43m、高1.14~1.84m,轴距1.4m,自重26t,行驶高度1.5m,升降补偿行程±0.35m。驳船的满载排水量22 777t,船宽达33m,其侧向稳性好。通过对全部底舱加载压载水,使进港驳船空载吃水深度达5.1m,也提高了驳船稳定性。为保持驳船甲板垫层面与码头面的高度差保持在允许范围内,充分利用涨潮时间段滚装,减少调载量,缩短调载时间。

图1 侧向滚装上船试验

通过SPMT模块车装载小节段钢箱梁侧向滚装上船试验,获取了模块车纵移、横移的调载相关数据,实现了大节段钢箱梁侧向滚装上船,验证了侧向滚装上船方案的可行性。

3 侧向滚装上船关键技术

大节段钢箱梁采用侧向滚装上船在国内尚属首次,施工难度及风险比较大。侧向滚装上船施工主要有以下难点:钢箱梁长达133.1m,而梁底宽度仅9.5m,侧向滚装上船难度大;伸出船外的钢托梁底要高于码头顶面才能停靠码头;采用4台动力头模块车,同步性要求较高;单个模块车承载大,坡道装船安全风险大;大节段钢箱梁侧向滚装,持续时间短,调载难度大,对船舶及操作要求很高;海上运输集中在5—11月,雷雨、大风和台风影响较大。针对以上难点,主要从钢箱梁装船布置、码头岸线布置、SPMT模块车布置、侧向滚装上船调载控制、侧向滚装上船、装载系固及近海运输等方面分析其关键技术。

3.1 钢箱梁装船布置

大节段钢箱梁及钢托梁在驳船上横向与船纵轴线对中,后钢托梁距船尾28.2m,前后钢托梁间距60m。首孔大节段梁前距艉楼后墙1.3m,后外悬伸出船尾5.4m,梁重心距船尾61.15m;中孔110m大节段梁前距艉楼后墙11.3m,后距船尾7.7m,梁重心距船尾62.7m;末孔86.1m大节段梁前距艉楼后墙24.8m,后距船尾18.1m,梁重心距船尾61.15m。

钢托梁用于大节段钢箱梁在驳船上的支承,为等宽变高度箱形梁,梁长43m,梁宽3m,端部梁高1.2m,中间15m范围的梁高2.2m,1根钢托梁重188t。钢托梁横船布置,两端伸出船外各5m,随驳船沿繁忙的航道航行。

为便于大节段钢箱梁侧向滚装上船,在每根钢托梁两侧的甲板上现浇长29.7m,纵向各宽10m、厚0.5m的混凝土垫层,作为模块车上船通道。模块车在右舷侧上下船,混凝土垫层面右舷7.5m长范围设4%坡道,与码头通道纵向和竖向对齐。驳船侧向停靠码头,船首和船尾在码头系缆桩上各系2根八字形布置的直径80mm尼龙纤维缆绳,预拉收紧,船体右舷紧靠码头护舷,确保系缆牢固、驳船位置固定不变。侧向滚装上船箱梁装船总体布置见图2。

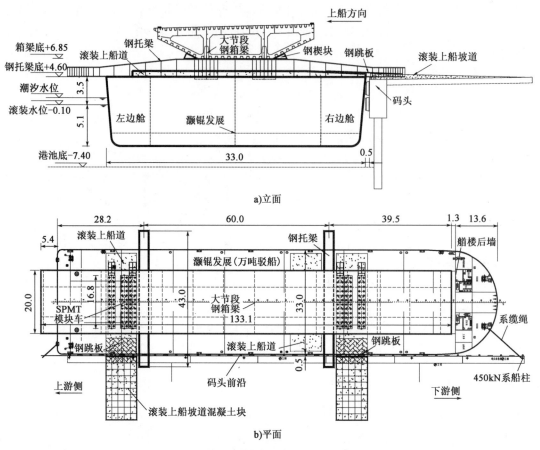

图 2 侧向滚装上船箱梁装船总体布置(尺寸单位:m)

3.2 码头岸线布置

要求钢箱梁底距甲板面的高度为 2.2m 以上,模块车升高后仅 1.8m,需要在驳船和码头岸线增设 0.5m 厚的混凝土垫层;钢托梁与码头顶面要有一定的安全距离,防止滚装作业时钢托梁与码头接触。最小干舷高度的垫层顶面要高于码头,需要在码头滚装区运梁通道处建设宽 12m、长约 20m,坡度 4%~5% 的上船坡道。坡道顶高出码头顶面 1m,采用可移动的现浇混凝土块作上船坡道。

由于驳船与码头前沿有 0.5m 宽的间隙,需要铺设钢板或钢跳板跨越,使模块车轮胎能顺利通过。滚装跳板根据码头结构选择:中机建码头的 2 个上船道采用各铺设 4 张厚 20mm 的钢板,柔性过渡;江门银星船厂船坞码头的 2 个上船道则采用各 5 块专用上船钢跳板。

3.3 SPMT 模块车布置

大节段钢箱梁侧向滚装上船采用 SPMT 模块车运输,配置 4 个 PPU(390kW)48~72 轴线不等的模块车。因钢箱梁底宽仅 9.5m,横向布置 2 台 6 轴线模块车(即 12 轴线)。首孔 133.1m 和中孔 110m 的大节段钢箱梁纵向布置 6 组,其中内侧 2 组采用联结器并车,模块车并车布置见图 3。末

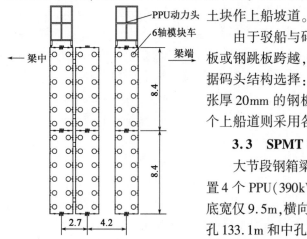

图 3 模块车并车布置(尺寸单位:m)

孔86.1m大节段钢箱梁纵向布置4组,最大轴线载荷247kN,小于允许轴线载荷。

每个PPU动力头连接本组2台或4台模块车的液压管路和控制信息线路,设1台PPU动力头为无线主控,其余3台无线被控,执行同步走行和转向,以轮组油缸顶力相等的控制标准,各油缸根据顶力自由伸缩。模块车与钢箱梁底之间铺满10cm×10cm的硬方木(铺设长度为2.5m),以增加上坡摩擦力。

3.4 侧向滚装上船调载控制

在装载大节段钢箱梁的模块车滚装上船过程中,为保持驳船吃水不变或其右边缘的垫层面与码头坡顶高差不超过20cm,需通过对驳船的左/右边舱及首尖舱抽排水进行调载控制[8-10]。侧向滚装上船调载控制包括纵倾、横倾和潮汐3个方面的调载。为进行3个方面的调整,需首先计算其调载量。本节以首孔大节段钢箱梁的侧向滚装上船调载计算为例。首孔大节段钢箱梁梁重1 780t,72轴线SPMT模块车重324t。模块车载梁上船后,平均吃水增加 $\Delta h = (1\,780m^3 + 324m^3)/(0.81 \times 140.5m \times 33m) = 0.56m$。

3.4.1 纵倾调载

首孔大节段钢箱梁重心至船重心纵向距离 $X_b = 69.362m - 61.15m = 8.212m$,向艉纵倾力矩 $M_b = 146\,170kN \cdot m$。模块车向艉纵倾力矩 $M_s = 3\,240kN \times (69.362 - 58.2)m = 36\,160kN \cdot m$;艏尖舱加入压载水 $W_s = (146\,170kN \cdot m + 36\,160kN \cdot m)/69.362m = 2\,787kN$,舱容为626.94$m^3$,可以满足纵向调平。

纵倾调载控制措施如下:装船前通过调载船首船尾舱的压载水使船体纵向水平;大节段钢箱梁滚装上船过程中产生的向船尾纵倾力矩,根据上船的SPMT轴线数,通过分批对艏尖舱加入压载水进行控制,与横倾同步调平。

3.4.2 横倾调载

SPMT载运首孔大节段钢箱梁自第1轮轴上船,到第12轮轴刚上驳船右侧舷时,出现最大横倾力矩为185 150kN·m,在横倾力矩变化过程中,需要对左/右边舱互驳调载压载水,使之逐步平衡。调载计算示意见图4,首孔大节段钢箱梁侧向滚装调载计算结果见表1。两侧各有2个边舱用于横倾调载,每个边舱舱容686～889m^3,能满足调载要求。

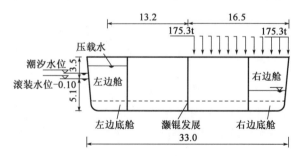

图4 滚装调载计算示意图(尺寸单位:m)

首孔大节段钢箱梁侧向滚装调载计算结果　　　表1

工况	纵倾调载			横倾调载		
	后艉纵倾力矩 (kN·m)	纵倾调载量 (kN)	首尖舱调载 压载水增加量(t)	向右横倾力矩 (kN·m)	左边与右边舱 压载水差(kN)	抽水增加量 (t)
第1轴线上船	15 195	219	—	28 930	1 100	—
第2轴线上船	30 390	438	21.9	55 410	2 100	100

续上表

工况	纵倾调载			横倾调载		
	后艉纵倾力矩（kN·m）	纵倾调载量（kN）	首尖舱调载压载水增加量(t)	向右横倾力矩（kN·m）	左边与右边舱压载水差(kN)	抽水增加量（t）
第4轴线上船	60 780	876	43.8	100 990	3 830	173
第7轴线上船	106 365	1 533	65.7	150 960	5 720	189
第12轴线上船	182 340	2 629	109.5	185 150	7 010	130
第1轴线至船中线	—	—	—	162 010	6 140	−88
第3轴线至船中线	—	—	—	103 100	3 910	−223
第5轴线至船中线	—	—	—	44 180	1 670	−223
至船中线	—	—	—	0	0	−167

注：横倾调整时，抽水增加量正值为从右边舱抽水到左边舱，负值为从左边舱抽水到右边舱。

横倾调载控制措施如下：

(1)横倾调载采用左、右侧各2个边舱调载压载水，滚装前此4舱均加一半压载水，用于左右互驳。

(2)驳船配2台手动阀电泵(调载能力1 200m³/h)，用于左、右边舱压载水的内部调载；12轴线模块车组的第1、2、4、7、12轴线刚上船时，需各测量并调载1次，此时将右边舱水抽到左边舱；第1、3、5轴线和梁体重心到达船体纵轴线时也各测量和调载1次，此时将左边舱水再抽到右边舱，调平船体。

(3)由于调载水量大，每次需要10~15min，滚装上船和横移过程要与调载同步，横倾产生的左右舷高差要低于40cm。模块车下船吃水变化为0.087m，4组模块车分车逐一依次下船，可不调载。

3.4.3 潮汐调载

驳船水线面积 $A = 0.81 \times 140.5\text{m} \times 33\text{m} = 3\,755.6\text{m}^2$，每涨潮或落潮1m的调载量为3 755.6m³。驳船两侧共有8个边舱可用于潮汐调载，满足要求。

潮汐调载控制措施如下：

(1)掌握实时天气预报、实时潮汐潮位情况，确认涨潮滚装窗口和滚装时间；滚装过程需1~2h，水位变化0~1m，通过调载压载水保持甲板高程不变。涨潮时的调载速度需大于0.5m/h(1 878m³/h)。

(2)因驳船体积大，潮汐变化调载量大，选择驳船左、右各4个边舱进行调载压载水。为适应潮汐水位变化，左、右侧边舱的内、外各配备12台200m³/h潜水电泵，分别向舱内或向舱外抽排水进行调载，单侧最大调载能力1 200m³/h，以满足驳船甲板垫层面与码头面的高度差在允许20cm范围内。

3.5 侧向滚装上船

大节段钢箱梁滚装上船选择在低平潮至涨潮时段进行，以减少因载梁滚装上船导致驳船下沉的调载时间。装船前后的吃水均为5.1m，根据当天潮汐水位，若不是5.1m，可根据"装梁潮汐调载方案"调到相应吃水深度。在整个滚装过程中，模块车载梁上船及横移均采用右边舱抽水到左边舱(或左边舱抽水到右边舱)互驳的方式进行调载；纵向和潮汐调载采用外接潜水电泵对相应的水舱进行灌水或排水，3种调载方案可同时进行。注意船舶的浮态和潮汐变化，当驳船的混凝土垫层面与码头坡顶高度差超过20cm时，SPMT模块车停止上船，进行驳船调载或排水至允许的高度差范围内,以保证装船的全过程安全。侧向滚装上船见图5。

图5　侧向滚装上船

侧向滚装上船过程中采取的措施如下:

(1)清理驳船上影响模块车、钢箱梁移动方向的障碍物,画出模块车及钢箱梁停放位置,误差不超过20mm。

(2)全面检查钢箱梁的装载情况和SPMT性能,确认一切正常后,所有人员各就各位,专职指挥发出启运指令,模块车开始移动。

(3)模块车应平稳低速前行,保持2m/min匀速,行驶方向始终与船中轴线垂直,偏差小于10cm。

(4)当模块车轮胎走出码头范围时,根据"装梁潮汐调载方案",驳船人员操作船上的压载水调节系统,对驳船浮态进行调整,同时全程检测码头的上船道与船上垫层面高程变化情况,使船体保持平稳。

(5)在模块车开始从码头前沿通过所铺设滚装跳板上船时,船体受力有一个突变过程,需注意观测跳板及驳船甲板上的测点高程变化情况,及时调整驳船的浮态。

(6)监测人员实时监控驳船靠码头一侧的垫层与码头坡道顶面高度差、驳船横倾角度、车辆行走轨迹偏差情况、钢箱梁底部与驳船上甲板高度变化、跳板移位情况、SPMT车组状况、钢箱梁状况。

3.6　装载系固及近海运输

为确保近海运输安全,大节段钢箱梁与驳船必须进行系固[11-13]。根据《海上拖航指南》[14]中相关公式计算可知:运梁船在海上运输过程中的最大横摇角度为10°,首孔大节段钢箱梁重1 780t产生的横向作用力 $F_1 = 4\,743.7$ kN。钢箱梁与钢托梁之间采用5cm厚的硬橡胶垫板抄垫,钢箱梁与橡胶之间的摩擦系数为0.5。钢箱梁自重产生的下滑力 $F_2 = 17\,800$ kN $\times \sin 10° = 3\,090.9$ kN;钢箱梁与橡胶垫之间摩擦力为 $F_3 = 17\,800$ kN $\times \cos 10° \times 0.5 = 8\,765$ kN,则 $F_1 + F_2 = 4\,743.7$ kN $+ 3\,090.9$ kN $= 7\,834.6$ kN $< F_3$,满足航行安全要求。

钢托梁与船甲板之间设置纵、横向限位块,以"榫卯"结构连接。模块车落梁卸车后,在钢箱梁两侧外斜腹板与钢托梁之间安装钢楔块及橡胶板,固定钢梁,钢楔块与钢托梁用大螺栓连接。

海上运输线路:驳船沿横门东水道到中机建码头约5.6nmile,1h可达到;到江门银星船厂码头约101nmile,离开码头后经过虎跳门水道→崖门水道→荷包岛近海→东澳岛近海→港珠澳青洲航道桥→淇澳岛横门东水道,最后到达出海转存平台,自航驳船航速8~12kn,经过中山、珠海、江门海事管理,航行、等放行及等潮时间历时15~24h。

4 结语

深中通道大节段钢箱梁是第一次采用侧向滚装上船,安全风险高;选用了满载排水量22 777t,宽达33m的自航驳船,横向稳性好,降低了侧向滚装上船的安全风险。驳船甲板面浇筑混凝土垫层作为模块车上船通道,不仅改善了甲板受力,提高了船的稳性,也解决了模块车顶升高度不足的难题。利用涨潮时间段滚装,减少调载量,缩短调载时间。大节段钢箱梁采用SPMT模块车滚装装船,操作方便,走行、转向和升降同步性好,侧向滚装上船,路程短,减少了滚装时间,也减少了潮汐变化的调载时间,实现了快速装船。目前两个码头均进行了侧向滚装上船工作,模块车上船及调载工作也熟练了,组织有序,1~4h即可完成侧向滚装上船。大节段钢箱梁侧向滚装上船技术选择合理,操作容易,装船速度快,安全可靠,值得借鉴和推广。

参 考 文 献

[1] 黄厚卿,李冕,刘建波.深中通道伶仃洋大桥东锚碇筑岛围堰施工方案优化[J].桥梁建设,2020,50(6):104-109.

[2] 邹威,宋神友,陈焕勇.深中通道伶仃洋大桥超高混凝土桥塔施工关键技术[J].桥梁建设,2020,50(6):97-103.

[3] 姚志安.深中通道伶仃洋大桥筑岛围堰施工关键技术[J].世界桥梁,2020,48(2):15-19.

[4] 吴玲正.深中通道东泄洪区非通航孔桥围堰设计与施工[J].世界桥梁,2020,48(5):21-25.

[5] 阮家顺,陈望民,祝李元,等.132.6m长大节段钢箱梁滚装装船技术[C]//中国公路学会桥梁和结构工程分会2014年全国桥梁学术会议论文集.北京:人民交通出版社股份有限公司,2014:220-225.

[6] 刘鹏.港珠澳大桥大节段钢箱梁海上运输关键技术研究[J].合肥工业大学学报(自然科学版),2015,38(1):85-90.

[7] 王志诚,许春荣.185m长大节段钢箱梁滚装上船及水上运输关键技术[J].中外公路,2012,32(5):170-173.

[8] 肖建英.甲板驳船自由浮态滚装大型货物研究[J].中国航海,2009,32(2):49-53.

[9] 葛圣彦.重大件货物滚装装船技术的研究[D].大连:大连海事大学,2008.

[10] 梁宏顺,周宇琦.安海湾特大桥主桥103m钢箱梁滚装上船技术[J].交通世界,2020(13):72-75.

[11] 李涛,施津安,贾伟.之江大桥钢箱梁滚装上船及运输固定[J].公路,2014,59(7):205-209.

[12] 汪有军.重大件货物海上运输刚性系固校核方法探讨[C]//2009年年会暨救捞发展论坛论文集.北京:中国航海学会,2009:185-187.

[13] 汪骥,王兆麒,李瑞,等.重大件货物系固绑扎方案中倾覆力计算方法[J].造船技术,2016(6):45-49.

[14] 中国船级社.海上拖航指南:GD 02—2012[R].2012.

狮子洋通道专题

28. 狮子洋大桥总体设计

徐 军[1] 崔 冰[1] 张太科[2]

(1. 中交公路规划设计院有限公司；2. 广东湾区交通建设投资有限公司)

摘　要：狮子洋大桥主跨2180m，为超大跨径、超重荷载、超宽桥面的双层钢桁梁悬索桥，采用双层双向8车道高速公路技术标准进行设计。针对工程技术特点及难点，工程方案和技术创新如下：①提出了新型强韧性结构体系，通过限位挡块+摩擦阻尼器+E型软钢速度锁定阻尼器，实现静动力协调。②结合公路桥梁荷载特点，研发结构简洁、传力直接高效的三角形桁架梁结构，抗风性能和抗疲劳性能优异。③对于1.5m级大直径主缆，创新性提出了高精度主缆索股架设方案和新一代紧缆、缠丝装备及工艺、分体式索夹和轻型主索鞍构造。架缆效率大幅提高，主索鞍吊重降低30%，索夹滑移问题显著改善。④对于330m超高索塔，采用了结构性能优、工业化程度高、建造速度快的钢板-混凝土（C80）新型组合索塔，与混凝土索塔相比，混凝土用量降低40%，工期缩短约6个月。

关键词：狮子洋大桥　双层钢桁梁　摩擦阻尼器　分体式索夹　轻型主索鞍　组合索塔

1 引言

狮子洋通道是珠江口过江通道，位于珠江三角洲核心地带，上游距南沙大桥约3.6km，下游距虎门大桥约8.0km，西侧对接广中江高速公路，东侧对接常虎高速公路，建成后将提供一条新的东西向过江大通道，增强南沙、顺德、江门与东莞、惠州、深圳的交通联系，对于缓解虎门大桥、南沙大桥交通压力、改善珠江南沙和东莞两岸交通流结构、完善广东省高速公路网、保障珠江两岸交通安全、均衡珠江两岸经济发展、促进珠江西岸经济崛起、落实《粤港澳大湾区发展规划纲要》起到至关重要的作用。

狮子洋通道路线全长约35km，其中双层桥长约15.25km，主桥狮子洋大桥采用主跨2180m单跨吊双层钢桁梁悬索桥，过江段采用双向16车道高速公路标准。

2 建设条件

工程场地位于珠江网河区出海口水域的狮子洋水域，河道岸线基本稳定。狮子洋水道河面宽度2320m，最深处河底高程-23.6m，西塔位置河底高程-0.9m。

场区属于典型南亚热带海洋性季风气候区，台风频发，对工程建设影响较大。狮子洋大桥工程场地地质上部以第四系人工填土、全新统海陆交互相成因的淤泥、粉细砂层、中粗砂层，中部为上更新统冲积黏土、砾砂层,下伏基岩主要是泥岩、泥质砂岩和砂岩。狮子洋大桥区域范围未发现基岩有明显的断裂构造迹象。

3 项目特点及难点

狮子洋大桥建成后将成为世界最大双层悬索桥,具有"超大跨径、超重荷载、超宽桥面"的特点,同时建设条件复杂、品质要求高、社会关注度高,具有世界级技术难度。

(1)超大跨径、超重荷载下悬索桥合理结构体系研究。

重点研究跨径2 000m以上级悬索桥结构非线性对结构静力、动力性能的影响,据此研究确定受力性能最优的结构约束体系。

(2)超大跨悬索桥结构抗风性能研究

主桥跨度大、刚度小、阻尼低、桥面高,桥梁的抗风性能是本桥结构的关键技术问题。

(3)超大直径主缆关键技术研究

由于主缆直径超大,带来紧缆、缠丝难度加大等技术难题,需研究主缆、主鞍、散索鞍、索夹、吊索等合理构造形式及新型架设装备开发。

(4)超大锚碇关键技术研究

超大规模锚碇基础合理形式选择及耐久性设计、锚碇基础施工方案及风险控制、合理锚固体系设计、超大体积锚体设计及施工控制。

(5)超高索塔合理方案确定

超高索塔合理塔形选择、快速施工工艺的研究、超高索塔施工控制技术研究、索塔基础合理形式选择。

(6)超大规模加劲梁关键技术研究

对加劲梁主桁形式进行比选、对正交异性钢桥面板合理结构形式进行优化比选、对加劲梁的结构耐久性进行研究。

(7)大桥工程景观专题研究

狮子洋大桥处于粤港澳大湾区核心地带,建成后将成为标志性建筑,因此有必要进行景观研究,力求实现力与美的有机融合,并体现其与自然环境及人文历史的和谐统一。

(8)超大跨双层桁架桥减灾防灾关键技术研究

汽车自燃、危化品车发生意外火灾,短时间内释放的能量巨大、温度极高。加劲梁为双层钢桁架结构,钢结构传热速度快、储备热的能力差,火灾威胁严重。因此应对钢桁梁的防火措施、智能防护技术进行研究,以提高大桥抗火防灾的能力。

(9)超大跨悬索桥结构耐久性研究

本桥处于海洋环境,结构耐久性要求高,主缆是悬索桥的生命线,要采取结构耐久性措施,确保满足100年使用寿命要求。需合理确定缆索系统结构耐久性体系、合理确定索塔和锚碇的结构耐久性措施、研究确定加劲梁等钢结构的防腐方案。

4 工程设计方案

4.1 总体布置及结构体系

通过对平面缆、空间缆悬索桥方案和斜拉悬索协作体系方案进行比选,综合考虑施工难度、建设风险、管养以及对建设条件的适应性等因素,推荐平面缆悬索桥方案。

狮子洋大桥为主跨2180m单跨吊钢桁梁悬索桥,缆跨布置为672m+2180m+710m(图1),矢跨比为1∶9。

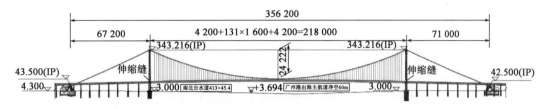

图1 狮子洋大桥桥型布置图(尺寸单位:cm;高程单位:m)

加劲梁下层弦杆底部设置竖向支座,上、下层桥面均设置横向抗风支座。

上、下层弦杆均在纵向设置了摩擦阻尼器,单个摩擦阻尼器可提供1500kN纵向阻尼力(全桥共8个);摩擦阻尼装置可有效增加结构纵向阻尼,降低活载、风等荷载的梁端高频往复位移。

下层桥面底部设置E型动力耗能阻尼器,用来减小地震梁端纵向变形、降低结构地震响应。同时设置了纵向限位挡块,用来限制极端情况下的梁端纵向大位移的发生,保护其他约束装置。

狮子洋大桥约束体系布置见图2。

图2 狮子洋大桥约束体系布置图

4.2 加劲梁

从双层钢桁梁桁架高度、桥面板系统形式、吊点间距及防火等多角度对加劲梁构造进行了深入比选,并结合抗风专题研究,合理确定了关键构造参数。

加劲梁构造力求简捷、最大限度减少导致传力途径复杂的冗余杆件,选用简洁的三角形华伦桁架;加劲梁整体采用板桁结合的桁架梁体系。设计阶段研究了上板下板、上板下箱、上箱下板和上箱下箱四种桥面板系统组合方案,最终推荐抗风稳定性最好的上板下箱方案。

创新性地提出了在下层桁架节点板处划分梁段的方案,可充分利用悬索桥多点支撑连续梁的受力特性,具有构造简单、受力可靠、制造架设方便、无须设置临时支撑杆件的特点,可实现施工过程提前刚接加劲梁。

加劲梁桁高13.5m(图3、图4),吊点间距采用16m;弦杆选用箱形断面,标准段弦杆宽度1.0m,高度1.7m,弦杆及节点板材质采用Q420D;斜腹杆采用工字形截面,横桥向宽1m,顺桥向宽0.8m;上层桥面系采用开口式桥面系,下层采用封闭箱形桥面系;上下层横梁(横隔板)采用鱼腹式,上层横向桥面中心高度为3.1m,下层为2.9m;普通梁段采用吊耳形式锚固吊索,为方便塔旁梁段吊索更换采用承压型锚固形式。

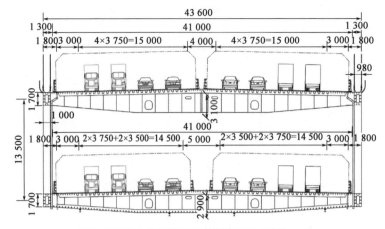

图3 狮子洋大桥加劲梁标准横断面(尺寸单位:mm)

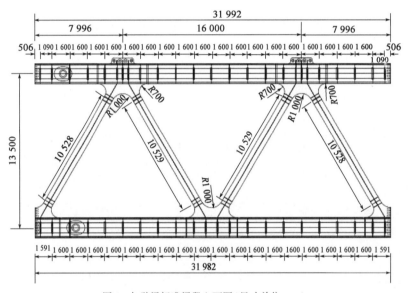

图4 加劲梁标准梁段立面图(尺寸单位:mm)

狮子洋大桥主梁标准段效果图见图5。

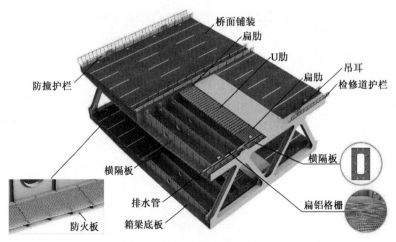

图5 狮子洋大桥主梁标准段效果图

4.3 缆索系统

主缆设计缆力达到1.2×10^6kN,若采用单侧单缆方案,主缆直径达到1.5m,超过目前世界直径最大缆径(1.3m),主缆施工难度较大。设计过程中对单侧双缆进行了研究,直径可降低至常规的1.08m,单侧双缆方案的主要问题是边跨无吊索区主缆存在尾流驰振风险。为验证抗风性能,针对单侧双缆方案开展了大量的节段模型试验、气弹模型风洞试验。试验研究表明:单侧并置双缆边跨发生风致振动的风险不能排除,且难以处理。因此采用单侧单缆方案。

主缆安全系数按不小于2.3取值。采用强度2 060MPa、直径6.10mm钢丝,每股127丝,单缆共374根通长索股,通长索股平均无应力长度3 831m;每侧边跨6根背索。中跨索夹外直径1 486mm,边跨索夹外直径1 498mm。主缆断面见图6。

吊索采用平行钢丝吊索。吊索采用公称抗拉强度为1 860MPa锌铝合金镀层高强度钢丝,直径5.0mm,外包双层PE(黑色内层彩色外层)进行防

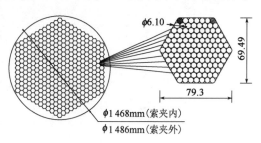

图6 主缆断面(尺寸单位:mm)

护。受力较大的塔侧吊索含199根钢丝,PE护层厚9mm;其余普通吊索每根含127根钢丝,PE护层厚7mm。

主索鞍高度5.3m,纵向长度13.4m,横向宽度4.0m。为减少主索鞍质量,便于现场吊装和拼接,狮子洋大桥主索鞍仅承缆槽底板为铸件,侧壁、横肋等均采用厚钢板。铸件采用ZG300-500H,钢板采用Q420R、Q345R。鞍体吊装总质量仅307t(单件质量154t),比常规主索鞍设计质量降低30%。

主索鞍构造见图7。

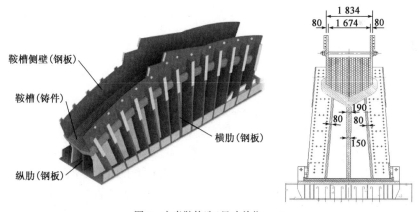

图7 主索鞍构造(尺寸单位:cm)

散索鞍采用摆轴式方案,高8 550mm,长5 621mm。承缆槽采用ZG300-500H铸造,鞍身采用Q420R,底座采用30CrMo,上承板与下承板采用40CrNiMoA,底板采用ZG20Mn。散索鞍总成质量431t,吊装质量318t。

狮子洋大桥采用左右对合销轴式索夹。每个索夹设置两个耳板,四根吊索。根据受力确定中跨索夹壁厚55mm、45mm、40mm三种,索夹螺杆采用MJ60、MJ56两种。中跨侧靠近塔旁的26对索夹,设计为分体式结构,分为有吊索索夹和无吊索的止推索夹两部分,二者分别铸造、安装,形成串联结构。分体式索夹抗滑安全系数按照4.0控制,提高了抗滑安全系数,同时解决了索夹过长导致的铸造、加工及安装困难。边跨无吊索索夹壁厚35mm,采用MJ45螺杆。

在中跨索夹端部设置内力可感知螺杆,实时监测索夹螺杆内力。索夹材料采用ZG20Mn,螺杆采用40CrNiMoA。

分体式索夹构造见图8。

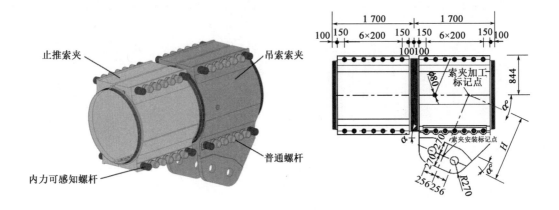

图8 分体式索夹构造(尺寸单位:mm)

4.4 索塔及基础

(1)索塔方案研究。

遵循简约、经典的景观设计理念,索塔造型采用辨识性高的六横梁方案。分别研究钢索塔、混凝土索塔、钢混组合索塔三种结构形式:钢索塔造价高,不宜选用;混凝土索塔方案自重大,温控要求高,混凝土的配合比设计、泵送要求高,施工周期长;为提高索塔的整体结构性能和耐久性,并达到减少工程规模、降低工程投入、优化结构受力、减少工期的目标,具有良好的力学性能、使用性能、施工性能和外观质量的钢混组合索塔,是狮子洋大桥索塔的合理方案选择。

(2)索塔及基础设计。

采用门式塔,设置六道横梁,总高度338.916m,其中鞍罩高度7m。塔顶主缆横向间距为42.6m,塔底索塔截面中心间距为60.8m。塔柱为钢板-混凝土组合结构,塔柱混凝土部分采用钢板-混凝土组合索塔(图9、图10)用C80高强、高弹、高稳健、低收缩混凝土,塔柱外壳及其加劲肋、横梁及其加劲肋部分采用Q355D钢材。基础采用分离式承台,单侧圆形承台直径40m,高9m,基础采用2×33根直径3m的钻孔灌注桩,按照嵌岩桩设计。塔座高3m,承台系梁截面尺寸高5m、宽18m。

塔柱采用单箱三室的矩形带切角断面,塔底截面尺寸12.09m×16.89m(横向×纵向,下同)(图11),考虑主索鞍构造曲线过渡到塔顶尺寸7.69m×16.20m。塔柱横向壁厚1.2m和1.4m,纵向壁厚1.0m、1.2~1.6m。钢壳由内外壁板、竖向加劲肋、横向加劲肋、竖向桁架、水平角钢和水

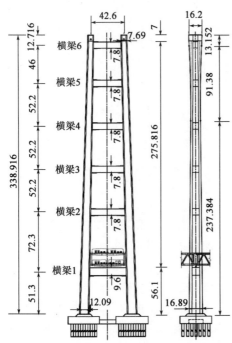

图9 钢板-混凝土组合索塔一般构造(尺寸单位:m)

平缀板组成。标准节段外壁板厚度18mm,内壁板厚度10mm;竖向加劲肋标准间距400mm,设置φ65mm的钢筋孔;水平加劲肋标准间距1 200mm,设置φ80mm的钢筋孔。混凝土结构竖向主筋直径32mm,水平钢筋直径25mm。竖向钢筋依次穿过水平加劲肋的钢筋孔,水平钢筋依次穿过竖向加劲肋的钢筋孔,以形成钢筋混凝土榫,实现钢与混凝土的协同工作。

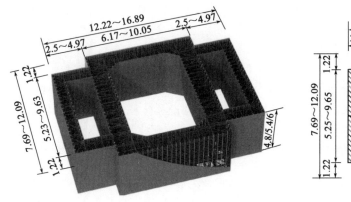

图10 钢板-混凝土组合索塔示意图(尺寸单位:m)

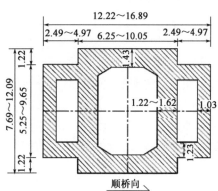

图11 塔柱断面构造(尺寸单位:m)

横梁为钢箱构造,采用单箱三室断面,横梁1高度9.6m,横梁2-6高度7.8m。横梁与塔柱节点采用"承压板+预应力钢束"设计,节点位置塔壁侧外钢壳壁厚36mm,横梁端板厚度70mm。横梁顶板、底板、腹板及其加劲均焊接在横梁端板上,横梁端板通过预应力压紧在塔柱表面。端板下缘设置塔壁台阶(44mm),上缘设置挡块。节点设置 PES7-109、PES7-91 平行钢丝预应力束和15-19钢绞线预应力束,预应力张拉端位于横梁侧。

4.5 锚碇

根据两侧锚碇的地形、地质条件,锚碇采用重力式结构,但锚碇基础持力层相对较深,基岩岩面不平,因此锚碇的基础形式推荐采用常规成熟的地下连续墙基础方案。根据主缆的形式及锚体形式,提出圆形和顺向∞字形的基础平面布置形式进行对比[图12a)]。

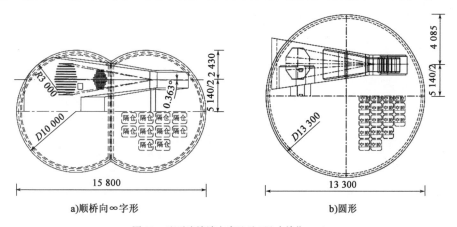

图12 地下连续墙方案比选(尺寸单位:cm)

圆形基础方案地下连续墙总长较小,但平面顺桥向惯性矩较小,基底应力较大且不均匀,同时平面直径较大,拱形效应较弱,锚体锚固系统位于基础内,整个基础内的混凝土施工浇筑、耐久性要求高,施工工期较长。而顺向∞字形基础基底应力均匀,且可分为前后两个区,前后趾区基础混凝土浇筑和耐久性要求可有所区分,施工工期稍短。两个方案经济性相当,综合比选后推荐采用圆形锚碇基础方案。

对主缆钢框架锚固系统和预应力锚固系统进行比选。预应力锚固系统的锚体需设置后锚室,后锚室将锚体分割成两部分,后锚室附近存在应力集中,开裂漏水风险较高;而钢框架锚固系统的锚固区域混凝土整体性好,锚体应力分布均匀,开裂漏水风险低。结合项目特点,推荐采用钢框架锚固系统。

5 结语

狮子洋大桥为超大跨径、超重荷载、超宽桥面的双层钢桁梁悬索桥,是世界上首座超2 000m级双层悬索桥,项目建设面临诸多技术挑战。根据项目特点及难点,针对现有规范无法覆盖的技术标准和设计理论、尚不完善的钢混组合索塔设计理论和计算方法、合理的超大跨径悬索桥主缆合理可靠度取值、防灾减灾及工程耐久、新结构新材料、技术装备及施工工艺等方面进行了重点研究,取得了一系列的创新性成果,为狮子洋大桥设计提供了技术支撑。

29. 狮子洋大桥钢板-混凝土组合索塔设计

王云鹏[1] 徐 军[1] 崔 冰[1] 吴玲正[2]

(1.中交公路规划设计院有限公司;2.广东湾区交通建设投资有限公司)

摘 要:狮子洋大桥为主跨2180m双塔单跨吊钢桁梁悬索桥,索塔高度338.9m。索塔具有塔高、塔顶竖向荷载巨大等特点,整体结构性能和耐久性要求高,采用了钢板-混凝土(C80)新型组合索塔。塔柱采用钢板-混凝土组合结构,由内外钢壳壁板、内部桁架结构、纵横双向钢筋混凝土榫群和填充在钢壳内的C80高强、高弹、高稳健、低收缩混凝土组成;索塔横梁采用钢箱结构,横梁与塔柱连接节点采用"承压板+预应力钢束"。该索塔将钢结构索塔的工厂化制造及架设工艺与混凝土索塔所具有的优良抗弯、压刚度相结合,结构性能优、外观质量好、耐久性好、工业化程度高、建造速度快。通过试验研究及理论分析研究,给出了狮子洋大桥钢板-混凝土组合桥塔受力机理及设计理论,丰富了大跨缆索支撑体系桥梁索塔设计的选择。

关键词:狮子洋大桥 钢板-混凝土组合索塔 索塔设计 索塔形式 协同受力

1 工程概况

狮子洋通道位于粤港澳大湾区核心区域,距上游南沙大桥3.6km,下游虎门大桥7.7km,主桥狮子洋大桥为主跨2180m双塔单跨吊钢桁梁悬索桥,采用双层16(上层8+下层8)车道、公路—Ⅰ级标准设计。缆跨布置为672m+2180m+710m=3562m(图1),主缆矢跨比为1/9。塔高338.9m,主缆横向间距为42.6m,标准索距为16m,加劲梁桁高13.5m。桥型布置如图1所示。

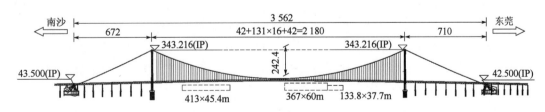

图1 狮子洋大桥总体布置图(尺寸单位:m;高程单位:m)

狮子洋大桥索塔具有塔高、塔顶竖向荷载大等特点,整体结构性能和耐久性要求高,为实现快捷高效、低能耗、低用工、绿色建造的目标,在设计过程中开展了一系列研究来确定索塔方案。

2 方案研究

2.1 索塔结构选型

结合塔高、受力特点及景观,提出了三横梁索塔、四横梁索塔、环形索塔、六横梁索塔,见表1。遵循简约、经典的景观设计理念,同时呼应"五蕴六合"主题,索塔造型采用辨识性高的六横梁方案。

索塔造型 表1

项目	四横梁索塔	三横梁索塔	环形横梁索塔	六横梁索塔
景观效果				

2.2 索塔结构材料选择

分别研究钢索塔、混凝土索塔、钢混组合索塔三种结构形式。钢塔具有施工速度快、结构自重轻、抗震性能好等优点,但狮子洋大桥索塔塔顶竖向荷载达到 18.6×10^5 kN(恒载)、20×10^5 kN(恒+活),经分析,该项目钢索塔方案钢材用量将达到 11.7×10^5 kN,造价高,不宜选用。混凝土索塔方案自重大,纵向刚度较大,基础受力大;塔壁厚度大,高性能混凝土温度控制要求高;超高索塔下混凝土收缩徐变随高度增加而增大,对整体受力产生不利影响;330m 高度下高性能混凝土的配合比设计、泵送要求高;索塔及基础施工周期长。为提高索塔的整体结构性能和耐久性,并达到减少工程规模、降低工程投入、优化结构受力、减少工期的目标,具有良好的力学性能、使用性能、施工性能和外观质量的组合索塔,是狮子洋大桥索塔的合理方案。

钢板-混凝土组合结构桥塔指在同一截面上有钢板和内填混凝土,且两种材料共同受力的桥塔(图2)[1]。钢板-混凝土索塔的截面尺寸较大,钢壳受单侧约束,为典型的单向约束宽幅薄板,在压、弯荷载作用下易产生向外鼓曲的失稳。混凝土通过钢筋混凝土榫对竖向和水平向加劲板肋形成有效约束,在混凝土被压溃前其对加劲板肋近乎刚性的约束;进而对壁板形成强有力的约束;确保钢壳壁板在到达屈服应力前不出现压屈失稳,使组合结构中钢板的材料性能得以充分发挥、满足平截面假定。该索塔结构形式已在南京长江五桥首次应用(图3),取得了很好的社会效益和经济效益[2]。

狮子洋大桥索塔在超大荷载下,采用更高强度的混凝土可以减小构件截面尺寸、减轻自重、减小基础规模、减少材料用量、施工工期及施工成本。对于组合索塔,利用 C80 混凝土高强度、高弹性模量和良好的体积稳定性优势,强化混凝土对钢壳的约束能力,在提高组合结构性能的同时,减小索塔截面和自重。除了对索塔整体性能的改善,高强混凝土与钢材的匹配关系更好,可有效改善钢壳局部受力和加劲肋性能。基于以上优势,混凝土强度选用80MPa。同深度比选下,采用C80强度混凝土的组合索塔与C60钢筋混凝土索塔方案相比,塔柱混凝土用量少43%、基础混凝土用量少17%、钢材总量多8.2%。

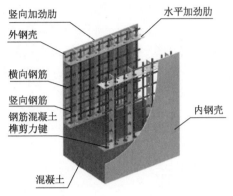

图2 钢板-混凝土组合索塔连接构造

图3 南京长江五桥钢板-混凝土组合索塔

3 索塔设计

采用门式塔,设置六道横梁,总高度338.916m,其中鞍罩高度7m。塔顶主缆横向间距为42.6m,塔底索塔截面中心间距为60.8m。钢板-混凝土组合索塔一般构造如图4所示。塔柱为钢板-混凝土组合结构,塔柱混凝土部分采用钢板-混凝土组合索塔用C80高强度、高弹性模量、高稳健、低收缩混凝土(C80专用混凝土),塔柱外壳及其加劲肋、横梁及其加劲肋部分采用Q355D钢材。

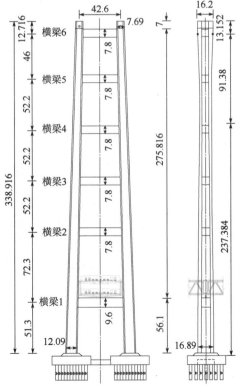

图4 钢板-混凝土组合索塔一般构造(尺寸单位:m)

3.1 基础设计

分离式承台,单侧圆形承台直径40m、高9m,基础采用2×33根D3m的钻孔灌注桩,按照嵌岩桩设计。塔座高3m,承台系梁截面尺寸高5m、宽18m。塔座采用C80专用混凝土、承台和系梁采用C45混凝土,桩基采用水下混凝土(28d强度达到35MPa,56d强度达到40MPa)。基础构造如图5所示。采取以下措施提高耐久性:承台与封底混凝土层之间设置1m厚C25补偿收缩混凝土层、预铺反粘防水卷材和防水涂料;承台侧面保护层中设置无机纤维复材筋防裂钢筋网;承台底接缝位置设置止水钢板和防水涂料,承台各层浇筑缝位置止水条;桩基钢护筒设置环形止水条和环形止水钢板。

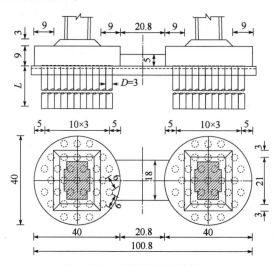

图5 基础一般构造(尺寸单位:m)

3.2 塔柱构造

塔柱采用单箱三室的矩形带切角断面,由内外钢壳壁板、内部桁架结构、纵横双向钢筋混凝土榫群和填充在钢壳内的C80专用混凝土组成。塔底截面尺寸12.09m×16.89m(横向×纵向,下同),横梁4顶面位置截面尺寸11.35m×15.61m,考虑主索鞍构造曲线过渡到塔顶尺寸7.69m×16.20m,整个塔高范围内截面尺寸如图6所示。塔柱横向壁厚1.2m和1.4m,纵向壁厚1.0m、1.2~1.6m。塔柱内在横梁顶底板高程位置设置1.2m厚横隔板。

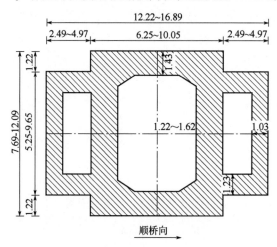

图6 塔柱断面构造(尺寸单位:m)

钢壳由内外壁板、竖向加劲肋、横向加劲肋、竖向桁架、水平角钢和水平缀板组成,如图7、图8所示。标准节段外壁板厚度18mm,内壁板厚度10mm;竖向加劲肋标准间距400mm,设置φ65mm的钢筋孔;水平加劲肋标准间距1200mm,设置φ80mm的钢筋孔和φ50mm的混凝土浇筑和振捣孔。塔柱共有62个节段,其中下塔柱预埋段T0节段高3.6m,T1节段高4.2m,标准节段高4.8m、5.4m和6m。混凝土结构竖向主筋直径32mm,水平钢筋直径25mm,水平钢筋竖向标准间距20cm。竖向钢筋依次穿过水平加劲肋的钢筋孔,水平钢筋依次穿过竖向加劲肋的钢筋孔,以形成钢筋混凝土榫,实现钢与混凝土的协同工作。

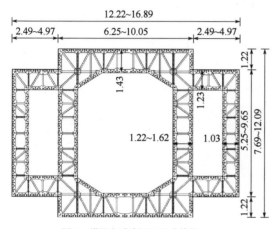

图7 塔柱钢壳断面(尺寸单位:m)

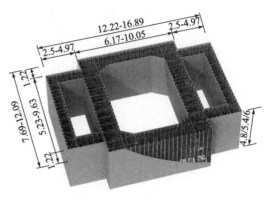

图8 塔柱钢壳示意图(尺寸单位:m)

钢板-混凝土组合索塔组成见图9。

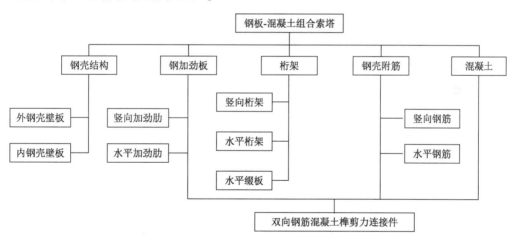

图9 钢板-混凝土组合索塔各部分组成

3.3 横梁及连接构造

横梁为钢箱构造,采用单箱三室断面,横梁1高度9.6m,横梁2-6高度7.8m。横梁与塔柱节点采用"承压板+预应力钢束"设计,节点位置塔壁侧外钢壳壁厚36mm,横梁端板厚度70mm。横梁顶板、底板、腹板及其加劲均焊接在横梁端板上,横梁端板通过预应力压紧在塔柱表面。端板下缘设置塔壁台阶(44mm),上缘设置挡块。节点设置PES7-109、PES7-91平行钢丝预应力束和15-19钢绞线预应力束,预应力张拉端位于横梁侧。

横梁与塔柱连接构造见图10。

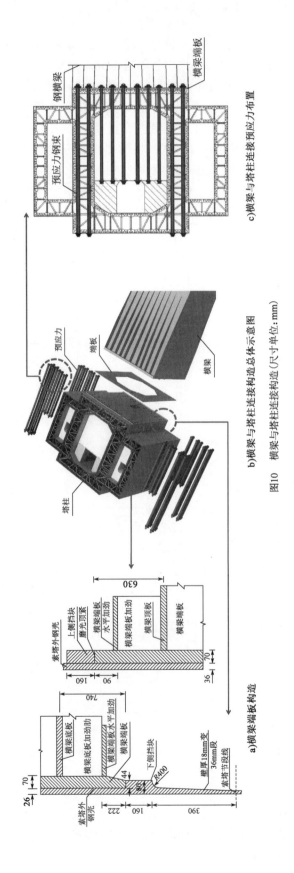

图10 横梁与塔柱连接构造(尺寸单位：mm)

4 施工方案

钢板-混凝土组合索塔采用工厂化、装配化施工,施工环节包括附筋钢壳加工、附筋定位与组装、桥位附筋钢壳拼装连接、附筋连接、混凝土施工五个部分。其中,工作量较大、较为复杂的是附筋钢壳加工以及钢筋定位与安装,这两部分放在工厂内精确、可控完成,确保施工质量。

主要建造过程如下:密肋附筋板单元加工,单元组装成钢壳节段,安装内部桁架系统;竖向穿孔钢筋待钢壳组装完成后穿入;相邻索塔节段间进行工厂立式匹配,在每个节段竖向钢筋顶口设置定位工装将竖向钢筋进行定位;匹配完成后,成套安装节段间匹配件;将附筋钢壳节段运输至桥位现场,整体吊装就位,根据匹配件精确确定相邻节段间位置关系;焊接钢壳,连接钢筋,撤除钢筋的定位工装;浇筑混凝土并养护。

节段采用大型履带式起重机或塔式起重机吊装,混凝土通过吊斗浇筑,采用整体自爬升施工平台、适应不同重心位置的可自调节压杆式吊具,确保附筋钢壳在桥位处的精确定位和快速连接。

5 钢板-混凝土组合索塔关键技术

为优化狮子洋大桥钢板-混凝土组合索塔结构和材料各项配置,开展了专用混凝土关键技术研究、塔壁局部足尺构造纯弯试验研究、塔壁局部足尺构造压弯试验研究、连接件推出试验研究、钢筋混凝土榫连接件试验研究。针对专用混凝土的设计、制备方法及施工,提高混凝土与钢的适应性,如何设置传剪构件群组及其构件搭配以实现钢与混凝土间更优的协同受力,如何使钢结构构造更有利于桥位混凝土施工的便捷,钢板-混凝土组合桥塔的可靠性及各项力学性能等关键问题,进行了深入研究,同时提出了施工期和运营期计算分析内容和控制指标。部分关键技术如下。

5.1 专用混凝土

从保障混凝土灌注密实均匀、钢板混凝土协同受力性能等角度,提出了钢板-混凝土组合索塔专用混凝土工作、力学与体积稳定性能控制指标,如表2所示。

专用混凝土性能控制指标表　　表2

编号	混凝土性能		控制指标
1	工作性能	坍落扩展度	500～580mm
		倒筒时间	≤10s
		含气量	≤3.0%
		离析率	≤15%
2	力学性能(90d龄期)	抗压强度	≥80MPa
		弹性模量	≥45GPa
3	热学性能	绝热温升(7d值,低热水泥)	≤46℃
		绝热温升(7d值,硅酸盐水泥)	≤55℃
4	体积稳定性能	自生体积变形(绝湿条件下)	7d≥50,90d≥ -50×10^{-6}

采用低热水泥、石灰岩集料,以提升混凝土性能。混凝土配合比设计建议胶凝材料总量不超过570kg/m³,其中水泥用量320～350kg/m³,粉煤灰掺入比例为15%～30%,并适量掺入抗裂剂和流变改性材料,水胶比不超过0.25。通过材料与工艺措施相结合,可实现钢板-混凝土组合索塔专用混凝土性能满足设计与施工要求,且开裂风险可控。钢板-混凝土组合索塔专用

混凝土的徐变效应主要为基本徐变,徐变系数如图11所示,狮子洋大桥索塔混凝土10年徐变系数取0.92。

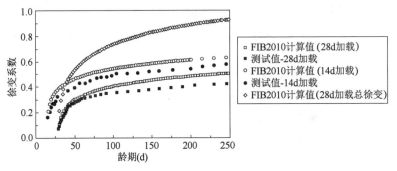

图11 专用混凝土实测徐变系数与理论值对比

5.2 结构受力性能

(1)塔壁局部足尺构造纯弯试验(图12)、压弯试验研究。

混凝土和钢筋混凝土榫对顶部钢板约束良好,顶板与受压区混凝土紧密结合、无鼓屈迹象,横肋与栓钉有效保障混凝土和钢板的协同工作。钢板与混凝土应变同步发展,钢筋混凝土榫+栓钉组合连接的塔壁试件协同受力性能良好。

极限状态时各材料能够充分发挥强度,并表现出良好的延性。混凝土压溃前,受压侧钢板与混凝土、钢筋紧密结合、协同变形。压弯试件以厚钢板侧混凝土压溃为破坏标志,部分混凝土压溃后,钢筋-混凝土榫作用减弱,受压钢板局部压曲,见图13。构造措施能保障材料在受力全过程中协同工作,见图14、图15。横肋间距1 200mm,能够有效保障混凝土与钢板的相互约束。

图12 塔壁局部足尺构造纯弯试验

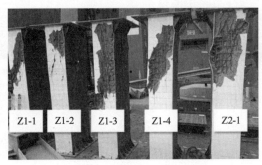

图13 塔壁局部足尺压弯试验破坏状态

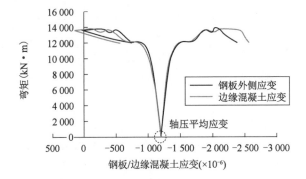

图14 转角阶段钢板-混凝土应变曲线

(2)连接件推出试验研究。

连接件推出试验整体测试纵横加劲肋+栓钉混合连接的抗剪性能,考察加劲肋、栓钉布置影响,研究钢板与混凝土界面的协同性能。钢筋混凝土榫与栓钉的连接构造,能有效保证钢板和混凝土界面性能,使二者协同受力;含纵、横肋试件的承载力、延性优于其他试件,见图16;抗剪承载力来自钢筋混凝土榫、穿孔钢筋、栓钉、横肋,其中横肋对抗剪承载力的贡献不可忽略。

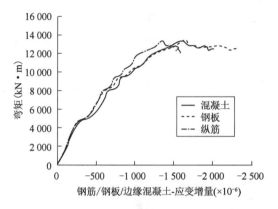

图15 受压侧钢板/混凝土/钢筋应变曲线

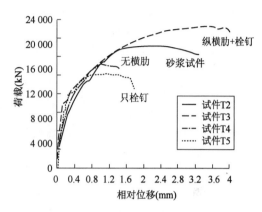

图16 连接件推出试验荷载-位移曲线

(3)钢筋混凝土榫连接件试验研究。

揭示了薄钢板钢筋混凝土榫工作机理,并提出了承载力计算公式,对于指导组合结构索塔界面传力设计具有重要实用价值。开孔板较厚时,增加孔径和钢筋直径可提高承载力,18mm钢板+25mm钢筋的纵肋构造方案,承载力和延性良好;底端距增大可降低开孔钢板撕裂破坏风险;钢筋位置对承载力影响较小;混凝土强度对承载力和延性有一定影响。

5.3 索塔设计理论与方法

钢板-混凝土组合索塔需分别进行运营期和施工期验算,截面验算基于平截面假定,其前提是钢和混凝土之间通过剪力连接件连接,实现钢混组合截面完全协同工作。主要设计方法如下。

(1)构造要求。

组合桥塔外钢板厚度根据强度、刚度等设计要求确定,一般不宜小于10mm。内钢板厚度应尽量取小值,但一般不宜小于6mm。25≤塔壁厚度/塔壁钢板厚度≤100。

对于加劲肋及开孔板连接件:钢板加劲肋厚度不宜小于8mm;加劲肋开孔孔径不宜小于贯穿钢筋直径与2倍集料最大直径之和,宜接近3倍的贯穿钢筋直径;贯通钢筋应采用螺纹钢筋,直径不宜小于12mm;开孔底距宜接近1倍的孔径。

(2)施工阶段设计。

施工阶段设计主要内容是浇筑过程中钢板的受力及变形验算。

在混凝土浇筑过程中,由钢板及纵、横向加劲肋形成的钢塔壁区格中,内、外钢塔壁区格变形应符合下列规定:

$$\frac{\delta'_{\text{out}}}{b} \leqslant \frac{1}{800} \quad \frac{\delta'_{\text{in}}}{b} \leqslant \frac{1}{400}$$

式中:δ'_{out}——外钢塔壁区格的最大相对变形;

δ'_{in}——内钢塔壁区格的最大相对变形;

b——钢塔壁加劲板区格的较小边长。

在混凝土浇筑过程中,内、外钢板面外变形应符合下列规定:

$$\frac{\delta_{\text{out}}}{h} \leqslant \frac{1}{2\,000} \quad \frac{\delta_{\text{in}}}{h} \leqslant \frac{1}{1\,000}$$

式中:δ_{out}——外钢板的最大面外变形;

　　　δ_{in}——内钢板的最大面外变形;

　　　h——塔壁每次浇筑节段的高度。

在混凝土浇筑过程中,组合桥塔内、外钢板平均应力不应超过钢板屈服强度的30%。

(3)运营阶段设计。

运营阶段设计主要内容包括桥塔强度验算、刚度验算、稳定性验算及剪力连接件设计。

①压弯构件承载力设计。

根据钢筋混凝土结构、组合结构基本设计原理及混凝土桥规范规定,组合桥塔极限承载力应符合如下要求:

$$\gamma_0 N_{\text{d}} \leqslant f_{\text{cd}} bx + f'_{\text{sd}} A'_{\text{s}} + \eta_{\text{rs}} f'_{\text{rd}} A'_{\text{r}} - \sigma_{\text{s}} A_{\text{s}} - \eta_{\text{rs}} \sigma_{\text{r}} A_{\text{r}}$$

$$\gamma_0 N_{\text{d}} e \leqslant f_{\text{cd}} bx \left(h_0 - \frac{x}{2}\right) + f'_{\text{sd}} A'_{\text{s}} (h_0 - a'_{\text{s}}) + \eta_{\text{rs}} f'_{\text{rd}} A'_{\text{r}} (h_0 - a'_{\text{r}}) \quad e = e_{\text{i}} + \frac{h}{2} - a \quad e_{\text{i}} = e_0 + e_{\text{a}}$$

式中:γ_0——桥梁结构重要性系数;

　　　e——轴向力作用点至截面受拉侧纵向钢筋和钢板外壁板合力点的距离;

　　　e_0——轴力对截面重心轴的偏心距,$e_0 = M_{\text{d}}/N_{\text{d}}$;

　　　e_{a}——附加偏心距,其值宜取20mm和偏心方向截面尺寸的1/30两者中的较大者;

　　　N_{d}——轴力设计值;

　　　M_{d}——相应于轴力的弯矩设计值;

　　　f_{rd}、f'_{rd}——纵向钢加劲板抗拉强度设计值和抗压强度设计值;

　　　f_{cd}——混凝土轴心抗压强度设计值;

　　　f_{sd}、f'_{sd}——纵向普通钢筋抗拉强度设计值和抗压强度设计值;

　　　η_{rs}——钢板承载能力系数,根据桥塔组合截面剪力连接度γ确定,$\gamma \geqslant 1$,$\eta_{\text{rs}} = 1$;

　　　A_{s}、A'_{s}——受拉区、受压区纵向普通钢筋截面面积;

　　　A_{r}、A'_{r}——受拉区、受压区钢板及其竖向加劲板净截面面积之和;

　　　h_0——截面有效高度,$h_0 = h - a$,此处h为截面全高;

　　　b——截面宽度,可随截面高度变化;

　　　a——截面受拉侧纵向钢筋及钢板合力点至近端边缘的距离;

　　　a'_{s}——受压区纵向普通钢筋合力点至受压区边缘的距离;

　　　a'_{r}——受压区钢板及其竖向加劲板合力点至受压区边缘的距离。计算参数如图17所示。

②剪力连接件设计。

钢板较厚、穿孔钢筋直径较小,穿孔钢筋破坏。

$$F_1 = \alpha (d^2 - d_{\text{s}}^2) f_{\text{c}} + \beta d_{\text{s}}^2 f_{\text{y}}$$

式中:d、d_{s}——开孔直径、钢筋直径;

　　　f_{c}、f_{y}——混凝土抗压强度、钢筋屈服强度;

　　　α、β——贡献系数,规范中分别取1.4、1.2。

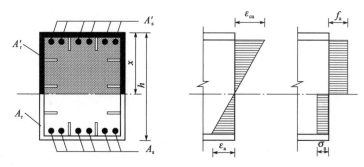

图17 组合桥塔正截面承载力计算参数示意图

钢板较薄、穿孔钢筋直径较大,开孔钢板破坏。

$$F_2 = 2(1+rs)l_m t[\mu f_y + (1-\mu)f_u]$$

式中:r——钢板断裂位置的参数,若底部断裂 $r=1$,若侧边断裂 $r=0$;

s——钢筋在钢板孔中相对位置,居下 $s=0.04$,居中 $s=0$,居上 $s=-0.06$;

l_m——孔底距和孔边距中较小值;

t——开孔板的厚度;

μ——开孔板钢材最终的状态,位于屈服强度和峰值强度之间的位置;

f_y——开孔板钢材的屈服强度;

f_u——开孔板钢材的抗拉强度。

③弹性稳定安全系数大于或等于4,非线性稳定验算安全系数约等于2。索塔计算需考虑混凝土徐变影响。

6 结语

狮子洋大桥为主跨2 180m双塔单跨吊钢桁梁悬索桥,索塔采用钢板-混凝土组合结构,充分结合钢结构索塔和混凝土索塔的优势,可以提高索塔工厂化制造率,缩短索塔建造周期,实现轻型化结构、工业化产品制造、快速化桥梁建造。狮子洋大桥索塔是钢板-混凝土组合索塔在南京长江五桥之后又一次应用,结合具体受力特点、试验研究对结构及设计方法做了调整、完善,丰富了索塔结构形式,对组合桥墩的设计也有借鉴意义。

参 考 文 献

[1] 樊建生,朱尧于,崔冰,等.钢板-混凝土组合结构桥塔研究及应用综述[J].土木工程学报,2023,56(4):61-71.

[2] 崔冰,武焕陵.钢混组合桥梁建造[M].北京:人民交通出版社股份有限公司,2022.

30. 软岩地质悬索桥锚碇地基承载力研究

汪 威 黄祺元 张 州 王忠彬

(中铁大桥勘测设计院集团有限公司)

摘 要：狮子洋大桥东、西锚碇持力层为软岩地质，合理确定其地基承载力为锚碇设计中关键内容之一。结合岩石现场和室内试验结果，应用规范经验公式和基于 Hoek-Brown 准则的 Bell 法理论公式，计算得到狮子洋大桥锚碇的地基承载力，并在锚碇场区开展了深层载荷板试验。结果表明，规范经验公式难以适用于软岩地质情况，基于 Hoek-Brown 准则的 Bell 法计算得到的地基承载力与试验值吻合较好，且可考虑地基岩体的非线性破坏特征、基础埋深和基础形状对地基承载力的影响，具有较高的应用价值。通过以上研究，合理优化了狮子洋大桥锚碇基础规模，降低了工程造价和缩短工期。

关键词：锚碇基础 软岩 地基承载力 荷载试验 Hoek-Brown 准则 Bell 法

1 引言

《公路桥涵地基与基础设计规范》（JTG 3363—2019）及《建筑地基基础设计规范》（GB 50007—2011）等规范中对岩石地基承载力的确定已有相关规定，但众多现场载荷试验结果比规范确定值要大，规范中的岩基承载力取值过于保守，不符合地区特性，并且规范所建议方法往往不能完整真实地反映其承载力特征，这便导致在使用以此方法确定的软岩地基承载力时，投入在地基处理或基础工程上的成本大大增加[1]。此外，在公路、煤矿、水利水电、隧道等领域也经常出现与软岩相关的复杂工程问题，迫切需要对软岩承载特性展开研究，这对充分挖掘软岩承载力、合理优化设计地基基础、降低工程造价和缩短工期具有极大意义。

2 主桥总体布置

狮子洋大桥主跨跨径布置为 2 180m，采用两塔悬索桥结构，南沙侧边跨跨径为 670m，东莞侧边跨跨径为 710m，采用双向八车道高速公路技术标准建设，设计速度 100km/h。主梁采用双层桥面钢桁梁结构，主塔采用门式塔，塔高 328.93m，采用钢壳混凝土结构，共设 6 道横梁。主塔承台采用哑铃形，每个塔柱下承台为直径 50m 的圆形，承台厚 9m，单个塔柱基础采用 33 根直径 3.0m 的钻孔灌注桩。东、西锚碇采用重力式锚碇，其中西锚碇基础采用直径 130m 地下连续墙基础，墙厚 1.5m，为世界最大锚碇基础[2]。主桥桥型布置如图 1 所示。

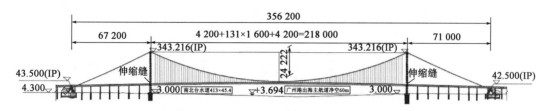

图1 主桥桥型布置图(尺寸单位:m;高程单位:m)

3 工程地质概况

工程区地层层位复杂,自上而下地层主要为第四系全新系海陆交互相淤泥(淤泥质土)、粉质黏土及砂土,第四系更新系冲积相淤泥质土、粉质黏土及砂土、圆砾土和残积相粉质黏土;基岩为白垩系白鹤洞组泥岩、泥质粉砂岩、中砂岩及燕山期侵入花岗岩。宏观上项目区域基岩以泥岩为主,偶夹有泥质粉砂岩、薄层石英砂岩;狮子洋水道、东莞以泥质粉砂岩为主,夹有中砂岩。具风化倒转、风化夹层现象,遇水易软化,失水干裂,易崩解。东、西锚碇中风化泥质砂岩层岩芯照片如图2、图3所示。

图2 东锚碇中风化泥质砂岩层岩芯照片

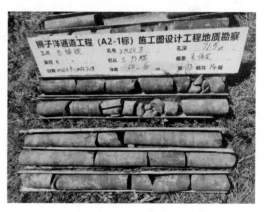

图3 西锚碇中风化泥质砂岩层岩芯照片

东锚碇基底位于⑥₃层(K_1b)中风化泥质砂岩层,属白垩系白鹤洞组(K_1b)地层,褐岩体呈红色,泥质结构,层状构造,泥质胶结,主要成分以黏土及砂质矿物为主,砂质含量50%~60%,岩芯呈5~50cm柱状,砂质含量45%~65%,岩芯呈柱状及块状,RQD>65%,锤击声较清脆。层顶高程-44.63~-27.95m。层厚5.20~26.00m。

西锚碇基底位于⑥₃中风化泥质砂岩层,属白垩系白鹤洞组(K_1b)地层,岩体呈褐灰-褐红色,具泥质结构,中厚层构造,局部夹薄层灰绿色泥质砂岩,节理裂隙较发育,岩芯呈柱状及块状,节长5~60cm,RQD为70%~80%。层顶高程-37.66~-21.09m,层厚10.90~29.10m。根据《狮子洋通道工程施工图设计工程地质勘察报告》[3]东、西锚碇中风化泥质砂岩层物理力学指标如表1所示。

东、西锚碇中风化泥质砂岩层物理力学指标 表1

工程部位	岩性名称	块体密度 (g/cm³)	单轴抗压强度(MPa)			软化系数	直剪	
			天然	干燥	饱和		c	φ
东锚碇	中风化泥质砂岩	2.61	18.99	48	17.46	0.39	500	32
西锚碇	中风化泥质砂岩	2.53	8.67	19.67	7.89	0.46	450	30

根据《公路桥涵地基与基础设计规范》(JTG 3363—2019)[4],岩石可按照软化系数和坚硬程度进行分类,当岩石软化系数小于或等于0.75时,定为软化岩石,大于0.75时,定为不软化岩石。按照岩石坚硬程度分类时,将单轴抗压强度小于30MPa的划分为软质岩石,其中小于15MPa的划归为软岩,小于5MPa的划归为极软岩石。

根据表1所示施工图详细勘察成果可知,东、西锚碇基底持力层中风化泥质砂岩软化系数分别为0.39和0.46,均小于0.75,根据《公路桥涵地基与基础设计规范》(JTG 3363—2019)属软化岩石。进一步根据岩石坚硬程度分类,东锚碇基底中风化泥质砂岩属较软岩,西锚碇基底中风化泥质砂岩属软岩。软岩是具有较低的强度和较高的可塑性,通常具有强度较低、可塑性较高、易受水和温度的影响、可剥离性较强的特点。

4 岩石地基承载力取值方法

4.1 经验查表法1

《公路桥涵地基与基础设计规范》(JTG 3363—2019)[4],建议岩石地基承载力基本容许值 $[f_{a0}]$ 按表2确定,其中岩体节理发育程度依据表3确定。岩体坚硬程度依据单轴抗压强度划分,确定西锚碇中风化泥质砂岩属软岩,东锚碇中风化泥质砂岩属较软岩。

岩石地基承载力基本容许值$[f_{a0}]$(kPa)　　　　　表2

坚硬程度	节理不发育	节理发育	节理很发育
坚硬岩、较硬岩	>3 000	2 000~3 000	1 500~2 000
较软岩	1 500~3 000	1 000~1 500	800~1 000
软岩	1 000~1 200	800~1 000	500~800
极软岩	400~500	300~400	200~300

岩体节理发育程度的分类　　　　　表3

程度	节理不发育	节理发育	节理很发育
节理间距(mm)	>400	200~400	20~200

根据施工图地质勘察报告[3],东锚碇节理间距均介于50~500mm之间,偏保守估计可认为岩体发育程度介于节理发育和节理很发育之间;西锚碇节理间距均介于50~600mm之间,偏保守估计可认岩体发育程度介于节理发育和节理很发育之间。查询表2可确定西锚碇地基基础承载力为800kPa,东锚碇地基基础承载力为1 000kPa。

4.2 经验查表法2

《工程岩体分级标准》(GB/T 50218—2014)[5](简称《岩体分级标准》)建议岩石地基承载力 f_0 基本值按表4确定,其中岩体级别根据岩体基本质量指标BQ确定。BQ值根据定量指标 R_c 和 K_v,按下式计算:

$$BQ = 100 + 3R_c + 250K_v \tag{1}$$

式中:R_c——岩石饱和单轴抗压强度(MPa);

K_v——岩体完整性指数,可查询 K_v 与岩体完整程度的对应关系表格取值。

根据施工图地质勘察结果,东、西锚碇基底中风化泥质砂岩按照较破碎岩体考虑,K_v 取0.55。东、西岩体基本质量指标BQ值分别为290和261。查询岩体分级标准中岩体基本质量分级表格,可知东、西锚碇基底中风化泥质砂岩岩体基本质量级别属Ⅳ级,根据岩体BQ值查询表2可得到东锚碇中风化泥质砂岩地基承载力基本值 f_{a0} 为1 090kPa,西锚碇中风化泥质砂岩地基承载力基本值 f_{a0} 为652kPa。

岩石地基承载力基本值 f_{a0}　　　　　　　　　　　表4

岩体级别	Ⅰ	Ⅱ	Ⅲ	Ⅳ	Ⅴ
f_{a0}(MPa)	>7.0	7.0~4.0	4.0~2.0	2.0~0.5	<0.5

4.3 单轴抗压强度折减法

《建筑地基基础设计规范》(GB 50007—2011)[6]规定,对完整、较完整和较破碎的岩石地基承载力特征值,也可根据室内饱和单轴抗压强度按下式进行计算:

$$f_a = \psi_r f_{rk} \tag{2}$$

式中:f_{rk}——岩石饱和单轴抗压强度标准值(kPa);

ψ_r——折减系数,ψ_r根据岩体完整程度以及结构面的间距、宽度、产状和组合取值,完整岩体可取0.5,较完整岩体可取0.2~0.5,较破碎岩体可取0.1~0.2。东、西锚碇基底中风化泥质砂岩折减系数 ψ_r 取值0.2,则东、西锚碇持力层地基承载力特征值分别为3 492kPa和1 578kPa。

4.4 基于 Hoek-Brown 准则的 Bell 法

Bell法是确定岩石地基极限承载力最为经典和广泛采用的计算方法。Bell解方法[7-8]指出岩石地基承载力和岩体结构面、岩块强度等存在密切的关系,同时提出了最为常见的以剪切破坏模式并应用极限平衡分析法来确定岩石地基极限承载力的理论计算公式。考虑基础形状的影响并引入基础形状修正系数,其表达式为[8]:

$$q_u = C_{f1}cN_c + 0.5C_{f2}B\gamma N_\gamma + \gamma DN_q \tag{3}$$

式中:　q_u——地基极限承载力,kPa;

B——基础宽度,m;

γ——岩石重度,kN/m³;

c——岩石黏聚力,kPa;

C_{f1}、C_{f2}——基础形状修正系数,对圆形基础,$C_{f1}=1.2$,$C_{f2}=0.7$;

N_c、N_γ、N_q——承载力系数,由下式计算:

$$\begin{cases} N_c = 2N_\varphi^{\frac{1}{2}}(N_\varphi + 1) \\ N_\gamma = N_\varphi^{\frac{1}{2}}(N_\varphi^2 - 1) \\ N_q = \tan^4\left(45° + \frac{\varphi}{2}\right) \\ N_\varphi = \tan^2\left(45° + \frac{\varphi}{2}\right) \end{cases} \tag{4}$$

式中:φ——岩石内摩擦角。

文献[9]通过将Bell解法与Hoek-Brown准则相结合,求解潜在破坏面上的正应力水平,完善了由Hoek-Brown准则近似估算岩基抗剪强度参数方法和确定岩基极限承载力的Bell解法。根据Hoek-Brown准则[10]强度包络线,可由以下公式确定地基岩体的抗剪强度参数:

$$\begin{cases} \tau = (\cot\varphi'_i - \cos\varphi'_i)m\sigma_c/8 \\ \varphi'_i = \arctan[1/(4h\cos^2\theta - 1)]^{\frac{1}{2}} \\ h = 1 + [16(m\sigma' + s\sigma_c)/(3m^2\sigma_c)] \\ \theta = \frac{1}{3}\{90° + \arctan[1/(h^3 - 1)^{\frac{1}{2}}]\} \end{cases}$$

$$c_i = \tau - \sigma' \tan\varphi'_i \tag{5}$$

式中：τ、σ'——分别为破坏时的剪应力、正应力；

φ'_i——给定 τ 和 σ' 下的瞬时内摩擦角。

潜在破坏面上的正应力，由下式计算[8]：

$$\sigma' = \frac{q}{\tan\varphi\tan\alpha + 1} \tag{6}$$

式中：q——基底应力；

φ——岩石的内摩擦角；$\alpha = 45° + \varphi/2$。

5 狮子洋大桥地基深层载荷板实验

现场岩石地基载荷试验确定地基承载力是各类规范规定和当前最直观、最可靠的试验方法，同时是公认的最为准确和权威的确定软岩地基承载力方法。为进一步校核经验公式和理论公式基底地基承载力取值，在初步设计阶段狮子洋大桥开展了锚碇基础持力层承载力特性测试试验，如图4～图6所示。本试验按照《公路桥涵地基与基础设计规范》（JTG 3363—2019）和《岩土工程勘察规范》（GB 50021—2001）有关桩基承载力深层平板载荷技术的相关规定进行试验方案设计与操作。在狮子洋大桥锚碇持力层开展深层平板载荷试验，采用直径为0.8m的钻孔灌注桩作为传力柱，对柱端中风化持力层进行静载荷试验，用于确定锚碇基础深部中风化持力层岩层在承压板下应力主要影响范围内的承载力特征值。根据狮子洋大桥锚碇的地质条件，在东西锚碇各采用3组直径0.8m的荷载板开展试验，共6组。

图4 锚碇基础持力层承载力现场试验照片

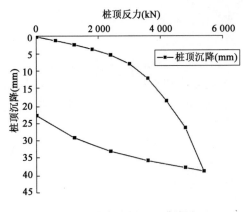

图5 西锚碇测试桩 Q-S 曲线图

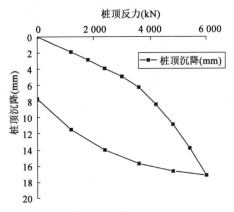

图6 东锚碇测试桩 Q-S 曲线图

按照 $0.006d$ 作为承载力特征值取值标准,西锚碇三组试验获得特征值分别为 2 548kPa、1 924kPa、1 921kPa,三组数据极差不超过平均值的 30%,取平均值作为西锚持力层承载力特征值,即 2 131kPa。获得东锚碇三组试验特征值分别为 2 461kPa、8 210kPa、2 656kPa,三组数据极差超过平均值的 30%,取最小值作为西锚持力层承载力特征值,即 2 461kPa。

6 不同方法的地基承载力取值结果

狮子洋大桥东、西锚碇基础直径分别为 127m 和 130m,埋深分别为 33.5m 和 36m。根据总体受力分析,东、西锚碇基底荷载最大约为 1.6MPa,因此取 $q=1.6$MPa。岩基中结构面的平均间距为 50~600mm,根据 GSIR 分类法近似计算,RMR 取值 35。根据 Hoek 建议[9],计算得到 $m=0.328$, $s=0.000\,4$。将相关参数代入式(4)~式(6),计算得到东锚碇基底岩体破坏时的损失摩擦角度 $\varphi'_i=26.2°$,瞬时黏聚力 $c_i=0.446$MPa,承载力系数 $N_c=11.5$, $N_q=6.6$, $N_\gamma=9.1$, $N_\varphi=2.6$;西锚碇基底岩体破坏时的损失摩擦角度 $\varphi'_i=16.1°$,瞬时黏聚力 $c_i=0.344$MPa,承载力系数 $N_c=7.4$, $N_q=3.1$, $N_\gamma=2.8$, $N_\varphi=1.8$。相关参数代入式(3),计算得到东锚碇地基承载力极限值为 11 429kPa,西锚碇地基承载力极限值为 5 241kPa。汇总以上不同方法得到的地基承载力结果如表 5 所示。

不同方法的东、西锚碇地基承载力取值结果 表 5

方法		工程部位	地基承载力(kPa)		安全系数 k
			极限值	特征值	
经验公式法	《公路桥涵地基与基础设计规范》(JTG 3363—2019)	东锚碇	—	1 000	2
		西锚碇	—	800	2
	《工程岩体分级标准》(GB/T 50218—2014)	东锚碇	—	1 090	2
		西锚碇	—	652	2
单轴抗压强度折减法	《建筑地基基础设计规范》(GB 50007—2011)	东锚碇	10 476	3 492	3
		西锚碇	4 734	1 578	3
基于 Hoek-Brown 准则的 Bell 法		东锚碇	11 429	3 810	3
		西锚碇	5 241	1 747	3
原位深层载荷板试验		东锚碇	7 383	2 461	3
		西锚碇	6 393	2 131	3

7 结语

(1)采用《公路桥涵地基与基础设计规范》与《工程岩体分级标准》提供查表法所确定的软岩地基承载力基本一致,为工程技术人员初步确定软岩地基承载力提供了便利,但参数取值具有模糊性,取值跨度大,所得到地基承载力仅不到实验值的一半,直接应用于设计将使基础尺寸加大,工程的造价明显增加,设计偏于保守。

(2)采用单轴抗压强度折减法确定软岩地基承载力,计算方法简单,地基承载力数值依赖单一折减系数,但折减系数取值跨度较大,经验性较强,难以应用。对比现场试验结果,当折减系数 ψ_r 为 0.2 时,东锚碇地基承载力较试验值高,为试验值的 1.4 倍,西锚碇地基承载力较试验值偏低,为试验值的 0.74 倍。

(3)基于 Hoek-Brown 准则的 Bell 法采用地基岩体的瞬时内摩擦角和黏聚力计算极限承

载力,不仅考虑了地基岩体的非线性破坏特征,而且考虑了基础埋深和基础形状对地基承载力的影响,所计算得到的地基承载力与试验值较为接近,具有较高的应用价值。

(4)狮子洋大桥原位深层载荷板试验证明:采用规范查表法确定软岩地基承载力偏于保守,不能充分反映软岩实际承载能力;采用单轴抗压强度折减法无法考虑基础埋深和基础形状对地基承载力的影响,且参数取值跨度大,难以应用;基于Hoek-Brown准则的Bell法应用岩土工程中广泛接受和采用的理论,适用范围广,参数取值相对严谨,所计算得到的地基承载力与试验值吻合较好。

参 考 文 献

[1] 刘特洪,林天健,等.软岩工程设计理论与施工实践[M].北京:中国建筑工业出版社,2005.

[2] 中铁大桥勘测设计院集团有限公司.狮子洋通道工程两阶段施工图设计文件[Z].武汉:2022.

[3] 中交公路规划设计院有限公司.狮子洋通道工程施工图设计工程地质勘察报告[Z].北京:2022.

[4] 中华人民共和国交通运输部.公路桥涵地基与基础设计规范:JTG 3363—2019[S].北京:人民交通出版社股份有限公司,2020.

[5] 中华人民共和国住房和城乡建设部.工程岩体分级标准:GB/T 50218—2014[S].北京:中国计划出版社,2015.

[6] 中华人民共和国住房和城乡建设部.建筑地基基础设计规范:GB 50007—2011[S].北京:中国计划出版社,2012.

[7] 林恺帆,李庶林,曹云,等.岩石地基极限承载力Bell解的探讨[J].厦门大学学报(自然科学版),2017,56(5):755-759.

[8] 宋建波,于远忠.剪切破坏模式下均质岩基极限承载力的Bell解[J].岩石力学与工程学报,2002,21(3):410-412.

[9] HOEK E. Strength of jointed rock masses [J]. Geotechnique,1983,33(3):187-223.

[10] HOCK E,BROWN E. Underground Excavation in Rock [M]. Hertford:Stephen Austin and Sons Ltd. ,1980.

31. 狮子洋大桥西索塔承台基坑施工关键技术研究

李培育[1] 刘 双[2] 付文宣[1,3,4]

(1. 中交第二航务工程局有限公司;2. 广东湾区交通建设投资有限公司;
3. 长大桥梁建设施工技术交通行业重点实验室;
4. 交通运输行业交通基础设施智能制造技术研发中心)

摘 要:狮子洋大桥为世界在建最大跨径双层钢桁梁悬索桥,哑铃形主墩承台采用半埋置式,承台基坑具有平面尺寸大、形状不规则、基底地层起伏不均的特点。通过综合比选,基坑围护采用哑铃形拉森钢板桩围堰结构,总体工艺采用水下开挖、封底及抽水的方案,施工过程中实时对围堰结构进行监测。板桩围堰结构在开挖、抽水过程中,应力变形稳定,且围堰壁体渗水较小;抽水完成后,基底无明水,现场实施取得了良好的效果。

关键词:狮子洋大桥 基坑施工 钢板桩围堰

1 工程概况

1.1 项目概况

狮子洋大桥为主跨 2 180 m 的单跨双层钢桁梁悬索桥,采用组合索塔,塔高 342 m。索塔承台为哑铃形,基础为 66 根直径 3 m 的钻孔灌注桩,桩长 70 m。单幅承台高 9.0 m,直径 40 m(图1),承台顶部设置 3 m 高塔座(图2),两幅承台通过中间系梁连成整体。承台采用 C45 混凝土,共 24 617 m³。

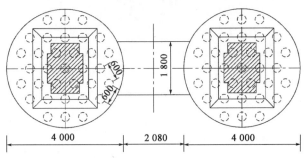

图 1 索塔基础平面布置图(尺寸单位:cm)

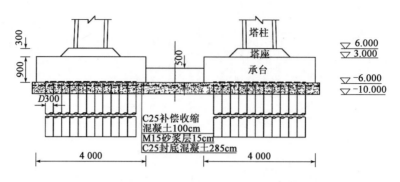

图2 索塔基础立面布置图(尺寸单位:cm;高程单位:m)

1.2 水文地质条件

索塔承台位于南沙珠江水域,平均高潮位+1.38m。地层以淤泥、粉质黏土、强风化泥岩夹砂质泥岩、中风化泥岩夹砂质泥岩和微风化泥岩夹砂质泥岩为主。经现场抽水试验分析,得出强风化砂质泥岩渗透系数为0.095m/d,岩层裂隙水水头高程为+0.8m。

2 承台围堰设计

本项目基坑底为淤泥或粉质黏土层,均为弱透水层,水头差为11m,经综合比选,围堰结构采用拉森板桩,总体采用水下开挖封底的施工工艺。

2.1 围堰基本构造

围堰平面布置(图3、图4)采用与承台相似的哑铃形,板桩为材质Q355B的拉森Ⅳw钢板桩,受地层起伏影响,板桩长度有21m和24m两种。围堰设置三层围檩,第一层围檩采用Q235B双拼I45C型钢,内支撑采用$\phi 609 \times 16$m钢管;第二、三层围檩采用Q355B双拼I56C型钢,内支撑采用$\phi 800 \times 16$m钢管。各层之间设置竖撑,基坑底部系梁位置设置抗拔辅助桩,围堰底部设置2.5m厚C25封底混凝土,共计8600m³。

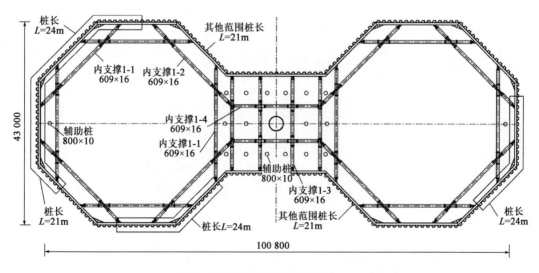

图3 围堰平面布置图(尺寸单位:mm)

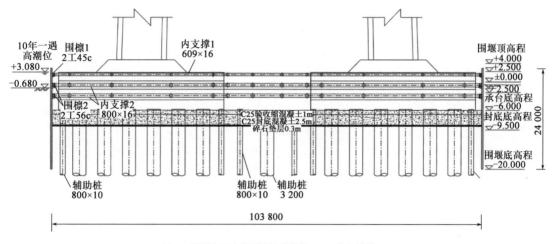

图 4 围堰立面布置图(尺寸单位:mm;高程单位:m)

2.2 围堰结构计算分析

根据计算分析,得出钢板桩最大应力为 $\sigma_{max} = 226\text{MPa} < 330\text{MPa}$,变形 $\sigma_{max} = 45\text{mm} < \min(h/100,80) = 80\text{mm}$,围檩最大应力 $\sigma_{max} = 153\text{MPa} < 295\text{MPa}$,最大剪应力 $\tau_{max} = 105\text{MPa} < 170\text{MPa}$,内撑最大应力 $\sigma_{max} = 118\text{MPa} < 215\text{MPa}$,稳定性计算结果为 $0.57 < 1$。由计算结果可知,钢板桩围堰各个构件均满足强度和刚度的规范要求;最不利工况下,基坑嵌固稳定性系数 $F_e = 1.88 > K_e = 1.25$,基坑抗隆起系数 $F_b = 2.01 > K_b = 1.8$,系梁中部设置 16 根辅助桩,抗浮安全系数为 $F_f = 1.32 > K_f = 1.15$。由计算结果可知,基坑各项稳定性均满足规范要求。

围堰立面布置如图 5 所示。

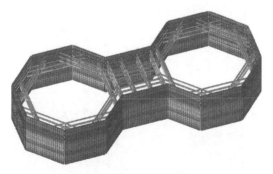

图 5 围堰立面布置图

3 钢板桩围堰施工

3.1 钢板桩施打

钢板桩采用两台 24m 长臂插板机进行插打,导向框安装到位后,从承台上游侧开始向两边逐一插打,直至下游侧角点处合龙[1-2],围堰共计 474 块钢板桩,单台插打机平均每天施打数量约为 20 块。

保证钢板桩施沉精度,重点在控制第一片钢板桩插打的垂直度。插打时,钢板桩桩背紧靠导向框架,插打的同时在相互垂直的两个方向用锤球进行观测,以确保钢板桩插正、插直,而后,以第一根钢板桩为基准,向两边对称插打每一根钢板桩到设计位置。下一片钢板桩插打时要确保锁口与前一片进行咬合,沿着前一片钢板桩进行插打,每插打 10 片板桩,用锤球观测校核一次。

在钢板桩转角位置使用角度适宜的异形钢板桩。施打前,准确测量转角处尺寸和角度,再进行异形钢板桩加工,转角处异形钢板桩由整块钢板桩切割后,对接焊接而成,并加焊加劲钢板,角度随实际测量数据进行调整,如图6所示。

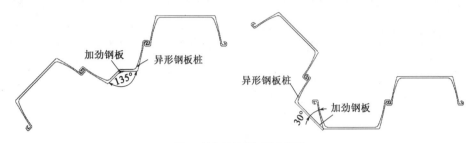

图6 转角处异形钢板大样图

3.2 基坑开挖与围檩、内撑安装

3.2.1 基坑开挖

围堰内基坑中地层主要以淤泥为主,采用4台长臂挖掘机配合2台冲抓斗进行基坑开挖,围堰及护筒边角采用高压射水进行冲刷,空气吸泥机辅助清理[3],共计开挖2.95万 m^3,工效约为1 050m^3/d。

开挖施工分三层进行,第一、二层开挖前,安装第一层围檩支撑系统,然后进行基坑抽水,第一层开挖至-1m泥面,安装第二层围檩支撑系统,第二层开挖至-3.5m泥面,然后安装第三层围檩支撑系统,最后对基坑进行回水至-1m,带水开挖至-9.5m。

基坑开挖时,作业人员实时打测绳进行基坑底部高程的监控量测,确保不超挖或欠挖。

基坑开挖施工如图7所示。

图7 开挖施工

3.2.2 围檩及内撑安装

围檩安装前,测量复核高程,在钢板桩上焊接围檩三角托板,而后采用履带式起重机分段(6m)吊装围檩,将围檩临时搁置在牛腿上,在牛腿上进行对焊。焊接过程中,采用手拉葫芦及小型千斤顶,对围檩位置进行微调,围檩与钢板桩之间间隙采用短型钢进行支撑,保证围檩与钢板桩密贴。

内撑安装前,在栈桥平台上将三层内撑按照设计图纸分别组装成单根,在其顶面焊接吊耳板用于起吊安装。安装采用"两点吊",利用135t履带式起重机起吊,并在端头各设置1根溜绳控制内撑吊装时的姿态,吊装就位后,施工作业人员及时将内撑两端与围檩钢支座用高强螺栓连接,完成一层内撑安装。如此循环,完成三层内撑安装。内撑安装顺序见图8。

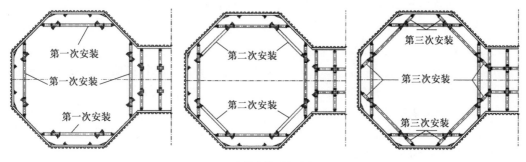

图8 内撑安装顺序示意图

4 封底混凝土浇筑

封底混凝土为C25水下混凝土,厚度2.5m,基底高程为-9.65m,总方量为8 600m³,从系梁位置用钢板桩进行分仓,将整个承台封底混凝土分两次浇筑完成。

封底混凝土施工采用大料斗+移动式料斗对位拔塞法首封,多导管布置的水下混凝土封底工艺,首灌混凝土浇筑完成后持续补料,待混凝土高程达到要求时,再换至下一个混凝土灌注导管处进行混凝土浇筑,依此阶梯式推进,直至封底完成。

4.1 封底导管布置

封底混凝土施工选用φ325mm的快速接头导管,导管标准长度为3.0m、1.0m、0.5m。导管使用前做水密性试验,合格后方可使用;导管采用型钢固定架进行固定,导管型钢固定架采用I25a工字钢焊接而成,浇筑之前将导管垂直卡挂在型钢导管固定架上,封底混凝土流动半径按5m考虑,并在混凝土难以流动的边角加布。首封点布置及施工顺序如图9所示。

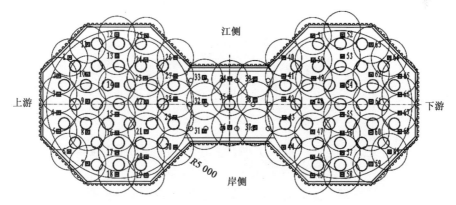

图9 封底混凝土首封点布置及施工顺序示意图(尺寸单位:mm)

在围堰内布置69个浇筑点,配置21套导管,采用2台汽车泵及配套罐车进行浇筑,封底时提前将相邻三排浇筑点布置好导管。导管安装中,每个接头需预紧检查,固定完成后导管底口离围堰底20~30cm。

封底混凝土分两次进行浇筑,上游侧半仓封底顺序为1~33号浇筑点逐点推进施工,下游侧半仓封底顺序为69~34号浇筑点逐点推进施工,当测点混凝土面均达到封底混凝土高度

255

时,采用履带式起重机起吊移动该导管进行周转使用。

在封底混凝土浇筑前,潜水员采用高压水枪对护筒及辅助桩四周进行冲洗,以增大封底混凝土与护筒之间的握裹力;为减少封底混凝土浇筑时基坑淤泥翻浆,须查清基坑底部情况,对局部坑洼和隆起进行找平,然后铺设竹片网,网片之间采用U形钢筋进行连接固定。

4.2 封底混凝土浇筑

(1)封底混凝土浇筑设备配置及保供。

采用2台180m³/h型搅拌机进行混凝土拌和,配置8台罐车进行运输,两台混凝土泵车连续浇筑,每小时浇筑混凝土100m³,单个仓室封底混凝土浇筑共计50h。

(2)首批混凝土浇筑

采用大料斗+移动式集料斗对位拔塞法封底工艺,上游侧1~6号浇筑点、下游侧64~69号浇筑点采用15m³料斗进行首封浇筑。

其他浇筑点7~63号采用3m³移动式集料斗进行浇筑,集料斗由135t履带式起重机起吊进行浇筑,当测点混凝土面均达到封底混凝土高度时,履带式起重机起吊移动集料斗进行下一个浇筑点施工,分阶梯式逐点推进,直至封底混凝土完成浇筑。

混凝土灌注前,在料斗内洒水润湿,在导管内放置圆柱式塑料(泡沫)隔水塞,用钢板塞堵住管口并挂住钢板塞,汽车泵将混凝土泵送至料斗内,当料斗内充满混凝土时拔塞,由料斗连续不断向导管放料,同时汽车泵连续不断泵料,待混凝土高程达到要求时,再换下一个混凝土灌注点位上方进行混凝土浇筑,依此循环往复,直至封底完成。上游侧半仓封底混凝土浇筑完成,等强2~3d,潜水员潜入基坑对已浇筑封底混凝土端头进行摸排,利用高压水枪对端头进行冲刷清洗,具备条件后,浇筑下游侧半仓封底混凝土。

为防止首封混凝土快速下落时,对基底面冲击后形式大坑,造成首封时导管埋置深度不足,在首封导管底口铺设2.0m×2.0m钢板,钢板厚度为5mm。

封底混凝土首封浇筑如图10所示。

图10 封底混凝土首封浇筑

4.3 高程测量

封底混凝土施工前,在每个导管及两个导管混凝土作用半径交点处均布设一个测点,半仓设置45个测点,浇筑前现场提前做好测点标记,技术人员测量测点处高程,便于封底混凝土浇筑时的高程控制,施工时可根据实际需要适当加密测点。浇筑混凝土时,做好测深、导管原始长度、测量基准点高程等记录,同时每根导管封口结束后及时测量其埋深与流动范围,并做好详细记录,并以测点为控制点绘制混凝土深度断面图,以作施工控制图。

4.4 抽水

封底混凝土同条件试块经过4d达到设计强度,抽除围堰内的水,围堰内布置6台7.5kW水泵进行抽水,并安排专人对围堰结构进行监测,若发生异常要立即停止抽水,并通知钢围堰设计单位复核验算[4]。

抽水过程中,观察锁扣钢板桩侧壁有无漏水现象,对漏水部位采用防水土工布+石粉进行堵漏。

5 结语

针对狮子洋大桥主墩承台基坑平面尺寸大、形状不规则、基底地层起伏不均的特点,设计采用了哑铃形、变桩长围堰结构,通过设置导向、标准线等精度控制措施,实现了板桩的紧密搭接、精准合龙,保障了围堰壁体的止水效果。通过优化围檩及内撑安装工序,大幅提升了围堰结构的施工工效。本围堰结构及施工工艺,不仅保障了基坑安全,为坑内作业提供了干燥的施工环境,同时取得了良好经济效益。

参 考 文 献

[1] 贺江平,王琦,穆耀青.黄河流域承压水层区深埋式承台围堰设计与施工关键技术[C]//施工技术(中英文),2023年全国工程建设行业施工技术交流会论文集(上册),2023:4.

[2] 王德怀.深埋式承台钢板桩围堰设计与施工关键技术[J].中外公路,2021,41(3):130-134.

[3] 徐大振,吴强.特殊地质深基坑组合桩钢围堰施工技术研究[J].交通世界,2023(25):174-176.

[4] 龚鑫鑫,罗宗强,潘海洋.水中墩钢板桩围堰施工技术研究[J].云南水力发电,2023,39(10):22-27.

32. 狮子洋大桥西索塔首节段足尺模型试验研究

张 峰[1,2,3]　刘星星[4]　田 飞[1,2,3]

(1. 中交第二航务工程局有限公司；2. 长大桥梁建设施工技术交通行业重点实验室；
3. 交通运输行业交通基础设施智能制造技术研发中心；4. 广东湾区交通建设投资有限公司)

摘　要：狮子洋大桥为主跨 2 180m 的双层钢桁梁悬索桥，索塔高 342m，采用钢板-混凝土组合结构，钢壳壁体内填充 C80 专用混凝土。为研究超高钢板混凝土组合索塔建造工艺，指导后续实桥实施，开展了索塔足尺模型试验，重点研究首节段附筋钢壳定位安装和混凝土制备浇筑等工艺，并探究 C80 低热专用混凝土温度、应变变化规律。结果表明：钢壳节段轴线与高程定位精度均在 1mm 以内；C80 低热专用混凝土入模温度 27℃，扩展度稳定在 560mm，混凝土浇筑完成 38h 后内部达到温峰 66.37℃，最大里表温差 14.3℃，钢壳节段安装精度及 C80 低热专用混凝土各项指标满足设计要求。

关键词：桥梁工程　狮子洋大桥　钢板-混凝土　组合索塔　足尺模型试验

1　引言

狮子洋大桥为主跨 2 180m 的双层钢桁梁悬索桥，桥型布置如图 1 所示。索塔为六横梁门式塔，塔高 342m，采用钢板-混凝土组合结构。索塔标准节段分为 4.8m、5.4m 及 6m 高三类。钢壳由内外壁板、开孔的纵横向加劲肋以及水平桁架、竖向桁架、缀板等连接体系组成。外壳壁厚 18mm，内壳壁厚 10mm。钢壳内竖向钢筋直径 32mm，依次穿过水平加劲肋的钢筋孔，水平钢筋直径 25mm，依次穿过竖向加劲肋的钢筋孔，索塔立面图及内部构造如图 2 所示。索塔壁体内内部填充高强、高弹、高稳健、低收缩 C80 专用混凝土。

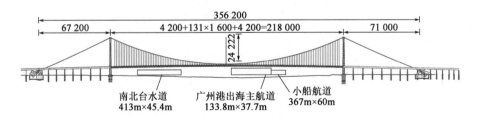

图 1　狮子洋主桥桥型布置图(尺寸单位：cm)

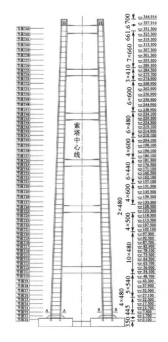
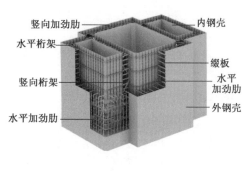

图 2　狮子洋索塔立面及节段构造示意图

针对 C80 专用混凝土进行多次试拌试验,通过试拌结果得出专用混凝土配合比,见表 1。其中,低热混凝土采用 PL42.5 低热水泥,普通混凝土采用 PⅡ42.5 普通硅酸盐水泥。

C80 专用混凝土配合比(单位:kg/m³)　　　表 1

配合比	PL/PⅡ42.5 水泥	粉煤灰	抗裂剂	流变改性剂	砂	碎石	外加剂	水
1(低热)	324	130	57	57	646	1 054	9.09	142
2(普通)	324	130	57	57	646	1 056	8.52	135

2　足尺模型试验

2.1　索塔施工总体工艺

索塔施工采用钢壳在工厂内分节段制造拼装、桥位现场整节段吊装连接,C80 专用混凝土采用料斗配合浇筑平台浇筑的工艺。具体施工流程为:①附筋钢壳厂内制造拼装及节段预拼装;②钢壳节段运输至现场;③节段钢壳吊装匹配定位;④专用混凝土浇筑振捣;⑤钢壳内混凝土养护、凿毛清渣;⑥下一节段钢壳吊装定位;⑦节段间竖向主筋连接;⑧节段间钢壳环缝焊接。

2.2　试验段选取

选取 T27 节段上部 3m 及 T28 节段下部 4.8m 作为试验段进行足尺模型试验试件,如图 3 所示。其中,底节段重 78.2t,浇筑低热水泥 C80 混凝土,顶节段重 122.7t,浇筑硅酸盐水泥配制的 C80 混凝土。钢壳厂内制造完成以后进行预拼装,运输至现场后进行定位安装并浇筑混凝土,进行节段间钢筋挤压套筒连接,模拟实桥节段间环缝焊接。本文针对 T27 节段运输、吊装定位及低热混凝土浇筑等工艺进行着重研究,分析低热专用混凝土工作性能及后续温度、应变变化规律等。

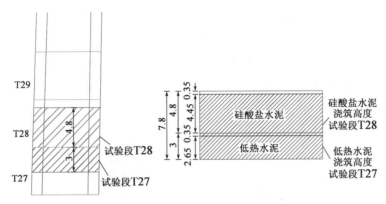

图3 试验段选取示意图(尺寸单位:m)

2.3 试验步骤

2.3.1 附筋钢壳制造与运输

钢壳节段在工厂内制造完成并进行预拼装,节段高度、横基准线间距、轴线偏位及扭曲安装精度均满足设计要求后运输至施工现场。钢壳运输时在底部角点处设计钢支撑,防止钢壳运输过程中产生变形。钢壳通过350t浮式起重机从运输船上吊至栈桥平台两台10轴模块运输车上,通过模块车运至试验点位(图4)。

图4 钢壳厂内节段预拼装与装船运输

2.3.2 钢壳现场吊装及定位

钢壳桥位吊装采用专用吊具(图5),吊具由型钢制作而成,包括纵、横梁系、上连接头、下连接头、吊索等部分。吊装时可通过吊具横梁增减卸扣,实现快速调整,满足不同截面尺寸钢壳节段吊装需求(图6)。

图5 钢壳吊具　　　　　　图6 底节段安装

钢壳经模块车运输至试验点位后,通过400t履带起重机吊装下放。在试验点位钢壳对应角点处设置混凝土支墩,在垫块上预埋调平钢板。底节段安装至支墩后,轴线及高程偏差在1mm以内。

2.3.3 底节段混凝土浇筑

底节段钢壳定位完成后,为防止混凝土浇筑过程中出现漏浆,先在底部浇筑一层薄封底混凝土。为减少索塔环缝焊接对混凝土性能产生影响及便于塔内竖向钢筋连接,将索塔节段混凝土浇筑断面设置为距离钢壳节段顶部30cm,即预先浇筑底部270cm高混凝土,剩余30cm高混凝土与T28节段一起浇筑。采用大料斗及图7所示的两个混凝土分料器进行浇筑。混凝土通过罐车倒入大料斗中,起吊大料斗放料至浇筑平台的储料漏斗,打开储料漏斗的阀门,混凝土通过溜槽布料至各点位。在钢壳拐角及中部处进行布料设置,共计设置16个布料点,布料点的设置如图8所示。

图7 混凝土浇筑平台　　　　　图8 混凝土布料点示意图

在混凝土分料器每根溜槽顶部往下20cm处设置可移动挡板,控制每根溜槽混凝土流量。由于钢壳高度较高,在布料点处设置直径300mm的串筒并深入钢壳内部,以保证混凝土自由下落高度不超过2m。

混凝土采取分层浇筑、分层振捣施工方法。每层布料厚度不超过30cm,保持布料均匀,严禁采用振动棒驱赶混凝土。采用9m³大料斗进行浇筑,首先往江侧混凝土分料器中放料,下一斗往岸侧放料,来回往复,直至混凝土浇筑完成。混凝土浇筑及振捣示意图如图9所示。

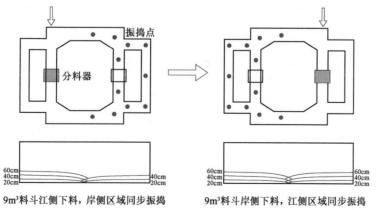

图9 混凝土浇筑及振捣示意图

当料斗在江侧下料时,岸侧区域同步进行振捣,当料斗在岸侧下料时,江侧区域同步进行振捣,与浇筑一样来回往复,直至振捣结束。为有效控制振捣深度,在每支振捣棒40cm处绑上铁丝并涂刷油漆设置标记,以便于浇筑下一层混凝土时可以使振捣棒进入第一层混凝土内5~10cm。混凝土振捣时,以50振捣棒振捣为主,横肋处及预埋件位置处采用30振捣棒进行振捣。控制振捣系统移动间距不超过振捣器作用半径的1.5倍,并且与钢壳保持的距离不大于振动棒作用半径的50%。图10所示为现场混凝土浇筑。

a)料斗配合分料器浇筑　　b)分料器分料　　c)混凝土振捣

图10　现场混凝土浇筑

在钢壳平面上共布置12台振捣器,每台振捣器配备1名工人,振捣器固定区域进行振捣。每个小腔室设置4个振捣点,由内而外,单点振捣时长20s;角点区域采用30振捣棒插入振捣孔内进行振捣,振捣时长20s。第二层浇筑后,振捣棒应插入第一层混凝土内5~10cm振捣以促进两层混凝土有效融合。顶层混凝土浇筑完成后0.5h,进行二次振捣,以排除混凝土因泌水在粗集料、水平钢筋下部生成的水分和空隙。

3　试验结果分析

3.1　工效分析

钢壳吊装定位分析。①T27节段:钢壳采用400t履带起重机吊装定位,钢壳吊耳与吊具连接耗时0.25h,钢壳起吊到下放耗时0.25h,钢壳通过预制混凝土支垫进行定位耗时0.25h,定位后通过测量发现误差仅1mm,满足要求,整个底节段钢壳吊装定位仅花费0.75h。②T28节段:钢壳吊耳与吊具连接同样耗时0.25h,钢壳起吊、调整姿态到下放耗时0.5h,钢壳粗调位耗时0.33h,钢壳精确调位耗时0.8h,T28节段钢壳吊装定位共花费1.88h。

混凝土浇筑分析:混凝土浇筑采用大料斗加浇筑平台的方式,从混凝土浇筑开始至浇筑完成,平均每小时17.1m³,考虑搅拌站供应略微间断,实际浇筑速度可达19m³/h,T27节段累计浇筑171m³混凝土,耗时10h完成。

3.2　专用混凝土工作性能

混凝土浇筑时对每车混凝土工作性能进行测试,测试结果表明:混凝土入模温度均在27℃左右,满足不超过30℃的设计要求;坍落度稳定在210mm,扩展度稳定在560mm,均满足设计要求。且后续混凝土布料、振捣等工序都比较顺畅,浇筑质量可控,混凝土工作性能满足要求,可用于后续实桥施工[1]。

3.3　混凝土温度、应变分析

混凝土浇筑前,在距底部高度1.5m截面布置温度于应变测点。在混凝土塔壁左侧表面

A1 和中心 A2 位置处布置沿长度方向的应变计,并在中心 A3 处布置沿厚度方向的应变计,在中心 A4 处布置沿高度方向的应变计。在厚度不同的另一塔壁处,在侧表 B1 和中心 B2 位置处布置沿宽度方向的应变计,并在中心 B3 处布置沿厚度方向的应变计。在塔壁厚度最大的 H 处布置沿厚度方向的应变计,并布置一个环境温度测点,具体布置如图 11 所示。

3.3.1 温度变化曲线

通过布置在节段内部的温度传感器测得底节段混凝土温度历程曲线,如图 12 所示,提取图中关键参数,如表 2 所示。由图 12 及表 2 可知,T27 节段混凝土入模温度为 26.9℃±0.3℃,满足设计要求。中心测点温度峰值为 64.7℃±1.6℃,表面测点温度峰值为 52.3℃ 和 55.5℃,所有测点最大温升为 39.2℃,出现在塔壁厚度最大的 H1 处,可见厚度方向尺寸越大,温升越高。里表温差不超过 14.3℃,达到温峰时间为浇筑后 31~38h。温峰后 7d 内中心测点平均降温速率为 4.69℃/d±0.05℃/d,表面测点为 3.29℃/d 和 3.81℃/d,至 12d 龄期时各测点基本降低至环境温度,混凝土温度控制效果良好。

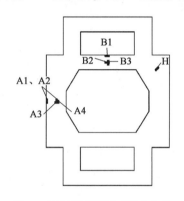
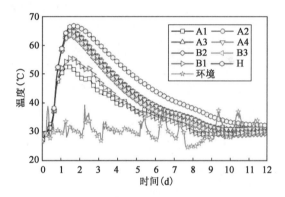

图 11　底节段温度及应变测点布置　　　　图 12　T27 节段混凝土温度历程曲线

T27 节段混凝土温度历程关键参数　　　　　　　　　　　　　　　表 2

编号	入模温度(℃)	温度峰值(℃)	最大里表温差(℃)	到达温峰时间(h)	温峰后7d内平均降温速率(℃/d)
A1	27.2	52.3		32	3.29
A2	27.0	65.3		35	4.64
A3	26.8	64.9	14.3	35	4.61
A4	26.9	64.9		35	4.62
B1	27.0	55.5		31	3.81
B2	26.7	63.1	9.2	34	4.73
B3	26.6	63.5		34	4.74
H	27.1	66.3	—	38	4.29

3.3.2 应变变化曲线

通过布置在节段内部的应变传感器测得底节段混凝土应变历程曲线,验证混凝土变形的控制效果[2-5],如图 13 所示,提取图中关键参数如表 3 所示。由图 13 及表 3 中数据可见,以混凝土终凝为"零点",T27 节段中心测点的混凝土温升阶段总膨胀变形为 449$\mu\varepsilon$±148$\mu\varepsilon$,单位温升膨胀变形为 13.06$\mu\varepsilon$/℃±4.54$\mu\varepsilon$/℃,高度方向最大,厚度方向次之,长度方向最小。表面测点的混凝土温升阶段总膨胀变形为 283$\mu\varepsilon$ 和 360$\mu\varepsilon$,单位温升膨胀变形为 12.80$\mu\varepsilon$/℃ 和

14.25με/℃。在温峰后的降温阶段,随着温度降低,混凝土呈现出持续收缩的状态,温峰后7d内的快速降温期的总收缩从233~344με不等,换算为单位温降收缩为8.33~10.95με/℃,同样表现出高度方向最大,宽度方向次之,长度方向最小的规律。

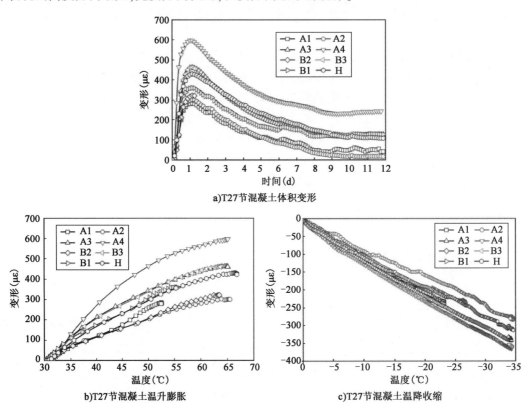

a)T27节混凝土体积变形

b)T27节混凝土温升膨胀

c)T27节混凝土温降收缩

图 13 T27 节段混凝土应变历程曲线

T27 节段混凝土体积变形关键参数 表3

编号	温升阶段总膨胀 (με)	单位温升膨胀 (με/℃)	温峰后7d内总收缩 (με)	单位温降收缩 (με/℃)	残余变形 (με)
A1	283	12.80	233	10.11	44
A2	301	8.52	268	8.33	17
A3	462	13.10	323	10.13	127
A4	597	17.59	344	10.95	242
B1	360	14.25	241	9.44	126
B2	322	9.62	—	—	—
B3	463	13.73	—	—	—
H	430	11.64	279	9.20	108

本试验中足尺模型温升阶段 C80 专用混凝土的单位温升自由膨胀变形平均值达到了 17.59με/℃,显著超过了普通混凝土 12με/℃左右;降温阶段单位温降自由收缩变形平均值则为 10.95με/℃,显著低于普通混凝土。这使得专用混凝土温度基本降至环境温度时,其仍可残余一定的膨胀变形,体现"低收缩"的特性。

4 结语

本文通过进行钢壳混凝土足尺模型工艺试验,对钢壳安装、混凝土浇筑及专用混凝土性能进行了研究,得出主要结论如下:

(1)采用混凝土支墩加薄钢板塞垫的方式可满足钢壳节段的安装精度。

(2)C80低热专用混凝土工作性能良好,各方面性能均满足设计及规范要求。

(3)混凝土浇筑完成后内部温峰为66.3℃,最大里表温差14.3℃,满足规范要求。此次工艺试验低热专用混凝土可用于后续实桥施工。

(4)从混凝土收缩变形曲线看,降温阶段单位温降自由收缩变形平均值为10.95$\mu\varepsilon$/℃,显著低于普通混凝土,体现了专用混凝土"低收缩"的特性。

参 考 文 献

[1] 彭强.南京长江五桥钢壳混凝土桥塔足尺模型工艺试验[J].桥梁建设,2019,49(3):46-50.

[2] 张鸿,郑和晖,陈鸣.波形钢腹板组合箱梁桥节段预制拼装工艺试验[J].桥梁建设,2017,47(1):82-87.

[3] 张光辉,张启伟,刘玉擎,等.斜拉桥混合塔结合部受力机理模型试验[J].哈尔滨工业大学学报,2017,49(3):106-112.

[4] 杨炎华,齐云慧.组合梁斜拉桥整体节段悬臂拼装足尺模型试验[J].桥梁建设,2014,44(4):40-44.

[5] 张鸿,田唯,王敏,等.大跨径斜拉桥组合梁节段匹配制造足尺模型试验[J].桥梁建设,2014,44(3):75-80.

33. 基于狮子洋大桥组合桥塔的脱空检测深度学习方法研究

袁 航[1] 田 飞[1] 李桂花[2]

(1. 中交第二航务工程局有限公司;2. 广东广惠高速公路有限公司)

摘 要:为实现组合结构界面脱空损伤的快速智能检测,以狮子洋大桥组合结构桥塔为背景,提出了一种基于声信号的深度学习智能脱空检测方法。通过建立桥塔足尺模型试验开展界面脱空冲击激励声频信号的采集与分析,构建基于声信号识别分类的卷积神经网络模型,并针对模型训练特征的选取进行对比分析。结果表明,基于声信号的卷积神经网络方法可有效作为组合结构智能化脱空检测手段,脱空分类识别准确率达96.2%。该深度学习检测方法适用于组合结构界面脱空的智能检测,后续搭载自动化设备可在工程中推广使用。

关键词:组合结构 桥塔 脱空检测 声信号 卷积神经网络

1 工程概况

狮子洋通道位于粤港澳大湾区几何中心,在虎门港和广州小虎岛之间跨越珠江,上游距南沙大桥约3.6km,下游距虎门大桥约8.0km,是区域重要的战略性通。狮子洋通道全长约35km,全线为桥梁结构设计,其中狮子洋大桥作为狮子洋通道的主桥,采用主跨跨径2 180m单跨吊双层钢桁梁悬索桥,一跨跨越珠江,建成后将成为世界上最大跨径的双层悬索桥,狮子洋大桥总体布置图如图1所示。

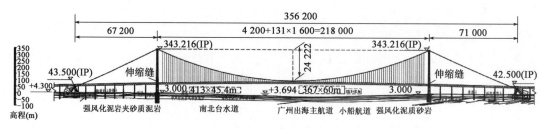

图1 狮子洋大桥总体布置图(尺寸单位:cm)

狮子洋大桥索塔采用门式结构,索塔设置六道横梁,索塔总高度342m,主塔自下而上共分为64个节段,包含下塔柱、上塔柱两大部分,总体结构布置图如图2所示。塔柱为钢板-混凝土组合结构,其中塔柱混凝土部分采用C80高强、高弹、高稳健、低收缩混凝土,塔柱外壳、横梁及其加劲肋均采用 Q355D 钢材。塔柱截面形式采用单箱三室断面(图3)，截面尺寸由底部 11.34m×15.60m 变化至 7.69m×16.20m，塔柱壁厚 1.0m、1.2m、1.4m。钢壳内设置带开孔的纵横向加劲肋以及水平桁架、竖向桁架、缀板等连接体系，钢壳内壁板设置剪力钉、环向及竖向附筋作为剪力键，外壳壁厚 18mm、内壳壁厚 10mm。

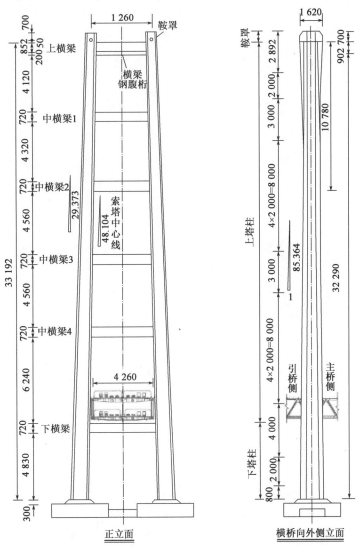

图2 桥塔总体结构布置图(尺寸单位:cm)

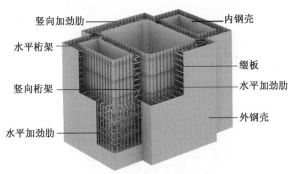

图3 桥塔节段结构示意图

由于施工质量和混凝土收缩徐变等因素的影响,钢与混凝土界面易发生脱空损伤缺陷,影响构件的承载能力和变形能力,加剧结构的老化和腐蚀,因此对该类缺陷损伤的识别和评估至关重要。传统的检测方法,如人工敲击法受人为及外界环境因素影响大、超声波法需传感器高精度拟合操作、光纤法需预埋传感器且造价昂贵易破坏、红外热像法需提供热源适用于大面积缺陷成像检测,且上述方法对于人工需求量极大,需提出一种可适用自动化装置的智能检测方法。为实现界面脱空损伤的自主智能判定针对高耸组合桥塔结构,本文基于狮子洋大桥建立足尺模型利用麦克风冲击共振非接触式检测手段提出一种基于声信号的脱空损伤深度学习检测方法,验证该方法的有效性及准确性。

2 组合索塔足尺模型脱空检测试验

2.1 足尺模型设计

为研究钢壳混凝土界面质量智能检测方法的适用性及有效性,确定质量检测方法适用类型及范围,开展钢-混组合索塔在界面脱空损伤状态智能分类识别方法研究,建立基于狮子洋大桥索塔节段的足尺模型试验进行测试。试验段选取与实桥T27节段(图4)相同的结构及构造尺寸用作足尺模型,模型截面标准尺寸为10.32m×14.32m,高度为3m,钢壳采用Q355D材质,混凝土采用C80高强混凝土。其中作为钢混组合结构的剪力键,钢壳内侧壁板上满布$\phi19×120mm$焊钉,壁板间隔设置纵、横向加劲梁并在加劲肋上安装直径32mm竖向钢筋、直径25mm水平钢筋及直径18mm拉筋。

图4 桥塔足尺模型结构

为获取与实际工程类似的截面脱空损伤状态,基于组合索塔足尺结构模型,在钢壳内壁板上模拟现场实际结构可能出现的界面脱空缺陷现象,粘贴具备低弹模、高空隙特点的泡沫板作为预设缺陷,规格尺寸分别为50mm×50mm、80mm×80mm、50mm×80mm,厚度分别为10mm、20mm,缺陷布置在出现缺陷概率较大的横向肋板下方,具体缺陷布置图如图5所示。

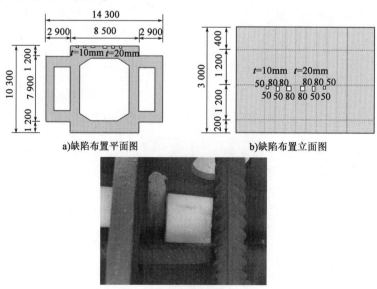

a)缺陷布置平面图   b)缺陷布置立面图

c)缺陷布置局部图

图5 足尺模型缺陷布置图(尺寸单位:mm)

2.2 脱空检测测试及数据预处理

基于已构建预设缺陷的足尺模型,待混凝土浇筑完成后的7d开展脱空检测测试试验。测试采用振动法激励钢壳表面并诱发振动形成并采集声频信号,其中振动激励装置采用电磁激发器通过电压控制实现力度归一化的击打钢壳表面并产生有效声信号;声音信号采集采用带隔音装置的高频麦克风,麦克风量程0~20kHz,采样频率20~50kHz。根据振动响应信号的传输特征,设置麦克风采样频率为51.2kHz,采样时间选取0.2s,在力锤激励的同时进行声信号采集,单个声频响应信号序列数据为10 240个数组,针对各预设缺陷及健康位置进行多轮次敲击并利用麦克风进行脱空声音信号的采集,共计采集样本788组。

考虑到数据采集现场为广阔嘈杂的施工场地,在一定范围内会受到机器设备、风、人员等外界环境因素的声信号影响。为降低并过滤环境噪声对声信号识别及分析的影响,选用高频定向麦克风减少周边外来声音的输入,针对采集后的声频信号转化为数字信号并进行预处理。声信号的数字化预处理主要分为降低信号冗余度及高低通滤波两个过程,为保障对信号的有效识别与高效处理,缩减序列中冗余无效数组,针对采集的声信号时序序列按照帧率加窗进行快速傅里叶变换,通过窗口频率方差选取具有响应声信号的短时时序序列约为0.02s。此外针对傅里叶变换后的频率信号进行低通(300Hz)及高通(10 000Hz)滤波,降低环境中常见的低频及超高频噪声对信号的影响。

由板壳单元理论可知,损伤位置处结构刚度相对减弱,在外部激励作用下结构的共振频率较健康位置处将显著降低,另外振动的持续时间也将随之变长,声音强度将变强。相比常规人工敲击自动化采集的声信号采用统一相同激励无须进行归一化处理,对缺陷判断的阈值和基准特征无显著影响,通过数据预处理分别获取三种声音时序序列(脱空信号、健全信号、无效信号)如图6所示。从图中可以看出,脱空信号与健全信号在厚板的条件下不能看出显著差异,需持续从频域或时频域中进一步特征提取与分析。

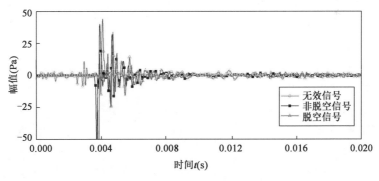

图6 声频信号时序序列

3 基于深度学习的脱空检测方法

3.1 卷积网络模型结构

建立基于CNN模型架构的深度学习网络进行组合结构脱空损伤检测。卷积神经网络是以卷积层为主的深度网络结构,网络结构包括有卷积层、激活层、归一化层、池化层、全连接层、输出层等。卷积层是通过卷积核对输入对图像和滤波矩阵做内积的操作,获取匹配特征,通常一个卷积网络设置有多个卷积层,通过层层卷积运算与传递最终提出具有表征意义的抽象特征。

为了提升网络的非线性能力,以提高网络的表达能力。每个卷积层后设置一个激活层,激活函数采用非饱和激活函数(ReLU)以解决梯度消失的问题,加快收敛速度。归一化层是通过一定的规范化手段,把每层神经网络任意神经元的输入值的分布调整至均值为0,方差为1的标准正态分布。池化层是对统计信息提取的过程,简化网络计算复杂度,并通过多次池化压缩特征,提取主要特征。全连接层连接所有的特征,将输出值输出至分类器,对前层的特征进行一个加权和,将特征空间通过线性变换映射到样本标记空间。此外,为防止模型样本数据集训练时过度拟合,在神经网络全连接层中增加Dropout层,在不同的训练过程中随机减掉一部分神经元,在本模型训练过程中Dropout设定为20%。结合声频信号原理及参数特征,构建组合结构脱空损伤识别的卷积神经网络模型,模型结构如图7所示。

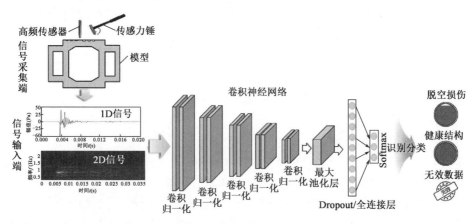

图7 深度学习网络模型

3.2 模型训练特征选取

时序序列数据的特征选取对深度学习模型分类预测准确性具有显著影响,选取适当的特征能够更好地挖掘时间序列数据的本质特征。基于振动响应声信号的组合结构脱空检测,其主要在于对信号频率、时间衰减及振幅等特性的辨析。在时域方面声信号的随时间的变化的周期性及趋势性如均值、方差等无明显差异,仅在无效信号方面较为显著;在频域方面,频率特征如主频率、峰值频率等会产生一定差异变化,但在瞬时敲击声信号的频谱分析中难以获取时间衰减方面的信息;而频谱特征可揭示信号在强度、时间和频率等多维度上的动态变化。为实现对组合结构界面脱空位置声音信号的高效、准确及智能识别与分类,建立基于具有时频特征的梅尔频谱作为深度学习的特征训练数据集,构建可对时频域特征多层感知的CNN神经网络结构。其中,梅尔频谱作为音频特征的表征方法通常将音频信号通过短时傅里叶变换(式1),将得到的频谱上的频率轴应用梅尔尺度进行非线性变换(式2)来感知不同频率声音的非线性特性,从而增加机器学习模型对音频信号的识别分类效率。

$$S(m,k) = \sum_{n=1}^{N-1} x(n+mH)w(n)e^{-i2\pi\frac{k}{N}n} \tag{1}$$

$$mel(l) = 2\,595 \times \log_{10}(1 + f/700) \tag{2}$$

式中:m——当前滤波器的序号;
　　k——当前频率的序号 $k = 0,1,2,\cdots,N-1$,N 为窗口大小;
　　H——步长;

$w(n)$——窗函数；

f——频率。

3.3 模型评价分析

将预处理的特征参数随机打乱放入卷积神经网络模型中进行训练,其中选取70%数据组作为训练集,30%数组作为测试集,训练分类结果采用计算所得的混淆矩阵作为神经网络模型在区分每个类别方面的评价手段。图8即表示该卷积神经网络模型计算结果的混淆矩阵图,其中PPV和FDR分别指每个预测类(输出类)中正确分类样本和错误分类样本的百分比,TPN和FNR分别是每个实际类别(目标类)中的正确率和错误率。从图中结果可以看出,采用梅尔频谱特征参数作为卷积神经网络模型的输入学习参数,经训练后可实现对不同类别声信号的有效识别,总体识别准确率达96.2%;另外针对各分类类别对应的精确率、灵敏度等指标可以看出对于正常及无效信号的分类识别效率均较高;对比采用时域信号进行一维卷积网络模型训练的结果,总体分类识别准确率仅有53%,且在缺陷分类方面精确率仅有20.6%,难以实现对信号特征的准确提取与分类。与此同时,根据钢混组合结构表面波传播理论分析可知,在脱空损伤区域位置其结构刚度显著减弱,由主动激励引起的时域信号受到外界复杂条件等影响,构建的模型在信号传递过程中无法学习到足够的特征,不能实现高效分类与识别;而在激励条件下引起的频响特性则显著区别于常规健康区域,说明信号在时间及频率上进行尺度划分的时频特征可有效捕捉不同标签响应的时频信息并将该部分变量信息进行权重优化与传递,进而获取高准确率的标签分类,可有效作为界面脱空自动化检测的方法。

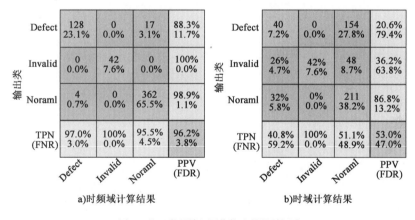

a)时频域计算结果　　b)时域计算结果

图8　基于卷积神经网络算法的混淆矩阵

4 结语

本文以狮子洋大桥组合桥塔结构为背景开展了脱空损伤检测足尺模型试验,研究分析了声信号时序序列的智能脱空损伤检测深度学习方法,构建了卷积神经网络模型,对比分析了时域及频域特征参数对模型准确率的影响。结果表明,通过对声信号的采集与分析,利用卷积神经网络对激励声音分析可作为结构脱空损伤的检验的有效方法,可高效解决在高耸组合结构上的自动化检测与识别难题。随着该技术在桥梁结构上的应用,可以通过收集更多结构类型的声信号数据库,融合声学信号和图像数据开发准确率更高的深度学习新方法,实现高耸组合结构的损伤检测识别与分类。

参 考 文 献

[1] 李军,刘文昊,杨建喜,等.冲击回波法检测钢衬混凝土组合结构脱空缺陷试验研究与应用[J].水利水电技术(中英文),2023,54(07):128-140.

[2] 张长亮,李松辉,张龑,等.冲击映像法在深中通道沉管隧道钢壳混凝土界面脱空检测的应用研究[J].隧道建设(中英文),2022,42(12):2138-2147.

[3] 邹祺祺,晏班夫.基于声振法的钢混组合桥面板脱空识别研究[J].铁道科学与工程学报,2018,15(03):668-676.

[4] 刘景良,彭佳敏,方露,等.采用 VMD 和归一化峭度的钢管混凝土柱内部脱空缺陷识别方法[J].华侨大学学报(自然科学版),2023,44(03):328-335.

[5] 李奇,戴宝锐,李兴.基于模拟声辐射信号的桥上板式轨道脱空状态智能感知方法[J].同济大学学报(自然科学版),2023,51(04):608-615.

[6] 许斌,李冰,宋刚兵,等.基于压电陶瓷的钢管混凝土柱剥离损伤识别研究[J].土木工程学报,2012,45(07):86-96.

[7] 梁辰.敲击法检测钢管混凝土脱粘缺陷的试验研究[J].混凝土世界,2011(01):54-56.

[8] 潘卫育,赵玮,李传勇,等.超声波检测钢管混凝土密实性[J].中国铁道科学,2005,26(3):64-67.

34. 狮子洋大桥东锚碇基坑支护施工控制技术研究

罗人昆[1] 匡一成[1] 贺 炜[2] 尹平保[2] 李 超[1] 曹寅策[1]
(1. 保利长大工程有限公司；2. 长沙理工大学)

摘 要：狮子洋大桥东锚碇直径127m，深度33.5m，其基坑开挖技术难度高，有必要开展基坑支护施工控制技术研究。本文介绍了东锚碇施工场地的工程与水文地质条件、基坑支护体系和开挖方案，并分析了东锚碇基坑的施工难点。综合采用自主研发的轴对称杆系有限元程序CExcal1.0及商业有限元软件对东锚碇基坑进行了计算分析，提取了不同地层条件下地下连续墙的水平位移、竖向弯矩、竖向剪力，由此换算得到了墙体钢筋和混凝土的竖向及环向应力，提取了最不利地层条件下内衬的环向应力，并对关键计算参数——环向刚度折减系数进行了敏感性分析。采用轴对称二维有限元法分析了基坑外侧地表沉降量，以评估基坑开挖对周边既有道路的影响。分析和对比了各类方法的计算结果，评价了其适用性，指出了将其应用于施工控制的注意事项。在计算分析的基础上，深入探讨了基坑施工监测点布设与重难点、地下连续墙施工质量控制及基坑封止水措施，获得了有益的结论。

关键词：悬索桥锚碇 基坑开挖 施工控制 施工监测 有限元法

1 引言

狮子洋大桥为主跨2 180m的双层钢桁悬索桥(图1)，建成后跨径比土耳其达达尼尔海峡大桥(暂列世界最大跨径悬索桥)长157m，将成为世界上最大跨径的悬索桥之一[1]。狮子洋大桥的跨径超大、荷载超重、桥面超宽，其修建难度高于现有大跨径悬索桥，有必要开展施工关键技术研究。

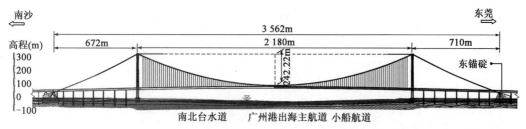

图1 狮子洋大桥桥型布置图及东锚碇位置

如图 2 所示,狮子洋大桥东锚碇位于东莞港作业区中路东侧约 40m 处,距离狮子洋的直线距离约 800m,场地属于浅海海域及冲积平原地貌。由场地平面图可以看出,除考虑近海条件下复杂地质条件及高地下水位对基坑开挖稳定性的影响外,东锚碇基坑工程还须计入在已建道路周边进行超大深基坑开挖的风险。锚碇是悬索桥的关键受力构件,通常采用大体积混凝土重力式锚,须开挖超大深基坑进行施工。狮子洋大桥东侧锚碇的外径为 127m,最小开挖深度 33.5m,最大开挖深度约 37m,开挖总方量达 48 万 m^3。基坑施工采用厚度为 1.5m 的圆形地下连续墙与环形内衬作为临时支护工程。类似的围护结构形式已在国内其他超大跨径悬索桥锚碇广泛采用,如南沙大桥[2-3]、伶仃洋大桥[4]、洞庭湖大桥[5]等。贺炜等学者的研究表明[2],圆形地下连续墙具有空间弯曲效应,但须对环向刚度进行折减,以计入槽段接缝的影响。直径越大时,圆形地下连续墙的空间弯曲效应越弱,因此已有悬索桥锚碇施工理论与经验无法直接应用于狮子洋大桥锚碇基坑。为确保锚碇基坑施工安全,本文采用有限元方法对狮子洋大桥东锚碇基坑支护进行了多方位分析,并研究和探讨了施工控制中存在的关键问题。

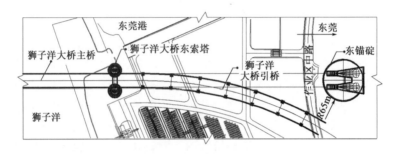

图 2 东锚碇场地示意图

2 东锚碇基坑工程概况

2.1 工程与水文地质条件

为查明工程场地工程地质条件,施工图设计阶段东锚碇共布设钻孔 32 个,钻孔深度在 69.8~70.9m,全部进入微风化泥质砂岩。施工阶段进行了补勘,以优化地下连续墙深度,其位置见图 3。钻孔揭示地层条件由上至下依次为人工填土、粉细砂、淤泥质黏土(局部夹中粗砂)、粉质黏土、中粗砂(局部下伏砾砂)、强风化泥质砂岩、中风化泥质砂岩以及微风化泥质砂岩。

沿东锚碇外径将地层剖面展后可得图 4。由图 4 可知,东锚碇场地内土层厚度较均匀,约为 30m,其中砂土与黏土相互夹层。场地特殊性岩土包括局部分布的人工填土(层厚约 5m)及软土(最大厚度约 16m)。场地内填土孔隙大,透水性好,结构松散,均匀性差,对施工可能存在一定影响。砂土层透水性较好,由于其黏聚力较小,在该层内成槽可能存在稳定性问题。软土属海积淤泥、淤泥质黏土,呈流塑-软塑状,天然含水率高、孔隙比大、压缩性高、灵敏度高、承载力低。

根据水文地质勘察,孔隙水主要赋存于锚碇区的上部地层中,含水介质主要为砂土层,其次为填土层,因表层为淤泥质黏土或黏性土隔水层覆盖,多具承压性或微承压性,中等透水性。浅部松散层孔隙水的水位埋深 1.4m,但由于场地距离水体 800m,潮水的周期变化对浅层孔隙水的影响小,水位变幅小于 0.1m。

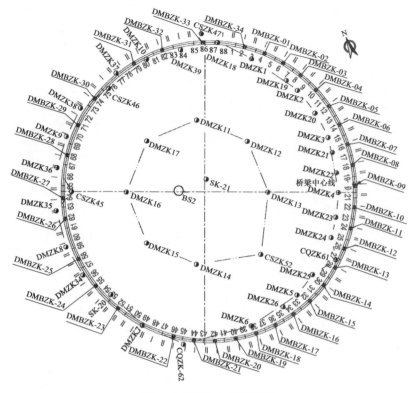

图 3 东锚碇钻孔位置示意图

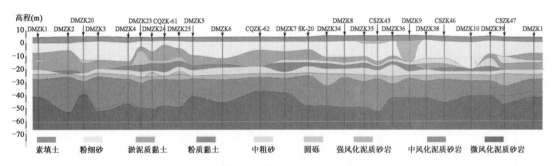

图 4 场地勘察钻孔位置及地质展开图

2.2 基坑支护体系及开挖方案

东锚碇基础采用外径 127m,壁厚 1.5m 的圆形地下连续墙加环形钢筋混凝土内衬支护结构(图5)。锚碇基础顶高程为 +2.5m,基坑开挖深度为 33.5m,地下连续墙总深度为 41.5～45.8m。为避免地下连续墙底脚发生渗流以及踢脚破坏,保证基坑的抗隆起稳定性,要求地下连续墙嵌入中风化或微风化岩深度不小于 8.0m。圆形地下连续墙采用分段成槽施工,共划分 88 个槽段,Ⅰ期、Ⅱ期槽段各 44 个。地下连续墙采用铣槽机成槽,Ⅰ期槽段共长 6.661m,采用三铣成槽,边槽长 2.8m,中间槽段长 1.061m;Ⅱ期槽段长 2.8m。地下连续墙槽段施工完成后,采用逆筑法分层施工内衬,内衬厚度分 2.5m、3.0m 两级设置。基坑采用中心岛法开挖,即先结合内衬的施工对称分区开挖周边土方,后开挖中心土方。基坑开挖须待上一层内衬达到设计强度 80% 后开挖下一层。土层按照分层开挖,内衬高度及土体分层高度控制在 3.0m 以内(最上层帽梁开挖为 3.5m)。

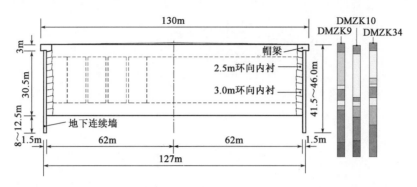

图5 东锚碇地下连续墙及环向内衬基坑支护体系(图例见图4)

基坑降水与排水采用降水管井抽排细砂、中砂含水层中的地下水、基岩裂隙水以及施工用水和施工期雨水等。降水管井深入基础底面以下2.5m,兼作基岩内减压排水作用。

综合分析可知,东锚碇基坑施工难点包括:

①开挖量达48万 m^3,开挖直径与深度较大;

②基坑距道路仅40m,对基坑稳定性要求高,监测控制难度高;

③地下水位高,基坑止水与降水难度大。

3 基坑受力变形及环境影响分析

准确预测基坑施工过程的受力与变形,是成功实施施工控制的关键。为此,本项目综合基于自主开发的 Fortran 程序 CExca1.0[2,6] 和 Plaxis2D、Flac3D 数值计算软件计算了东锚碇施工过程中围护结构受力与变形,以及基坑周围土体沉降量对既有道路的影响。

3.1 计算方法与参数

计算程序 CExca1.0 基于轴对称杆系有限元方法编制,具体计算理论和案例分析可参考文献[2,6],此处不赘述。地下连续墙与内衬环向效应的等效弹簧系数可采用《公路桥涵地基与基础设计规范》(JTG 3363—2019)[7](以下简称《设计规范》)附录T相关公式确定。《设计规范》推荐地下连续墙墙体的等效分布弹簧系数的修正系数(简称环向刚度折减系数)可取 0.4~0.7,当半径较大或槽段较多时取小值。为实现综合判断与对比,同时采用基于二维轴对称法的商业有限元软件 Plaxis2D,以及三维有限差分法软件 Flac3D 对东锚碇基坑进行建模分析。值得注意的是,商业有限元软件中无法模拟由于接缝刚度弱化引起的地下连续墙墙体各向异性,只能对墙体刚度进行整体折减。

根据详细勘察成果,基坑有限元分析所采用的岩土计算参数见表1。

岩土计算参数 表1

名称	平均标贯击数	重度(kN/m³)	含水率(%)	孔隙比	塑性指数 I_p	液性指数 I_L	黏聚力(kPa)	摩擦角(°)	压缩模量(MPa)	单轴抗压强度(MPa)
淤泥质黏土2-2	5.3	17.2	48.8	1.32	18.4	1.18	5.3	7.8	2.36	—
粉质黏土2-4	7.9	18.4	42.5	1.01	14.9	0.90	10.6	7.4	3.2	—
粉细砂2-5	6.4	17.0	—	—	—	—	—	15	5	—
中粗砂2-6	15.3	18.0	—	—	—	—	—	20	10	—

续上表

名称	平均标贯击数	重度（kN/m³）	含水率（%）	孔隙比	塑性指数 I_p	液性指数 I_L	黏聚力（kPa）	摩擦角（°）	压缩模量（MPa）	单轴抗压强度（MPa）
中粗砂3-3	18.7	18.0	—	—	—	—	—	25	10	—
圆砾3-6	—	18.0	—	—	—	—	—	20	15	—
强风化泥质砂岩6-2	—	25.0	—	—	—	—	50	20	1 000	30.6
中风化泥质砂岩6-3	—	26.1	—	—	—	—	500	32	1 750	17.5
微风化泥质砂岩6-4	—	26.4	—	—	—	—	800	38	2 670	26.7

3.2 地下连续墙内力与变形

根据图4地质剖面展开图可知，对基坑开挖影响最大因素包括淤泥质黏土层与粉细砂层的层厚，以及中风化泥质砂岩埋深。根据该三层的特征，选定DMZK9、DMZK10、DMZK34三个钻孔为最不利孔，其中DMZK34揭露的中风化岩埋深较深，故该处地下连续墙埋深46m，以满足嵌固要求。取环向刚度折减系数为0.4，由轴对称杆系有限元计算得到墙体水平位移、墙体竖向弯矩、竖向剪力，并在此基础上换算得到的墙体竖向应力与环向应力，如图6所示。

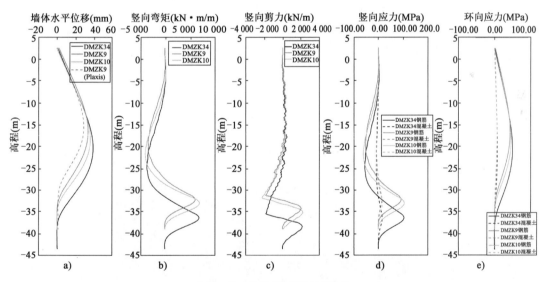

图6 轴对称杆系有限元计算结果

由计算结果可知，基于DMZK34计算时，地下连续墙水平位移最大(39mm，深度-23m)，而基于DMZK9与DMZK10计算得到的水平位移分别为34mm与36mm，对应深度分别为-19m与-21m。可见中风化岩埋置深度对地下连续墙水平变形的影响最大，而软土及粉细砂厚度的影响相对较小。计算得到的竖向弯矩及剪力有两个峰值，其一位于开挖深度范围内，其二位于嵌固段上部。嵌固段弯矩受嵌固刚度影响，一般其值略大。本计算中地下连续墙竖向弯矩最大为6 908.1kN·m/m，位于DMZK10钻孔处，而DMZK34与DMZK9两处略小，分别为6 842.5kN·m/m与6 086.1kN·m/m。由地下连续墙弯矩基于材料力学公式可换算得到钢筋与混凝土应力,如图 6d)所示,最大钢筋与混凝土应力计算值为 105.5MPa 与 15.6MPa,位于 DMZK10 处,而 DMZK34 处钢筋与混凝土应力计算值分别为 104.5MPa 与 15.5MPa,DMZK9 处钢筋与混凝土应力计算值分别为 93.0MPa 与 13.7MPa。

根据文献[2,6],圆形地下连续墙环向应力可根据下式进行换算:

$$\sigma_h = -\alpha E u_r / R_0 \tag{1}$$

式中:σ_h——环向应力;

α——环向刚度折减系数;

E——地下连续墙弹性模量;

u_r——地下连续墙径向位移;

R_0——地下连续墙中心线半径。

基于式(1)与地下连续墙计算结果可换算得到墙体环向应力,如图 6e)所示。基于 DMZK34 计算得到的钢筋与混凝土环向应力分别为 52.3MPa 与 8.1MPa(深度 23m 处),DMZK10 处钢筋与混凝土环向应力分别为 48.3MPa 与 7.5MPa(深度 20.5m 处),DMZK9 处钢筋与混凝土环向应力分别为 45.3MPa 与 7.0MPa(深度 19m 处)。总体来说,基于不同钻孔计算得到的墙体内力与应力值差距不大,在 15% 范围内,位置出现在第 7~8 层开挖深度处,且计算结果可满足 HRB400 钢筋及 C40 混凝土强度要求。

由轴对称二维及三维有限元也可以得到类似的位移结果。由于商业有限元中地下连续墙无法单独折减环向刚度,只能进行整体折减。CExca1.0 试算结果表明,地下连续墙整体刚度折减系数取 0.55~0.65 时位移结果与环向折减系数取 0.4 时较为接近,但由于竖向刚度减小,竖向所分配的弯矩也显著减小。由此可见在目前的条件下,采用轴对称杆系有限元法可更精确的分析圆形地下连续墙受力与变形特征。

取整体折减系数为 0.55,由轴对称二维及三维有限元计算得到的位移场分别如图 7 与图 8 所示,其最大水平位移分别为 29mm 与 25.7mm。将轴对称二维有限元位移计算结果导出并绘制于图 6a),对比可知位移随深度变化规律基本一致,但位移最大值相对约小 14%。由轴对称二维及三维有限元计算得到的竖向应力偏小,环向应力偏大,引起该现象的原因可能有:①地下连续墙刚度整体折减导致内力分配变化;②内衬自重引起的弯矩有助于减小地下连续墙应力。

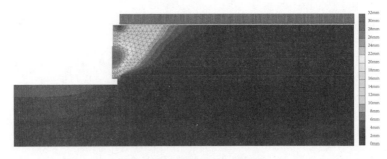

图 7 轴对称二维有限元位移场

《设计规范》规定,地下连续墙环向刚度折减系数在 0.4~0.7 之间。文献[2]基于 3mm 接缝厚度假定,进行了单元体试验研究,认为环向刚度折减系数与环向应力水平有关,其值为 0.467~0.679。为对环向刚度折减系数进行敏感性研究,取 0.4~0.7 之间 4 个不同值,基于 DMZK34 钻孔进行计算,结果如图 9 所示。经对比可知,环向刚度折减系数每增加 0.1,最大水平位移可减小约11%,竖向应力减小约7.5%,而环向应力增大约7.5%。对于狮子洋大桥东锚碇,取环向刚度折减系数为0.4可认为偏于保守,但该值对计算分析结果影响较大,宜开展进一步研究。

图8 三维有限差分法墙体位移场(单位:m)

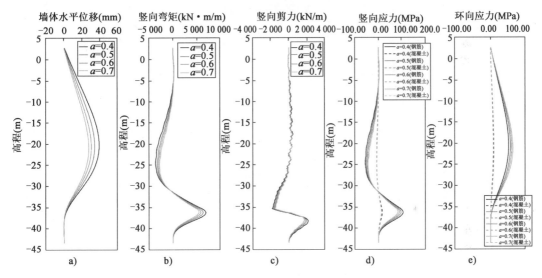

图9 环向刚度折减系数 $a=0.4\sim0.7$ 之间计算结果

3.3 内衬环向应力

圆形地下连续墙环形内衬由主筋与地下连续墙及上层内衬相连接,自重荷载可较均匀地传递到地下连续墙上,加之其混凝土重度为25kN/m³,相对于强度来说可忽略不计。因此计算时仅需考虑支撑地下连续墙所产生的环向应力,忽略其自重引起的竖向弯矩及应力。基于最不利钻孔DMZK34,取环向刚度折减系数为0.4时,由轴对称杆系有限元计算得到的内衬混凝土环向应力如图10所示。由计算结果可知,最不利情况下最大环向混凝土应力约为2.6MPa,对应的钢筋应力约为16.8MPa,基坑开挖的至15m后帽梁可能出现拉应力。总体来说,基坑开挖过程中,内衬受力较小,只要确保其与地下连续墙的有效连接,风险较小。

3.4 基坑周边地表沉降量分析

轴对称杆系有限元无法直接计算得到基坑周边地表沉降量,但目前已有一些经验方法可以间接得到该沉降量,如Bransby等提出的经验方法[8]。相对而言,轴对称二维有限元法可直接分析地表沉降量(图7),且经对比可知其结果较为接近,便于工程应用。基于距离作业区中路最近的钻孔DMZK9,采用轴对称二维有限元计算的结果可提取地表沉降量,绘制于图11。

计算得到的最大地表沉降量约为 10.6mm,距离地下连续墙 40m 处地表沉降量约为 1.6mm,达到 45m 沉降量小于 1mm。可认为正常情况下,基坑开挖对临近道路影响较小。

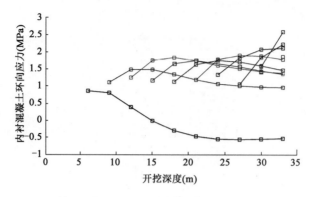

图 10　基于 DMZK34 的内衬混凝土环向应力

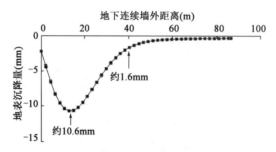

图 11　基坑周边地表沉降量计算结果

采用三维有限差分法也可获得开挖区的整体位移场,如图 12 所示。其距离基坑 40m 位置的位移计算结果与轴对称二维有限元较为接近,但其计算成本较高。如无须考虑基坑开挖的三维效应,则在工程中宜采用轴对称二位有限元进行分析。

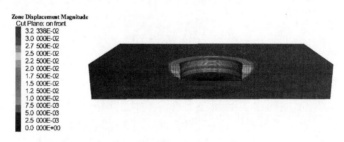

图 12　基坑周边位移场计算结果(单位:m)

4　基坑施工控制关键问题

4.1　施工监测点布设与重难点分析

基坑开挖施工过程的多角度分析,为狮子洋大桥东锚碇基坑施工监测与控制提供了重要依据。基坑施工的主要监测指标包括应力与位移两大类,其中应力包括钢筋应力、混凝土应力,位移包括地下连续墙深层水平位移、帽梁位移、基坑周边地表沉降量等。由于基坑直径较大,布设了应力与位移监测断面共计 16 个,其中应力监测元件安装间距为 3m,确保每层开挖部位均有监测元件覆盖,且能够基本反映墙体最大应力位置。根据以往同类工程锚碇施工监测成果(表2),圆形地下连续墙的变形及结构应力均可控制在设计限值以内,除内衬应力因受温度应力影响偏大外,绝大部分监测值与计算值较接近。根据监测经验,地下连续墙施工监测宜以钢筋应力计与深层水平位移指标判断为主,其他监测指标作为辅助指标。地下连续墙墙外布设了土压力计与孔压计,以测量土水压力。其测量结果可辅助用于基坑状态的综合判断。基坑外侧地表沉降测点布设于基坑外20m范围以内,以覆盖最大地表沉降量位置,同时在既有道路近基坑侧集中布设了位移观测点,以监测基坑开挖对既有道路的影响。

类似工程监测结果对比　　　　表2

项目	南沙大桥(主跨1688m,外径73m圆形基坑,深41.5m)			伶仃洋通道(主跨1680m,外径65m双圆基坑,深41m)		
	实测最大值	工况	采用预警值	实测最大值	工况	采用预警值
地下连续墙深层水平位移	5.2mm	开挖至-27.8m	20mm	24.9mm	开挖至-39m	50mm
帽梁水平位移	3.9mm	底板浇筑完成	15mm	13mm	底板浇筑完成	30mm
地下连续墙钢筋应力	-30~30MPa	开挖至-27.8m	360MPa	-116~98.5MPa	开挖至-39m	360MPa
内衬钢筋应力	-70~40MPa	开挖至-27.8m	360MPa	-35~140MPa	开挖至-39m	360MPa

4.2 地下连续墙施工质量控制

由于地下连续墙采用分幅施工、多铣成槽的工艺,其施工质量控制的关键是须确保成槽的几何误差和槽体垂直度,并提高槽段接缝质量。为此,地下连续墙成槽施工后,采用超声波槽壁检测仪对槽体几何尺寸进行实测,以确保槽体宽度和垂直度满足精度要求。Ⅱ期槽段铣槽完成后,采用钢刷对Ⅰ期槽段进行反复洗刷,以确保地下连续墙槽段接缝质量。地下连续墙槽段混凝土浇筑完成并达到一定强度后,采用超声波检测仪检测槽段混凝土质量。多种技术手段的应用有效确保了地下连续墙施工质量。

4.3 基坑封水止水措施

由以往施工经验可知,基坑问题大多由地下水引起。例如,围护结构封水效果差,导致地下水渗流过程中带走土体中的细颗粒,从而引起基坑外侧土体失稳或发生过大的沉降等。为确保基坑开挖施工安全,针对地下连续墙下裂隙采用底部帷幕注浆封水,且根据地下连续墙施工质量和检测情况,视情况采用槽段接缝外侧高压注浆封水处理。同时,在开挖前对基坑进行抽水试验,以判断基坑内外侧土体的连通性以及基坑封水效果,为实施接缝外侧高压注浆封水施工提供指导。

5　结语

本文介绍了狮子洋大桥东锚碇工程地质与水文地质、基坑支护结构体系及开挖方案,采用多种方法分析了基坑开挖过程中围护结构的受力与变形,以及对周边既有道路的影响。在此基础上,探讨了基坑施工控制的关键问题,主要结论如下:

(1)计算结果表明,嵌固段中风化岩埋深对地下连续墙变形和内力影响较大,而淤泥质土及粉细砂厚度影响相对较小,因此钻孔DMZK34附近中风化岩埋深较深,是施工控制的重点。

(2)取环向刚度折减系数为0.4时,地下连续墙最大水平位移约为39mm,竖向钢筋与混凝土最大应力分别为105.5MPa与15.6MPa,环向钢筋与混凝土最大应力分别为48.3MPa与7.5MPa,内衬环向钢筋与混凝土最大应力分别为16.8MPa和2.6MPa。距离地下连续墙40m

处地表沉降量约为 –1.6mm。在计算分析的基础上对基坑监测点位置进行了设计,使基坑开挖风险可控。

（3）轴对称杆系有限元与商业有限元计算对比表明,现有条件下商业有限元无法单独折减地下连续墙环向刚度,只可进行整体刚度折减。采用整体刚度折减的计算结果将导致竖向内力偏小,环向内力偏大,在施工监测布点时应予以重视。

（4）除施工监测外,基坑围护结构的施工质量控制极其重要,狮子洋大桥东锚碇采用了地下连续墙成槽断面检测,确保槽体宽度和垂直度满足精度要求。铣槽后用特制钢刷反复刷洗Ⅰ期槽段侧面,以保证接缝质量。采用超声波检测仪检测了槽段混凝土质量。在围护结构封水与止水效果方面,地下连续墙下裂隙采用底部帷幕注浆封水,且根据地下连续墙施工质量和检测情况,视情况采用槽段接缝外侧高压注浆封水处理。

参 考 文 献

[1] WIKIPEDIA. List of longest suspension bridge spans[EB/OL].(2023-12-25). https://en.wikipedia.org/wiki/List_of_longest_suspension_bridge_spans#:~:text=Currently%2C%20the%201915%20C3%87anakkale%20Bridge,1%2C991%20metres%20(6%2C532%20ft).

[2] 贺炜,凡子义,罗超云,等.圆形地连墙设计关键问题及轴对称有限元法[J].中国公路学报,2017,30(9):101-108.

[3] 贺炜,凡子义,崔剑峰,等.坭洲水道桥圆形地连墙支护体系监测与分析[J].地下空间与工程学报,2019,15(2):549-555.

[4] 王晓佳,贺炜.伶仃洋大桥西锚碇筑岛施工柔性围堰结构稳定性研究[J].桥梁建设,2021,51(2):85-90.

[5] 崔剑峰,胡建华,贺炜,等.圆形地下连续墙的环向刚度折减效应及修正方法研究[J].岩土工程学报,2017,39(11):2132-2138.

[6] HE W, LUO CHY, CUI J F, et al. J. An axisymmetric BNEF method of circular excavations taking into account soil-structure interactions[J]. Computers and Geotechnics, 2017, 90.

[7] 中华人民共和国交通运输部.公路桥涵地基与基础设计规范:JTG 3363—2019[S].北京:人民交通出版社股份有限公司,2020.

[8] BRANSBY P L, MILLIGAN G W E. Soil deformations near cantilever sheet pile walls[J]. Geotechnique, 1975, 25(2):175-195.

35. 索塔钢壳 C80 高强大体积混凝土控裂技术研究

匡一成[1] 罗人昆[1] 朱玉飞[1] 丁庆军[1] 李进辉[2] 徐伟[2]

(1.保利长大工程有限公司;2.武汉理工大学)

摘 要:以国家重点工程项目狮子洋大桥为背景,针对面临的索塔钢壳 C80 高强大体积混凝土的裂缝控制技术难题,通过调研分析和有限元模拟相结合的方式,开展了索塔钢壳 C80 高强大体积混凝土温控控裂技术研究。研究结果表明,通过配合比优化、严格控制混凝土入模温度、采用智能温控系统等技术措施可避免索塔钢壳 C80 高强大体积混凝土出现危害性温度裂缝。研究结果为同类型高强、钢壳、大体积混凝土的裂缝控制提供借鉴。

关键词:C80 大体积混凝土 钢壳 裂缝控制

1 引言

狮子洋通道全长约35km,双向八车道,过江段为双层桥梁,是横向串联粤港澳大湾区三大都市圈、辐射东西两翼的东西向干线通道、国家沿海大通道的重要组成部分。项目起于广州南沙大岗镇,终于东莞市虎门镇。

狮子洋大桥为狮子洋通道的关键控制性工程,跨径2180m,建成后将成为世界最大跨径的双层悬索桥。其中,在珠江东西两岸设置2座巨型索塔,采用六横梁门式塔造型方案,塔高342m,相当于114层楼高,是世界双层悬索桥中高度第一的索塔。狮子洋大桥效果图如图1所示。索塔为国内首创的 C80 钢壳大体积混凝土,混凝土为高强度、高弹性模量、高稳健、低收缩混凝土。

图1 狮子洋大桥效果图

钢壳混凝土结构是在空腔的钢壳内浇筑混凝土而形成的一种组合结构,在钢壳内壁设置连接件,将钢板和混凝土连成整体结构共同受力[1],钢壳混凝土一般为高强混凝土,水泥用量高,水胶比低,水化热和自收缩比较大,容易出现开裂和脱空等问题[2-3]。典型节段钢壳结构如图2所示。

目前国内公路桥梁相关设计及施工规范中对混凝土的最高强度等级是按如下考虑的:《大体积混凝土施工标准》(GB 50496—2018)中的混凝土最高强度等级为C50[4]、《公路桥涵施工技术规范》(JTG/T 3650—2020)中的混凝土最高强度等级为C60[5]、《公路钢筋混凝土及预应力混凝土桥涵设计规范》(JTG 3362—2018)中的混凝土最高强度等级为C80[6]。桥梁工程

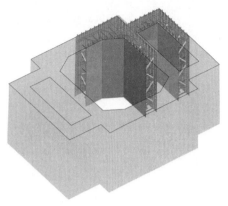

图2 典型节段钢壳结构示意图

项目中混凝土强度等级达到C80的结构并不是太普遍,主要集中在超高层建筑中,且研究多以混凝土配合比的制备技术为主。针对桥梁索塔C80钢壳大体积混凝土的温度裂缝控制技术的研究并不多见。

2 控裂技术难点

(1)工程实践结果表明,相较于桥梁工程常用的C30~C40大体积混凝土,C50以上高强大体积混凝土由于自身高强和高抗氯离子渗透性能设计要求,导致水胶比更低、水泥及胶凝材料用量更高、水化放热积累的热量更大,即使采用中低热水泥、大掺量矿物掺和料、通冷却水和控制入模温度等温控措施,其内部最高温度仍然达70~90℃,内表温差超过25℃,导致混凝土内外体积变形不一致,产生较大的温度应力;另一方面,高胶凝材料用量和较低的水胶比,导致混凝土收缩更大,带来较大的收缩应力;温度应力和收缩应力叠加造成高强海工大体积混凝土普遍开裂。而且,索塔内部钢筋密集无法布置冷却水管降温,导致其更容易产生温度裂缝。

(2)工程所在地属亚热带季风气候,夏季高温多雨,冬季温暖潮湿,易受台风侵袭。高温期浇筑混凝土温度较难控制,台风期内表温差较难控制,温控防裂难度加大。

(3)索塔浇筑次数多,分次浇筑在下部老混凝土上的大体积结构,其收缩变形受到的内、外约束大,限制条件下的背向变形产生的拉应力大于结构混凝土抗拉强度是其最终开裂的根本原因。

(4)索塔有很多空腔结构,受力情况复杂,容易在变截面部位出现应力集中而导致开裂。

钢壳为永久结构,混凝土一旦出现开裂不容易查看也无法修补,一旦产生裂缝将会对工程混凝土结构耐久性和使用寿命产生不利影响[7]。为防止有害温度裂缝产生,保证工程质量,需对其进行大体积混凝土温控设计并采取合理的温度控制措施,以防止出现危害性裂缝。

3 温控抗裂技术研究

3.1 钢壳索塔C80混凝土配制

钢壳索塔C80高强度、高弹性模量、高稳健、低收缩大体积混凝土配合比优化的主要思路:

(1)采用具有低碱、高减水、增强、缓凝保坍的聚羧酸盐高效减水剂,尽量减少水泥用量,降低水化热温峰,延缓水化放热速度,提高抗裂性。

(2)优化混凝土胶凝材料体系:通过降低水胶比,在满足设计强度时,保证一定的矿物掺和料掺量,达到降低混凝土的绝热温升,并提高混凝土的内部结构致密性,降低混凝土的渗透性,增加耐久性的目的。

(3)研究和应用结果表明,低热硅酸盐水泥所配制的混凝土后期强度远高于中热硅热酸盐水泥混凝土,绝热温升、自收缩较中热硅酸盐水泥明显降低;在大风干燥、大温差等环境中有效降低混凝土结构开裂风险[8]。

(4)研发出一种可以有效降低水泥水化放热速率并同时补偿混凝土收缩的外加剂。

(5)研发一种可有效降低低水胶比混凝土黏度、改善工作性能的同时显著提升混凝土力学性能的外加剂。

3.2 钢壳 C80 足尺模型仿真计算

3.2.1 模型参数

构件尺寸:按照 T27 节段(3m 低热硅酸盐水泥)和 T28 节段(4.8m 硅酸盐水泥)截面的尺寸做有限元仿真建模计算,总高度按 7.8m,其中 T27 节段最大截面尺寸为 14.435m×10.402m,T28 节段最大截面尺寸为 14.320m×10.323m,最小截面尺寸为 14.204m×10.243m。

约束条件:3m 厚的下层 C80 混凝土约束。

分层分块:先浇筑 3m,然后吊装上层 4.8m 钢壳,最后浇筑剩余 4.8m。

根据结构对称性,取索塔钢壳足尺模型混凝土 1/2 进行温度应力计算,计算模型网格剖分图见图3。

图3 索塔钢壳足尺模型混凝土体积混凝土 1/2 网格剖分图(附带下层约束)

3.2.2 物理热学性能

根据以上设计思路制备的钢壳索塔 C80 高强度、高弹性模量、高稳健、低收缩大体积混凝土物理热学参数见表1。

钢壳 C80 混凝土物理热学参数 表1

水泥	比热 [kJ/(kg·℃)]	导热系数 [kJ/(m·h·℃)]	7d 绝热温升 (℃)	线膨胀系数
硅酸盐水泥	0.94	8.98	55.0	10
低热水泥	0.92	8.90	46.0	10

3.2.3 边界条件

足尺模型大体积混凝土浇筑边界条件如表2所示。低热水泥入模温度按30℃考虑,硅酸盐水泥入模温度按25℃考虑。

大体积混凝土浇筑边界条件 表2

模板材质	环境温度(℃)	入模温度(℃)	养护方法	间隔期(d)	冷却水布设
钢壳	30±3	25 和 30	上表面蓄水 10cm,侧面温峰过后覆盖一层棉被	7	无

3.2.4 温度计算结果

在以上工况设定条件下,采用低热水泥和硅酸盐水泥区域足尺模型,去模拟计算大体积混凝土内部最高温度及最大内表温差,计算结果见表3。

温度计算结果　　　　表3

水泥	内部最高温度(℃)	最大内表温差(℃)	温峰出现时间
低热水泥	71.4	17.5	第2天
硅酸盐水泥	76.3	20.5	第2天

足尺模型混凝土内部最高温度包络图见图4。可见混凝土内部温度最高,表面温度较低,温度控制的核心为"外保内散"。边角部位温度较低,需加强该部位保温养护。

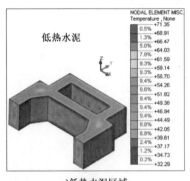

a)低热水泥区域　　　　b)硅酸盐水泥区域

图4　混凝土内部最高温度包络图(单位:℃)

3.2.5 应力计算结果

在以上工况设定定条件下,足尺模型大体积混凝土各龄期温度应力计算结果见表4,相应工况下的温度应力场分布如图5、图6所示。

温度应力计算结果　　　　表4

水泥	温度应力(MPa)				劈裂抗拉强度(MPa)				抗裂安全系数			
	2d	3d	7d	28d	2d	3d	7d	28d	2d	3d	7d	28d
低热水泥	2.00	1.60	0.52	1.31	3.01	3.44	4.40	5.14	1.51	2.15	8.46	3.92
硅酸盐水泥	2.10	1.41	0.18	0.51	3.13	3.58	4.35	5.35	1.49	2.54	24.17	10.49

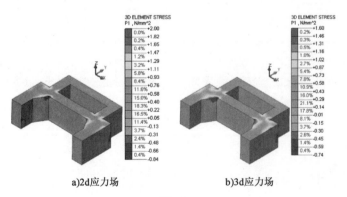

a)2d应力场　　　　b)3d应力场

图　5

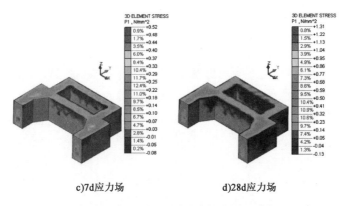

c)7d应力场　　　　　　　d)28d应力场

图5　采用低热水泥混凝土温度应力场分布图(单位:MPa)

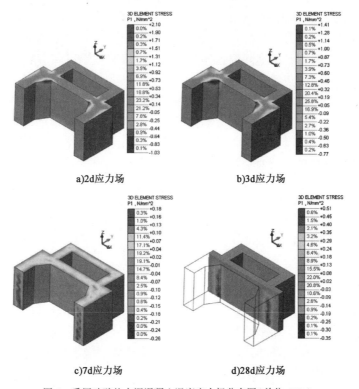

a)2d应力场　　　　　　　b)3d应力场

c)7d应力场　　　　　　　d)28d应力场

图6　采用硅酸盐水泥混凝土温度应力场分布图(单位:MPa)

3.2.6　计算结果分析及建议

(1)在采用低热水泥,入模温度按30℃设定条件下,钢壳足尺模型大体积混凝土内部最高温度为71.4℃,最大内表温差为17.5℃;在采用硅酸盐水泥,入模温度按25℃设定条件下,钢壳足尺模型大体积混凝土内部最高温度为76.3℃,最大内表温差为20.5℃;采用低热水泥浇筑情况下最高温度和温差均可满足规范要求,采用硅酸盐水泥浇筑情况下最高温度稍稍超出75℃的规范要求。

(2)采用低热水泥各龄期最小抗裂安全系数为1.51,采用硅酸盐水泥各龄期最小抗裂安全系数为1.49,均大于1.4,抗裂安全系数均满足规范要求。

(3)对比不同水泥的计算结果,采用低热水泥最高温度较采用硅酸盐水泥降低了5℃左右,最大内表温差降低了3℃,最小抗裂安全系数有一定提高。

4 入模温度的控制

入模温度对混凝土内部最高温度有着直接的影响,在配合比、环境温度、表面散热条件等一致的情况下,入模温度越高,混凝土内部温度就越高。同时随着入模温度的提高胶凝材料的水化放热速率也越快[9],对混凝土抗裂也不利。因此,对混凝土进行入模温度的控制是很有必要的,为此设计文件将C80索塔钢壳大体积混凝土的入模温度规定为不超过25℃,常规的做法是在搅拌过程中加冷水或碎冰的方式,但是在高温季节无法到达25℃的入模温度。

根据《水运工程大体积混凝土温度裂缝控制技术规范》(JTS/T 202-1—2022)中关于混凝土入模温度的估算可知,混凝土入模温度主要取决于出机口温度,而出机口温度又主要取决于拌和前各原材料的温度[10],砂石等集料占据了混凝土重度的绝大部分,因此降低混凝土入模温度的核心还是降低砂石的温度,对集料进行预冷降温。

目前预冷集料方法有三种:水冷法、风冷法和真空汽化法[11]。

水冷法是通过低温水与集料表面直接接触使集料降温,可用两种方式进行:①浸水法,即集料在专用冷却罐内,用冷水浸泡降温;②喷淋水法,即集料在保温廊道内皮带机上缓慢前进,冷水自皮带机上方喷下,使集料降温。

风冷集料也有两种方式,一种方式是封闭拌和楼料仓,通入冷风,使集料降温;另一种方式是在皮带机运送集料过程中,用冷风吹冷集料。

真空汽化法预冷是把集料存在密闭的料仓内,抽出几乎所有空气,在仓内形成部分真空,使集料中水分蒸发,吸收热量而使集料冷却。

针对集料预冷,研发了一种水冷和风冷相结合的集料预冷系统,并用制冷水拌和混凝土,控制混凝土入模温度在25℃以内。

5 智能温控系统

目前国内大体积混凝土温控多采用自动定时温度监测仪来读取并记录温度数据,人工处理数据并结合温控指标来进行分析判断,再指导现场施工的技术路线。依靠人工读取、分析、汇报数据,增加了现场温控人员的工作量,也无法做到实时、准确;依靠人工判断、调节冷却水,调整时间长,具有一定的滞后性,调节效率较低,影响冷却水降温效果;温控系统智能化程度低,需要专职人员24h值守、实时监控,很难满足现代工程建设大体积混凝土高质量快速施工的要求。

针对上述问题研发出一种智能温控系统。智能温控系统主要包括无线数据收集、数据处理平台、在线平台推送及预警、智能控制等功能。系统硬件包括HWDAC无线数据采集设备、DTU数据通信模块、无线流量调节装置及智能养护设备;软件平台为自主研发混凝土温度智能监控系统平台,包括微信公众号、计算机(PC)端网站和建筑信息模型(BIM)技术智能化页面展示。其中PC端展示界面见图7。

6 结语

C80索塔钢壳大体积混凝土温控抗裂技术研究思路如下:

(1)优化配合比降低水泥用量,并采用低热水泥、研发出一种可以有效降低水泥水化放热速率并同时补偿混凝土收缩的外加剂,研发一种可有效降低低水胶比混凝土黏度,改善工作性能的同时显著提升混凝土力学性能的外加剂等材料,配制出高强度、高弹性模量、高稳健、低收缩索塔专用大体积混凝土。

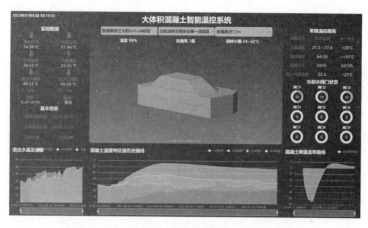

图7 大体积混凝土智能温控系统PC端展示界面

（2）利用有限元分析软件进行足尺模型的仿真计算，对比不同水泥的计算结果，采用低热水泥（入模温度30℃），最高温度较采用硅酸盐水泥（入模温度25℃）降低了5℃左右，最大内表温差降低了3℃，最小抗裂安全系数有一定提高。

（3）在常规加冷水及碎冰的方式基础上，研发了一种水冷和风冷相结合的集料预冷系统，严格控制混凝土入模温度不超过25℃。

（4）采用智能温控系统。智能温控系统智能化、可视化程度更高，实现了大体积混凝土全过程动态智能化温控及预警。

参 考 文 献

[1] 刘明虎.桥梁钢-混凝土结合技术工程实践与展望[J].桥梁建设,2022,52(1):18-25.
[2] 赵明亮,徐文.C80高强混凝土配合比探讨与制备研究[J].江苏建材,2023(5):13-16.
[3] 洪海禄.C80高强抗裂混凝土制备技术[J].广东建材,2023,39(9):9-12.
[4] 中华人民共和国住房和城乡建设部.大体积混凝土施工标准:GB 50496—2018[S].北京:中国计划出版社,2018.
[5] 中华人民共和国交通运输部.公路桥涵施工技术规范:JTG/T 3650—2020[S].北京:人民交通出版社股份有限公司,2020.
[6] 中华人民共和国交通运输部.公路钢筋混凝土及预应力混凝土桥涵设计规范:JTG 3362—2018[S].北京:人民交通出版社股份有限公司,2018.
[7] 蒋赣猷,李莘哲,韦苡松.锚碇顶板8m厚大体积混凝土一次浇筑温度裂缝控制技术[J].公路,2023,68(2):147-151.
[8] 沈鑫,郭随华,李文伟,等.低热硅酸盐水泥水化及性能研究现状[J].硅酸盐通报,2023,42(2):383-392.
[9] 吕寅.低温升抗裂大体积混凝土研究与应用[D].武汉:武汉理工大学,2012.
[10] 中华人民共和国交通运输部.水运工程大体积混凝土温度裂缝控制技术规范:JTS/T 202-1—2022[S].北京:人民交通出版社股份有限公司,2022.
[11] 朱伯芳.大体积混凝土温度应力与温度控制[M].2版.北京:中国水利水电出版社,2012.

36. 狮子洋大桥东索塔足尺模型工艺试验方案设计

匡一成[1]　陈 木[1]　李业驰[1]　黄志涵[2]　王 磊[2]　刘 辉[1]

(1. 保利长大工程有限公司；2. 广东湾区交通建设投资有限公司)

摘　要：狮子洋大桥为主跨2 180 m双层吊钢桁梁悬索桥，塔柱为钢壳-混凝土组合结构，总高度为342 m，单侧塔柱共分64节段进行施工，具有较大的施工难度。为验证实施方案的可行性与适应性，开展了塔柱节段施工全过程足尺模型工艺试验设计方案研究，拟通过足尺模型试验模拟钢壳制造及运输、钢壳定位、钢筋连接、环缝焊接及涂装、混凝土浇筑、振捣、养护及凿毛等工序，提高索塔安装工效、缩短安装时间、规避建设风险。研究分析可知，狮子洋通道主桥钢壳混凝土塔柱足尺模型工艺试验方案设计总体可行，可为狮子洋大桥塔柱设计和现场施工提供指导，也可为其他同类型桥梁塔柱施工提供参考。

关键词：狮子洋大桥东索塔　钢壳-混凝土组合结构　足尺模型　方案设计　试验研究

1 引言

为了推动我国经济社会的发展，《国家综合立体交通网规划纲要》提出要加快建设交通强国，构建现代化的高质量国家综合立体交通网，支撑现代化经济体系和社会主义现代化强国建设[1]。目前我国桥梁的建设条件向着超宽河道、复杂海域不断拓展，对桥梁的跨越能力、结构形式以及社会经济性等功能需求也不断升级。目前传统桥梁塔桥结构以钢桥塔和钢筋混凝土桥塔为主，已经较难满足国家重大交通战略要求下某些特殊桥梁结构对索塔的受力性能、施工效率、耐久性及美学提出的更高要求。

钢壳混凝土结构是将钢壳与混凝土组合成整体共同受力的一种新型结构，由于其比普通钢筋混凝土结构具有更高的承载能力和刚度、更轻的质量和更好的经济性能[2]，已在南京长江五桥[3]、深中通道[4]、观音寺长江大桥[5]、安罗高速公路黄河大桥[6]等多个国内大型桥梁建设工程中得到了广泛应用。这些工程领域的应用可为今后类似工程建设提供施工指导以及理论参考，但对于某些跨径较大、垂直塔高较高、工程位置受力条件复杂的工程，其初步施工设计方案的可行性与合理性仍需进一步深入研究。

鉴于此，以狮子洋大桥建设工程为背景，针对其复杂的钢壳-混凝土组合结构塔柱现场施工工艺，设计了狮子洋通道主桥钢壳混凝土塔柱足尺模型工艺试验方案，提出采用塔柱足尺模型试验的方法来模拟现场施工工序,对材料性能、钢壳安装、混凝土施工等关键参数与工艺进行全面的研究,从而对索塔钢壳制作、拼装及焊接工艺和混凝土浇筑、振捣及养护工艺等提出合理建议,以期为狮子洋大桥塔柱设计和现场施工提供指导。

2 工况概况

2.1 项目简介

狮子洋通道是《粤港澳大湾区基础设施互联互通规划》[7]确立的新珠江口过江通道,路线全长约35km,其中双层桥长约15.25km,主桥狮子洋大桥采用主跨2 180m双层钢桁梁悬索桥,过江段为双向十六车道高速公路标准。

狮子洋通道位于珠江三角洲核心地带,上游距南沙大桥约3.6km,下游距虎门大桥约8.0km,西侧对接广中江高速公路,东侧对接常虎高速公路,建成后将提供一条新的东西向过江大通道,增强南沙、顺德、江门与东莞、惠州、深圳的交通联系,对于缓解虎门大桥、南沙大桥交通压力,改善珠江南沙和东莞两岸交通流结构,完善广东省高速公路网,保障珠江两岸交通安全以及均衡珠江两岸经济发展,促进珠江西岸经济崛起,落实《粤港澳大湾区发展规划纲要》起到至关重要的作用。

2.2 工程简介

狮子洋大桥(其效果图见图1),主桥缆跨布置为:672m + 2 180m + 710m,矢跨比采用1∶9,主缆通过主索鞍支撑于索塔塔顶,通过设置于锚碇前支腿的散索鞍实现转向锚固于锚碇前锚面。索塔为六横梁门式塔,塔柱为钢壳-混凝土组合结构,自下而上共分为64个节段,包含下塔柱、上塔柱两大部分,塔柱混凝土部分采用钢板-混凝土组合索塔用高强、高弹、高稳健、低收缩混凝土(简称"组合索塔专用混凝土"),塔柱外壳及其加劲肋、横梁及其加劲肋部分采用Q355D钢材。上下层均为双向八车道高速公路,塔高约342m;承台采用哑铃形,基础采用桩基础;锚碇采用重力式锚碇。

图1 狮子洋大桥效果图

2.3 钢壳混凝土桥塔施工工艺

索塔钢壳统一由钢壳制造单位完成零部件制作、节段组焊、端面加工、预拼装、涂装等所有安装前的制作工作,然后利用驳船运输至码头处,利用浮式起重机吊装至模块小车上,再通过模块小车沿通道运输至指定场地,利用塔式起重机吊装,在塔肢上完成节段安装、连接、成塔检查、桥塔面漆的涂装、混凝土浇筑等作业。

标准节段施工工艺主要包括以下流程:标准节段吊装钢壳→钢壳节段定位→钢筋连接→实施节段间对接焊缝→混凝土浇筑振捣→混凝土终凝→混凝土蓄水养护→混凝土凿毛清渣→

下节标准节钢壳吊装。各节段具体施工流程如下：

完成下节段混凝土顶面凿毛清渣，精确测量下节段顶部控制测点并记录相应坐标值→起吊标准节段钢结构，利用临时匹配件强制对位系统与下节段完成临时连接→完成所有竖向钢筋的机械连接→同时实施两节段间的对接焊缝，实现钢结构节段间的永久连接→浇筑索塔专用混凝土至距顶口30cm，对混凝土进行振捣、蓄水养护不少于72h→蓄水养生后抽水凿毛。

3 足尺模型工艺试验方案设计

3.1 试验段选取

索塔前两节段钢壳高3.6m、4.2m，其他节段钢壳高度分为4.8m、5.4m和6.0m三种。试验段选取采用如下几点原则：

（1）最具代表性：能够充分代表索塔钢壳-混凝土组合结构特点，体现索塔节段施工各项重难点。

（2）兼顾经济性。

根据试验段选取原则，如图2所示，选取上塔柱标准钢壳节段T28节段4.8m（单节段）和T27节段上部3m（与T28节段连接）范围，其中T27梁段最大截面尺寸为14.378m×10.363m，T28梁段最大截面尺寸为14.320m×10.323m，T28节段质量为124.0t，T27节段质量为79t。

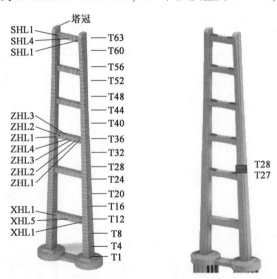

图2 索塔结构及足尺模型试验段构造图

3.2 试验目的

拟通过索塔钢壳足尺模型试验研究，以提高索塔施工工效，缩短施工时间，规避建设风险。

（1）材料：开展混凝土配合比试验，确定满足要求的最优配合比。

（2）钢壳制造：通过附筋钢壳的制造，演练钢壳下料、附筋板单元制作、节段组拼及预拼装全过程，验证附筋钢壳制造方案可行性，总结钢壳制造关键控制参数，指导后续实桥附筋钢壳加工。

（3）钢壳安装：通过对钢壳吊装、粗定位、精确调位及钢筋连接、钢壳节段焊接等工序的现场验证，获取主要构件制作误差，分析评估误差来源及大小，提出误差修正措施，减少制作误差对安装的不利影响。

(4)混凝土施工:通过混凝土布料、振捣、养护、凿毛、清理等塔柱施工全过程,达到初步验证总体施工方案、施工工艺可行性及各工序工效分析的目的。

(5)前期成果验证:设计单位及专题研究单位在设计阶段针对组合索塔开展了大量的力学性能、材料性能试验与计算分析等研究,拟通过本次足尺模型试验验证前期研究成果。

(6)科研:进一步探究专用混凝土在水化热等方面的分布规律,为索塔线形影响分析提供依据;通过在钢壳内外布设传感器,测试混凝土的膨胀率、温升及脱空率等数据,从而验证混凝土浇筑时布料、振捣、养护方案的可靠性。

3.3 试验内容

本次试验足尺模型全断面及内部布置(图3)与实际索塔构造完全相同,试验尽量采用与实际索塔相同的施工条件进行足尺模型混凝土浇筑、检测及监测,模拟实际的索塔混凝土浇筑预制施工情况。

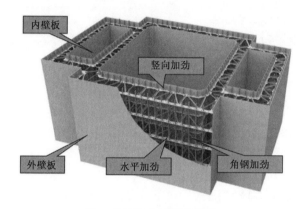

图3 足尺模型试验结构构造图

主要试验内容如下:

(1)短线法竖向匹配(下节段取3m高,上节段取4.8m高),"1+1"立体预拼装工艺(图4)。

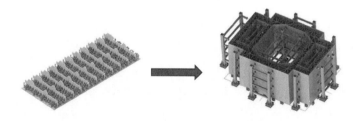

图4 索塔钢壳节段拼装关键流程

(2)索塔钢壳标准节段制造工艺流程及制造工期分析。
(3)吊点及吊具设计,钢壳节段加工精度控制。
(4)钢壳吊装、粗定位、精确调位工艺验证。
(5)内外壁板环缝对接、竖向加劲肋焊接工艺及工效研究及验证。
(6)竖向钢筋接长、水平拉筋安装工艺及工效研究及验证。
(7)油漆现场涂装、补涂工艺验证。
(8)混凝土料斗、布料、振捣(智能)、养护及凿毛等工艺验证。
(9)混凝土原材料、配合比、工作性能的稳定性研究。
(10)混凝土及钢壳变形监测、温度监测并分析其变化规律。

(11)检测:脱空检测、焊缝检测、现场涂装检测等。
(12)工效分析:混凝土浇筑工效、钢筋连接工效。

3.4 试验相关要求

3.4.1 索塔钢壳节段预拼装控制要求

各节段定位完成后,检测四周壁板纵基线对位精度和纵基线的轴线偏离度(垂直度),检测相邻段之间的横基线间距,同时测量预拼装长度,测量每个接口的错边量,具体检测项目及要求见表1。

索塔钢壳节段预拼装检验及验收条件　　表1

项目	允许偏差(mm)	条件	检测工具及方法
预拼装长度	±4.0	两端节段横基线间距	钢盘尺、弹簧秤
轴线错位	≤1.0	相邻节段纵基线对位偏差	钢板尺
接口错边量	外壁板外侧≤0.5（角部允许最大错边1.0）	相邻节段壁板错边	钢板尺
	其余部位≤2.0		
轴线偏离度(纵、横桥向)	≤$L/6000$	$L(m)$:预拼装长度	钢板尺、钢丝线(经纬仪)、紧线器

3.4.2 索塔钢结构节段桥位对接要点

(1)桥位处施工完成后的索塔塔柱倾斜度误差不大于塔高的1/3 000,且不大于30mm,轴线纵、横偏位允许偏差±10mm。

(2)索塔钢结构节段吊装架设时,充分利用节段间立式匹配时固定于壳体节段上的临时匹配件,以切实再现钢结构加工厂确立的节段间空间几何关系。焊接应采用焊接收缩小且均匀的施焊工艺,桥位节段间对接缝施焊以先完成南北侧焊接再进行上下游侧焊接为宜。

(3)桥位处节段间对接焊应选择技术水平高且稳定的焊工施焊,并严格遵循东西对称、上下游对称施焊的原则。

(4)节段间对接缝施焊宜选择无太阳直射的环境进行,以避免日照对塔柱倾斜度影响的累积。塔柱架设过程中的定位测量必须在日落4h后与次日日出之前进行,施工过程中所有节段顶端的定位测量应以钢结构加工厂立式匹配时建立的测点体系为基础。

(5)临时吊点与主体结构采用高强螺栓连接,在主塔架设过程中高强螺栓不得重复使用。

3.4.3 索塔节段及钢筋施工要点

(1)节段间的竖向钢筋采用锥套机械连接,应符合Ⅰ级接头的规定。主塔标准节段钢筋在加工厂安装并固定在钢壳壁板,运至现场后吊装至指定位置进行整体对接施工。

(2)索塔节段内的钢筋和其他附属构件应牢固、稳妥地安装并固定,运输和吊装过程应安全可靠,不得坠落或遗撒。

(3)塔柱施工支撑系统应保证足够的强度、刚度和稳定性,同时应根据需要设置顶推调节的功能。

(4)塔柱节段间接触面应认真凿毛、清洗,对机械凿毛面应采用必要的人工凿除和高压空气清理,以彻底清除混凝土顶面因机械凿毛而造成的潜在松动。凿毛完成后的混凝土表面应均匀露出粗集料,不应存在无粗集料仅有水泥浆的区域。新混凝土浇筑前应对结合面进行充分湿润,以保证新旧混凝土的接缝质量。

(5)浇筑混凝土时应加强观察节段钢结构、钢筋、预留孔洞和预埋件等有无移动、变形或堵塞情况,发现问题应立即处理,并应在已浇筑的混凝土初凝前修整完好。

3.4.4 混凝土性能要求

本工程索塔钢壳混凝土工作性能、力学性能与抗裂性能控制指标与测试方法分别如表2~表4所示,其中混凝土工作性能应能在拌和出机后2h内均满足表2的要求,表4和表5分别为采用硅酸盐水泥和低热水泥时对混凝土抗裂性能控制指标与测试方法的要求。

钢板-混凝土组合索塔专用混凝土工作性能控制指标与测试方法　　　表2

项目	控制指标	测试方法
扩展度(mm)	500~580	GB/T 50080[8]
倒筒时间(s)	≤10	GB/T 50080
含气量(%)	≤3.0	GB/T 50080
离析率(%)	≤15	GB/T 50080

钢板-混凝土组合索塔专用混凝土力学性能控制指标(90d龄期)与测试方法　　　表3

项目	控制指标	测试方法
抗压强度(MPa)	≥80	GB/T 50081[9]
劈裂抗拉强度(MPa)	≥5.0	GB/T 50081
弹性模量(GPa)	≥45	GB/T 50081

采用硅酸盐水泥时钢板-混凝土组合索塔专用混凝土抗裂性能控制指标与测试方法　　　表4

项目		控制指标	测试方法
绝热温升	7d值(℃)	≤55	GB/T 50080
	初凝后1d值与7d值比例(%)	≤70	GB/T 50080
初凝后自生体积变形	7d值(με)	≥50	GB/T 50082[10]
	90d值(με)	≥-50	GB/T 50082

采用低热水泥时钢板-混凝土组合索塔专用混凝土抗裂性能控制指标与测试方法　　　表5

项目		控制指标	测试方法
绝热温升	7d值(℃)	≤46	GB/T 50080
	初凝后1d值与7d值比例(%)	≤60	GB/T 50080
初凝后自生体积变形	7d值(με)	≥50	GB/T 50082
	90d值(με)	≥-50	GB/T 50082

3.4.5 足尺模型浇筑施工要求

(1)为了避免混凝土浇筑时产生离析现象,混凝土自高处倾落高度不应超过2m,在竖向结构中限制自由高度不宜超过3.0m,否则应采用串筒、溜管或振动溜管使混凝土下落。

(2)足尺模型进行试验时,日均气温<25℃,采用硅酸盐水泥混凝土入模温度 = 日均气温 +5℃且不大于25℃;采用低热硅酸盐水泥混凝土入模温度 = 日均气温 +10℃且不大于30℃。

(3)索塔专用混凝土浇筑过程应保持其连续性,减少分层,保持混凝土流动性。

(4)索塔专用混凝土浇筑最大水平流动距离应根据施工部位具体要求而定,最大不宜超过7m,布料点应结合索塔专用混凝土性能选择适宜的间距。

(5)索塔专用混凝土宜避开高温时段浇筑,当水分蒸发速率过快时,应在施工作业面采取挡风、遮阳等措施。

3.5 试验总体流程

足尺模型工艺试验的主要工序包括钢壳制造及运输、钢壳场内转运、钢壳吊装及对位、钢筋连接及环缝焊接、混凝土浇筑等。足尺模型试验总体流程示意图如图5所示。

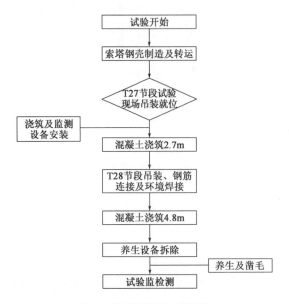

图5 足尺模型试验总体流程

足尺模型试验总体流程如下：

(1)钢壳制造及运输:索塔钢壳在工厂制作并预拼装完成后,然后经船舶运输至现场。

(2)钢壳场内转运:利用浮式起重机将索塔钢壳模型吊装至模块小车,模块小车通过东侧施工平台沿施工便道运输至试验场。

(3)钢壳吊装及对位:使用履带式起重机将钢壳模型吊至试验场地就位,模拟桥位完成匹配定位工作等。

(4)钢筋连接及环缝焊接:钢壳节段间竖向主筋在现场进行连接,钢壳采用先码板后焊接的方式,模拟桥位完成环缝焊接工作。

(5)混凝土浇筑:浇筑上塔柱T27节段上部3m试验段模型,浇筑至2.6m处停止浇筑,待混凝土强度达到要求后进行上塔柱T28节段的拼装和环缝焊接,最后浇筑剩余索塔钢壳混凝土。

3.6 塔柱施工重难点

足尺模型试验是对塔柱节段施工全过程进行预演,包括钢壳制造及运输、钢壳定位、钢筋连接、环缝焊接及涂装、混凝土浇筑、振捣、养护及凿毛等。通过足尺模型试验方案设计梳理塔柱节段施工重难点,从而在现场施工时能够对施工方案进行及时、合理的调整,其重难点如下:

(1)钢壳制造难度较大:由于双壁箱形钢壳结构尺寸大,壁板板厚薄,特别是内壁板仅10mm厚,壁板上焊接有竖向加劲、水平加劲及剪力钉等,焊接工作量大,焊接变形控制难度大。

(2)钢壳吊装难度较大:钢壳自身刚度低,场内运输、吊装上船、船运过程、桥位吊装、混凝土浇筑等环节对钢壳变形、对接精度要求高。

（3）钢筋安装及现场连接难度大：钢壳内引入"附筋"理念，即将钢筋加工安装作为钢壳制造的一部分，实现钢结构与混凝土的协同工作，不仅要求在厂内能顺利预连接，也要保证在桥位混凝土浇筑后钢筋顺利连接。

（4）钢壳节段外壁板对接焊缝较多，且焊缝外观要求高，如何在确保焊接质量的基础上提高焊缝外观质量是又一难点。

（5）钢壳异形断面，接口几何尺寸控制和匹配难度大，内外壁加劲、角钢、钢筋纵横交错，空间极小，给壁腔内作业带来很大困难。

（6）索塔专用混凝土性能要求高，易受原材料品质、环境、时间等影响，索塔专用混凝土的浇筑质量侧重于过程控制，诸多因素相互交叉影响，任何一个环节出现纰漏都将影响混凝土的浇筑性能，最终可能影响钢壳混凝土的浇筑质量，钢壳内混凝土水化热较大，温控要求高，夏季施工控制难度大。

4 结语

本文以狮子洋大桥建设项目为工程背景，针对其现场复杂的钢壳-混凝土组合结构塔柱现场施工工艺，设计了狮子洋通道主桥钢壳混凝土塔柱足尺模型工艺试验方案，拟通过开展钢壳混凝土塔柱足尺模型试验研究，从而对现场施工方案提出合理的优化建议。足尺模型试验的预期成果如下：

（1）提交足尺模型试验总结报告，包括对索塔钢壳制作、拼装及焊接工艺和混凝土浇筑、振捣及养护工艺提出合理建议。

（2）通过足尺模型试验演练钢壳吊装粗定位及精确调位、竖向钢筋接长及水平拉筋安装、混凝土布料及养护等塔柱施工全过程，对各工序工效进行详细分析，优化总体施工工期。

（3）验证设计单位及专题研究单位在设计阶段针对组合索塔开展的力学性能、材料性能试验与计算分析结果的准确性，为后续索塔施工提供数据支撑。

参 考 文 献

[1] 中华人民共和国国务院.中共中央国务院印发《国家综合立体交通网规划纲要》[J].中华人民共和国国务院公报,2021(8):25-37.

[2] 宁立,梁立农,王文赞,等.钢-钢壳混凝土混合桥塔抗风性能试验研究[J].市政技术,2023,41(11):9-15,21.

[3] 彭强.南京长江五桥钢壳混凝土桥塔足尺模型工艺试验[J].桥梁建设,2019,49(3):46-50.

[4] 董洪静,申昌洲.深中通道钢壳混凝土沉管管节预制方案比选研究[J/OL].施工技术(中英文):1-10[2024-01-13].

[5] 冯鹏程,刘新华,易蓓,等.湖北观音寺长江大桥主桥方案构思与总体设计[J].桥梁建设,2023,53(S1):1-8.

[6] 田泽垠.安罗高速黄河特大桥主桥桥型方案研究[J].科技创新与应用,2022,12(25):71-74.

[7] 黄俊.粤港澳大湾区跨珠江通道布局优化探究[J].铁道建筑技术,2021(8):93-97.

[8] 中华人民共和国住房和城乡建设部.普通混凝土拌合物性能试验方法标准:GB/T 50080—2016[S].北京:中国建筑工业出版社,2016.

[9] 中华人民共和国住房和城乡建设部.混凝土物理力学性能试验方法标准:GB/T 50081—2019[S].北京:中国建筑工业出版社,2019.

[10] 中华人民共和国住房和城乡建设部.普通混凝土长期性能和耐久性能试验方法标准:GB/T 50082—2009[S].北京:中国建筑工业出版社,2009.

37. 临海富水区超大尺寸锚碇地下连续墙施工关键技术

刘永亮 张小龙

(中交第二公路工程局有限公司)

摘 要：狮子洋大桥西锚碇位于沙仔沥岛上，距离沙仔沥水道87m，属于临海富水区环境，且杂填土、淤泥层、砂层覆盖层达22m厚，受沙仔沥水道潮水位变化影响，地下连续墙成槽难度大，成槽精度难以控制，槽壁稳定性问题突出。此外，钢筋笼最重110.3t，钢筋笼空中转变姿态、吊装行走下放至槽内安全风险大。本文以狮子洋大桥西锚碇地下连续墙施工为背景，阐述了滨海富水区超大尺寸锚碇地下连续墙施工场地功能区划分、成槽工艺、钢筋笼下放等关键技术，可以为相似环境下的工程施工提供借鉴。

关键词：临海富水区 超大尺寸 地下连续墙 成槽 精度 超重钢筋笼

1 引言

1.1 工程概况

狮子洋通道工程是珠三角核心区一条新的东西向多层复合公路通道，是广东省贯彻落实粤港澳大湾区发展规划纲要，集跨海大桥、高速公路、一级公路和地方城市道路于一体的重大工程。项目路线全长约35.1km，起于广州南沙市大岗镇，顺接广中江高速公路，终于虎门镇，与广深高速公路交叉并对接常虎高速公路。狮子洋通道主要结构物包括11座互通式立交、4座下沉式隧道、10座双层大跨径钢桁梁桥以及1座世界最大跨径双层悬索桥672m + 2 180m + 710m，项目投资概算507.3亿元。

1.2 西锚碇地下连续墙简介

西锚碇基础采用外径130m、壁厚1.5m的圆形地连墙加环形钢筋混凝土内衬支护结构，地下连续墙在基底以下嵌入岩层8m。基础底面高程 - 32m，以中风化泥质砂岩为持力层，地下连续墙采用C40P12水下混凝土结构。图1为西锚碇地下连续墙设计图。

地下连续墙共划分为90个槽段，其中Ⅰ期槽段45个，Ⅱ期槽45个，Ⅰ期槽段长6.671m，深度41.1~46.2m；Ⅱ期槽段长2.8m，深度41.1~45.9m，Ⅰ期和Ⅱ期槽段在地下连续墙轴线上搭接长度为0.25m。

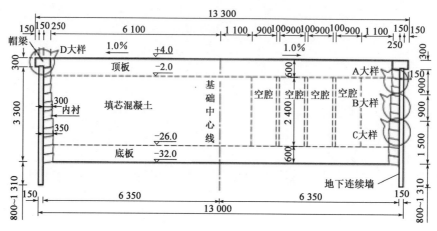

图1 西锚碇地下连续墙设计图(尺寸单位:cm)

1.3 地形地质情况

西锚碇位处地势平坦,地面高程为3.9~4.3m,邻近建筑物为沙仔沥水道河堤,到河堤边缘距离约87m。基础顶面高程取4.0m,锚碇区整个地势平坦,大部分高程都在4.0m以下。

锚碇区域覆盖层主要以人工堆积(Q4ml)素填土、杂填土、海陆交互沉积(Q4mc)淤泥、淤泥质黏土、粉细砂,覆盖层总厚度为22~25.0m,下伏基岩为白垩系白鹤洞组(K1b)泥质砂岩,中风化层顶高程为-30.73~-21.09m。

1.4 施工重难点分析及应对措施

(1)地下连续墙成槽施工难度高。覆盖层地质条件复杂,开挖时槽壁稳定问题突出;地下连续墙墙体深、厚度大、需嵌岩,岩层内成槽、嵌岩深度的确定、槽段接头处理难度大。应对措施为采用适应锚碇基础地质条件的开挖设备和成槽工艺,严格控制泥浆指标,采取措施缩短槽段开挖结束至浇筑混凝土之间的时间间隔。

(2)钢筋笼吊装风险大。钢筋笼最重110.3t,采用双机抬吊且需要转换姿态,安全风险大。应对措施为双机抬吊时专人指挥,禁止多方发出信号,确保抬吊安全可靠;钢筋笼再转变姿态时,人员更换拆除钢丝绳时佩戴好安全用品并时刻注意钢筋笼状态,发现异常立即撤退。

2 临建设施规划

地下连续墙施工临时设施包含内外环道(11 100m²)、钢筋绑扎区(2 667m²)、泥浆处理区(1 357m²)、重载便道(1 144m²),共计16 268m²。其中钢筋绑扎区、泥浆处理区、重载便道设置在内岛。

地下连续墙外环道宽15.9m,内环道宽11m(图2),外环道采用30cm厚钢筋混凝土+70cm宕渣结构。内环道采用30cm厚钢筋混凝土+50cm宕渣结构,内环道面积7 126m²,外环道面积3 974m²,场内重载便道宽12m,采用和内环道相同路面结构,面积1 144m²。内环道场地主要供4台铣槽机铣槽工作;外环道场地主要供1台500t履带式起重机、1台液压抓斗、1台旋挖钻;重载便道主要供1台500t履带式起重机和1台260t履带式起重机行驶。

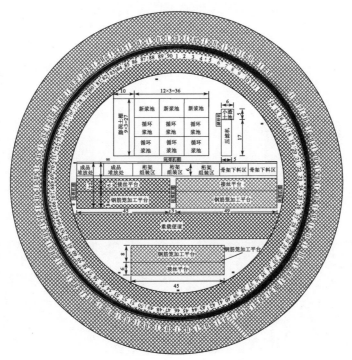

图2 场地布置图(尺寸单位:m)

钢筋笼绑扎共设置3个区,1个区长45m,1个区域长49m,宽度14m,6m宽用于主筋接长,8m宽用于钢筋笼安装,一个绑扎区可满足1个Ⅰ期槽钢筋笼绑扎或2个Ⅱ期槽钢筋笼同时绑扎。另外设置2个半成品钢筋绑扎区,5个角钢桁架组装区,单个区宽度6m,长度约14m,面积共计2 667m²(图3)。

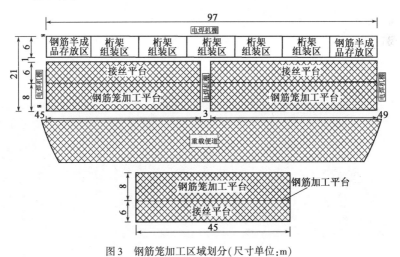

图3 钢筋笼加工区域划分(尺寸单位:m)

泥浆池采用钢板焊接,单个泥浆池长12m,宽9m,深2.2m,容量237.6m³,共设置9个(3个新浆池、4个循环浆池、2个废浆池),共计2 138.4m²。

3 地下连续墙施工主要资源配置

项目槽段开挖设备投入4台铣槽机、1台液压抓斗,液压抓斗用于抓取覆盖层,铣槽机用于铣底部岩层;钢筋笼安装主要投入4台履带式起重机,110t、100t履带式起重机用于现场半成品钢筋安装,500t、260t履带式起重机用于钢筋笼双机抬吊、翻身,然后单独用500t履带式起重机进行钢筋笼就位、下放;配备一台压滤机,主要用于废弃泥浆净化。项目管理人员共投入52人,投入3支协作队伍,其中地下连续墙协作队伍共有8个班组,共计约240人。

4 施工准备

4.1 导墙施工及高压旋喷桩施工

导墙设计为C字形,宽160cm,高200cm,C30混凝土结构,顶板和底板均厚30cm,腹板厚度40cm,底板和腹板设置40cm×40cm倒角,内外导墙之间净距160cm(图4)。

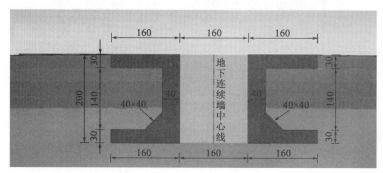

图4 导墙断面图(尺寸单位:cm)

导墙施工过程中在靠近腹板位置提前预埋直径110mm的PVC管,作为高压旋喷桩地基加固通道,待导墙顶板施工完成后,强度达到90%以上时,后续跟进高压旋喷桩施工,实现导墙和搅拌桩的流水作业,40d完成导墙和高压旋喷桩施工。

4.2 泥浆配置及循环

项目配备封闭式泥浆棚,泥浆通过内环道设置泥浆槽,采用泥浆管输送到各个铣槽点,铣槽过程中每台铣槽机配备1台砂石分离机,不断筛分砂石,泥浆回流至孔内;灌注过程中将顶部泥浆回流至储浆池重复利用,最后5m泥浆回流至废浆池,而后通过压滤机集中处置(图5)。

图5 泥浆压滤成泥浆和清水

5 施工工艺

5.1 成槽施工

5.1.1 总体施工工艺

Ⅰ期槽覆盖层采用液压抓斗,岩层采用三铣成槽,Ⅱ期槽覆盖层采用旋挖钻引孔,铣槽机修孔、旋挖钻刷壁。因项目前期配备3台铣槽机,一共划分为3个工作面(图6),总体流程如下。

5.1.2　Ⅰ期槽段成槽施工方法

本项目锚碇区域覆盖层厚度约23.5m,主要为填土、淤泥和粉细砂。Ⅰ期槽段顶部覆盖层采用液压抓斗一抓、二抓完成抓出的土直接装至自卸车,运输至指定地点。底部岩层采用铣槽机进行三铣成槽(图7),先两边再中间,同时利用铣槽机清孔。

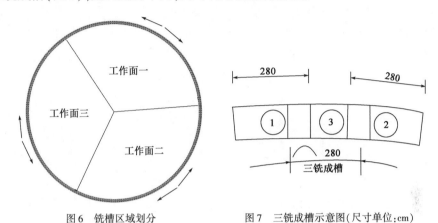

图6　铣槽区域划分　　　　图7　三铣成槽示意图(尺寸单位:cm)

5.1.3　Ⅱ期槽段成槽施工方法

Ⅱ期槽段先采用1m直径旋挖钻进行引孔,抓出顶部覆盖层,然后采用铣槽机一铣到底。铣槽到位后采用旋挖钻带专业刷头进行两侧Ⅰ期槽段侧壁进行刷壁,避免侧壁泥皮过厚,接缝处漏水(图8)。

图8　钢丝刷刷壁

5.1.4　工效分析

根据现场多个槽段工效统计,Ⅰ期槽段铣槽有效工作时间约为51h,Ⅱ期槽段铣槽有效工作时间约为47h,现场实际情况,考虑外部因素影响情况下,Ⅰ期和Ⅱ期槽段工效约2.5d/槽,槽深44.1m。

5.2　钢筋笼制作与安装

5.2.1　钢筋笼制作

为便于钢筋笼起吊安装,钢筋笼制作采用在钢筋配送中心加工成半成品,在施工现场设置绑扎场地,现场绑扎成型后,由两台履带式起重机起吊、翻身竖直后,由主起重机提着平移至下

303

放槽段位置进行入槽下放,本节以Ⅰ期标准地下连续墙(41.1m 深)钢筋笼为例,主筋最大长度43.45m,含吊耳、声测管、帮焊钢筋等重约100t。

5.2.2 钢筋笼安装

(1)吊耳设置。

Ⅰ期标准槽段钢筋笼主起重机布置12个吊点、副起重机布置12个吊点,共计24个吊点,横向按主桁架片间距布置,间距约2m,纵向沿主桁架片布置,间距8m。

Ⅱ期标准槽段钢筋笼主吊布置6个吊点、副起重机布置6个吊点,共计12个吊点,横向按桁架片间距布置,间距约2m,纵向沿主桁架片布置,间距8m。

Ⅰ、Ⅱ期槽段钢筋笼吊耳布置图如图9所示。

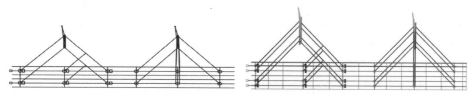

图9 Ⅰ、Ⅱ期槽段钢筋笼吊耳布置图(左侧Ⅰ期、右侧Ⅱ期)

对地下连续墙主筋采用泡沫胶进行包裹,将超浇混凝土与主筋进行分离;同时在竖向型钢位置采用了竹胶板分割,将超浇部分混凝土分割成较小块,便于后续破桩头。

(2)钢筋笼安装。

声测管与监测元件安装完成后,各单位进行吊装前联合验收,500t主起重机、260t履带式起重机将钢筋笼平吊离地面10cm 左右,观测各吊点情况5min,无异常后主起重机缓慢起吊,副起重机配合避免钢筋骨架触及地面,钢筋笼竖直之后拆除副起重机吊钩,主起重机沿主便道行驶至槽段附近,调整好姿态,开始下放钢筋笼。图10所示为钢筋笼吊装。

图10 钢筋笼吊装

5.2.3 工效分析

Ⅰ期槽段钢筋笼2d绑扎完成一个,探伤及准备工作0.5d,共计2.5d,Ⅱ期槽段钢筋笼1.5d绑扎完成,探伤及准备工作0.5d,共计2d。钢筋安装根据实际距离不同基本在2~6h之间安装到位。

5.3 混凝土灌注

混凝土灌注采用水下导管法灌注,入槽时坍落度为180~220mm,导管外直径为300mm,Ⅰ期槽段采用3根导管浇筑,导管间水平距离不大于3m,距离槽段端部不大于1.5m,导管埋深1m,导管下端距槽底为300~400mm,Ⅱ期槽段采用1根导管浇筑。Ⅰ期槽段首封约

18.5m³,Ⅱ期槽段首封 7.5m³ 混凝土。

6 结语

(1)绿色低碳。

西锚碇地下连续墙施工场地将钢筋笼绑扎区、泥浆池设置于西锚碇基础内,减少红线外用地。同时使得地下连续墙钢筋运输成本大大降低,能够起到减少汽车尾气等污染物的排放达到保护环境的效果。

(2)质量可控。

垂直度控制在1/800以内,通过后期槽段检测,墙身均为Ⅰ类。

(3)进度可控。

地下连续墙从 2023 年 4 月 13 日开始到 2023 年 7 月 12 日施工完成,创造了 90d 90 幅地下连续墙的行业记录。

38. 狮子洋大桥西锚碇基坑开挖工程实践

张小龙[1] 刘永亮[1] 禹金银[2]

(1 交第二公路工程局有限公司;2. 广东湾区交通建设投资有限公司)

摘　要:狮子洋大桥西锚碇地下连续墙直径130m,基坑深度36m,开挖方量约46.2万 m^3。西锚碇处主要有覆盖层、淤泥层、粉细砂、强风化泥质砂岩、中风化泥质砂岩,开挖方量大,地质多变,邻近沙仔沥河道,属于临海富水区环境。本文以狮子洋大桥西锚碇超大超深锚碇基坑开挖为背景,阐述了基坑开挖和出土设备、工效分析及开挖方法,可以为相似环境下的工程施工提供借鉴。

关键词:临海富水区　超大超深　开挖设备　实践

1 引言

1.1 工程概况

狮子洋通道工程是广东省高速公路网规划中连接广州和东莞重要东西向通道,上距南沙大桥约3.6km,距虎门大桥约8km。主桥狮子洋大桥为双层16车道悬索桥,跨径组合为672m+2180m+710m。锚碇基础采用圆形地下连续墙基础,其中西锚碇外径130m,基础深36m,地连墙壁厚1.5m,基底嵌入岩层8m,以中风化泥质砂岩为持力层。

1.2 西锚碇基坑简介

西锚碇基坑内径127m,开挖深度36.5m,开挖总方量46.2万 m^3。总体采用逆作法施工,上层内衬施工完毕,岛式法开挖下层3m基坑。在地连墙顶部设置帽梁,帽梁高3m、宽5.5m,周长400m。其下设置11层环形内衬,竖向高度均为3m,1~3层宽2.5m,4~11层宽3.0m。西锚碇基坑设计图如图1所示。

1.3 地形地质情况

锚碇地质情况从上至下依次为素填土、粉细砂、淤泥、粉细砂、强风化泥质砂岩、中风化泥质砂岩,覆盖层总厚度为22.2~25.0m,下伏基岩为白垩系白鹤洞组(K1b)泥质砂岩,中风化层顶高程为-30.73~-21.09m。各土层平均厚度及相应状态详见表1。

各土层平均厚度及相应状态　　　　表1

土层名称	平均厚度(m)	备注
素填土	6.4	
粉细砂	4.6	淤泥含量36%

续上表

土层名称	平均厚度(m)	备注
淤泥	9.5	软塑状
粉细砂	2.9	淤泥含量36%
强风化泥质砂岩	8.1	
中风化泥质砂岩	4.5	干燥状态抗压强度19.6MPa
合计	36	

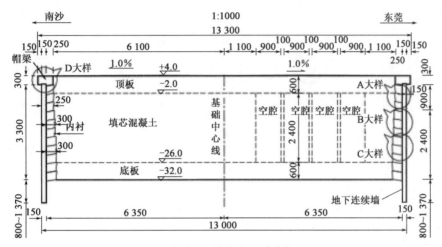

图1 西锚碇基坑设计图(尺寸单位:cm)

1.4 施工重难点分析

狮子洋大桥西锚碇主要施工重难点在于基坑开挖方量大;覆盖层淤泥层厚深、承载力差;岩层强度高、开挖难度大;内衬快速闭环工期要求高,导致的基坑开挖工效需和内衬施工相匹配。本文主要以狮子洋西锚碇基坑开挖在不同地质情况、不同深度的开挖工艺及设备配置进行分析。

2 施工关键技术

2.1 基坑开挖总体施工工艺

地下连续墙施工完毕并完成墙底注浆后,进行帽梁施工,待帽梁完成闭环且混凝土达到设计强度的90%,开始锚碇基坑土方开挖。

基坑开挖严格按分层、分区进行,同时满足地下连续墙暴露的时限要求。锚碇基坑分12层进行开挖,分层厚度为4m+10m×3m+2.5m,开挖面积为12668m²。基坑开挖每层分为12区,每层先分区对称开挖四周土方,先开挖出7~20m工作面,推荐顺序为1/7→2/8→6/12→3/9→5/11→4/10→13,一旦有了7m宽施工面就立即施工内衬体系,在施工内衬的同时开挖下个对称范围土体,中间区域土方可通过挖机转运至基坑旁边,便于伸缩臂挖机/电动抓斗起重机出料,待内衬混凝土强度达到设计强度的80%后,开始进行下一层土石方开挖,按照如此逆作法循环至基底。基坑开挖分区示意图如图2所示。竖向开挖顺序如图3所示。

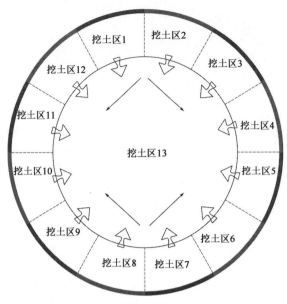

图2 基坑开挖分区示意图

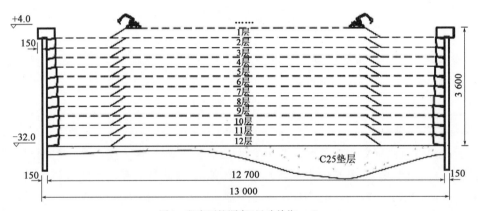

图3 竖向开挖顺序(尺寸单位:cm)

土方开挖前按设计要求,将坑内地下水位降至开挖面以下1~1.5m,保证基坑内开挖环境相对干燥。采用反铲挖掘机配其他设备按岛式法进行分层开挖,中心土体放坡坡率1:1~1:2之间。具体开挖方法如下:

(1)第1~2层(每层4m+3m)基坑深度7m,设约10m宽马道(1~2条),马道最大坡度控制在10%以内,土方开挖采取直接将渣土自卸车开入基坑内,挖掘机装土后外运至指定位置。马道设置在既有主便道方向,采用顶层杂填土和破除地连墙内部硬化场地的石渣填筑,采用挖机压实,满足土方车辆行驶。

(2)第3~8(每层3m)层基坑开挖,挖机进入基坑内开挖,垂直出土采用3台伸缩臂挖机将土运至基坑外自卸车内,内部采用长短臂挖机结合一挖一翻将土体送入开挖范围后采用伸缩臂挖机抓取,自卸车运至指定位置。淤泥层若挖机无法站位,铺设20mm钢板连接在一起辅助挖机站位,钢板铺设位置根据实际开挖情况而定。

(3)第9~12层(每层3m)基坑开挖,采用8台电吊斗起重机将土运至基坑外自卸车内,由于底部较硬岩石采用鹰钩臂挖机破碎,推土机转运,挖掘机装料。

2.2 第1~2层基坑开挖

(1)开挖工艺。

第1~2层为素填土,地基承载力较好,能满足帽梁施工完毕后,预留2条马道,完成第一层3m土体开挖后,保留1条马道,按照岛式法开挖外围第2层土体,以保证第1层内衬具备作业面。而后挖机位于第2层开挖面顶,由四周向马道逐步收窄开挖面,完成第二层土体开挖。最后采用1台伸缩臂挖机完成马道土方清理。

(2)设备配置。

鉴于自卸车可行驶至坑内,第1~2层连续开挖,同时需给第一层内衬尽快提供作业面,时间紧、土方工程量大、场内运距近,配置7台短臂挖机,1台挖机配置4台自卸车可满足设备的最佳配置。设备配置见表2。

设备配置　　　　　　　　　　　　　　　　　　　　表2

位置	名称	型号	规格	数量(台)	容量(m³)	备注
第1层	长臂挖机	柳工942	臂长21m	1	1.2	
	短臂挖机	柳工938	臂长6m	7	1.2	
	自卸车			28	18	场内运输,运距<1km
第2层	长臂挖机	柳工942	臂长21m	2	1.2	
	短臂挖机	柳工938	臂长6m	3	1.2	
	伸缩臂挖机	卡特338	臂长33m	1	3	马道收坡
	自卸车			12	18	场内运输,运距<1km

(3)工效分析。

从现场实际的工效统计分析,第1~2层土方总计88 673m³,开挖总耗时18d,平均为4 926m³/d。工效统计见表3。

工效统计　　　　　　　　　　　　　　　　　　　　表3

工序	开始时间	结束时间	周期(d)	基坑深度	地质情况
帽梁	2023年8月12日	2023年9月24日	44	0~7m	素填土
临建混凝土破碎	2023年9月12日	2023年9月24日	13		
第1、2层基坑开挖	2023年9月25日	2023年10月12日	18		
第1层内衬施工	2023年9月25日	2023年10月22日	28		

2.3 第3~8层基坑开挖

(1)开挖工艺。

从第3层开始,基坑开挖进入软弱覆盖层,土体无法满足设备承载能力,需借助下垫钢板保证设备环向行驶。钢板规格型号为2m宽、6m长、2cm厚,环向布置位置距离地下连续墙5~11m,环向布置188块。另每台长臂挖机配置10块钢板,短臂挖机配5块钢板,共计45块进行挖土作业。垂直出土采用伸缩臂挖机从靠近坑壁部位抓取提升至自卸车上。

(2)设备配置。

第3层开始,在帽梁顶设置竖向取土点,采用伸缩臂挖机进行竖向出土(取土点灵活避开内衬施工部位)。伸缩臂挖机臂长33m,可取土深度27m,取土半径7m,取土点距锚碇中心56m。坑内采用2台长臂挖机转运中心半径0~45m范围土体。5台短臂挖机臂长6m,负责半径45~57m范围内土体开挖及长臂挖机开挖的翻土工作。设备配置见表4。

设备配置 表4

位置	名称	型号	规格	数量(台)	容量(m^3)	备注
第3~8层	长臂挖机	柳工942	臂长21m	2	1.2	中心区域挖土
	短臂挖机	柳工938	臂长6m	5	1.2	外围区域翻土兼挖土
	伸缩臂挖机	卡特338	臂长33m	3	3	垂直出土
	自卸车			12	18	场内运输,运距<1km

(3)工效分析。

淤泥为软塑状,开挖工效较高,根据现场实测工效统计,平均8d/层,4 750m^3/d。工效统计见表5。

工效统计 表5

工序	开始时间	结束时间	周期(d)	基坑深度	地质情况
第3层基坑开挖	2023年10月23日	2023年11月1日	10	7~10m	粉细砂
第2层内衬施工	2023年10月25日	2023年11月2日	9		
第4层基坑开挖	2023年11月3日	2023年11月10日	8	11~22m	淤泥
第3层内衬施工	2023年11月4日	2023年11月11日	8		
第5层基坑开挖	2023年11月12日	2023年11月20日	9		
第4层内衬施工	2023年11月13日	2023年11月21日	9		
第6层基坑开挖	2023年11月22日	2023年11月29日	8		
第5层内衬施工	2023年11月23日	2023年11月30日	8		
第7层基坑开挖	2023年12月1日	2023年12月9日	9		
第6层内衬施工	2023年12月2日	2023年12月10日	9		
第8层基坑开挖	2023年12月11日	2023年12月19日	9	22~25m	粉细砂
第7层内衬施工	2023年12月12日	2023年12月20日	9		

2.4 第9~12层基坑开挖

(1)开挖工艺。

从第9层开始,随着开挖深度、地质条件的改变,相应的基坑开挖设备随之调整。强、中风化岩层,岩石强度较硬、覆盖层土方设备已无法满足开挖需求,新增2台鹰钩臂挖机(图4)破碎岩石;地基承载力较大,为提高水平方向运土工效,新增2台推土机,变翻土工艺为推土工艺;开挖的岩体粒径较大,伸缩臂挖机抓斗抓取时受大块岩石尺寸影响,容易导致小粒径岩石从缝隙下落,对下方交叉作业人员形成安全隐患,且随着开挖深度影响,伸缩臂挖机行程不足,新增5台轮胎式电起重机配合渣箱进行垂直出土。

(2)设备配置。

进入岩层后,常规挖机已无法进行开挖。根据岩层强度,新增2台鹰钩臂挖机对岩层进行破碎松土,新增2台伸缩臂挖机对内衬下作业空间受限的部位进行破碎。坑内水平运输因土体承载力较大,改用效率更高的推土机作业。长臂挖机已失去在软土上的优势,将长臂更换为短臂。伸缩臂挖机因安全和垂直行程限制,改为更为安全的电吊斗竖向出土。根据招标文件及设计图纸要求,开挖出的风化岩需利用至本标段路基填筑,由于地方道路通行荷载限制,改用 12m³ 自卸车,并根据运距增加自卸车数量。设备配置见表 6。

图 4　鹰钩臂挖机(左)、伸缩臂挖机(右)

设备配置　　表 6

位置	名称	型号	规格	数量(台)	容量(m³)	备注
第 9~12 层	短臂挖机	柳工 942	臂长 6m	2	1.2	长臂改短臂,渣土装斗
	短臂挖机	柳工 938	臂长 6m	6	1.2	长臂改短臂,渣土装斗
	推土机	柳工 161		2		水平运输
	鹰钩挖掘机	三一 500		2		岩层松土
	破碎头炮机	三一 550		2		内衬底部岩石开挖
	电吊斗	DLQ16		8	3	垂直出土
	自卸车			28	12	场外运输,运距 4km

(3)工效分析。

随着岩石强度逐层提高,开挖工效逐步减缓,在适当增加设备投入的前提下,强风化层平均 10d/层(3800m³/d),中风化层平均 12d/层(3200m³/d)。工效统计见表 7。

工效统计　　表 7

工序	开始时间	结束时间	周期(d)	基坑深度	地质情况
第 9 层基坑开挖	2023 年 12 月 21 日	2023 年 12 月 29 日	9	25~31m	强风化泥质砂岩
第 8 层内衬施工	2023 年 12 月 22 日	2023 年 12 月 30 日	9		
第 10 层基坑开挖	2023 年 12 月 31 日	2024 年 1 月 7 日	8		
第 9 层内衬施工	2024 年 1 月 1 日	2024 年 1 月 8 日	8		
第 11 层基坑开挖	2024 年 1 月 9 日	2024 年 1 月 19 日	11	31~36.5m	中风化泥质砂岩
第 10 层内衬施工	2024 年 1 月 10 日	2024 年 1 月 20 日	11		
第 12 层基坑开挖	2024 年 1 月 21 日	2024 年 2 月 1 日	12		
第 11 层内衬施工	2024 年 1 月 22 日	2024 年 2 月 2 日	12		

3　竖向出土设备对比分析

西锚碇竖向出土在覆盖层采用 3 台伸缩臂挖机,岩层采用 8 台电吊斗,两种设备斗容量均

为 $3m^3$。电吊斗在坑内需专配挖机装土,效率上较伸缩臂挖机自抓土慢。电吊斗竖向提升行程更大、施工过程中更加安全。设备对比见表8。

设备对比　　　　表8

对比项	电吊斗	伸缩臂挖机
整机质量	32t	52t
斗容量	$3m^3$	$3m^3$
行程	$0\sim50m$	$0\sim27m$
工效	装料70s、提升0.5m/s、卸料30s、空斗下放0.6m/s。以25m深为例,单轮需192s。	抓土6s、提升0.75m/s、卸料4s、下放0.75,m/s。以25m深为例,单轮需77s。
耗能	每台班耗电320kW·h	每台班耗柴油300L
安全性	安全,提升过程不落土,自重轻,对基坑附加应力小	不安全,提升过程落土,自重大,对基坑附加应力大

8台电吊斗在基坑底部需8台短臂挖机配合装土,其油耗为260L/台班,合计2080L/台班。在同样出土量的情况下,3台伸缩臂挖机合计900L/台班。固从油耗上分析伸缩臂挖机更加低碳,且其施工效率是电吊斗的2.5倍,这也是3~8层采用伸缩臂挖机的原因。

4　结语

西锚碇于2023年9月25日帽梁施工完毕后,开始基坑开挖,2024年2月1日全部开挖完毕,共耗时130d,平均每天出土$3560m^3$。施工过程中,根据不同深度、不同地质情况、不同运距,动态调整设备种类及数量,尽可能达到设备投入及匹配最优化。相较于传统锚碇基坑出土采用的出土门架、履带起重机提升渣箱,本项目有较大改进。

施工过程中也存在不足,帽梁顶部设置有4台塔式起重机、16处太阳能基坑监测仪、4处上下爬梯。前期规划时未充分考虑后续锚碇出土设备站位问题,伸缩臂挖机/电吊斗在帽梁顶站位空间较少,且取土过程中要动态避开内衬钢筋绑扎及混凝土浇筑部位,进一步导致土方设备未充分利用。建议后续类似工程施工时,尽可能将上述装置设置在靠近塔式起重机位置,在帽梁顶预留足够空间保证出土效率。

39. 超大型锚碇基坑自动化监测技术及结构形变应力分析

魏君龙 刘永亮 张小龙

（中交第二公路工程局有限公司）

摘 要：在超大型圆形结构锚碇基坑开挖施工过程中，地下连续墙及内衬结构的应力及形变会发生明显变化。本文依托狮子洋通道西锚碇基坑工程，基于自动化监测技术进行结构应力、形变监测数据分析。结果表明：采用自动化监测技术能够及时高效采集到关键部位的形变、应力数据，并有效反映不同施工阶段的受力、变形特征；基坑开挖期间，在内衬工作面形成但未浇筑混凝土的情况下地下连续墙墙体背坑面受压，迎坑侧受拉，基坑开挖至 18~26m 阶段，该范围内地下连续墙墙体水平位移变化最大，结构安全风险较高，为避免出现地下连续墙开裂风险，采取对称开挖、对称施作内衬，及时闭合成环，可减轻地下连续墙迎坑面拉应力发展。该结论对类似工程的设计和施工具有一定借鉴价值。

关键词：自动化监测 有限元分析 钢筋应力 混凝土应力 深层水平位移

1 工程概况

狮子洋通道工程西锚碇基础采用外径 130m、壁厚 1.5m 的圆形地下连续墙加环形钢筋混凝土内衬支护结构，地下连续墙在基底以下嵌入岩层 8m，以中风化泥质砂岩为持力层。内衬厚度分 2.5m、3m、3.5m，层高 3m，共 11 层。

锚碇测区上覆第四系全新统人工堆积（Q_4^{ml}）素填土、杂填土，海陆交互沉积（Q_4^{mc}）淤泥、淤泥质黏土、粉细砂，覆盖层总厚度 22.2~25.0m，下伏基岩为白垩系白鹤洞组（K_1b）泥质砂岩，中风化层顶高程 -30.73~-21.09m。

2 自动化监测技术及监测内容

2.1 自动化监测技术应用

为确保监测数据准确、及时反映结构的应力、形变变化趋势、变化部位，本项目采用自动化监测技术对锚碇基础施工进行全方位、全过程监测，进而判断施工工艺、施工参数是否符合要求，为设计、施工提供有价值的监测资料。自动化监测系统由传感器、数据采集传输设备以及数据处理平台组成。

传感器主要包括钢筋计、混凝土应变计、土压力计、孔隙水压力计及全向位移计。传感器内置编号识别和温度监测功能；数据采集传输设备包括振弦数据采集模块、I² 四路倾斜采集模块以及第五代移动通信(5G)模块；数据处理平台主要由数据库存储系统、数据采集与处理控制系统、安全评价及预警系统、可视化网页操作平台组成。自动化监控平台展示界面如图1所示。

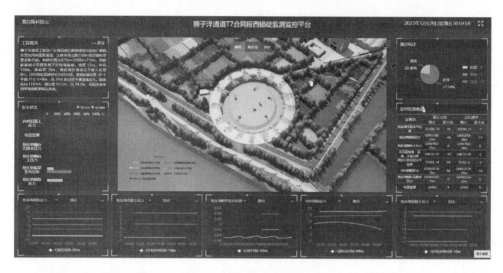

图1 自动化监控平台展示界面

2.2 监测内容

基坑自动化监测项目包括：

(1)地下连续墙、内衬钢筋应力：根据地下连续墙圆形特点，按照均匀间距布设16个监测断面，每个断面上按照纵向间距从上向下 7m+6m+3m×6+2m×3 布设11组地下连续墙钢筋计，每个断面上按照纵向间距从上向下 4m+3m×6+2m×3+3m 布设11组内衬钢筋计，每组钢筋计2只，分别位于地下连续墙、内衬的迎坑面和背坑面，钢筋计传感器共计704只，如图2所示。

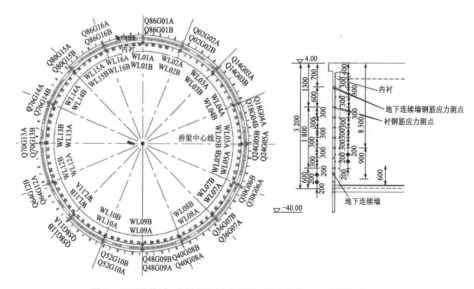

图2 地下连续墙/内衬钢筋计布置图(尺寸单位：cm；高程单位：m)

(2)地下连续墙、内衬混凝土应力:根据监测要求,布设8个混凝土应力监测断面,每个断面混凝土应变计布设间距从上往下为10m+8m×2+5m,共布设4组,每组2只应变计,分别位于地下连续墙、内衬的迎坑面和背坑面,混凝土应变计传感器共计128只,如图3所示。

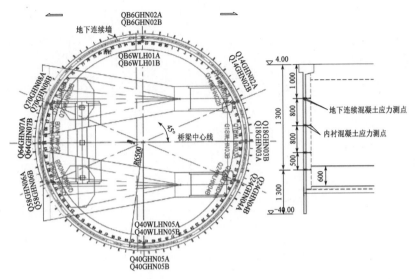

图3 地下连续墙/内衬混凝土应力布置图(尺寸单位:cm;高程单位:m)

(3)地下连续墙侧向土压力:根据监测要求,布设4个监测断面,在每个监测断面的地下连续墙内按照从上至下4m+3m×11的间距布设12个土压力计,共计48个,如图4所示。

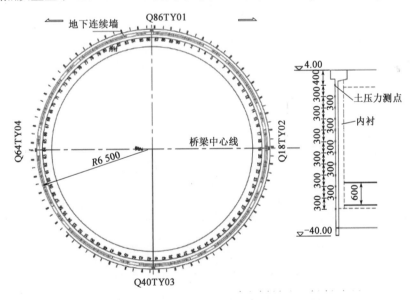

图4 地下连续墙侧向土压力布置图(尺寸单位:cm;高程单位:m)

(4)地下连续墙侧向孔隙水压力:根据监测要求,布设4个监测断面,在每个监测断面的地下连续墙外侧按照从上至下4m+3m×11的间距布设8个土压力计,共计32个,如图5所示。

(5)地下连续墙深层水平位移:根据地下连续墙圆形特点,按照均匀间距布设16个监测断面(同钢筋计布设断面),每个断面的地下连续墙墙体内布设1根测斜管,深度与地下连续墙同深。

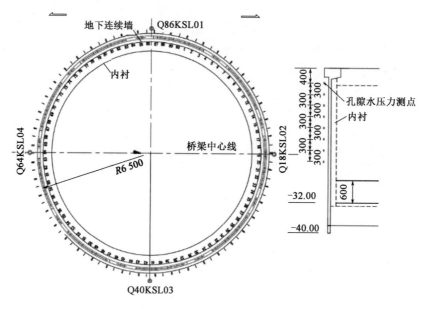

图5 地下连续墙侧向孔隙水压力布置图(尺寸单位:cm;高程单位:m)

3 基坑开挖阶段结构形变应力、形变分析

基坑开挖阶段,地下连续墙及内衬结构的受力变化与基坑开挖部位以及内衬施作顺序有一定关系,首先介绍基坑开挖及内衬施作顺序,再介绍数值模拟分析情况,最后根据监测数据分析结构的受力特点。

3.1 基坑开挖及内衬施作顺序

基坑开挖按分层、分区进行。锚碇基坑分12层进行开挖,分层厚度为12×3m。基坑内衬施工分26单元,每个单元长约15m,分11层施工,开挖一层施工一层内衬,循环往复。

基坑平面开挖顺序如图6所示,内衬分段施工顺序如图7所示。

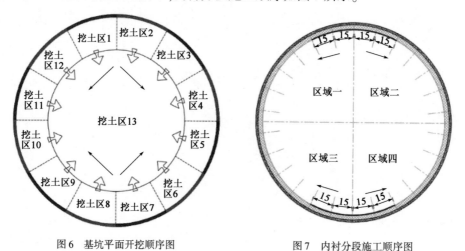

图6 基坑平面开挖顺序图　　图7 内衬分段施工顺序图

3.2 有限元分析

根据地质勘察报告、基坑设计图纸以及施工方案,采用 MIDAS-GTS NX2021 版大型三维有限元岩土分析软件建立模型,模型长390m、宽390m、深72m;有限元模型中,混凝土材料按

照规范赋值,岩土层厚度及力学参数皆根据地质勘察报告中参数赋值。

为分析在既定围护结构条件下基坑施工引起的基坑围护结构的受力和变形特性,结合基坑开挖方法建立不同工况下施工模型并进行系统的数值分析(图8、图9)。

图8 地下连续墙/内衬网格图　　　　图9 地下连续墙墙体变形分布示意图

采用有限元分析得出:随着锚碇基坑开挖深度的加深,内衬结构最大拉应力与最大压应力也呈线性增加的趋势,最大拉应力在开挖深度24～33m之间时增长较快;地下连续墙墙体变形沿深度方向呈两端小中间大的鼓肚子趋势,因顶部有帽梁、底部8m为嵌岩段,所以顶部、底部整体变形量较小。经计算,地下连续墙最大变形量为12.4mm,分布在21～25m之间。

3.3 地下连续墙钢筋应力变化分析

选取地下连续墙第70号槽段22m、25m、28m、31m深度位置钢筋应力变化趋势图分析,如图10、图11所示,从图中可以看出:

(1)第4层施工完成前(开挖深度为13m),22m处地下连续墙背坑面受拉应力,迎坑面受压应力;第5层～第8层施工阶段,背坑面受压应力,迎坑面受拉应力,在第7层、第8层施工期间(即开挖深度到第22m和第25m时)钢筋应力振动幅度略大,最大累计变化量小于15MPa;第8层开挖(即开挖深度至25m)后,在内衬没有浇筑混凝土之前,地下连续墙钢筋应力振幅较大,混凝土浇筑完成后,应力减小且迎坑面、背坑面应力受力方式发生转换,即背坑面受拉应力,迎坑面受压应力,待第8层闭合成环后,背坑面保持为受压应力,迎坑面受拉应力,且应力数据变小并保持平稳,说明内衬环向效应在减小地下连续墙应力发展方面起到有效作用。

(2)第7层施工完成前(即开挖到22m深度),25m处地下连续墙背坑面受拉应力,迎坑面受压应力,在第8层施工期间(开挖至25m),25m处地下连续墙应力受力方式开始发生转换,第9层开挖期间(开挖至28m),应力振动幅度最大,且受力方式已经转换为背坑面受压应力,迎坑面受拉应力。

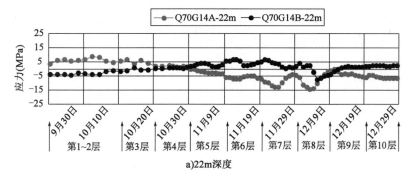

图 10

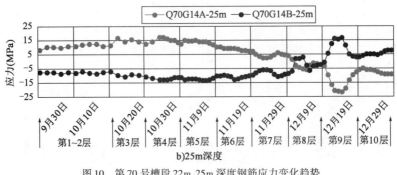

图 10　第 70 号槽段 22m、25m 深度钢筋应力变化趋势

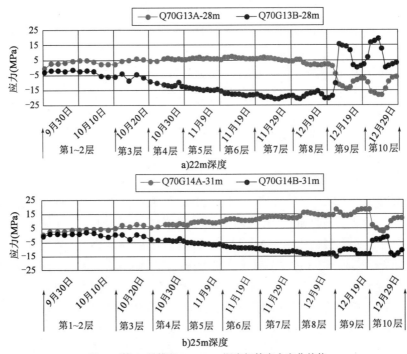

图 11　第 70 号槽段 28m、31m 深度钢筋应力变化趋势

（3）基坑第 8 层施工完成前（开挖至 25m），28m 深度位置地下连续墙背坑面受拉应力，迎坑面受压应力，第 9 层施工期间（即开挖至 28m）受力方式发生转换，第 9 层、第 10 层施工期间，该深度位置的应力振幅最大，说明开挖到这两个阶段时，地下连续墙受力变化比较复杂，地下连续墙发生开裂风险比较高。

（4）基坑第 1 层～第 10 层施工期间，33m 深度位置处的地下连续墙背坑面一直受拉应力，迎坑面一直受压应力，且应力小于 15MPa，这与该深度的地下连续墙已嵌入中风化泥岩之中有关，施工对该部位地下连续墙墙体应力影响较小。

3.4　地下连续墙混凝土应力变化分析

同样选取地下连续墙第 70 号槽段 18m、26m 深度位置混凝土应力变化趋势图进行分析，如图 12 所示，从图上可以看出：

（1）深度 18m 地下连续墙墙体背坑面一直处于受压状态（压应力），迎坑面一直处于受拉状态（拉应力），且变化趋势、变化幅度基本一致；第 3 层～第 7 层施工（即从 10m 深开挖至 22m）对 18m 深度位置地下连续墙扰动较大，应力变化趋势较为明显；开挖至 18m 时，地下连续墙最大拉应力变化量为3.37MPa,最大压应力变化量为1.98MPa;第7层施工完成后,18m深度位置地下连续墙墙体受力基本稳定且保持在-1.0~0.3MPa之间。

(2)在第1层~第10层施工期间,深度26m地下连续墙墙体受力且变化趋势、变化幅度基本一致;第1层~第8层施工期间,背坑面一直处于受压状态(压应力),迎坑面一直处于受拉状态(拉应力);第9层施工期间(即开挖至28m),地下连续墙受力状态相互转换,且变化幅度相对较大,说明该层施工期间,地下连续墙安全风险相对较高;第8层内衬闭合成环后,地下连续墙背坑面、迎坑面均处于受压状态,变化趋势逐渐平稳。

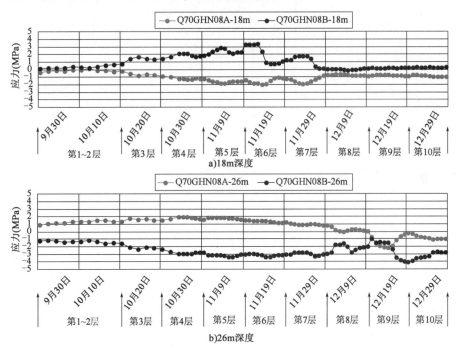

图12 第70号槽段18m、26m深度位置混凝土应力变化趋势

3.5 地下连续墙侧向土压力变化分析

选取第86号槽段地下连续墙侧向土压力变化趋势图进行分析,如图13所示。从图中可以看出:基坑开挖施工阶段,随着开挖深度的增加,地下连续墙侧向土压力呈逐渐减小趋势,最大累计减小量为0.130MPa,说明基坑开挖对地下连续墙侧向土压力存在一定影响。

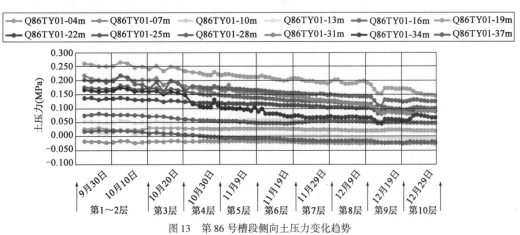

图13 第86号槽段侧向土压力变化趋势

3.6 地下连续墙侧向孔隙水压力变化分析

选取第64号槽段地下连续墙侧向孔隙水压力变化趋势图进行分析,如图14所示。从图中可以看出:基坑开挖施工阶段,地下连续墙侧向孔隙水压力变化趋势基本平稳,说明基坑开挖期间地下连续墙侧向孔隙水压力变化较小。

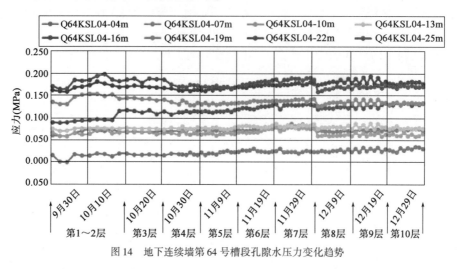

图14 地下连续墙第64号槽段孔隙水压力变化趋势

3.7 内衬钢筋应力变化分析

选取第70号槽段地下连续墙所对应位置的内衬钢筋应力变化趋势图进行分析,如图15所示。从图中可以看出:基坑开挖及内衬施工阶段,深度4.0m、7.0m、10.0m、13m处内衬背坑面受拉应力,背坑面变化趋势基本一致(均呈小幅增大趋势),拉应力最大变化量小于25MPa;各层内衬迎坑面混凝土应力呈振荡变化且变化趋势基本一致,变化量在 -25~20MPa 之间;第8层内衬混凝土浇筑完成后到第9层开挖期间,各层内衬迎坑面钢筋应力变化幅度最大,且短暂转换为受拉应力,第9层闭合成环后又转变为受压应力。第16m、19m深度位置内衬背坑面钢筋应力变化幅度较小,变化趋势基本平稳,变化量在 -6~3.0MPa 之间,迎坑面钢筋应力变化量在 -15.0~15MPa 之间。

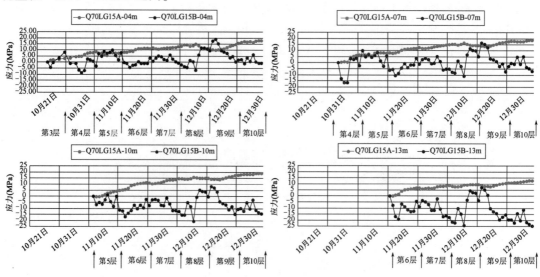

图 15

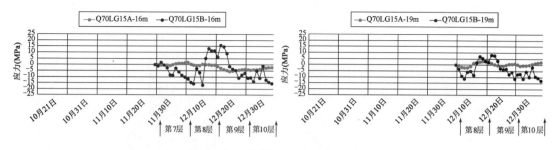

图 15 第 70 号槽段衬钢筋应力变化趋势

3.8 内衬混凝土应力变化分析

选取第 70 号槽段地下连续墙所对应位置的内衬混凝土应力变化趋势图进行分析,如图 16 所示。从图中可以看出:施工期间,深度 10.0 m 位置内衬背坑面混凝土应力一直处于受拉状态(拉应力),并呈小幅增大趋势,最大变化量小于 0.99 MPa;迎坑面混凝土受力状态呈振荡变化趋势,幅度略大,在第 8 层闭合成环至第 9 层开挖阶段,迎坑面受力转换为受拉(拉应力最大值为 1.02 MPa),第 9 层闭合成环后再次转换为受压状态;说明第 8 层、第 9 层施工对迎坑面内衬混凝土应力影响最大;第 7 层闭合成环后,深度 18 m 处内衬迎坑面、背坑面混凝土应力转变为受压状态,最大压应力变化量为 -4.76 MPa。

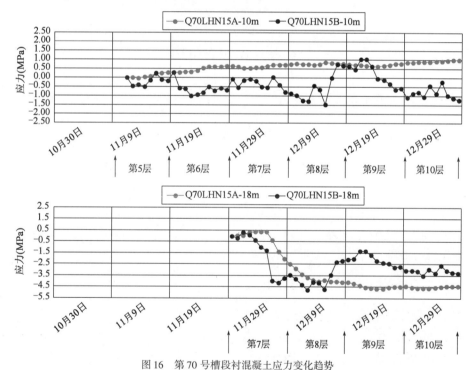

图 16 第 70 号槽段衬混凝土应力变化趋势

3.9 地下连续墙深层水平位移变化分析

选取第 70 号槽段地下连续墙深层水平位移变化趋势图以及第 52 号槽段地下连续墙深层水平位移变化趋势图进行分析。如图 17 所示。从图中可以看出:自动化监测点位第 70 号槽段地下连续墙墙体呈"鼓肚子"变化形态,最大变形部位在深度 16~21.0 m 区间,最大变形量为 19.2 mm;人工监测点位第 52 号地下连续墙墙体同样呈鼓肚子变化形态,最大变形部位在深度 16~25 m 区间,最大变形量为 11.6 mm。

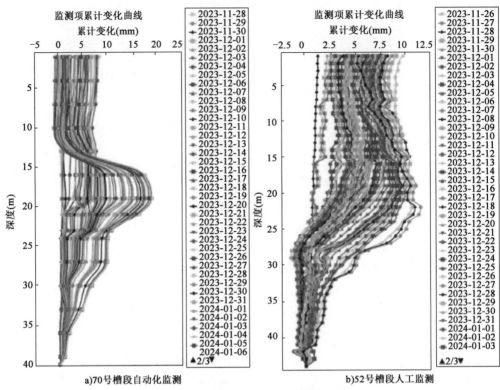

图17 70号、52号深层水平位移变化趋势

从图18中可以看出,地下连续墙墙体深层水平位移变化趋势基本一致,随着地下连续墙开挖越深,墙体薄弱位置变形逐渐增大,第10层施工完成后最大变化量小于35mm控制值指标。

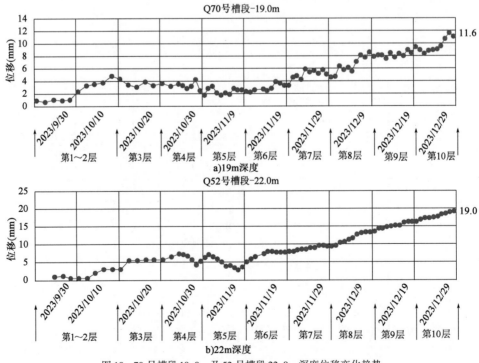

图18 70号槽段19.0m及52号槽段22.0m深度位移变化趋势

4 结语

本文依托狮子洋通道西锚碇基坑工程,介绍了自动化监测系统,并根据监测结果开展了地下连续墙及内衬结构受力及形变分析。主要结论如下:

(1)自动化监控系统能够准确、高效地获取地下连续墙、内衬结构关键部位的应力变化以及位移变化数据,通过监测数据可及时调整基坑取土位置、取土深度以及内衬混凝土浇筑顺序等,有效改善了结构受力状态及形变趋势,监测结果也反映出不同施工阶段结构的受力及形变特征。

(2)地下连续墙钢筋应力与混凝土应力以及内衬钢筋应力与混凝土应力变化趋势基本一致,即在第7层~第10层施工阶段,基坑开挖施工扰动对地下连续墙结构应力影响最大且受力变化比较复杂,通过对称开挖以及内衬混凝土对称浇筑施工,能够及时有效改善受力状态。

(3)地下连续墙墙体变形最大区域在深度16~25m之间,与数值模拟计算结果基本一致。随着基坑开挖深度越深,地下连续墙鼓肚子式的变形越来越明显,通过及时调整施工部位、将内衬闭合成环,使内衬及时形成环向效应,达到及时减缓地下连续墙体增大趋势的效果,确保结构安全。

参 考 文 献

[1] 谢小松,徐伟.武汉阳逻大桥南锚碇深基坑信息化施工中的监测技术[J].建筑技术,2007(12):935-937.
[2] 王智强.深基坑自动化监测系统的应用与研究[J].低碳世界,2022,12(8):190-192.
[3] 陈富强,刘毅.南京长江第四大桥南锚碇深基坑施工监控技术[C]//中国公路学会桥梁和结构工程分会2010年全国桥梁学术会议论文集,2010.
[4] 宋健,李鸿盛,胡风明,等.砂泥岩互层区超深锚碇基坑施工技术与变形监测[J].施工技术,2021,50(7):26-30.

40. 狮子洋大桥主塔钢壳制造及拼装

赵玉娇 李 峰 高 松 马国英 潘丽婷 刘俊青
(中铁山桥集团有限公司)

摘 要："建世界桥梁臻品、树湾区交通典范"——狮子洋大桥是狮子洋通道项目的控制性工程。狮子洋大桥作为狮子洋通道重点项目之一，其主塔塔高338.916m，由钢壳、钢横梁以及锚固系统等部分构成，建成后将成为世界最高主塔。本文主要介绍了狮子洋大桥主塔钢壳的制造及拼装过程中的重点及难点的解决方法。如：薄壁密肋板单元制作精度控制、钢壳附筋单元制作、钢壳节段组拼等等。

关键词：制造及拼装　精度控制　钢壳附筋　节段组拼

1 工程概况

狮子洋通道是《粤港澳大湾区基础设施互联互通规划》确立的新珠江口过江通道，位于珠江三角洲核心地带。狮子洋通道全长约35.1km，上游距南沙大桥约为3.6km，下游距虎门大桥约为8.0km，能够缓解虎门、南沙两座大桥的交通压力。为保障珠江两岸的交通安全、均衡珠江两岸的经济发展，狮子洋通道携手港珠澳大桥、南沙大桥、虎门大桥、黄埔大桥、深中通道、黄茅海跨海通道等项目，构建大湾区世界级交通枢纽。狮子洋大桥主塔工程效果如图1所示。

图1　狮子洋大桥主塔工程效果图

本文论述背景为西岸侧(靠南沙方向)狮子洋大桥主塔。索塔总高度为338.916m，共设置六道横梁，主要包括塔座、下塔柱、上塔柱、塔冠等构件。索塔钢壳采用分节吊装，为了减小焊接工作量、加快施工进度，如图2所示，将索塔自下而上共分为62个节段。其中下塔柱包括T0～T13节段，上塔柱包括T14～T61节段。索塔T0、T1节段高度分别为3.6m、4.2m，其他节段钢壳高度分为4.8m、5.4m和6.0m三种。T0、T1节段吊重分别为82.5t、177.9t;高度4.8m的节段吊重范围为132.3～158.5t;高度5.4m的节段吊重范围为127.4～158.5t;高度6m的节段吊重范围120.4～150.6t[1]。如图3所示,钢壳具有三个内腔,标准节段钢壳主要由面板、竖向加劲肋、横向加劲肋、竖向桁架、水平角钢、水平缀板等组成。主塔钢壳制造分三个阶段:即零件加工、板单元制造、节段制造。具体流程如下:通过智能化生产线,完成面板、角钢、缀板等零件的制作。节段拼装按照"板单元接宽→节段组拼→节段预拼装"的总体顺序进行。由于部分内外壁板宽度方向过宽,需要将内外壁板划分为多个板单元,内外壁板两拼或三拼成大型板单元后再完成钢筋安装。钢壳节段制作完成后通过"1+1"立位预拼装,保证相邻节段间对接精度。由于个别节段塔柱角点刚度较大,因此加大了对接难度。

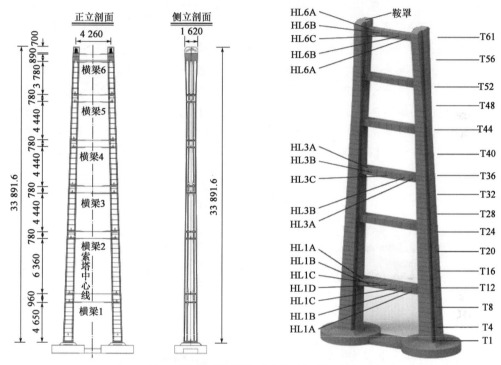

图2 狮子洋大桥主塔标准节段划分(尺寸单位:cm)

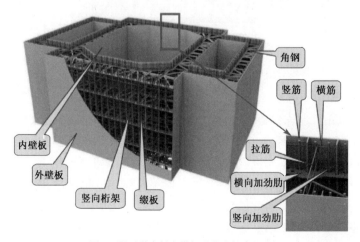

图3 狮子洋大桥主塔标准节段钢壳组成

2 钢壳制造技术

2.1 板单元划分

主塔钢壳内(外)壁板单元由面板、纵向板肋加劲、横向板肋加劲、剪力钉及钢筋(钢筋单独加工、安装)组成[2]。壁板单元是钢壳结构中数量最大的板单元,也是钢壳的主体组成部分,其制造精度直接关系到主塔钢壳外观及钢壳成桥质量。

为了提高主塔钢壳焊缝外观效果,壁板单元划分时应尽可能减少纵向对接。壁板单元划分时应充分考虑竖向钢筋、横向钢筋对节段组拼的影响,应尽可能将竖向钢筋、横向钢筋附带于壁板单元,能够减少节段组拼时钢筋的穿入,便于提高节段组拼效率。图4所示为典型主塔钢壳壁板单元分块示意图,在主塔横桥向和纵桥向,内外壁板均有被分成多个板单元。分块按照"少分块,块相同"的原则,在靠近桥梁横纵中心线的位置,分块尺寸是变化的,两端的分块尺寸是固定值。板单元面板长度方向一端预留二次切割量(对于二接一或三接一的板单元两头都有二次切割量,基准头侧接宽后配切,塔顶侧组焊块体后配切),宽度方向上预留焊接收缩量。钢筋在板单元二接一或三接一完成后再开始进行安装,先安装横向钢筋,再安装竖向主筋,对于两端带弯起的横向钢筋留一头平直,钢筋穿过纵肋后利用便携式钢筋弯曲机进行折弯,每一部分连接角钢安装完成后,再安装构造拉钩钢筋。钢筋安装过程中通过专用工装控制钢筋安装精度并进行临时固定,待相关钢筋安装完成后进行绑扎固定。

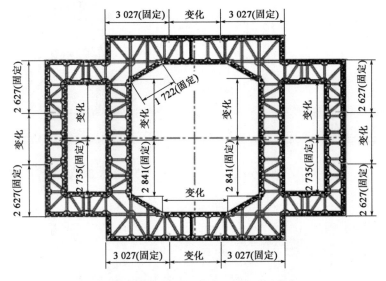

图4 典型主塔钢壳壁板单元分块示意图(尺寸单位:cm)

2.2 钢壳制造重难点分析

(1)薄壁密肋板单元制作精度控制难度大。板单元的纵向板肋加劲、横向板肋加劲多为薄板,大多是10mm或12mm厚度,且多为异形,并且在加劲上布设了多个振捣孔、钢筋孔。零件的下料精度、制孔精度、板单元组装精度及焊接变形对于薄板密肋板单元制作精度影响大。

(2)钢壳附筋单元制作难度大。T0和T1节段不仅纵向板肋加劲、横向板肋加劲开设钢筋孔,面板上也需要开设钢筋孔,这就加大了施工量。为了缩短钢壳节段组拼周期,加快流水节拍,受钢壳结构组拼顺序、水平钢筋连接关系及竖向钢筋定位等要求,需要制定出切实有效的方案,确保附筋安装顺利实施。

2.3 钢壳制造工艺措施

对上述阐述的钢壳制造重难点,采取了如下的解决办法。

(1)薄壁密肋板单元制作精度控制难度大,采取以下控制措施:

①采用激光数控切割机进行零件下料、振捣孔及钢筋孔制作,提高零件制作精度和减小结构变形。

②采用激光数控划线设备布划纵横基准线、零件组装位置线,利用端部工装确保板单元组装精度。

③利用反变形翻转胎型进行竖肋自动化焊接,机器人进行水平肋焊接,提高板单元一次焊接质量与减少焊接变形。

④在专用胎架上完成板单元对接焊缝的焊接,采用专用打磨设备将外露焊缝余高磨平,提高板单元外观效果。

(2)钢壳附筋单元制作难度大,采取如下工艺保证措施:

①根据钢壳结构组拼工艺,合理划分水平钢筋分割位置,确保板单元制作时钢筋顺利组装,在节段组拼时满足匹配关系。

②为满足水平钢筋连接要求,根据可活动量设计套丝加工长度,保证各板单元、节段组拼时钢筋机械连接质量,并做好丝扣部位临时保护。

③为了保证竖向钢筋在板单元上安装后的定位需求,设计专用卡固工装,既能保证钢筋调整需求又不至于钢筋滑脱。

3 钢壳拼装技术

如图5所示,节段拼装按照"板单元接宽→节段组拼→节段预拼装"的总体顺序进行。胎架外设置监控测量网,在组拼胎架平台上应有内外壁板定位的纵横基准线、基准点和钢壳塔中心线,胎架外设置独立的基准线、基准点,对胎架及节段进行检测。节段组焊完成后,应对节段上部端口精确切割环口,保证节段高度精度[3]。

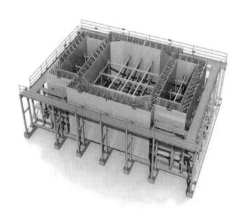 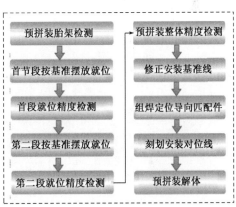

图5 钢壳节段整体拼装示意图及预拼装流程图

3.1 钢壳拼装重难点分析

节段拼装完成,进行相邻节段间预拼装。通过预拼装修正节段的相关尺寸,避免在高空调整,减少高空作业难度和加快吊装速度,确保主塔钢壳节段顺利架设。因此,钢壳的组拼精度控制是确保结构制造精度的重要环节。预拼装是主塔钢壳节段制作中验证节段制造精度和实现节段间精密匹配的关键工序。

（1）钢壳节段组拼精度要求高。组成钢壳的板单元，由于壁厚偏薄，外壁板厚度多为18mm厚，内壁板厚度多为10mm厚，刚性较弱，箱口尺寸、组拼平整度、塔柱轴线及高程控制有一定难度。

（2）钢壳节段预拼装难度大。本项目主塔钢壳结构复杂，节段截面沿塔高方向变化且有倾斜角度，加大了拼装难度。通过钢壳节段预拼装，验证钢壳节段接口匹配、轴线偏差、高程控制等精度，是实现桥位高精度安装的重要控制工序[4]。

3.2 钢壳拼装工艺措施

（1）钢壳节段组拼精度控制，采取如下工艺保证措施：

①根据每段钢壳结构尺寸，设计制作专用组拼胎型，布设"三纵一横一高"测控网，实现钢壳塔组拼过程精度控制。

②以主塔钢壳节段底侧为基准端，拼装时在基准端设置端头靠板，保证塔底侧各壁板端头在同一立面上。如图6所示，组拼顺序为中箱角内壁板安装→中箱另外两侧内壁板组对→边箱内壁板安装→边箱内壁板组对→另外一侧边箱内壁板安装及组对→中箱外壁板安装→边箱外壁板组对→焊接及二次切割。将检测合格的各板单元，按照组拼顺序依次在胎型上定位，并增设焊接收缩量，利用测控网实现各板单元精确对位。

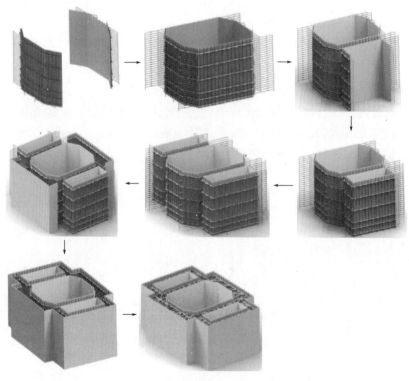

图6 钢壳节段组拼示意图

③进行钢壳接口尺寸检测合格后，采用箱内连接角钢、角部马板、工艺隔板等措施进行刚性约束，减少钢壳焊接过程中的变形。

④主塔钢壳节段拼装完成后，修正外壁板上的塔柱中心投影线，确保钢壳节段在预拼装及桥位精准架设。

（2）钢壳节段预拼装是检验节段制造精度的重要步骤，采取如下工艺措施：

①钢壳节段在专用预拼装胎型上，实现"1+1"连续匹配预拼装，验证节段间接口匹配、轴线偏位及高程控制。立位预拼装在专用胎架上进行。胎架基础必须有足够的承载力，确保在使用过程中不发生沉降。胎架还要有足够的刚度，避免因节段重量增加而在使用过程中变形。立体预拼装胎架由钢基础、拼装支座、梯笼脚手架等组成。如图7所示，过程如下：定位首节钢壳节段：以节段立位预拼装胎架基线为基准，定位首节钢壳节段，钢壳塔节段定位后采用临时匹配件及工艺马板固定，用工装做好下端面及其坡口保护，重点控制钢壳节段整体外形尺寸、垂直度、横断面高程等点，合格后焊接块体间临时匹配件。定位上方钢壳节段：以首节段钢壳纵横基线为基准，对线定位上方钢壳节段，上方钢壳节段作为复位段参与下一轮次连续预拼装，下方节段进行打砂涂装工序。

图7 上下节钢壳预拼装示意图

②采用累积精度管理系统，对全塔节段进行偏差过程管控，提高钢壳轴线、高程控制水平。

③在钢壳接口安装专用匹配导向装置，提高钢壳桥位定位精度，约束接口错边、高程定位等项点。

④在钢壳接口区布划竖向、水平对位检测基准，待桥位安装到位后进行复查，确保桥位安装与厂内预拼装管控精度相匹配。

4 结语

狮子洋主塔钢壳的种类和数量众多，板单元、钢筋、角钢需配合安装，制作复杂，施工难度大。本文通过对狮子洋主塔钢壳制造及拼装过程中的重难点分析，提出其解决的工艺措施。目前主塔钢壳的制造及拼装正在顺利进行中。通过不断优化工艺措施，我们不仅可以为后续的节段积累经验，还可以为其他类似的钢塔项目提供技术支撑和借鉴，为我国的桥梁建设事业贡献更多的力量。

参 考 文 献

[1] 王建国.张靖皋长江大桥南航道桥组合钢塔制造工艺研究[J].交通科技与管理,2023,4(15):84-86.

[2] 李静,李峰.太原摄乐桥钢塔制作技术[J].钢结构,2017,32(5):81-84.

[3] 罗亮,傅立军.安罗高速黄河特大桥主桥索塔钢壳拼装测量分析[J].四川水泥,2023,(7):184-186.

[4] 岳东杰,郑德华.现代大型斜拉桥塔梁施工测控技术[M].北京:科学出版社,2012.

41. 狮子洋大桥超高索塔钢壳制造关键技术

张文才[1] 吴小兵[1] 张颖雯[2] 贾 骁[2]

(1. 中铁宝桥集团有限公司;2. 广东湾区交通建设投资有限公司)

摘 要:狮子洋大桥为主跨2 180m双层钢桁悬索桥,大桥索塔总高338.916m,索塔为钢混组合塔,是世界第一超高索塔钢壳。索塔钢壳结构设计新颖复杂,壁板较薄且密布纵横交错板肋及钢筋,焊缝密集,其焊接变形、几何精度控制有一定难度。本文介绍了将附筋单元分步制作纳入索塔钢壳立式拼装+预拼装的制造技术方法,此方法对其他类似钢壳的制造具有借鉴作用。

关键词:双层钢桁悬索桥 超高索塔钢壳 附筋单元 立式拼装+预拼 制造技术

1 引言

狮子洋大桥为狮子洋通道项目的控制性工程,采用主跨2 180m双层钢桁悬索桥一跨过江方案(图1),大桥索塔采用六横梁门式钢混组合结构,索塔总高338.916m,是世界第一超高索塔钢壳(以下简称"索塔钢壳")。狮子洋大桥建成后将创造主跨跨径、车道数量、索塔塔高、锚碇基础、主缆规模的5项世界第一。

图1 狮子洋大桥效果图

索塔钢壳标准断面为双壁单箱三室(图2),由内外壁板、横竖向板肋、横竖向钢筋、横竖向角钢、横竖向缀板、焊钉等组成。外壁板标准厚度为18mm,内壁板标准厚度为10mm;内外壁板的横向板肋间距1.2m,竖向板肋间距0.4m;横向钢筋间距20cm,竖向钢筋间距16m + 24cm。内外壁板的竖向钢筋依次穿过横向板肋钢筋孔沿塔高方向连接,横向钢筋依次穿过竖向板肋钢筋孔环形连接。

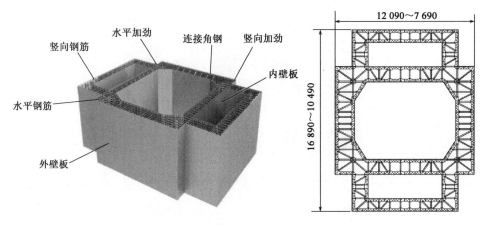

图 2 索塔钢壳标准断面(尺寸单位:mm)

2 超高索塔钢壳制造难点

(1)索塔钢壳零件板厚较薄,板宽方向上密布钢筋孔,零件切割下料过程中极易产生旁弯变形,如何确保零件下料精度难度比较大。

(2)索塔钢壳断面轮廓尺寸大,壁板板厚较薄,且壁板上密布横竖向板肋、剪力钉等,板肋焊缝、剪力钉焊缝密集,导致壁板单元焊接变形大,几何尺寸精度控制有一定难度。

(3)内外壁板横竖向钢筋纵横交错,且连接级别及精度要求高,节段组装时必须保证壁板单元组装精度,同时要满足钢筋连接精度要求,对索塔钢壳节段组装工艺提出了更高要求。

(4)索塔钢壳正立面和侧立面均与大地存在倾斜角,且同一立面的两侧倾斜角也各不相同,整体线形复杂,塔轴线偏差要求厂内≤1/6 000,现场安装≤1/3 000,如此高的精度要求,在节段组拼及预拼装环节保证轴线偏差难度较大。

3 超高索塔钢壳制造方案

索塔钢壳内部结构复杂,空间狭小,加之组成索塔钢壳的内外壁板较薄,板肋焊缝密集,钢筋纵横交错,因此附筋单元采用分步制作,才能达到控制制造精度的要求。即将钢筋制安作为壁板单元制作内容纳入索塔钢壳总体制造方案。

索塔钢壳制造采用"零件加工→板肋组焊→剪力钉组焊→板单元接宽→钢筋穿入→节段立式组拼→节段立式预拼→涂装"的方式进行。制造过程中需重点控制薄壁零件加工、附筋单元制作、节段组拼几何尺寸、节段预拼装线形匹配等精度。

4 超高索塔钢壳制造关键技术

通过对索塔钢壳制造难点的分析,结合总体制造方案,总结出索塔钢壳制造过程中关键技术包括附筋单元制作(含零件加工)、节段立位拼装、节段立式预拼装等。

4.1 附筋单元制作技术

4.1.1 零件加工精度控制

针对索塔钢壳板肋零件特点,开展数控火焰切割、数控等离子切割、数控激光切割精度试验。通过尝试多种切割工艺,试验得出数控激光在空气切割工艺下可有效解决薄壁密集孔群板肋零件切割旁弯变形问题(图3)。

图 3 薄壁密集孔群板肋零件切割下料

4.1.2 附筋单元制作精度控制

(1)零件组焊。

对于壁板板厚较薄,密布横竖向板肋、剪力钉的壁板单元采用"分步组焊+分阶段矫正"工艺进行制造,如图4所示。即先采用激光划线方法刻划出横、竖基线及横竖向板肋置线;然后按线组装竖向板肋,采用"焊接专机+船位反变形胎架"工艺施焊竖肋与壁板间焊缝,焊接完成后采用机械矫正设备矫正焊接变形;再组装横肋,采用机器人激光视觉跟踪焊接技术施焊横肋与壁板间焊缝,完成后再矫正壁板单元整体平面度;最后焊接剪力钉。

 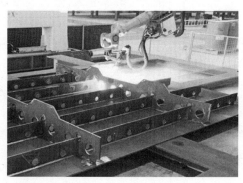

图 4 壁板单元分步组焊

(2)壁板单元接宽。

索塔钢壳断面轮廓尺寸较大,为保证整体制作精度,需将壁板单元划分成2~3个单元件制作,再将单个壁板单元焊接在一起。焊接前调节反变形量,同时在满足焊接效率及焊接质量的前提下,设计较小的坡口截面,保证焊接完成后壁板单元的横向收缩及角变形均在可控范围内(图5)。

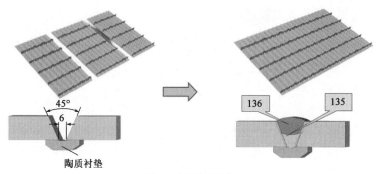

图 5 壁板单元接宽

(3)附筋单元制作。

针对索塔钢壳内外壁板竖向钢筋依次穿过横肋钢筋孔沿塔高方向连接,横向钢筋依次穿过竖肋钢筋孔环向连接,钢筋连接纵横交错这一特点。需结合索塔钢壳节段组装时各单元件的组装顺序,将横竖向钢筋分别带入相应的单元件中形成附筋单元,再将各附筋单元采用三维可视化虚拟组拼技术模拟索塔钢壳节段组拼过程,确保各横竖向钢筋不仅不干涉各附筋单元件组装,还要确保各横竖向钢筋能顺利按设计要求进行连接,同时为保证施工安全,各横竖向钢筋在吊装组拼过程中不能发生坠落现象(图6)。

图6 附筋单元制作

4.2 钢壳节段立位拼装技术

由于索塔钢壳内外壁板间无竖向通长刚性结构连接,内外壁板仅通过横向角钢和竖向角钢桁架连接,钢壳节段制造时无法提前预制块体,仅能采用附筋单元独立组装方式进行制造,因此,钢壳节段立位拼装技术只适用于钢壳节段组装。

4.2.1 立位拼装胎型设计

附筋单元定位是控制节段立位拼装精度的重点,需设计专用胎型用来保证钢壳节段拼装过程中上下端口定位几何尺寸和塔轴线方向的倾斜角度,从源头控制钢壳节段的制造精度。立位拼装胎型设计时布设"三竖一横一高"基准,满足各个内外侧附筋单元壁板的拼装定位;胎型内周圈设置塔架并布设可调节支撑杆,满足纵桥向及横桥向的附筋单元壁板倾斜要求;胎型上表面需精准划出钢壳节段下端口轮廓线,便于附筋单元快速定位;此外还设有爬梯、平台、走道等设施(图7)。

图7 钢壳节段立位拼装胎型

4.2.2 立位拼装精度控制措施

钢壳节段制造精度直接影响钢壳节段的预拼装精度和桥位安装精度,在钢壳节段立位拼装时以专用胎型上布设的"三竖一横一高"基准及附筋单元纵横基准线为准依次组装各附筋单元,同时通过胎型内周圈竖向塔架上的支撑杆调整内外侧附筋单元倾斜角度。各附筋单元组装到位后,先将外侧附筋单元下端口边线以专用胎型上表面放样的轮廓线及单侧定位块为基准进行调整,下端口边线调整就位后利用挡块锁死,上端口边线利用可伸缩工装调整至合格后锁死,采用激光垂线仪并配合全站仪精确测量外侧壁板水平基线、塔轴线及倾斜角度。检测合格后再以内外壁板间距为基准调整内壁板位置到合格(图8)。

图8 钢壳节段立式拼装

4.2.3 立位焊接变形控制措施

为提高节段制造精度,减小焊接变形对节段制造精度的影响,节段拼装时,焊接变形的控制尤为重要。节段内外壁板间通过横向连接角钢连接,刚度较小,且壁板间焊缝为部分熔透角焊缝,数量较多、填充量大,发生的焊接变形较大。焊接前,总结焊接变形规律,制定严格的焊接顺序,并在箱口部位采用临时支撑,通过"约束+预留焊接收缩量"的方式,采用热能输入较小的药芯焊丝气体保护智能焊接小车对称焊接,可减小焊接变形对节段整体的影响,提高焊缝外观质量(图9)。

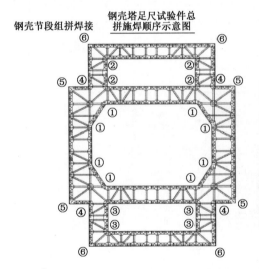

图9 钢壳节段焊接

4.3 钢壳节段立式预拼装控制

4.3.1 节段匹配精度控制

钢壳节段预拼装的主要目的是检验节段间壁板、竖向板肋、竖向钢筋的匹配情况及塔轴线精度检测、累积精度管理数据,同时也对钢壳节段扭转进行控制,并布设桥位安装基准线及监控测量点,便于桥位安装时能快速匹配复原厂内预拼装状态。针对索塔钢壳节段断面轮廓大及棱角位置多的特点,预拼装时,在复位节段上端口钢混结合面侧布设楔形圆弧导向板,同时在棱角位置外侧已组装完成的匹配件上栓接侧向调整块及楔形圆弧导向板,实现即将参与预拼装节段的高效、精准就位与复位节段(图10)。

4.3.2 预拼装测量控制

(1)塔轴线测量控制。

钢壳节段顺桥向两侧壁板居中位置的竖基线,以及横桥向一侧壁板居中位置的竖基线为塔轴线测量控制轴线,另一侧横桥向一侧壁板居中位置的竖基线为辅助控制轴线。根据狮子洋大桥索塔轴线偏差厂内≤1/6 000的要求,将参与预拼装两个节段的上、下端口竖基线偏差控制在2mm范围内,辅助控制轴线偏差控制在3mm范围内。

图10 钢壳节段立位预拼装

(2)塔高间距测量控制。

单个钢壳节段制造检测合格后采用全站仪将塔高方向居中位置的水平基线返至下端口上方200mm位置处作为辅助基线,在参与节段预拼装时,通过卷尺测量下节段水平基线距上节段辅助基线间距偏差±2mm。

(3)对接间隙测量控制。

钢壳节段预拼装塔高测量合格后,应检查测量节段间对接间隙,焊缝间隙在4~12mm范围内,竖向板肋拼接间隙在8~12mm范围内,竖向钢筋连接间隙在0~15mm范围内。

(4)错台偏差测量控制。

钢壳节段预拼装调整到位后,检查测量节段间对接缝处壁板相互错台情况,要求节段棱角两侧300m范围内壁板错台偏差应控制在≤2mm,其余位置错台偏差控制在3~5mm范围内;各竖向板肋跟部位置错台偏差应控制在≤1mm;竖向钢筋连处径向偏差≤$D/2$。

5 结语

在狮子洋大桥索塔钢壳制造过程中通过薄壁密集孔群板肋零件切割工艺试验的对比分析,得出数控激光在空气切割工艺下可有效解决切割旁弯变形问题;附筋单元采用"分步组焊+分阶段矫正"的制作工艺,解决了附筋单元薄壁焊接变形控制难度大及制造工效低的问题;钢壳节段立位拼装技术的应用,大大提高了双壁空腔大断面钢壳节段的制造质量;立式预拼装控制技术的应用,实现了超高索塔钢壳轴线偏差厂内≤1/6 000的设计要求。通过对上述钢壳制造的研究和实践,证明该工艺方法合理可行,适用性强,可为后续同类钢壳的制造提供借鉴。

参 考 文 献

[1] 陈平,华乐.南京长江第五大桥钢混组合塔钢壳制造关键技术[J].世界桥梁,2019,47(3).

[2] 刘健,邓斌,黄清飞.深中通道沉管隧道钢壳设计及制造关键技术[J].隧道建设,2021,8(13).

[3] 周巍巍,饶其文.钢壳-混凝土组合索塔节段制造技术[J].交通科技与管理,2021(26).

42. 狮子洋钢壳混凝土组合塔的建造与现场安装几何控制技术

唐 亮[1] 蒋云锋[1] 崔 冰[2]

(1. 成都合众桥梁科技有限公司；2. 中交公路规划设计院有限公司)

摘 要：钢壳混凝土组合塔具有钢塔工厂化制造、结构性能优越、精准定位、快速连接、外观质量优及耐久性好等优点，同时具有混凝土索塔的优良抗弯、压刚度大的优势，而且响应了国家产业政策、提升桥梁建造工业化水平的国家战略要求。钢壳混凝土组合塔因其独特的优势必将获得更为广泛的应用。本文重点阐述狮子洋索塔的钢壳塔、横梁的工厂预制及现场安装等关键环节的控制技术。

关键词：钢壳塔 工厂预制 安装 控制技术

1 引言

狮子洋通道位于粤港澳大湾区核心区域，距上游南沙大桥 3.6km，下游虎门大桥 7.7km，公路等级为高速公路，采用双层 8+8 车道，大桥主跨长 2 180m，南沙侧边跨 672m，东莞侧边跨 710m，索塔高 341.916m。其建成后将成为世界上主跨最大、主塔最高的双层悬索桥，具有"超大跨径、超重荷载、超宽桥面"的特点。本文从组合塔的特点、索塔施工控制精度、预制及现场安装控制、ARTK 测量技术等 4 个方面进行阐述。

2 狮子洋钢壳混凝土组合塔的构造特点

索塔是缆索承重桥梁的关键且不可更换的承载构件，在建造和运营过程中承受巨大压、弯荷载。狮子洋大桥索塔顶竖向荷载：18.4×10^5 kN(恒载)，20×10^5 kN(恒+活)，需承受巨大压弯荷载。索塔结构采用六横梁门式塔，塔柱采用钢板-混凝土组合结构，单箱三室断面；塔柱混凝土采用 C80 高强度、高弹性模量、高稳健和低收缩专用混凝土；塔柱外壳及其加劲肋、横梁及其加劲肋均采用 Q355D 钢材；钢壳与混凝土采用钢筋混凝土榫及栓钉连接形式；内外钢壳采用水平、竖向桁架及缀板连接方式。

钢板-混凝土组合索塔具有以下优点：

(1) 承载能力高。由于钢外壳的协同承载作用，其承载能力高于钢筋混凝土索塔。

(2) 塑性和韧性好。钢材的约束作用可以改善核心混凝土的变形性能，使组合索塔具有良好的塑性和韧性。

（3）外观质量优。索塔外表面均为钢结构，光洁度、平整度较混凝土索塔更易保证。另外表面涂装颜色可根据景观设计要求而定，更易获得较好的美学效果。

（4）耐久性好。钢壳的约束作用可减缓钢筋混凝土的裂缝发生，内部钢筋因有钢壳保护不会引起锈蚀，运营期间只要做好钢壳的外表面涂装维护，即可保证结构的耐久性。

（5）采用工厂化、装配化施工，减少现场作业强度及难度，提高工程质量，并且施工方便。

（6）索塔施工过程中钢壳可兼作混凝土模板，省去了大型爬模设备。

3 狮子洋钢壳混凝土组合塔的控制精度分析及控制

索塔施工监控的核心任务为索塔几何线形控制，确保索塔裸塔线形满足设计及规范要求，同时通过采取索塔主动横撑控制塔柱变形，使横梁能顺利安装，通过配置主动横撑的顶推力，优化索塔横桥向弯矩。

监控精度标准主要根据设计文件，设计文件未有规定的，则参考《公路工程质量检验评定标准 第一册 土建工程》（JTG F80/1—2017）、《公路桥涵施工技术规范》（JTG/T 3650—2020）、《公路钢结构桥梁制造和安装施工规范》（JTG/T 3651—2022）。设计文件中规定索塔顺桥向及横桥向偏位≤$H/3000$，《公路工程质量检验评定标准 第一册 土建工程》（JTG F80/1—2017）中规定顺桥向偏位≤$H/3000$且≤30，横桥向总体偏位≤15且节段间≤8，《公路桥涵施工技术规范》（JTG/T F50—2011）规定基本同《公路工程质量检验评定标准 第一册 土建工程》（JTG F80/1—2017），但是其对塔柱底水平偏位做出了明确的要求，是10mm，这是合理的，《公路桥涵施工技术规范》（JTG/T 3650—2020）取消了对塔柱倾斜度的要求。通过认真分析上述精度标准，索塔施工控制采用以下精度指标。

3.1 索塔倾斜度指标

$H/3000$是基于索塔倾斜度的基本要求，这是根据受力要求提出的，也是比较合理的要求，但是对于塔柱高度H很小时这个要求又难以实现。因此，根据《公路桥涵施工技术规范》（JTG/T F50—2011）补充了塔肢$H<30m$时的规定。另外，参考验收规范补充了节段间夹角的要求。

综上所述，建议本桥索塔倾斜度控制标准见表1。

索塔倾斜度控制标准　　表1

索塔倾斜度	$H\leqslant30m$	≤10mm
	$H>30m$	≤$H/3000$
	节段间夹角	≤1/800 rad

3.2 横梁连接的控制

横梁安装精度要求主要通过2个塔肢的相对误差来进行控制：

高程、里程（纵）、轴线（横）方向：相对误差≤6mm。

扭转：相对扭转角≤1/1500。

顺弯：相对转角≤1/1500。

横弯：相对转角≤1/1500。

3.3 扭转控制

因为多道横梁的安装，所以必须全过程控制本桥索塔的扭转。单个塔肢的扭转角应控制在1/1 500以内,两个塔肢的相对扭转角应控制在1/1 500以内。

3.4 定位钢框架的控制指标

定位钢框架是钢壳定位的基础,其定位精度应满足设计文件的要求。

3.5 索塔绝对高程控制

综合设计要求及施工规范,本桥索塔高程不作为特别控制指标,监控单位将根据节段预制长度、现场焊接等因素综合考虑索塔高程控制,塔顶绝对高程控制将以能顺利将鞍座安装到指定位置为原则。

4 钢壳塔及横梁工厂制造控制

4.1 钢壳塔工厂制造控制

以1+1短线法预拼为主的钢-混凝土组合索塔预拼的核心问题就是,避免在节段加工误差较大(相对机加工钢塔而言)的前提下通过预拼消除误差累积。

图1是可能会导致误差累积的预拼方式。

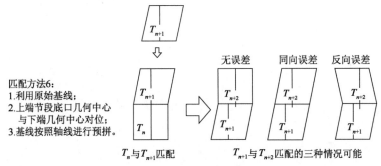

图1 短线法索塔错误的预拼方式

这种预拼方式是最常见的,利用板单元的基线作为节段的基线来进行预拼,由于焊接变形等原因,基线已经不是节段的几何中心,因此在同向误差时就会产生误差累积。上述方法也可以采用基线对位的方式,但这种方式将导致较大的连接错台。

在总结多种预拼方法后确定的预拼方案如图2所示。

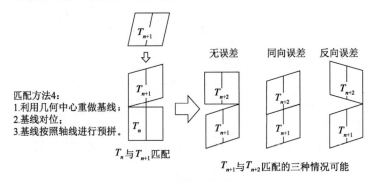

图2 短线法索塔推荐预拼方式

该方法的关键在于:

(1)基线按照节段实际几何中心刻划;
(2)节段接头位置基线对位;
(3)基线按照理论轴线预拼(图中为垂直)。

从图 2 可以看出，T_{n+2} 与 T_{n+1} 出现同向、反向误差或者 T_{n+2} 无误差时，这种预拼方式均能确保误差不累积。连接处间隙不同，可以通过切边予以消除。

4.2 横梁工厂制造控制

（1）步骤完成横梁"节段1"与索塔节段的预拼，测量"节段1"对中点坐标并转换为桥位坐标，如图 3 所示。

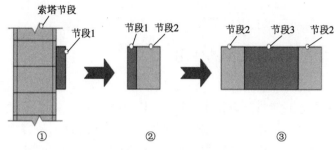

图 3 横梁预拼方法示意图

（2）"节段1"与"节段2"进行预拼，利用"节段1"的对中点建立坐标系并测量"节段2"的对中点坐标。

（3）"节段1"完成现场安装后，测量其对中点现场坐标，利用现场"节段1"的坐标在工厂放样"节段2"的位置，利用"节段2"的位置预拼"节段3"及"节段4"（若有）。

（4）进行接缝处螺栓孔位的测量，并进行栓接板的制孔。

5 钢壳塔及横梁现场安装控制

5.1 钢壳塔现场安装控制

（1）底口匹配件（T_0 是支腿）打入冲钉进行节段平面定位。

（2）底口匹配件（T_0 是支腿）根据监控指令垫入指定厚度的垫片，并用高强螺栓将匹配件拉紧。

（3）钢结构加工厂家进行匹配件定长基线间距测量及焊缝间隙测量，监控对测量结果进行确认并发布确认指令。

（4）完成钢结构的连接及混凝土的浇筑。

（5）混凝土养护期间，施工单位在夜间进行索塔岸侧对中点坐标及顶口匹配件相对高差的测量。

（6）混凝土养护期间监控单位安装全球导航卫星系统（GNSS）天线，并利用 ARTK 对匹配件坐标进行连续监测。

（7）若索塔倾斜度超差或存在超差的风险，监控单位根据测量发出下个节段匹配件垫片厚度指令，否则发出下个节段无调整匹配指令。

5.2 横梁的安装控制

（1）完成横梁以上 3 个节段的安装后，将 2 个横梁"节段1"进行安装锚固。

（2）将主动横撑支顶至横梁安装工况的荷载，并锁定。

（3）将全站仪置于塔上，测定"节段1"对中点坐标，确保两个"节段1"8 个对中点坐标测量精度（限差）优于 2mm。

（4）根据"节段1"对中点的坐标计算"节段2"对中点的目标坐标。

（5）在加工厂根据"节段2"对中点目标坐标摆放"节段2"。

（6）根据"节段2"位置预拼剩余的"节段3""节段4"。

（7）将"节段2、3、4"运至现场。

（8）超顶横梁下支撑，使得两肢间距较横梁安装要求大2cm左右，以便放入横梁节段。

（9）在支架上安装横梁节段至仅剩最后一道合龙缝。

（10）部分卸载横撑千斤顶，使得横梁间隙至预定位置，其余微小错台用码板进行调整；调整完成后打入合龙缝拼接板冲钉，并完成横梁合龙缝的连接工作。

6　ARTK技术在现场安装中的使用

ARTK技术是由武汉大学卫星导航定位技术研究中心（国家卫星定位系统工程技术研究中心）研发的载波相位差分（RTK）新技术，其瞄准桥梁智能建造关键技术需求，在传统的北斗/GNSS RTK技术基础上，采用"分级控制，逐级处理"的优化策略，一方面，利用地面的北斗基准站提供可与全球参考基准进行高精度转换、固定的桥梁建设所需要的工程坐标基准，并与桥塔建设中放置的北斗监测站进行联测，得到北斗监测站厘米级精度工程坐标系下空间坐标；另一方面，置于桥塔断面的北斗监测站自组成监测站网，通过对该监测站网数据的整体处理，得到亚厘米级精度的监测站相对位置关系。在最终统一处理后，获得北斗监测站在桥梁工程坐标系下的高精度坐标，解决了传统光学仪器在恶劣天气、复杂施工场景下不通视等带来的作业难题。

参 考 文 献

[1] 李宗平,唐启,张六一.南京长江第三大桥钢塔柱安装施工[J].施工技术,2008(5):105-110.

[2] 刘建波,张永涛,游新鹏,等.泰州大桥中塔安装施工关键技术[J].中国港湾建设,2011(8):56-59.

[3] 吴义龙.马鞍山长江公路大桥钢塔线形控制技术[J].世界桥梁,2014(6):21-24.

[4] 罗亮.南京浦仪公路西段钢塔锚固螺杆安装定位研究[J].工程技术研究,2019(10):98-99.

43. 大直径桩基斜面岩钻孔倾斜度控制

哈西巴特

(武汉桥梁建筑工程监理有限公司)

摘　要：目前在公路工程桥梁施工领域，钻孔灌注桩施工工艺已经比较成熟，但在复杂地质条件下，尤其是斜面岩层钻孔倾斜度控制，仍然是桩基施工难点。针对大直泾桩基斜面岩钻孔倾斜度控制问题展开研究，通过综合分析岩性特征，以及对桩基钻孔工艺进行优化，运用实践和排除法相结合，研究了设备因素、工艺因素等对钻孔倾斜度影响。结果表明，控制钻杆钻压钻速和调整钻孔工艺可以有效控制钻杆进入斜面岩层时的倾斜度，提高施工效率和桩基施工质量。本研究为大直泾桩基斜面岩钻孔施工提供了重要参考依据。

关键词：大直泾桩基　斜面岩钻孔　倾斜度控制

1　工程概况

狮子洋大桥东索塔基础为群桩基础，采用 2×33 根直径 D 为 3.0m 的钻孔灌注桩，按照嵌岩桩设计，根据中风化泥质砂岩层厚度，桩端嵌入微风化泥质砂岩 $2D \sim 6D$，桩长 46～58m。主塔区域覆盖层为素填土、杂填土、淤泥质黏土、黏土、粉细砂、中粗砂、粉细砂、砾砂，厚度 26.8～36.0m。下伏基岩泥质砂岩和砂岩，中风化层顶高程 -30.6～-22.7m，微风化层顶高程 -48.5～-40.3m。中风化泥质砂岩饱和单轴抗压强度 10.9MPa，软化系数 0.49；微风化泥质砂岩饱和单轴抗压强度 21.67MPa，中风化砂岩饱和单轴抗压强度 27MPa，局部岩层单轴抗压强度可达 77.65MPa，局部夹中风化砂岩层，高程 -51.79～-42.43m。见表 1、表 2。

东索塔桩基参数　　　　　表1

桩基编号	桩长 L(cm)	根数	桩顶高程(m)	桩底高程(m)
EY23、EY28	4 600	2	-6.0	-52.0
EZ17、EZ22、EZ23、EZ28	4 700	4		-53.0
EZ27、EZ31、EZ32	4 800	3		-54.0
EZ3、EZ7、EY14、EY19、EY24、EY25、EY29、EY30	4 900	8		-55.0

续上表

桩基编号	桩长 L(cm)	根数	桩顶高程(m)	桩底高程(m)
EZ1、EZ2、EZ4、EZ5、EZ6、EZ9、EZ10、EZ11、EZ12、EZ13、EZ15、EZ16、EZ18、EZ19、EZ24、EZ25、EY9、EY20、EY26、EY31、EY32、EY33	5 200	22	-6.0	-58.0
EZ20、EZ21、EZ26、EY1、EY2、EY3、EY4、EY5、EY6、EY7、EY8、EY10、EY11、EY12、EY13、EY15、EY16、EY17、EY18、EY21、EY22、EY27	5 300	22		-59.0
EZ8、EZ14	5 400	2		-60.0
EZ29、EZ30、EZ33	5 800	3		-64.0

东索塔地层评价表(m) 表2

序号	岩土名称	厚度区间(平均值) 顶板高程区间(平均值)	条件评价			
			连续性	强度	压缩性	工程性能
1	素填土	2.0~5.7 3.45~6.40	局部	低	高	差
2	杂填土	4.30~6.10 3.45~6.11	连续	低	高	差
3	淤泥	1.0 0.3	局部	低	高	差
4	淤泥质黏土	4.90~15.00 -2.25~2.02	不连续	低	高	差
5	粉质黏土	1.70 0.01	局部	低	高	差
6	粉细砂	9.30~14.80 -11.59~0.28	连续	低	高	差
7	中粗砂	4.20~17.10 -14.52~-0.70	连续	低	高	差
8	淤泥质黏土	1.0 -23.25	局部	低	高	差
9	粉细砂	1.0~11.0 -18.89~-1.69	局部	中等	中等	一般
10	中粗砂	2.10~6.10 -20.99~-12.79	连续	中等	中等	一般
11	砾砂	1.40~13.0 -24.35~-13.25	连续	中等	中等	一般
12	强风化泥质砂岩	1.0~13.0 -28.42~-22.70	连续	较好	较低	较好
13	中风化泥质砂岩	9.70~24.5 -37.55~-24.69	连续	高	低	好
14	微风化泥质砂岩	-83.78~40.11	连续	高	低	好
15	中风化砂岩	1.5~5.0 -51.79~-42.43	局部	高	低	较好
16	微风化砂岩	-85.39~-46.70	连续	高	低	较好

2 桩基钻孔倾斜度控制重难点

（1）东索塔桩基为端承桩，桩基进入微风化岩层，微风化砂岩夹层均为斜面岩（接近45°），钻孔过程中受斜面岩影响，钻孔倾斜度控制难度增大。

（2）桥区地质条件复杂，上部软土地层厚极易缩径，淤泥质黏土、砾砂及中粗砂极易塌孔和漏浆，对钻机性能、泥浆指标、成孔工艺要求高。

（3）东主塔区段主要岩性为泥岩夹砂质泥岩、泥质砂岩及砂岩，其强风化层较发育，浸水易软化、崩解。

3 桩基钻孔工艺

3.1 准备工作

3.1.1 测量放线

钻孔灌注桩测量平面定位采用全站仪极坐标法，高程放样采用精密水准仪、几何水准法，结合水准仪、钢尺量距法，钢护筒垂直度控制通过两台经纬仪在两个方向用经纬仪竖丝法观测。

3.1.2 泥浆制备

为保证施工质量，泥浆用水从外界输送淡水。通过试验确定膨润土、CMC等配置比例，袋装出厂，现场泥浆搅拌机拌浆。具体配比以现场实测泥浆指标进行调整（表3）。

泥浆性能指标　　　　　　　　　　　　表3

项目	原浆参数	钻孔过程中泥浆参数	测定方法
相对密度	1.05～1.08	1.15～1.18	泥浆比重计
黏度	18～20s	18～22s	漏斗黏度计
含砂率	≤0.5%	≤2%	含砂率测定仪
pH值	8～9	7～9	pH值试纸
胶体率	95%以上	95%	量杯

3.2 钻孔工艺

（1）钻机就位保持稳定，不得产生位移和沉陷。钻机就位时与平面最大倾角不超过4°，就位前先将钢护筒中心对中，并用两互相垂直的细线标志出护筒中心，将钻机行驶到要施工的孔位，调整桅杆角度，操作卷扬机，将钻头中心与钻孔中心对准，并放入孔内，锁定钻机定位系统，调整钻机垂直度参数，使钻杆垂直，再进行钻孔施工。

（2）钻机就位后开钻前，测放护筒顶、钻机平面高程，用于钻孔时孔深测量，钻头中心与桩中心的偏差不得大于2cm。

（3）旋挖钻机成孔采用逐级扩孔的成孔工艺，具体工艺流程如下：

①利用$\phi 3.0m$捞渣斗进行覆盖层钻进，钻至入岩面处停钻。

②利用特制的$\phi 3.0～\phi 1.5m×3m$上导正牙轮筒钻从入岩面继续钻进，该部分通过上导正圈进行了导正及定心，确保了先导钻头垂直入岩及孔位居中。

③利用$\phi 1.5m$的取芯筒钻及捞渣钻头将$\phi 1.5m$牙轮筒钻切削部分捞出，直至$\phi 1.5m$钻头钻至设计桩底高程。

④利用$\phi 2.0～1.5m$下导正牙轮钻头开始扩孔，钻进至距离孔底1.5m时，改用$\phi 2.0m$牙轮筒钻切削至孔底，然后采用$\phi 2.0m$捞渣斗完成捞渣。

⑤利用$\phi 2.5～2.0m$下导正牙轮钻头开始扩孔，钻至离孔底1.5m时，改用$\phi 2.5m$牙轮筒钻切削至孔底，然后采用$\phi 2.5m$捞渣斗完成捞渣。

⑥利用φ3.0~2.5m下导正牙轮钻头开始扩孔,钻进至离孔底1.5m时,改用φ3.0m牙轮筒钻切削至孔底,再利用φ3.0m捞渣斗捞取孔底钻渣。

⑦φ3.0m钻孔桩成孔后利用特制的φ3.3m扫孔钻头进行护筒壁清刷,最后再采用φ3.0m捞渣斗清理孔底钻渣,直至钻孔工作完成。

4 实际钻进情况

东索塔右幅EY-17桩基桩长53m,于4月10日06:30开孔钻进,施工过程中钻速控制在中风化泥质砂岩进尺2m/h,微风化泥质砂岩进尺1m/h,最后3m进尺0.5m/h,4月13日04:30钻进至设计终孔高程。

该桩终孔后,使用检孔仪对其垂直度进行检测,显示该桩钻孔倾斜度为0.67%,不满足设计图纸倾斜度不大于桩长1/100要求。倾斜度数据如图1所示。

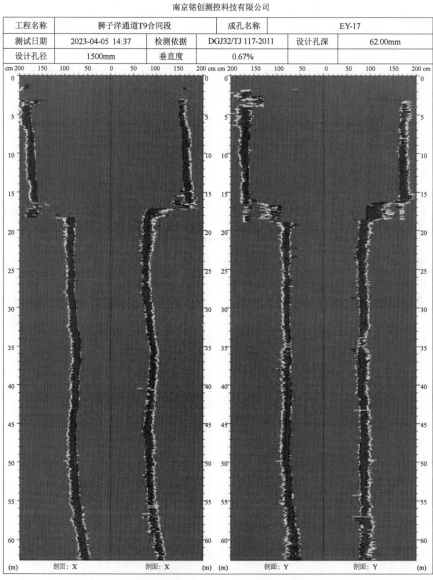

图1 东索塔EY-17桩基φ1.5m倾斜度数据

5 钻孔原因分析

(1)地质变化处及进入斜岩地质未减压慢速钻进,及时采取辅助措施。
(2)钻杆进尺速度在当前地质条件下是否可行,是否应调整进尺速率。
(3)钻进过程中,尤其是进入斜面岩后未及时对倾斜度进行检测,进入不同岩层也未对倾斜度进行检测。

6 钻孔工艺调整优化

6.1 进尺速率调整

旋挖钻机钻进至岩层时应加强对入岩阶段进尺速率控制,不同岩层控制不同进尺速率,中风化泥质砂岩进尺速率调整至1.0m/h,微风化泥质砂岩进尺速率控制在0.5m/h。

6.2 钻进工艺调整

为解决斜面岩问题,通过使用加长牙轮筒钻低速慢进,随时观察钻机仪表参数并及时调整,并用6m长筒钻进行垂直度较正,以确保$\phi1.5m$取芯孔的垂直度,进而保证下导正扩孔钻头钻进时的垂直度,直至扩孔至$\phi3.0m$孔径。

6.3 检测频率调整

加强1.5m钻头钻进过程倾斜度控制,进入岩层及岩层变化前3m均对钻孔倾斜度进行检测,保证$\phi1.5m$孔垂直度满足规范和设计图纸要求后再逐级扩孔。

7 实测数据及成果分析

7.1 实测数据

东索塔桩基施工按照调整后钻孔工艺进行钻进,严格控制$\phi1.5m$牙轮筒钻钻进倾斜度,钻进过程中辅以6m长筒钻进行垂直度较正,增加倾斜度检测频率,做到实时监控,实时调整。桩基终孔后,对倾斜度进行检测,数据见(图2、图3)。由图可以看出,东索塔EY-7桩基终孔后倾斜度由0.67%提升至0.17%,后续桩基EY-5成孔倾斜度为0.157%。桩基倾斜度汇总见表4。

桩基倾斜度汇总表　　　　表4

桩号	EZ-2	EZ-12	EY-4	EY-7	EY-10	EZ-19	EZ-23	EZ-33	EY-23	EY-24
倾斜度	0.44	0.16	0.35	0.35	0.21	0.41	0.26	0.44	0.37	0.13

7.2 成果分析

通过汇总梳理桩基倾斜度数据,进行分析比较,按照调整后钻进工艺实施后,桩基钻孔倾斜度均能满足设计图纸不大于桩长1/100要求,由此可见,调整后钻进工艺能有效保证钻孔倾斜度,施工工艺可靠、合理。

8 结语

本文旨在研究大直径桩基斜面岩钻孔倾斜度控制问题,通过综合分析岩性特征以及对桩基钻进工艺进行分析优化,运用实践和排除法相结合,研究了设备因素、工艺因素等对钻孔倾斜度影响。本文的研究结果表明,适当选择合适的钻孔工艺,可以有效控制斜面岩钻进过程中的斜向位移,从而提高桩基施工质量。

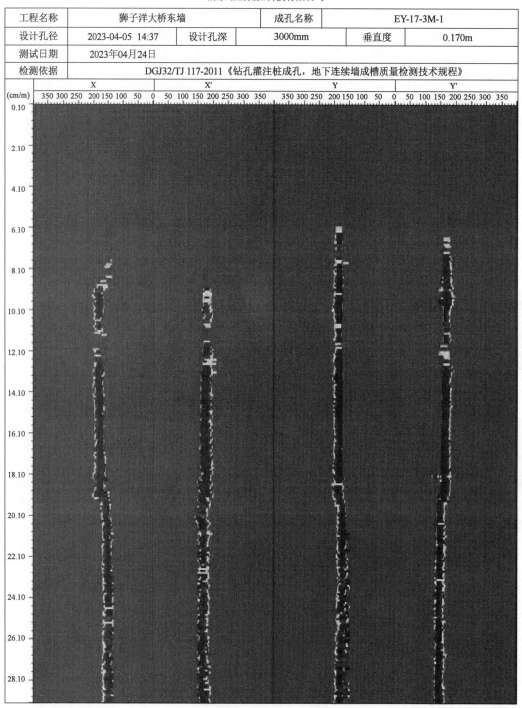

图2 东索塔 EY-17 桩基终孔倾斜度数据

本文通过对大直径桩基斜面岩钻孔倾斜度控制问题的研究，提出了一种有效的施工方法，并运用于实际施工。然而，本文的研究还有待进一步完善和深入探索。希望未来的研究能够继续推动不同地质条件下的钻孔倾斜度控制技术的发展，为工程施工提供更好的参考依据和实用方法。该钻进工艺可为同类桥梁桩基钻孔倾斜度控制提供借鉴。

南京铭创测控科技有限公司

工程名称	狮子洋大桥东墙		成孔名称	EY-17-3M-5	
设计孔径	63.000m	设计孔深	3000mm	垂直度	0.157m
测试日期	2023年05月04日				
检测依据	DGJ32/TJ 117-2011《钻孔灌注桩成孔，地下连续墙成槽质量检测技术规程》				

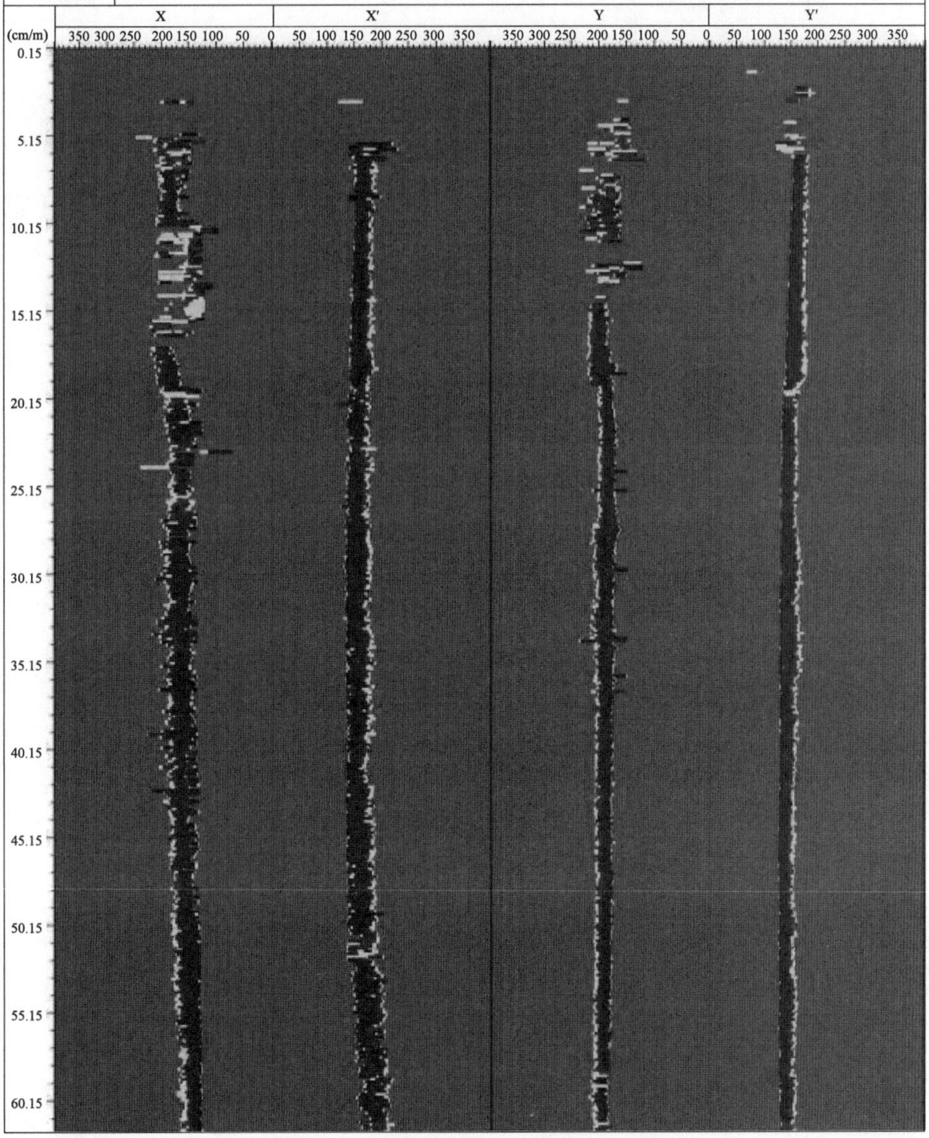

图3　东索塔 EY-5 桩基 ϕ1.5m 倾斜度数据

参 考 文 献

[1] 梅文楷.珠海横琴地区超长大直径灌注桩的设计与施工[D].广州:华南理工大学,2018.

[2] 徐斌,付连红,徐新战.倾斜岩面处桩孔垂直度控制技术[J].甘肃科学学报,2019.

[3] 冯远鹏.岩溶发育区毗邻地下重要构筑物大直径桩基成桩技术[J].广东公路交通,2023.

44. 狮子洋通道西锚碇地下连续墙施工关键技术及质量控制要点

叶建良　柴　佳　戚政伟　钟　鸣

（中铁大桥勘测设计院集团有限公司）

摘　要：地下连续墙因其支护刚度大、止水效果好，目前被广泛应用于桥梁及房建深基坑的围护结构。本文从狮子洋通道工程实例出发，对西锚碇地下连续墙结构设计、施工重难点、关键施工技术和质量控制要点进行了详细介绍，并对常见的质量通病进行了分析，提出了针对性应对措施，可供同行在类似工程施工时作参考。

关键词：导墙　地下连续墙　铣槽机　钢筋笼　槽底压浆

1　引言

狮子洋通道工程是广东省高速公路网规划中连接广州和东莞重要东西向通道，上距南沙大桥约 3.6km，下距虎门大桥约 8km。本项目主线起自南沙区大岗镇潭州与广中江高速公路对接，向东经东涌镇、黄阁镇，经小虎岛、沙仔岛，跨越珠江，在虎门港西大坦港区附近登陆，经东莞沙田镇、虎门镇，终于虎门新联村接常虎高速公路，并连接广深高速公路。狮子洋通道跨越狮子洋主桥采用主跨 2 180m 双层钢桁梁悬索桥方案，桥跨布置为 672m + 2 180m + 710m = 3560m。具体详见图 1。

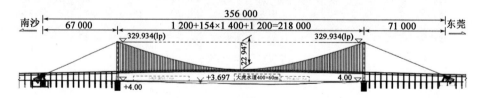

图 1　主桥桥跨布置图（尺寸单位：cm）

西锚碇基础采用外径 130m，壁厚 1.5m 的圆形地下连续墙加环形钢筋混凝土内衬支护结构，地下连续墙在基底以下嵌入岩层 8m。基础底面高程为 -32m，以中风化泥质砂岩为持力层，地连墙采用 C40 P12 水下混凝土结构。地连墙共划分为 90 个槽段，其中 Ⅰ期槽段和 Ⅱ期槽段各 45 个，Ⅰ期槽段长 6.671m，深度 41.1 ~ 46.2m；Ⅱ期槽段长 2.8m，深度 41.1 ~ 45.9m，Ⅰ期和 Ⅱ期槽段在地下连续墙轴线上搭接长度为 0.25m。西锚碇地下连续墙立面布置图如图 2 所示。

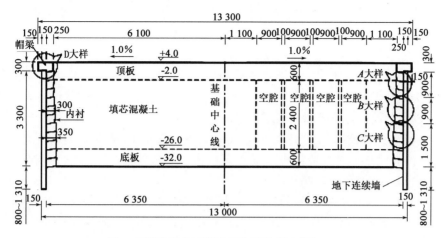

图2 西锚碇地下连续墙立面布置图(尺寸单位:cm)

2 西锚碇地下连续墙施工重难点分析

(1)西锚碇处为浅海海域地貌及冲积平原地貌,上覆第四系全新统人工堆积(Q4ml)素填土、杂填土,海陆交互沉积(Q4mc)淤泥、淤泥质黏土、粉细砂、中粗砂,覆盖层总厚度为22.2~25.0m,下伏基岩为白垩系白鹤洞组(K1b)泥质砂岩,中风化层顶高程为-30.73~-21.09m。由于覆盖层地质条件复杂,底部需要嵌岩不小于8m,深厚地下连续墙成槽施工时槽壁稳定性控制、垂直度控制、槽段间接头质量控制是本地连墙施工控制的最大难点。

(2)地连墙Ⅰ期槽段和Ⅱ期槽段钢筋笼均采用整体预制吊装工艺,由于钢筋笼骨架体积大、质量重,又为弧形结构,需要预埋的预埋件多,钢筋骨架整体预制难度大,整体吊装工艺复杂,安全风险大,如何确保大型钢筋骨架的整体吊装安全和安装精度是地下连续墙施工的又一大难点。

3 西锚碇地下连续墙施工[1]关键技术及质量控制要点[2]

西锚碇地下连续墙施工前先进行地基加固,然后施工导墙和施工平台,导墙顶面精确测放Ⅰ期和Ⅱ槽段位置并做好醒目标记,Ⅰ期槽段采用"抓铣结合"的成槽工艺三铣成槽,Ⅱ期槽采取一铣成槽,接头采用铣接,钢筋笼采用整体预制一次性整体下放工艺,导管法进行水下混凝土浇筑。

3.1 地基加固施工

由于西锚碇位置地质情况复杂,为防止成槽期间发生塌孔现象,保证地下连续墙成槽中槽壁稳定性,设计在槽孔内、外侧导墙下部设置三轴水泥搅拌桩,搅拌桩单桩直径850mm,各桩间咬合不小于250mm,加固水泥搅拌桩桩长平均深度21.8m,桩底要求深入最下层粉细砂②5层大于1.0m处。为确保三轴水泥搅拌桩施工质量,应做好如下方面控制:

(1)开工前对水泥、水等流量计量系统进行标定,对钻头直径进行复核。要求采用的设备安装有水泥搅拌桩智能监测系统,通过系统终端内置的移动通信网络将数据实时上传至工程管理平台,实现水泥搅拌桩施工的远程管理。

(2)施钻前应进行放线,准确定出各孔位中心,用钢筋做出标记,并在钢筋周转撒上石灰以醒目,便于施钻过程中寻找。

(3)搅拌桩施工前必须分区段进行工艺试桩,以掌握适用该区段的成桩经验及各种操作技术参数。成桩工艺试验桩至少为6根。

(4)施工中始终保持搅拌桩机底盘的水平和导向架的垂直,搅拌桩的垂直偏差不得超过1‰,桩位的偏差不大于50mm,成桩直径及桩长满足设计要求。钻架必须注意保持竖直,以保证桩体的垂直度。每一孔在开钻前,均须检查钻头是否对准桩位中心,不得偏位。

(5)制备好的浆液不得离析,不得停放时间过长,泵送必须连续。施工过程中如因故停浆,要将搅拌头提升至停浆点以上0.5m处,待恢复供浆时搅拌下沉至停浆位置1m以下再进行搅拌提升,以免断桩。若停机超过3h,要拆卸输浆管路进行冲洗。

(6)水泥搅拌桩桩顶接近设计高程时,搅拌头自地面以下1m喷浆搅拌提升出地面时,采用慢速以保证桩头质量。水泥搅拌桩在桩顶范围内至少复搅一遍,以确保搅拌均匀。桩顶0.5m范围内增加一次输浆,以提高水泥土强度。

(7)施工结束后应开挖基槽对所有桩进行质量检测,必要时还应进行单桩承载力和桩体强度检测。所有检测指标必须达到设计标准,桩位及桩数也必须符合设计要求。

3.2 导墙施工

导墙是采用泥浆护壁进行成槽施工的地下连续墙必不可少的临时构造物,具有施工导向、蓄积泥浆并维持其高度、支撑挖槽机械设备和其他荷载、维持槽口稳定等功能。西锚碇导墙设计为C字形,宽160cm,高200cm,C30混凝土结构,顶板和底板均厚30cm,腹板厚度40cm,底板和腹板设置40cm×40cm倒角,内外导墙之间净距160cm。另外,为了满足地下连续墙施工时施工设备作业、运输车辆通行及人员作业和行走的需要,通常需要在地表设置坚固、平整的施工平台,施工平台应根据地下连续墙的结构形式、选用的施工设备及施工工艺进行针对性设计。本工程为圆形地下连续墙,故围着地下连续墙设置了内外环道作为施工平台,地下连续墙外环道宽15.9m,内环道宽11m,采用宕渣换填后用C30钢筋混凝土硬化,外环道设置60cm×60cm环形排水沟,内环道设置40cm×40cm环形排水沟。具体结构如图3所示。

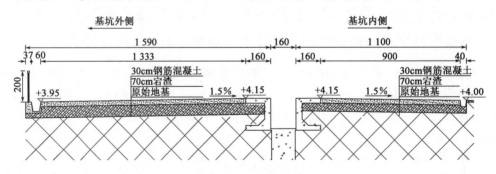

图3 导墙及施工内外环道断面图(尺寸单位:cm)

为确保导墙和施工平台施工质量,施工时要重点做好如下几点控制:

(1)重视导墙基底的地基处理质量,防止导墙沉陷和漏浆。本工程采用三轴水泥搅拌桩对内、外侧导墙下部的软弱土层进行了地基加固。

(2)本工程导墙分12段施工,导墙段落的施工缝应与地下连续墙的节段划分错开,并应采取措施保证接缝处施工质量,防止漏浆。本工程采用在接缝处设置收口网的方式,并设置了2m的后浇段C30微膨胀混凝土。

(3)导墙的施工精度直接关系着地下连续墙的精度,施工时必须控制好导墙的位置、净距和内侧垂直度。导墙的平面轴线与地下连续墙的平面轴线应平行,平面偏差不得大于10mm,两导墙内墙面距离偏差±5mm,导墙内侧垂直度不大于$L/400$,导墙顶面平整度控制在5mm以内,顶面高程偏差控制在±10mm。

（4）第一次L形导墙浇筑完成后,导墙强度达到设计强度的75%后方可进行后背回填;导墙投入使用前,导墙强度需要达到设计强度的100%,导墙在混凝土浇筑及养护时应避免扰动。

（5）为施工方便,提高施工平台承载力,本工程将导墙的顶板和内外环道(钢筋联系在一起)连接成了整体,并在场地四周设排水系统,配备足够的排水机具,并设专人经常清理和疏通排水系统,保证排水沟畅通,施工道路不积水。

3.3 地下连续墙成槽施工[3]

（1）成槽设备的选取。

选用合适的成槽设备是影响地下连续墙施工成败的关键。地下连续墙成槽施工前应根据水位、地质、施工条件、结构特点、工期及施工成本等因素综合选用能满足成槽要求的设备或设备组合。根据地勘报告,本项目锚碇区域覆盖层厚度约23.5m,主要为填土、淤泥和粉细砂,综合比选后最终采用了"抓铣结合"的成槽工艺进行施工,即Ⅰ期槽上方覆盖层采用液压抓斗成槽机进行成槽施工,待液压抓斗成槽机成槽至20m(粉细砂层)时,采用铣槽机进行下部分的三铣成槽施工;Ⅱ期槽段采用铣槽机一铣成槽。本工程最终选用的液压抓斗为ZG70型,铣槽机为SX50型。具体工作性能如表1所示。

SX50型铣槽机和ZG70液压抓斗成槽机性能参数 表1

铣槽机型号		液压抓斗成槽机型号	
设备型号	SX50型	设备型号	ZG70型
主机型号	QSX15	成槽厚度	800~1 800mm
最大开挖深度	120m	最大成槽深度	80m
开挖尺寸	1.5m×2.8m	最大工作压力	35MPa
发动机功率	380kW(主机)	发动机功率	299kW(主机)
泥浆净化设备	处理能力为1 414L/min	抓斗质量	36t
整机质量	约170t	整机质量	约100t

（2）泥浆循环系统设置。

泥浆循环系统将直接影响到地下连续墙成槽的施工质量和安全,故施工前应根据现场环境、施工地质情况及高峰期泥浆最大需求量进行泥浆循环系统的布设。本工程泥浆系统设置在地下连续墙内侧,长61m,宽27m,面积为1 647m²。泥浆池采用成品钢板箱,直接放置硬化后的场地,单个泥浆池长12m,宽9m,深2.2m,容量237.6m³,共设置9个(3个新浆池、4个循环浆池、2个废浆池),共计2138.4m³。项目高峰时配备3台双轮铣槽机同时施工,按极端情况下,3个Ⅰ期槽段(6.671长)同时成孔,最深深度49.1m,共需泥浆1 573m³;泥浆池储存深度按2.1m计算,单个储存量227 m³,共配备7个存泥浆池,共储存1 588 m³,满足要求。

泥浆循环过程:铣削成槽时,铣头中的泥浆泵将孔底的泥浆输送至地面上的泥浆净化机,由振动筛除去大颗粒钻渣后(Ⅰ级净化),进入旋流器分离泥浆中的粉细砂(Ⅱ级净化),经两级净化后的泥浆流回到槽孔内,经较长时间使用,如果泥浆黏度指标降低,应从新浆池中抽取新浆(优质膨润土泥浆)掺入槽孔内,浇注混凝土时,自孔内置换出的泥浆用泥浆泵直接回收输送至循环浆池中沉淀后循环使用,不能重复使用的泥浆排入废浆池,然后利用压滤机将废浆由液态转化为固态后,采用运输车将渣土运至弃土区进行处理,达到减少环境污染的目的。

图4 铣槽机铣槽现场照片

(3)成槽工艺。

西锚碇采用"抓铣结合"的成槽工艺进行施工,即Ⅰ期槽上方覆盖层采用液压抓斗成槽机进行成槽施工,待液压抓斗成槽机成槽至20m(粉细砂层)时,采用铣槽机进行下部分的三铣成槽施工;Ⅱ期槽采取铣槽机一铣成槽,槽段终孔并验收合格后,采用液压铣槽机进行泵吸法清孔换浆。图4为铣槽机铣槽现场照片。

成槽施工应在如下方面加强控制:

①进行合理分区并选择合适的成槽顺序。本工程Ⅰ期和Ⅱ期槽段各45个,其中Ⅰ期槽段编号为单数,Ⅱ期槽段编号为双数,根据工期安排共投入3台铣槽机均等划分为3个工作面同步施工。先施工Ⅰ期槽段,至少间隔一个单元槽段进行间隔式成槽施工,Ⅱ期槽应在Ⅰ期槽完成后合理时间间隔(当相邻两Ⅰ期槽强度达80%时)开始施工,避免Ⅰ期槽段强度过高增加铣削难度。

②Ⅰ期槽段采用液压抓斗和液压铣槽机三铣成槽。第一、二铣点先采用液压抓斗抓取,然后用铣槽机修孔,第三铣点直接用铣槽机铣削。挖槽施工开始后需连续进行,不得停止,直到槽段成槽完成。成槽时应加强孔型观测,本工程采用的SX50液压铣槽机自带纠偏装置,可以随挖随进行纠偏,确保满足成槽垂直度小于1/400的要求。

③Ⅱ期槽段采用铣槽机一铣成槽,采用接头板定位的施工工艺。在Ⅰ期槽浇注混凝土前,在孔口接头位置下设长10m的导向板(导向板采用钢板焊接而成),导向板宽度为145cm。混凝土浇注完毕一段时间(由混凝土初凝时间确定)后将导向板拔出,预留出Ⅱ期槽孔的准确位置。

④接头质量控制。本工程墙段连接采用"铣接法"。即在两个Ⅰ期槽中间进行Ⅱ期槽成槽施工时,铣掉Ⅰ期槽端头的部分素混凝土形成锯齿形搭接,Ⅰ、Ⅱ期槽孔在地下连续墙轴线上的搭接长度为25cm。规范要求接头处相邻两槽段的中心线在任一深度的偏差不得大于墙厚的1/3,地下连续墙厚度误差为0~30mm。地下连续墙平面误差小于±30mm。铣接接头施工质量控制要点如下:

a.严格控制槽段孔的斜率。槽段倾斜率直接影响铣接头接触面积,倾斜率过大,会导致接触面积变小,铣接头受压及抗剪能力削弱,接缝渗水路径短。控制措施是加强施工平台稳定性观测,通过平台稳定性确保设备的成槽垂直度;开孔时铣削速度不宜太快,待铣头完全进入孔内,有了一个良好的导向时再加快铣削速度,正常成槽施工时随时通过设备自带的纠偏装置动态控制成孔垂直度;为防止因强度差异导致孔斜,应严格控制相邻两Ⅰ期槽强度差,最后施工的Ⅰ期槽段采用早强混凝土。

b.泥皮厚度控制。Ⅰ期槽段铣削面泥皮厚度过大,将直接影响Ⅱ期槽铣接头混凝土密实度,影响接头封水效果。即Ⅱ期槽段下放钢筋笼之前应采用钢丝刷钻头自上而下分段刷洗Ⅰ期槽端头的混凝土孔壁,直至刷子钻头上基本不带泥屑,孔底淤积厚度不再增加。

c.提高钢筋骨架制作及安装精度。Ⅰ期槽段钢筋骨架制作及安装偏差过大,Ⅱ期槽铣削时会使铣头铣削到Ⅰ期槽钢筋骨架,而且影响到Ⅱ期槽孔倾斜率及铣削面锯齿形状,最终影响接缝受力及封水性能。应在同一胎架上通过定位卡板、精加工的劲性骨架等措施来提高钢筋骨架整节成型精度;精确测放槽段中线和分界线,并在下放钢筋笼时随时控制钢筋笼居中不偏位;为了使槽段钢筋笼居中,钢筋骨架两端采用大直径 PVC 管(ϕ315mm)定位,PVC 管长 0.45m,沿高度方向按间距 300cm,同时两侧合理设置保护层垫块,确保钢筋笼安装精度。

⑤所有槽段成槽后应采用超声波检孔仪对槽孔孔型进行检测,主要检测项目有深度、宽度、垂直度,同时检查沉渣厚度、泥浆指标等,其各项检测指标满足设计和规范要求后,方可进行下一工序的施工。

3.4 钢筋骨架整体预制吊放[4-5]

为提高工效,本工程地下连续墙钢筋笼骨架采用胎架上整体成型后采用大型履带式起重机整体吊装入孔的方式。

(1)钢筋骨架整体预制。

钢筋笼在胎架上整体预制成型,为保证钢筋笼成型质量,应从如下几个方面进行控制:

①胎架设计合理,应采用精确加工的型钢、定位卡板等确保胎架的弧度、钢筋定位间距满足设计图纸要求;劲性骨架采用钢结构厂精确加工成桁架片现场组装成型的方式,确保钢筋骨架整体尺寸精度满足设计和规范要求。

②加强钢筋机械连接和焊接质量控制。钢筋当直径≥25mm 时,采用直螺纹机械连接,通过丝头加工质量和现场连接扭矩控制确保机械连接质量,且同一截面内主筋接头数量不得超过全部主筋数量的 50%。由于钢筋骨架巨大,焊接工作量很大,为确保焊接质量,本工程通过焊工考核上岗、分区定人定岗、黄牌警告红牌罚下等措施来确保焊接质量满足规范要求。

③所有吊点的焊接质量应进行超声波探伤。

④做好内衬预埋钢筋、监控元件的预留预埋,所有的预埋钢筋连接器应采用专用盖子封住连接器口,以免混凝土阻塞连接器。监控元件预埋完成后应登记造册,所有监控线应集中编束后通过管道合理引出,过程中做好对监控元件的过程中保护,确保监控元件的成活率。

(2)钢筋骨架整体吊装施工。

①吊点和吊具设计。

由于本工程钢筋笼整体吊装尺寸大、质量大,吊点和吊具的设计是否合理、加工质量是否可靠将直接影响到钢筋笼吊装的成败。本工程采用双机(主起重机 500t 履带式起重机,副起重机 260t 履带式起重机)抬吊翻转、单机整体吊放入槽方式。根据吊装吊重、吊幅和吊装方式,Ⅰ期槽段钢筋骨架整节(重约 101t)吊装时设置 12 个主吊点和 16 个副吊点,Ⅱ期槽段钢筋骨架整体(最重为 46.1t)吊装时设置 6 个主吊点和 8 个副吊点。具体详见图 5、图 6。

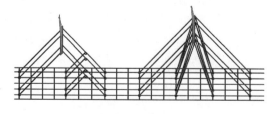
图 5 Ⅰ期槽段钢筋骨架吊点设置图

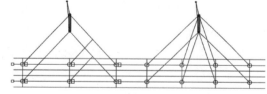
图 6 Ⅱ期槽段钢筋骨架吊点设置图

主、副吊具采用"钢扁担"起吊架、滑轮自动平衡重心装置,中间不倒绳,一次吊起。主起重机(500t 设计)钢扁担采用 100mm 钢板加工,扁担长 4.5m,高 0.85m,采用 Q235B 钢板加工制作而成,中间采用 10cm 厚钢板进行加强。副起重机(200t 设计)钢扁担均采用 50mm 钢板加工,扁担长 4.5m,高 0.85m,采用 Q235B 钢板加工制作而成,中间采用 5cm 厚钢板进行加强。钢丝绳采用6×37纤维芯钢丝绳,公称强度为1700MPa。

②吊装步骤。

主副起重机同时起吊,将钢筋骨架从绑扎平台上移出;主起重机逐渐起吊,副起重机配合避免钢筋骨架底部触及地面;主起重机吊装整个钢筋骨架,副起重机逐渐松开吊钩;解除副起重机,主起重机沿外环道提吊钢筋骨架逐渐行走至待下放槽段(图7为现场钢筋笼现场吊装照片)。吊装施工时应重点注意如下几个方面:

a. 实行吊装令制度。吊装之前,结构和安全监理应对所有吊点的焊接质量、吊具的连接质量、吊机的工作性能等进行全面检查,合格后由项目部提出申请,由总监签发吊装令。

b. 双机抬吊时应做好两台起重设备之间的协调,确保钢筋骨架受力均匀。钢筋骨架离地10cm时应暂停起吊,对吊点、吊具等进行全面检查后再继续起吊。水平起吊到一定高度后,主起重机继续起吊,副起重机则缓慢下放,逐渐由水平状态转变为完全垂直状态,由主起重机吊装整个钢筋骨架,副起重机逐渐松开吊钩。

图7 钢筋笼吊装现场照片

c. 主起重机负重前行时应缓慢平稳,并严格按照事先确定的行走路线行走至吊装位置。

d. 为确保钢筋笼安装精度,钢筋笼下放之前应在导墙顶面精确测放槽段中线和分界线,并在下放钢筋笼时随时控制钢筋笼居中不偏位;为了使槽段居中,钢筋骨架预制时已在两端采用大直径聚氯乙烯(PVC)管定位,PVC管长0.45m,沿高度方向按间距300cm,同时两侧合理设置保护层垫块,确保钢筋笼安装精度。

e. 钢筋骨架顶预设4~8个不同高程的吊点,当钢筋骨架下放到预定高程时,用穿杠将钢筋骨架架立在导墙上,穿杠位置的水平钢筋预制时可暂不安装,待解除吊点和吊具拔除穿杠后再安装。穿杠时应检查各搁置点高程一致并受力均匀后方可进行起重机松钩。

f. 精确计算吊筋长度,钢筋笼吊放到位后利用穿杠将整个钢筋笼担在导墙顶面。

3.5 混凝土浇筑

地下连续墙浇注采用C40水下混凝土,混凝土灌注采用水下导管法灌注,导管直径为300mm。Ⅰ期槽段设置3根导管,Ⅱ期槽段设置1根导管。水下混凝土灌注质量控制要点:

(1)所有导管使用前均应进行水密性试验,安装时导管的间距(按不大于3m控制)、导管距离节段端部的距离(按不大于1.5m控制)、导管底口距离槽底的距离(按不大于40cm控制)应满足要求。

(2)合理设置导管提升架和灌注平台,灌注平台应能确保Ⅰ期槽段首封时三根导管同时进行罐车下料的要求。

(3)浇筑地连墙槽段混凝土时,应设置一定超灌长度,超灌长度按高出导墙底不小于0.5m控制。

3.6 槽底压浆

在地下连续墙全部施工完成,且地下连续墙墙身混凝土强度达到设计强度的80%后,进行墙底灌浆,灌浆孔进入墙底以下10m的基岩中,确保对墙底成渣层和岩石裂隙进行封堵。压浆时应重点控制:

(1)采用钻机利用预埋的压浆孔进行墙底钻孔,钻孔直径和深度应满足设计要求。

(2)压浆时应同时设置压浆管和出浆管,压浆管和出浆管均采用高强PVC管,压浆管深入到孔底,出浆口设置在孔口,且均应设置阀门,浆液从压浆管压进,直至出浆口出浓浆,关闭出浆口阀门继续补压并持荷5min,若不能稳压则应进行多次(至少3次)补压浆后关闭压浆口阀门。

(3)严格按照配比制备水泥浆,浆液不得停放时间过长,过筛后用压浆泵连续泵送压浆。

4 地下连续墙施工质量通病分析及针对性控制措施

(1)穿杠尺寸设计不合理,导致现场穿杠困难,不得不现场烧割主筋,钢丝绳倒换后再将割断主筋重新恢复焊接,对结构受力存在不利影响,且工效极低。

针对性措施:合理选择穿杠位置,并根据穿杠位置主筋间距重新设计穿杠,同时穿杠位置一排水平箍筋采用现场后装方式,即待钢丝绳倒换结束后再现场安装该排箍筋,既能保证钢筋笼安装质量,又大大提高了钢筋笼下放的工效。

(2)钢筋笼侧面原设计采用圆钢吊耳,吊装时存在吊耳变形情况。

针对性措施:将圆钢吊耳全部更换为钢板吊耳,吊装前对吊耳、吊筋、搁置钢板进行100%探伤检测,确保关键部位焊缝合格,吊装前执行吊装令制度,确保了钢筋笼整体吊装转运、下放的安全。

(3)Ⅰ期槽段铣槽(泥岩)过程中很容易出现糊钻情况,每次糊钻都需要拆除泥浆管、提钻清理,浪费时间较多。

针对性措施:在一铣和二铣位置中间先采用1.2m旋挖钻先进行引孔,后面在铣槽机铣槽过程中,铣槽机齿轮上泥岩会经过1.2m孔内泥浆,泥岩会被冲洗掉,大大降低了糊轮的概率。

(4)铣槽机在铣二期槽时有发现铣到Ⅰ期槽段钢筋的现象,分析主要原因为:相邻Ⅰ期槽段因龄期不同存在较大的混凝土强度差,Ⅱ期槽铣槽时铣槽头容易向强度低的Ⅰ期槽段倾斜;Ⅰ期槽段垂直度有偏差,钢筋安装精度也存在偏差。

针对性措施:①铣槽过程中发现偏位过大后,立即利用铣槽机铣头往反方向调整。②一期槽段钢筋笼下放过程中严格控制平面位置和垂直度。③优化铣槽顺序,控制相邻一期槽段龄期差。

(5)基坑开挖后发现部分槽段接头存在渗水现象。原因分析:黏附在上段混凝土接头面上的泥皮、泥渣未清除干净,就下钢筋笼浇筑混凝土;接头位置因垂直度偏差导致接头部位实际搭接墙厚小于设计值。

针对性措施:在清槽的同时,对上段接缝混凝土面用钢丝刷或刮泥器将泥皮、泥渣清理干净;加强成槽时垂直度控制,避免出现因相邻槽段出现反向倾斜度超标而减小搭接墙厚。对于渗漏水量不大位置,可采用防水砂浆修补;渗渗水较大时,可根据水量大小,用短钢管或胶管引流,周围用砂浆封住,然后在背面用化学灌浆,最后堵引流管。

5 结语

狮子洋通道西锚碇地连墙直径大、深度深、地质条件复杂、施工难度大,施工中通过提前进行地基加固,采用"抓铣结合"的施工工艺,并采用优质泥浆护壁,地下连续墙90个槽段没有发生一起槽段塌孔,钢筋笼采用整体预制整体吊装工艺,钢筋笼制安优质高效,通过混凝土完整性检测100%为Ⅰ类槽,证明采取的施工工艺和质量控制措施是可行的。

参 考 文 献

［1］赖可.悬索桥锚碇基础地连墙施工技术研究［J］.交通世界,2022(3):103-104.
［2］雷湘湘.赣州大桥锚碇基础地下连续墙施工技术及质量控制［J］.城市道路与防洪,2013(11):107-109.
［3］杨奉举、牛小龙.南京长江第四大桥南锚碇基础地下连续墙施工［J］.桥梁建设,2010(6):77-79,83.
［4］王朝.地连墙钢筋笼吊装技术控制要点［J］.工程建设与设计,2021(21):183-185.
［5］陈建军,郭玉达.超深超厚地下连续墙钢筋笼吊装施工技术研究［J］.建材与装饰,2023(1):156-158.

45. 软土地层大直径圆形锚碇深基坑开挖模拟与实测对比研究

翁远林[1]　刘晓锋[2]　胡纵宇[2]

(1. 中铁建港航局集团勘察设计院有限公司;2. 广东湾区交通建设投资有限公司)

摘　要:本文以广州市南沙区某悬索桥锚碇基坑工程为背景,采用 midas GTS 有限元软件建立三维数值分析模型,分析了地下连续墙墙顶水平位移、墙体深层水平位移及坑外地表沉降变化规律,优化并验证了模型的可靠性,结果表明:不同测点下的地连墙深层水平位移沿深度分布曲线,随基坑开挖逐渐呈现"鼓肚子"的变化规律;虽然圆形基坑整体稳定性较好,但仍可能受诸多因素的影响,导致围护结构整体环向刚度不能均匀发挥,因此不同测点的变形并不完全一致;坑外地表沉降随着与基坑外边缘距离的增加,呈现先增大后减小的变化趋势。计算得到最大坑外地表沉降位置距离基坑外边缘20m,约为0.55倍基坑开挖深度坑外地表变形影响范围较大,变形收敛点位置大约为基坑开挖深度的7倍。

关键词:锚碇基坑　圆形地连墙　空间拱效应　数值模型

1 引言

随着基坑工程的发展,悬索桥锚碇基坑以大跨度、深开挖、大直径等特点被人们所熟知。实际工程这类基坑在开挖过程中,不可避免会造成周边土体沉降变形,尤其在软土地层情况下,不均匀沉降将显著提升施工难度。因此,如何有效控制基坑开挖引起的变形问题,保证基坑的整体稳定性,是当前亟待解决的问题。

基于上述问题,诸多学者对锚碇基坑开挖问题进行了研究[1-4]。王琨等[5]表示坑外地表沉降最大值并非靠近墙体外侧,而是距墙有一定距离,当距离超过约2倍开挖深度后,沉降趋于为零。贺炜等[6]基于薄壳理论推导了地基双向弹簧条件下圆形地下连续墙的基本微分方程,提出采用单元体试验研究圆形地下连续墙环向刚度折减系数取值方法,通过对比实测数据表示计算值与实测值基本吻合。徐江等[7]基于FLAC3D有限元软件,预测了基坑围护结构及周边土体的变形规律,优化了监测方案,开展了基坑施工阶段安全监测。张建等[8]通过有限元分析模型,表示圆结构促使部分径向荷载转化为环向荷载,环向结构应力均远大于径向结构应力。张桂龙等[9]基于FLAC3D分析软件,研究表示土体最大位移值出现在基坑底部,内衬结构的位移呈现出明显的分层特性。娄西慧等[10]利用ABAQUS有限元分析软件,表示地下连续墙后场地沉降变化曲线大致可以分为3种形态特点,分别为勺形、漏斗形以及平直形,墙体侧移曲线随深度的增加呈现S形分布。张军等[11]通过midas GTS模拟考虑降水和不降水两种情况,表示基坑降水开挖产生的环向应力、竖向弯矩、侧向位移均增大。当地下连续墙的墙体厚度超过1m时,墙厚的增加对位移的影响仍存在但会慢慢变弱。

综上所述,针对锚碇基坑开挖过程中产生的影响及变形规律,利用有限元软件建立数值模型可以进行一定的分析预测。为了进一步研究软土地区大直径锚碇基坑开挖整体稳定性,优化有限元软件的模型建立及数据分析,本文以广州市南沙区某悬索桥锚碇基坑工程为背景,采用midas GTS三维有限元软件对锚碇基坑开挖进行数值模拟分析,并结合现场监测数据,验证模型的可靠性,为今后相似工程提供参考依据。

2 工程概况

2.1 项目概况

锚碇基础采用外径130m,壁厚1.5m的圆形地下连续墙加环形钢筋混凝土内衬支护结构。锚碇基础顶高程为+4.0m,基础底面高程为-32.0m,地下连续墙底面高程为-40.0m,基础深36.0m,地下连续墙总深度44.0m,地下连续墙嵌入中风化泥质砂岩约8m。地下连续墙槽段施工完成后,采用逆筑法施工,分层施工内衬,内衬厚度分2.5m、3.0m、3.5m三级设置,土体按照分层开挖,内衬高度及土体分层高度控制在3.0m以内,每层沿地下连续墙周边对称进行开挖并浇筑内衬混凝土。锚碇平面图、地下连续墙立面图如图1所示。

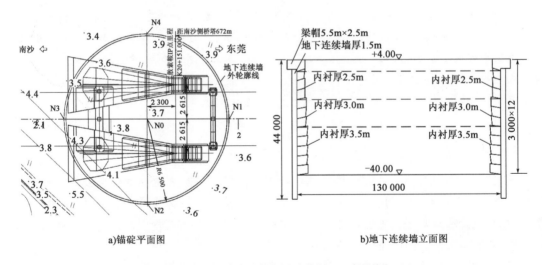

a)锚碇平面图   b)地下连续墙立面图

图1 锚碇及地下连续墙示意图(尺寸单位:mm;高程单位:m)

2.2 工程地质概况

锚碇区为浅海海域地貌及冲积平原地貌。测区上覆第四系全新统人工堆积素填土、杂填土,海陆交互沉积淤泥、淤泥质黏土、粉细砂、粗砂,覆盖层总厚度22.2~25.0m,下伏基岩为白垩系白鹤洞组泥质砂岩,中风化层顶高程-30.73~-21.09m。

软土在场区分布均匀,锚碇区软土厚度为2.90~20.00m。根据工程地质勘察报告,锚碇基础工程各土层参数建议值见表1,锚碇区地质剖面图见图2。

锚碇基础工程各土层参数建议值 表1

名称	重度（kN/m³）	内摩擦角 φ（°）	黏聚力 c（kPa）	泊松比	压缩/变形模量 E（MPa）
素填土	17.6	4.5	6.7	0.37	5.0
淤泥	15.4	4.7	6.3	0.40	2.0
淤泥质黏土	17.2	7.8	5.3	0.3	2.3
粉细砂	19	15	1	0.3	5.0
中粗砂	18	25	1	0.3	10
粉质黏土	18.4	7.4	10.6	0.3	3.2
强风化泥质砂岩	25	20	50	0.2	100
中风化泥质砂岩	26.1	32	500	0.2	1 750
微风化泥质砂岩	26.4	38	800	0.2	2 670
地下连续墙	24.5	—	—	—	32 500
内衬	24.5	—	—	—	32 500

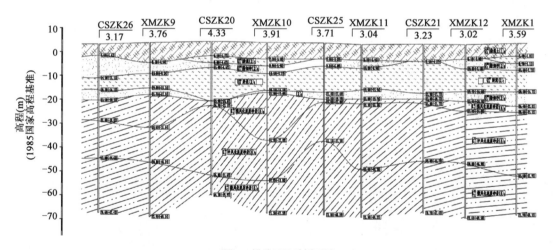

图2 锚碇区地质剖面图

3 现场监测及分析

3.1 测点布设

通过在地下连续墙墙体埋入测斜管、墙体内外侧埋设钢筋应力计可以有效反映墙体的变形特征，为施工时的变形分析计算提供依据，保障墙体的稳定性。针对本工程的特点，锚碇监测测点平面布置见图3，其中墙体测斜监测布设4孔，即 CX5～CX8，钢筋应力布设4孔，即 GYL5～GYL8。

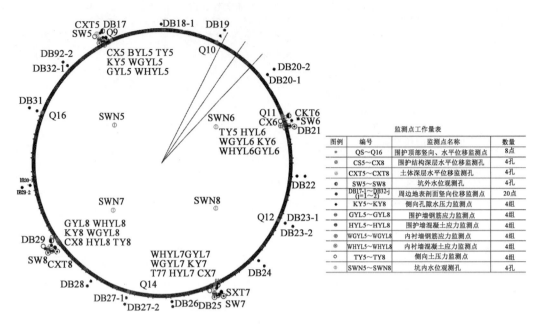

图 3 锚碇监测测点平面布置图

3.2 监测数据分析

整理数据得到地下连续墙深层水平位移曲线，如图 4 所示。

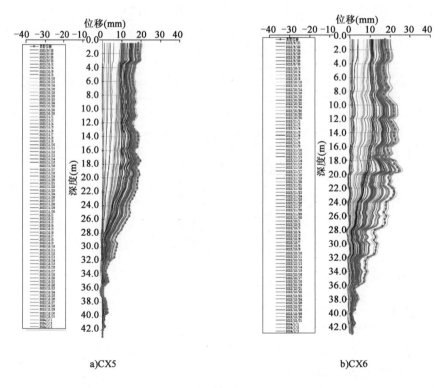

a)CX5　　　　　　　　　　　　b)CX6

图 4

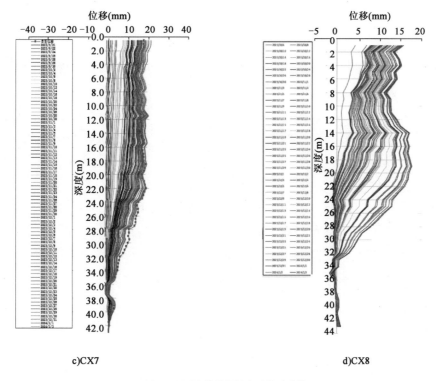

c) CX7　　　　　　　　　　　d) CX8

图 4　地下连续墙深层水平位移曲线

根据实测数据可以发现,不同测点下的地下连续墙深层水平位移沿深度分布曲线,随基坑开挖逐渐呈现"鼓肚子"的变化规律。初始开挖阶段,墙体变形整体向坑内倾斜,位移量随深度逐渐减小,最大位移出现于墙顶处。随着基坑开挖,墙体最大位移点滑落到墙体中部,围护结构水平位移曲线逐渐呈现"鼓肚子"的特点。根据实际监测情况,测点 CX5~CX8 最大累计位移分别为 19.82mm、24.30mm、18.27mm、17.60mm,墙顶水平位移分别为 18.82mm、17.45mm、17.62mm、15.01mm。

墙体顶部监测位移较大,可能由于帽梁浇筑初始刚度未完全发挥,导致产生一定的变形,随着基坑后续开挖帽梁、内衬整体刚度逐渐发挥完全,墙顶位移开始收敛,位移曲线在墙体中部呈现"鼓肚子"现象。当测点深度逐渐下移,由于地下连续墙的嵌岩作用,墙体深层水平位移曲线收敛明显,各测点位移曲线收敛位置基本相同,位于墙顶以下 32m 处。

地下连续墙钢筋应力曲线如图 5 所示。

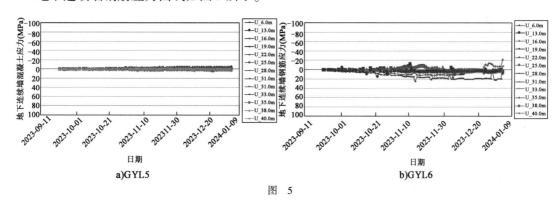

a) GYL5　　　　　　　　　　　b) GYL6

图　5

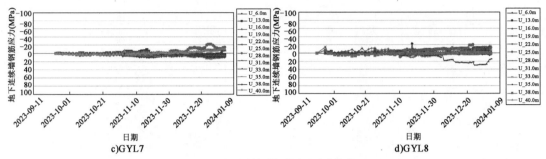

图 5 地下连续墙钢筋应力变化曲线

根据图5可以发现,不同深度下地下连续墙钢筋应力整体波动较小。GYL5测点应力整体变化幅度最小,GYL6、GYL8测点在13m深度均出现明显的拉应力,最大值平均为25MPa,GYL7测点则在25m深度出现一定的压应力,最大应力值约-22MPa。

4 三维模型的建立及计算

4.1 模型参数

根据《城市轨道交通工程监测技术规范》(GB 50911—2013)中规定,基坑工程影响分区主要分为三部分,分别为主要影响区、次要影响区、可能影响区,考虑边界效应影响,将有限元模型尺寸设计为680m×680m×100m(长×宽×深)。模型地层从上自下分别为杂填土6.1m,淤泥3.0m,粉细砂2.0m,淤泥14m,强风化泥质砂岩2m,中风化泥质砂岩29m,余下为微风化泥质砂岩。土体采用修正摩尔-库仑本构模型,围护结构采用地下连续墙和内衬相结合的支护结构,均采用均质各向同性弹性模型,支护结构计算参数见表2。锚碇基坑整体及局部三维数值模型如图6所示。

土层及支护结构计算参数　　　表2

名称	重度 (kN/m³)	内摩擦角 φ (°)	黏聚力 c (kPa)	泊松比	压缩/变形模量 E (MPa)
素填土	17.6	4.5	6.7	0.37	5.0
淤泥	15.4	4.7	6.3	0.40	2.0
淤泥质黏土	17.2	7.8	5.3	0.3	2.3
粉细砂	19	15	1	0.3	5.0
中粗砂	18	25	1	0.3	10
粉质黏土	18.4	7.4	10.6	0.3	3.2
强风化泥质砂岩	25	20	50	0.2	100
中风化泥质砂岩	26.1	32	500	0.2	1 750
微风化泥质砂岩	26.4	38	800	0.2	2 670
地下连续墙	24.5	—	—	—	32 500
内衬	24.5	—	—	—	32 500

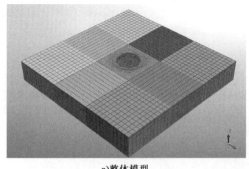 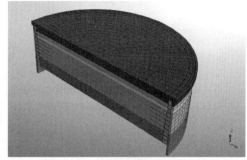

a)整体模型　　　　　　　　　　　　b)局部模型

图 6　锚碇基坑整体及局部三维数值模型

4.2 模拟工况

通过软件激活和钝化操作,完成相应板块的模型运行,具体模型施工工况如表 3 所示。

模型施工工况　　　　　　　表 3

工况	工况说明	备注
1	初始渗流场	定义渗流水位
2	初始应力场	自重应力平衡,位移清零
3	地下连续墙、帽梁施工	施加地表超载 20kPa 位移清零
4	降水 1	—
5	基坑第 1 层开挖	—
6	降水 2～4	降低坑内水位
7	基坑第 2～4 层开挖	开挖 2～4 层
8	第 1～3 层环形内衬施工	激活 2.5m 内衬
9	降水 5～7	降低坑内水位
10	基坑第 5～7 层开挖	开挖 5～7 层激活 3.0m 内衬
11	第 4～7 层环形内衬施工	激活 3.0m 内衬
12	降水 8～12	降低坑内水位
13	基坑第 8～12 层开挖	开挖 8～12 层
14	第 8～11 层环形内衬施工	激活 3.5m 内衬

5　结果分析

5.1　墙顶水平位移

根据实际测点布设位置,对比地下连续墙墙顶水平位移模拟与实测结果,具体如图 7 所示。

由图 7 可知,地下连续墙墙顶水平位移均向坑内发展,墙体环向效应明显。对比模拟与实测数据可以发现,各测点位移量并不完全一致,最大实测位移为 CX5 测点的 18.82mm,最小实测位移为 CX8 测点的 15.01mm,极差约 3.8mm,CX6 与 CX7 测点结果相差不大,更接近最大值。与实测结果类似,模拟结果最大位移为 13.47mm,最小位移为 10.5mm,极差约 3.0mm,中间两个测点位移分别为 13.36mm、12.51mm,同样更接近最大位移值。对比结果可以推断,虽然圆形基坑整体稳定性较好,但仍可能受诸多因素的影响,导致围护结构整体环向刚度不能均匀发挥,因此不同测点的变形并不完全一致。

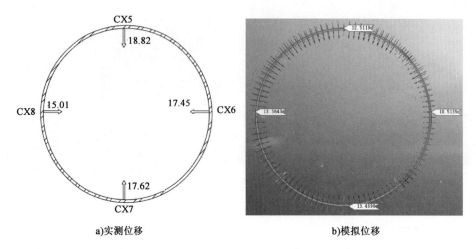

a)实测位移　　　　　　　　　　　　　　b)模拟位移

图7　墙顶水平位移实测与模拟对比图(尺寸单位：mm)

5.2　墙体深层水平位移

根据计算结果,选择墙体深层水平位移进行对比分析,生成实测与计算对比曲线图,具体如图8所示。

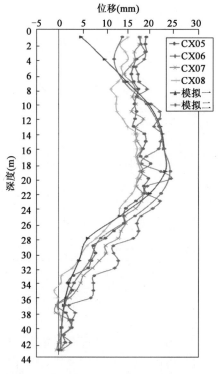

图8　墙体深层水平位移实测与计算对比图

对比发现,对于初始模型一位移曲线,由于未考虑帽梁浇筑刚度发挥问题,在计算后得到的墙顶水平位移相对较小,位移曲线整体呈现上面小中间大下面小的"鼓肚子"形状,最大水平位移为23.11mm,位于墙底19m左右,墙顶水平位移为4.84mm。根据实际监测情况可以看到,墙顶位置与实测结果存在较大差异,当考虑了帽梁因素建立模型二,墙顶计算结果明显比模型一更大,模型二计算得到墙顶水平位移为13.73mm,整体位移曲线与实测结果基本一致,最大水平位移为24.10mm。

5.3 坑外地表沉降

根据坑外地表沉降,得到模型线上图与坑外沉降随基坑开挖变形曲线,具体见图9和图10。

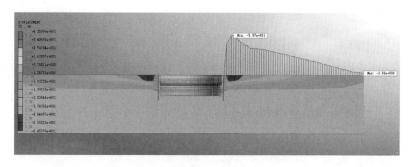

图9 坑外地表沉降线上图(尺寸单位:mm)

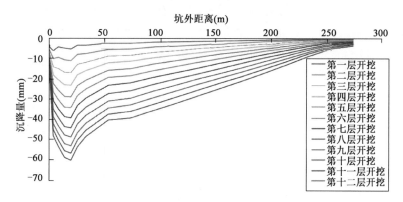

图10 坑外地表沉降随基坑开挖变形曲线

由图9和图10可知,坑外地表沉降随着与基坑外边缘距离的增加,呈现先增大后减小的变化趋势,说明坑外最大地表沉降并非是距离基坑外边缘最近的位置。计算得到最大坑外地表沉降位置距离基坑外边缘20m,约为0.55倍基坑开挖深度。坑外地表变形影响范围较大,变形收敛点位置大约为基坑开挖深度的7倍。

6 结语

本文通过midas GTS有限元数值模拟软件,对软土地区大直径圆形锚碇基坑开挖阶段进行了研究,分析了地下连续墙顶水平位移、墙体深层水平位移及坑外地表沉降变化规律,通过对比实测数据,优化并验证的模型的可靠性,具体结论如下:

(1)不同测点下的地下连续墙深层水平位移沿深度分布曲线,随基坑开挖逐渐呈现"鼓肚子"的变化规律。由于帽梁浇筑初始刚度未完全发挥,导致墙体初始变形表现为向坑内倾斜,随着基坑后续开挖,帽梁、内衬整体刚度逐渐发挥完全,"鼓肚子"现象逐渐明显。

(2)虽然圆形基坑整体稳定性较好,但仍可能受诸多因素的影响,导致围护结构整体环向刚度不能均匀发挥,因此不同测点的变形并不完全一致。

(3)对比数值模型计算结果与实测数据,在未考虑帽梁浇筑刚度发挥问题情况下,计算得到的墙顶水平位移相对较小,与实测存在一定差异。待后续优化模型后,整体计算结果与实测基本吻合，说明完善后的模型更为可靠。

(4)坑外地表沉降随着与基坑外边缘距离的增加，呈现先增大后减小的变化趋势。计算得到最大坑外地表沉降位置距离基坑外边缘20m，约为0.55倍基坑开挖深度坑外地表变形影响范围较大，变形收敛点位置大约为基坑开挖深度的7倍。

参 考 文 献

[1] 阮文军,何超然.特大圆形深基坑施工技术[J].地下空间与工程学报,2005,1(1):125-132.

[2] 杨继朝,罗志恒,艾磊,等.悬索桥重力式锚碇深基坑开挖安全控制技术[J].公路,2017,5:115-120.

[3] 王艳芬,刘彦峰,马远刚.悬索桥锚碇地下连续墙基坑开挖安全性影响分析[J].桥梁建设,2019,49(S1):51-55.

[4] 薛艳青.圆形基坑的三维数值模拟[D].上海:同济大学,2008.

[5] 王琨,张太科,陈顺超.广州珠江黄埔大桥悬索桥锚碇基坑支护受力和变形特性分析[J].西南大学学报(自然科学版),2010,32(7):133-137.

[6] 贺炜,凡子义,罗超云,等.圆形地下连续墙设计关键问题及轴对称有限元法[J].中国公路学报,2017,30(9):101-107.

[7] 徐江,肖仕周,龚维明,等.锚碇深基坑施工过程数值模拟及安全监测研究[J].施工技术,2018,47(7):20-25.

[8] 张建,肖景平.特大圆形锚碇基坑结构效应模拟及实测对比分析[J].山西建筑,2017,43(12):74-75.

[9] 张桂龙,谭永华.锚碇地下连续墙及基坑开挖施工阶段数值模拟研究[J].地下水,2022,44(6):184-186.

[10] 娄西慧,郭雪岩,周小涵.软土地层深大圆形锚碇基坑开挖稳定性研究[J].公路,2022,67(10):169-174.

[11] 张军,冯佳蕊,翟少磊.洞庭湖大桥锚定基坑降水及对地连墙影响分析[J].地下空间与工程学报,2018,14(S1):256-262.

46. 狮子洋通道高墩区引桥总体设计

李 烨 冯金强 徐 军

（中交公路规划设计院有限公司）

摘 要：结合狮子洋通道高墩区引桥的具体建设条件，针对引桥桥梁长、桥墩高、横向宽度大、双层桥设计等项目特点，从跨径选择、桁式比选、标准断面、约束体系、桥面系、施工方法等方面对引桥大跨度桁架梁总体设计进行介绍。项目设计可为桁架梁的高质量制造、施工和管养创造条件。

关键词：狮子洋通道 双层桥 大跨度桁架梁 总体设计

1 项目概况

狮子洋通道处于粤港澳大湾区核心位置，西侧经广州南沙区大岗镇、东涌镇和黄阁镇，在狮子洋水域跨越珠江口，东侧经东莞市沙田镇和虎门镇。主桥为跨径2 180m的双层桁架梁悬索桥，高墩区引桥与主桥紧连，分为东、西高墩区引桥。其中东高墩引桥总长1.020km，起点接狮子洋主桥东塔，终点与其他常规引桥相接；西高墩引桥总长0.793km，起点接起点接沙仔沥水道桥，终点接狮子洋主桥西塔。

2 总体设计思路

狮子洋通道高墩区引桥与主桥相接，为保证和主桥景观效果一致，设计采用双层大跨度连续桁架梁。高墩区引桥桥梁长、桥墩高、横向宽度大，合理的跨径选择、桁式立面布置、约束体系和桥面系设计是保证桥梁经济、美观、安全、耐久、高质量建造的必要条件。高墩区引桥的主要设计思路如下：

(1) 结合东、西高墩区引桥需要跨越的构造物、墩高选择较为经济的跨径。
(2) 桁式立面布置应美观、简洁、匀称，景观效果好。
(3) 桁架梁的约束体系应适应桥墩高的特点，兼顾静力工况和地震工况下的安全。
(4) 桥面系设计应重点考虑桥面板的抗疲劳问题，做到工厂化和标准化制造、施工。

3 跨径选择

高墩区引桥的墩高范围在35~60m，桥位处为冲海积平原地貌，上覆第四系人工填土、淤泥质土、砂层、黏性土。西高墩区引桥下伏基岩为白垩系泥岩夹砂质泥岩，东高墩区引桥下伏基岩为白垩系泥质砂岩夹砂岩,属较硬岩。

西高墩区引桥跨越的构造物较多,包括西锚碇、在建沙仔沥路、虾苗路和狮子洋西岸大堤,落墩位置选择相对受限。同时,景观效果要求边跨与中跨应尽可能相近。综合考虑经济、景观、地质和工程经验,西高墩区引桥的跨孔布置为(60.5m+90m+60.5m)+(75m+80m+80m+75m)+(90m+90m+92m)。考虑狮子洋主桥两岸的引桥设计和施工标准化,以及上跨作业区中路的需要,东高墩区引桥的跨孔布置为3×90m+3×90m+75m+105m+75m+3×75m。最终高墩区引桥的桥墩立面布置如图1所示。

图1 高墩区引桥桥墩布置概略(尺寸单位:m)

4 桁式比选

根据主桁腹杆布置形式的不同,钢桁梁的桁式可分为三角形桁架、华伦式桁架、斜杆形桁架及双重腹杆桁架等[1]。各桁式的特点和代表的连续桥梁如表1所示。

不同桁式特点和代表连续桥梁　　　　表1

桁式	三角形桁架	华伦桁架	斜杆形桁架	双重腹杆桁架
特点	弦杆规格统一、节点个数少、外观简洁、传力路径明确,便于标准化定型设计与制造安装	在三角形桁架基础上增加竖腹杆,竖腹杆内力小,截面一般也较斜腹杆小	也称N形桁架,弦杆、竖杆规格多	又称菱形桁架,由两个三角桁架叠加而成,但随着腹杆的增多,行车视野的开阔性也相应受限
代表桥梁	道庆洲大桥	郑州黄河特大桥	日本大阪港大桥	武汉长江大桥

狮子洋通道主线采用双层桥设计,考虑下层桥面的行车视野的开阔性,采用立面构造简单、景观效果良好的三角形桁架。同时,为增加桁架梁的横框架的剪切刚度,在过渡墩墩顶设置竖腹杆。上、下层桥面高差为13.5m,结合引桥的单孔跨径长度,确定桁架的节间距为15m或者16m。高墩区引桥的桥型布置如图2和图3所示。

5 标准断面设计

引桥横向全宽43.6m,采用三榀主桁设计,桁架中心距21.3m。考虑后期弦杆检修通行需求,边榀弦杆高1.7m,中榀弦杆高2.1m。弦杆宽度均为1m,标准断面如图4所示。

6 约束体系设计

高墩区引桥位于Ⅶ度地震区,基本峰值加速度0.1g,结合下部结构的特点,考虑静力工况和地震力工况对约束体系进行了特殊设计。其中静力工况及E1地震力工况由支座本身承载能力承担,E2地震力工况由设计在桁架梁主体结构上的钢限位挡块承担。

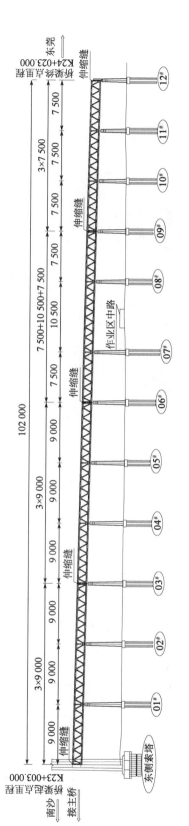

图 2 东高墩区引桥桥型布置(尺寸单位: cm)

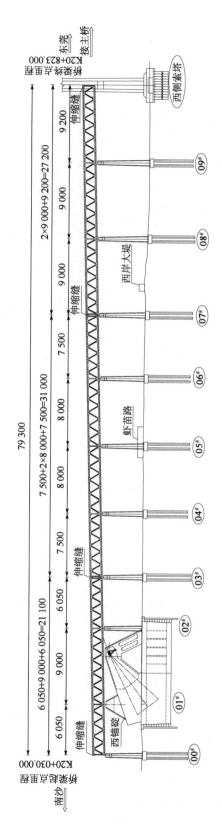

图 3 西高墩区引桥桥型布置(尺寸单位: cm)

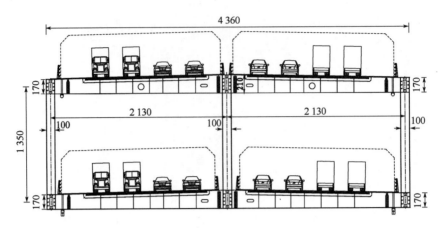

图 4 高墩区引桥标准断面(尺寸单位:cm)

6.1 锚碇区桁架梁约束体系设计

锚碇区桁架梁约束体系布置如图 5 所示。锚碇区桁架梁 2 号墩墩高较高,1 号墩墩高较矮,因此 2 号墩中支座采用固定支座,其余墩位中支座均采用纵向活动支座;2 号墩边支座采用横向活动支座,其余边支座采用双向活动支座。所有中支座位置均设置了横向限位挡块,中墩边支座设置了纵向限位挡块。特别的,由于 1 号墩 E2 工况下横向地震力较大,边支座位置也设置了限位挡块。

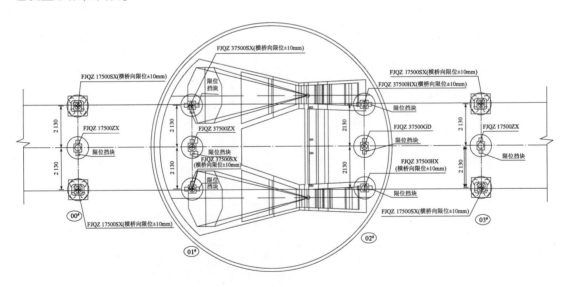

图 5 锚碇区桁架梁约束体系布置(西引桥第一联)

6.2 非锚碇区桁架梁约束体系设计

非锚碇区桁架梁约束体系布置如图 6 所示。非锚碇区桁架梁墩高普遍较高,中墩中支座均采用固定支座,依靠墩体本身适应温度变形,边墩中支座采用纵向活动支座;中墩边支座均采用横向活动支座。所有中支座位置均设置了横向限位挡块,中墩边支座设置了纵向限位挡块。

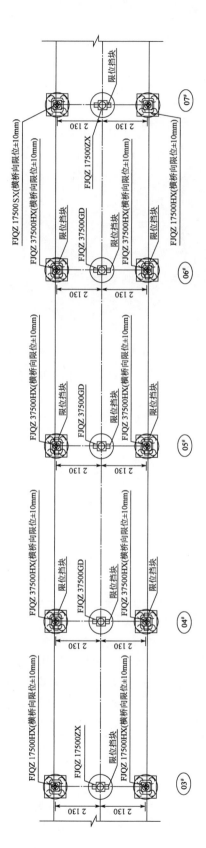

图 6 非锚碇区桁架梁约束体系布置（以西引桥第二联为例，其余联相同）

7 桥面系设计

如图7所示,桥面系采用密横梁体系,依据节间距不同横梁间距采用3.75m或者4m。每幅设置2道纵梁,纵梁不与预制桥面板相连,保证桥面板为单向板,纵梁只为横梁提供面外支撑并可作为桥梁架设过程中的纵向运输通道。

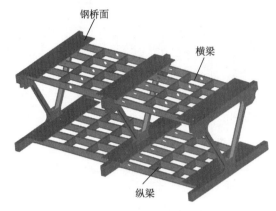

图7 密横梁体系

目前,桥面板主要有四种形式,即正交异性钢桥面、正交异性钢桥面+高性能混凝土桥面、普通钢筋混凝土桥面以及高性能混凝土桥面,各桥面形式的特点如表2所示。

不同桥面形式的特点 表2

桥面形式	正交异性钢桥面	正交异性钢桥面+高性能混凝土	普通钢筋混凝土桥面	高性能混凝土桥面
优点	结构轻,工厂化程度高,现场工作量小	增加正交异性钢桥面的疲劳寿命	疲劳性能好,造价低,耐火性能好	疲劳性能好,耐火性能好,轻质高强,一般无须张拉预应力
缺点	疲劳问题突出	不能完全解决疲劳问题,且一旦出现疲劳开裂,维修加固困难	结构自重大,负弯矩区需要张拉预应力	造价相对较高,技术要求高

为了避免轮载下正交异性钢桥面板的疲劳问题,高墩区引桥的行车道桥面板采用18cm厚的预制CA-RPC(粗集料活性粉末混凝土)板。非行车道桥面板疲劳问题并不突出,但存在剪力滞现象,因此非行车道桥面板采用开口肋的正交异性钢桥面板。

预制板CA-RPC板采用钢预埋件与横梁栓接,与钢桥面焊接连接。预制板间采用桥上湿接缝现浇,湿接缝设置在横梁之间,利用预制板预埋件作为浇筑模板,又可提供抗拉强度,避免了传统高性能混凝土预制板与湿接缝交接面因纤维中断而造成的强度下降问题。预制CA-RPC板构造如图8所示。

8 施工方法

考虑钢结构的连接方式的优先级为:工厂焊接>现场栓接>现场焊接,为了保证桁架梁的制造和施工质量,节省工期,狮子洋高墩区引桥主要采用节段工厂制造、现场栓接(少量焊接)、顶推施工的施工方案。高墩区引桥的施工流程如图9所示。

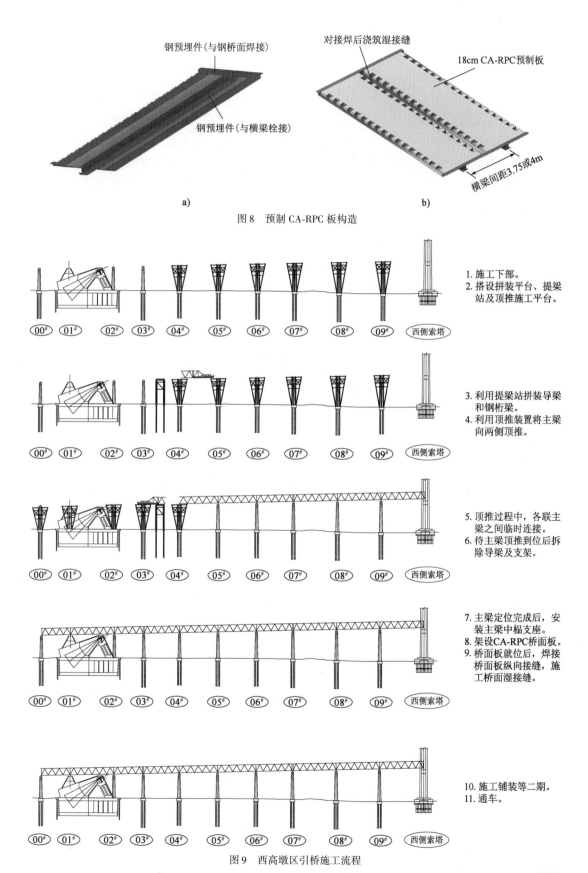

图 8 预制 CA-RPC 板构造

图 9 西高墩区引桥施工流程

9 结语

狮子洋通道高墩区引桥通过合理的跨径选择使上部结构与下部高墩协调统一;采用三角桁保证下层桥面的行车具有良好的通视性以及景观效果;较高的弦杆高度为后期弦杆内部可检可达提供便利性;含有限位挡块的约束体系保证了偶然状况下桥梁结构的安全;行车道和非行车道采用不同的桥面结构改善桥面板的疲劳问题和剪力滞问题,带预埋钢构件的预制CA-RPC板避免了传统高性能混凝土预制板与湿接缝交接面因纤维中断而造成的强度下降问题,也使桥梁的制造和施工便于工厂化和标准化;顶推施工为桁架梁的高质量建造创造了条件。

参 考 文 献

[1] 吴冲.现代钢桥[M].北京:人民交通出版社,2006.

47. 狮子洋通道虎门港互通特殊地质条件下桩基施工

叶 迁

(武汉桥梁建筑工程监理有限公司)

摘 要:我国交通建设的快速发展,对桥梁建设提供了更加广阔的平台。复杂环境条件下桥梁桩基施工是桥梁施工中的重点和难点问题。本文结合狮子洋通道土建工程T10合同段桩基施工实践,对桩基施工关键技术进行总结优化,并详细阐述了在深淤泥层地质施工、泥浆控制、钻头选择、钻速控制等方面的施工内容,为解决类似复杂环境条件下桥梁桩基施工问题提供了可以借鉴的技术资料。

关键词:桩基施工 深淤泥层 施工工艺

1 工程概况

1.1 概况

本工程灌注桩均为摩擦桩,其中,水上灌注桩64根,陆上灌注桩747根,共811根。

1.2 地质、水文及气象条件

1.2.1 地形、地貌

本项目地形地貌分为两类。

(1)三角洲冲积平原地貌。

地表全部为第四纪海陆混合沉积层所覆盖,地势低洼平坦,地面高程一般在0.5~3.5m,多条水道从场区横穿而过,河道弯曲,河流分支复合频繁,上、下游互相贯通或有汊流相接。

(2)侵蚀丘陵地貌。

表层多为第四系残坡积土覆盖,局部陡壁处可见风化基岩出露。

1.2.2 地层岩性

工程场区主要属珠江三角洲平原区,局部为侵蚀丘陵地貌,区域地层除第四系外,其他分布不广,大部分地层是零星分布,互不相接。

根据勘察结果,自上而下地层主要为第四系海陆交互相(Qdmal)淤泥(淤泥质土)、粉质黏土、砂土、圆砾土及花岗岩残坡积(Q4el+dl)砂质黏性土;基岩为第三系砾岩,燕山期第三期γγ3侵入花岗岩,侏罗系J1ln含砾砂岩、砂岩及石英砂岩。燕山期第三期花岗岩侵入最新地层为上侏罗系,同时侵入印支期和燕山一二期侵入岩,项目区燕山期第三期与上部第三系泥岩、砂岩呈沉积接触关系(图1)。

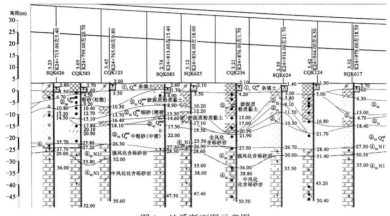

图1 地质断面图示意图

1.2.3 不良地质路段概况

根据勘察资料,路线区主要不良地质现象及特殊性岩土有:人工填土、软土、花岗岩残积土以及砂土液化。现对沿线不良地质体分述如下:

(1)人工填土。

工程场区表层普遍分布素填土,厚度一般,分布不均。素填土为新近回填,层厚0.7～3.7m,埋深0～3.4m,主要分布于田埂、塘埂等地。素填土结构松散,力学性质不均,工程性能差,易引起路基的不均匀沉降问题,该部分路段填方路基进行特殊处理。又由于填土层内含有上层滞水,在后续线路布置管廊时,该层作为基坑侧壁土层存在时,透水性较强,侧壁稳定性差,对基坑有一定的影响,建议设计时采取支护、截排水措施。

(2)软土。

本标段软土包括淤泥(流塑)、淤泥质土(软塑)、粉细砂夹淤泥质土,属海陆交互相三角洲冲积成因,具层理,夹薄层状粉砂、细砂及粉土,局部呈互层状,其透水性相对较好,间夹可塑状黏性土,具有高孔隙比、压缩性大、易触变的特点。

其中淤泥、淤泥质土与粉细砂(松散)呈互层状,孔隙比e接近或大于1、呈松散状,压缩模量一般大于$0.5MPa^{-1}$,容许承载力50～120kPa,属软弱土范畴。

根据勘察资料,路线区软土广泛分布,发育不均,厚度2.3～24.1m,变化较大,部分区域呈两层分布,埋深3～9.6m,11.4～19.6m,中间褐黄色、灰褐色粉细砂、粉质黏土分隔,软土厚度2.0～15.8。软土一般位于地面表层硬壳层之下,表层硬壳层一般为人工填土、粉质黏土,厚度一般为2～3m,硬壳层厚度总体较小,易引起路基、桥台处路面变形。根据软土前期固结压力试验,区内软土前期固结压力87～124kPa,属欠固结土。

桥梁桩基持力层为侏罗系含砾砂岩、泥质砂岩、石英砂岩等;其中泥质砂岩、含砾砂岩属极软岩～软岩,石英砂岩属较硬岩,软土较厚区在自重或上部堆载作用下,可能产生负摩阻现象;一般路基及管涵若采用表层作持力层,则对软土进行处理。路桥连接处将软土采用粉喷桩、砂石桩或预制桩等方法对进行加固处理,以消减软土区的不均匀沉降及路基堆载对周边桥梁桩基产生的负摩阻现象。

(3)残积土。

结合野外地质调绘及钻探情况,本线路区南沙侧主要为燕山期花岗岩,花岗岩地段残积土以砂质黏性土为主,埋深4.5~35.9m,平均埋深23.34m,沿线地表未出露;厚度0.6~11.3m,平均2.9m。残积土具有暴露时间过长易失水和吸水时扰动易软化而降低地基承载力的特点,进行基础施工时,防止水浸泡时间过长而降低地基承载力。花岗岩地层泥浆护壁成孔灌注桩的桩侧泥皮厚度较厚,往往达到10~20mm,桩、土之间存在较厚的软塑状泥皮,大大降低了桩侧摩阻力。

(4)砂土液化。

根据《公路工程抗震规范》(JTG B02—2013),项目区域按规范要求提高一度抗震措施设防,抗震设防烈度为8度,设计基本地震动峰值加速度值为0.10g,设计地震分组为第一组。

本次勘察揭露上部20m内地层主要为海陆混合相淤泥质土、粉细砂夹淤泥质土及中粗砂层为主,根据《公路工程抗震规范》(JTG B02—2013),初步判定粉细砂夹淤泥质土及中粗砂层可能为液化土层。

1.2.4 气象条件

工程区域的灾害性天气系统主要有热带气旋、暴雨、龙卷、雷击、短时雷雨大风,其中热带气旋强度强、频率高、灾害重,是对工程设计、建设和营运最具威胁的自然灾害之一,带来的狂风、暴雨和风暴潮对工程有一定影响。

区域平均气温22.4℃,年平均相对湿度77%,年平均气压为1 010.4hPa,年平均降水量为1 813.2mm,年平均蒸发量为1 656.9mm,年平均风速为2.0m/s。

年平均降水量为1 813.2mm,年内雨水主要集中在汛期(4~9月),占全年雨量的82.8%。

2 该地质条件下对桩基成孔质量的影响

2.1 成孔垂直度不满足要求

(1)覆盖层地层多为粉质黏土,钻进过程中易造成糊钻,不易控制钻进方向。

(2)强风化含砾砂岩地层含泥量较大,岩层结构较为破碎,钻进过程中易造成加压钻头打滑,不易控制钻进方向。

2.2 施工过程中易塌孔

(1)地下水位较高,孔内泥浆易产生负压,形成塌孔。

(2)施工现场靠近狮子洋水道,存在海水倒灌的现象,快速改变泥浆性能。

(3)地处鱼塘,表层淤泥土较厚。

(4)覆盖层较厚,且多为淤泥土、泥砂层,土体稳定性较差,容易塌孔。

3 桩基施工工艺

3.1 设备选择

(1)旋挖钻机型选择。

桩基直径大,且底部有中风含砾砂岩抗压强度最大为6.24MPa,因此选择破岩能力强的大型旋挖钻机,型号SWDM550,旋挖钻技术参数见表1。

旋挖钻技术参数　　　表1

序号	项目	单位	参数
1	最大钻孔直径	mm	3 500
2	最大钻孔深度	m	135

续上表

序号	项目	单位	参数
3	最大摩阻杆钻孔深度	m	135
4	最大机锁杆杆钻孔深度	m	135
5	额定功率	kW	447
6	最大输出扭矩	kN·m	550
7	转速	r/min	6~24
8	最大加压力(kN)	kN	480
9	最大起拔力(kN)	kN	500
10	最大行程	mm	10 000

(2)振动锤选择。

振动锤选型需满足三个条件,振动锤的激振力大于钢护筒与土的动侧摩擦阻力;振动锤系统的总重量大于钢护筒的桩端动阻力 R;振动锤系统的工作振幅大于振沉钢护筒到要求深度所需最小振幅 A。以单根最长护筒 9m 为例根据以上计算,综合考虑选取选用 YZ-300 振动锤及以上型振动锤可满足施工要求,振动锤最大激振力大于 T_v,最大振幅大于 A,满足钢护筒沉放要求,振动锤性能参数见表 2。

振动锤性能参数表　　　表2

型号	参数	YZ-280L	YZ-300	YZ-300F	YZ-300L	YZ-360B	YZ-400
振动锤技术参数	偏心力矩(kg·m)	92	137	52	133	102	226
	最大转速(r/min)	1 700	1 410	2 300	1 400	1 800	1 300
	激振力(kN)	2 920	3 000	3 020	2 860	3 630	4 185
	最大拔桩力(kN)	800	2 000	800	1 600	1 000	2 500
	最大振幅(mm)	30	37	16	30	29	40
	最大流量(L/min)	890	1 015	1 200	1 040	1 200	1 300
尺寸,质量(不含夹具)	长	3 855	2 650	3 855	3 460	3 150	2 700
	宽	705	1 150	705	850	2 430	1 160
	高	2 035	4 300	2 035	2 480	650	3 980
	质量	9 600	16 000	9 600	14 800	10 300	18 500
推荐夹具	管桩夹基	YZJ-1600CX2	YZJ-1600CX2	YZJ-2000CX2	YZJ-1600CX2	YZJ-2000CX2	YZJ-2000CX2
		YZJ-320	YZJ-320	YZJ-320	YZJ-320	YZJ-320	YZJ-320
推荐动力站	型号	800P	1 200P	1 200P	1 200P	1 200P	1 200P

(3)钻头选择。

桩基分级成孔常见的旋挖钻钻头类型有筒钻、子母钻、捞渣斗三种,针对本工程地质情况,选用筒钻作为施工钻头,同时,本工程中风化岩层为含砾砂岩,为保证钻进质量选取截齿钻作为筒钻钻头。

(4)砂石分离机选择。

如图 2 和表 3 所示。

图 2　砂石分离机图

参数　　　　　　　　　　　　　　　　　　　　　　　　　　表 3

序号	内容	单位	数值
1	最大泥浆处理量	m³/h	250
2	装机总功率	kW	58
3	主泵电机功率	kW	65
4	振动电机功率(单台)	kW	1.5×2
5	设备运输尺寸($L×B×H$)	m	4.16×2.29×2.52
6	最大外形尺寸($L×B×H$)	m	4.47×2.29×2.7
7	整机理论质量	kg	5 400

3.2　施工方法

(1)测量放样。

①桩基主要测量工作内容为:控制网复测及加密、钢护筒、钻孔桩施工测量放样等。

②钻机就位:根据放样的钻孔桩中心纵横轴线初步就位钻机,然后实测钻机。

③转盘中心,调整转盘中心至设计钻孔中心,采用 J2 经纬仪控制钻机钻杆垂直度,采用水准仪控制钻机平台平整度,在钻孔过程中实时监控转盘中心。

④终孔高程:通过钻杆长度测得,通过检验过的钢丝测绳测量校核(钢绳标记刻度)。

⑤钻孔桩成孔垂直度:全自动型超声波成孔检测仪检测。

⑥钢筋笼就位:以钢护筒顶高程及中心纵横轴线为基准精确就位钢筋笼。

⑦钻孔桩混凝土灌注测深采用测深锤法,测绳采用有刻度标记的钢丝测绳并检验;桩头混凝土超灌高度采用"灌无忧"检测仪,准确测控桩头混凝土超灌高度。

(2)护筒埋设。

钢护筒均采用 Q235 材质,壁厚 20mm。为便于钢护筒施沉,在护筒底口和顶口各增加一圈长 50cm、厚 16mm 的加强箍,为防止护筒装运过程中变形,在顶、底口采用[10 加工"米"字形内撑,单根钢护筒在其顶口位置对称开 2 个直径 10cm 的吊耳孔,为防止护筒吊装变形,在吊耳孔 1.5m 范围内焊接 16mm 加强板。

履带式起重机配合振动锤进行钢护筒沉放,通过振动锤吊起钢护筒时,先利用自重下沉,在确保钢护筒的位置准确,桩身有足够的稳定性后,再采用振动下沉。护筒拔除示意图如图 3 所示。

图3 护筒拔除示意图

(3)泥浆制备。

护壁泥浆在钻孔中非常重要,本工程地处珠江水域,为保证施工质量,减少资源浪费且维护施工区域环境,护壁泥浆拟采用不分散、低固相、高黏度的 PHC 优质泥浆。为保证钻孔桩成孔施工顺利进行,在正式开钻之前,现场通过试验确定膨润土、CMC 等配置比例,袋装出厂,现场泥浆搅拌机拌浆。具体配比根据现场实测泥浆指标进行调整。

(4)泥浆循环。

钻机成孔过程中,一边钻进一边利用优质泥浆置换。对黏土层钻进施工的泥浆比重进行控制,始终为 1∶1.1;若钻孔施工在粉质黏土层开展,控制泥浆相对密度为 1∶1.2;而钻砂层的泥浆相对密度为 1∶1.3,胶体率需始终大于 98% 等指标,以确保护壁效果,达到防止塌孔的目的。钻进过程中泥浆置换,随着捞渣斗将砖渣及孔底浓浆提出,利用泥浆泵将优质泥浆及时补充至孔内,保证孔内水位。

(5)钻进施工。

采用旋挖钻分级成孔工艺,主要是通过旋挖钻机加压油缸给旋转动力头一定的压力,将压力及其旋转扭矩传递给出钻杆下面的钻具,钻具上的切土器(合金钢斗齿)在下压力及扭矩的作用下切入地层内,所切削下的岩土随着钻具的钻进被反向挤入钻筒内,当钻渣盛满钻筒时,通过钻机提升卷扬将钻杆、钻筒及钻渣提出孔外,旋转钻筒清理钻渣。然后再将钻具入孔钻渣、提出钻渣,循环施工,直至成孔。分级钻孔示意图如图4所示。

旋挖钻机在不同岩层应控制不同进尺速率,砂层钻进时,转速按 8~12r/min 控制;泥层钻进时,转速按 8~12r/min 控制;不同岩层应控制不同进尺速率,强风化含砾砂岩进尺速率控制在 8~10r/min,中风化含砾砂岩进尺速率控制在 5~6r/min,入岩前 3m 后降低钻进速度,速度应控制在 0.3~0.5m/h,岩面软硬交替时采用提钻吊打的方式钻速控制在 0.3~0.4m/h。每次换钻时对钻杆垂直度进行检查,每种钻头成孔时用超声波检测仪对孔内倾斜度进行检查。

(6)桩基清孔。

钻进至设计孔深后,利用测绳对孔深进行检测,达到设计深度后进行清孔,将钻杆提出,钻机撤离孔口,准备清孔工作,砂石分离机与导管顶相连,导管底下放至距离孔底 30cm 处进行泥浆反循环,直至孔底沉渣清除干净。清孔时,孔内水位保持在地下水位以上 1.0~1.2m,以防止塌孔或缩孔。在地层较差、淤泥层、砂层较多的情况,可以采用分节下放导管的方法进行清孔,有效提高清孔效率。

一次清孔完成后,利用超声波检测仪对孔深、孔径、倾斜度、桩底沉渣等项目进行检查,整个测试过程和探头升降系统完全实现软件自动控制,实测数据和测试结果实现数字化显示、存储和打印输出。

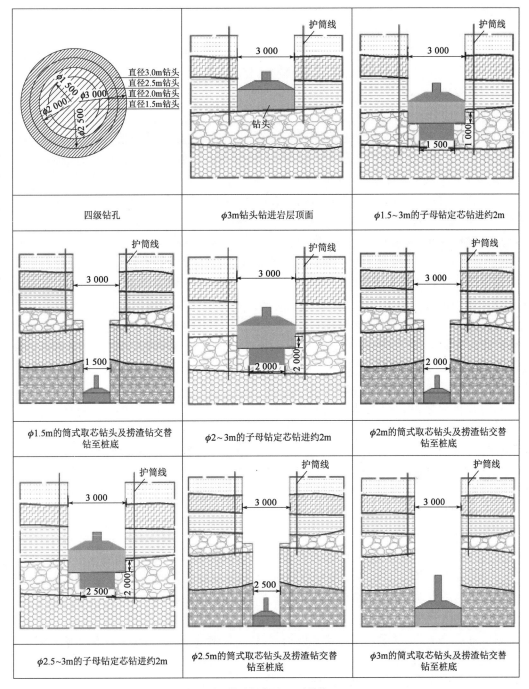

图4 分级钻孔示意图(尺寸单位:mm)

4 实施过程中出现的问题及控制措施

4.1 施工问题

4.1.1 钻进过程中桩基垂直度不易控制

由于地层复杂多变,淤泥质粉质黏土地层分布较多,导致钻进过程中钻头糊钻,钻进方向失稳;入岩面岩质较为破碎且含泥量加大,在加压钻进过程中钻进方向不易把控;由于桩身长度较长,随着钻杆不断延伸,钻杆本身挠度变大,导致垂直度产生偏差。

4.1.2 施工过程中易塌孔

由于桥梁地处鱼塘区域,地表水位较高、地表水丰富,孔内泥浆容易产生负压,导致塌孔;覆盖层较厚,多为淤泥、砂性土,土体稳定性较差,容易塌孔。

4.2 控制措施

4.2.1 桩基垂直度控制措施

(1)设备选择(选择SWDM550型大功率设备),钻杆刚度高,设备稳定性好。

(2)配备长筒钻,有效控制钻孔垂直度(采用长度不小于3m筒钻,保证钻进过程中钻头方向的稳定性)。

(3)钻进速度控制,入岩处钻速控制在0.3~0.5m/h,入岩后钻速控制在1~2m/h。淤泥质粉质黏土地层、强分化与中风化岩层交接处采用提钻吊打的方式,缓慢进尺。

(4)加强检孔频率,及时纠偏(对覆盖层进行一次垂直度检测)。

(5)钻进过程中,及时用全站仪检测钻杆垂直度。

4.2.2 桩基塌孔控制措施

(1)采用长护筒。护筒长度加长至9.0m,使护筒穿透表层鱼塘淤泥土,嵌入较为稳定的土层,保证孔口地层的稳定性。(弊端:拔护筒时机不对,可能影响桩头质量)

(2)保证孔内水头(高于孔外地下水位1~1.5m)。护筒埋设完成后,在护筒四周设置围堰,注满泥浆,有效提高孔内水头,钻进过程中随着钻渣的捞出,及时补充孔内泥浆;通过抬高桩基平台高程的方法,提高孔内水位。

(3)泥浆指标控制。要求钻进过程中泥浆相对密度(≥1.2)、黏度(25~28s)、含砂率(<4%)、胶体率(≥98%)、pH值(7~9)等指标以确保护壁效果,达到防止塌孔的目的;考虑现场临近狮子洋水道,地下水位较高,存在海水倒灌的影响,泥浆中氯离子含量会增加,通过在泥浆中添加纯碱、CMC的方式降低氯离子影响。

(4)覆盖层钻进速度控制。覆盖层按照不大于2m/h的速度进尺,转速控制在8~12r/min之间,每次提钻前钻头反向旋转,有效提高护壁效果。

(5)控制提钻速度。提钻时控制提钻速度,缓慢提升钻头,并及时向孔内补充优质泥浆,钻头浮出泥浆面时,停止提升,待孔内水位补充至要求液面位置时,方可完全提出钻头。

(6)地质较差的施工区域进行就地固化、做止水帷幕。对于部分桩基平台地处鱼塘,表层淤泥较厚时,为满足地基承载力的要求,需对桩基平台进行就地固化。部分地层较差的桩基设置止水帷幕,有效解决塌孔问题。

(7)关注天文大潮,调整孔内水头。及时关注台风、暴雨天气,对已开孔桩基做临时围堰,提高孔内水头,防止塌孔。

(8)做好施工平台,确保钻机稳定性。

5 结语

通过本工程桩基施工的验证,就鱼塘区、深淤泥地质情况下的桩基施工技术、技巧,施工过程中可能遇到的细节问题以及解决方案等方面入手,本套施工技术能有效提高桩基的施工效率和施工质量,为桩基的施工减少了人力和物力的损耗,达到指导后续桩基施工的目的,同时,本套施工技术也存在着较大的改进空间,随着公路建设事业的快速发展,桩基作为公路构造物的重要组成部分所起到的作用是不可忽视的,其施工的优劣关系到整个公路的使用质量。

参 考 文 献

[1] 范立础.桥梁工程[J].北京:人民交通出版社,2001.
[2] 王钻孔.灌注桩施工技术在公路桥梁工程中的应用[J].山西建筑,2018,44(03).
[3] 梁宝贵.道路桥梁工程中常见的病害与施工处理技术[J].山西建筑,2018,44(03).
[4] 廖福平.道路桥梁工程中常见的施工技术分析[J].江西建材,2018(12).
[5] 崔文轩.公路桥梁工程施工中的质量控制[J].公路交通科技(应用技术版),2018.

48. 狮子洋通道沙仔沥水道桥设计方案研究

周健鸿 罗扣 王忠彬

(中铁大桥勘测设计院集团有限公司)

摘 要：狮子洋通道沙仔沥水道桥是主跨272m的双层桥面变高连续钢桁梁桥，是目前在建的最大跨径双层桥面变高连续公路钢桁梁桥。其上、下层均布置双向八车道高速公路，行车道宽度达41m。针对该桥跨径大、双层桥面且桥宽大的特点，对其桥型方案及主梁的结构形式进行研究。综合结构受力、材料用量、施工难度和景观等因素，该桥立面布置选择变高连续钢桁梁方案。主梁采用板桁组合结构，三角形桁架形式，桁高13.5m，标准节间长15m。上、下层均采用钢桥面系、密横梁结构。中墩变高区域为六个节间，加劲弦高16.5m。考虑桥位特殊的建桥条件，该桥选择临时墩双悬臂架设方案，主桁杆件现场散拼，利用桥面70t全回转起重机对称安装。

关键词：变高钢桁梁 双层桥面 加劲弦 桥面系 密横梁 施工方案

1 工程概况

狮子洋通道位于粤港澳大湾区几何中心，是横向串联湾区三大都市圈、辐射东西两翼的东西向干线通道。上游距南沙大桥约3.6km，下游距虎门大桥约8.0km，过江段主桥工程起点里程为K16+804，终点里程为K24+077，全长7.273km。狮子洋通道项目全线采用上下上层双向八车道高速公路标准，设计速度100km/h，桥位区设计基本风速为37.9m/s。

沙仔沥水道桥位于南沙侧，位于路线K19+370~K20+030段，上跨沙仔沥水道，河道宽度约为360m，最大水深为5.5m。桥梁位于直线上，桥轴线和河道水流方向斜交约48.9°，桥下规划通航等级为V级航道，双向通航，起点跨越小虎南四路、沙多玛水闸，终点岸跨越红树林和大堤，考虑通航和水利防洪，通航孔采用主跨272m跨径，东、西边跨均采用194m跨径，桥跨布置为194m+272m+194m，见图1。

2 桥型方案选择

对于主跨272m双层桥，可采用刚性梁柔性拱桥[1-3]、变高连续钢桁梁桥两种方案[4-6]。

变高连续钢桁梁方案主梁桁高13.5m，中墩处桁高加高到30m，加劲弦边跨侧长45m，中跨侧长46m，立面布置见图2。

钢桁梁采用三主桁整幅布置，桁宽42.6m。主桁上、下弦杆均采用箱形截面，内宽1200mm，边桁内高为1440mm，中桁内高为1800mm；加劲弦采用箱形截面，内宽为1200mm，内高为2 000mm。腹杆采用箱形活H形截面,内宽为1 000mm,高1 200mm。钢梁桥面系采用正交异性整体钢桥面板,密横梁体系[7]。钢桥面板与主桁焊接连接,参与结构整体受力。变高连续钢桁梁方案断面布置见图3。

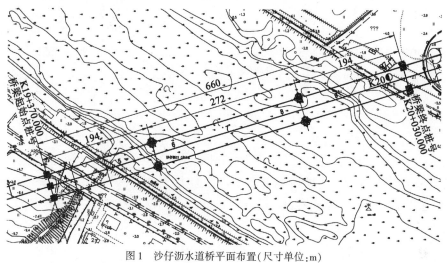

图1 沙仔沥水道桥平面布置(尺寸单位:m)

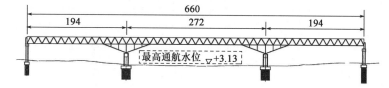

图2 变高连续钢桁梁方案立面布置(尺寸单位:m)

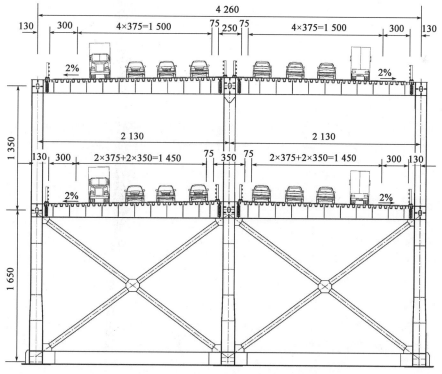

图3 变高连续钢桁梁方案断面布置(尺寸单位:cm)

刚性梁柔性拱方案拱肋矢高42m,矢跨比1/5,主梁桁高13.5m,加劲弦高14.5m,加劲弦边跨侧长30m,中跨侧长16m,立面布置见图4。

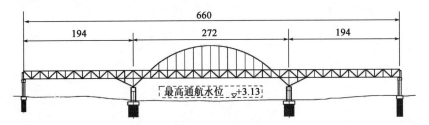

图4 刚性梁柔性拱方案立面布置(尺寸单位:m)

钢桁梁采用三主桁整幅布置,桁宽42.6m。主桁上、下弦杆及加劲弦均采用箱形截面,腹杆采用箱形或H形截面,杆件外轮廓尺寸同变高钢桁连续梁方案。钢梁桥面系采用正交异性整体钢桥面板,密横梁体系。钢桥面板与主桁焊接连接,参与结构整体受力。吊索采用平行钢丝索,分别选用PESC7-91、PESC7-109、PESC7-121、PESC7-127、PESC7-139、PESC7-151共6种规格。

两类桥型方案对比见表1。

桥型方案对比 表1

项目	变高连续钢桁梁	刚性梁柔性拱桥
结构受力	体系简单,加劲弦最大轴力69 300kN	体系较复杂,拱肋最大轴力59 490kN
结构刚度	1/1 054,刚度大	1/2 142,刚度较大
用钢量	52.9t/m	51t/m
加工制造难度	仅包含主桁制造,类型少,简单	包括主桁与拱肋,制造类型多
施工难度	施工工艺成熟、风险低、工期短	需吊索塔架先主梁施工,主梁合龙完成后再进行拱肋施工,施工工序复杂、风险较高
景观效果	一般	较好
建安费(万元)	A	A+1 250

由表1可知,虽然刚性梁柔性拱方案用钢量较小,但是由于其体系复杂、施工难度大,施工措施费高,总建安费较变高连续钢桁梁方案高1 250万元,因此推荐采用变高连续钢桁梁方案。

3 变高连续钢桁梁方案研究

3.1 主桁桁式选择

连续钢桁梁桁式主要有华伦式桁架、三角形桁架以及N形桁架[8](图5)。三种桁式主桁结构受力差别不大,整体用钢量也相当。若采用桁片或整节段吊装方式,华伦式桁架和N形桁架无须设置临时杆件。但由于该桥跨越沙仔沥水道,水深较浅,不具备整节段运输吊装能力,因此采用现场杆件散拼方式,各种桁式均不需要设置临时杆件。考虑到跨江主桥及与沙仔沥水道桥相连的西高墩区引桥均采用三角桁形式,全线主桁形式宜统一,故该桥主桁桁式选择三角桁形式。

a) 华伦式桁架　　　　b) 三角形桁架　　　　c) N形桁架

图5　连续钢桁梁桁式

3.2 桥面系方案研究

桥面系结构分为组合桥面系和钢桥面系。若上下层均采用组合桥面系，由于结构自重较大，根据初步计算，加劲弦轴力达130 000kN，杆件设计难度较大。墩顶桥面板拉应力超18MPa，桥面板自身难以满足抗裂要求。因此，桥面系方案仅研究双层钢桥面或上层组合下层钢桥面方案。双层钢桥面方案桥面系采用密横梁体系，横梁间距3m。上层组合下层钢桥面方案的上层桥面板可选择普通混凝土或UHPC板，普通混凝土桥面板厚25cm，UHPC板厚18cm。三种桥面系比选见表2。

桥面系方案比选　　　　表2

项目	双层钢桥面	上层组合下层钢桥面	
		上层桥面板为混凝土	上层桥面板为UHPC
结构受力	最大杆件轴力69 300kN	最大杆件轴力90 400kN 墩顶桥面板拉应力12.1MPa，需配置纵向预应力	最大杆件轴力74 950kN，墩顶桥面板拉应力15MPa
结构刚度	1/1 054	1/1 609	1/1 536
用钢量	52.9t/m	49.1t/m	49.5t/m
施工难度	施工难度小，工期短	施工难度小、工序复杂、工期较长	施工难度一般、工序复杂、工期较长
建安费(万元)	A	A－3 085	A＋3 805

双层钢桥面方案技术成熟，施工方便，杆件内力适中；普通混凝土板方案主桁杆件内力较大，桥面板拉应力较大，需配置较多预应力才可控制裂缝宽度，施工工序也较为复杂，另外该方案结构自重大，全桥地震响应显著，下部墩柱尺寸较双层钢桥面方案大30%。考虑到桥轴线与航道斜交，为尽量减小对通航的影响，在满足船撞的前提下，墩柱尺寸不宜过大。UHPC板方案造价较高，对预制板及现浇缝的施工要求高，综合考虑推荐采用双层钢桥面方案。

3.3 加劲弦布置

变高钢桁梁加劲弦布置方式主要有上加劲和下加劲两种方式[9]。上加劲方式对桥面架梁起重机施工影响较大，下加劲方式有利于降低桥墩高度。考虑到本桥位跨越水道为V级航道，通航净高8m，最高通航水位与桥面设计高程之间除满足通航要求外还有较大富余，故推荐采用施工便利的下加劲结构。

中墩顶主桁变高范围考虑四个节间、六个节间、八个节间三种方式，变高四个节间时加劲弦高14.5m，变高六个节间和八个节间时加劲弦高16.5m。三种变高方式计算结果见表3。

变高范围比选　　　　表3

变高范围		四个节间	六个节间	八个节间
图示				
中桁加劲弦	轴力(kN)	－62 434	－60 462	－54 271
	弯矩(kN·m)	12 532	18 504	25 654

续上表

变高范围		四个节间	六个节间	八个节间
上弦杆	轴力(kN)	37 390	37 008	40 960
	弯矩(kN·m)	12 021	13 926	17 043
下弦杆	轴力(kN)	−37 309	−23 759	−19 949
	弯矩(kN·m)	13 750	12 072	14 199

由表3可知,随着变高范围逐渐增大,加劲弦和下弦杆轴力逐渐减小,但加劲弦面内弯矩也随变高范围增大而增大,变高六个节间时,各杆件内力相对适中,故该桥中墩变高区域选择六个节间。

3.4 主梁施工架设方式

变高连续钢桁梁常见的架设方式有临时墩悬臂拼装[10]、吊索塔架悬臂拼装[11]。临时墩拼装方案主跨跨中共设置4个临时墩,临时墩间距约90m,满足临时通航要求,边跨设置3个临时墩。吊索塔架方案索塔支撑于墩顶主桁顶面,每个索塔布置3对斜拉索。对于吊索塔架悬臂拼装施工方案,中墩顶附近主桁腹杆及部分弦杆内力受安装内力控制,且该桥位于广州沿海强风区,设计风速高,夏季台风出现概率大,吊索塔架施工方案施工期抗风问题突出。综合以上因素,推荐采用临时墩悬臂拼装施工方案。考虑河道水深较浅,不具备大节段吊装条件,因此该桥采用单根杆件散拼方式,中墩顶变高区采用浮式起重机进行安装,再利用浮式起重机拼装桥面70t全回转起重机,全桥利用桥面4台全回转起重机对称悬臂拼装。

4 结语

狮子洋通道沙仔沥水道桥主跨272m,其桥宽大、车道数多,其桥型方案选择是该项目的关键。鉴于其重要的地理位置和特殊的建桥条件,本桥选用变高连续钢桁梁方案,建成后将是国内最大跨径双层公路变高钢桁梁桥。主桁桁式选择、桥面系方案研究、变高加劲弦设计、施工架设方案比选等是该桥设计的关键,也是变高钢桁梁结构朝更大跨径发展应重点研究的内容。

参 考 文 献

[1] 侯健,彭振华,张燕飞.沪通长江大桥天生港专用航道桥设计[J].桥梁建设,2015(6):53-57.
[2] 张强.京沪高速铁路济南黄河大桥主桥设计[J].桥梁建设,2006(S2):94-96.
[3] 蒋本俊,刘生奇,胡帆.武汉汉江湾桥连续钢桁拱架设关键技术[J].桥梁建设,2022(1):9-17.
[4] 常付平,马矗,姜洋.宁波三官堂大桥钢桁梁设计[J].世界桥梁,2022(3):8-13.
[5] 欧阳石.中老铁路元江特大桥连续钢桁梁架设技术[J].公路,2023(8):94-102.
[6] 陈进昌,金令,郭煜.郑济高铁黄河特大桥主桥设计[J].桥梁建设,2020(3):86-91.
[7] 张成东,肖海珠,徐恭义.杨泗港长江大桥总体设计[J].桥梁建设,2016,46(2):81-86.
[8] 赵廷衡,高宗余.桥梁钢结构细节设计[M].成都:西南交通大学出版社,2011.
[9] 周小苏,康炜,文强,等.川藏铁路某变高连续钢桁方案研究[J].铁道标准设计,2020(S1):115-119.
[10] 张建金.五通岷江大桥钢梁架设及关键技术[J].钢结构,2016(9):96-101.
[11] 齐东建.大跨度钢桁拱桥吊索塔架施工技术[J].铁道建筑,2022(4):90-93,115.

49. 狮子洋通道跨大岗沥主桥总体设计及桥面系方案研究

欧阳泽卉　袁　勤　朱　玉

(中交第二公路勘察设计研究院有限公司)

摘　要：在建潭州高架桥位于狮子洋过江通道南沙段，于跨越大岗沥水道位置处设置一孔92m的双层简支钢桁梁桥，上层为主线高速公路，下层为桂阁大道市政路。钢桁梁采用三片主桁，桁高约12.1m，上弦杆、下弦杆及腹杆均采用箱形断面。为探究桥面系的最优结构，提出了三种方案进行研究，分别从结构刚度和杆件应力等方面进行了计算对比。为减少钢材用量、提高桥面系的耐久性能，最终上层及下层桥面系均采用混凝土桥面板。结果表明，桥梁结构的刚度和应力水平均满足规范要求。

关键词：狮子洋通道　大岗沥　双层钢桁梁　总体设计　钢桥面　混凝土桥面　UHPC

1　引言

1.1　项目背景

狮子洋跨越珠江通道工程位于珠江三角洲核心地带，上游距离广龙高速公路南沙大桥约3.6km，下游距离莞佛高速公路虎门大桥约8.0km，西侧对接广中江高速公路，东侧对接常虎高速公路，路线全长约35.1km。本项目由上层的主线高速公路，下层地方市政路(桂阁大道、轮渡路及白沙南路)组成，是珠江口的第一条双层过江通道。项目区域水系较丰富，结合通航及防洪的需求，多处采用了双层钢桁梁跨越被交河涌或水道。本文主要介绍潭州高架桥跨越大岗沥的1×92m双层钢桁梁主桥。

1.2　主要技术标准

潭州高架桥跨大岗沥主桥路段的主要技术标准，上层主线的道路等级为高速公路；基本车道数为双向八车道；设计速度为100km/h；汽车荷载等级为公路—Ⅰ级；桥梁标准断面宽度为41.0m。下层桂阁大道(市政路)的道路等级为一级公路标准兼具城市主干道功能；基本车道数为双向六车道，为满足行人和非机动车的出行需求，两侧设置人非通道；设计速度为60km/h；汽车荷载等级为公路—Ⅰ级；桥梁标准断面宽度为16.5m。大岗沥远期规划为Ⅵ级航道，按单

基金项目：中交集团重大科技研发项目(2021-ZJKJ-08)。

孔双向通航设计,预留的通航净空为60.0m×6.0m。

2 结构设计

2.1 总体布置

潭州高架桥跨大岗沥主桥在大岗村处跨越大岗沥水道,桥区属冲积平原地貌,地势低缓、平坦、开阔,沟渠纵横,地表广泛种植农作物,地面高程在-1.39~1.02m之间。微地貌有村庄、农田、鱼塘、公路等。有乡道及在建广中江高速抵达拟建桥位附近,交通条件较为便利。桥位处河段为内河Ⅵ级通航河流,路线前进方向与水流方向夹角为84°。

大岗沥水道两岸大堤的防护等级为1级,根据相关规范要求,当桥梁在河中设置桥墩时,其阻水率不应超过6%。结合通航和防洪等控制因素,确定主桥采用一孔跨越通航水域和右岸规划河堤。桥跨布置为1×92m,上部结构采用双层简支钢桁梁桥方案(图1)。

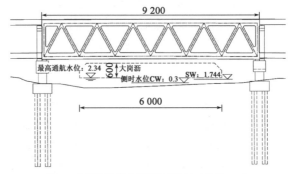

图1 大岗沥主桥立面布置图(尺寸单位:cm)

2.2 主桁架

本桥为双层钢桁梁桥,桥面宽度41.0m,主梁采用了三片主桁的结构形式(图2),用以减小横梁的跨径,降低横梁的内力水平及结构高度[1]。主桁间距20.0m,高度约12.1m。主桁沿纵桥向分为6个节段,共3种类型,标准节段长度为15.0m,节段间采用全焊连接[2]。

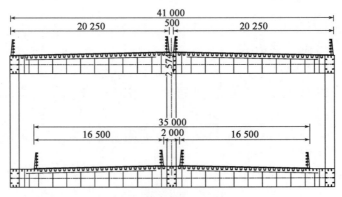

图2 标准横断面(尺寸单位:mm)

上层弦杆采用箱形截面,宽度1.2m,两侧边主桁的上层弦杆高度为1.6m,中间主桁的上层弦杆高度为2.0m。边、中主桁上层弦杆的底面保持平齐,其顶面高差形成2.0%的桥面横坡。

下层弦杆采用箱形截面,宽度1.2m,两侧边主桁的下层弦杆高度为1.424m,中间主桁的下弦杆高度为1.8m,边、中主桁下层弦杆的底面保持平齐,其顶面高差顶面形成2.0%的桥面横坡。

腹杆采用三角桁式[3],夹角约为64°,其断面采用箱形截面,横桥向标准宽度为1.2m,顺桥向标准宽度为1.32m,靠近支座位置的部分腹杆受力较大,顺桥向宽度加强至1.52m。

三片主桁通过横梁形成整体，全桥共61道横梁，分为端部横梁、主横梁和次横梁。其中，端部横梁采用加强的箱形截面；主横梁设置在节点对应位置，间距约15.0m，采用工字形截面；次横梁设置在主横梁之间，间距约3.0m，采用工字形截面。横梁的顶面设置D22×150均布剪力钉，通过后浇湿接缝与桥面板形成整体。

2.3 桥面系

上下层桥面系均采用了超高性能混凝土（UHPC）桥面板，结合计算结果，仅配置普通钢筋，未设置预应力钢束。超高性能混凝土的等级为UC140、厚度为180mm等截面。混凝土桥面板采用了先预制后现浇湿接缝形成整体的方式，以减小收缩徐变的影响。全桥共分为354个预制桥面板，单块标准宽度为2.5m，标准长度有4.85m、5.75m、5.90m三种。

3 桥面系方案研究

3.1 桥面系比选方案

钢桁梁常用的桥面系方案有正交异性钢桥面板[4]及混凝土桥面板[5]。其中，正交异性钢桥面板自重较轻，能有效减少主梁的恒载集度，减小跨中弯矩，但是其缺点是钢材用量较大，造价偏高，经济性差，在受力方面由于自身局部刚度较弱，在超载重车的长期碾压下容易出现铺装层的车辙破坏以及桥面板的疲劳破坏[6]。混凝土桥面板造价相对便宜，其铺装可以采用普通的沥青铺装，养护方便，后期运营成本较低，而缺点是混凝土桥面板构造尺寸相对较大，应用于大跨径桥梁时自重大，恒载产生的内力较大。对于负弯矩区等存在较大拉力的区域，需要配置预应力钢束[7]，造成细节较多、构造复杂、施工困难、耐久性差。但是采用超高性能混凝土（UHPC）则可以采用较薄的板厚，有效减小自重，同时具有较好的抗裂性能，有效避免上述问题。

本桥作为双层钢桁梁桥，考虑不同的桥面系形式组合后，共有四种比选方案。比选方案一：上层正交异性钢桥面板＋下层正交异性钢桥面板[图3a]；比选方案二：上层混凝土（UHPC）桥面板＋下层正交异性钢桥面板[图3b]；比选方案三：上层混凝土（UHPC）桥面板＋下层混凝土（UHPC）桥面板[图3c]；比选方案四：上层正交异性钢桥面板＋下层混凝土（UHPC）桥面板。但是考虑简支双层桥梁的整体受力情况，在恒载及活载的正弯矩作用下，上层桥面系承受更大的压力，下层桥面系承受更大的拉力，比选方案四中，受拉性能优的钢结构在上层，受压性能优的混凝土结构却在下层，与受力模式不符，因此不做进一步的研究。

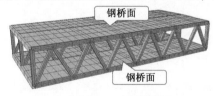
a)比选方案一（双层钢桥面板）

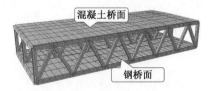
b)比选方案二（上层UHPC混凝土＋下层钢桥面板）

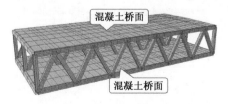
c)比选方案三（双层UHPC混凝土桥面板）

图3 比选方案有限元模型

采用 Midas Civil 软件建立以上三种比选方案的有限元模型。其中,上弦杆、下弦杆及腹杆均采用梁单元模拟,上下层的桥面板均采用板单元模拟。腹杆与上、下弦杆重合的位置采用共用节点的方式,桥面板与上、下弦杆通过刚臂连接。

三种比选方案的主要材料和主要截面尺寸分别如表1、表2所示。

材料对比　　　　　　　　　　　　　　　　　表1

部位	方案一 双层钢桥面板	方案二 上层混凝土+下层钢桥面板	方案三 双层混凝土桥面板
上下弦杆	Q355D	Q355D	Q355D
横梁	Q355D	Q355D	Q355D
上层桥面板	Q355D	UC140	UC140
下层桥面板	Q355D	Q355D	UC140

截面尺寸对比　　　　　　　　　　　　　　　表2

部位	方案一 双层钢桥面板	方案二 上层混凝土+下层钢桥面板	方案三 双层混凝土桥面板
上弦(高×厚)(mm)	2 000/1 600×18	2 000/1 600×24	2 000/1 600×28
下弦(高×厚)(mm)	1 800/1 424×18	1 800/1 424×18~24	1 800/1 424×18~28
腹杆(高×厚)(mm)	1 200×20~28	1 200×20~36	1 200×20~40
上层桥面板厚(mm)	16	180	180
下层桥面板厚(mm)	16	16	180
用钢量(kg/m²)	621.0	507.9	438.8

3.2 结构刚度

在活载作用下,三种方案的竖向挠度计算结果如图4所示,其中方案一(双层钢桥面板)的跨中竖向挠度为21.9mm,挠跨比为1/4 201;方案二[上层混凝土(UHPC)桥面板+下层钢桥面板]的竖向挠度为14.9mm,挠跨比为1/6 174;方案三[双层混凝土(UHPC)桥面板]的竖向挠度为12.2mm,挠跨比为1/7 541。三种方案都满足规范中1/500的刚度要求,但是方案一的竖向挠度最大,方案三的竖向挠度最小,即混凝土桥面板能提供较大的结构刚度。

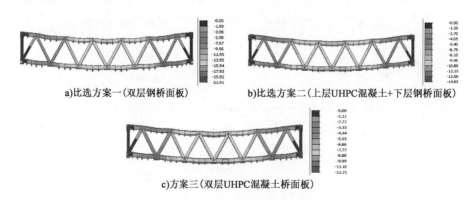

图4　活载作用下钢桁梁的竖向挠度(单位:mm)

3.3 杆件应力

基本组合下(图5),方案一(双层钢桥面板)的上弦杆应力范围为-206~129MPa;方案二

[上层混凝土(UHPC)+下层钢桥面板]的上弦杆应力范围为-202~87MPa;方案三[双层混凝土(UHPC)桥面板]的上弦杆应力范围为-226~94MPa。三种方案上弦杆以受压为主,应力水平较为接近,其中方案三的受力最大,但都满足规范中Q355D的应力限值要求。

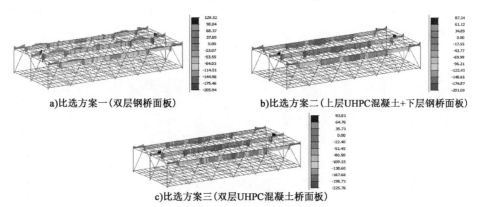

图5 基本组合下上弦杆应力(单位:MPa)

基本组合下,方案一(双层钢桥面板)的下弦杆应力范围为-88~194MPa;方案二[上层混凝土(UHPC)+下层钢桥面板]的下弦杆应力范围为-23~218MPa;方案三[双层混凝土(UHPC)桥面板]的下弦杆应力范围为-60~217MPa。三种方案下弦杆以受拉为主,应力水平较为接近,其中方案一的受力最小,但都满足规范中Q355D的应力限值要求。

基本组合下,方案一(双层钢桥面板)的腹杆应力范围为-224~198MPa;方案二[上层混凝土(UHPC)+下层钢桥面板]的腹杆应力范围为-215~194MPa;方案三[双层混凝土(UHPC)桥面板]的腹杆应力范围为-220~199MPa。三种方案腹杆以受拉压为主,应力水平较为接近,且都满足规范中Q355D的应力限值要求。

3.4 桥面系应力

上层桥面板结构在标准组合下的纵桥向应力如图6所示。去除应力集中点后,方案一(双层钢桥面板)的上层桥面应力范围为-113~25MPa,方案二[上层混凝土(UHPC)+下层钢桥面板]的上层桥面应力范围为-5.3~2.3MPa,方案三[双层混凝土(UHPC)桥面板]的上层桥面应力范围为-9.9~6.9MPa。钢桥面板叠加第二、三体系应力后仍满足规范要求,而UHPC超高性能混凝土桥面桥配置普通钢筋后也可以满足规范中关于承载能力与抗裂性能的要求。

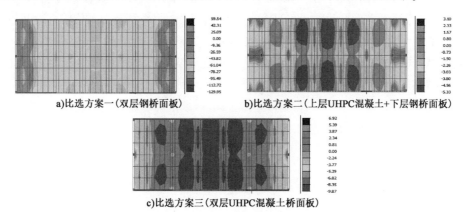

图6 标准组合时上层桥面应力(单位:MPa)

下层桥面板结构在标准组合下的纵桥向应力如图7所示。去除应力集中点后,方案一(双层钢桥面板)的下层桥面应力范围为-88~119MPa,方案二[上层混凝土(UHPC)+下层钢桥面板]的下层桥面应力范围为-27~31MPa,方案三[双层混凝土(UHPC)桥面板]的下层桥面应力范围为-7.5~9.8MPa。钢桥面板叠加第二、三体系应力后仍满足规范要求,而UHPC超高性能混凝土桥面桥配置普通钢筋后也可以满足规范中关于承载能力与抗裂性能要求。

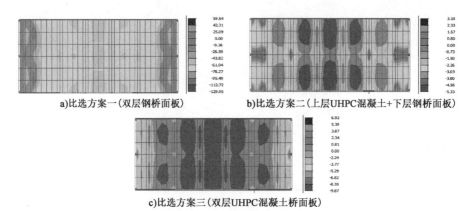

a)比选方案一(双层钢桥面板)
b)比选方案二(上层UHPC混凝土+下层钢桥面板)
c)比选方案三(双层UHPC混凝土桥面板)

图7　标准组合时下层桥面应力(单位:MPa)

3.5　比选结论

三种桥面系方案在结构的整体受力上均具有可行性,在适当调整主桁杆件的厚度后,上层弦杆、下层弦杆、腹杆的应力水平较接近。方案三[双层混凝土(UHPC)桥面板]的杆件尺寸相对较厚,但考虑桥面系后,钢结构用量得到有效降低,为438.8kg/m²,节省了造价,经济性能好。计算结果显示,混凝土桥面板拉应力较大,但UHPC的材料特性足以满足承载能力和抗裂性能的要求。

因此,在当前1×92m的跨径下,方案三[双层混凝土(UHPC)桥面板]结构刚度大,经济性能优,施工周期较短,耐久性能好,后期养护方便,是最适合本桥的桥面系方案。

4　结语

潭州高架桥跨大岗沥主桥采用1×92m双层简支钢桁梁桥,上层弦杆、下层弦杆及腹杆采用箱形截面,计算结果显示桥梁构件的应力均满足规范要求,结构性能良好;上层及下层桥面系均采用了UHPC桥面板+普通沥青混凝土铺装,极大减少了钢材用量,降低了本桥的造价,经济性能较好;同时也降低了运营期间桥面系发生疲劳破坏的风险,减少了后期养护工作的内容,耐久性能较好。其桥型结构方案及桥面系方案在100m左右跨径的双层桥梁中极具竞争力,可为类似项目提供参考。

参　考　文　献

[1] 肖容.大跨度三主桁连续钢桁梁桥受力特性研究[J].城市道桥与防洪,2021(6):238-241,269,26.

[2] 张清华,魏川,徐召,等.钢桁梁整体焊接节点疲劳性能模型试验[J].中国公路学报,2022,

35(12):77-90.

[3] 赖亚平,邓宇,马振栋.公轨两用高低塔斜拉桥钢桁梁设计研究[J].钢结构,2016,31(9):67-72.

[4] 万田保,张强.铜陵公铁两用长江大桥主桥设计关键技术[J].桥梁建设,2014,44(1):1-5.

[5] 刘永健,刘剑,高诣民,等.双层桥面钢桁桥钢-混组合桥面板收缩徐变效应[J].长安大学学报(自然科学版),2010,30(5):52-57.

[6] 李凤.铁路钢桁斜拉桥正交异性钢桥面板疲劳性能研究[D].成都:西南交通大学,2012.

[7] 潘军.帕德玛大桥主桥150m跨连续钢-混组合梁施工技术[J].桥梁建设,2021,51(5):8-13.

50. 大跨度桁架梁整体式节点构造与设计要点

冯金强 李 烨 徐 军

(中交公路规划设计院有限公司)

摘 要：本文基于狮子洋通道东、西高墩区引桥工程,对大跨度桁架梁整体式节点的构造与设计要点进行介绍。通过有限元计算,对节点板大小、节点板倒角情况、腹杆板件是否与弦杆焊接、加劲设置情况进行对比分析,得出节点板的最优构造,分析结果可为桁架梁整体式节点设计提供参考。

关键词：狮子洋通道 大跨桁架梁 整体式节点 有限元分析

1 工程背景

狮子洋通道东、西高墩区引桥与主桥相连,设计采用双层大跨度桁架梁(图1)。其中东高墩区引桥位于主桥东莞侧,联跨布置为 $3 \times 90m + 3 \times 90m + (75m + 105m + 75m) + 3 \times 75m$；西高墩区引桥位于主桥南沙侧,联跨布置为 $(60.5m + 90m + 60.5m) + (75m + 80m + 80m + 75m) + (90m + 90m + 92m)$。桁架梁立面采用三角桁设计,节点采用整体式节点,节间距15m或16m。

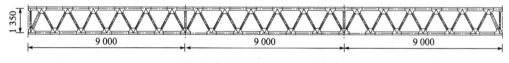

图1 典型桁架梁立面布置(尺寸单位:cm)

2 国内外研究情况

Fisher[1]曾对节点板进行受力试验,测得节点板和弦杆连接的截面应力是非线性的,但按照材料力学公式进行计算是偏于安全的,并根据试验结果,提出用节点板的有效宽度来验算节点板能否承受来自杆件的轴力；沈泽渊等[2]根据试验及有限元分析结果,揭示出了节点板的破坏机理,提出了节点板拉裂及压屈的计算公式,并被 GB 50017—2017 规范[3]所采纳；Yamamoto[4]采用试验方法对重型桁架的节点板稳定问题进行了研究；闫兴非[5]对桁架的整体焊接节点进行了不同工况下的试验研究及有限元分析,得到了节点板的应力分布和应力集中位置；邓玮琳[6]结合实际工程提出了估算节点板厚度的公式；潘路杰[7]采用嵌入模型和子模型方法分别对桁架梁节点进行有限元分析,有限元分析结果显示应力集中出现在腹杆之间的节点板上。

3 节点板设计要点

3.1 构造设计要求

如图2所示,节点构造应避免出现偏心,即各杆件中心应尽量汇交于节点板内一点。为保证节点板的面外刚度足够和减小节点板的规模,应将杆件在节点板处紧凑布置。为使腹杆内力均匀地传递到弦杆腹板上,节点板的倒角 R 为弦杆高度的1/2为宜。对于工字形腹杆,腹板伸入节点板的长度 L 不应小于腹杆宽度的1.5倍。c/t 应不大于 $10(345/f_y)^{1/2}$,否则应按照 GB 50017—2007 规范[3]附录 G 验算稳定性,其中 c 为腹杆连接肢端面中点沿腹杆轴线方向至弦杆的净距离,t 为节点板厚度。为保证节点板自由边不发生局部失稳,b_g/t 应不大于 $50(345/f_y)^{1/2}$,否则应沿自由边设置加劲。节点板与弦杆腹板的对接焊缝距离横隔板及圆弧端的距离 d 应不小于 100mm。

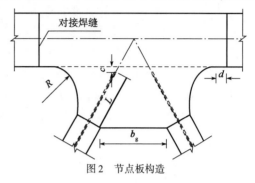

图2 节点板构造

3.2 验算内容

3.2.1 螺栓连接强度验算

节点板与腹杆连接螺栓的计算,一般按照等强度原则。对受拉杆件,采用以下公式:

$$n \geq \frac{A_n f_d}{N_{vu}^b} \tag{1}$$

式中:n——所需的螺栓数量;
　　f_d——材料强度设计值;
　　N_{vu}^b——单个高强螺栓的抗剪承载能力;
　　A_n——净截面面积。

对于受压杆件,采用以下公式:

$$n \geq \frac{A_m \chi f_d}{N_{vu}^b} \tag{2}$$

式中:A_m——毛截面面积;
　　χ——轴心受压构件的整体稳定折减系数。

3.2.2 螺栓连接拼接板强度验算

节点板与腹杆螺栓连接应采用双面拼接板,拼接板的总净截面面积应为被连接杆件的净截面面积的1.1倍。当被连接的板件厚度不等时,应以截面较大的板件计算,即

$$\sum A_c \geq 1.1 A_{bmax} \tag{3}$$

式中:A_c——拼接板净截面面积;
　　A_{bmax}——被最厚的被拼接板净截面面积。

3.2.3 螺栓连接母板净截面强度验算

应对被连接板件(母板)的最危险截面(最外列螺栓孔截面处)进行考虑孔前传力的净截面强度计算。

$$\sigma = \frac{N'}{A_n} \leq f_d \tag{4}$$

$$N' = N\left(1 - 0.5\frac{n_1}{n}\right) \tag{5}$$

式中：N'——考虑孔前传力后最外列螺栓承受的轴向力计算值；

N——整个螺栓群承受的轴向力计算值；

n_1——最外列螺栓数目；

n——连接一侧螺栓总数目。

3.2.4 螺栓连接撕裂应力验算

当与节点板栓接的杆件受拉时,应验算节点板的撕裂应力。考虑到节点板受力复杂及存在面外变形等因素,要求节点板的抗撕裂强度应为杆件的强度的1.1倍。如图3所示,在轴向力 N_1 作用下,节点板可能的撕裂路径有1-2-3-4 或 5-2-3-6。当撕裂截面与轴向力 N_1 垂直时,采用钢材强度设计值 f_d 进行验算,当撕裂截面与轴向力不垂直时,采用 $0.75f_d$ 进行验算。以撕裂路径1-2-3-4 为例,节点板的撕裂强度验算公式为：

$$\sigma = \frac{1.1N_1}{0.75(A_{n1-2} + A_{n3-4}) + A_{n2-3}} \leq f_d \tag{6}$$

式中：A_{ni-j}——节点板撕裂路径上的 i-j 截面的净截面面积。

3.2.5 水平截面剪应力验算

在轴向力 N_1 及 N_2 作用下,节点板与弦杆交接面处（图4中 A—A 断面处）存在剪应力,验算公式为：

$$T = (N_1 + N_2)\cos\theta \tag{7}$$

$$\tau = \frac{3}{2}\frac{T}{a\delta} \leq 0.75f_d \tag{8}$$

式中：a——截面 A—A 处节点板长度；

δ——节点板厚度。

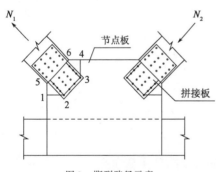

图3 撕裂路径示意

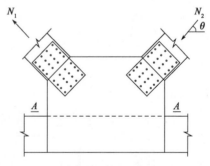

图4 水平截面剪应力验算示意

3.2.6 竖向截面的法向应力验算

根据平衡条件, B—B 断面的法向力 $F = N_4 - N_2\cos\theta$,如图5所示,认为节点板满足平截面假定,则节点板上缘的强度验算公式为：

$$\sigma_s = \frac{N}{A_n} - \frac{Ney_1}{I_n} \leq f_d \tag{9}$$

节点板下缘的强度验算公式为：

$$\sigma_s = \frac{N}{A_n} + \frac{Ney_2}{I_n} \leq f_d \tag{10}$$

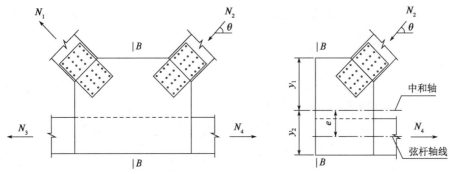

图5 竖向截面正应力验算示意

4 有限元对比分析

根据上述构造要求及验算内容可以初步确定节点板的规模,保证结构基本的安全性。但节点板大小或其他构造细节对节点板应力的具体影响是非线性问题,需要借助有限元计算进行对比分析。本文拟建立壳单元局部模型对节段板大小、节点板倒角情况、腹杆板件是否与弦杆焊接及加劲设置情况进行对比分析,为节点板的优化设计提供依据。

4.1 节点板大小对比分析

图6为引桥典型节点板构造,为研究节点板大小对节点板受力的影响,现取 L_x 分别为 2 700mm、2 800mm 和 2 900mm,分别建立壳单元模型,其中受拉工字形腹杆轴力1 320t,受压箱型腹杆轴力1 550t,弦杆两端固定约束,壳单元计算结果如图7所示。从图中可以看出,最大组合应力在工字形腹杆与节点板交接处。当 L_x = 2 700mm 时,最大应力为295.1MPa;当 L_x = 2 800mm 时,最大应力为292.6MPa;当 L_x = 2 900mm 时,最大应力为291.8MPa。通过比较计算结果可知,在满足工字形腹杆腹板深入节点板的长度为腹杆宽度1.5倍以上的构造要求下,再增加节点板尺寸,效率不高。为了减小节点板规模,狮子洋引桥节点板的 L_x 取2 700mm。

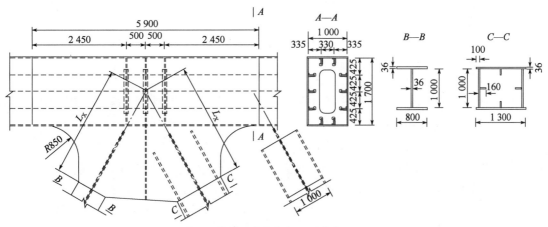

图6 引桥典型节点构造(尺寸单位:mm)

4.2 节点板倒角情况分析

如图8所示,在保证节点板 L_x = 2 700mm 的情况下,在节点板与腹杆交接位置采用 R = 500mm 的圆弧倒角处理,腹杆内力保持不变,计算结果如图9所示。从图中可以看出,在节点板与腹杆交接位置采用圆弧倒角处理后,峰值应力从295.1MPa减小到235.7MPa,应力下降明显。因此,狮子洋引桥节点板与腹杆连接位置采用倒角处理。

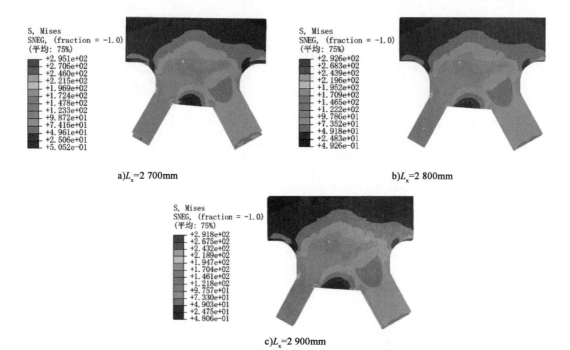

图7 不同节点板 Von Mises 应力云图(单位:MPa)

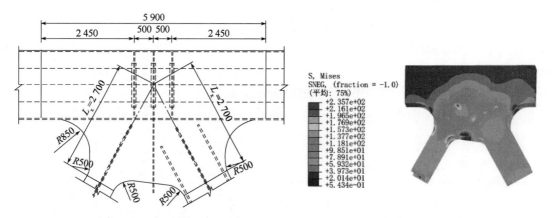

图8 节点与腹杆板交接位置倒角处理(尺寸单位:mm)　　图9 倒角处理后应力云图(尺寸单位:MPa)

4.3 腹杆板件与弦杆焊接

如图10所示,将工字形腹杆腹板与弦杆底板焊接处理,考虑到箱形腹杆若与弦杆底板焊接会导致施焊空间不足,箱形腹杆与弦杆底板仍然保持间隙,计算结果如图11所示。从图中可以看出,采用上述构造处理后,节点板上腹杆腹板端部位置的应力集中消除,应力也降低至160MPa左右。整个节点板的峰值应力也从235.7MPa降低至227MPa。因此,狮子洋引桥节点板的工字形腹杆腹板与弦杆底(顶)板焊接。

4.4 加劲设置情况

如图12所示,将节点板的竖向加劲换成沿自由边设置的加劲,计算结果如图13所示。从图中可以看出,采用上述构造措施后,节点板组合应力为226.6MPa,应力并无明显降低。考虑到采用竖向加劲对节点板的面外刚度增加会更明显,狮子洋引桥节点板采用竖向加劲肋来保证自由边的长厚比满足构造要求。

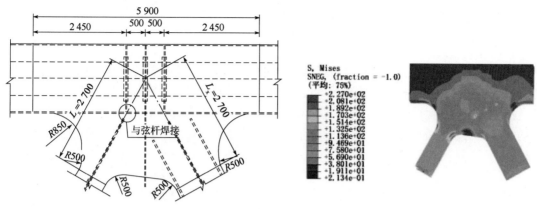

图10 与弦杆底板焊接处理(尺寸单位:mm)　　图11 与弦杆底板焊接处理(单位:MPa)

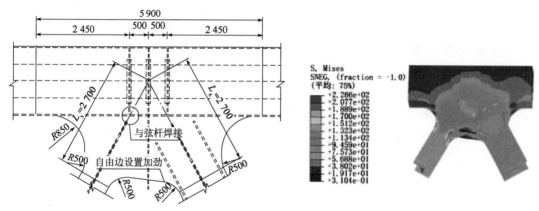

图12 沿节点板自由边设置加劲(尺寸单位:mm)　　图13 沿自由边设置加劲肋(单位:MPa)

4.5 节点板构造选择

综合上述各有限元对比分析结果,狮子洋引桥的焊接整体式节点板采用如图10所示构造。当整体式节点板与所连接的腹杆采用螺栓连接时,为了保证螺栓施拧空间,在箱形截面的腹板末端设为燕尾型,如图14所示。

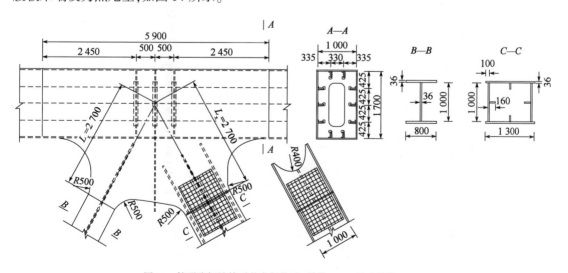

图14 箱形腹杆栓接时节点板构造(单位:MPa;尺寸单位:mm)

5 结语

整体式节点板作为大跨度桁架梁的关键构造,其构造除应满足规范规定的强度和稳定外,尚应通过有限元对其进行优化设计。有限元计算结果显示,节点板与腹杆交接位置应力较大;增大节点板规模对节点板应力改善效率较低;节点板与腹杆连接位置采用倒角处理会明显改善节点板受力;将腹杆板件与弦杆焊接能有效减小节点板的应力集中;沿节点板自由边设置加劲肋并不会明显改善节点板受力,从增加节点板面外刚度的角度来讲,节点板设置竖向加劲肋更优。

参 考 文 献

[1] Fisher J W. Guide to Design Criteria for Bolted and Riveted Joints[J]. New York:John Wiley,1974.

[2] 沈泽渊,赵熙元.焊接钢桁架外加式节点板静力性能的研究[J].工业建筑,1987,17(8).

[3] 中华人民共和国住房和城乡建设部.钢结构设计标准:GB 50017—2017[S].北京:中国建筑工业出版社,2018.

[4] Yamamoto K,et al. Buckling Strength of Gusseted Truss Joints. Journal of Structural Engineering[J].1988,114(3).

[5] 闫兴非.钢桁梁整体焊接节点试验与非线性有限元分析[J].公路交通科技:应用技术版,2011,8.

[6] 邓玮琳.闵浦二桥箱形截面杆件全焊钢板组合桁架梁设计[J].中国市政工程,2009,4.

[7] 潘路杰.城市双层钢混组合桁架梁桥总体设计与关键节点分析[J].中国市政工程,2021,3(7).

51. 狮子洋通道主跨145m钢桁梁结构选型研究

彭凌风 罗 扣 王忠彬

(中铁大桥勘测设计院集团有限公司)

摘 要:狮子洋通道全长约35km,为双层高速公路复合过江通道,其中主跨145m的双层过江水道桥采用80m+145m+80m的连续钢桁梁。根据几种结构形式的优缺点,结合该水道桥的桥位情况,分别对各种结构形式进行分析计算,并进行制造、安全和经济性的综合比较,得出合适的钢桁梁结构形式。

关键词:钢桁梁 桥型方案 主桁榀数 主桁桁式

1 引言

狮子洋通道位于粤港澳大湾区几何中心,是该区域重要的战略性通道,上游距南沙大桥约3.6km,下游距虎门大桥约8.0km,总长约35km。其中,过江段主桥工程采用双层桥方案,工程起点里程K16+804,终点里程K24+077,全长7.273km。

本水道桥起讫里程K16+804~K17+109,中心里程桩号为K16+956.5,该水道水面宽约240m,河底最深高程为-7.6m,桥下规划通航等级为Ⅳ级航道,综合考虑通航、防洪和两岸堤坝等因素,主跨通航孔采用145m,边跨采用80m。

2 桥型方案研究

适合145m跨径的主梁形式主要有双层预应力混凝土连续梁、双层连续钢箱梁、双层连续钢桁梁(图1~图3)。其中双层预应力混凝土连续梁受主桥净空控制,混凝土梁高较大,难以满足净空要求。双层连续钢箱梁中上、下层钢箱梁需分步施工,施工工序复杂、工期长、经济性及景观效果又相对较差。双层连续钢桁梁施工方便、经济性优、景观效果好[1]。因此,该项目采用双层连续钢桁梁方案。

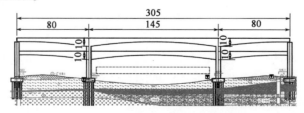

图1 双层预应力混凝土连续梁(尺寸单位:m)

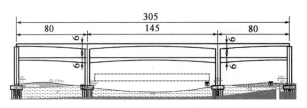

图 2 双层连续钢箱梁(尺寸单位:m)

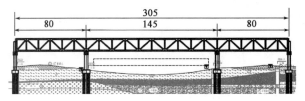

图 3 双层连续钢桁梁(尺寸单位:m)

3 主桁榀数研究

该项目上层桥面为双向 10 车道(单幅桥面宽 24.5m),主桁榀数一般有两榀桁、三榀桁两种(图 4、图 5),从力学性能、经济性和施工便利性等方面进行比选。

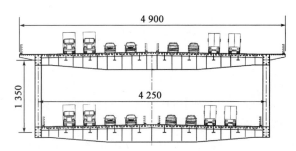

图 4 两榀桁断面形式(尺寸单位:cm)

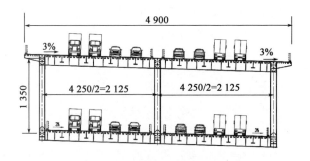

图 5 三榀桁断面形式(尺寸单位:cm)

由表 1 分析可知,两榀桁方案主桁受力明确,主桁杆件尺寸大,板厚较厚,杆件相对较少,因此钢梁节段拼装接头相对较少。三榀桁主桁受力相对复杂,杆件相对较小、板厚相对较薄,因此钢梁节段拼装时,杆件拼接接头相对较多。但由于桥面较宽,两榀桁腹杆面外弯矩以及横梁弯矩均大于三榀桁。对于超宽桥梁,三主桁方案既能有效减小横梁跨径和横梁尺寸,增大桥面刚度,同时可减小主桁腹杆面外弯矩[2],进而提高结构经济性,故主梁推荐采用三榀桁结构。

主桁榀数对比主要计算结果　　　　表1

项目	两榀桁方案	三榀桁方案
受力特点	受力明确	受力相对复杂
主桁受力	腹杆面外弯矩约7 880kN·m	腹杆面外弯矩约2 400kN·m
横梁受力	横梁弯矩3 130kN·m	横梁弯矩1 860kN·m
工程经济性	钢料53t/m	钢料44t/m

4　主桁桁式研究

结合该桥的孔跨和桥位的具体情况,本项目拟定了三角桁、华伦桁两种方案(图6、图7)进行比选分析,标准节间距14.5m,桁高13.5m。

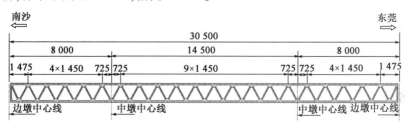

图6　三角桁式(尺寸单位:mm)

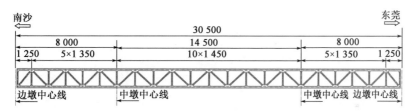

图7　华伦桁式(尺寸单位:mm)

从受力上来讲,华伦桁方案比三角桁方案整体刚度较大,主桁杆件内力两者差异不大。三角桁由于未设置竖杆,全桥整体用钢量较小于华伦桁,且有斜腹杆交会的大节点较少,制造安装简单,传力明确[3],视野通透,行车条件好,综合考虑以上因素,选用三角桁方案。

桁式对比主要计算结果见表2。

桁式对比主要计算结果　　　　表2

方案		华伦桁		三角桁	
		最大值	最小值	最大值	最小值
主桁轴力(kN)	上弦杆	20 237	7 721	16 161	10 144
	下弦杆	-4 193	-11 863	-7 683	-13 548
面内弯矩 kN·m	上弦杆	1 905	-4 757	3 590	-7 084
	下弦杆	771	-6 480	2 649	-8 266
刚度		1/3 059		1/2 896	
用钢量		43.0t/m		40.7t/m	

5　主梁桥面系研究

本水道桥为双层钢桁梁,主要对以下三种形式进行比选研究:双层钢桥面、上层组合桥面、下层钢桥面以及双层组合桥面。

双层钢桥面(图8、图9):上下桥面系为钢桥面系,钢结构部分为纵横梁体系;纵梁横向间距为4.5m,在节点处设置大横梁,节间每隔2.9m设置一道小横肋,整体钢桥面系参与结构整体受力。

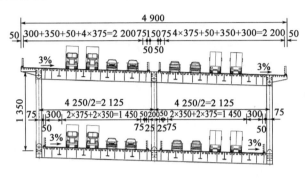

图8　双层钢桥面断面(尺寸单位:cm)　　　　　图9　双层钢桥面计算模型

上层组合桥面、下层钢桥面(图10、图11):上层桥面系为钢混组合桥面,钢结构部分为纵横梁体系,混凝土桥面板厚25cm,上层混凝土板与弦杆及纵横梁通过剪力钉连接,参与结构整体受力;下层桥面系为钢桥面系,钢结构部分为纵横梁体系。纵梁横向间距为4.5m,在节点处设置大横梁,节间每隔2.9m设置一道小横肋,整体钢桥面系参与结构整体受力[4]。

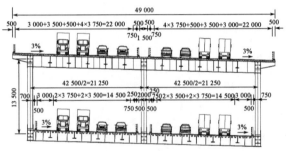

图10　上层组合桥面下层钢桥面断面(尺寸单位:cm)　　　　　图11　上层组合桥面计算模型

双层组合桥面(图12、图13):上下桥面系为钢混组合桥面,钢结构部分为纵横梁体系,混凝土桥面板厚25cm,上、下层混凝土板与弦杆及纵横梁通过剪力钉连接,参与结构整体受力[5]。

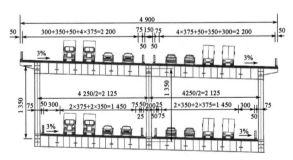

图12　双层组合桥面断面(尺寸单位:cm)　　　　　图13　双层组合桥面计算模型

组合梁具有自重轻、施工便捷、材料性能发挥充分等优点,同时还可以较好地改善桥面的耐久性问题[6-7],下层组合桥面构造中由于主桁腹杆与节点板存在,与弦杆区域一般不结合,这会导致界面容易进水影响结构耐久性。从表3可以看出：上层组合桥面、下层钢桥面形式刚度、用钢量、施工难度、工期、运营维养难度均适中，上层混凝土板11.8MPa的拉应力水平可以通过支座顶升法[8-9]来减小至规范要求。

三种桥面系形式主要计算结果　　　表3

项目		双层钢桥面	上层组合下层钢桥面	双层组合桥面
结构受力	竖向刚度	1/3 059	1/3 349	1/3 930
	主桁	上弦杆2 024t 下弦杆-1 186t	上弦杆3 639t 下弦杆-1 745t	上弦杆4 555t 下弦杆-2 233t
	混凝土拉应力	—	11.8MPa	上层10.3MPa 下层10.5MPa
钢梁用量		43t/m	40.7t/m	35.7t/m
施工难度		施工难度小、工期短	施工难度一般、工期较长	施工工序较为复杂、工期长
运营维养难度		钢桥面铺装维养难度大、费用高	桥面铺装维养量介于两者之间	混凝土桥面铺装后期维养少、下层混凝土桥面与弦杆界面耐久性不易保证

6　结语

狮子洋通道项目为双层高速公路过江通道，2022年底开工建设，预计2027年建成。该项目中主跨145m的三跨连续梁采用上层组合下层钢桥面的三角桁连续钢桁梁结构体系，其构造简单、结构受力合理、耐久性好、施工安全更有保证、全寿命周期的造价更经济。

参 考 文 献

[1] 吴冲.现代钢桥(上册)[M].北京：人民交通出版社，2006.
[2] 肖汝诚.桥梁结构体系[M].北京：人民交通出版社，2013.
[3] 宋杰，杨秀英，周学军．桁架外形和腹杆体系布置对其内力的影响[C]//第五届全国现代结构工程学术研讨会论文集，2005.
[4] 卢永成.上海长江大桥组合结构连续梁技术特点[J].上海公路，2011(3)：26-28.
[5] 张先蓉，胡佳安.武汉二七长江大桥6×90m钢-混组合连续梁设计[J].世界桥梁，2012，40(4)：11-14,25.
[6] 陈斌，邵旭东，曹君辉.正交异性钢桥面疲劳开裂研[J].工程力学，2012，29(12)：170-174.
[7] 丁楠，邵旭东.轻型组合桥面板的疲劳性能研究[J].土木工程学报，2015,48(1)：74-81.
[8] 赵煜，李春轩，张充满.在役连续刚构桥顶升技术及应用口[J].长安大学学报(自然科学版)，2007(4)：52-56.
[9] 聂建国，樊健生.钢-混凝土组合梁负弯矩区抗裂的方法：CN1587531[P].2005-03-02.

52. 新沙高架双层连续钢桁梁主桥设计

余佳干 朱 玉 张 维

（中交第二公路勘察设计研究院有限公司）

摘 要：狮子洋通道新沙高架桥主桥采用双层钢桁梁桥,跨径布置为:97m+150m+97m,连续结构体系。钢桁梁采用三主桁设计,横向由3片桁架组成,桁中心距为20m。桁梁上层总宽41m、下层总宽41.2m,桁高由小桩号侧的14.91m逐渐减小到大桩号侧的12.531m(上、下弦系统线间距)。主桁架立面为三角式,包含上、下弦杆、腹杆和整体节点。标准节间长15m,全桥共分为22个节段。主桁采用全焊的整体节点,在工厂内按单根杆件制造,运输至现场后于场地内组拼成标准桁架。上层桥面系结构采用UHPC组合桥面板,钢梁为纵、横向格子梁形式,预制板采用标准件进行预制,后期通过纵横向现浇带处剪力钉与钢梁连成整体。下层桥面系结构采用正交异性钢桥面板,主桁下弦杆作为纵梁,与面板、板肋、U肋组成正交异性桥面板,桥面板支撑在横梁之上,横梁与主桁相连,最终完成桥面荷载传递到主桁的传力路径。经验算,桥梁结构受力满足规范要求。

关键词：钢桁梁 双层桥 UHPC桥面板 正交异性钢桥面板 桥梁设计

1 工程概况

狮子洋通道位于粤港澳大湾区几何中心,上游距南沙大桥约3.6km,下游距虎门大桥约8.0km,是大湾区首条立体复合跨珠江通道。其中,新沙高架桥于新沙村处跨越蕉门水道。

1.1 建设条件

新沙高架桥跨径选择的主要控制因素为左岸堤防和V级航道。桥位处河道水面宽度约400m,根据通航专题结论,主桥须采取单孔双向通航布设桥孔,同时避免桥区航道与灵山造船厂码头停泊水域重合。因本项目狮子洋通道和桂阁大道共线的需要,跨越蕉门水道需采用双层桥梁结构,即上层为狮子洋通道主线,下层为桂阁大道[1]。

1.2 技术标准

该桥上层采用双向六车道高速公路技术标准,下层采用一级公路兼城市主干道技术标准,设计速度为60km/h,设计荷载为公路一级。项目区所在地区地震基本烈度为Ⅶ度,抗震措施等级为三级。上跨蕉门水道规划为内河V级航道。上层桥面宽度:0.5m(防撞护栏)+19.25m(行车道)+0.5(防撞护栏)+0.5m(中央分隔带)+0.5m(防撞护栏)+19.25m(行车道)+0.5m(防撞护栏),合计全宽41m;下层桥面宽度:1.2(桁架区)+1.9m(检修道)+0.5(防撞护栏)+3.5m(人行道)+12m(行车道)+0.5m(防撞护栏)+2.0m(桁架区)+0.5(防撞护栏)+12m(行车道)+3.5m(人行道)+0.5(防撞护栏)+1.9m(检修道)+1.2(桁架区),合计全宽41.2m。

1.3 桥梁总体布置

根据项目通航要求,拟定本桥主跨通航孔采用150m跨径,边孔采用97m跨径,以同时满足连续结构受力和跨越左岸河堤的需要。主跨150m跨径双层桥梁建议采用连续钢桁梁桥的方案,经方案比选,确定主桥采用双层钢桁梁桥,跨径布置为:97m+150m+97m,连续结构体系(图1)。

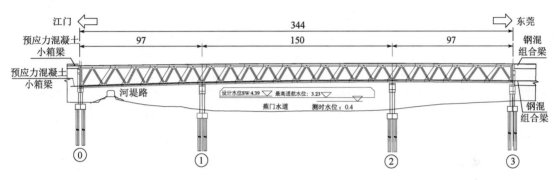

图1 新沙高架桥主桥立面布置(尺寸单位:m)

本桥平面位于直线段上,上层纵面位于半径$R=16\,000$m的凸形圆曲线上,下层纵面位于半径$R=7\,400$m的凸型圆曲线上。

三主桁结构能较好地利用路面中央带空间,且与引桥三柱式门架墩能很好地匹配,在不增加结构构造宽度的同时,提供桥梁较大的横竖向刚度,还具有整体性较好、比例协调等优点[2-3]。因此,本项目钢桁梁推荐采用三主桁结构形式,横向由3片桁架组成,桁中心距为20m。受上下层路线纵坡不对称影响,桁高由小桩号侧的14.91m逐渐减小到大桩号侧的12.531m(上、下弦系统线间距),桁梁上层总宽41m,桥面系结构采用UHPC组合桥面板。下层总宽41.2m,桥面系结构采用正交异性钢桥面板(图2)。

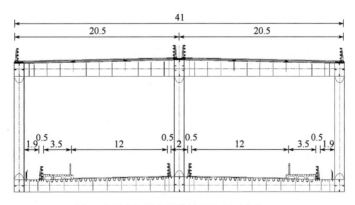

图2 新沙高架桥主桥横断面图(尺寸单位:m)

2 结构设计

主桥钢桁梁由主桁、上层桥面系、下层桥面系组成。为使结构内力合理分布,对主桁架立面形式、上下层桥面系布置、杆件截面及连接方式等进行研究。

2.1 主桁架

主桁为全桥主要的受力杆件,横桥向共3片,中心间距20m。钢桁梁桁式的选择需要综合考虑跨度、节间和桁高、桥面系布置、受力合理性、构件拼接形式、架设方法、景观效果等多方面因素。主桁桁式重点考虑带有竖杆的华伦桁式和三角桁式进行比较[4](图3)。

图3 华伦桁式和三角桁式示意图

三角桁相比形式简洁,杆件类型少,受力明确,适合采用整体节点,制造及拼装进度快,且其景观性较好[5]。本桥主桁架立面采用三角式,包含上、下弦杆、腹杆和整体节点。标准节间长15m,全桥共分为22个节段。主桁采用全焊的整体节点,在工厂内按单根杆件制造,运输至现场后于场地内组拼成标准桁架。桁架立面布置如图4所示。

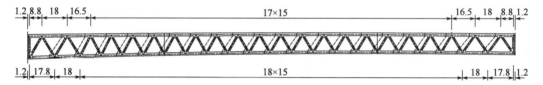

图4 桁架立面布置图(尺寸单位:m)

主桁上、下弦杆均采用带内加劲的箱形截面,中桁架上弦杆截面高2 000mm,宽为1 200mm,根据受力不同,板厚采用20~48mm,上下翼缘板设1条纵向加劲肋,腹板设置2条纵向加劲肋;边桁架上弦杆截面高1 600mm、宽1 200mm,根据受力不同,板厚采用20~48mm,下翼缘板设1条纵向加劲肋,腹板设置2条纵向加劲肋。中桁架下弦杆截面高1 800mm、宽1 200mm,根据受力不同,板厚采用24~44mm,上下翼缘板及腹板各设1条纵向加劲肋;边桁架下弦杆截面高1 450mm、宽1 200mm,板厚采用24~44mm,上下翼缘板及腹板各设1条纵向加劲肋。

根据受力大小,主桁腹杆采用带内加劲的箱形截面和"王"字形截面,材质为Q355D钢材。箱形截面中桁斜腹杆截面尺寸及相应板厚分为1 200mm×1 600mm(板厚48mm)、1 200mm×1 360mm(板厚36mm)两种,边桁斜腹杆截面尺寸及相应板厚分为1 200mm×1 600mm(板厚48mm)、1 200mm×1 360mm(板厚36mm)两种,顶底上各设置1条纵向加劲肋、腹板上设置2条纵向加劲肋。"王"字形截面斜腹杆腹板截面尺寸1 200mm×32mm,翼缘板截面尺寸900mm×36mm,腹板加劲截面尺寸240mm×32mm。端部竖杆截面尺寸1 200mm×1 400mm,板厚均为20mm,每块板件上各设置1条纵向加劲肋。

主弦杆在节点处设整体节点板,采用焊接整体节点,主桁各杆件与节点之间采用全焊连接。

2.2 桥面系设计

根据桥面结构自重大小,钢桁梁桥面系结构主要采用组合结构、轻型桥面两种基本形式[6]。组合结构一般采用普通混凝土桥面板或UHPC混凝土桥面板;轻型桥面有正交异性钢桥面板和钢-UHPC组合轻型桥面两种。各方案造价由高到低依次为:双层钢桥面>上层

UHPC组合结构下层钢桥面＞双层UHPC＞双层混凝土组合。其中上层UHPC组合结构、下层钢桥面方案受力综合性能较优,经济性适中,推荐采用。

2.2.1 上层桥面系

上层桥面系结构采用UHPC组合桥面板,钢梁为纵、横向格子梁形式,预制板采用标准件进行预制,后期通过纵横向现浇带处剪力钉与钢梁连成整体。

上层桥面系横梁分为端横梁和普通横梁两种类型。普通横梁全长41.36m,标准间距为3m,采用焊接"工"字形截面,在中桁位置梁高最高,为2.0m,中桁两侧设双向横坡。桥面系横梁间纵向设置4根小纵梁。上层桥面系组合梁桥面板由预制单板和现浇纵、横向湿接缝组成,全断面等厚度18cm。预制桥面板及湿接缝采用UHPC高性能混凝土。

2.2.2 下层桥面系

钢-UHPC组合轻型桥面是近年来出现的新结构形式[7],其具有局部刚度大的优点,可以有效降低钢顶板焊接疲劳应力幅,使得钢桥面板开裂风险小。同时,由于采用普通沥青铺装,后期运营成本可进一步降低。本桥下层桥面系结构采用正交异性钢桥面板,铺装采用60mm厚UHPC+40mm沥青,主桁下弦杆作为纵梁,与面板、板肋、U肋组成正交异性桥面板,桥面板支撑在横梁之上,横梁与主桁相连,最终完成桥面荷载传递到主桁的传力路径。

在每个节间设置4道横梁,横梁间距3m,分为普通横梁和端横梁。普通横梁采用倒T形截面,变高设计,横梁两端分别与边桁下弦杆和中桁下弦杆等高连接。端横梁采用箱型截面,变高设计,端横梁两端与弦杆接头板焊接位置附近设置临时支座构造措施,用于换支座或其他需要时顶升主体桁架。钢桥面板厚14mm,U形肋间距为600mm,高280mm,U形肋采用双面焊接技术,提高焊缝抗疲劳性能。

3 BIM设计

新沙高架桥为双层变高连续钢桁梁桥,设计采用参数驱动模块化设计[8],包含全桥桁架系统线、标准组件(节点、弦杆、腹杆等)、节段模型以及全桥BIM模型。以全桥桁架系统线为骨架,根据结构形式将桁架细分为数个标准组件,通过参数驱动标准组件组装成节段模型以及全桥模型,并自动生成施工图。通过参数驱动的标准组件,可匹配双层变高等多种系统线形式的钢桁梁,其三维模型与施工图尺寸均与参数链接,可实现自动更新,如图5所示。

图5 标准段桁架BIM模型图

4 施工方案

钢桁梁架设采用顶推施工方案[9-10],首先在小桩号引桥侧搭设施工临时栈桥,施工下部结构桩基础、承台及下层桥墩。安装边跨钢梁支承预拼平台,并在河道内插打钢管桩,形成顶推临时墩,后将主桁架顶推到位后,安装永久支座。钢桁梁一次落架后拆除临时墩,再安装上层桥面小纵梁,在连续墩支座处先将钢桁梁顶升35cm,再铺设上层预制桥面板,浇筑湿接缝,待混凝土强度满足要求后钢桁梁回落,在墩顶负弯矩区产生压应力储备,防止桥面板开裂[11],最后完成桥面护栏和桥面铺装等公用构造(图6)。

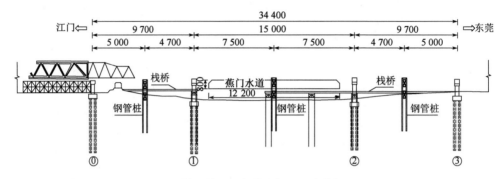

图6 钢桁梁顶推施工方案示意图(尺寸单位:cm)

需注意上层桥面小纵梁应在钢桁梁落架后,再进行安装。本桥采用可调节高度的钢丝绳阻尼支座,在桥面铺装之前,将中桁架支座高度下调1cm,监测中、边桁架支座反力,微调支座高度,使中、边桁架支座反力分配均匀,满足设计要求。

5 结语

因狮子洋通道和桂阁大道共线的需要,新沙高架桥主桥采用双层钢桁梁连续结构,97m+150m+97m跨径布置同时满足连续结构受力、通航需求和跨越左岸河堤的需要。其桁梁结构可以较好地适应上下层非对称纵曲线,桁高14.91~12.531m。钢桁梁架设采用顶推施工方案,可在不中断通航情况下完成桥梁施工。上层桥面板采用180mm厚UHPC桥面板,减少自重。在连续墩墩顶先顶升钢梁再浇筑桥面板,墩顶负弯矩区产生压应力储备,防止桥面板开裂。下层采用正交异性钢桥面板,U形加劲肋采用双面焊接技术,显著提高了焊缝抗疲劳性能。钢桁架设计采用BIM参数驱动模块化设计,通过参数驱动标准组件组装成节段模型以及全桥模型,可匹配双层变高系统线形式的钢桁梁,其三维模型与施工图尺寸均与参数链接,可实现自动更新。该桥正处于施工阶段。

参 考 文 献

[1] 欧阳泽卉,师少辉,朱玉.狮子洋通道钢-混组合梁桥结构选型研究[J].桥梁建设,2023,53(S01):76-83.

[2] 肖容.大跨度三主桁连续钢桁梁桥受力特性研究[J].城市道桥与防洪,2021(6):238-241+269+26.

[3] 陈涛.三主桁钢梁两节间大节段架设关键技术[J].桥梁建设,2020,50(6):8-13.

[4] 马天宇.加劲钢桁梁桥加劲形式研究[D].西安:长安大学,2023.
[5] 丁德豪,刘新华.金沙江特大桥钢桁加劲梁设计关键技术[J].桥梁建设,2023,53(S01):69-75.
[6] 刘新华,周勇,师少辉,等.山区公路装配化钢-混组合梁桥设计及关键技术研究[J].世界桥梁,2023,51(6):15-21.
[7] 邵旭东,张松涛,张良等.钢-超薄UHPC层轻型组合桥面性能研究[J].重庆交通大学学报(自然科学版),2016,35(1):22-27+75.
[8] 张皓清,苑仁安,傅战工.基于参数驱动的常泰长江大桥钢桁正向设计思路[J].铁路技术创新,2020(4):5.
[9] 梁崇双,丁仕洪.三主桁连续钢桁梁顶推弹性支垫设计研究[J].铁道工程学报,2021,38(7):18-21.
[10] 梁崇双.公铁两用三主桁连续钢桁梁顶推施工新技术[J].铁道工程学报,2021,38(3):41-47.
[11] 刘新华,周聪,张建仁,等.钢-UHPC组合梁负弯矩区受力性能试验[J].中国公路学报,2020,33(5):12.

53. 狮子洋通道双层连续钢桁梁桥抗震设计研究

王洁[1] 刘涛[1] 吴铭淳[2] 魏朝柱[3]

(1. 湖南省交通规划勘察设计院有限公司；
2. 广东湾区交投建设投资有限公司；3. 广东省交通运输规划研究中心)

摘 要：本文以狮子洋通道为依托工程，以新沙高架主桥为抗震设计研究对象，通过对复合过江(河)通道上的双层连续钢桁梁桥抗震设计特点的分析，抗震设计采用减隔震体系。平行计算中着重研究了摩擦摆式减隔震支座不同的参数、不同的布设位置对双层连续钢桁梁桥的减震效果，并给出双层连续钢桁梁桥减隔震支座选型及支座布设的参考性建议。

关键词：复合过江(河)通道 双层连续钢桁梁 抗震设计 减隔震设计 摩擦摆式减隔震支座

1 引言

狮子洋通道位于粤港澳大湾区几何中心，是横向串联湾区三大都市圈、辐射东西两翼的东西向干线通道。是国内首条高速公路+城市道路混合标准高速立体复合过江通道，是高度城镇化、长距离复合通道工程。

狮子洋通道跨河桥梁采用双层桥设计，双层桥梁能够充分利用空间，在有限的廊道上有效实现交通分流和扩容，是一种高效的交通网络解决方案。狮子洋通道多次跨越河流，如内河Ⅴ级航道的蕉门水道、西樵水道、骝岗水道、潭州沥、鱼窝头涌等，内河Ⅵ级航道的大岗沥等，大多水道的内河航道等级为Ⅴ级，按照文献[1]内河Ⅴ级航道双向通航孔净宽为110m/80m，净高为8m。因此，跨越内河Ⅴ级航道选用双层钢桁梁桥。

其中，新沙高架主桥为跨径97m+150m+97m的双层连续钢桁梁(图1)。桥梁平面位于直线上，纵面位于半径$R=16\,000$m的凸型圆曲线上，下层纵面位于半径$R=7\,400$m的凸型圆曲线上。

钢桁梁采用三主桁设计，横向由3片桁架组成，桁中心距为20m。桁梁上层总宽41m、下层总宽41.2m。标准节间长15m，全桥共分为22个节段。下部结构采用双柱式桥墩，基础采用钻孔灌注桩基础。

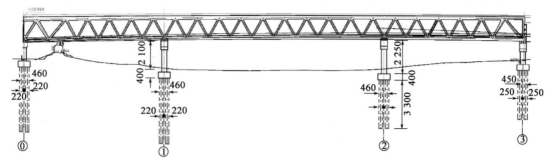

图 1　新沙高架主桥立面布置(尺寸单位:cm;高程单位:m)

2　抗震体系及减震方案选取

双层钢桁梁大多在高度城镇化区域复合过江(河)通道中选用,高度城镇化区域通常地形较为平坦,设计高程以通航标准为控制因素,因此该类桥梁墩高普遍不高。通常在连续梁设计中,我国习惯在每一联都设置一个固定支座,由于设置固定支座的桥墩承担了大部分的地震力,这使得固定墩的墩底弯矩、剪力远大于其他墩[2]。大跨径双层钢桁梁桥桥墩设计尺寸一般较大、刚度也大,变形能力较弱。双层钢桁梁桥上部结构自重大、结构重心高。上述特点决定了该类桥梁的抗震性能有别于其他钢桁梁桥。因此,如何选用抗震体系对于桥梁抗震安全至关重要。

桥梁抗震体系总的来说大致可分为三类,①靠结构强度、变形的抗震体系;②采用塑性铰设计的延性抗震体系;③采用减隔震装置的减隔震体系[3]。靠桥梁结构强度、变形等传统的结构抗震设计是一种消极的、被动的抗震设计方法,下部结构尺寸较大、配筋率较高,显得臃肿不美观、不经济,而且动力特性的改变极有可能使地震反应增大。由于桥墩设计尺寸较大、刚度大、变形能力较弱,难以利用墩柱延性抗震。综合来看,对于复合过江(河)通道上的双层连续钢桁梁桥宜采用减隔震体系。

减隔震系统大致可以分为两部分,一是减隔震支座,二是附属装置[4]。桥梁减隔震装置日新月异,产品繁多,如通过阻尼消耗地震能量的附属装置——黏滞阻尼器、通过弹性拉索耗能并限制墩梁相对位移的拉索减震支座、通过摩擦及滑动后结构水平分力耗能并提供恢复力的摩擦摆式减隔震支座和双曲面球形减隔震支座等。因此,选取何种减隔震装置,对于双层连续钢桁梁桥抗震设计,尤其是针对固定墩的减震十分关键,对今后类复合过江(河)通道上的双层连续钢桁梁桥抗震设计具有一定的参考价值,对生命线工程进行抗震分析,尽可能减少震害及其次生灾害,也具有现实的工程价值和社会意义。

铅芯橡胶支座以及双曲面滑动支座等隔震支座可以提升钢桁梁桥抗震性能,虽然隔震支座在一定程度上能降低结构震动水平,但隔震效果与桥墩尺寸以及地震动频谱特性息息相关,不具有普遍参考性[5]。

通过引入黏滞阻尼消能装置,配置合适的参数,可有效降低连续钢桁梁桥固定墩地震反应。当阻尼器的速度指数、阻尼系数等参数单个参数增大时,固定墩墩顶位移先减小后增大,固定墩墩底弯矩随阻尼系数增大而减小[6]。黏滞阻尼器的参数需根据不同桥梁的自振特性单独设置,对于不同的桥梁需要单独分析。针对连续梁桥固定墩的减震,传统阻尼器减震方法对于固定墩塑性变形、墩梁相对位移的控制均不如双曲面球形减隔震支座[2]。

在松浦大桥主桥拓宽改建项目抗震设计中,对比分析了摩擦摆式减隔震支座与拉索减震支座使用效果,结果表明摩擦摆式减隔震支座减震效果较好、结构位移小[7]。

综上所述,通过摩擦及滑动后结构水平分力耗能并提供恢复力的摩擦摆式减隔震支座和双曲面球形减隔震支座减震效果较好,且能有效降低固定地震反应,各墩受力也更为合理。因此,对于复合过江(河)通道上的双层连续钢桁梁桥,本文着重研究采用摩擦摆式减隔震支座的减隔震体系普遍适用性分析。

3 摩擦摆式减隔震支座选型及布设

3.1 支座选型

本文以 FPQZ 系列摩擦摆球型支座为例进行选型,以约束位移方向来划分,FPQZ 系列摩擦摆球型支座可以分为 FPQZ-GD 型(固定)、FPQZ-DX 型(单向位移)、FPQZ-SX 型(双向位移)。

FPQZ-GD 型摩擦摆球型支座,通常设置于固定墩,其在正常工况下为固定支座,地震时限位环剪断,支座双向减隔震;FPQZ-DX 型摩擦摆球型支座,可用作纵向活动型或横向活动型,当用于纵向活动型时,其在横桥向设有限位板,纵桥向可自由位移,地震时横桥向限位板剪断,支座双向减隔震;FPQZ-SX 型摩擦摆球型支座,在正常工况下可以任意方向活动,地震时双向减隔震。

摩擦摆球型支座影响减震效果及恢复力水平的主要参数有摩擦系数、球面半径和隔震周期。摩擦系数取值范围一般在 0.02~0.05,本文取 0.03。摩擦摆式减隔震支座隔震周期通常按不小于结构主振型周期的 2 倍来取值,本文桥梁主振型周期为 1.67s,故支座的隔震周期选用 3.5s 及以上的型号,并按表 1 选取支座的球面半径参数。

各型支座的竖向承载力从 1 000~60 000kN 不等,共划分 30 个等级,可根据静力计算进行选取,本文桥梁共设计使用四种竖向承载力支座,分别为 15 000kN、25 000kN、50 000kN、60 000kN,结合表 1 及竖向承载力设计值按表 2 确定支座球面半径对应场地类别。

FPQZ 摩擦摆球型支座球面半径及对应周期 表1

球面半径(m)	2.3	3	4	5	6	7.5	9
周期(s)	3	3.5	4	4.5	5	5.5	6

FPQZ 摩擦摆球型支座球面半径对应场地类别 表2

竖向承载力(kN)	场地类别			
	Ⅰ	Ⅱ	Ⅲ	Ⅳ
1 000~10 000	2.3	3	4	5
12 500~20 000	3	4	5	6
22 500~40 000	4	5	6	7.5
45 000~60 000	5	6	7.5	9

按照上述原则,选取各型号支座依次为:FPQZ-15000-SX-e200-R5、FPQZ-25000-DX-e200-R6、FPQZ-50000-SX-e300-R7.5、FPQZ-50000-DX-e300-R7.5、FPQZ-60000-GD-e300-R7.5。

3.2 支座布设

对于连续钢桁梁桥,由于固定墩承担了大部分地震力,这使得固定墩的塑性变形较大,也更容易屈服。因此,如何减小固定墩的地震反应、合理分配地震力,是连续钢桁梁桥抗震设计成功与否的关键。

新沙高架双层连续钢桁梁桥(主桥)约束体系如图2所示,1号墩为固定墩,其他墩为活动墩。本文按照摩擦摆式减隔震支座的设置共划分4种工况:工况1,全桥支座均采用普通支座;工况2,仅在2号墩设置减隔震支座,其他支座均采用普通支座;工况3,在2号墩、3号墩设置减隔震支座,其他支座均采用普通支座;工况4,全桥均设置减隔震支座。

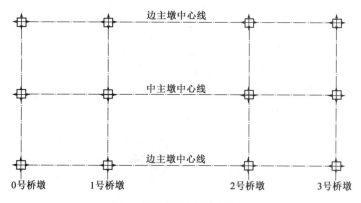

图2 新沙高架主桥约束体系

4 抗震性能分析

4.1 计算模型

计算采用midas Civil建立全桥三维有限元模型,钢桁梁杆件及下部结构桥墩、盖梁均采用离散的空间梁单元模拟,桥面板用板单元模拟。减隔震支座按程序中一般连接——摩擦摆隔震装置模拟,对全桥的动力特性和地震反应进行分析。全桥共离散成3143个节点、6897个单元。取X轴为纵桥向、Y轴为横桥向、Z轴为竖向。

新沙高架主桥有限元模型如图3所示。

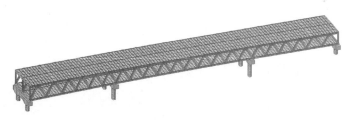

图3 新沙高架主桥有限元模型

4.2 地震动输入

桥位处地震基本烈度为Ⅶ度,地震动峰值加速度为$0.10g$,Ⅲ类场地,地震动反应谱特征周期0.45s。计算模型输入地震动分为纵向和横向,按照文献[3]得到设计地震反应谱,如图4所示,E2地震力作用下设计加速度反应谱S_{max}等于0.61,并拟合出3条场地人工波用于本桥的时程分析。

4.3 减震效果分析

图5~图8给出了不同工况下0~3号桥墩的墩顶位移、墩底弯矩、墩底剪力和桥墩轴力计算结果,

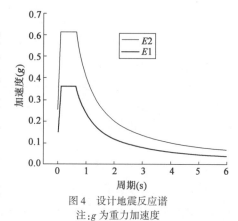

图4 设计地震反应谱
注:g为重力加速度

相较全桥均设置普通支座的工况1，工况2、工况3均有效降低了固定墩的墩顶位移、墩底弯矩、墩底剪力。其中，工况2使1号墩（固定墩）位移降低20.22%、墩底弯矩降低19.89%、墩底剪力降低14.8%；工况3使1号墩（固定墩）位移降低30.9%、墩底弯矩降低30.52%、墩底剪力降低29.6%；桥墩地震力分配也更为均匀、合理。工况4对于1号墩（固定墩）墩顶位移、墩底剪力的调节最为显著，但使得2号墩的轴力陡增，0号墩、3号墩的墩底剪力陡增。显然，对于全桥均采用减隔震支座的桥梁，其动力特性改变较大，需要一桥一分析，单独进行抗震设计。

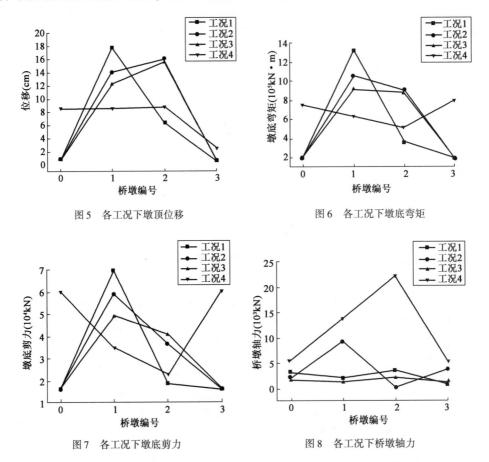

图5　各工况下墩顶位移　　　　　　图6　各工况下墩底弯矩

图7　各工况下墩底剪力　　　　　　图8　各工况下桥墩轴力

5　结语

本文以狮子洋通道新沙高架主桥双层连续钢桁梁桥为研究对象，采用摩擦摆式减隔震支座进行减震设计，通过分析摩擦摆式减隔震支座不同参数、不同布设组合工况下减震效果，得到主要结论如下：

（1）复合过江（河）通道上的双层连续钢桁梁桥宜采用减隔震体系，通过摩擦及滑动后结构水平分力耗能并提供恢复力的摩擦摆式减隔震支座减震效果良好。

（2）文章选用的摩擦摆式减隔震支座按照不同的布设方式，可使桥梁降低15%～30%的地震反应。

（3）针对双层连续钢桁梁桥固定墩的减震设计，全桥均采用摩擦摆式减隔震支座的减震效果反不如仅在与固定墩或与其相邻的中墩设置减隔震支座。抗震设计中可根据减震需求选用文中支座布设形式，对于全桥均设置减隔震支座的，应一桥一设计。

参 考 文 献

[1] 中华人民共和国住房和城乡建设部.内河通航标准:GB 50139—2014[S].北京:中国计划出版社,2015.
[2] 汤虎,李建中.连续梁桥固定墩减震设计方法研究[J].土木工程学报,2011,44(12):64-72.
[3] 中华人民共和国交通运输部.公路桥梁抗震设计规范:JTG/T 2231-01—2020[S].北京:人民交通出版社股份有限公司,2020.
[4] 《中国公路学报》编辑部.中国桥梁工程学术研究综述·2021[J].中国公路学报,2021,34(2):1-97.
[5] 陈兴冲,商耀兆,张永亮,等.高墩大跨度铁路简支钢桁梁桥的减震性能分析[J].世界地震工程,2008(1):6-11.
[6] 马安财,谭平,周福霖.超高墩大跨铁路连续钢桁梁桥粘滞阻尼消能减震研究[J].地震工程与工程振动,2021,41(3):95-104.
[7] 陈亮,邵长宇,颜海,等.大跨钢桁梁桥拓宽改建工程抗震设计研究[J].桥梁建设,2020,50(1):92-98.

54. 蕉门水道桥钢桁梁施工方法比选

肖 旭[1]　温 杰[2]　李宇炜[2]　陈元曦[1]　陈小龙[3]
(1. 中交路桥建设有限公司；2. 广东湾区交通建设投资有限公司；
3. 中交路桥华南工程有限公司)

摘　要：根据狮子洋过江通道工程跨蕉门水道桥结构及工程特点，提出两种施工方案（顶推施工和滑移+部品拼装施工），对两种施工方法临时结构设置和施工工艺流程进行介绍，从安全、质量、工期、成本等方面对两种方案进行对比研究。结果表明，两种施工方法均具备可行性，但由于滑移+部品拼装施工不涉及红线外用地，临时支架跨径较小且通过部品化施工更易保证工程质量及桥梁整体线形，因此推荐蕉门水道桥钢桁梁采用滑移+部品拼装施工方案。

关键词：钢桁梁　顶推　滑移　原位拼装　部品

1　工程背景

狮子洋过江通道位于粤港澳大湾区核心区域，其中跨蕉门水道桥为该标段的控制性工工程，蕉门水道桥桥跨布置为(97m+150m+97m)（图1），采用等高双层连续钢桁梁方案，钢桁梁横向为3片主桁结构，中心间距20m，桥梁总宽41m（图2），全桥共计20节标准节段和2个首位节段，节间布置为22m+20×15m+20m，标准节间质量约771t（含横向联系），端部节间质量约1 131t（含横向联系）。

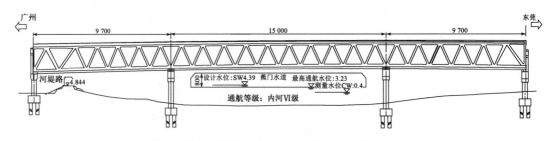

图1　蕉门水道桥纵断面图（尺寸单位：cm；高程单位：m）

蕉门水道宽度约为420m，最大水深7~8m，为V级双向通航河流，路线前进方向与水流方向夹角为83°，拟建水道桥上下游受已建桥梁净空影响（表1），大型设备无法进场施工。河床下覆盖层主要为淤泥、淤泥质粉质黏土、粉质黏土、细砂、中粗砂、持力层为中风化花岗岩。

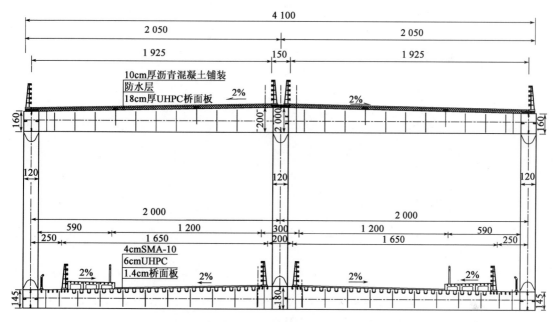

图2 蕉门水道桥主梁横断面图(尺寸单位:cm)

拟建桥梁上下游桥梁通航参数表　　　　　表1

序号	桥名	净高(m)	净宽(m)	通航孔数	建成年份	最高通航水位(m)	上下游距离(km)
1	黄榄快速干线蕉门水道特大桥	8	130	1	2016	3.044	上游3.4
2	高新沙大桥	6.5	24	1	1991	2.834	上游0.9
3	广州南部地区快速路蕉门特大桥	8	47	2	—	3.144	下游2
4	亭角大桥	8	44	2	1990	2.884	下游6.1

2 主要施工方案介绍

2.1 初拟施工方案

本文在调研国内已建工程资料的基础上,结合该桥的结构特点及实际工程情况,提出5种初拟施工方案,如图3所示。小跨径顶推施工[1-4]由于临时墩数量多,占用通航口,不予采用;斜拉扣塔+回旋吊机悬臂拼装施工[5]占用航道且需对钢桁梁主体结构设置锚箱等附属结构,不予采用;转体施工[6]相比于原位拼装增加了转体工序,施工风险增加,同时防倾覆墩小里程侧需征用红线外用地,不予考虑。根据初步比选,新沙高架桥钢桁梁施工初步拟定大跨径顶推施工[1-4]或滑移支架+部品拼装施工[7-10]方案,对其进行进一步分析对比研究。

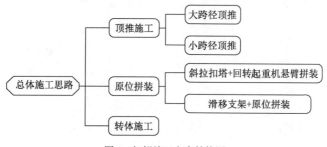

图3 初拟施工方案结构图

2.2 大跨径顶推施工

蕉门水道桥采用单向顶推施工工艺,由0号墩向3号墩进行顶推,顶推最大跨径为100m,在0号墩岸上设置拼装平台,拼装区安装门式起重机,河道中设置4个临时墩单向顶推,顶推施工总体立面布置图如图4所示。

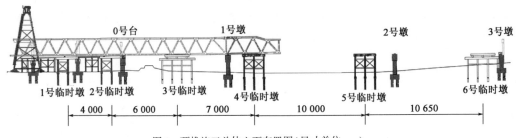

图4 顶推施工总体立面布置图(尺寸单位:cm)

2.2.1 临时结构

(1)拼装平台。

拼装平台采用临时墩+格构钢管平台组成,钢材选用Q235a,钢管桩采用φ820×10mm螺旋钢管,平联为φ426×6mm钢管,桩顶设置3I63a承重梁,轨道承重梁采用5I63a。

(2)临时墩

临时墩采用钢管桩+型钢承重梁结构。4~5号临时墩采用φ1.2m的钻孔灌注桩基础,φ1 200×16mm钢管混凝土作为立柱;其他临时墩采用φ1 000×12cm打入式钢管桩。

(3)导梁

为减小钢桁梁最大悬臂状态支点处负弯矩和前端挠度,在钢桁梁前端设置导梁,导梁设计长度48m,采用横向三片主桁钢桁架结构,上下弦杆间设置平联及横联,中心距为20m,立面为变高截面,末端设置与主桁梁连接的栓接节点。

2.2.2 钢梁拼装及顶推

钢梁在专业厂家加工,杆件通过水运+陆运上岸,分块运输至拼装区,单件杆件重约80t,通过门式起重机组装成大节段。为确保主桁安装稳定,主桁安装在下层桥面板后进行,在主桁底部起到横向联系的作用。钢桁梁整体拼装顺序:下层桥面板→主桁→上层边桥面板。

钢桁梁采用循环托举式多点同步单向顶推施工工艺,顶推过程中水平牵引力与竖向顶升力同步控制由0号墩向3号墩进行顶推。顶推长度约420m,顶推质量约17682t,根据钢桁梁为三片桁的结构特点及所需的最大推力,在临时墩滑道梁端部设置2400型步履式设备共布设8组顶推临时墩,布置24台顶推设备,临时墩最大跨度100m。

顶推施工现场布置、顶推装置分别如图5、图6所示。

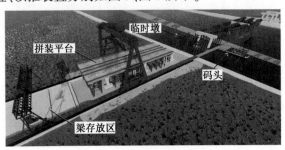

图5 顶推施工场地布置示意图

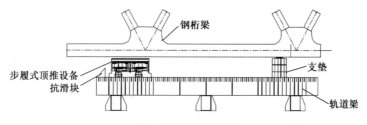

图6 顶推装置示意图

2.2.3 施工流程

(1)主桥下部结构施工完成后,采用履带式起重机完成拼装平台、临时墩安装。

(2)采用门式起重机完成导梁拼装。

(3)杆件运输至拼装区,通过门式起重机按下层桥面板→主桁→上层边桥面板组装钢桁梁,然后逐节顶推钢桁梁。

(4)同步顶推,达到尾部最大悬臂工况。

(5)顶推至2号墩和3号墩间,分节拆除导梁。

(6)顶推到位落梁,拆除拼装平台,施工桥面板。

2.3 滑移+部品拼装施工

滑移支架、临时墩支架按15m节间设置,通航孔支架考虑航道斜交角及紊流设置为45m,滑移+部品拼装施工示意图如图7所示。

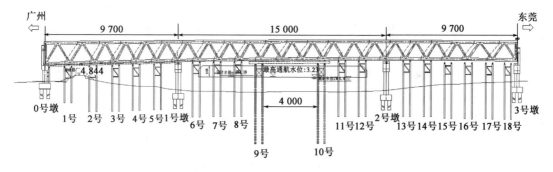

图7 滑移+部品拼装施工示意图(尺寸单位:cm;高程单位:m)

2.3.1 临时结构

节段滑移施工临时结构主要包含滑移支架、轨道梁、临时墩等。临时墩采用钢管桩+型钢承重梁结构。9~10号临时墩采用$\phi 1200 \times 16$mm钢管混凝土作为立柱,其余临时墩采用$\phi 820 \times 10$mm打入式钢管桩。

2.3.2 钢梁拼装及滑移

对节段钢桁梁进行部品化,整个节段钢桁梁分为3大部分,即下桥面结构(包含下弦杆)、斜腹杆、上桥面结构(包含上弦杆)(图8),根据设计图纸分析,桥面结构最大质量约360t,斜腹杆质量约20t。运送到位后采用600t浮式起重机进行杆件拼装,水位较浅浮式起重机无法施工处采用滑移轨道及模块车滑移就位,斜腹杆采用履带式起重机在已安装的下层桥面上吊装就位(图9)。

2.3.3 施工流程

(1)主桥下部结构施工完成后,采用履带式起重机完成临时墩及滑移轨道安装。

(2)浮式起重机安装下桥面结构(包含下弦杆),水位较浅浮式起重机无法施工处采用滑移轨道滑移就位。

(3)浮式起重机将斜腹杆转运至下层桥面,再采用80t履带式起重机在下层桥面上将斜腹杆安装就位。

(4)浮式起重机拼装上层桥面结构(包含上弦杆),水位较浅浮式起重机无法施工处采用浮式起重机吊装至模块车上,模块车运输指定位置安装就位。

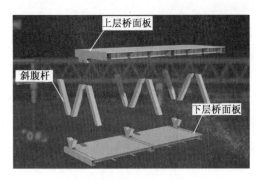

图8 钢桁梁部品分块示意图

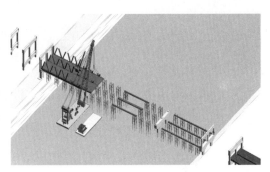

图9 钢桁梁安装示意图

3 施工方案对比

3.1 安全性

方案一顶推施工理论及工艺成熟,但临时墩单点支反力非常大且受竖曲线及施工阶段影响各点受力不均,对临时墩结构及基础承载力要求及施工监控要求非常高,杆件拼装平台存在长时间高空作业,施工安全风险相对较大。

方案二滑移+部品拼装施工,支架受力相对较小且施工过程结构受力明确,部品化施工大大减少高空作业时间,施工安全风险相对较低。

3.2 工程质量

方案一钢桁梁杆件分块运输至拼装区拼装,现场加工焊缝数量多,焊缝质量及涂装受天气及现场施工条件影响控制难度大;顶推施工跨径较大,梁体发生偏移时纠偏较为困难,少支架施工钢桁梁整体线形控制难度大,对施工监控要求高。

方案二钢桁梁对节段钢桁梁进行部品化,运送到位后通过浮式起重机组装,大大减少了现场焊缝数量及高空作业,焊缝质量控制更容易控制;原位拼装跨径小,钢桁梁安装高程及线形易于调整,钢桁梁整体线性易于控制。

3.3 工期

方案一顶推施工时,钢桁梁先水运至桥位后再陆运至拼装平台散件拼装和焊接涂装,施工控制工期为钢桁梁拼装焊接,单节段施工工期较长,工期总计420d。

方案二滑移+部品拼装施工时,钢桁梁可在后场焊接部品,现场焊接量少;钢桁梁节段分下桥面板、上桥面板及斜腹杆三大件船运至桥位后采用浮式起重机安装,两个边跨同步施工,工作面多,施工工期较短,工期总计259d。

顶推施工工期横道图、滑移+部分拼装施工工期横道图分别见表2、表3。

顶推施工工期横道图　　　　　　　　　　　　　　　　表2

序号	任务	时间（d）	2024年 10	11	12	2025年 1	2	3	4	5	6	7	8	9	10	11	12
1	临时结构搭设	60	—	—													
2	钢导梁拼装	15			—													
3	钢桁梁拼装顶推	330			—	—	—	—	—	—	—	—	—	—	—	—		
4	导梁拆除及落梁	15															—	

滑移＋部品拼装施工工期横道图　　　　　　　　　　　表3

序号	任务	时间（d）	2024年 10	11	12	2025年 1	2	3	4	5	6	7	8	9	10	11	12
1	临时结构搭设	90	—	—	—													
2	钢桁梁安装	154				—	—	—	—	—	—							
3	合龙及落梁	15										—						

3.4 成本

方案一顶推临时墩钻孔灌注桩施工需要单独搭设钻孔平台，且后期桩基水下破除及清理难度大，拼装平台位置需要布置跨墩龙门和运输便道，需占用红线外基本农田作为临时用地，用地手续办理非常困难。方案一材料费用为2899.44万元，设备费用为773万元，钢梁安装费用740万元，总费用4412.44万元。

方案二滑移支架及临时支墩设计大量的水上作业，且本身钢桁梁安装需采用大型浮式起重机安装，水上施工设备费用大。方案二材料费用为1834.64万元，设备费用1464万元，钢梁安装费用740万元，总费用4038.64万元。

顶推施工主要机械设备、滑移＋部品拼装施工主要机械设备分别见表4、表5。

顶推施工主要机械设备一览表　　　　　　　　　　　　表4

设备名称	规格型号	数量	备注
码头门式起重机	80t	1	码头卸船
存放区门式起重机	80t	1	杆件存放区卸车
拼装门式起重机	160t	1	钢桁梁拼装
打桩船	60m	1	临时结构施工
步履式顶推设备	2400型	24	钢梁顶推

滑移＋部品拼装施工主要机械设备一览表　　　　　　　表5

设备名称	规格型号	数量	备注
履带起重机	75t	2	斜腹杆安装
浮式起重机	600t	2	原位拼装
打桩船	60m	1	临时结构施工
液压模块车	SPMT自行式	2	滑移施工

3.5 综合对比及结论

根据蕉门水道桥周边环境特点，对跨水道桥钢桁梁施工方案进行初选，并进一步对顶推及滑移＋部品拼装施工方案从安全、质量、工期、成本等方面进行综合性对比，最终推荐采用滑移＋部品拼装施工工艺。

顶推施工主要机械设备见表6。

顶推施工主要机械设备一览表 表6

比选方案名称	安全	质量	工期	成本	其他	推荐性
顶推施工	较大	较差	较长	较高	需占用红线外基本农田	不推荐
滑移+部品拼装施工	较小	较好	较短	较高	水上施工设备多	推荐

参 考 文 献

[1] 范鹏,李志成.钢箱梁顶推施工中导梁结构受力分析[J].科技资讯,2023,21(22):125-128.

[2] 范晓震.跨河大桥钢桁梁步履式顶推施工控制探讨[J].中国水运,2023(11):146-148.

[3] 宋显锐,魏莹莹,方磊磊,等.大跨钢箱梁桥顶推临时支架结构受力分析[J].结构工程师,2023,39(5):17-24.

[4] 伍彦斌,吕茂丰,殷齐家,等.大跨简支钢箱梁顶推及高位落梁施工关键技术[J].中外公路,2024,44(1):147-154.

[5] 吴升宇,刘建,董创文.宽幅双层钢桁梁斜拉桥悬臂拼装匹配技术研究[J].公路与汽运,2023(1):120-124,128.

[6] 白电凯.桥梁转体施工技术及质量控制分析[J].交通世界,2023(29):132-134.

[7] 曹克昕,于新华,李真,等.双向钢桁架高空拼装施工技术[J].建筑机械化,2022,43(11):59-62.

[8] 梁胡,陶小磊,胡立楷.钢箱拱桥原位拼装临时支撑系统施工技术研究[J].西部交通科技,2021(4):169-174.

[9] 裘建华,邹海涛,邹春林,等.大跨钢桁架结构倾斜滑移施工技术研究[J].建筑钢结构进展,2023,25(7):108-116.

[10] 杨振,高健根,葛亚南,等.跨城市快速路顶推滑移钢箱梁施工关键技术[J].兰州工业学院学报,2023,30(2):27-32.

55. 狮子洋通道黄阁东互通段施工组织设计关键问题研究

郑超南[1] 韩荔[2] 黄拓宇[1] 马凯凯[2] 黄智桓[3] 谈颓[3]

(1. 广东湾区交通建设投资有限公司；2. 中铁隧道局集团三处有限公司；
3. 中山大学土木工程学院)

摘 要：黄阁东互通段是狮子洋通道T6合同段的主要工程,路线呈双层重叠布置,是在既有的市政道路上进行修建,具有独特的施工挑战性。黄阁东互通段作为主体工程,施工组织包括：交通组织、绿化迁改、管线迁改。本文根据工程项目周边环境以及工程特点等,总结合理的工程规划和施工组织方案,为项目顺利进行提供保障。

关键词：黄阁东互通 交通施工组织 工程规划

1 引言

本文[1]针对狮子洋通道T6合同段黄阁东互通项目,进行施工组织的探讨和研究。"一路一方案"是城市综合治理的重要抓手,是精准治理、科学治理的重要体现。对城市道路清晰、客观的了解才能在管理及施工过程中得心应手。

2 黄阁东互通项目概况

狮子洋通道为上下双层结构,位于粤港澳大湾区核心区域,起点接广中江高速公路、终点接常虎高速公路,全长35.118km。狮子洋通道T6合同段位于南沙区黄阁镇,起点桩号K15+483,终点桩号K18+286,全长2803m。黄阁东互通段为T6合同段主要工程,位于鸡谷山路与连溪大道交叉口位置,该部位主要有黄阁东互通主线二号桥、四条匝道、连溪大道下沉隧道等工程。

3 黄阁东互通周边情况介绍

黄阁东互通项目位于广州市,沿着鸡谷山路布设,连接乌洲涌和小虎沥水道,北侧是广汽丰田产业园,南侧是乌洲工业园。广汽丰田汽车有限公司是南沙区的一个重要企业,其形成了"整车—新能源汽车研发制造—汽车零部件基地—智能网联汽车"完整产业生态链,助推了周边区域经济发展,推动汽车产业成为南沙第一个千亿元级产业集群。为了保证广汽丰田产业园的正常运营,黄阁东互通项目面临着巨大的交通疏解挑战。同时,项目沿线需要进行大量树木迁移,必须重视生态环保工作,因为环保方式的开展对城市的发展具有一定的促进意义[2],鸡谷山路沿线分布有大量市政绿化树木,施工过程中需迁移树木2 285颗,原地保护62颗。另外,黄阁东互通项目标段范围内管线分布密集,涉及多种类型和权属单位,协调管线迁改存在较大难度。庆盛电力隧道受本项目和东部快速项目线位调整等影响,未确定最终方案,这对项目前期工程推进造成了制约,迅速完成管线迁改以提供施工场地非常关键。本项目是在既有城市道路上进行的,在既有线上开展的各项施工毫无疑问会对运营路线有较大干扰,施工过程较为复杂,但是通过优化施工组织流程,加强管理措施,不仅能保持既有线通过能力,又可以做到施工运输两不误[3]。所以,在整个施工过程中,合理的施工组织至关重要。[4]

4 黄阁东互通施工组织

4.1 交通组织施工方案

黄阁东互通受电力管线等因素影响,将黄阁东互通分两个区域进行施工(图1)。区域一:鸡谷山路主线双层起点至主线二号桥终点范围及匝道桥施工;区域二:标段起点K15+483至双层起点。

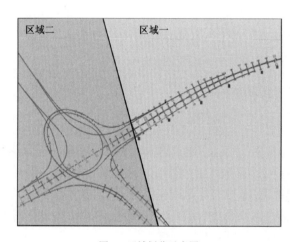

图1 区域划分示意图

4.1.1 机动车路网交通影响评价

首先确定施工影响范围[5],本项目为道路工程设施的施工项目,交通影响评价范围为区域交通分流与交通组织所涉及的范围。综合考虑到项目整体建设规模可能产生的各种交通影响程度,选择以北至虎沙大道、南至黄阁大道中、东至黄阁东一路、西至市南大道合围的区域作为交通影响评价的研究范围。

如图2所示,路段交通流量与饱和度模型中可以看出:鸡谷山路(黄阁西路—黄阁中路)受占道施工影响,道路通行能力受到影响,道路饱和度略微提高,但服务水平未降低,道路施工对交通的影响较小,为可接受水平;其余市南大道、黄阁西路、莲溪大道等受占道施工影响较小,道路饱和度及服务水平基本保持不变。从施工期间交叉口服务水平可以看出:莲溪大道—鸡谷山路交叉口饱和度由0.35增加至0.37,服务水平保持不变;黄阁东一路—鸡谷山路交叉口饱和度由0.17增加至0.21,服务水平保持不变。综上,施工期间的机动车路网交通影响为可接受程度。[6]

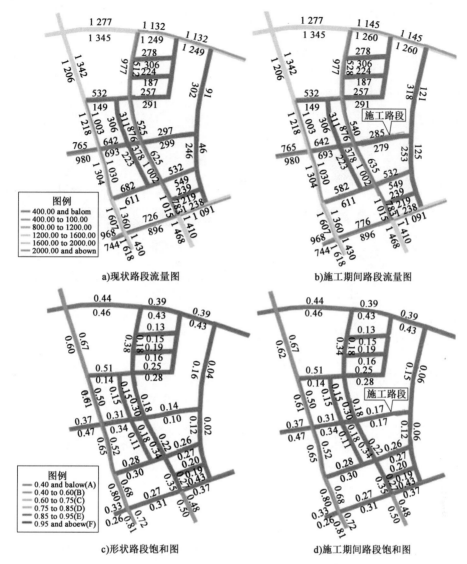

图2 路段交通流量与饱和度模型

4.1.2 具体施工方案

根据《公路养护安全作业规程》(JTG H30—2015)的要求,设置作业控制区:警告区、上游过渡区、缓冲区、作业区、下游过渡区、终止区,在作业控制区设置警示、限速、禁止超车、车道减少、道路封闭等标识,设置防撞砂桶、水马、锥形交通路标、频闪灯、闪光箭头、附设警示灯的路栏等安全设施,确保车辆行车安全[7]。本项目主要对鸡谷山路进行围蔽施工。施工期间利用绿化带空间修建两条临时车道,机动车保持双向四车道通行空间;行人和非机动车利用现状北半幅人行道通行。基于占道施工期间车道缩减情况分析,本阶段施工期间通过修建临时便道,保障机动车道能够"借一还一",机动车道数不减少,考虑施工围蔽及临时道路对道路通行能力的影响,施工路段道路通行能力按一般未施工路段折减15%计算施工路鸡谷山路(丰田三厂对出路段)的通行能力为1 652pcu/h。

区域一施工组织:

第一期:北侧修建保通道路,长约650m,宽10.5m。

第二期:封闭南侧中分带至红线范围,长约 620m,宽约 50m,预计工程量为软基处理 15 000m³,桩基 98 根,承台 29 个,墩身 29 个。

第三期:封闭中分带至北侧红线范围,长约 620m,宽约 50m,北侧施工受管线影响,需先进行管线迁改施工。

第四期:开放两侧新建辅道通行,封闭中间部分施工主线桥梁。

区域二施工组织:因管线等因素影响,区域二总体按两阶段组织实施(图3)。

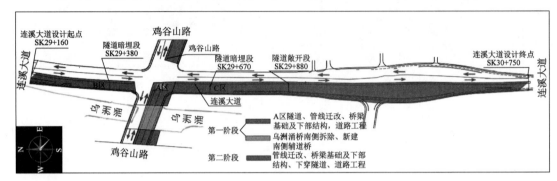

图 3 区域二示意图

第一阶段:保证目前既有通行条件下,封闭连溪大道绿化带、两侧非机动车道及人行道,进行绿化迁移、部分桥梁基础及下部结构、辅路施工。

第二阶段:封闭北侧道路通行,封闭南侧区域,进行连溪下穿隧道 A 区段及封闭区域的桥梁施工。连溪大道使用东侧既有车道与新建辅道通行,封闭西侧区域,进行连溪下穿隧道 B 区段、C 区段及道路工程施工。

此方案不仅能保证项目的顺利进行,同时还能保证广丰三厂的正常运营,能够很好地解决黄阁东互通项目交通疏解的难题。

4.2 管线迁改

本项目位于南沙区黄阁镇,地形整体较平坦。鸡谷山路段属于既有市政道路,高程在 2 ~ 3m 之间,有乌洲涌和小虎沥两条河道从施工区横穿而过;桥梁桩基基底主要位于第三系砾岩、燕山期第三期侵入花岗岩、侏罗系含砾砂岩、砂岩及石英砂岩;隧道围护结构基底主要位于中风化含砾砂岩和中风化构造角砾岩中,隧道主体结构基底主要坐落于淤泥和砂质黏性土(需进行基底加固)、中风化含砾砂岩地层。同时,黄阁东互通项目标段范围内管线分布密集,涉及多种类型和权属单位,协调管线迁改存在较大难度。因此合理的管线迁改方案至关重要。

狮子洋通道 T6 合同段标段起点—黄阁东一路段管线分布密集,经现场调查和管线探测,作业区域内分布有电力、热力、燃气、输油、通信、监控、信号、给排水等管线。影响情况及处理方法见表1。

管线种类及处理方法 表1

序号	管线名称		种类	长度(km)(m)	备注
1	高压电力线	220kV	电线(电塔)	28 800(19)	迁改
2		110kV	电线(电塔)	5 600(3)	迁改
3		10kV	电线	8 950	迁改
4		0.22kV	电线	1 100	迁改

续上表

序号	管线名称		种类	长度(km)(m)	备注
5	华润热力管道		钢管	2 140	迁改
6	广州南沙发展燃气有限公司		PE管	1 850	迁改
7	广东大鹏液化天然气有限公司		PE管	1 500	迁改
8	中国电信		通信线	3 660	迁改
9	中国移动		通信线	2 760	迁改
10	中国联通		通信线	2 860	迁改
11	中国铁通		通信线	2 560	迁改
12	广电		通信线	2 560	迁改
13	盈通		通信线	2 200	迁改
14	监控		通信线	1 560	迁改
15	交通信号		通信线	2 000	迁改
16	排水	雨水管	钢筋混凝土管	7 282	废除新建
17		污水管	球墨铸铁管	1 023	废除新建
18	给水		热镀锌钢管	1 826.7	废除新建

黄阁东互通施工范围涉及10kV、110kV、220kV高压电力管线共计14条,其中6组为架空线,8组埋地线。影响情况及处理方法见表2。

高压线影响情况及处理方案　　表2

序号	名称	现状	处理方式	存在问题	影响部位
1	110kV 桥乌线、220kV 株乌线、220kV 虎乌线	架空	迁入庆盛电力隧道	电力隧道受本项目黄阁东互通和东部快速项目线位调整等影响,未确定最终方案,现场尚未开工	黄阁东互通主线墩身、上部结构;黄阁东互通匝道桩基、下部结构、上部结构
2	220kV 株鱼线	架空	抬高设置	需待其他架空线迁改完成后施工电塔	
3	220kV 虎亚线	架空	迁入庆盛电力隧道	由庆盛项目业主负责入廊,预计待庆盛全线完工后实施	
4	110kV 同安、乌谷线	埋地	迁改至结构影响区域之外	迁改路由尚未确定	连溪大道下沉隧道

4.3 绿化迁改

根据现场调查结果和咨询相关部门以及与有关单位工作人员对狮子洋通道工程T6合同段进行现场核实,该标段建设红线范围内城市建设用地上树木共计2 815株,其中大树1 672株,其他树木1 125株,涉及古树名木1株和古树后续资源17株,涉及迁移树木2 549株。在鸡谷山路沿线分布有大量市政绿化树木,施工过程中需迁移树木2 285颗,原地保护62颗。[8]

迁移树木主要树种有:杧果、细叶榕、高山榕、糖胶树、洋紫荆、秋枫、澳洲鸭脚木。主要采取措施为:

运输:运距25km,装车、绑扎固定、运输、卸车、按指定地点放置;

修剪:(保留3/5以外树冠)、起苗、包扎土球、原土回填树坑、场地清理;

树身包麻布:材料包裹绑扎、清理现场;

假植:人工土球、栽植、修剪;

栽植:种植穴挖掘、栽植、支撑;

养护:养护期12个月;措施,淋水、除草、病虫害防治预判与杀虫、施肥、造型精修及一般剪修剥芽、扶正、清理场地。

原地保护树木主要树种有:澳洲鸭脚木、蒲桃。主要采取措施为:围蔽,2.0m仿真绿植围挡;修剪;日常巡查、养护、病虫害防治;古树养护。鸡谷山路树木处理情况如图4所示。

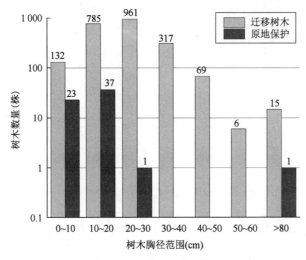

图4 鸡谷山路树木处理情况

绿化迁改施工计划:以优化常规管理为重点,通过施工方案、方法、计划安排中资源的优化配置,以及全过程施工管理中反馈信息的优化处置,实现工期、质量、安全、文明施工和经济效益的最佳目标和效果。

5 应急预案

(1)应急物资、设备保障:建立健全以本项目应急组织为主体,应急物资储备和社会救援物资为辅的应急物资供应保障体系,做到本项目内部各部门、各场所应急物资资源共享、动态管理。

(2)经费保障:项目经理部应安排专项应急救援储备金,当发生事故时,财务部要及时向事故单位提供充足的救援资金。

(3)交通保障:施工现场所有便道按照标准修建,做好平时维护保养工作,设置避车点,保障道路畅通。

(4)医疗保障:项目经理部建立内部医疗保障系统,建立医疗室,配备专业医护人员,配备常用及急救药品。

(5)治安保障:项目经理部组建治安队,治安队主要负责事故现场警戒和交通管制。

(6)紧急避难场所保障:突发公共事件、事故后,根据事件、事故影响范围和应急处置进展情况,在事发附近利用空地等一切设施,临时设置避难场所。避难场所应设立明显的标志,保证及时安置和疏散避难人员。

6 结语

本文针对狮子洋通道黄阁东互通段施工组织设计关键问题进行研究,涉及项目概况、周边环境、工程重点和难点以及施工保障措施。为保证工期,应采取措施克服地形地貌,提前与相关部门协调交通疏导分期,主动积极配合业主前期征拆工作等。本文对黄阁东互通段的交通组织施工以及管线迁改等方面进行了研究,提出了合理的施工方案及方法,其研究成果对于指导类似工程的施工组织设计具有一定的参考价值。

参 考 文 献

[1] 杜洽.市政管线改造施工期间交通组织方案研究[J].交通与运输,2023,39(6):3-7.

[2] 刘彬.施工组织设计在土建施工管理中的重要性[J].居舍,2018(20):168.

[3] 董瀚潞.既有线提速改造工程的施工组织与安全管理措施[J].四川建筑,2023,43(6):291-292,294.

[4] 胡伦坚.专项施工方案的编写与实施[J].施工技术,2012,41(4):104-109.

[5] 徐飞.占道施工项目交通影响评价及交通组织方案研究[J].上海公路,2020(2):107-109.

[6] 中华人民共和国公安部.城市道路施工作业交通组织规范:GA/T 900—2010[S].北京:中国标准出版社,2011.

[7] 冯敏霞.高速公路养护作业区布局优化及通行能力研究[D].重庆:重庆交通大学,2021.

[8] 中华人民共和国国家质量监督检验检疫总局,中国国家标准化管理委员会.绿化植物废弃物处置和应用技术规程:GB/T 31755—2015[S].北京:中国标准出版社,2015.

[9] 中华人民共和国住房和城乡建设部.园林绿化工程项目规范:GB 55014—2021[S].北京:中国建筑工业出版社,2022.

56. 墩高及桥宽对双层三柱框架墩的影响研究

王昊[1] 徐军[1] 梁力[2]

(1.中交公路规划设计院有限公司；2.广东湾区交投建设投资有限公司)

摘　要：狮子洋通道小虎岛高架桥桥墩采用大跨径双层三柱框架墩，其中下层墩柱高度不同，且差距较大。双层三柱框架墩下层墩柱高度不同时，盖梁、墩柱、桩基的受力也不同。互通区存在下层桥面加宽的情况，单侧盖梁跨径增大，需要增大盖梁及墩柱的尺寸来满足受力要求。本文通过计算研究了下层墩柱高度和桥梁宽度对双层三柱框架桥墩受力的影响规律并给出设计思路。

关键词：双层桥　三柱式　框架墩　有限元　设计思路

1 引言

狮子洋通道路线全长约35km，其中双层桥长约15.25km，小虎岛高架桥为狮子洋通道的双层常规引桥的一部分。上部结构采用30m预制预应力混凝土小箱梁，下部结构采用双层三柱框架墩，桥墩一般构造图如图1所示。其中标准宽度桥墩盖梁全宽45.3m，上层墩间距20.1m，下层墩间距19.35m，总墩高范围19.86~40.67m，互通区下层单侧加宽，单侧墩间距由19.35m变化到30.55m。上层边墩柱尺寸1.8m×2.8m，上层中墩柱尺寸1.5m×2.8m，下层墩柱尺寸均为2.2m×2.8m。采用群桩基础，边墩设置两根桩基，中墩设置四根桩基，桩基直径均为2m。盖梁采用隐式盖梁，盖梁总高度2.715m。盖梁采用C50混凝土，墩柱采用C40混凝土，钢筋采用HRB400。

大跨径预应力盖梁框架墩跨径大，受力影响因素复杂。2022年，刘琴[1]对潮州市文祠截洪渠大桥大跨径预应力盖梁门架墩进行建模分析，结果表明：对于大跨径门架墩盖梁，适当释放边柱横向约束对受力有利。2021年，邱建冬[2]对39m墩高的单层三柱框架墩验算了其可行性。2023年，张红显[3]研究了基础约束形式和预应力张拉工艺对单层多柱框架墩受力的影响。2016年，刘重霄等[4]对大跨径框架墩进行研究，表明基础刚度对结构内力的影响很大。

本文以狮子洋通道小虎岛高架桥为依托，针对下层墩柱高度和桥梁宽度对双层三柱框架墩盖梁、墩柱、桩基受力的影响进行研究。

2 计算模型

采用midas Civil建立空间有限元模型。盖梁、墩柱、桩基均采用梁单元模拟，桩土共同作用通过弹簧刚度模拟。图2为有限元计算模型。

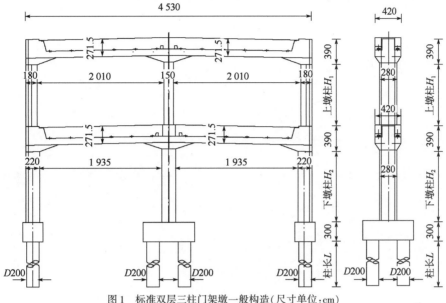

图1 标准双层三柱门架墩一般构造(尺寸单位:cm)

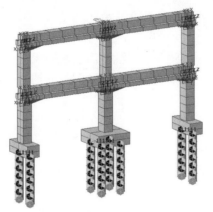

图2 有限元计算模型

计算考虑的荷载:计算得出的上部小箱梁的恒载,包含自重和二期荷载。对于汽车荷载,采用横向影响线分析法得出各构件最不利的车道布载形式;单个车辆的荷载是通过规范算出的车道荷载,并考虑汽车制动力。考虑整体升降温的影响。

3 墩柱高度对双层三柱框架墩受力的影响

小虎岛高架桥上下层设计高程差值为13.5m,上层墩柱高度基本为固定值,仅受横坡影响而有略微差别,但下层墩柱随地形变化,墩高在6.4~27.2m。下层墩柱高度决定了结构整体刚度,不同墩高的结构内力也存在较大差异,因此本文对墩高的影响进行研究。

在盖梁高、墩柱宽度、桩基直径、边界条件、筋束配置等不变的条件下,只改变标准宽度桥墩的下层墩柱高度(3m、5m、7.5m、10m、20m、30m)分别进行计算。

通过计算可知,不同下层墩柱高度情况下,下层盖梁的应力如图3所示。当墩柱高度大于10m时,盖梁的应力情况几乎没有差别;当下层墩柱高度减小到7.5m时,盖梁应力开始出现转折,下层盖梁虽仍未出现拉应力,但安全储备减小;当下层墩柱高度继续减小至5m时,在相同的边界条件、构造和筋束配置情况下,下层盖梁开始出现0.3MPa的拉应力,且盖梁最大压应力也从-6.5MPa增大到-7.0MPa;当下层墩柱高度减小到3m时,显然盖梁受力变得很不利,下层盖梁最大拉应力达到了1.1MPa,最大主拉应力1.1MPa也是非常接近规范限值,另外盖梁最大压应力也增大到-7.6MPa。可以看出,墩高越矮,对盖梁的受力越不利,并且在墩高低于10m后,墩高的减小对盖梁受力的影响越来越大。

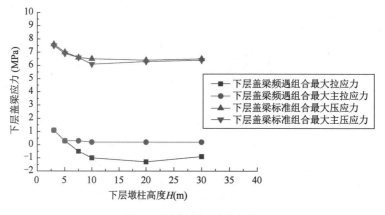

图3 下层盖梁应力变化规律

图4~图7给出了恒载(包含混凝土收缩徐变)、活载、温度作用、沉降工况下的墩柱和桩基内力随下层墩高变化的规律。根据图4、图5可以看出,随着墩高的改变,活载作用下墩柱和桩基的轴力基本不随下层墩柱高度的变化而变化;沉降工况下墩柱和桩基的轴力随下层墩柱高度减小而有小幅的增大;在温度作用下墩柱和桩基的轴力在墩高小于10m时随着下层墩柱高度的减小而显著增大。

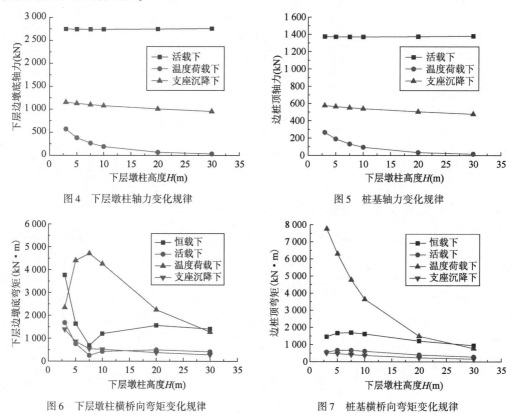

图4 下层墩柱轴力变化规律 图5 桩基轴力变化规律

图6 下层墩柱横桥向弯矩变化规律 图7 桩基横桥向弯矩变化规律

根据图6、图7可以看出,当下层墩柱高度小于7.5m时,随着墩高的减小,恒载、活载、沉降工况下墩柱的弯矩都是增大的,墩高超过7.5m后,墩柱的弯矩变化很小。温度作用下墩柱的弯矩随墩高的增加先增大后减小,下层墩高7.5m时,达到最大值;桩基只有在温度作用下,其弯矩随着墩高的增大而减小,其余荷载作用下的桩基弯矩对墩高变化不敏感。

4 桥梁宽度对双层三柱框架墩受力的影响

小虎岛高架桥在互通区段内,单侧盖梁宽度从22.65m变化到34.4m,单侧下层主梁的梁片数也在增加,想要同时兼顾盖梁、墩柱、桩基的受力满足要求变得困难,本文在保证下层墩高均为10m的情况下,对单侧盖梁加宽,单侧盖梁分别为22.65m、26m、28.95m、31.5m、34.3m,研究其对结构受力影响,从而找到合理的设计方式。

对于不同盖梁宽度的桥墩,分析恒载下盖梁应力、边墩墩柱和桩基的内力,结果如图8~图13所示。

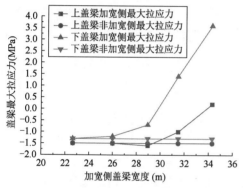

图8 盖梁拉应力随加宽侧宽度变化规律

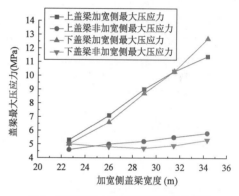

图9 盖梁压应力随加宽侧宽度变化规律

图8和图9表明:上下层盖梁在加宽一侧的最大拉应力和最大压应力均随着盖梁宽度的增大而显著增大,且下层盖梁加宽侧的最大拉应力远大于上层盖梁,甚至远远超出限制应力值,因此需要加大上下层盖梁的高度并增加预应力钢束,以满足受力需求。单侧加宽超过30m后,桥宽的增加对受力影响越来越大,在单侧桥宽小于30m时,上层盖梁的应力变化不大,因此上层盖梁不加高,仅加高下层盖梁;在单侧桥宽超过30m后,上、下层盖梁都需要加高,且下层盖梁应增加更多高度。

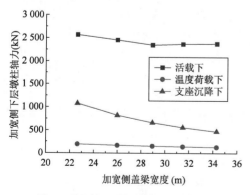

图10 墩柱轴力随加宽侧宽度变化规律

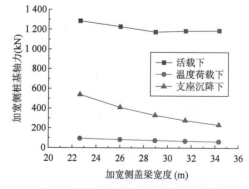

图11 桩基轴力随加宽侧宽度变化规律

由图10和图11可知,在活载、温度作用下,加宽侧的下层边墩墩柱和桩基的轴力基本不变,但沉降工况下,其轴力随着加宽侧盖梁宽度增大而减小。这表明墩柱和桩基的轴力,仅在沉降工况下对单侧盖梁加宽敏感。

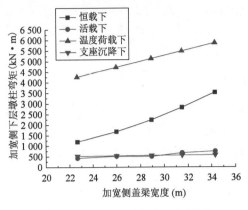

图12 墩柱弯矩随加宽侧宽度变化规律　　图13 桩基弯矩随加宽侧宽度变化规律

根据图12、图13可以看出,恒载、温度作用下边墩墩柱和桩基的弯矩是随着单侧盖梁加宽而显著增大的,而在活载及沉降工况下,边墩墩柱和桩基的弯矩基本保持不变。随单侧盖梁加宽,应增大墩柱横向尺寸,以适应弯矩的变化。

5　结语

本文通过研究墩高和桥宽对双层三柱框架墩受力的影响规律得到以下研究结论:

(1)对于双层三柱框架墩,盖梁的应力随下层墩柱高度减小而增大,影响结构的安全。对于本项目标准宽度的桥墩,在墩高小于10m后,影响更加明显;墩高降低时,墩柱和桩基的内力都对温度作用更为敏感,在墩高小于7.5m后,影响更加明显。墩高对双层三柱墩的影响存在一个临界值,在设计过程中可以先找出临界墩高,并对墩高小于临界值的情况进行特殊设计。

(2)对于变宽的双层三柱框架墩,当桥梁单侧加宽后,上、下层盖梁的应力都随之增大,本项目加宽至30m以后,盖梁应力显著增大,且下层盖梁应力增大的程度远大于上层盖梁。因此,设计时可根据桥梁加宽范围不同程度,分别考虑上、下层盖梁的高度和预应力配束情况,以满足结构受力的要求。

(3)对于变宽的双层三柱框架墩,桥梁单侧加宽,边墩墩柱和桩基的轴力对沉降工况较为敏感,而边墩墩柱和桩基的弯矩对收缩徐变、温度作用更为敏感,且随盖梁宽度增加而增大。因此,随着盖梁宽度的增加,应增大墩柱横向尺寸,以适应弯矩的变化。

参 考 文 献

[1] 刘琴.大跨度预应力盖梁门架墩静、动力计算与研究[J].工程与建设,2022,36(4):899-904.

[2] 邱建冬.山区桥梁高立柱框架墩设计[J].山西交通科技,2021(1):82-84.

[3] 张红显.框架墩预应力混凝土盖梁力学性能研究[J].混凝土,2023(2):146-149.

[4] 刘重霄,何方旭.跨线桥中的大跨度门架墩设计研究[J].北方交通,2016(2):8-12.

57. 城市复杂道路环境双层门式墩盖梁施工技术研究

程耀东　高　博　王　念

(中铁大桥局集团有限公司)

摘　要：随着我国经济的快速发展，城市迎来飞速提升，而城市的急速扩张，带来了既有城市道路已无法满足城市需求的现实，但可用于城市道路新建的土地已明显不足。而城市道路作为城市建设的主要组成，在城市发展中起到至关重要的作用，为此，立体复合道路理念逐渐引入城市道路建设中，有限土地实现了多层满足功能需求的道路。桥梁作为立体复合道路的基本载体，已然成为城市道路建设的重点。本文以狮子洋通道引桥双层门架墩盖梁为研究对象，针对城市复杂道路环境，对双层门架墩盖梁施工工艺进行研究比选，在保证安全、质量的前提下，达到快速化施工的目的。

关键词：城市复杂环境　双层　门式墩　盖梁　快速化施工

1　引言

"要想富、先修路"，深刻体现了道路对城市发展的重要性。自 21 世纪以来，城镇化迎来高速发展，紧随社会发展需求，公路行业蓬勃发展，一条条纵横交错的公路孕育而生，构成了城市出行道路网。由于城市发展初期规划不足，大量建筑物占据了城市主要土地资源，不可以避免地出现土地资源紧张，而最初的道路规模较小，已无法满足城镇化的快速发展，土地资源成了制约城市道路快速发展的主要因素之一。为此，复合式立体道路大量引入城市化建设，通过多层桥梁，达到了有限土地实现多层满足功能需求的道路。如何在城市复杂道路环境下快速化、安全化完成复合式立体桥梁，将是最新研究的重点。

狮子洋通道作为广东省重点工程，秉承绿色桥梁的理念，全面推进双层/三层桥梁建设，在满足交通需要的同时，极大地减少了对城市土地资源的占用，实现土地资源的合理化利用。轮渡路高架桥作为狮子洋通道引桥一部分，为三层道路结构，采用双层门式墩结构，均位于既有轮渡路上，与轮渡路改扩建同步实施。既有城市道路上施工，施工环境复杂，工期要求紧，研究价值大，本文以双层门式墩盖梁为研究对象，分析研究快速化施工工艺，为后续工程施工提供引导价值。

2 研究背景

轮渡路高架桥位于东莞市沙田镇,采用三层门式墩结构形式(图1)。其中,上层为双向八车道高速公路,中层为双向六车道高速公路,底层为双向六车道一级公路兼城市主干道。

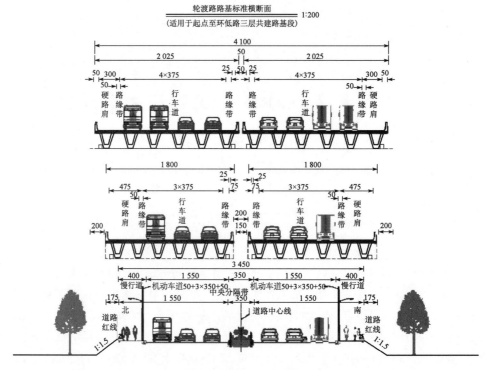

图1 轮渡路高架桥断面图

轮渡路高架桥基础采用8根φ2.0m钻孔灌注桩,其中边墩2根,中墩4根。分别设置承台与墩柱连接,下层墩柱高10~16m,上层墩柱高7~11m,采用C40混凝土。盖梁单幅长20.5~22.5m,厚1.6~4.0m,采用C50混凝土。上部结构均采用预制小箱梁,上下层均为12片。

以2号墩为例,下墩柱高13.3m,下盖梁长42.3m、宽4.2m、厚3.69m,上墩柱高8.632m,上盖梁长42.3m、宽4.2m、高3.39m。

3 双层门架墩盖梁施工技术

总体施工思路:双层门架墩盖梁均采用支架法施工,支架搭设完成后,钢筋、预应力、模板安装,浇筑混凝土,待养护期满后张拉预应力,并拆除支架。

支架设计思路:既有道路上施工,需设置通行孔,考虑采用"立柱+梁"结构,形成施工通行孔,梁底设置防护钢板进行防护,避免交叉作业风险。

下面主要针对支架形式及安拆工艺展开研究,分别研究了"立柱+贝雷梁+盘扣支架""立柱+桁架片"支架,以便选择更合适的支架形式。

3.1 "立柱+贝雷梁+盘扣支架法"盖梁施工

支架分左右幅单独设置,主要由立柱、纵向分配梁、贝雷梁、盘扣支架组成,盖梁下布设450mm间距盘扣支架,将荷载传递至下方9片贝雷梁,通过桩顶分配梁传递荷载至立柱,立柱立在混凝土扩大基础(下盖梁)上。具体如图2所示。

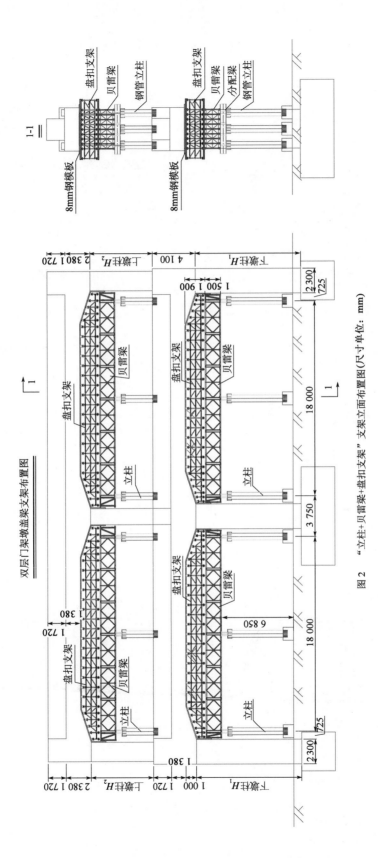

图 2 "立柱+贝雷梁+盘扣支架"支架立面布置图(尺寸单位:mm)

总体施工按照先下层后上层,先搭设支架再施工盖梁,具体步骤如图3所示。

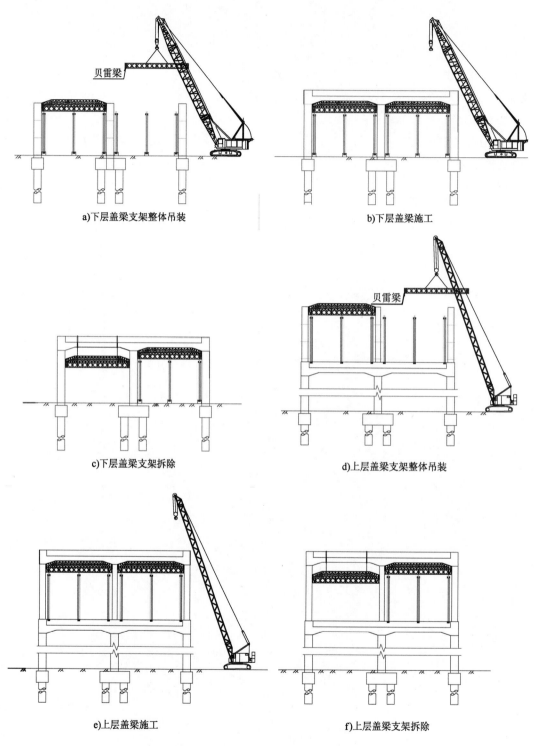

图3 "立柱+贝雷梁+盘扣支架"支架法施工步骤图

施工要点：

(1)立柱、贝雷梁后场加工、组拼完成后运至现场,利用100t履带式起重机吊装。

(2)贝雷梁搭设完成后,铺设纵向分配梁安装盘扣支架,通过顶托调整高度。

(3)盖梁混凝土采用一次性浇筑,养护期满后方可张拉预应力,压浆、封锚施工。

(4)预应力建立后,方可拆除支架,通过预留孔洞,采用连续千斤顶整体下放"贝雷梁+盘扣支架"。

3.2 "立柱+桁架片法"盖梁施工

支架分左右幅单独设置,主要由立柱、纵向分配梁、桁架片组成,盖梁下布设4片型钢桁架,通过桩顶分配梁传递荷载至立柱,柱顶设置砂箱调节高度,立柱立在混凝土扩大基础上。具体如图4所示。

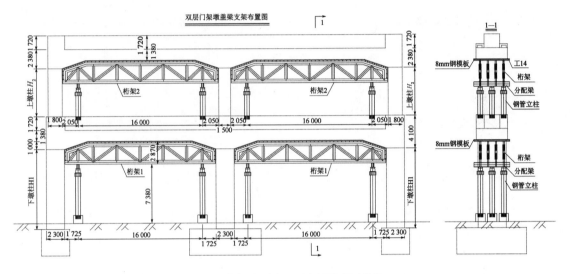

图4 "立柱+桁架片"支架立面布置图(尺寸单位:mm)

总体施工按照先下层后上层,先搭设支架再施工盖梁,具体步骤如图5所示。

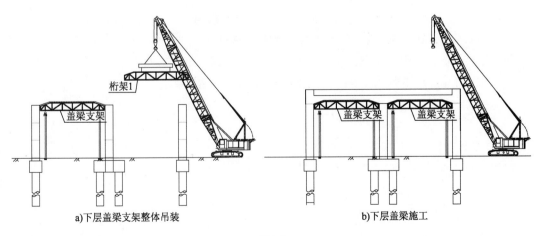

图 5

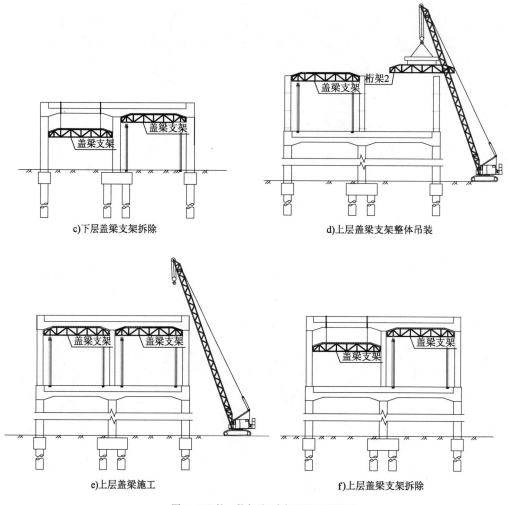

图5 "立柱+桁架片"支架法施工步骤图

施工要点：

(1)立柱、桁架片单独吊装,均考虑后场加工后150t履带式起重机整体吊装。

(2)立柱顶部设置砂箱,以便调节支架高度及拆模施工。

(3)盖梁混凝土采用一次性浇筑,养护期满后方可张拉预应力,压浆、封锚施工。

(4)预应力建立后拆除支架,采用连续千斤顶整体下放桁架片。

4 工艺比选研究

4.1 工效对比

根据同类工艺施工经验,工效对比见表1。

工效分析对比表　　表1

序号	工序	工效(d/套)		备注
		立柱+贝雷梁+盘扣支架	支架+桁架片支架	
1	钢管立柱安装	1	1	不含加工时间
2	分配梁安装(含砂箱)	0.5	0.5	

续上表

序号	工序	工效(d/套)		备注
		立柱+贝雷梁+盘扣支架	支架+桁架片支架	
3	桁架片安装	—	2	不含加工时间
4	贝雷梁安装	0.5	—	
5	盘扣支架搭设	4	—	
6	底模安装	1	1	
7	预压	7	7	
8	小计	14	11.5	

综合对比,"立柱+贝雷梁+盘扣支架"施工周期略长一些,主要体现在盘扣支架搭设时间较长,占用大量安装时间。

4.2 安全性对比

根据支架结构形式,对其施工安全性进行分析,主要涉及的危险源有:起重吊装作业、高空作业、临边作业。具体分析如下:

(1)"立柱+贝雷梁+盘扣支架"法施工。

①起重吊装作业贯穿于全作业周期,主要大型吊装为贝雷梁整体吊装。

②高空作业主要分布在分配梁安装、盘扣支架搭设、底模安装等,其中盘扣支架搭设持续时间较长。

③临边作业主要分布在盘扣支架搭设,底模安装等。

(2)"立柱+桁架片"支架法施工。

①起重吊装作业贯穿于全作业周期,主要大型吊装为桁架片吊装,吊装吨位大,持续时间长,为吊装主要控制重点。

②高空作业主要分布在分配梁安装、桁架片安装、底模安装等,持续时间相对较短。

③临边作业主要分布在底模安装等。

综合对比,该两种支架形式安全性均满足要求,其中,"立柱+贝雷梁+盘扣支架"法主要风险点在盘扣支架搭设,涉及临边作业、高空作业,持续时间长,为管控重点,需设置好安全防护措施;"立柱+桁架片"支架法主要风险点在桁架片吊装,吊装次数多,吊重大,为管控重点,需严格按照起重吊装规程进行施工。

4.3 实用性对比

根据支架结构形式,结合周边实际情况(既有路上施工,周边厂区居多,施工期间支架底需保证通行),对其实用性进行分析,主要从通用性、操作性、经济性、对周边环境影响展开研究,经研究该两种支架主要的优缺点见表2。

支架优缺点对比 表2

序号	对比方向	优缺点对比		备注
		立柱+贝雷梁+盘扣支架	支架+桁架片支架	
1	通用性	通用性强,可适应不同长度,不同坡度盖梁施工	桁架片加工后尺寸固定,仅适用于特定尺寸盖梁施工	
2	操作性	搭设流程长,需在贝雷梁上搭设盘扣支架,施工时间长	结构简单,桁架片吊装完成后即可铺设底模,施工工期短,安拆方便	

续上表

序号	对比方向	优缺点对比		备注
		立柱+贝雷梁+盘扣支架	支架+桁架片支架	
3	经济性	型材消耗小,贝雷梁、盘扣支架均为标准构件,可到处倒用,周转效率高	型材消耗大,制作好的桁架片尺寸固定,周转性差,仅适用特定尺寸盖梁施工	
4	对周边环境影响	安拆周期长,对道路影响时间长	安拆周期短,对道路影响小	

5 结语

关于城市复杂道路双层门式墩盖梁施工研究,主要针对两种支架形式展开研究,得出如下结论:

(1)"立柱+贝雷梁+盘扣支架"可在预留通行孔的同时,适应多尺寸、多坡度门式墩盖梁施工,通用性强,但搭设周期长,安拆时间长,对既有道路影响时间长。

(2)"立柱+桁架片"盖梁支架满足既有道路通行需求,结构简单,上部结构可整体吊装,安拆周期短,对既有道路影响时间短,但桁架片尺寸固定,仅适用于特定尺寸门式墩盖梁施工,具有一定的局限性。

(3)该两种盖梁支架均满足施工要求,可针对现场实际情况择优选择。

随着复合式立体桥梁的推进,越来越多的城镇采用双层桥梁,如何在城市复杂道路区域快速化完成双层门式墩盖梁现浇施工,已成为研究的重点。本文重点讲述对两种支架形式的对比,通过工效、安全性、实用性多方位的比较研究,阐述其优劣势,对类似工程支架方案的选择具有很高的借鉴价值。

参 考 文 献

[1] 中华人民共和国住房和城乡建设部.钢结构设计标准:GB 50017—20171[S].北京:中国建筑工业出版社,2018.

[2] 中华人民共和国交通运输部.公路桥涵施工技术规范:JTG/T 3650—2020[S].北京:人民交通出版社,2020.

[3] 中华人民共和国住房和城乡建设部.建筑施工承插型盘扣式钢管支架安全技术规程:JGJ 231—2010[S].北京:中国建筑工业出版社,2011.

58. 跨江通道双层门式桥墩盖梁支架设计与应用

王春冉[1]　刘永祥[1]　王洋浩瀚[2]　宋澎[3]　张君帅[3]

(1. 中交一航局第五工程有限公司；2. 广东湾区交通建设投资有限公司；
3. 中交天津港湾工程设计院有限公司)

摘　要：本文以狮子洋跨江通道项目现浇预应力混凝土盖梁支架施工为背景，系统地介绍了本工程几种支架方案的比选，选定"贝雷梁－承台钢管柱"方案进行设计并成功应用，为同类型跨江通道双层门式桥墩盖梁支架设计[1]与施工提供一定参考。

关键词：跨江通道　支架体系　建模计算

1　工程概况

狮子洋位于广州市与东莞市之间，东岸为东莞市，西岸为广州市南沙区，是珠江最主要的出海水道。狮子洋跨江通道项目全长 35.118km，是珠江口第一条双层过江通道，是打造广州国家综合交通枢纽的重要支撑。

本项目虎门港互通位于 K24+023～K26+675 段，主线桥采用双层门架墩，桥墩顺桥向间距 30～75m，横桥向净距左幅为 13.15～33.75m，右幅为 19.15～33.75m。预应力混凝土盖梁分上、下两层，盖梁长度为 43.36m(最小)～74.37m(最大)，盖梁宽度分为 4.2m、4.6m 两种，盖梁主体高度为 2.69m(最矮)～6.42m(最高)，盖梁混凝土为一次性浇筑，中间不分层，浇筑最大方量为 1 212.7m³，混凝土最大压力 138kN/m²，支架体系搭设高度 3.8m(最小)～46.3m(最大)。

典型桥墩结构图如图 1 所示。

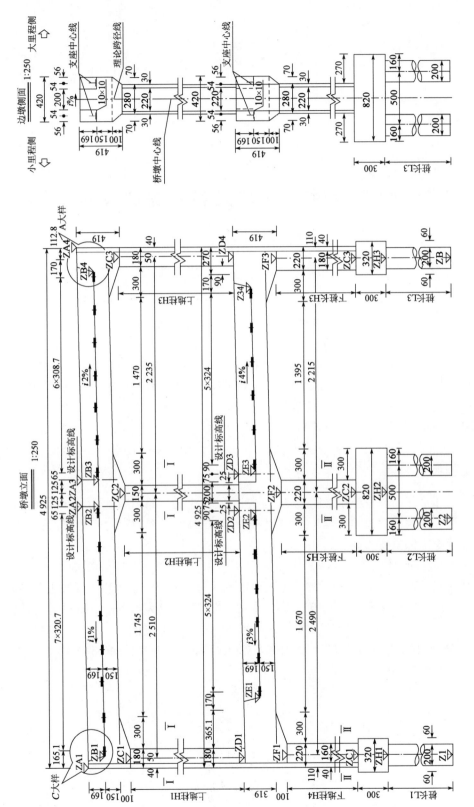

图 1 典型桥墩一般构造图

448

2 方案设计

2.1 设计原则

(1)结构安全性。

本工程盖梁混凝土一次性浇筑最大高度超过6m,支架搭设最大高度超过45m,属于超过一定规模风险性较大分部分项工程,支架体系设计时,需充分考虑整体承载能力,尤其本工程盖梁施工时,支架上多人作业,支架体系安全稳定尤为关键;东莞地区夏季可能出现突风,建模计算时需充分考虑最不利工况。

(2)操作便捷性。

支架体系的安装和拆除应考虑使用汽车起重机、履带式起重机等100t以内的常规设备,单件起吊重量不宜过大,设计应考虑工艺简单,人员易操作,施工效率高。

(3)投入经济性。

支架体系材料宜选取市场上容易采购及运输的成品材料,尽量避免大量焊接加工,成品材料在本工程结束后的周转性更好。支架设计在适应盖梁跨度、净高的变化的同时,避免或减少施工过程中的二次改制。支架跨度变化最大20m,尽量采用标准段+调节段的模式,增加通用性。本工程有部分盖梁需横跨鱼塘,其基础下方存在淤泥软弱层,基础承载力低,如支撑体系采用管柱基础直接支撑在地面上,需要换填的工程量大,成本高,方案设计时,需考虑此路线段的深度优化。

(4)工程特异性。

下层盖梁支架体系搭设最小高度3.8m,若采用盘扣脚手架(最低高度1.7m)+贝雷梁结构形式,考虑到空间受限,贝雷梁只能使用单层;上层盖梁支架体系搭设最大高度46.3m,若采用管柱支撑需设置墩柱扶墙保证整体稳定;工程施工时,主线范围内有行车需求,支架体系安装完成后,需预留7m宽的行车通道。

2.2 比选方案

盖梁支架体系设计过程中进行了多种方案的比选,主要有以下几种形式:

方案A:基础硬化+钢管立柱+贝雷梁(图2、图3)。

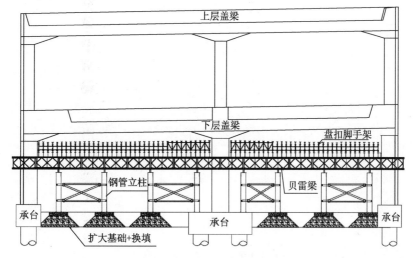

图2 方案A下层盖梁支架方案

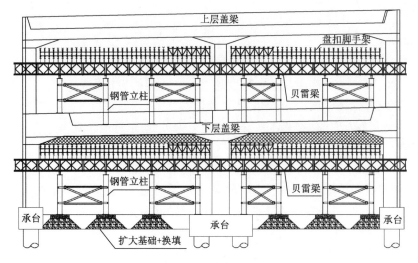

图 3 方案 A 上层盖梁支架方案

支架体系自下至上为:基础硬化(承载力≥250kPa)→扩大地基(2.5m×2.5m)→钢管柱(ϕ610×10mm)→横向承重梁(双拼 I45a)→贝雷梁(321 型)→纵向分配梁(I14@600mm)→脚手架支撑(60 型/600mm×600mm)→盖梁底模板。

钢管立柱作为支撑结构,相邻立柱采用平联拉结形成整体结构,立柱下方安装混凝土板,混凝土板下方基础换填,钢管立柱上方为承重梁以及贝雷梁等支撑结构。

方案 B:墩柱牛腿 + 钢桁架梁(图 4、图 5)。

支架体系自下至上:支撑牛腿(墩柱上设置)→桁架梁(3.5m 高)→分配梁(HN600×200@60mm)→盘扣脚手架(60 型/600mm×600mm)→盖梁底模板。

采用焊接加工成的标准桁架梁结构拼接组成主梁,主梁上方为承重梁、贝雷梁等支撑结构。墩柱侧面预留孔洞,利用对拉高强螺杆固定牛腿,主梁固定于牛腿上方。该系统根据盖梁长度设置调节段,与主梁结构采用同种销轴连接,可满足不同跨度需要。

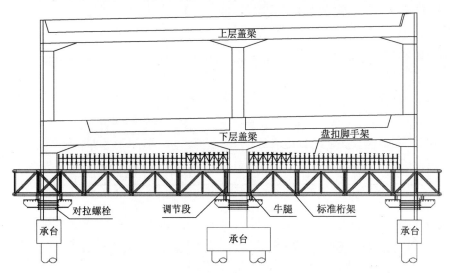

图 4 方案 B 下层盖梁支架方案

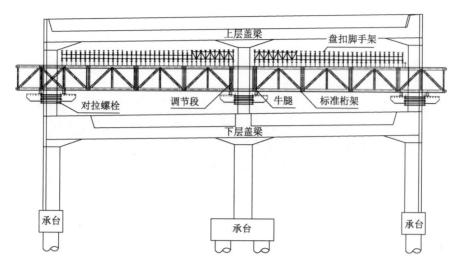

图 5　方案 B 上层盖梁支架方案

方案 C：型钢支撑 + 承台钢管柱 + 三角支架 + 贝雷梁。

支架体系自下至上：中墩承台/边墩型钢支撑→钢管立柱($\phi820\times16$mm)→三角支架→承重梁(双拼 HN650×300)→贝雷梁(321 型/特制)→纵向分配梁(HN600×200@600mm)→脚手架支撑(60 型/600mm×600mm)→盖梁底模板。

承台顶面提前预埋限位螺栓，钢管立柱下方设置法兰与承台连接，边墩承台通过型钢支撑与立柱连接，立柱延高度方向设置抱箍与墩柱相连，立柱顶部安放型钢支架、承重梁等支撑结构。贝雷梁放于盖梁两侧，浇筑完下层盖梁后，将钢管柱接高，贝雷梁分段上提安装作为上层盖梁支架。

2.3　分析判定

方案 A 是现浇混凝土盖梁支架施工较为常规的方案，结构简单，施工便捷，这也是该方案的主要优点。缺点是本工程盖梁跨度及荷载均超过常规盖梁，下层盖梁结构不足以承担上层现浇盖梁重量，下层盖梁支架体系需等待上层盖梁浇筑完成方可拆除，上下层支架体系无法实现周转，按照典型墩计算，双层盖梁支架投入钢材约 710t，同时，由于地基条件差，硬化的工程量约为 430m³，本工程预计投入支架体系 10 余套，如此算来，该方案成本投入大；同时，由于基础条件差的原因，该方案的沉降难以保证。

方案 B 整体重量最终作用在墩柱上，不需使用钢管柱支撑，桁架梁可周转使用，上下层通用，按照典型墩计算，双层盖梁支架投入钢材约 188t，该方案的优点是成本投入少，同时不占用下方交通空间，施工干扰少。方案缺点是标准桁架与调节段之间需要进行高空对接，结合以往施工经验，该方案不容易操作，施工效率低；人员拼接桁架需长时间进行高空作业，安全风险增加；单独加工的桁架梁不是定型产品，后期周转性差；预埋件位置混凝土强度能否达到计算要求无法保证，影响方案可靠度。

方案 C 主要优点是最大限度利用既有承台结构作为基础，不受地质条件限制，无须换填施工，从根本上解决支架沉降问题；钢管立柱以及贝雷梁均位于盖梁投影外侧，底层盖梁施工完成后，将贝雷梁及其上部的结构拆除，钢管立柱接高至设计高程，重新安装贝雷梁及上部结构即可施工上层盖梁,上层结构不受下层盖梁混凝土强度制约,贝雷支撑体系实现上下层通用,按照典型墩计算,双层盖梁支架投入钢材约400t;中墩使用长度19.7m的标准三角支架,减少支架体系计算跨度,根本上解决了大跨度盖梁跨中钢管立柱数量较多的问题;材料除支架及少量异形贝雷外,均使用定型材料,结构可靠,操作简便。缺点是贝雷梁放在盖梁投影两侧,分配梁计算跨度大,需有足够刚度防止变形,因此分配梁使用材料规格稍大,但考虑到支架体系周转使用,分配梁材料规格稍大不影响方案整体优势。盖梁支架体系方案比选见表1。

盖梁支架体系方案比选　　　　表1

类别	简述	结构安全	施工方便	施工效率	成本投入	推荐方案
方案A	基础硬化+钢管立柱+贝雷梁	安全	易施工	低	高	
方案B	墩柱牛腿+钢桁架梁	一般	难度大	低	低	
方案C	型钢支撑+承台钢管柱+三角支架+贝雷梁	安全	易施工	高	一般	√

2.4　方案深化

盖梁投影下方每侧布置6榀贝雷片,间距为225mm,上下弦杆做加强处理,左右两侧贝雷架通过定制花架连接,每片贝雷梁首尾各一组花架,承重梁以及三角支架与钢管柱连接位置增加柱顶限位,墩柱与钢管立柱之间设置抱箍平联。

盖梁支架体系横断面如图6所示。

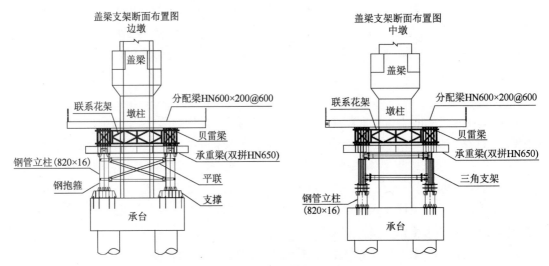

图6　盖梁支架体系横断面图

钢管立柱平联选用Ⅰ20a,墩柱抱箍选用[28,抱箍与钢管立柱通过丝杠连接。

承重梁及三角支架下弦杆槽钢(双拼650)腹板开孔,与钢管桩柱顶通过$\phi 34mm$材质40Cr螺杆栓接限位,确保主梁及支架的稳定性。承载梁顶限位构造图如图7所示。

支撑(6榀HN650型钢)与承台通过M32定位螺栓(8.8级)连接;钢管立柱底部设置法兰盘,与支撑通过M33螺栓(8.8级)连接固定。

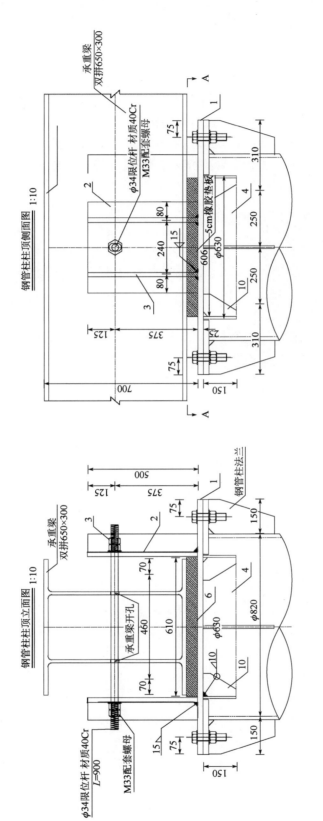

图 7 承载梁顶限位构造图（尺寸单位：cm）

3 建模计算

3.1 设计荷载

混凝土自重取 $26kN/m^3$,模板及盘扣架荷载取 6.0kPa;振捣混凝土对模板的荷载取 4.0kPa,施工机具及人群荷载取 2.5kPa,风荷载按东莞地区十年基本风压计算。永久荷载取分项系数 1.2,可变荷载取分项系数 1.4。本工程盖梁形状不规则,根据盖梁高度计算分区线荷载,分别加载到分配梁上,分配梁沿着顺桥向布置,线荷载 $q = 26kN/m^3$(混凝土重度)$\times h$(盖梁高度 m)$\times 0.6$(分配梁间距)。

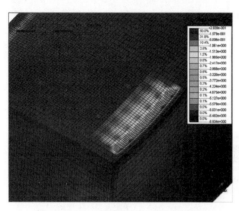

图8 Midas/FEA 混凝土应力计算结果

3.2 模型建立

Midas 是桥梁领域通用结构分析及设计系统[2],本文将利用该软件对设计方案进行验算。使用 Midas/civil 版块进行杆系结构计算,使用 Midas/FEA 版块进行局部应力计算(图8)。

分配梁→贝雷梁→承重梁→中墩支架→钢管立柱之间依次采用一般弹性连接,立柱与支撑使用直连,承台上设置固结点,支撑与承台固结点使用弹性连接,边墩设置钢抱箍以及平联,在墩柱上设置固结点,抱箍中心与固结点使用一般弹性连接,抱箍中心与抱箍四角采用刚性连接,释放竖向约束。

3.3 结果分析

对整体模型中同一类杆件单独提取组合应力,剪应力,变形数据进行分析。分配梁、钢管桩材质为 Q235B,组合应力值不大于 $215N/mm^2$,剪应力值不大于 $125N/mm^2$;贝雷梁材质为 16mn、承重梁、型钢支架、支撑材质为 Q345B,组合应力值均不大于 $305N/mm^2$,剪应力值不大于 $175N/mm^2$。偏于安全考虑,受弯构件按照简支梁考虑控制挠度变形,支座取最近支点,容许变形值为 $L/400$,悬臂结构为 $L/250$。受弯构件变形取相对数值,如支点位置竖向变形数值为 a、b,跨中竖向变形数值为 c,则杆件位移数值为 $\Delta Z = c - (a+b)/2$。

经过计算,典型墩盖梁支架各杆件应力及变形均满足要求(表2)。

典型墩支架体系计算结果　　　表2

盖梁位置	项目	组合应力验算(MPa)		剪应力验算(MPa)		变形验算(mm)		备注
		组合应力	允许值设计值	剪应力	允许值设计值	挠度	允许值	
下层盖梁支架	分配梁	101.0	215	33.6	125	2.6	11.7	4 675/400
	贝雷梁	274.8	305	82.0	175	23.4	35.7	14 300/400
	承重梁	40.9	305	77.1	175	1.0	14.5	5 800/400
	中墩支架	153.5	305	20.3	175	14.7	26.8	6 700/250
	钢管柱	112.9	215	4.0	175	—	—	压应力
	支撑	19.2	305	42.5	175	0.7	4.4	1 100/250
上层盖梁支架	分配梁	91.3	215	26.5	125	2.8	11.7	4 675/400
	贝雷梁	264.4	305	80.7	175	23.3	35.7	14 300/400
	承重梁	39.0	305	73	175	1	14.5	5 800/400

续上表

盖梁位置	项目	组合应力验算(MPa)		剪应力验算(MPa)		变形验算(mm)		备注
		组合应力	允许值设计值	剪应力	允许值设计值	挠度	允许值	
上层盖梁支架	中墩支架	146.4	305	19.4	175	15	26.8	6 700/250
	钢管柱	95.4	215	3.9	175	—	—	压应力
	支撑	16.3	305	38.4	175	0.6	4.4	1 100/250

Midas 计算过程中发现部分模型支座处的标准贝雷片竖杆及斜杆应力较大,接近或超过允许荷载,根据使用手册[3]规定,贝雷片上下弦杆内力不超过 500kN,竖杆不超过 210kN,腹杆不超过 171.5kN,综合考虑应力及轴力两个指标,本工程在支座承重梁反力较大位置使用了两种非标贝雷片。一是特制加强贝雷片,上下弦杆用双□80 替换双[10,竖杆及斜杆用□80 替换Ⅰ8;二是高抗剪贝雷片,竖杆用由[10+Ⅰ8 替换Ⅰ8,斜杆用□80 替换Ⅰ8,补强贝雷片应力及轴力均符合计算要求,两种非标贝雷片由专业厂家加工。

4 实施情况

4.1 支架安装

支架材料中钢管、型钢、贝雷片等采用 12m 长板车运输,构件安装使用 80t 汽车起重机,贝雷片组装成型后整体吊装,组拼成型的贝雷梁整体长度 18m,质量 12t。三角支架单侧重量为 20t,考虑场地条件以及吊装设备起重能力,将整体支架分节段吊装,节段之间采用法兰螺栓连接,节段质量控制在 12t 以内。首件施工的盖梁支架安装完成用时约 7d。

4.2 堆载预压

本工程采用三级堆载预压,控制荷载为标准值(盖梁+模板自重)的 1.1 倍,分别按控制荷载的 60%、80%、100% 顺序逐级进行加载,预压材料为定型混凝土块体。现场实施预压观测显示,典型桥墩下层盖梁支架满级堆载产生沉降量(挠度差)为 16.1mm(左幅)、10.4mm(右幅)。典型墩下层盖梁支架计算挠度值为 13.4mm(左幅)、12.8mm(右幅),观测值较计算值左幅大 2.7mm、右幅小 2.4mm,另考虑一定观测误差,结果基本接近,贝雷片下挠值在安全可靠范围内。

5 其他说明

除典型桥墩盖梁外,针对墩柱净跨过大、单位重量过重的情况,拟采用增加贝雷梁层数、榀数或者在跨间增加钢管立柱减少跨度的方式解决,钢管立柱下方为灌注桩基础。悬臂盖梁优先考虑在边墩使用支架,支架无法计算通过的,在悬臂位置增加钢管立柱,钢管立柱与边墩立柱环抱,确保整体稳定。

6 结语

本文以狮子洋跨江通道项目现浇盖梁支架施工为背景,介绍了大跨度、大荷载双层门式桥墩盖梁支架体系的设计思路。利用有限元计算软件,在考虑各可能工况下,对盖梁支架体系刚度、强度、稳定性进行验算,并通过现场实施堆载预压,验证了设计方案的可靠性,可以为类似项目提供参考和借鉴。

参 考 文 献

[1] 谭峰.高速公路桥梁现浇盖梁支架施工技术研究[J].工程设备与材料,2023,8(16):88-90.

[2] 胡龙泳,何良玉,刘志,等.圆柱墩现浇箱梁抱箍支架法及整体落架施工关键技术[J].工程与建设,2023,37(5):1562-1564.

[3] 邵悦恬.高墩大体积盖梁托架法施工技术研究[J].交通世界,2022,31(11):165.

[4] 卢弘宇,杨培芬,张维红,等.MIDAS有限元分析软件在施工临时结构中的应用与思考[C]//中国土木工程学会.2022年全国土工工程施工技术交流会论文集(下册).北京:中国建筑工业出版社,2002.

[5] 黄绍金,刘陌生.装配式公路钢桥多用途使用手册[M].北京:人民交通出版社,2002.

59. 超大预应力盖梁施工技术

叶 迁

(武汉桥梁建筑工程监理有限公司)

摘 要：随着我国交通建设的快速发展，对桥梁建设提供了更加广阔的平台，车道数量的日益增加，超大预应力盖梁形式已成为我国发展的重点方向。本文结合狮子洋通道土建工程T10合同段盖梁施工实践，对盖梁施工关键技术进行总结优化。

关键词：超大盖梁 预应力施工

1 工程概况

1.1 概况

以狮子洋通道T10标主线桥27号墩下层盖梁为例进行说明，盖梁结构尺寸(长×宽×高)为49.25m×4.2m×3.19m，主要工程量为：C50混凝土527.3m³、HRB400钢筋81.7t、内径100mm波纹管590m、$\phi_s15.2$钢绞线12.7t、M15-19锚具24套。

27号墩为门架墩，由三根方柱+盖梁组成，形成双向8车道。盖梁横坡为2%，盖梁底面与墩柱顶面采用倒角连接，倒角尺寸为3m宽×1m高，盖梁断面呈凸字形，凸字下层高度为1.5m，凸字上层高度为1.69m，凸字总高度3.19m，凸字下层宽度为4.2m，凸字上层宽度为2m，凸字上层与下层交界处设置10cm×10cm倒角。盖梁三维图如图1所示。

图1 盖梁三维图

1.2 地质、水文及气象条件

工程场区主要属珠江三角洲平原区，局部为侵蚀丘陵地貌，区域地层除第四系外，其他分布不广，大部分地层是零星分布，互不相接。

根据勘察结果,自上而下地层主要为第四系海陆交互相(Qdmal)淤泥(淤泥质土)、粉质黏土、砂土、圆砾土,及花岗岩残坡积(Q4el+dl)砂质黏性土;基岩为第三系砾岩,燕山期第三期γγ3侵入花岗岩,侏罗系J1ln含砾砂岩、砂岩及石英砂岩。燕山期第三期花岗岩侵入最新地层为上侏罗系,同时侵入印支期和燕山一二期侵入岩,项目区燕山期第三期与上部第三系泥岩、砂岩呈沉积接触关系。

区域平均气温22.4℃,年平均相对湿度77%,年平均气压为1010.4hPa,年平均降水量为1813.2mm,年平均蒸发量为1656.9mm,年平均风速为2.0m/s。年内雨水主要集中在汛期(4~9月),占全年雨量的82.8%;冬半年(10月至翌年3月)降水只占全年的17.2%。

2 重难点分析

(1)27号墩下层盖梁混凝土方量较大,达到了527.3m³,需做好盖梁混凝土浇筑顺序和浇筑段落划分。

(2)钢筋半成品型号较多,27号墩下层盖梁钢筋半成品多达55种,因此钢筋半成品加工出来后,需做好分类码放,不同种类半成品不得混堆。

(3)27号墩下层盖梁长度较长,达到了49.25m,因此钢绞线穿束难度较大。

(4)27号墩下层盖梁跨度大,左跨净跨度为22.7m,右跨净跨度为19.95m,故对支架体系要求较高,支架体系也较为复杂,支架搭设拆卸起重吊装风险增加。

(5)27号墩下层盖梁钢筋由于超长超宽,无法分段预制并超宽运输,故只能采用墩顶散绑工艺,无法像钢筋加工场后台那样采用标准化定位架绑扎,故钢筋定位控制难度大,钢筋保护层控制难度大。

(6)盖梁混凝土属于永久外露面,需保证表观质量,对混凝土性能和操作人员能力要求高。

(7)27号墩下层盖梁下墩柱高度H4、H5、H6分别为8.571m、10.034m、9.442m,下墩柱高度较高,导致高空作业危险系数高,施工人员需要在较高的操作平台上进行施工,具有一定的危险性,需要做好护栏围闭措施。

3 施工工艺

主线盖梁支架体系采用钢管贝雷梁盘扣架支撑体系,该体系从下至上依次为垫梁、钢管立柱、中墩型钢托架、承重梁、贝雷梁、分配梁、盘扣架。支架体系构件采用工厂定尺切割,分块运至现场进行焊接加工,在现场墩位处散拼。待支架体系搭设完成后,安装盖梁底模,再组织验收,并对支架体系进行预压,预压完成后进行下一步施工。钢筋在钢筋场集中加工,经验收合格后运送至现场,待预压完成后,开始钢筋绑扎,盖梁钢筋安装到位后开始安装波纹管、锚具、钢绞线。模板采用大块整体钢模,由专业厂家加工并运至现场。模板安装前进行预拼、打磨、除锈、涂脱模剂,底模在盖梁支架体系预压前安装,侧模在钢筋、波纹管、钢绞线安装完成后进行安装。侧模安装完成后进行盖梁顶面垫石预埋筋及预留孔安装。混凝土由项目部搅拌站自行生产,通过混凝土搅拌车运至墩位,通过泵车进行混凝土浇筑,浇筑完成后及时覆盖养护膜并洒水养护,后续在盖梁上设置水桶进行滴灌养护。混凝土养护7d或混凝土强度达到100%后,利用穿心顶按照设计图纸要求对钢绞线进行两端张拉,张拉到位后,切除多余钢绞线,并在48h内完成管道压浆,压浆完成后进行封锚施工。待预应力张拉完毕后,按照"后支先拆,先支后拆"的原则顺序拆除底模及盖梁支架。工艺流程图如图2所示。

图 2 工艺流程图

3.1 支架施工工艺

27号墩下层盖梁支架由下部钢管立柱、型钢托架、贝雷梁、分配梁组成,其中立柱由 $\phi820×16$ 钢管支腿、I20a平联组成,分配梁采用 $HN600×200$ 型钢。托架、立柱支架及连接系之间均采用栓接或销接。下层盖梁支架立面图如图3、图4所示。

钢管贝雷梁支架主要适用于门型框架墩施工,该支架主要由垫梁、钢管柱、型钢托架、承重梁、贝雷梁、分配梁、盘扣架组成,其中垫梁采用 $HN650×300$;钢管柱采用 $\phi820×16$;型钢托架采用双拼 $HN650×300$ 和三拼 $HN400×200$;承重梁采用双拼 $HN650×300$,贝雷梁采用321型,贝雷梁间距为22.5cm,盖梁横断面两侧各设置1组,每组6榀,每组采用1 200花架连接,贝雷梁上下各增加1道弦杆;沿着横桥向,按照0.6m间距设置 $HN600×200$ 分配梁;分配梁上面设置满堂盘扣架,立杆采用材质Q355直径 $\phi60×3.25mm$ 钢管,横杆采用材质Q235直径 $\phi48×2.5mm$ 钢管,斜杆采用材质Q195直径 $\phi48×2.5mm$ 的钢管,钢管立柱由可调底座、起始杆、基本杆、加长杆和可调顶托组成,立杆起始杆长1m,加长杆根据施工需要,共配置1m、1.5m、3m三种。整体效果图如图5所示。

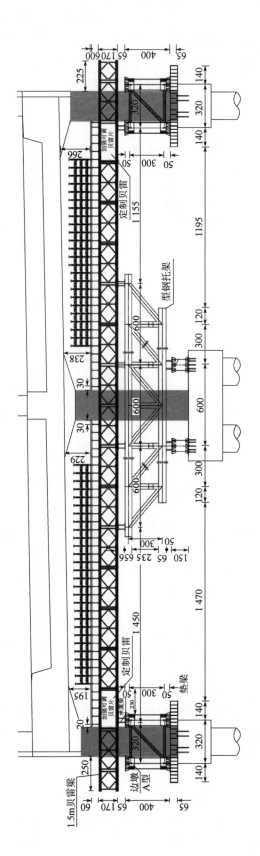

图 3 下层盖梁支架立面图(尺寸单位：cm)

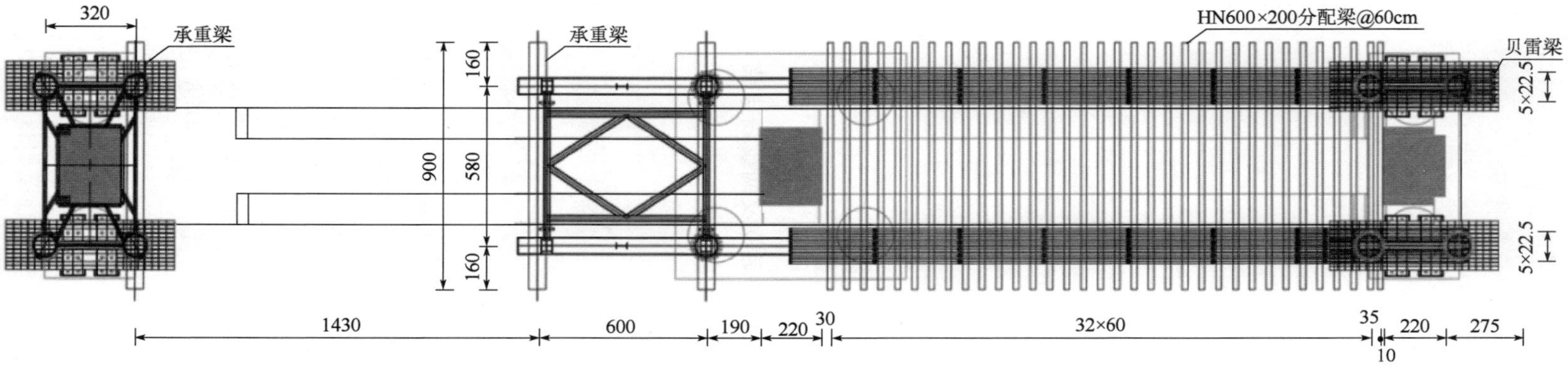

图 4 下层盖梁支架立面图(尺寸单位：cm)

图 5 整体效果图

3.2 钢筋施工工艺

盖梁钢筋在平台上散绑,平台上设置型钢绑扎胎架,型钢绑扎胎架由横杆和竖杆组成,竖杆共两道布置于盖梁两侧,横杆三道布置于底部、中部和顶部,底部横杆直接搁置于底模上,底部横杆两端用螺栓连接在两道竖杆底部,中部横杆和顶部横杆用螺栓连接在两道竖杆的中部和顶部,三道横杆起到将底层主筋、中层主筋及顶层主筋悬空的作用。型钢绑扎胎架每隔 2m 设置一道,沿盖梁长度方向采用型钢连接成整体。

盖梁钢筋整体绑扎完成后,利用汽车起重机辅助,将绑扎架的螺栓及横竖杆拆除,将盖梁钢筋放置盖梁底模。

3.3 波纹管定位及钢绞线穿束

27 号墩下层盖梁为预应力混凝土盖梁,预应力管道采用金属波纹管成孔,波纹管内径为 100mm,一共设置 12 束钢绞线束,每束钢绞线束含 19 股 $\phi_s15.2$ 钢绞线,采用两端张拉,张拉端为深埋锚。

波纹管采用竖向坐标、横向坐标、纵向坐标进行三维定位,由于盖梁设置了横坡,故波纹管定位时要求平行于盖梁底面,管道竖向坐标为盖梁底面至管道中心距离。

定位钢筋采用水平通长筋,型号为 HRB400ϕ16mm,定位间距要求直线段按照 80cm 间距布置,曲线段按照 40cm 间距布置,水平定位筋与盖梁主体结构竖向箍筋 N6N6a 进行焊接。水平定位筋焊接完毕后,通过 U 形固定筋 HRB400ϕ16 进行焊接固定。水平定位钢筋点焊在主体结构钢筋上,U 形固定筋点焊在水平定位筋上,不容许用铁丝固定波纹管,避免波纹管在浇筑混凝土时上浮变位。混凝土浇筑前,对管道进行定位检查,特别是各曲线变化起始点要弯曲圆顺,以保证管道成孔线形顺直。

为避免单根穿束引起的钢绞线相互缠绕,导致张拉时钢绞线受力严重不均,因此采用梳编穿束工艺,编束示意图如图 6 所示。

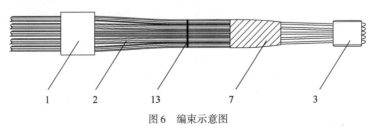

图 6 编束示意图

图 6 中 1 为梳束板(或锚具),2 为钢绞线,3 为牵引螺塞,7 为绑扎胶带,13 为扎丝钢绞线编束后,在钢绞线端头贴上编号,用透明胶带包好。

3.4 模板安装

(1)侧模安装。

待钢筋、波纹管、内衬管、锚具全部安装完成后,报监理工程师验收,验收合格后方可进行模板安装,模板采用现场拼接成形,采用拉杆紧密拼接。

侧模安装前,必须对侧模进行打磨除锈,并涂脱模剂,脱模剂采用模板漆,确保外观质量。

侧模安装时,严格根据已安装到位的底模模板进行侧模安装,确保位置准确,并在侧模与底模拼缝之间粘双面胶或打泡沫胶,确保接缝密实不漏浆。按模板设计图对侧模进行加固,必须设置防倾覆的临时固定设施,及时上足拉杆,防止模板在浇筑混凝土时倾覆和移位。侧模拼缝位置设置双面胶,确保拼缝密实不漏浆。

(2)端模安装。

端模制作时,依据锚穴位置及尺寸,在端模内部做成"碗状"突起,用以形成锚穴,锚穴倾斜面保证预应力筋与锚垫板垂直,锚穴深度即锚垫板端面至梁端净距 20cm。

3.5 混凝土工程

盖梁混凝土由混凝土泵车泵送浇筑,由于使用大流动度混凝土,混凝土斜面的坡度一般达到 10%,难以达到水平分层浇筑要求,因此混凝土浇筑时多采用"分段定点、一个坡度、薄层浇筑、循序推进、一次到顶"的斜面分层浇筑方法,分段宽度一般为 5m 左右,每层浇筑厚度为 0.3~0.5m,每段混凝土浇筑顺序和斜面分层如图 7 所示。

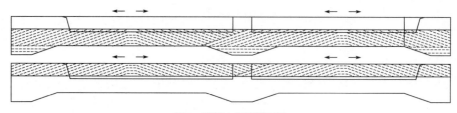

图 7 混凝土浇筑顺序图

混凝土按 0.5m 厚度分层浇筑,且在下层混凝土初凝或能重塑前浇筑完成上层混凝土浇筑。在倾斜面上浇筑混凝土时,从低处开始逐层扩展升高,并保持水平分层厚度不超过 0.5m。

混凝土振捣时,振捣棒的移动间距控制在 45cm 以内[300×1.5=450(mm)],振捣棒要快插慢拔,不漏振、不过振,每一振点的振捣延续时间控制在 20~30s 之间,密实的标志是混凝土停止下沉,不再冒出气泡,外表呈现平坦、泛浆。插入式振捣棒振捣时与侧模保持 5~10cm 的距离,且插入下层混凝土中的深度为 5~10cm,振捣棒应避免碰撞钢筋、波纹管、模板。浇筑过程中严格控制混凝土分层浇筑厚度,不得超过 0.5m,并逐层振捣,不得漏振,以免产生蜂窝、麻面和气泡。

3.6 预应力施工

(1)钢绞线张拉。

待盖梁混凝土浇筑完成后,混凝土强度达到设计强度 90% 以上且龄期不少于 7d,开始张拉预应力钢束。根据一束钢绞线束所含有的钢绞线股数,采用 600t 千斤顶两端张拉。张拉工艺流程如图 8 所示。

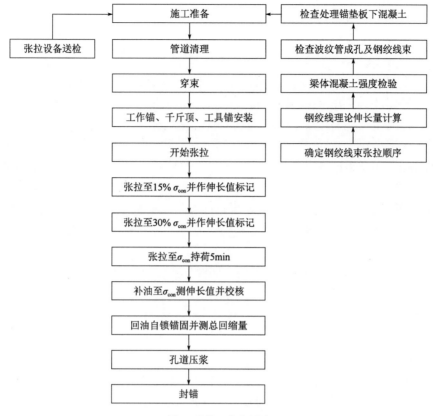

图 8　张拉工艺流程图

预应力张拉时,锚具垫板必须与钢绞线轴线垂直、垫板孔中心与管道中心一致。安装千斤顶时必须保证锚圈孔与垫板孔严格对中,防止滑丝、断丝现象的产生。

本工程钢绞线张拉采用智能张拉技术,采用计算机、通信、控制、液压等现代技术对预应力整个张拉过程进行控制,不受人为因素干扰,全过程按规范要求自动完成预应力张拉工艺。预应力智能张拉系统以张拉力控制为主,伸长量误差为校对指标。

(2)管道压浆。

工艺步骤如图9所示。

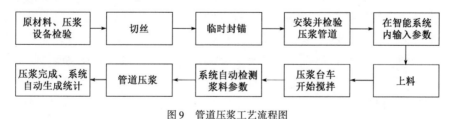

图 9　管道压浆工艺流程图

3.7　底模及支架体系拆除

(1)拆除原则。

盖梁达到支架拆除条件后,开始支架拆除。先将盘扣架托撑向下调节,使底模脱模,然后分别将底模、盘扣架、分配梁逐块、逐根拆除,贝雷梁、承重梁、中墩托架和钢管立柱遵循先支后拆、后支先拆的原则依次拆除。

(2)底模、盘扣架、分配梁拆除。

盖梁混凝土抗压强度达到 2.5MPa，且保证其表面及棱角不致因拆模而受损坏时，拆除盖梁侧模。当盖梁混凝土养护期满 7d 或混凝土抗压强度达到设计强度的 100%，且第一批预应力钢束张拉到位后，方可开始拆除底模及支架系统。

调节支架上顶托，使底模脱模，利用起重机逐块拆除底模，再按照从上到下的顺序逐节拆除盘扣支架、横向分配梁，直至全部拆除完成，并吊至指定位置存放。

(3)贝雷梁拆除

在中墩托架支点位置，将贝雷梁之间连接解除。解除贝雷梁与支撑托架之间的限位，分段将贝雷梁吊至地面运至指定位置存放。

(4)中墩托架拆除

将中墩托架平联片两侧的螺栓拆除，使用两台汽车起重机抬吊将平联片吊至地面指定位置，然后将托架分节依次拆除，吊至指定位置。

(5)钢管立柱拆除

平联拆除需使用两台起重机在盖梁的两侧同时作业，拆除后吊至地面指定位置，立柱从上至下依次拆除。

4 针对性措施

4.1 钢筋加工

钢筋加工过程中，严格控制加工精度，利用智能钢筋加工设备进行下料制作，成品加工完成后，进行检验，检验合格后方可出厂；钢筋运输过程中轻拿轻放，支垫间距不能过远，防止钢筋发生变形；在钢筋绑扎过程中，利用工装对钢筋进行限位，梅花形布置钢筋保护层垫块，垫块尺寸同设计要求，侧面每平方米不少于 4 个，严格保证钢筋保护层厚度；在混凝土浇筑前认真检查钢筋的保护层厚度；避免混凝土振捣时对钢筋骨架造成较大的扰动。

4.2 混凝土浇筑

认真设计，严格控制混凝土配合比，经常检查和校核称量系统，做到计量准确，混凝土拌和均匀，坍落度合适；加强对砂石料含水率的检验，根据含水率的变化及时调整施工配料单；对新浇筑混凝土要及时采取有效的养护措施进行保湿养护；改善混凝土振捣施工工艺，加强混凝土振捣施工过程控制；混凝土浇筑分层下料，分层振捣，防止漏振；混凝土下料高度超过 2m 时设串筒或加长软管；混凝土未达到一定强度时，严禁踩踏或碾压；严格按施工规范操作，浇筑混凝土后，表面找平、压光；模板缝堵塞严密，混凝土浇筑中，随时检查模板支撑情况，防止跑模、漏浆；模板表面清理干净，不得粘有干硬水泥砂浆等杂物；选用长效隔离剂，涂刷均匀，不得漏刷。

4.3 预应力工程

4.3.1 钢绞线下料

(1)钢绞线下垫木方，在钢筋加工场内下料，不得将钢绞线直接接触地面以防生锈，也不得在混凝土地面上生拉硬拽，磨伤钢绞线。下料长度为：设计长度 +1.5m 工作长度。对已切好的钢绞线编束后穿到波纹管管道内，严禁使用已锈蚀的钢绞线。

(2)钢绞线的下料采用砂轮切割机切割，不得采用电弧切割机。

(3)下料时钢绞线应放在专用的架子内，以策安全，架子采用型钢制作。

4.3.2 预应力管道清理、钢绞线的穿束

梁浇筑完成后抽出波纹管内衬管,拆模后应及时用胶带等将锚垫板口有效封闭。穿束前检查锚垫板和孔道,保证锚垫板位置准确,孔道内通畅,无积水和杂物。穿束前对钢绞线进行编束、编号,穿束过程中禁止钢绞线在地面拖动,以防污染和损伤。

4.3.3 张拉前准备

(1)预应力张拉前,对不同类型的孔道进行孔道的摩阻试验,通过测试所确定的 μ 值(预应力钢绞线与孔道壁之间的摩擦系数)和 k 值(孔道每束局部偏差对摩擦的影响系数)用于对设计张拉控制力的修正。

(2)预应力张拉是关键工序,项目安排由专人、专门作业班组负责。施加预应力前,完成锚具夹具检查、张拉设备检查等工作并报监理同意。

(3)预应力张拉前,先做好千斤顶和压力表的校验,千斤顶与压力表配套标定,且千斤顶张拉超过300次或校验超过6个月重新校验;另外,做好与张拉吨位相应的油压表读数和钢丝伸长量的计算,尤其对千斤顶和油泵进行全面检查,保证各部分不漏油并能正常工作。张拉的梁板端头,放置防护架,防护架钢板厚度须大于7mm,张拉过程中严禁人员在钢束正面穿行。

5 结语

通过本工程中的盖梁施工技术、技巧,施工过程中可能遇到的细节问题以及解决方案等方面入手,本套施工技术能有效地提高盖梁的施工效率和施工质量,为盖梁的施工减少人力和物力的损耗,达到指导后续盖梁施工的目的。同时,本套施工技术也存在着较大的改进空间,随着公路建设事业的快速发展,双层盖梁结构形式作为公路构造物的重要组成部分所起到的作用是不可忽视的,其施工的优劣关系到整个公路的使用质量。

参 考 文 献

[1] 吴宗林.预应力技术在桥梁工程施工中的应用[J].科技创新与应用,2018(30).

[2] 冯世敏.桥梁工程施工中常见的技术问题及其解决策略[J].广东公路交通,2018(44).

[3] 杨江鹏,皇甫磊磊,冯娟娟.基于BIM的桥梁工程建设管理系统的应用[J].信息与电脑(理论版),2018(17).

[4] 许华章.道路桥梁工程施工质量缺陷成因及防治措施[J].江西建材,2018(11).

[5] 刘辉,何良勇.预应力张拉施工技术在桥梁工程中的应用要点[J]交通世界,2018(19).

60. 挤扩支盘桩在桥梁施工中的应用及质量控制要点
——挤扩支盘桩在珠江三角洲平原地貌施工中的应用

张劲伟 何延龙 周云华 程霞童 杨惠媚

(中铁十二局集团有限公司)

摘 要：本文结合实例，介绍了挤扩支盘桩在桥梁桩基础施工中的特点及其在桥梁工程中的优势和质量控制要点，并对实际施工过程中的关键质量控制措施进行了详细阐述，以保证后续施工现场控制的侧重点。

关键词：挤扩支盘桩 软土桩基施工 质量控制 桥梁施工

1 挤扩支盘桩技术介绍

挤扩支盘桩是在原普通灌注桩基础上增加设置承力盘或整理分支而成，桩身由主桩、底盘、中盘、顶盘及数个分支所组成(图1)。通过在桩身上设置了支盘承载混凝土桩，由主桩为中心，分桩分散承载力组合而成。

技术原理为将相对软弱土层中普通的摩擦桩或者摩擦端承桩在有限的桩身土层范围内通过设置承力盘或承力分支提高桩端承载力，充分利用桩身范围内各层土体的桩端承载力提高单桩承载力，达到提高单方混凝土承载力的目的从而节省造价或缩短工期。可产生显著的经济效益。挤扩支盘桩单方承载力是普通灌注桩的2倍以上。

2 挤扩支盘桩在桥梁施工中的应用优势

(1)提高桥梁的承载能力：挤扩支盘桩技术能够大幅度提高桩基的承载能力。这对于大跨度桥梁、高层建筑等需要承受较大荷载的桥梁结构非常有利。

(2)增强抗震性能：挤扩支盘桩通过沿桩身不同部位设置支盘结构，使普通摩擦桩为变截面多支点的摩擦桩，改变了桩的受力状况，提高了桩的抗震性和抗拔性。

(3)提高施工效率：相对于传统的嵌岩桩桩基施工，由于挤扩支盘桩特殊的受力形式，挤扩支盘桩可以减短施工桩长，减小桩基桩径，减少嵌岩桩所必需的嵌岩深度，减少了钻孔时间，提高了施工效率。

(4)适应性较广泛：在黏土、强风化砂土状花岗岩、砂质黏性土、全风化花岗岩等地层均可以设置支盘结构，在地质情况较复杂的地层，也可灵活调整支盘结构的高程位置，在相应的地层设置支盘结构即可满足挤扩支盘桩施工要求。

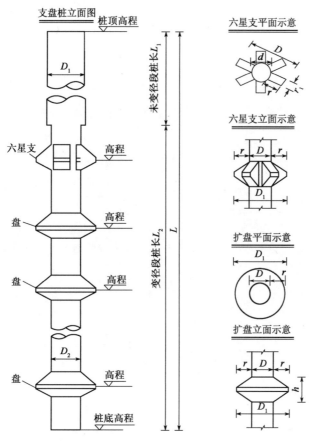

图1 挤扩支盘桩一般构造示意图

(5)降低工程造价。挤扩支盘桩得益于其挤扩支盘设置,能够大幅度提高桩基的承载能力,对比于传统的嵌岩桩,可减小其桩径、减短其桩长,并且减少必需的钻岩施工,从而减少钢筋混凝土用量,减短钻孔深度和钻岩施工,缩短了施工时间,降低了人工成本。进而减少了工程成本,带来了更多的经济利益。

3 挤扩支盘桩的施工工艺流程

支扩支盘桩施工准备、桩机定位、护筒埋设、钻孔、成孔、清孔、钢筋笼安装、导管安装、灌注水下混凝土等常规工序与常规钻孔灌注桩施工工艺类似,本文不作细述。本文主要针对挤扩支盘结构相关施工工艺进行细述(图2)。

(1)根据钻孔过程中的钻孔记录表,经与设计、地勘单位、建设单位确定终孔,挤扩支、盘高程确认后,向挤扩支盘专业队下发交底单。明确支/盘个数、各支/盘所在位置高程、支/盘深度,土层名称、土层高程、设计要求收扩压力值等数据。挤扩支盘技术交底卡如图3所示。

(2)安装挤扩作业平台及刻度盘。

将挤扩支盘施工使用的工作平台和刻度盘(图4)安装在成孔检测完成后的桩位上,并且根据护桩进行对中,安放完成后由专业测量队对其位置进行复核,如有偏差及时调整。

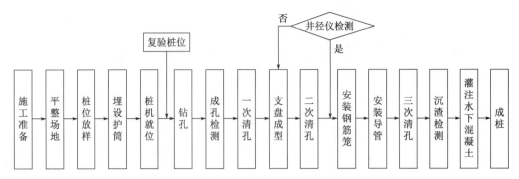

图 2　挤扩支盘桩施工工艺流程图

挤扩支盘桩作业技术交底卡

项目名称	狮子洋通道工程					合同段	15	钻孔编号	[illegible]
桥梁名称	[illegible]					设计桩径(m)	1.8/1.3	护筒标高(m)	1.52
设计桩长(m)	32	设计桩顶标高	-3.254	设计桩底标高(m)	-35.254	设计盘径(m)	2.7	孔深(m)	36.774
桩基编号	盘/支名称	盘/支标高(m)	盘/支深度(m)	盘支间距(m)	土层名称	土层性质	土层标高(m)	设计要求首扩值(MPa)	设计要求支腔、盘腔压力值标准(MPa)
[illegible]	六星支1	-16.0	17.52		全风化花岗岩	极破碎	-13.92 -25.12	9	8
				3					
	六星支2	-19.0	20.52		全风化花岗岩	极破碎	-13.92 -25.12	9	8
				3					
	六星支3	-22.0	23.52		全风化花岗岩	极破碎	-13.92 -25.12	9	8
				3					
	六星支4	-25.0	26.52		全风化花岗岩	极破碎	-13.92 -25.12	9	8
				6					
	盘	-31	32.52		强风化花岗岩	极破碎	-25.12 -37.12	15	12

交底人：[illegible]　接受人：[illegible]　复核人：[illegible]

设计孔深(m)	36.774
[illegible]	8826.7

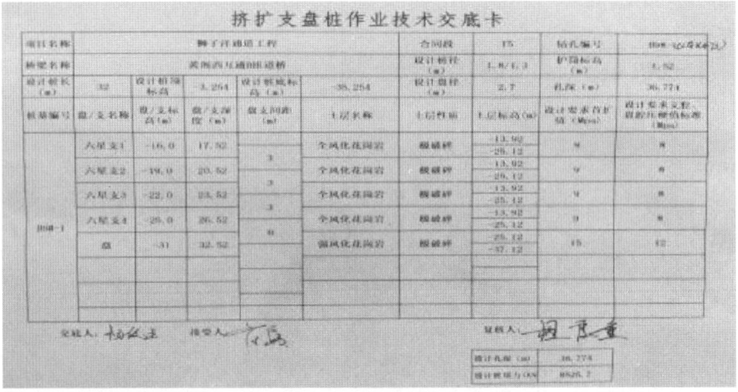

图 3　挤扩支盘技术交底卡

(3)下放挤扩设备及角度校准。

将挤扩设备已经连接杆件下放至孔内,根据操作平台上的点位,进行对中。根据挤扩刻度盘上的表示将首次挤扩的角度进行校准,如图 5 所示。

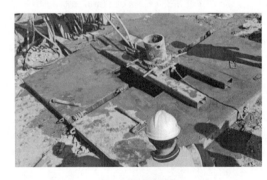

图 4　挤扩刻度盘

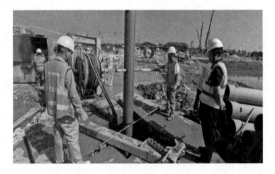

图 5　挤扩设备角度校准

(4)挤扩施工。

启动挤扩设备开始加压,密切关注油表读数和设备上抬值,挤扩完成后持压 3min。记录本次挤扩的终压油表读数和设备上抬高度,一次挤扩形成两个支。

后根据设计继续挤扩,若设计为六星支,则挤扩设备根据刻度盘旋转 60°,三次挤扩形成六星支。若设计为盘,则根据实际地质情况旋转 11 ~ 15 次形成盘,并且及时如实填写挤扩记录表(图 6)。

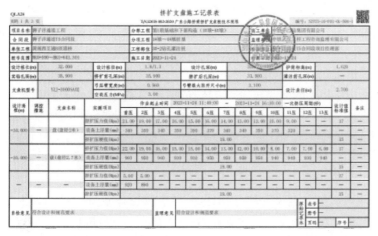

图6 挤扩施工记录表

(5)支盘质量检测。

挤扩施工完成后,使用井径仪(图7)检测挤扩支盘质量,以判断是否需要进行二次挤扩。

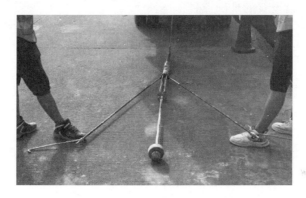

图7 井径仪

支盘施工完成后,迅速使用循环钻机开始二次清孔,开展后续施工。

根据本合同段51根钻孔灌注桩及1根线外试验桩施工,经过桩基无损检测均为1类桩。确定了挤扩支盘桩在黏土、强风化砂土状花岗岩、砂质黏性土、全风化花岗岩等地层中的适用性,确定377型循环钻机+挤扩支盘设备(YZJ~2700、YZJ~2900、YZJ~3100、YZJ~3200)设备组合的可行性。

此套设备施工钻孔、清孔、挤扩施工速度快且成桩质量好,施工适用性广泛,对比传统嵌岩桩施工,可减少钢筋混凝土用量,减短钻孔深度和钻岩施工,缩短了施工时间,且由于单桩承载力大,在荷载相同的情况下,可比普通灌注桩缩短桩长、减小桩径或者减少桩数,因此能节省投资、缩短工期。可以节约基础费用约20%,缩短工期25%左右。

4 质量控制要点

(1)施工前,进行技术交底(一、二、三级交底),技术交底采用书面形式交底。对进场工人进行了入场前安全教育培训。开钻前,组织班前会,再次明确人员分工,强调施工质量标准和安全要求。在施工前,应认真了解设计地质勘察图纸,了解地质情况,包括土层分布、地下水位、岩石风化程度等。此外,还要检查施工设备是否完好,确保其能够正常工作。

(2)机械选型:选择循环钻机配合大功率挤扩设备,挤扩支盘桩相比常规桩基施工多一次清孔,循环钻机清孔时间较快,可快速清除孔底沉渣和置换泥浆,减短桩基施工时间;使用大功率的挤扩设备则可以保证挤扩支盘桩的成支成盘质量,并且在稍硬的强风化砂土状花岗岩中也可适用,增大挤扩支盘桩的适用性。

(3)泥浆配置:由于挤扩支盘桩特殊的桩基结构形式,支盘的设置容易导致塌孔现象发生,为保证桩基成孔、成支成盘质量,则需要调配泥浆指标相对较大的泥浆,泥浆调配使用膨润土进行调配,经过现场施工验证,泥浆相对密度一般控制在1.20~1.25。当穿过易塌孔土层时,可增大至1.25~1.35。泥浆相对密度一般不能小于1.20,黏度为18~22Pa·s,泥浆胶体率不小于98%,含砂率应小于2%。

(4)现场地质确认与支盘位置动态变更:挤扩支盘桩设置支盘结构需要准确的地质资料作为支撑,来确定支盘设置的深度和高程是否符合要求。一是挤扩支盘桩设计时候原则上应逐墩钻孔,重点查明拟设支、盘土层的类别、状态、厚度、分布和工程特性;二是对现场钻孔施工时地质资料的收集必须及时准确,须专人盯控现场钻孔,及时准确地记录钻孔深度及渣样制取,准确地反映出地层地质情况,若与设计不符,则需要监理、设计、地勘、建设单位进行支盘位置动态变更,来保证支盘设置的准确性。

(5)加快施工速度:由于挤扩支盘施工相较于常规桩基增加了一道施工工序,在已经成孔的孔内进行挤扩施工,对孔壁造成了一定的扰动,且挤扩设备较大,上下调整高程时也对已成孔桩基护壁有所扰动,为保证成桩质量,必须加快施工速度;首先是机械选型,选择反循环钻机施工以缩短第一次、第二次清孔时间,其次是选择大功率的挤扩设备,保证一次成支、成盘质量和减少支盘施工时间;经现场验证,挤扩支盘桩成孔至灌注完成时间宜小于25h,成桩及成盘质量良好。

(6)钢筋笼加工:挤扩支盘桩为变径桩,钢筋笼加工精度要求高,为保证钢筋笼加工质量,保证钢筋笼对接质量,钢筋笼加工必须使用长线法加工,并且钢筋笼接头应避开变径位置,并且为减少钢筋弯曲应力,减少钢筋笼运输过程中变形,钢筋笼接头位置应错开变径位置大于2m,可保证钢筋笼现场对接质量,来减少钢筋笼对接、安装时间,即可减少桩基施工的整体时长。

(7)挤扩支盘桩质量检测:桩基质量采用超声波和钻芯法检测。桩基采用超声波法检测频率为100%,钻芯法检测频率为2%且每座桥梁不少于3根。当超声波透射法检测显示支盘对应主桩身位置有明显缺陷时,采用钻孔抽芯法、跨孔超声透射法检测。跨孔检测需在支盘结构处钻孔,结合桩身声测管,每根桩不宜少于3个剖面(每根桩外侧预埋不少于3根,呈120°角布置),如图8所示。

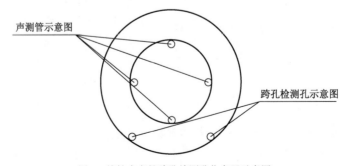

图8 挤扩支盘桩跨孔检测孔位布置示意图

5 结语

挤扩支盘桩技术作为一种较先进的桩基础施工方法。其应用可有效提高桥梁桩基承载力、降低桥梁桩基施工难度、增强桥梁抗震性能、降低桥梁工程造价,且通过合理设计桩身结构和采用合理的机械配置,使桩基础能够更好地适应各种地质条件,为桥梁桩基形式提供更多的选择性。

参 考 文 献

[1] 陈飞.挤扩支盘桩承载机理与应用研究[M].长沙:中南大学出版社,2017.
[2] 武熙,武维承,孙和.挤扩支盘桩及其成形设备技术与应用[M].北京:机械工业出版社,2004.
[3] 中国工程建设标准化协会.多节钻扩灌注桩技术规程:T/CECS 601—2019[S].北京:中国计划出版社,2019.
[4] 欧阳永龙,张有,等.支盘挤扩桩在桩基础中的应用及优势[J].中国煤炭地质,24,12.

61. 混凝土智能生产管理系统研究与应用

刘永祥[1]　王洋浩瀚[2]　何伟松[1]　杨磊[1]　李泽[1]　毕玉双[1]

（1. 中交一航局第五工程有限公司；2. 广东湾区交通建设投资有限公司）

摘　要：针对混凝土生产质量管理不严、原材料库存量不准确、生产数据收集效率低下等问题，深入探讨混凝土智能生产管理系统应用过程，从原材进场及委托、混凝土生产、运输浇筑、质量追踪等环节进行关键数据采集与监控，实现多方远程数据互通，掌握真实数据，实时统计混凝土损耗，提高混凝土生产质量和效率，降低混凝土损耗率，实现无纸化施工管理。该技术在狮子洋通道T10合同段得到成功应用，具有广泛的推广应用前景。

关键词：混凝土生产　混凝土管理　数据采集　质量追踪

1　引言

混凝土作为建设工程项目施工过程中必不可少的部分，其生产质量和效率决定着整个工程的质量。传统的混凝土生产方式为技术员电话或微信通知拌和站操作手，操作手选择合适的搅拌站进行加工生产。导致拌和站不了解施工现场动态，施工现场也无法准确高效地获知混凝土罐车的位置，进而提交做好浇筑准备，这种单向指令的管理模式无法及时了解拌和站原材消耗和库存情况，不能适应狮子洋通道项目庞大的混凝土施工基数的需要。这就促使了基于数字化的混凝土智能生产管理系统的发展，以信息化、智能化技术促进混凝土管理标准化建设，以实现更高效、可控和可追溯的混凝土生产过程。最终形成生产、运输、供应一体化的施工管理体系。

2　系统概况

为保证混凝土生产的集成化、集约化，公司以《公路工程标准化建设指南》为依托，运用互联网技术、物联网技术、北斗定位等技术研发出一套混凝土智能生产管理系统，并打通地磅系统、拌和站博硕系统、试验室微柏系统，通过网络互通互联，打破信息孤岛，使整个数据流汇聚至系统集控中心，自动形成统计报告。系统对浇筑计划进行"再计划"，规划现场搅拌设备"协同"或"同步"动作，同时及时反馈浇筑实时过程，根据当前的数据对浇筑过程进行及时调整、更改或干预等处理，实现双向交互，为管理人员提供精准高效的决策支持。混凝土智能生产管理系统结构图如图1所示。

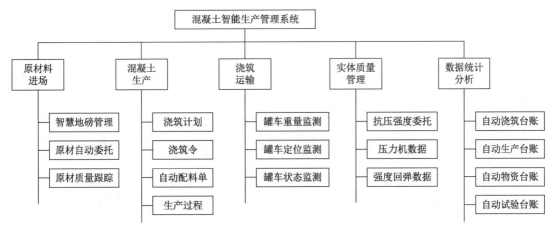

图1 混凝土智能生产管理系统结构图

3 系统模块设计

3.1 原材料入库管理

对原有地磅进行数字化改造,通过地磅称重系统对接车牌识别、红外对射、视频监控等智能硬件全方位监管,从数据源头确保真实性和准确性,实现无人过磅,车辆自动引导,防止并威慑供应商回皮车辆不完全上磅等作弊行为,保证材料真实到场,避免材料进场就亏;留存抓拍图片、视频影像、原始单据,防止供应商扯皮;设置微信端口由原材供货方进行基本信息录入,地磅安装车牌识别摄像头并对接称重系统支持现场高效作业,提升验收效率,可实现100%混凝土验收称重并对风险磅单自动预警。同时,可以根据消耗数据实现误差分析和盘库管理,随时随地掌控现场情况、实现物资进出场全方位精益管理。

3.2 原材料委托管理

物资人员对入库原材进行线上委托,系统对物资数据自动进行整理,根据规范设置委托临界值及委托频率,当本车次材料累加后超过临界值时,系统自动向物资人员推送原材委托单并提醒。物资人员填报后推送给试验室,试验员同物资、监理人员共同取样见证后按规范要求开展原材料检验试验。试验完成后,试验员上传原材料检验试验报告,填写报告编号,系统自动生成委托单、原材检测台账、试验报告等。将生成数据与地磅数据进行组合,在料仓LED屏幕显示原材质量检验状态,如图2所示。

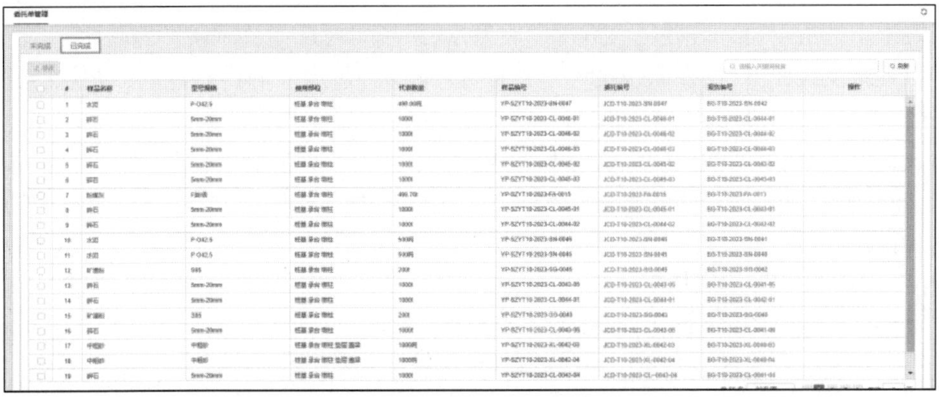

图2 根据物资进场累计量提示原材委托

3.3 混凝土全过程生产管理

以项目分部分项为基础,分为正式工程与临时工程。实现混凝土浇筑计划、浇筑令、配料单全部线上申请与审批,数据便于留存,方便快捷,实现无纸化办公,信息化,达到零沟通成本诉求。电子配料单同步在拌和楼一侧LED屏幕进行显示,同时自动发送至拌和生产系统引导混凝土拌和生产。

安装拌和站混凝土监控设备,数据监控系统自动采集每盘混凝土生产中的原材料用量,实时与配合比进行对比。当配合比用料与中控系统原材料名称不一致时、配比重度超过阈值时、单种物料超过设定范围时,不允许下发生产。

根据混凝土浇筑计划,规定现场技术员在前一天晚上11点前在混凝土智能生产管理系统中提交第二天的浇筑计划申请,用于拌和站生产备料提醒,根据本日浇筑执行情况,系统自动收集汇总。浇筑计划经项目生产经理审批,项目总工确认是否具备浇筑条件,最后由技术员生成并推动浇筑令至拌和站。混凝土开始生产前,现场调度员通过该浇筑令和原材料检验状态在系统上分配料仓,最后试验人员填写含水率,系统自动生成电子配料单。电子配料单作为混凝土拌和机生产拌和的唯一出口,系统未获取配料单将无法进行生产。在生产过程中,将相关生产数据与生产任务进行关联,拌和站人员根据浇筑计划、发料间隔、运距等制定生产计划,并在生产过程中,跟踪生产计划的执行情况,根据实际情况调整计划,控制发货进度,控制超量发货。系统实时获取每盘混凝土实际消耗量与配料单进行对比,超过允许值系统自动报警并将报警信息推送至相关人员。浇筑计划管理如图3所示。

图3 浇筑计划管理

安装罐车称重定位系统并上线罐车驾驶员端,系统实时反馈显示罐车驾驶轨迹,规范罐车路线。当进行浇筑任务时,在系统中可以查看等待车辆,指定车辆进行运输,驾驶员会接收到系统提醒,同时在拌和楼另一侧LED屏幕上显示车辆顺序。当罐车驾驶员到达施工地点后,经试验人员检测后,由驾驶员确认浇筑及完成,避免出现异常卸料的情况。可以了解场内的车辆、路上的车辆以及工地排队的车辆情况,根据浇筑需要,合理调度车辆,做到"料好车到、车到卸料"的跟踪监控,减少车辆等待卸料时间,提高车辆和搅拌站的生产效率。通过罐车称重设备,在系统上实时显示罐车的载重,以此调整混凝土生产量,实现混凝土浇筑与拌和站生产的动态平衡,当生产任务完成后,系统自动计算理论与实际配合比、原材的实际用量并自动生成混凝土生产及浇筑台账,提高生产效率,降低现场人员的工作强度。罐车数据精细化管理如图4所示。

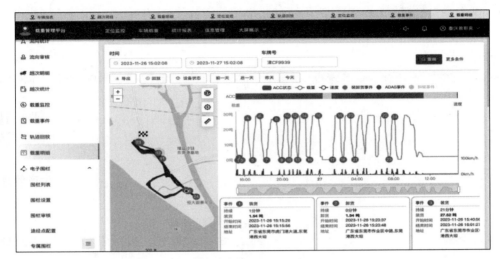

图4 罐车数据精细化管理

当混凝土剩余浇筑方量小于20m³时由技术员进行掐灰；当需要补方时，由技术员在系统内提出申请；当判断混凝土满足当前工程需求时，无须操作。浇筑完成后，根据车辆上的压重传感器判别是否有余料，如有需要填写处理意见。混凝土浇筑全流程如图5所示。

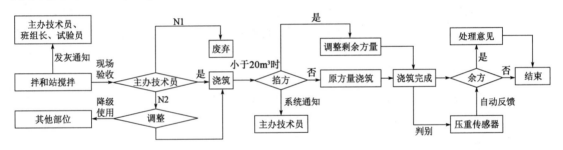

图5 混凝土浇筑全流程

3.4 实体质量追踪管理

混凝土实体质量追踪模块主要是实现混凝土质量管理。当混凝土浇筑任务完成后，系统自动将混凝土委托单推送至主办技术员，技术员确认后发送至试验室，试验员收到指令现场取样，并根据规范要求检验混凝土坍落度、扩展度、含气量、入模温度等指标，并通过混凝土试块快速成型装置制作混凝土试块，系统自动将浇筑记录数据与数显回弹仪进行关联实现数据连通，将每次回弹结果自动反馈到系统内。28d标养后系统提醒试验员进行压块，检验混凝土抗压强度、弹性模量、抗渗性能等指标，混凝土检验完成后，试验员在系统上上传混凝土检验报告。通过采集的混凝土试块养护和试验数据，对混凝土质量进行评价，并以此为依据，修订参考配合比。

3.5 移动App

开发出移动App端，采用"互联网+混凝土"模式实行信息共享，开拓高效移动办公新模式。根据不同的技术管理岗位开放特定权限的App，如技术员权限开通提交浇筑计划、混凝土签收、混凝土委托、现场情况反馈等功能；罐车驾驶员开通调度信息接收、电子签单等功能；试验员开通接收委托信息、填写配合比等功能，通过覆盖混凝土生产各个岗位的个性化App，实现技术管理岗位上下游之间和项目内部之间的协同。移动端对流程审批、委托提醒、混凝土发车情况、异常消耗情况、当日浇筑情况及第二日浇筑计划等应用情况进行提醒。如图6所示。

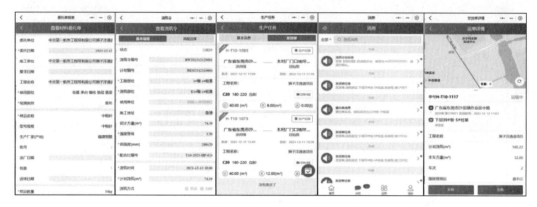

图6 混凝土智能生产管理系统线上办公

4 混凝土智能生产管理系统应用情况

4.1 工程概况

狮子洋通道是横向串联粤港澳大湾区三大都市圈、辐射珠江东西两翼的黄金干线通道,项目全长35.118km,采用上、下层共线的四向十六车道,按照高速公路技术标准建设。

狮子洋通道T10合同段混凝土总量37.6万m^3,单日浇筑方量最大为1 599m^3,本项目配备2套180型振动搅拌机进行混凝土拌和,每套拌和设备配备8个150t粉料罐(含4个水泥罐、2个粉煤灰罐、2个矿粉罐),最大可存储粉料2 400t。平均每立方米混凝土使用粉料0.45t,最大可供应混凝土5 333m^3,可满足连续生产4d需求。

4.2 应用情况

目前,混凝土智能生产管理系统已在狮子洋通道T10合同段成功应用(图7)。给项目带来的效率提升效果显著,主要表现在以下方面:

(1)浇筑计划、浇筑令、配料单全部实现无纸化操作,严控审批流程。微信实时推送相关提醒。截至2023年12月底,共产生1 094条浇筑令,其中主体工程804条,临时工程290条。目前混凝土损耗率为11.47%,接近现场实际。

(2)拌和站数据实时采集上传,实现远程动态监管,建立预警机制,实现数据结果自动判定、超标数据预警。

(3)系统与地磅数据进行对接,截至2023年12月底,共产生8 421条原材入场记录。将进场材料数量与生产过程中消耗数量做对比,计算出库存量,为物资人员提供数据支撑。

(4)对拌和站产量、原材料消耗、超标数据等进行统计,生成对应报表。

(5)实现对混凝土罐车的车辆状态、运输路线、车辆载重、罐体内余料实时监测,通过对余料监测减少施工过程中混凝土损耗率。

(6)对原材、混凝土进行委托。截至目前,系统共产生75条原材委托台账,对台账进行分类汇总分析,保证实体质量,便于原材溯源和混凝土成品跟踪。

图7 混凝土智能生产管理系统总览

5 应用效益及分析

混凝土智能生产管理系统在狮子洋通道中的成功应用,为项目实现多平台数据互通互联、多模式控制和人及协调等提供了较好的探索思路,具体体现在:

(1)打造一个混凝土综合管理平台。

为项目提供一个"混凝土产、供、销"、协同办公的一体化综合管理平台,真正实现混凝土从原材到抗压强度报告闭环管理,实现工作流和信息流的融合。

(2)实现业务管控的"四统一"。

混凝土智能生产管理系统解决了项目混凝土原材统一进场、统一智能拌和、统一智能运输、统一试验监管的管理需求,提升项目对混凝土的管理能力。

(3)实现集中式数据管理。

与地磅系统、拌和站系统、试验室系统实现数据融合,对拌和站产量、原材料消耗、超标数据等进行统计并生成对应报表。

6 结语

本文在原有的混凝土生产管理流程的基础上,研究出一套混凝土智能生产管理技术,实现从原材进场、混凝土生产、运输操作、线上化操作及质量追踪等关键环节关键数据的实时采集与分析,数据全程可追溯。以书记为中心,通过建立数学模型,对浇筑令的流程审批、罐车调度等现场难以掌握的情况进行可视化展现,基于智能传感和信息化技术开发出混凝土智能生产管理系统,打通混凝土从原材进场到成品质量追踪的数据流,实现混凝土生产全过程的数据自动采集与分析。做到了智能调度、精准管理和高效运营,大幅度提高了混凝土的生产质量、效率和可持续性,降低了生产成本,实现了混凝土供、需、运的高效运转,具有广泛的推广应用前景。

参 考 文 献

[1] 景奉韬,夏昊,朱明清,等.混凝土智能生产管理技术研究与应用[J].中国港湾建设,2020,40(10).

[2] 王明睿,王景胜,郑元喜,等.装配式建筑混凝土预构件自动化生产线信息管理系统的研

究[J].制造业自动化,2022,44(9).

[3] 张寅.混凝土搅拌站管理系统的设计和实现[D].济南:山东大学,2014.

[4] 黄伯宁.搅拌站智能控制系统设计[J].城市建筑,2019,16(15).

[5] 龚霞.混凝土搅拌车数据采集终端的设计与实现[D].长沙:湖南大学,2014.

62. 基于工业摄影测量的预制小箱梁精准架设研究

彭焱森[1]　郭彦兵[2]

(1. 广东湾区交通建设投资有限公司；2. 中铁十八局集团有限公司)

摘　要：传统预制小箱梁架设高度依赖于人工测量定位，预制构件的现场拼装精度无法得到有效控制。本文研究了一种基于工业摄影测量的预制小箱梁精准架设辅助设备，通过在架桥机前后天车上安装工业摄影测量相机，并在待架小箱梁顶面和支座垫石中心等特征点位置布置专用定位靶标，可以实现落梁过程中待架梁段偏位状态自动监控，辅助实现精准、安全和高效落梁。

关键词：工业摄影测量　预制小箱梁　架桥机　精准架设

1　引言

交通运输是国民经济中基础性、先导性、战略性产业，是重要的服务性行业。预制混凝土小箱梁由于其具有结构稳定性强、施工效率高、质量可控、减少现场施工噪声和污染、节约人力和材料、可持续发展等独特优势，在桥梁结构建设中得到广泛应用。得益于装配式构件的全面推广，架桥机等特种施工设备得到快速发展。随着城市化进程不断推进和基础设施建设扩大，架桥机在桥梁建设中的地位和作用将会更加重要。架桥机在现场拼装预制小箱梁时，通常需要依赖人工进行测量和定位，这可能会导致拼装精度无法得到充分保证。施工人员生产素质、现场环境、天气等因素均可能对测量和定位的精度产生影响，进一步增加了拼装精度的不确定性。

然而，大多数研究都集中在质量评估和管理体系建设上，而关于装配式结构现场拼装精度控制鲜有研究。装配式构件的现场拼装精度对于装配式构件的工作性能至关重要。目前，预制小箱梁由架桥机吊起，需要一些工人努力控制移动构件的精确位置。此时，架桥机操作员仅依靠其他工人的手势或声音进行调整，有时可能需要重复提升和下降，既费时又减慢了施工进度。因此，如何提高装配式构件现场拼装的精度，仍是桥梁建设中亟待解决的问题。

工业摄影测量技术为控制装配式构件现场拼装的精度带来了新的技术手段，摄影测量技术在基建工程建设中已处于初步探索阶段。摄影测量技术指的是通过专业的仪器和设备以及专业的技术人员，按照实际情况绘制数字化的图像的一种测量技术。Cheng等[1]将双目视觉系统应用到预制桥墩现场拼装的姿态识别中，设计了基于视觉的六自由度姿态监测系统跟踪预制构件的轨迹,并成功在上海匝道桥中得到应用。张德津等[2]利用双目视觉系统和有源靶标实现水下沉管管节对接拼装精度控制,该技术已在深中通道隧道段进行了初步探索。

双目视觉技术由于其能够准确地获取待测物体的距离和深度信息,有利于对待测物体进行精准的定位和识别,在基础设施建设中有了初步探索。但是,由于其需要两个相机进行成像,并且进行复杂的数据融合和处理,导致系统成本较高。此外,双目视觉需要进行双目标定和矫正等复杂算法处理,相对于单目视觉系统而言复杂度较高。最后,双目视觉技术中的同名点匹配精度受噪声影响较大,室外测量过程中极大影响待测物体的深度精度。单目视觉系统相对于双目视觉系统来说,成本较低,安装和维护也更加简单。此外,单目视觉系统不需要进行双目标定和矫正等复杂算法处理,相对来说复杂度较低。然而,单目视觉系统在获取物体的距离和深度信息方面相对不够准确。

总体而言,使用机器视觉技术控制预制小箱梁的现场拼装精度的研究鲜有涉及。本项目将采用单目视觉技术和自定义靶标对待架小箱梁和盖梁进行姿态识别,实现实时计算小箱梁当前位置与理论位置之间的相对位姿矩阵,输出架桥机天车仍需横移和纵移的位置信息。

2 总体实施方案

2.1 硬件组成

本方案的基本思路为在架桥机前后天车上安装安防球机,并在摄影测量相机的可视范围之内的支座垫石中心和待架箱梁顶面中心布置定位靶标。如图1、图2所示,具体的硬件组成包括单目安防相机、定位靶标和定位靶标等。

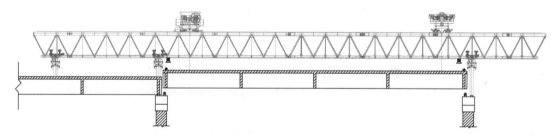

图1 预制小箱梁精准架设立面图

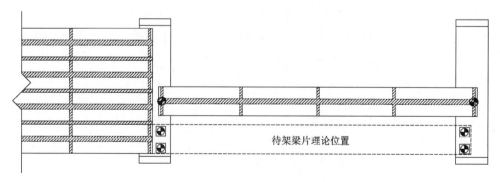

图2 预制小箱梁精准架设平面图

2.2 总体技术路线

为了避免待架小箱梁遮挡支座垫石中心定位靶标的问题,首先识别支座垫石上定位靶标的六维(6 Dimensions,6D)位姿姿态矩阵并存储至内存空间。位姿矩阵中包含空间位置(X、Y、

Z 三个方向位移)和旋转向量(X、Y、Z 三个方向旋转)信息,共 6 个自由度信息。当落梁精定位阶段时,实时识别待架梁段上缘的定位靶标 6D 位姿矩阵。将两个 6D 位姿矩阵进行坐标系转化,即可计算出待架梁段与支座垫石之间的相对空间位置。将该相对位置与理论设计值进行比对,输出架桥机当前位置仍需横移/纵移的理论位置。当待架梁段完成落梁时,存储识别误差为该片梁的安装误差,以便监理单位复测校准使用。智能架梁总体技术路线如图 3 所示。

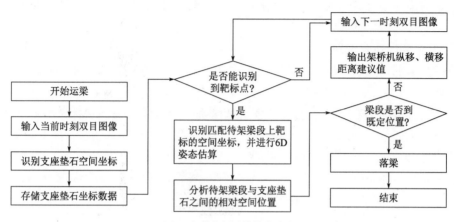

图 3　智能架梁总体技术路线

3　技术原理

3.1　定位靶标识别

首先,在各种靶标比对后,选择了圆形定位簇靶标作为首选。该靶标具有清晰的圆形轮廓,提供了优质的边缘信息,有助于实现精确的定位和识别。此外,圆形定位簇靶标的简单设计和低成本制造使其成为理想选择。在实际应用中,该靶标满足了对待测物体进行精确定位的需求,显著提高了测量的准确性和稳定性。圆形定位簇靶标如图 4 所示。

图 4　圆形定位簇靶标示意图

圆形定位簇靶标分为两个部分:中间同心圆和周围定位圆簇。中间同心圆是确定靶标中心位于世界坐标系中的坐标,其根据三层同心圆的拓扑关系来识别。周围八个定位圆簇用于确定识别算法中约束方程的数量,其中一个圆中存在一个同心圆确定世界坐标系中 X 轴的指向,也是根据拓扑关系确定该圆位于定位圆簇中的位置。

首先,基于最小二乘法原理进行椭圆拟合检测,通过最小化数据点到椭圆模型的距离来得到最优的椭圆拟合结果。在算法的实现中,通常会采用迭代优化的方法来不断调整椭圆参数,直到达到最优拟合效果。常见的椭圆参数包括椭圆中心坐标、长轴和短轴长度、旋转角度等。之后,根据拓扑关系确定圆形定位簇靶标中心圆和第一个周围定位圆的位置,即存在两个同心圆包含关系的圆为中心圆所在位置,存在一个同心圆包含关系的圆为第一个周围定位圆的位置。

3.2 三位姿态矩阵识别

单目相机识别靶标三维姿态的计算过程中涉及四大坐标系:世界坐标系(O_W-$X_W Y_W Z_W$)、相机坐标系(O_C-$X_C Y_C Z_C$)、图像坐标系(O-xy)和像素坐标系(uv),坐标系示意图如图5所示。f 为相机焦距,$p(u,v)$ 为靶标中心点位于像素坐标系中的坐标。识别靶标三维姿态的过程即识别计算像素坐标系 uv 与世界坐标系 O_W-$X_W Y_W Z_W$ 之间的对应关系。三维姿态矩阵中包含6个维度的信息,即 O_W 位于相机坐标系 O_C-$X_C Y_C Z_C$ 的平移向量和世界坐标系(O_W-$X_W Y_W Z_W$)三个坐标轴与相机坐标系(O_C-$X_C Y_C Z_C$)三个坐标轴之间的旋转向量,每个向量分别由三个维度的信息,共计6个维度,又称6D位姿矩阵。

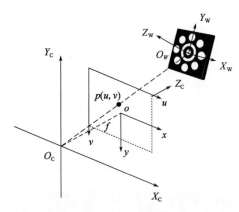

图5 坐标系示意图

根据相机小孔成像的基本原理,可得:

$$Z_C \begin{bmatrix} u \\ v \\ 1 \end{bmatrix} = \begin{bmatrix} \dfrac{1}{d_x} & 0 & u_0 \\ 0 & \dfrac{1}{d_y} & v_0 \\ 0 & 0 & 1 \end{bmatrix} \begin{bmatrix} f & 0 & 0 & 0 \\ 0 & f & 0 & 0 \\ 0 & 0 & 1 & 0 \end{bmatrix} \begin{bmatrix} \boldsymbol{R} & \boldsymbol{T} \\ \vec{0} & 1 \end{bmatrix} \begin{bmatrix} X_W \\ Y_W \\ Z_W \\ 1 \end{bmatrix} \quad (1)$$

式中: Z_C——测点在 O_C-$X_C Y_C Z_C$ 中的深度信息;
$1/d_x$、$1/d_y$——x、y 方向的像元尺寸;
$\boldsymbol{R}$——坐标系旋转矩阵;
$\boldsymbol{T}$——坐标系平移矩阵。

求解靶标三维姿态矩阵就是计算旋转矩阵 $\boldsymbol{R}$ 和平移矩阵 $\boldsymbol{T}$。

为便于公式推导,令相机三维矩阵定义为以下未知变量:

$$\begin{bmatrix} \dfrac{1}{d_x} & 0 & u_0 \\ 0 & \dfrac{1}{d_y} & v_0 \\ 0 & 0 & 1 \end{bmatrix} \begin{bmatrix} f & 0 & 0 & 0 \\ 0 & f & 0 & 0 \\ 0 & 0 & 1 & 0 \end{bmatrix} \begin{bmatrix} R & T \\ 0^T & 1 \end{bmatrix} = \begin{bmatrix} f_{11} & f_{12} & f_{13} & f_{14} \\ f_{21} & f_{22} & f_{23} & f_{24} \\ f_{31} & f_{32} & f_{33} & f_{34} \end{bmatrix} \quad (2)$$

同时消除变量 Z_C,得每个 2D~3D 点对对应的约束矩阵如下:

$$[f_{11}\ f_{12}\ f_{13}\ f_{14}]\begin{bmatrix} X_W \\ Y_W \\ Z_W \\ 1 \end{bmatrix} - [f_{31}\ f_{32}\ f_{33}\ f_{34}]\begin{bmatrix} X_W \\ Y_W \\ Z_W \\ 1 \end{bmatrix} u = 0 \quad (3)$$

$$[f_{21}\ f_{22}\ f_{23}\ f_{24}]\begin{bmatrix} X_W \\ Y_W \\ Z_W \\ 1 \end{bmatrix} - [f_{31}\ f_{32}\ f_{33}\ f_{34}]\begin{bmatrix} X_W \\ Y_W \\ Z_W \\ 1 \end{bmatrix} v = 0 \quad (4)$$

将上述的 9 对 2D~3D 点对 $(u_i,v_i) \sim (X_{Wi},Y_{Wi},Z_{Wi})$ 代入至式(3)、式(4)中,其中公共因子不影响参数求解,可令 $f_{34}=1$。定义方程为张量形式进行表达,即:

$$F_W = \begin{bmatrix} X_{W1} & Y_{W1} & Z_{W1} & 1 & 0 & 0 & 0 & 0 & -X_{W1}u_1 & -Y_{W1}u_1 & -Z_{W1}u_1 \\ 0 & 0 & 0 & 0 & X_{W1} & Y_{W1} & Z_{W1} & 1 & -X_{W1}v_1 & -Y_{W1}v_1 & -Z_{W1}v_1 \\ & & & & & \vdots & & & & & \\ X_{W9} & Y_{W9} & Z_{W9} & 1 & 0 & 0 & 0 & 0 & -X_{W9}u_9 & -Y_{W9}u_9 & -Z_{W9}u_9 \\ 0 & 0 & 0 & 0 & X_{W9} & Y_{W9} & Z_{W9} & 1 & -X_{W9}v_9 & -Y_{W9}v_9 & -Z_{W9}v_9 \end{bmatrix} \quad (5)$$

$$f = [f_{11}\ f_{12}\ f_{13}\ f_{14}\ f_{21}\ f_{22}\ f_{23}\ f_{24}\ f_{31}\ f_{32}\ f_{33}]^T \quad (6)$$

$$P_C = \begin{bmatrix} u_1 \\ v_1 \\ \vdots \\ u_9 \\ v_9 \end{bmatrix} \quad (7)$$

根据最小二乘法原理,可得系统方程为:

$$f = (F_W^T F_W)^{-1} F_W \cdot P_c \quad (8)$$

3.3 桥机横移及纵移理论距离计算

实时识别待架梁段顶面靶标 6D 位姿矩阵 $[R_1,T_1]$ 和支座垫石上方靶标 6D 位姿矩阵 $[R_1,T_1]$ 数据结果。根据小箱梁设计图纸,可换算出两个靶标位于支座垫石靶标世界坐标系中的理论距离,记为 $[x,y,z]$。

则架桥机理论横移/纵移的位置信息可以用下式计算:

$$D = T_1 - T_2 - [x,y,z] \quad (9)$$

相对位姿矩阵计算如图6所示。

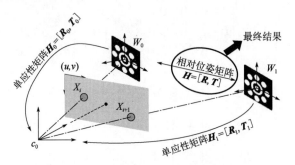

图6 相对位姿矩阵计算示意图

4 结语

本文研究了一种基于工业摄影测量的预制小箱梁精准架设辅助设备。相较于传统人工操控架桥机架设预制小箱梁的方法，该方法在减少高空作业人员风险的基础上，有效控制预制小箱梁的现场拼装精度。经实际工程验证发现，空间三位坐标误差为±2mm，实现预制小箱梁精准架设、安全架设、高效架设。

参 考 文 献

[1] CHENG Y,LIN F,WANG W,et al. Vision-based trajectory monitoring for assembly alignment of precast concrete bridge components[J]. Automation in Construction,2022,140:104350.

[2] 张德津,刘国辉,郭锴,等.一种水下构件相对位姿测量方法及装置[P].广东省：CN115060238B,2023-11-10.

[3] 陈洪志,陈健,黎鹏.基于计算机视觉的起重机臂架旁弯监测技术研究[J].起重运输机械,2015(3):99-102.

[4] 安志刚.基于工业摄影测量的架桥机精确落梁监控系统研究[J].铁道建筑技术,2021(7):22-26.

63. 钢-混组合箱梁桥顶推施工受力性能分析

王 剑

(中铁十四局集团有限公司)

摘 要：为了研究顶推施工对钢－混组合箱梁桥受力性能的影响，对实际工程进行有限元分析和现场监测，系统分析了顶推过程中应力和变形。研究结果表明：在桥梁结构使用顶推法施工时，梁体内力、位移和导梁前端挠度均处于变化状态之中。对钢梁顶推施工全过程进行现场监控，主梁内力及线形控制效果良好，顶推过程中主梁线形流畅。

关键词：钢-混组合梁桥 顶推施工 有限元分析 应力监测 位移监测

1 引言

顶推法施工是当今桥梁跨越山川河泊及路线等复杂地理环境较为常见的施工方式[1-2]。顶推法施工是沿桥梁纵轴方向设立预制场，采用无支架的方法按照一定顺序将预制好的梁体连接成一个整体，利用水平千斤顶施力，将安放好的梁体推移就位，直至主梁全部顶推施工顺利完成[3-5]。1974年，我国首次采用顶推施工的连续梁桥是狄家河铁路桥，该桥是西安至延安跨越狄家河的单线铁路桥，为4孔跨径40m的预应力混凝土连续梁桥[6]。随着我国经济的快速发展，交通基础设施建设已进入快速发展阶段，许多大跨桥梁不仅限于跨越江河湖泊以及翻山越岭，交通建设中跨越既有线路桥梁的比例也在不断增加[7-8]。

随着我国经济的快速发展，大跨度、高标准的桥梁建设呈现出多元化的发展趋势，钢箱梁在大型桥梁建设中的应用日益普遍[9-10]。钢箱梁以其构件重量轻、强度高、运输安装方便更是大跨度桥梁的理想桥型。对于顶推法施工的钢箱梁桥，研究主要侧重在施工工艺上，对在顶推过程中受力性能的研究仍有不足，对梁体局部受力问题的研究还不够深入和全面[11-12]。

本文以某跨线桥钢-混组合箱梁为工程背景，本桥采用步履式顶推施工。通过有限元分析和现场监测方式，对顶推施工受力性能分析。首先介绍了桥梁的概况和施工方案，然后建立有限元模型并进行分析，最后对应力和位移进行监测。

2 工程背景

本项目顶推施工过程的研究以跨径布置为 40m + 60m + 40m 的互通匝道跨线桥为工程背景，该梁纵向分为11个节段，分别为 A + B + C + D + D + F/2 = 10 545m + 12 500m + 11 250m +

15 000m + 13 750m + 13 750/2m。上部结构采用"槽形钢 + 混凝土桥面板"的钢 – 混组合箱梁，梁高 2.5m,横向采用 3 道直腹式槽型梁。混凝土桥面板与钢主梁通过剪力钉连接,钢主梁间采用横梁加强横向联系,箱内每 5m 设置一道桁架式横梁,形式为双肢角钢,距中支点 5m 处设置实腹式横梁。桥梁立面、横向布置如图 1 所示。

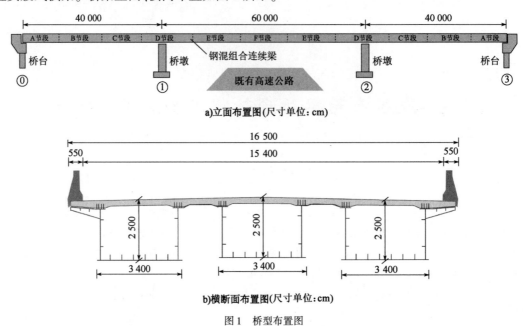

图 1　桥型布置图

3　顶推过程有限元分析

3.1　顶推施工方案

本桥采用钢槽梁节段顶推(跨路段) + 汽车吊安装(剩余节段)的施工方案,钢槽梁节段安装方式如图 2a)所示,其中顶推段钢槽梁与钢导梁如图 2b)所示,其中钢导梁长度为 25m。钢箱梁节段顶推施工步骤为:

第一步:搭设临时钢支架,安装钢主梁 F 段 + E 段 + 钢导梁,进行第一次顶推,顶推长度为 14m,如图 2c)所示。

第二步:安装钢主梁 E 段,进行第二次顶推,顶推长度为 15m,如图 2d)所示。

第三步:安装钢主梁 D 段,进行第三次顶推,顶推长度为 34.4m,如图 2e)所示。

第四步:顶推完成,拆除钢导梁,如图 2f)所示。

顶推施工过程照片如图 2g)所示。

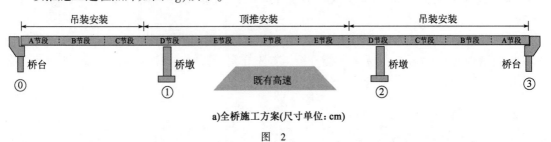

图 2

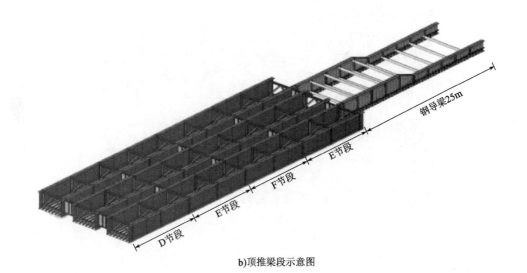

b) 顶推梁段示意图

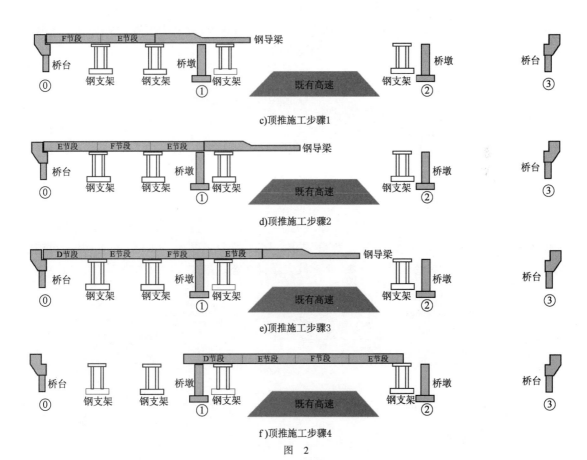

c) 顶推施工步骤1

d) 顶推施工步骤2

e) 顶推施工步骤3

f) 顶推施工步骤4

图 2

g)顶推施工过程

图 2 顶推施工方案

3.2 有限元模型建立

采用 MIDAS CIVIL 对顶推施工过程中的钢主梁和钢导梁进行建模,找出施工过程中最不利的位置,进行应力、变形和支撑反力分析。钢主梁和钢导梁均采用 Q370qD 钢材,弹性模量为 2.06×10^5 MPa。在有限元模型中采用梁单元模拟钢主梁和钢导梁,采用一般支撑模拟支撑位置。由于梁单元无法模拟钢梁的横隔板、竖向和横向加劲板,模型中偏安全不计入其刚度,并采用均布荷载模拟其重量。有限元模型如图 3 所示。

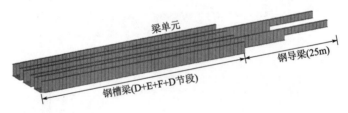

图 3 有限元模型

3.3 有限元分析结果

顶推过程中各工况的应力、位移和支撑反力包络图如图 4 所示。从图中可以看出,应力最大值为 1.2×77.9 MPa < 215 MPa,满足强度要求。竖向最大变形为 180mm,发生在钢导梁前端,对应工况为钢导梁将要顶推到支墩,处于最大悬臂转态。最大支撑反力为 2 207.8kN。

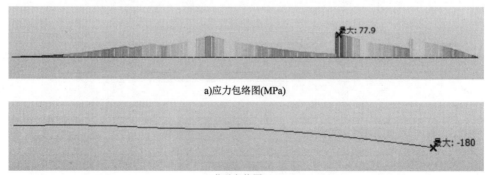

a)应力包络图(MPa)

b)位移包络图(mm)

图 4

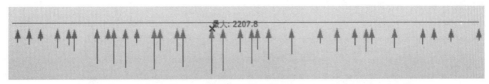

c)支撑反力包络图(kN)

图4 有限元计算结果

4 顶推过程监测

4.1 监测方案

在顶推施工过程中,钢导梁的悬臂长度不断增大,竖向变形随之增大。横向顶推的不同步和支架变形不协调会导致横向偏位。顶推过程,支撑位置不断发生,关键截面处的应力可能处于最不利的受力状态。顶推施工过程中的竖向位移、横向位移和应力监测费用必要,测点布置如图5a)所示。应力监测采用钢弦应力计,具有长期稳定性好、抗损伤性能好、埋设定位容易及对施工干扰小等优点,型号为表面粘贴式JMZX-212AT型应变传感器,并采用综合采集扩展模块采集和传输数据,如图5b)所示。位移监测采用全站仪进行观测,如图5c)所示。

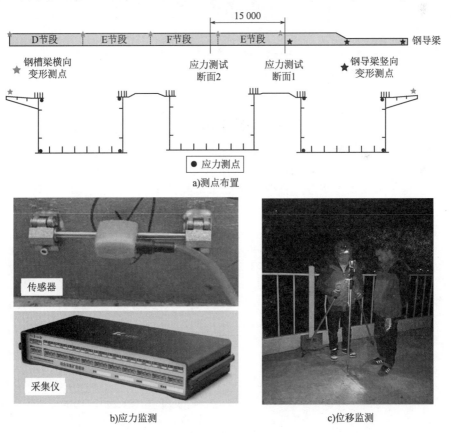

a)测点布置

b)应力监测   c)位移监测

图5 监测方案

4.2 应力监测结果与分析

在顶推过程中最大应如图6所示。在整个顶推施工过程中,钢梁的实测应力基本处于理论值范围内,其中有三个顶推工况(B1、B7、B9顶推到位)出现实测应力值大于理论应力值,但超过的范围比较小,钢梁处于可控安全的状态。

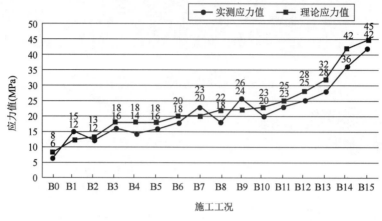

图6 应力监测结果

4.3 变形监测结果与分析

在钢梁顶推过程中,钢导梁挠度是一个重要的结构反应参数,其结果反映导梁整体受力情况。所取导梁断面在顶推过程中最大挠度如图7所示。

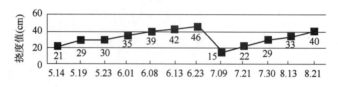

图7 钢导梁最大挠度

顶推施工过程所取桥梁断面在顶推过程中最大偏位如图8所示。钢梁偏位控制在3cm之内,当出现超过2cm的施工阶段(B2、B7、B10顶推到位),监控单位及时与施工单位联系并建议在下一个施工阶段及时调整。整个体系处于可控范围内,在顶推B15节段时,把钢梁偏位控制在允许范围内。

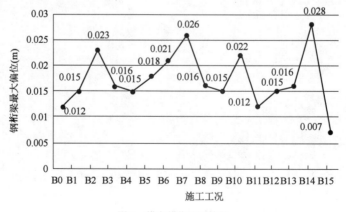

图8 横向偏位监测结果

5 结语

本文以实际工程顶推施工为背景,对该桥的顶推施工过程和施工控制进行分析研究。根据该桥的结构特点,运用有限元法对结构进行离散,建立顶推施工的全过程仿真模型,利用MIDAS CIVIL对该桥顶推施工各阶段进行了详细的数值模拟,并对顶推全过程进行监测控制与分析,可以得到如下结论:

(1)运用多点式顶推法对钢箱梁进行施工,其施工工艺占地少,施工所用设备要求少,提高施工效率,节约施工时间成本。

(2)建立有限元模型对梁顶推施工进行正装分析,分析在顶推施工中主梁内力、变形及支座反力的变化情况。计算结果显示,在桥梁结构使用顶推法施工时,主梁在向前行进的过程中,梁体内力、位移和导梁前端挠度均处于变化状态之中。

(3)对钢梁顶推施工全过程进行现场监控,主梁内力及线形控制效果良好,顶推过程中主梁线形流畅。

参 考 文 献

[1] 叶洪波.大跨径钢箱梁顶推施工关键技术研究[J].建筑技术开发,2023,50(12):82-84.

[2] 王晓磊,刘畅,张鹏,等.复杂曲线钢槽梁跨线顶推施工关键技术:以响堂铺2号大桥为例[J].科学技术与工程,2023,23(32):14004-14013.

[3] 吴磊,杨建锋.曲线钢箱连续梁桥顶推施工技术[J].公路,2023,68(11):153-158.

[4] 王晓磊,刘畅,张鹏,等.响堂铺2号大桥钢槽梁顶推施工导梁落梁方案分析[J].科学技术与工程,2023,23(27):11828-11834.

[5] 白桦,魏鑫,涂全平,等.顶推下穿高铁大跨径连续钢箱梁桥设计施工关键技术研究[J].公路,2023,68(08):103-108.

[6] 张鹏.钢-混组合桥梁跨中无临时墩顶推施工工况承载有限元分析[J].工业建筑,2023,53(06):161-170. DOI:10.13204/j.gyjzG22093006.

[7] 杨晓东,汪选吉,刘艳双,等.某132m钢箱梁步履式顶推施工技术及监测研究[J].建筑结构,2023,53(S1):2292-2295. DOI:10.19701/j.jzjg.23S1587.

[8] 邝思芹.连续钢箱梁顶推施工风险评价与分析[J].建筑结构,2023,53(S1):2310-2313. DOI:10.19701/j.jzjg.23S1188.

[9] 耿树成.孟加拉帕德玛大桥铁路连接线简支钢桁梁顶推架设技术[J].世界桥梁,2022,50(05):27-33.

[10] 熊斌,虞志钢,马明,等.下穿上跨既有交通线路钢箱梁桥顶推施工[J].建筑结构,2022,52(S1):3138-3141. DOI:10.19701/j.jzjg.22S1537.

[11] 李兆峰,牛忠荣,方继,等.大型连续钢桁梁桥顶推施工中关键节点力学分析研究[J].铁道学报,2021,43(04):158-165.

[12] 杨增权.大跨曲线钢槽梁顶推施工关键技术[J].公路交通科技,2021,38(03):56-62+72.

64. 公路小箱梁自动化环形生产线论述

李云飞

（狮子洋通道 T13 合同段）

摘 要：随着公路预制梁环形生产线的逐步推进，预制梁工业化、智能化、无人化、数字化也在突飞猛进的发展，但目前环形生产线预制梁施工工艺和工装设备仍然无法满足智慧梁场的需求，这就需要我们逐步迭代更新，使公路环形生产线预制梁达到工业化、智能化、无人化和数字化。

关键词：公路预制梁 环形生产线 智慧梁场 数字化

1 目前公路预制梁环形生产线存在的缺陷

1.1 钢筋方面

钢筋加工目前主流采用的是数控弯箍机、数控弯曲中心等设备进行半成品加工，加工完成之后，运输至胎具上人工进行绑扎，效率较低、花费人工较多，工业化程度较低。

1.2 模板方面

外模方面：目前绝大部分环形生产线预制梁液压外模板均是中、边梁分制，未实现共制，生产线的布置需要匹配中、边梁数量，进度协调方面较差，场地占地将会增加较多；横隔板未做到斜交斜做的目的。

内模方面：目前所有公路环形生产线内模仍然是组拼式内模，需要人进内模内拆除各种支撑扣件，安全风险性极高。

底模方面：很多项目出现过预制梁楔形块问题，未实现楔形块四角高程一键 PC 控制，端部未设置纵向滑槽，未实现底模的无极调整。

端模方面：端模目前均采用的是组拼式，端部安装固定困难，且斜交角度和长度控制不是非常精确，人工耗时也较多。

1.3 预应力方面

大部分公路环形生产线预制梁场还是采用传统的人工下料、梳编和穿束，预应力自动下料、梳编和穿束等工艺工效较低、人工耗费较多、未实现自动化。

张拉大部分预制梁场仍然采用的是人工＋防护挡板进行张拉，防护挡板需要吊装，人员需要站在旁边进行操作，安全风险系数极高。

2 施工工艺自动化研究

钢筋加工自动化、模板自动化、浇筑自动化、蒸养自动化、张拉、压浆自动化、龙门式起重机自动化。

2.1 钢筋加工自动化研究

对钢筋加工自动化进行研究,从钢筋调直、下料、半成品加工、部品成型等均实现自动化,提高智能化、自动化和安全性,减少人工的使用。

小箱梁钢筋分为顶板、腹板1、腹板2、底板四个部品,线材钢筋经过调直机调直后(棒材钢筋经过电阻对焊去毛刺之后)进入纵向钢筋自动排布机,按照设计位置自动排布;纵筋排布好后进行上下分层,纵向移动至插筋设备,上下分层机构退出;插筋模具拖带上下分层纵筋步进式纵移,进入网片成型一体机;网片成型一体机侧方箍筋调直机调直后送入伺服电机,伺服电机控制弯折机构将箍筋弯折并与纵筋焊接,直至完成整个部品钢筋;再由重型动力传输线输送到拼装区域,进行组拼,完成小箱梁钢筋骨架。自动化生产线布局如图1所示。

2.2 模板自动化研究

液压外模:优化中、边梁翼缘板斜率,使之一致,超过部分按照等厚段进行加长,从而实现液压外模中、边梁共制;设计横隔板宽度为0.3m,液压外模设置横隔板宽度按照最大斜交角度进行计算,预留横隔板宽度0.8m,内套斜交横隔板装配块,达到斜交斜做的目的;液压外模在标准段最端头两端设置液压油顶调节模板长度,每边可调节±2m,可以在±4m范围内不用更换模板。智能液压模板结构如图2所示。

液压内模:均采用液压内模,先从底部预留千斤顶反顶,后PC一键控制开合,再利用连续千斤顶整体顶出,实现液压内模的快速拆除;并在内模里面设置高频附着式振捣器,确保内箱混凝土密实。智能液压内模结构如图3所示。

自行式底模:长度方向在端部设置纵向滑槽,实现长度方向的无级调整;楔形块底部设置液压油顶,连接PC控制系统,一键调整楔形块四角高程,确保预制梁楔形块精度要求,减少人工调整误差。斜交楔形块每10°设置一个调整块,调整斜交角度。底模小车结构如图4所示。

快速安拆端模:左右腹板及抽拉盒可沿着箱梁轴线方向移动;顶板中端旋转模板及翼缘旋转模板均通过销轴与安装座铰接,可以不同角度旋转;旋转中端模板及翼缘模板,可使顶板模板整体倾斜一定角度并位于一个平面,从而满足对不同端部角度预制箱梁构件的浇筑。如图5所示。

2.3 预应力施工研究

钢绞线下料采用自动下料、梳编一体机(图6),设定好钢绞线下料长度后,开始自动对钢绞线进行下料切断并捆扎成束。将自行式穿束机控制到指定位置后,把捆扎好的钢绞线束放入设备孔位上,穿束机可自动将钢绞线束送入到指定位置。

预应力张拉、压浆采用自行式智能张拉、压浆设备(图7),施工时遥控行走到指定的地点,减少安全风险、减少工装设备、减少配合人工,增强预制梁场自动化。智能张拉设备,在张拉过程中实时采集钢绞线伸长数据,实时校核,实现张拉力与伸长值同步双控,达到过程中"实时跟踪、智能控制"提高工程质量。智能压浆设备,智能压浆设备由主机、测控系统、循环压浆系统组成;自动完成称计量、上料、搅拌、抽真空、压浆、保压等工作;采用循环压浆,压浆饱满密实,减少浆液污染。

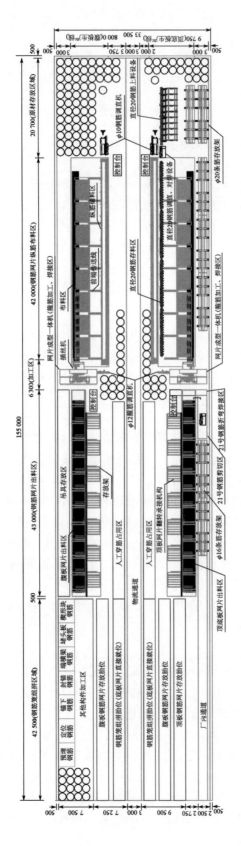

图 1 自动化生产线布局 (尺寸单位: mm)

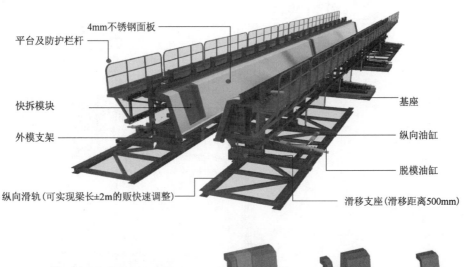

 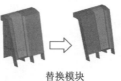 

图 2 智能液压模板结构

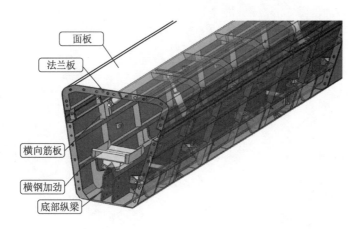

图 3

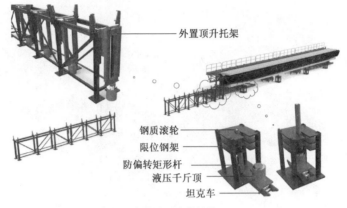

图 3 智能液压内模结构

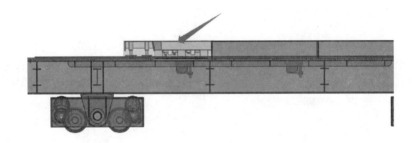

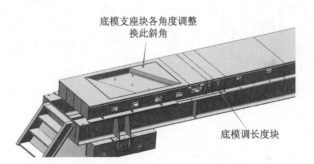

图 4 底模小车结构

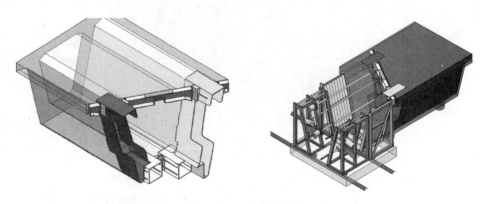

图 5 快速安拆端模结构

图6 钢绞线自动下料、梳编一体机

a)自动行走   b)自动定位、穿束

图7 智能张拉设备

3 数字化

3.1 总体规划

以 MES + ERP 为核心的管理平台(图8),实现从接收生产计划 – 给设备下达生产任务 – 实施的全过程管理。

智慧管理模块(横向):贯穿设计、生产预制、架设/安装、交付运营四个阶段;
智慧建造模块(纵向):以智能化设备为支撑,通过物联网技术实现数据集成与远程控制,提高生产效率;
第三方对接(扩展):建议与第三方平台的对接机制,实现上下游数据的互通互联,打破跨系统数据交互壁垒。

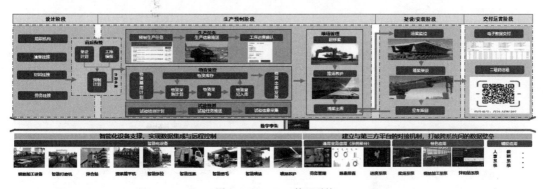

图8 MES + ERP 管理系统

3.2 系统集成

与建设单位管理平台和省厅管理平台连接,实现基础数据贯通、业务数据贯通(图9)。

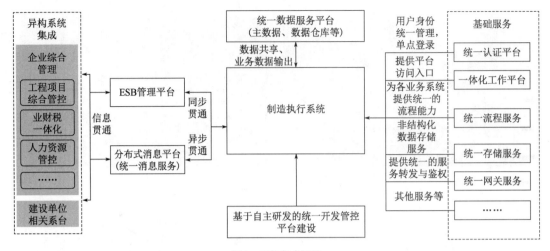

图 9　系统集成原理

3.3　预制梁场管理平台

预制梁场管理平台如图10所示。

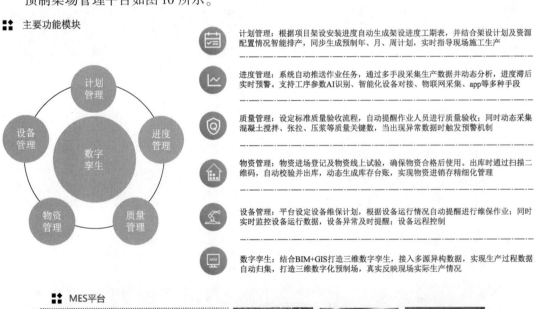

主要功能模块

计划管理：根据项目架设安装进度自动生成架设进度工期表，并结合架设计划及资源配置情况智能排产，同步生成预制年、月、周计划，实时指导现场施工生产

进度管理：系统自动推送作业任务，通过多手段采集生产数据并动态分析，进度滞后实时预警。支持工序参数AI识别、智能化设备对接、物联网采集、app等多种手段

质量管理：设定标准质量验收流程，自动提醒作业人员进行质量验收；同时动态采集混凝土搅拌、张拉、压浆等质量关键数，当出现异常数据时触发预警机制

物资管理：物资进场登记及物资线上试验，确保物资合格后使用。出库时通过扫描二维码，自动校验并出库，动态生成库存台账，实现物资进销存精细化管理

设备管理：平台设定设备维保计划，根据设备运行情况自动提醒进行维保作业；同时实时监控设备运行数据，设备异常及时提醒；设备远程控制

数字孪生：结合BIM+GIS打造三维数字孪生，接入多源异构数据，实现生产过程数据自动归集，打造三维数字化预制场，真实反映现场实际生产情况

图　10

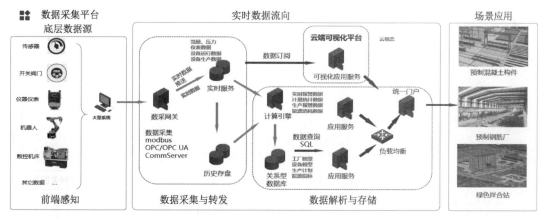

集团数智研究院研发的AIOT物联采集平台,构建智慧工厂数据底盘,为数据的无障碍流通创造条件,使得平台组件之间的数据相互流通,形成多源数据联动,实现生产全要素信息感知及信号低时延、高保真传输。

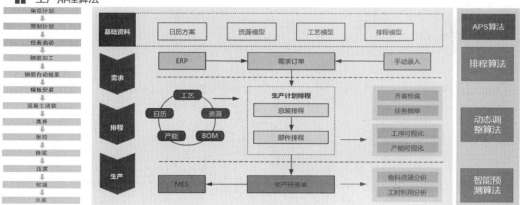

图10 系统管理模块

3.4 数字孪生

以信息化手段实现预制梁场数字孪生,达到实时监控、实时控制的目的(图11)。

图11 数字孪生系统

4 结语

通过对环形生产线工艺工装设备的研究和迭代更新,及数字化管理的实施,提高了公路预制小箱梁环形生产线施工水平,实现了全部公路小箱梁利用环形生产线施工的目的。

参 考 文 献

[1] 杨洋.基于人工智能的预制梁场环形生产线智能加工管控方法[J].工程科技Ⅱ辑,2023.
[2] 胡典亮,李华生,林文朴,等.智能制造梁场模具化生产技术研究[J].工程科技Ⅱ辑,2023.
[3] 刘平,魏筱瑜.环形生产线缓冲区配置及设备布局集成优化[J].工程科技Ⅱ辑,2019.

65. 超大型跨海通道混凝土预制梁工业化建造技术研究

叶振业 曾 锋 肖龙飞

(广州公路工程集团有限公司)

摘 要：预制装配化已成为基础设施建设发展的必然趋势，为适应新形势、新环境下高速公路工程建设发展方向，预制梁智能制造技术应运而生。预制小箱梁工艺方法基本成熟，但其工业化、智能化程度仍较低，需要对传统工艺进行机械化、自动化、智能化升级。本文依托狮子洋通道项目，通过智慧工装研发，利用BIM技术、物联网、云计算、大数据等技术，研究预制梁环形生产线工艺以及智能化提升技术，实现预制梁厂建造的标准化、数字化和智能化，达到提质、增效、降本、溯源的目标。

关键词：跨海通道 预制小箱梁 智慧梁厂 智能制造 智能化

1 研究背景

随着城市化的加速和城市规模的扩大，对于基础设施建设的需求也在不断增加，对基础设施建设过程的精细化、集约化、预制化程度要求越来越高，桥梁装配化建造的优势日益凸显。预制梁厂作为桥梁预制装配化的典型代表，传统施工管理方式无法对人员组织、材料管理、设备监管、工序管控、环保管理、构件运输等流程进行集成化、可视化和精细化管理，容易造成资源浪费，降低生产质量和效率[1-5]。智慧梁厂作为一种新型的预制桥梁生产和管理模式，通过引入自动化和智能化技术、优化供应链管理、建立数据驱动的决策支持系统等手段，能够满足大规模、高效、环保的桥梁建设需求，适应城市发展的节奏[6-8]。同时，通过工业化和标准化的生产方式，能够提高资源利用效率，减少浪费和污染，推动预制桥梁产业的绿色转型。

2 总体技术路线

超大型跨海通道混凝土预制梁工业化智能建造的技术路线(图1)。以生产工艺工序为主线，智慧管理平台系统为依托，聚焦每道施工工序，有针对性地开展装备研发、提升智能化等方面开展工作，确保混凝土浇筑过程中的均匀性和质量。同时，通过梁厂管理系统实现整个梁厂的生产管理，监控和追踪每片梁的生产环节、生产计划、生产过程。实现高效、高质量的预制梁生产和安装，为超大型跨海通道的建设提供强有力的支持。

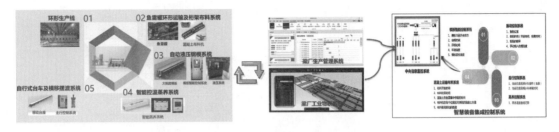

图1　总体技术路线

3　预制梁环形生产线施工工艺技术

3.1　环形生产线空间布局

环形生产线通过环形布局将各个设备和工艺流程紧密地连接起来,形成一个闭合的作业环线。在环形生产线的起始端,原材料经过初步处理后进入生产线(图2)。环形生产线主要经过钢筋加工与绑扎、模板组装与调整、混凝土浇筑与养护、预应力张拉与锚固等工序,过程中通过自行式台车将各工序的有机串联,最终完成预制箱梁的生产。各个工序按照预定的顺序进行,加工好的半成品或成品通过自行式台车传输,不间断地传递到下一道工序,直至最终完成所有加工流程。

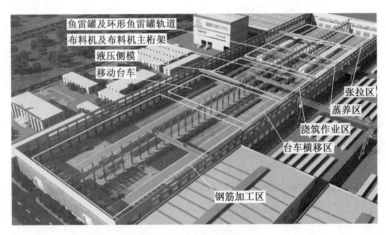

图2　环形生产线整体布局

3.2　鱼雷罐混凝土环形运输及桁架布料系统

鱼雷罐混凝土环形运输及桁架布料系统(图3)是一种高效、自动化的混凝土运输和布料系统。

鱼雷罐混凝土环形运输系统主要由鱼雷罐、环形轨道和控制系统组成。鱼雷罐作为运输容器,具有较大的容量和较强的抗压能力,能够满足大体积混凝土的运输需求。环形轨道则为鱼雷罐提供了连续运动的路径,使得混凝土能够不间断地运输至浇筑地点。控制系统则对运输过程进行实时监控和调整,确保运输的稳定性和准确性。桁架布料系统的主要组成部分包括高强度钢制成的桁架结构、可调节的布料机以及控制系统等。桁架结构作为主要的支撑框架,能够承受施工过程中的各种载荷,保证系统的稳定性和安全性。布料机安装在桁架顶部,可以调节浇筑方向和角度,实现不同施工位置的混凝土浇筑。控制系统则对设备的运行进行实时监测和控制,确保施工过程的顺利进行。通过鱼雷罐和桁架布料机的联动控制,使桁架布料机能够快速、准确地完成混凝土的布料工作,确保混凝土运输和浇筑的连续性和稳定性。

图3 鱼雷罐混凝土环形运输及桁架布料系统

3.3 自动液压钢模系统

自动液压钢膜系统利用高压力的液压油作为动力源,通过控制阀和油缸等液压元件的组合,实现模板的快速移动和精确定位(图4)。在浇筑混凝土前,系统会自动调整模板的位置和形状,确保模壳紧密贴合,防止混凝土泄漏。浇筑过程中,液压系统能够保持模板的稳定,避免因压力变化引起的变形或位移。自动液压钢模系统的优点在于其高效、自动化的操作方式,可以大幅提高预制梁混凝土施工的效率和精度。同时,该系统具有高强度、高刚度的特点,能够承受较大的压力和振动,保证了混凝土结构的完整性和稳定性。此外,自动液压钢模系统还具有易于维护和保养、可重复使用等优点,降低了施工成本和资源消耗。

图4 自动液压钢模系统

3.4 智能控温蒸养系统

预制箱梁智能控温蒸养系统的核心在于其智能控制系统(图5)。系统采用先进的温度传感器和控制器,实时监测和控制蒸养室的温度和湿度。通过预设的温度曲线,系统能够自动调节蒸养室的温度,以满足不同阶段混凝土养护的需求。首先,系统能够提供适宜的温湿度环境,加速混凝土的水化反应,提高混凝土的早期强度。其次,通过精确控制温度,可以避免混凝土出现温度裂缝,提高预制箱梁的耐久性。

3.5 自行式台车及横移摆渡系统

自行式台车作为承载预制箱梁施工过程的主要装备,采用高强度材料和先进的制造工艺,确保了其稳定性和耐用性(图6)。台车自身设计有多个轮组,可以在多种地形条件下灵活移动,同时配备有自动平衡系统,确保在负载变化时仍能保持稳定。横移摆渡系统是自行式台车的配套设备,通过一套精密的传动机构和传感器,实现了台车在横轴方向上的精确移动。这套系统可以快速、准确地完成台车在生产线或施工场所中的定位,减少了人工操作的烦琐和误差。

图5　智能控温蒸养系统　　　　　　　　　图6　自行式台车及横移摆渡车

4　智慧管理平台

智慧梁厂的规划以信息整合为基础,旨在实施智慧管理(图7)。在规划之初,构建信息化、智慧化管理平台至关重要。这一平台相较于传统梁厂管理,实现了从设计到智能制造的一体化。它充分利用信息化、自动化、数字化和智能化技术,助力高速公路预制构件制造企业实现数字化转型。基于厂区实际情况,通过软硬结合、数据与模型结合、系统与生产结合,搭建智慧管理系统。该系统通过应用BIM、GIS、物联网、数字孪生等新技术,为生产管理提供准确数据支撑;通过在工装设备和生产工位上安装RFID芯片和传感器,实时采集生产管理相关数据,并传输至数字孪生大屏。通过实时掌握生产情况、产能分析、工程进度、材料消耗分析及基地最新动态,实现对厂区的智能化管理。

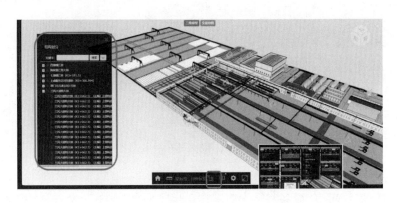

图7　预制梁厂智慧管理平台

4.1　计划管理模块

计划管理模块是预制梁厂智慧管理平台中负责生产计划制定、调整和监控的重要模块。首先,计划管理模块通过下部结构单位提供的架梁计划,结合梁厂自身产能制定出预制梁厂的制梁计划。并通过存梁容量分析、预制梁龄期分析进行质量计划的可行性分析。其次,通过计划管理模块也可以确定生产目标、安排生产进度、分配资源等关键环节,为后续的生产活动提供明确的指导。

4.2 生产管理模块

生产管理模块集成了生产线、拌和站、存梁运输等流程,全面管理预制梁的整个生产周期。该模块实时与现场施工工序联动,记录预制梁的生产过程,实现全生命周期的跟踪记录。拌和站管理平台确保混凝土及时发送,并保存数据供后续材料储备参考。存梁运输平台通过人工智能算法,为预制梁提供最优存储方案,解决行业痛点。存梁时扫描二维码,实时反映存梁信息到大屏,方便查看现场预制梁的存放情况。快速寻梁系统能快速定位所需梁片位置,结合车牌自动识别和智能电子指引,快速引导运输车辆至构件存放处,提高效率。

质量管理平台集成预制梁生产数据,实时把控质量,并将资料形成档案,实现电子档案归档,确保每道工序可溯源。安全管理平台结合视频监控,实时把控现场生产安全,AI自动识别安全穿戴,抓拍并推送问题整改信息。发现的安全隐患可通过平台提出问题整改,做到问题闭环,消除安全隐患。同时为管理人员提供隐患排查的数据支撑。

4.3 资源管理模块

资源管理模块负责管理预制梁厂的各种资源,确保生产的高效进行。对预制梁厂的人力、物料、设备等资源进行精细化管理和实时监控。通过实时监控工人的工作状态和效率,发现和解决生产过程中的瓶颈问题,提高整体生产效率。同时,该模块还对工人技能和培训需求进行分析,为工人的培训和发展提供支持。通过对物料的采购、入库、出库等环节进行实时监控和数据分析,模块能够确保物料资源的合理使用和有效控制。

4.4 厂区管理模块

厂区管理模块主要负责管理预制梁厂的整体运行环境。通过厂区管理实现对预制梁厂的厂区环境、安全等方面进行精细化管理和实时监控。首先,厂区管理模块对厂区环境进行管理。通过实时监测厂区的空气质量、噪声、水质等环境指标,模块能够确保厂区的环境质量符合相关标准和法规要求。同时,该模块还能够对厂区的绿化和清洁卫生进行管理,营造一个整洁、舒适的工作环境。其次,厂区管理模块对厂区安全进行管理。通过实时监控厂区的安全设施和安防系统,模块能够及时发现和处理安全事故和安全隐患。此外,该模块还能够对员工的安全培训和演练进行管理,提高员工的安全意识和应急处理能力。

5 结语

本文以狮子洋通道桥梁预制梁厂为研究背景,深入探讨了智能化、高效化、环保化生产的新模式。借助先进的物联网技术和大数据分析,该厂实现了预制梁制造的精细化、信息化管理。通过实时监测与数据分析,可准确预测设备维护需求、优化生产流程,从而降低运营成本。同时,新型的预制梁智能生产线大大提高了生产效率,缩短了产品交付周期。为满足绿色环保要求,还采用了低能耗的生产设备和环保材料,降低了能耗和排放。此外,智能仓储系统实现了预制梁的快速、准确出库,提高了仓储效率。这一系列创新措施不仅提升了预制梁厂的核心竞争力,更为整个预制梁制造业的可持续发展提供了有力支撑。

参 考 文 献

[1] 陈嘉伦,韩骁峰,梁雨微.中国桥迎来"智造时代"[J].交通建设与管理,2021(4):6.
[2] 吴德才.公路桥梁施工大型预制梁场规划建设及现场施工管理[J].工程建设与设计,2023(09):262-264.DOI:10.13616/j.cnki.gcjsysj.2023.05.076.

[3] 刘佩斯.深中通道智慧梁场建设及运营研究[J].世界桥梁,2023,51(S1):26-33.DOI:10.20052/j.issn.1671-7767.2023.S1.005.

[4] 杨永成,姚辉宁,张正鹏,等.纵列式梁场综合管控系统建设及应用[J].中国公路,2023,(03):108-109.DOI:10.13468/j.cnki.chw.2023.03.004.

[5] 杨元元.基于BIM的大型预制梁场智慧建造过程研究[D].兰州:兰州交通大学,2022.DOI:10.27205/d.cnki.gltec.2022.000157.

[6] 万瑞,张峻伟.铰式调坡器在T梁预制中的应用研究[J].公路,2021,66(01):386-389.

[7] 袁大卫.梁场BIM信息化管理平台设计与实现[D].西安:长安大学,2020.DOI:10.26976/d.cnki.gchau.2020.000464.

[8] 周微强,刘人中,牟峰.预制梁场基础及制梁钢台座设计[J].施工技术,2019,48(S1):1088-1091.

66. 预制箱梁智能化蒸汽养护技术研究

宋 雄

(中铁一局集团有限公司)

摘 要:随着桥梁建设不断向快速化、高品质、重环保的方向发展,预制施工技术已成为桥梁工程发展的主流趋势。以狮子洋通道工程智慧梁场预制箱梁施工项目为依托,提出一种固定台座+移动蒸养箱流水线施工工艺,研制一种适用于固定台座生产的移动式蒸养箱,实现智能化养护,缩短箱梁预制周期,提高了预制品质。

关键词:预制箱梁 蒸汽 养护

1 引言

桥梁工程正向着高质量、高效率、高标准的方向快速发展,预制安装作为一种节能节料、快速安全的施工技术,得到了越来越多的推广和应用。新一代信息技术的迅猛发展,进一步催生了预制施工技术进入智能化阶段[1-2]。钢筋工程和模板工程作为构件预制过程中质量控制的关键环节[3-5],其准确性、高效性与便利性越发受到重视。顾森华等[6]对预制构件钢筋胎架和模板开展了标准化设计研究,给出了关键精度控制各项参数,提高了钢筋和模板工程施工精准度。吴刚等[7]提出了预制T梁无轨自行式液压模板,通过行走轮实现灵活的模板安拆方式。张立志等[8]介绍了一种移动底台座式模板,与传统固定式台座相比,模板安拆更为便捷、施工速度显著提升。吴何等[9]针对预制梁场智慧化管理,给出了"1 + N + 1"智慧梁场系统设计框架,包括1个梁场信息管理平台、N个梁场智能子系统和1个梁场分析决策平台。刘佩斯[10]以深中通道项目为例,介绍了钢筋自动化加工、液压整体式移动侧模+固定底模、智能化混凝土输送中心、梁场协同管理平台,推动了桥梁预制拼装技术的智能化发展。

狮子洋通道工程智慧梁场预制箱梁施工项目通过改进蒸汽养护系统,采用移动式蒸养箱,结合温度传感器,智能调节蒸养温度、湿度,实现箱梁智能化养护,有效缩短箱梁预制周期,提高了预制品质。

2 工程概述

狮子洋通道工程包含狮子洋通道工程主体工程(含上下层)、下层桂阁大道段、下层轮渡路改扩建工程。主体工程上层路线起于广州市南沙区大岗镇,顺接广中江高速公路,经南沙区东涌镇、黄阁镇后跨越珠江口,经东莞市沙田镇,终于虎门镇,对接常虎高速公路,与广深高速公路交叉,全长约35.1km。主体工程下层路线起于广州市南沙区黄阁镇连溪大道处,顺接下层桂阁大道段,与上层共走廊,跨越珠江口,终于东莞市沙田镇龙船洲村,与下层白沙南路段对接,长约15.3km。下层桂阁大道段起于广州市南沙区大岗镇,经东涌镇、黄阁镇,终于黄阁镇鸡谷山路与连溪大道交叉口,长约15.8km;下层轮渡路改扩建段起于东莞市沙田镇,连接狮子洋通道主体工程下层福隆互通,向东沿既有轮渡路改扩建,终于省道S256(莞太路),长约6.2km。T16合同段起讫桩号为K26+675~K34+080,路线全长7.405km,主要工程内容为T11~T12标箱梁预制,共5 018片。其中:18m箱梁4片(梁高140cm),20m箱梁21片(梁高120cm),25m箱梁91片(梁高140cm),28m箱梁2 847片(梁高160cm),30m箱梁514片(梁高160cm),38m箱梁529片(梁高202cm),40m箱梁24片(梁高202cm),按照专用图预制箱梁988片。

3 预制箱梁固定台座蒸汽养护

3.1 梁场总体布局

狮子洋通道T16合同段梁场选址位于沙田镇环保路西侧。根据项目进度要求、质量要求及行业先进技术,进行梁场规划设计。按功能分为箱梁预制区、箱梁存放区、钢筋加工场、混凝土配送中心。各区分布位置如图1所示。

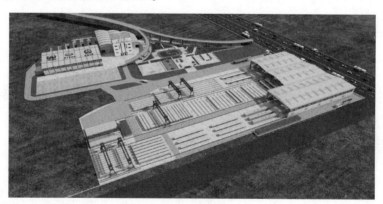

图1 梁场平面分布图

3.2 固定台座制作

固定制梁台座由钢筋混凝土基座、不锈钢底模板、支撑型钢、喷淋养护装置等构成。台座基础采用PHC400A型预应力管桩。台座采用C30混凝土现浇,高度50cm,宽度98cm。台座上部两边用3×3号角铁包边,中部预留对拉锁紧孔道。台座两端设两个吊梁孔,预留吊装孔的尺寸为50cm×45cm。

3.3 蒸养系统设置

3.3.1 智能蒸汽养护控制系统

智能蒸汽养护控制系统:基于自动化控制与无线传感技术,在控制系统中预设箱梁养护参数。对养护箱内的湿度、温度进行监测,采用PLC等电子元件智能控制常温水蒸气和热水蒸气的阀门,进行温度和湿度调节,使箱内温湿度满足预设的养护条件。记录温、湿度实测数据,生成养护曲线,存储到智慧梁场管理平台,用于分析混凝土强度、弹性模量的增长与养护环境的关系。

3.3.2 移动式蒸养箱

在预制区设置3个可移动蒸养箱。箱体上部两侧纵向角隅部位采用型钢加固。箱顶安装太阳能发电板,利用太阳能发电生产热蒸汽。箱体安装变频调速电机,缓起缓停,同步驱动,下设移动滑轮和槽道,用于箱体前后移动。箱体周边设防风钢丝绳,台风登陆时与地锚连接防止倾覆、移位。箱内同时布设常温水蒸气和热水蒸气散布管道。内部设卷升式水袋密封装置,防止箱体下部蒸汽泄露和保温隔热。控制系统根据监测得到箱内温度、湿度,按预编程序控制传感器,调节常温蒸汽和热蒸汽的阀门,实时调节箱梁养护温度、湿度,加快混凝土的强度和弹性模量的增长速度。蒸汽养护箱如图2所示,蒸汽养护控制参数见表1。

图2 蒸汽养护箱

蒸汽养护控制参数 表1

平均日照天数 (d)	单块光伏板 (880mm×1700mm) 日发电量(kW·h)	光伏板数量 (块)	日总发电量 Q_{dt}(kW·h)	蒸养箱功率 (kW)	单日蒸养时长 (h)
143	0.68	84	74.76	36	10

常温水温度:15℃;蒸养水温度:50℃。

1kW·h电可将约24.4kg的15℃常温水加热至50℃。

将蒸养箱充满50℃热水蒸气,需要水的质量

$$m_{水} = v\rho = 4 \times 42 \times 3 \times 1.29 = 650.16(\text{kg})$$

需要电能

$$Q_1 = 650.16 \div 24.4 = 26.64(\text{kW}\cdot\text{h})$$

保温箱每小时热量损失按50%计,20h蒸养需要电能为

$$Q_{t1} = 15 \times Q_1 = 399.6(\text{kW}\cdot\text{h})$$

平均每日可使用有效电能 $Q_d = 0.7 \times Q_{dt} = 74.76 \times 0.7 = 52.33(\text{kW}\cdot\text{h})$,大约可使蒸养箱恒温2h,其余时间段用电采用梁场电网补偿。

3.4 箱梁养护施工

混凝土浇筑完成拆模后,立即将移动蒸养箱移动至固定台座位置。下放水带对箱体侧面底部缝隙进行密封,关闭箱门,开始养护施工。释放常温水蒸气,快速增加湿度。程序自动启

动湿度监测装置,湿度达到90%时自动开启热水蒸气阀门,增加箱体温度。养护过程中不断补充蒸汽,控制箱体内湿度在95%以上,温度在40℃±2℃。

养护过程分为升温、保温、降温三个阶段,采取"时间+电量双控"。时间控制流程为:升温时间设置为5h,保温阶段设置为10h,降温阶段设置为5h。电量控制流程为:升温用电不大于太阳能发电量的40%,保温阶段用电不大于太阳能发电量的40%,降温阶段用电不大于太阳能发电量的20%,电能不足时采用梁场电网补偿供电。施工过程中每日检测箱梁和同养试块回弹强度。当养护至混凝土强度达到设计强度的70%时,撤离养护箱,采用喷淋养护施工。

同时,研究基于太阳能发电的独立供电蒸养方案。养护过程分为升温、保温、降温三个阶段,采取"电量控制"。升温用电不大于太阳能发电量的40%,保温阶段用电不大于太阳能发电量的40%,降温阶段用电不大于太阳能发电量的20%。研究次模式下混凝土强度和弹性模量的增长规律,预估3d能达到设计要求的张拉条件。蒸汽养护施工如图3所示。

图3 蒸汽养护施工

4 结语

基于对狮子洋通道工程智慧梁场预制箱梁施工项目的研究,提出一种固定台座+移动蒸养箱流水线施工工艺,研制一种适用于固定台座生产的移动式蒸养箱,结合智能蒸汽养护系统,实时控制蒸汽养护参数,实现智能化蒸养,研究基于太阳能养护的经济型蒸汽养护技术,有效缩短箱梁预制周期,提高了预制品质,为今后箱梁预制工程提供借鉴经验。

参 考 文 献

[1] SARA R,BENJAMIN K. State of Practice of Automation in Precast Concrete Production [J]. Journal of Building Engineering,2021(43):102527.

[2] 吴杰,朱敏涛,陈兆荣,等.新型预制混凝土构件生产技术研究及工艺装备开发[J].混凝世界,2018(12):42-51.

[3] WEI L,LIN X S,D W B,et al. A Review of Formwork Systems for Modern Concrete Construction [J]. Structures,2022(38):52-63.

[4] 雷甲,武峰.整体式液压模板箱梁预制施工技术[J].公路交通科技(应用技术版),2018,

14(9):76-77.

[5] 徐秋红,李向阳.全智能控制液压钢模板在深中通道箱梁预制中的应用[J].世界桥梁,2019,47(6):36-40.

[6] 顾森华,马一跃,孙一星,等.30m预制T梁模板标准化设计与验收指标研究[J].工程技术研究,2022,7(15):33-35.

[7] 吴刚,张健.预制T梁无轨全自动移动模板施工技术[J].施工技术,2021,50(12):69-71,92.

[8] 张立志.移动底胎座式预制梁厂与传统梁场的对比研究[J].公路,2021,66(2):379-382.

[9] 吴何,王波,吴巨峰,等,智慧梁场系统设计及应用研究[J].世界桥梁,2023,51(S1):144-151.

[10] 刘佩斯.深中通道智慧梁场建设及运营研究[J].世界桥梁,2023,51(S1):26-33.

67. 多层复合通道交通标志指引体系研究
——以狮子洋通道工程为例

李婉燚[1] 贾庆荣[2] 黄焕林[2]

(1. 中国公路工程咨询集团有限公司;2. 广东湾区交通建设投资有限公司)

摘 要:针对狮子洋多层复合通道服务功能定位不同、复合互通群行车交织严重及城市高密度路网区域存在多路径等特点,采用驾驶任务、人因理论立足于实际驾驶行车需求,对交通指路标志指引体系进行研究,为同类项目的设计与运营提供参考。

关键词:多层复合通道 交通指路标志 交通流量管控

1 引言

随着我国道路工程建设与交通需求快速增长的持续推进,受道路条件、城市规划、高密度路网结构等因素影响,高速公路主体工程的复杂程度也大大提高。其中,道路建设发展较快的城市及沿海地区,公路已出现多层复合通道形式,其特点有:上下层路线走线一致、通道之间存在交通转换、空间围合式横断面等。复杂的交通组织、高密度路网、空间受限等多方面因素,严重影响指路标志的设置、标志版面的布局以及路径指引标志的信息选取,对标志的设计提出了更高要求。本文以广东省狮子洋通道为例,研究多层复合通道的标志指引体系。

狮子洋通道工程分为两部分:立体层(上层高速公路、下层高速公路)和地面层(桂阁大道、轮渡路)。

立体层采用双向八车道高速公路技术标准,过江段为双向十六车道(上层八车道+下层八车道)高速公路技术标准,共设置11处互通立交,其中上层9处,下层2处,上层互通立交平均间距3.60km,最大间距9.45km,最小2.34km,个别互通通过辅助车道贯通构成复合互通,同时还耦合设置了上下匝道用于立体层和地面层之间的交通转换。

地面层桂阁大道工程基本位于高速公路桥下,起点至黄阁西路段采用一级公路兼城市主干道技术标准,黄阁西路至连溪大道段采用双向六车道主路+双向四车道辅道城市主干道技术标准。轮渡路改扩建工程采用六车道一级公路兼城市主干路设计标准进行还建。

项目立体层、地面层如图1所示。

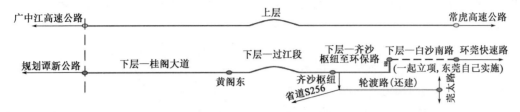

图 1 项目立体层、地面层示意图

狮子洋通道工程所处区域路网极为复杂,与上层高速公路可实现互联互通的高快速路共计 8 条,起点顺接广中江高速公路,连接东新高速公路,在万洲与南沙港快速路相交、在黄阁西与广澳高速公路相交、在黄阁东与东部高速公路(规划)相交、在齐沙枢纽与广深沿江高速公路相交,路线终点与常虎高速公路相接,与广深高速公路衔接。

2 基于多层复合通道服务功能定位的信息指引设计

2.1 控制性信息选取方案

指路标志信息的选取,应考虑相交道路服务区域的特点、交通流的流向和流量,也要对驾驶人需求与指路标志有限信息供给进行平衡。

《道路交通标志和标线 第 2 部分:道路交通标志》(GB 5768.2—2022)和《道路交通标志和标线手册(2023 版)》中规定,高速公路指路标志中的控制性信息宜选取高速公路行进方向上距当前位置最近的 A 层信息。由于狮子洋过江段上下层高速公路共走廊,沿线地点信息高度一致,若依据规范的设置原则,则上下层高速公路控制性信息为同一地点信息,驾驶人无法通过标志指引信息快速区分上下层高速公路,在进行标志视认、路径选择时会出现驾驶彷徨。

如何区分双层高速公路指路标志的控制性信息是复合通道路径指引标志设计的关键性问题,通过考虑地理位置、行政隶属、服务定位等因素,对狮子洋通道沿线地点信息进行排列和梳理,筛选出地名、路名等指路信息,归并出行需求,分级排列,为信息选择提供依据。

狮子洋过江通道地处粤港澳大湾区核心地带,是一条东西向过江大通道。通道的服务定位是实现两岸城市一体化,增强南沙、顺德、江门与东莞、惠州、深圳等地区的交通联系,加强大湾区向粤西、粤北地区辐射,促进经济内循环,所以在选取其指路标志控制性信息时,从宏观地理角度将狮子洋高速公路西侧对接的广中江高速公路(高速公路编号 S20)、东侧对接的常虎高速公路(高速公路编号 S9918)的沿线地点信息纳入考虑范围。

根据信息的重要程度、道路等级、服务功能等因素,将项目沿线的地点信息划分为 A 层信息要素、B 信息要素、C 层信息要素。A 层信息,用于高速公路在枢纽区域的方向指路,在较大范围区域内选择行驶方向,实现驾驶人对于靠近目的地的需求。狮子洋高速公路在同一方向有同级多类信息,其中东西方向地名类 A 层信息有:通过广中江高速公路所连接的江门市和中山市、广州市、东莞市,通过常虎高速公路所连接的惠州市;(广州市)南沙区作为 B 层信息,是狮子洋项目起点,也是跨江通道所连接的第一个广州市行政区域,在本区域内相对重要,满足实现驾驶人对于靠近目的地的需求。

根据上下层高速公路服务功能定位的不同,从上述地点信息中选取指路标志控制性信息。上层高速公路起于南沙区,顺接广中江高速公路,终于东莞市虎门镇,顺接常虎高速公路,与广深高速公路交叉,可实现江门及以西地区与惠州乃至河源车辆快速跨越珠江,主要承担长距离过境及对外交通,侧重于远程信息的告知,所以将上层高速公路东侧控制性信息定为"惠州",

西侧以虎门港为界,控制性信息定为"江门/南沙"。下层高速公路起终点顺接市政道路,起于南沙区黄阁镇处,跨越珠江口,终于东莞市沙田镇,主要功能为快速疏解过江两岸交通,承担城市内部组团之间交通,承担短距离的城市集散,侧重于交通流的集散,所以将下层高速公路东侧控制性信息定为"南沙",西侧为"东莞"。

2.2 高速公路出口信息精细化指引

不同于常规高速公路立体交叉的交通流转换方式,多层复合通道项目存在复杂复合型立体交叉进行多层道路转换的情况。虎门港互通位于东莞市沙田镇虎门港区附近,是为狮子洋通道工程与进港南路(市政主干道)而设置的服务型立交,同时嵌合了上下匝道,是A型单喇叭+半菱形+上下匝道的三层复合型立体交叉。

(1)A型单喇叭主要解决进港南路与狮子洋下层高速公路交通流的相互转换,以及虎门港区客货流向市区的交通流。

(2)进港南路往返狮子洋上层高速公路东莞方向匝道,主要解决进港南路往返东莞、惠州方向的交通流。

(3)下层高速公路往返上层高速公路江门方向匝道,主要解决出入境交通流。

互通示意图如图2所示。

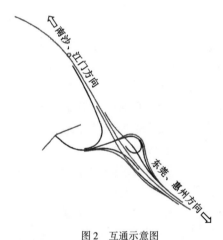

图2 互通示意图
注:灰色线条为上层高速公路匝道,黑色线条为下层高速公路匝道。

虎门港互通立体结构复杂,驾驶人在出口处无法快速理解立体交叉形式,尤其在双层高速公路之间难以决策行驶路径。结合虎门港互通的匝道功能和服务定位,本着减少交通转换、合理控制版面信息量的原则,考虑利用近远途控制性信息区分交通流向及行驶路径,确定出口预告标志的指引信息。

(1)根据互通相交道路服务区域的特点和交通流的流向,确定一般道路的出口预告标志信息为"进港南路"和"虎门港"。

(2)东行方向,通过版面中远程控制性信息引导去往"惠州"的驾驶人驶入上层高速公路,去往"东莞"的驾驶人驶入下层高速公路,并增加下层高速公路前进方向近距离出口地点"沙田""虎门"。

(3)西行方向,为减少交通转换,双层高速直行方向指路信息中均指示控制性信息"南沙",只对近、远途交通流向行驶路径做区分,引导去往远程地点"江门"的驾驶人驶入上层高速公路。

2.3 路径指引标志版面优化方案

由于狮子洋双层高速公路的道路编号和道路名称一致,对于同一出入口既可到达上层高速公路,又可以到达下层高速公路的情况,依据传统的标志信息设计,驾驶人无法依靠指路标志对上下高速公路进行区分。针对此类问题,标志设计以不熟悉路网体系的公路用户为设计对象,在立体层和地面层路径指引标志版面上的高速公路编号名称旁增加了"(上层)""(下层)"的辅助解释文字;若高速公路的前进方向唯一,标志版面上增加地理方向信息,以帮助驾驶人迅速识别上下层高速公路和行驶方向,充分发挥标志引车上路功能,见图3。

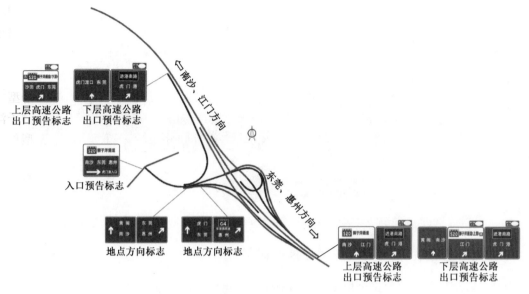

图 3　虎门港互通主要路径指引标志示意图

3　复杂复合互通群交通组织与行车引导设计

狮子洋通道互通立交设置密集,间距较近,与上下匝道耦合构成复合互通群,行车交织严重。

江门至惠州方向,万州枢纽、(桂阁大道)上下匝道与黄阁西枢纽互通通过辅助车道贯通构成复合互通,两互通之间路段由单幅四车道变为单幅五车道。沿行车方向,万州枢纽的合流端、上高速公路匝道的合流端、黄阁西枢纽分流端之间的净距约为 780m 和 820m,形成行车交织区。驾驶员必须进入要去的出口车道,在交织区紧张的变换车道行驶,交织区内的交通流严重紊乱,对指路标志的设置、信息选取和车道引导有极高要求。

上述交织区的主线最外侧车道为辅助车道,也是黄阁西枢纽出口专用车道。通常情况下,主线大型车辆和合流匝道汇入的车辆默认是走最外侧车道。如果临近黄阁西枢纽分流点时,驾驶员突然发现本车道继续前行会偏离主线,按照人因理论,驾驶员会因出现预期外的情况出现紧急制动、突然变道等行为,进而导致交通堵塞,发生安全事故。

以往的设计中,指路标志常重视"路径指引",随着我国高速公路的建设大规模进入改扩建时期、高速公路车道数越来越多,对标志"车道指引"的需求日益增加。《道路交通标志和标线　第 2 部分:道路交通标志》(GB 5768.2—2022)首次引入"直出车道"新概念:从主线连续行驶不变车道将直接驶出高速公路的主线车道。根据规范定义,主线最外侧辅助车道即为典型的直出车道。结合多车道出口,出口预告标志采用门架式,在每条车行道上方设置本车道的前行方向信息,并对最外侧辅助车道的标志版面采用黄底黑箭头的醒目标识,见图 4。

车道指引可以简化驾驶任务,让驾驶员在标志指引和行驶场景之间迅速建立对应关系,传达简易的道路信息,减少不必要的车流交织和误操作,提高行车安全与通行效率。

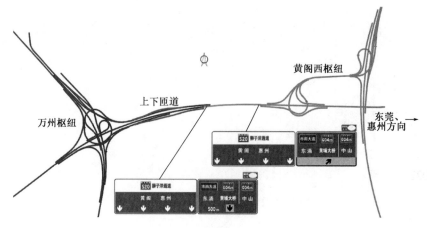

图 4　车道指引标志示意图

4　城市高密度路网区域多路径指引设计

4.1　城市高密度路网多个枢纽互通服务于同一区域信息精准指引

狮子洋通道的被交高速公路多为南北走向,北向均可达到广州市。对于有多个广州市出口的情况下,路径指引标志采用以"城市+区名"形式作为信息,如广州(番禺)、广州(黄埔);若多条高速公路均可通往广州同一行政区,则采用本区域内广为人知的重要交通枢纽信息加以区分,如广州南站、南沙港、黄埔大桥,用于区分城市不同地理方位。

4.2　基于交通流通管控的多路径指引设计

狮子洋通道所处区域路网极为复杂,与上层高速公路可实现互联互通的快速路共计8条,节点衔接道路密集,且地处市区内,属于城市高密度路网区域,多路径问题明显。本项目在做好静态交通标志指引的同时,尤为注重对动态路网的实时诱导。考虑到目前我国驾驶人普遍对可变信息标志显示内容的接受度偏低,在道路重要节点设置动态标志,如通道起点前、高速公路上下匝道转换前、复杂枢纽前、上层高速公路被交高速公路等路段。当运营交通流量大、存在特殊路况时,动态标志配合可变信息标志设备,实时显示路况,提前告知路网中的交通时间计划,控制入口流量,引导驾驶人在路网中选择路径选择,对交通流在路网中进行分流,见图5。

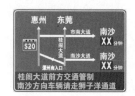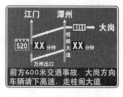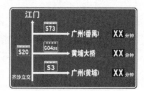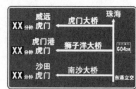

图 5　动态标志示意图

5　结语

本文立足多层复合通道、高密度路网区的道路特点、交通管理与驾驶行车需求特征,以狮子洋通道为例,从信息选取、版面布局入手,对交通标志的系统指引开展研究,提出了基于通道服务功能定位进行长短途分流指引+车道精细化管理指引的设计思路,为同类工程设计提供参考。

本文提到的直出车道理念仅是从交通行车管理角度出发,因该概念尚未引入主体相关设计规范,道路与交通工程专业间还缺乏协调统一,今后需加强该方面的研究。

参 考 文 献

[1] 唐琤琤,侯德藻,陈瑜,等.道路交通标志和标线手册[M].北京:人民交通出版社股份有限公司,2023.

[2] 中华人民共和国交通运输部.道路交通标志和标线 第2部分:道路交通标志:GB 5768.2—2022[S].北京:中国标准出版社,2022.

[3] 赵恩强.引入车道行驶方向标志的城市道路路径指引标志设计[J].市政技术,2018,36(4):49-51.

[4] 荆迪菲,宋灿灿,郭忠印,等.高密度路网区高速公路可变信息标志版面要素组合[J].同济大学学报(自然科学版),2021,49(6):853-862.

68. 狮子洋通道 JC1 智能化试验室的策划与思考

吴海泳

(广东交科检测有限公司)

摘 要:紧紧围绕狮子洋通道的建设目标,在湾区公司项目总体策划的引领下,深入分析项目的特点、重难点以及需求,通过开启检测市场资源的全面摸底,启动全范围、大纵深的调研活动,并系统研究省内以往及在建项目试验室管理的优劣,在收集了大量相关资料的基础上,经过多轮次的遴选、提炼、总结及迭代以后,智能化试验室的方向以及思路基本成型,那就是以"围绕超前的顶层设计,自动化样品输送,先进的检测设备,完善的数智化管理,不断的创新突破"作为智能化试验室的主要创建思路,通过智能化试验室的策划,推动行业发展,同时也可以为新时代下试验室的建设提供借鉴。

关键词:智能化　自动化　数智化　管理创新　行业标杆

1 工程概况

狮子洋通道项目是落实《粤港澳大湾区发展规划纲要》的重大交通基础设施工程,也是广东省重点工程。项目北距南沙大桥约 3.6km,南距虎门大桥约 8km。主体工程起点接广中江高速公路,经南沙区大岗镇、东涌镇、黄阁镇,一跨跨越珠江出海口,经东莞市沙田镇、虎门镇,终点对接常虎高速公路和广深高速公路,全长约 35km,设互通立交 11 处、服务区 1 处。全线采用设计速度 100km/h 双向八车道高速公路技术标准,建设工期 6 年。

狮子洋项目目标定位:粤港澳大湾区的战略工程,是交通强国的代表工程,是中国式现代化的标志工程。

JC1 中心试验室目标定位:实现传统工地试验室的迭代升级,打造具有示范以及引领地位的行业标杆智能化试验室。

2 项目特点及需求分析

(1)管段包括世界最高的主塔(C80)钢壳混凝土,C80 是属于既高强又大体积的混凝土,温控、收缩及混凝土体积稳定性要求特别高,且施工后追溯质量状况难度大,需要采取有效手段监控混凝土入模前的质量,拟配置水胶比测定仪检测入模前混凝土的质量,同时根据钢壳混凝土抗压强度高的实际情况,配置大量程 300t 的压力机。

(2)管段包括世界最大的锚碇(约 55 万 m³),涵盖大体积混凝土的全部管理要素。①环境条件恶劣,根据锚碇地下水的抽检显示,地下水氯离子含量水平高,对混凝土品质要求高,需要综合考虑混凝土水化热以及抗渗等级的同步满足(其中,地下连续墙、内衬抗渗等级要求达到 P12,顶板及底板抗渗等级要求达到 P8);②单次浇筑方量大,单次最大方量接近 9000m³,对检测时效要求高,需要大力推行快速检测(如采用折光仪快速检测外加剂固含量,活性指数快速判别等)。

(3)全线混凝土方量大,约为 324 万 m³,单日混凝土试块数量巨大,初步推算高峰期混凝土抗压超过 100 组,需要提升抗压的自动化水平,拟引进混凝土试件养护抗压智能检测系统;同时集料、胶凝材料的检测数量特别大,需要研发一体化摇筛机以及成型胶砂的辅助机械臂。

(4)引桥墩柱高度普遍在 12~63m,主桥基本高度在 48~63m,传统高工作业车检测保护层以及回弹安全风险较大,且容易存在质量盲区,拟引进无人机自动爬升雷达开展高墩的保护层厚度检测。

(5)全线预应力体系体量庞大。项目的盖梁以及各类预制梁均为预应力结构,对预应力材料品质要求高,时效性要求高,拟配置预应力体系相关检测设备。

(6)普通材料如钢筋 40mm 直径的体量较大,需要配置 120t 量程的拉力机;材料标准相对普通混凝土有提高,需要在合同进行明确的约定,同时可以考虑建立专场或者专库的供应以保证质量。同时针对临海环境的实际,需要考虑氯离子、外加剂匀质性等化学参数的授权以及扩项。

(7)为降低水化热,提升混凝土抗渗能力,配合比设计上普遍采用双掺设计理念,掺和料用量大,掺和料波动大,质量管控难度大,拟前移掺和料质量管控关口,在管理上有针对性进行创新,推行快速检测的手段,加强掺和料入罐前的质量检测。

(8)配合比的类型多,涵盖 C80 以内水泥混凝土,超高性能混凝土(UHPC)也有应用,对从业人员素质要求高,拟配置有相应混凝土控制经验的检测人员。

(9)特种材料繁多。如软基处理用固化剂,混凝土用防水剂、抗裂剂、膨胀剂、纤维复材筋等材料繁多,且广东省内普通综合甲级检测单位很多不具备资质检测,容易存在质量监管盲区,需要加强对三方见证单位的资信能力的审查工作。

(10)地处大湾区核心位置,下层为市政路,整个工程的外观长期暴露在人员的视线之内,混凝土的外观要求特别高,需要在外观定性定量评价技术上力争取得突破。

3 智能化试验室的策划与实施

3.1 智能化试验室的策划

通过引进新技术、新设备,实现试验检测工作自动化、试验检测数据自动采集上传、试验检测结果自动处理和判定、试验检测报告自动生成;开发智能试验室管理系统,实现试验室人机料法环的全方位管理,根据项目的特点,开展一系列的微创新,解决项目以及行业的痛点,打造智能试验室,为未来试验室的工作探索新模式。

通过此举,彻底改变目前试验检测人员工作强度大、体力劳动多、部分试验检测工作过程烦琐,需要花费大量时间进行数据抄录、结果整理、报告编写等问题,把试验室的体系管理工作智能化,提升整个试验室服务水平,从而将人员从烦琐、重复的工作中解放出来,将更多精力放在分析、决策、技术咨询等方面。

3.2 市场资源的全面摸底

根据狮子洋通道JC1智能化试验室的目标定位以及需求,开展了检测市场资源的全面摸底。首先,对目前建设比较先进的工地试验室进行学习,系统集成其先进的建设要素;其次,加强加大对目前前沿技术与试验检测设备以及检测技术的融合情况的调研。通过对比目前同类设备中最先进的设备的性能以及优缺点,了解到无论是单纯借鉴目前建设的先进工地试验室或者引进先进设备或者前沿技术的融合,仅仅单一的手段均无法解决目前智能试验室的定位需求,因此必须系统集成智能试验室系统、先进的智能化设备、进一步融合先进的前沿技术,提升微创新等方面的突破,才能实现项目的目标定位。

3.3 智能化试验室的实施方案

3.3.1 提升仪器设备的自动化以及智能化水平

引进混凝土试件养护抗压一体化试验机,补齐短板,升级及改造部分传统设备,如集料筛分试验机进行改造升级,研发称量采集一体机。同时针对项目的特点需求,配置水胶比测定仪、预应力体系检测的设备,掺和料快速检测设备,对其他拟配置的设备也以智能化为导向,采用同类中最先进的品牌,确保设备的先进性,为智能化试验室的实现奠定初步的基础。

3.3.2 样品管理实现自动化

借鉴物流运输以及清花试验室AGV样品运输车的运行思路,引进叉车式AGV车,实现运载重量、运载样品类别新突破,基本覆盖授权范围内的全部试验样品。

3.3.3 环境监测实现自动化

对涉及环境要求的试验设备以及功能室等温湿度进行自动采集,建立适时预警,确保环境精准受控,同时结合研发的系统控制程序,采用手机即可实现空调、烘箱等温湿度自动控制的功能,符合当前节能、环保、低碳的理念。

3.3.4 体系管理以及日常工作流程化

通过开发的智能试验室管理系统,对体系管理以及日常工作清单化,及时提醒各项工作的推进,避免遗漏。比如具备提醒提交周报月报、提醒进行比对培训、提醒进行设备检定等功能的管理系统,同时通过智能试验室管理系统,大幅度提高了上级对工地试验室的监管效率。

3.3.5 记录报告、档案资料电子化、无纸化

无纸化作为智能试验室的一个重点实现目标。考虑将目前实现采集功能的设备与微机报告系统进行对接,降低人员对试验记录誊写等重复工作,直接实现设备数据采集、自动出具检测报告,提高工作效率;将各类档案资料直接上传智能化管理系统,通过手机或者平板电脑即可实现在线查阅功能。

3.3.6 持续的推进设备的升级以及微创新

依托狮子洋通道项目,结合行业需求以及狮子洋项目的特点,以人才驱动创新,积极推进项目的装备研发、装备改造升级、检测技术创新及管理创新,解决行业痛点,以创新驱动标杆试验室再上新台阶。

4 结语

近年来,全国交通行业项目建设数字化、自动化发展迅速,但作为质量管控的关键环

节,试验检测工作创新或提升进展缓慢,甚至已经跟不上行业进步的需求。通过系统开展智能化试验室的策划,深度辨识智能化试验室"人、机、料、法、环"等要素,以智能化系统为核心,以先进智能化设备为基本手段,以人才驱动创新为突破点,系统策划智能化试验室的各项提升,对推动传统工地试验室的迭代升级,打造现代化的标杆智能化试验室具有较大的意义。

69. 粗集料及纤维掺量对 CA-UHPC 新拌及硬化性能影响研究

丁平祥[1,3,4] 黄昌华[2] 范志宏[1,3,4] 邓 桥[2] 顾维广[2] 唐博文[1,3,4]

(1. 中交四航工程研究院有限公司;2. 中交第四航务工程局有限公司;
3. 中交集团建筑材料重点实验室;4. 水工构造物耐久性技术交通运输行业重点实验室)

摘 要:为探究粗集料及钢纤维掺量对超高性能混凝土新拌性能和硬化性能影响,本文选用 5~8mm 辉绿岩、13mm 直型和 20mm 端钩型钢纤维开展相关试验探究,分别研究了粗集料掺量为 400~700kg/m³、钢纤维掺量为 1.8%~2.8%对超高性能混凝土性能影响,测试了混凝土新拌性能及硬化性能,结果表明:随着粗集料及钢纤维掺量增加,超高性能混凝土工作性变差,硬化后的混凝土抗压强度呈先增加后降低趋势;保证混凝土抗压强度及纤维分散角度,粗集料掺量宜为 550kg/m³,13mm 直型和 20mm 端钩型钢纤维 1∶1 混掺,其掺量不宜超过 2.8%。

关键词:粗集料 钢纤维 超高性能混凝土

1 引言

随着建筑物逐渐朝向高层化、大跨度化、长寿命化发展,对其主要组成材料——混凝土提出了更高的要求。为满足现代建筑物发展需求,混凝土逐渐由普通混凝土、高性能混凝土过渡到超高性能混凝土(简称 UHPC)。自问世以来,UHPC 就得到极大的关注,因其具有高强、轻质、高韧性等诸多优点,可满足现代大部分建筑物对混凝土材料性能需求,在桥梁、海上石油平台等领域得到大面积推广应用[1~3]。在 UHPC 发展过程中,大量研究表明因 UHPC 不含大粒径集料,其弹性模量难以提高,且 UHPC 高韧性源自其掺入了大量钢纤维,钢纤维掺量存在最优掺量,超过最优掺量易出现结团现象,低于最优掺量则混凝土性能达不到最优,因此如何提升 UHPC 弹性模量和明确最佳纤维掺量,是 UHPC 大面积推广的前提。为解决 UHPC 弹性模量偏低难题,科研人员提出将粗集料引回 UHPC 配合比设计过程,粗集料超高性能混凝土(简称 CA-UHPC)就此诞生[4]。诸多研究表明,CA-UHPC 在具有 UHPC 诸多优点的基础上,进一步提升了混凝土的弹性模量及抗压强度。且 CA-UHPC 配合比设计参照以往 UHPC 基于最紧密堆积理论配合比设计理念,其粗集料掺量存在最佳区间[5],此范围内 CA-UHPC 各方面性能达到最优,但对于不同项目,应在充分明确各个材料性能基础上,基于相关设计理念,开展 CA-UHPC 配合比设计工作,以确保 CA-UHPC 配合比的最优化。基于此,本文依托狮子洋 CA-

UHPC预制桥面板工程开展了相关探究工作,旨在指导工程选取合适集料及纤维掺量。

2 试验

2.1 原材料

本文试验所用水泥为东莞厂家P·Ⅱ52.5硅酸盐水泥;粉煤灰为东莞厂家Ⅰ级粉煤灰;矿粉为东莞厂家S95矿渣粉;硅灰为产地东莞,其二氧化硅含量不低于92%;砂为清远产河砂,符合二区中砂要求;碎石为清远产辉绿岩,碎石粒径为5~8mm;钢纤维选取2种,一种为20mm长端钩型钢纤维,另一种为13mm直型钢纤维,二者掺配比例为1∶1;减水剂为聚羧酸高性能减水剂,固含量为40%;水为东莞地下水,符合饮用水标准。

2.2 配合比设计

本试验所用配合比在参考《普通混凝土配合比设计规程》(JGJ 55—2011)、《活性粉末混凝土》(GB 31387—2015)等标准基础上,结合相关文献及笔者以往研究经验,得出试验所用配合比,结果见表1。

配合比 表1

序号	水	水泥	粉煤灰	矿粉	硅灰	河砂	碎石	减水剂	钢纤维
U1	170.0	745.0	55.0	55.0	180.0	710.0	425.0	40.0	156.0
U2	170.0	745.0	55.0	55.0	180.0	710.0	550.0	40.0	156.0
U3	170.0	745.0	55.0	55.0	180.0	710.0	655.0	40.0	156.0
U4	154.0	792.0	55.0	55.0	198.0	761.5	447.3	16.0	187.2
U5	154.0	792.0	55.0	55.0	198.0	741.9	435.7	16.0	218.4
U6	154.0	792.0	55.0	55.0	198.0	741.9	435.7	16.0	234.0

注:其中钢纤维掺量为直+端钩=1∶1。U1~U3采用原状硅灰,U4~U5采用半加密硅灰。

2.3 测试方法

成型:称取原材料,按照碎石-胶凝材料-砂加入搅拌机,搅拌1min,加入水和减水剂,搅拌3min,加入钢纤维,搅拌4min,倒出拌合物,成型相关试件。

测试:混凝土新拌性能测试参照《普通混凝土拌合物性能试验方法标准》(GB/T 50080—2016)测试其扩展度;混凝土成型试件参照《活性粉末混凝土》(GB 31387—2015)成型100mm×100mm×100mm试件,养护条件选择该规范中蒸汽养护相关要求,抗压强度测试同样参照该本规范进行。

3 试验结果分析

3.1 碎石及纤维掺量对CA-UHPC新拌性能影响

如图1所示,CA-UHPC新拌扩展度随碎石掺量增加,基本呈线性下降趋势,当碎石掺量为425kg/m³时,混凝土扩展度为385mm,当碎石掺量增加到655kg/m³时,混凝土扩展度仅有355mm,扩展度降低了30mm,随着碎石掺量增加混凝土新拌性能变差。这是因为随着粗集料掺量增加,配合比砂率下降,碎石与混凝土中钢纤维在拌合物流动时摩擦力较大,钢纤维与碎石易出现相互制约缠绕,使其扩展度呈降低趋势,这一点与文献[6]中试验结果现象较为相似;虽然相较于碎石,河砂比表面积较大,但河砂粒径较小,且其圆润的粒型使得滚珠效应较为明显,因此随着砂率的降低,碎石和钢纤维相耦合效应使得混凝土新拌扩展度呈下降趋势[6]。

如图 2 所示,与碎石掺量对混凝土扩展度影响趋势基本一致,随着纤维掺量增加,混凝土新拌扩展度同样呈下降趋势,当纤维掺量为 2.4% 时,CA-UHPC 扩展度为 380mm,当钢纤维掺量为 3.0% 时,CA-UHPC 扩展度仅为 320mm,相比于纤维掺量 2.4% 的混凝土的扩展度,纤维掺量 2.8% 和 3.0%,混凝土扩展度下降了 3.9%、15.8%,混凝土新拌扩展度下降较为严重,工作性变差(图3)。这是由于钢纤维的掺入与基体之间存在黏结和摩擦所致,阻碍了 CA-UHPC 的流动性[7]。此外,钢纤维掺入 CA-UHPC 所形成的网络搭接结构会进一步阻碍 CA-UHPC 的流动[8]。且本试验中采用了 20mm 端钩型钢纤维与 13mm 直型钢纤维混掺,端钩型钢纤维的存在,在新拌混凝土流动过程中,其相互之间及与混凝土基体之间的摩擦力比直型钢纤维更大,进一步降低了混凝土流动性。

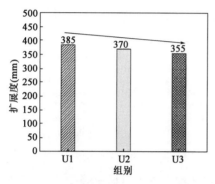

图 1 混凝土扩展度随碎石掺量变化趋势

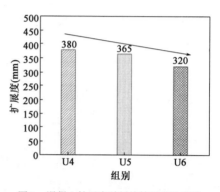

图 2 混凝土扩展度随纤维掺量变化趋势

图 3 扩展度测试

3.2 碎石及纤维掺量对 CA-UHPC 力学性能影响

采用钢模具成型 100mm×100mm×100mm 混凝土抗压强度试件,1d 拆模之后,蒸汽养护 48h,所得结果见图 4 和图 5 所示。

由图 4 所示,随着碎石掺量增加,混凝土抗压强度呈先增加后降低趋势,U1 组混凝土抗压强度为 152.3MPa,U2 组混凝土抗压强度为 169.2MPa,U3 组混凝土抗压强度为 163.7MPa,相比于 U2 组,U1 组混凝土抗压强度下降了 10.0%,U3 组混凝土抗压强度下降 3.3%。本项目所用碎石为 5~8mm 的玄武岩碎石,玄武岩具有很高的抗压强度,且表面较为粗糙,可有效提高 CA-UHPC 基体与碎石界面过渡区的黏结能力,碎石在 CA-UHPC 内还可形成刚性骨架,粗糙的集料表面增强了咬合力[9],提升了 CA-UHPC 抗压强度,文献[10-11]研究结果也表明了粗集料的加入可提升 UHPC 抗压强度。但值得注意的是,随着碎石掺量增加,CA-UHPC 扩展度随之下降,掺量过大时,混凝土新拌性能下降较为严重,且 CA-UHPC 中掺入大量硅灰,新拌浆体较为黏稠,其工作性能较差时,所成型试件内部缺陷较多,造成混凝土抗压强度下降。从本文研究结果来看,碎石最佳掺量为 550kg/m³。

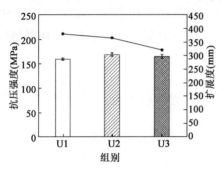 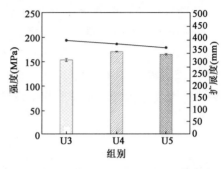

图 4　碎石掺量对 CA-UHPC 抗压强度影响　　图 5　钢纤维掺量对 CA-UHPC 抗压强度影响

钢纤维在 CA-UHPC 体系中所起所用主要是限制裂缝的发展,当混凝土基体受到外力作用产生破坏时,横跨裂缝的钢纤维两端与混凝土基体紧密连接,从而限制了裂缝的发展,研究表明钢纤维对 UHPC 抗压及抗拉强度均有一定提升[12]。笔者在研究过程中也发现了这一现象,如图 5 所示,随着钢纤维掺量增加,混凝土抗压强度呈现先上升后下降趋势,当纤维掺量分别为 2.4%、2.8% 和 3.0% 时,混凝土抗压强度分别为 159.3MPa、168.7MPa、164.6MPa,相对于 U4 组,U3 组抗压强度降低了 5.6%,U5 组混凝土抗压强度降低了 2.4%。虽然大量试验表明钢纤维的掺入对混凝土抗压强度有所提升,但值得注意的是当钢纤维掺量过大,一方面会出现结团现象,钢纤维发挥作用受限,且还会引起混凝土内部缺陷增加,不仅不能发挥钢纤维增强、增韧的作用,还会引起强度下降,特别是本试验配合比使用了端钩型钢纤维,这一现象会更加明显;另一方面,粗集料的存在导致钢纤维的"棚架效应"更加明显[13],会使得新拌混凝土工作性变差,进一步影响混凝土强度,结合本文试验结果可很明显地看出,当纤维掺量小于 2.8% 时候,钢纤维能均匀分布于基体之内,混凝土强度随着钢纤维掺量增加而增加,当纤维掺量超过 2.8%,混凝土工作性变差,进而其强度降低(图 6)。

图 6　掺加钢纤维的 UHPC 典型破坏图

4 结语

本文从 CA-UHPC 工作性及抗压强度研究角度出发,分析了碎石掺量和纤维组合及掺量对 CA-UHPC 新拌性能及硬化性能影响,得出主要结论如下:

(1)随着碎石掺量增加,CA-UHPC 扩展度呈下降趋势,强度呈先增加后降低趋势,综合工作性及抗压强度,碎石掺量不宜超过 550kg/m³。

(2)采用 13mm 直型钢纤维和 20mm 端钩型钢纤维 1∶1 复掺,随着钢纤维掺量增加,CA-UHPC 扩展度呈下降趋势,强度呈先增加后降低趋势,综合工作性及抗压强度,纤维掺量不宜超过 2.8%。

(3)钢纤维在 CA-UHPC 中起到很好的桥连作用,特别是端钩型钢纤维与直型钢纤维混杂,能够在一定掺量下提升混凝土抗压强度,但使用过程中应注意其对混凝土新拌性能的影响。

参 考 文 献

[1] 孙嘉伦,张春晓,毛继泽,等.养护制度对超高性能混凝土强度的影响机理研究[J/OL].材料导报:1-10[2024-01-05].

[2] 刘一帆,吴泽媚,张轩翰,等.超高性能混凝土流变特性及调控研究进展[J].硅酸盐学报,2023,51(11):3025-3038.

[3] 陈宝春,季韬,黄卿维,等.超高性能混凝土研究综述[J].建筑科学与工程学报,2014,31(3):1-24.

[4] 史金华,史才军,欧阳雪,等.超高性能混凝土受压弹性模量研究进展[J].材料导报,2021,35(3):3067-3075.

[5] 边晨,赵长军,黄卫军,等.粗骨料及混杂纤维对 UHPC 力学性能的影响[J/OL].工程科学学报:1-13[2024-01-05].

[6] 沈楚琦,李北星.粗骨料对超高性能混凝土力学性能的影响及拟合分析[J].材料科学与工程学报,2021,39(1):35-40.

[7] YU R,SPIESZ P,BROUWERS H J H. Static properties and impact resistance of a green Ultra-High Performance Hybrid Fibre Reinforce Concrete(UHPHFRC):Experiments and modeling [J]. Construction & Building Materials,2014,68(15):158-171.

[8] 李育林,黄利友,唐建军,等.钢纤维混凝土的性能与纤维分布量化分析[J].混凝土与水泥制品,2023(10):56-60.

[9] 易伟建,王昱,邓清.骨料粒径对无腹筋梁抗剪性能影响的试验研究[J].湖南大学学报(自然科学版),2014,41(11)1-7.

[10] HOANG K H,HADL P,TUE N V. A new mix design method for UHPC based on stepwise optimization of particle packing density [C]//International Interactive Symposium on UHPC. Des Moines,Iowa:Iowa Press,2016:87-95.

[11] YANG J,PENG G F,GAO Y X,et al. Mechanical properties and durability of ultra-high performance

concrete incorporating coarse aggregate[J]. Key Engineering Materials,2014,629/630:96-103.

[12] 徐腾飞,张子飑,卞香港,等.钢纤维对超高性能混凝土徐变损伤与失效行为的影响[J].同济大学学报(自然科学版),2023,51(12):1813-1821.

[13] 赵顺波,钱晓军,陈记豪,等.粗骨料对钢纤维混凝土性能影响的试验研究[J].混凝土与水泥制品,2006(5):45-48.